SV

Klaus-Michael Bogdal

Europa erfindet die Zigeuner

Eine Geschichte von
Faszination und Verachtung

Suhrkamp

4. Auflage 2013
Erste Auflage 2011
© Suhrkamp Verlag Berlin 2011

Satz: TypoForum GmbH, Seelbach
Druck: CPI – Ebner & Spiegel, Ulm
Printed in Germany
ISBN 978-3-518-42263-2

Inhalt

Prolog 9

**I. Teil: Vom Spätmittelalter bis zum achtzehnten
Jahrhundert**

1. Die Ankunft der ›Pilger aus Ägypten‹ 23
   Fragmente: Chroniken, Historiographien,
   Rechtsquellen 23
   Legenden: Aus der Bibel in die Geschichte 37
   Nomaden aus dem Niemandsland 42
2. Die Fremden, die bleiben 44
   ›Infame Menschen‹: Ächtung und Ausgrenzung 44
   Territorialität als Terror: Verfolgung und Vertreibung 53
   Die Geheimnisse der Herkunft 62
3. Gefährten des Satans 68
   Gottlose: Heiden, Ketzer, Teufelsanbeter 68
   ›Ägyptische Magier‹: Wahrsagen und Wahr-Sagen 71
   Schadens- und Feuerzauber 82
4. Was im Gedächtnis bleibt 87
   Die schöne Zigeunerin: Cervantes' *La gitanilla* und
   ihre Doubles in Europa 87
   ›Fraternity of Vagabonds‹: Zigeunerreiche 105
   ›Lumpengesindel‹: Räuber- und Zigeunerbanden 116
   ›Waldmenschen‹: Unzähmbare Wilde 133
5. Ordnung schaffen im Haus der Menschheit. Zigeuner
   und Anthropologie der Aufklärung 141
   Deutende Gewalt: Popularisierungen des Wissens über
   Zigeuner 141
   Im Verein verachteter Völker 148
   Die Entdeckung der ›Zigeunersprache‹ und des
   indischen Ursprungs 154
   Anthropologische Hierarchien: Zigeuner und der
   europäische ›Kulturmensch‹ 160

II. Teil: Das neunzehnte Jahrhundert

1. Himmelfahrten und Höllenstürze. Zigeunerromantik
in Europa 177
Nationalmythos der Heimkehr: Achim von Arnims
Isabella von Ägypten 177
Retter der Tradition: Walter Scotts *Guy Mannering oder:
Der Sternendeuter* 186
Einübung in die Freiheit: Alexander Puschkins
Die Zigeuner 191
»Wir Zigeunerinnen brauchen nichts als Luft und Liebe«:
Victor Hugos *Der Glöckner von Notre-Dame* 195
Verortungen im Volksleben: Steen Steensen Blichers
Keltringleben 203
2. »Fort ins Zigeunerland«. Trivialisierung und Inflation 211
Europäische Unordnung nach der Revolution: Wahrsager,
Verschwörer, Kindesräuber, Mädchenhändler 211
»Ein wilder Tanz, ein vaterländisch Lied«: Ungarischer
Patriotismus und Zigeunermusik 228
Die ›letzten Mohikaner‹ Europas: George Borrow und
andere Zigeunerversteher 241
»Afrika beginnt in den Pyrenäen«: Prosper Mérimées
Carmen und die Orientalisierung 248
3. »Menschen sind sie, aber nicht Menschen wie wir«.
Zigeuner und die Ethnographie 254
Ein Naturvolk inmitten der Zivilisation 254
›Gleich Kaffern, Indianern, Orientalen‹: Enteuropäisierung
der Zigeuner 269
4. Die Geheimnisse eines fremden Stammes 281
Riskanter Austausch: Begegnungen am Rande der
Gesellschaft 281
Leben auf Bewährung: Integration und Assimilation 282

III. Teil: Vom Ausgang des neunzehnten Jahrhunderts bis heute

1. Eine »Bande von Asozialen«. Der rassistische Blick 307
»Paria war tot, Aria hatte gesiegt«:
Strindbergs *Tschandala* 307

Unter Kreaturen: Triebe, Unbildung, Gewalt 324
Vermischungen: Folgenlose Liebe 330
Kriminalbiologie und Rassenlehre: Zigeuner und die
›tödlichen Wissenschaften‹ 337
2. Menschenbrüder. Figuren der Annäherung in
Deutschland, Spanien und der Sowjetunion 348
In der Liga der Heimatlosen: Zigeuner als Opfer sozialer
Verelendung 348
Cante Jondo: Volkskultur und Avantgarde in Spanien 364
Zigeuner, ein Volk der Sowjetunion 370
3. ›Genosse Zigeuner‹. Befreiung und Zwangsansiedlung
in der Literatur der sozialistischen Länder 376
Feuertaufe bei den Partisanen 376
Verschwinden in den Volksmassen, Auftauchen
im Elend 389
4. Geisternomaden – Schattenleben. Zigeuner in der
europäischen Literatur nach 1945 402
Immer noch Diebe und Asoziale 402
Wer feiert, vergisst: Saintes-Maries-de-la-Mer und die
Zigeunerfolklore 416
Stellvertretererinnerungen an Verfolgung und
Vernichtung 420
5. Mit eigener Stimme. Erinnerungsliteratur der
Sinti und Roma 442
Auschwitz, Ravensbrück, Lackenbach: Zeugenschaft
der Überlebenden 442
»Time of the Gypsies«: Von der eigenen Geschichte
erzählen 469

Epilog 479

Danksagung 484
Anmerkungen 485
Literaturverzeichnis 536
Personenregister 575
Werkregister 581
Editorische Notiz 590

Prolog

Die Idee, eine europäische Geschichte der Ausgrenzung der Romvölker zu schreiben, die in der deutschen Sprache abwertend ›Zigeuner‹ genannt werden, verdankt sich mehr oder weniger einem Zufall. Sie reicht zurück in die aufregenden und aufgeregten Jahre nach dem Zusammenbruch des sozialistischen Systems und der Öffnung des Eisernen Vorhangs in den frühen neunziger Jahren. Seit langem mit dem Thema des Fremden und Eigenen in der Literatur befasst, sollte ich in einer Situation, in der das explosionsartige Anwachsen fremdenfeindlicher Gewalt in ganz Deutschland Ängste vor einer Vergangenheit hochkommen ließ, die man bewältigt glaubte, auf einer Veranstaltung ein paar Erklärungsansätze vorstellen, die in den Geisteswissenschaften damals Gewicht hatten. Bei den Nachforschungen über die Pogrome in Rostock-Lichtenhagen, deren Ausmaße und Begleitumstände den Vorsitzenden des Zentralrats der Juden, Ignatz Bubis, nicht zu Unrecht an die Ausschreitungen am 9. November 1938 erinnerten, stieß ich auf die Aussage einer sechzehnjährigen Schülerin, die sich an den Gewalttaten aktiv beteiligt hatte und deshalb – beinahe wie zur Belohnung – interviewt worden war: »Wären Zigeuner verbrannt, hätte es mich nicht gestört. – Vietnamesen schon, aber Sinti und Roma egal.«[1] Der Furor der Verachtung und das Ausschalten menschlicher Empfindung, die im kühl dahingesagten »egal« sichtbar werden, konnte ich nicht so leicht vergessen. Die Täterin rechtfertigt ihren Tötungswunsch durch die Hierarchisierung der Opfer. Fremde, gleich welcher Herkunft, wähnt sie weit unter sich. Die ›Zigeuner‹ aber werden als »Abschaum«[2] jenseits jeder Menschlichkeitsgrenze verortet.

Blickt man zurück auf die Geschichte der Romvölker in den sechshundert Jahren ihrer Anwesenheit in Europa, kommt man immer wieder zu dem Befund, dass ihre Verfolgung und Vernichtung die Mehrheitsbevölkerung ebenso wenig ›gestört‹ hat wie die Rostocker Biedermänner und -frauen ihr möglicher Verbrennungstod nach der Brandstiftung der Jugendlichen in den Asylantenheimen. Doch aus welchen Quellen speist sich die instinktive Verachtung der ihnen völlig unbekannten Menschen? Ließ sich nicht im gleichen Zeitraum beobachten, wie der Flamenco die Tanzstudios und Volkshochschulkurse eroberte und Künstler wie die Gipsy Kings Welterfolge feierten? Und hätten nicht deren muntere Lieder, ohne dass dies den Beteiligten aufgefallen wäre, auf den

Grillfesten am Rande der Menschenjagd in Lichtenhagen zur Anfeue-
rung und Steigerung der Stimmung dienen können? Eine schnelle und
einfache Erklärung des Nebeneinanders von Faszination und Verachtung konnte ich nicht finden: weder mit Hilfe der soziologischen und
psychologischen Theorien über Fremde und Fremdheit noch über die
auf den ersten Blick sich aufdrängende Analogie zum Antisemitismus.
Ohne den Umweg über die Geschichte des Verhältnisses der Romvölker zu den anderen Völkern Europas seit ihrer Einwanderung im 14.
und 15. Jahrhundert, ohne den Versuch, diese dunkle Seite der Entwicklung Europas hin zur Moderne auszuleuchten, musste jede Erklärung
unzureichend bleiben – erst recht im Angesicht der folgenden Vorfälle
in Rumänien, Italien, Frankreich, Ungarn, der Slowakei und im Kosovo. Rasch stellte sich heraus, wie bruchstückhaft, ungenau und von
Vorurteilen beladen das wenige, das wir über die Vergangenheit der
Romvölker wissen, zu diesem Zeitpunkt war. Wohl oder übel musste
der Staub der Archive und Bibliotheken aufgewirbelt werden, um am
Ende nach einer langen Zeitreise wieder bei den Siedlungen, Dörfern
und Stellplätzen heutiger Romvölker anzulangen. Zugleich wurde mir
allmählich klar, dass nach dem Ende der kommunistischen Systeme in
Ost- und Südosteuropa aus dem abgelegenen ein zentrales Thema im
Hinblick auf die politische, soziale und kulturelle Gestaltung unseres
Kontinents werden würde, allein schon deshalb, weil es sich um eine
Gruppe handelt, die mehr als zehn Millionen Menschen umfasst. Nicht
zuletzt wird sich die Zukunftsfähigkeit des geistigen Konstrukts Eu
ropa am Umgang mit den Romvölkern messen lassen müssen.
    Warum wurden und werden Angehörige der Romvölker geradezu
reflexartig als Gefahr wahrgenommen, sobald sie irgendwo auftauchen?
Wie sehen die Signaturen der Bedrohung aus, die ihnen eingeschrieben
sind und wurden? Ihren Körpern, ihrem Auftreten, ja allein ihrer blo-
ßen Existenz. Und wie ist es dazu gekommen, dass ihre Gegenwart
und Nähe nicht geduldet werden und ein Zusammenleben undenkbar
erscheint? Um eine stichhaltige Erklärung entwickeln zu können, muss
man bis zu den mittelalterlichen Invasionen und Landnahmen der Mongolen und Türken zurückblicken, die wie die Romvölker ihren Weg
über die als offen und verletzlich geltende östliche Flanke Europas genommen hatten. Die frühesten Bezeichnungen der unbekannten Fremden als ›Tatern‹ und ›Ägyptier‹ weisen auf diesen Zusammenhang hin.
Die nomadische Lebensweise festigte die Vorstellung von einem Volk
aus der Steppe oder der Wüste. Zwar rechnete man die in kleineren oder

größeren Sippenverbänden einwandernden Romgruppen nicht direkt zu den genannten Eroberern, doch wurden sie nicht selten als deren schwächliche Vorhut oder als die von ihnen zurückgelassenen niederträchtigen ›Ausspäher‹ betrachtet. Schon in den Anfängen wurde der Fremdheit der friedfertigen Einwanderer eine bedrohliche Seite hinzugefügt. Dabei ist der Zigeunerhass nicht bloß ein Ableger des Antisemitismus, wie vielfach behauptet wird.[3] Wenn man der Entwicklung der Beziehung der Romvölker zur einheimischen Bevölkerung genauer nachgeht, lassen sich für diese Auffassung, die sich nach 1945 angesichts der rassistischen Vernichtungspolitik Deutschlands durchgesetzt hat, die Juden und ›Zigeuner‹ in gleichem Maße betroffen hatte, kaum Anhaltspunkte finden. In diesem Buch sollen die Romvölker nicht im Kontext der Geschichte des Antisemitismus und der Judenverfolgung betrachtet werden, in den sie auch von Sinti und Roma selbst aus nachvollziehbaren politischen Gründen gestellt worden sind. Es soll gezeigt werden, dass Wurzeln, Gründe, Entwicklung und Funktion der Verachtung der Romvölker und der Faszination an bestimmten Elementen ihrer Lebensweise andere sind als die des Antisemitismus, auch wenn es historische Parallelen und Überschneidungen gibt und der moderne sozialbiologische Rassismus beiden Gruppen mit dem gleichen Vernichtungswillen gegenübergetreten ist. Die wichtigsten Unterschiede seien hier nur angedeutet. Während die Romvölker als geheimnisvolle Fremde unsicherer Herkunft galten, zählte das Judentum zu den Wurzeln europäischer Zivilisation und war mit einer anderen, dem Christentum, unlösbar verbunden. Deshalb sind der Zeitpunkt und die Umstände der Ankunft der Romvölker in Europa von so eminenter Bedeutung für die weitere Entwicklung. Eine ähnlich schwerwiegende Differenz zeigt sich im Hinblick auf die jüdische Selbstdefinition, die auf vielfältige Weise nach außen vermittelt wurde, während über die Kultur der Romvölker kaum etwas in Erfahrung zu bringen war. Für die Faszinationsgeschichte ist von Belang, dass man die Lebensweise der ›Zigeuner‹, deren schriftlose, die mündliche Tradierung pflegende Gesellschaftsordnung mit den ›Wilden‹ außerhalb Europas verglichen wurde, schon seit Beginn des 17. Jahrhunderts als Folklore idealisierte. Ohnehin wurden die besitzlosen Romvölker im Gegensatz zu den Juden als Erscheinung der Wälder, der Heide, der Steppen und der Wege wahrgenommen und nicht als Figuren der Städte, des Handels, der Wissenschaft und der Kultur.

Der Anspruch, die Besonderheit und Unverwechselbarkeit der Verfolgungs- und Faszinationsgeschichte zu zeigen, erfordert demnach unweigerlich, zu den frühesten Quellen zurückzugehen und das Untersuchungsfeld auf den gesamten europäischen Raum auszudehnen. Die nationale Perspektive hätte zu Verengungen geführt. Die deutsche ohnehin, obwohl mit der nationalsozialistischen Vernichtungspolitik das düsterste Kapitel in das Land zurückführt, von dem die Darstellung ihren Ausgang nehmen wird. Am Ende meiner Forschungen lag eine Studie vor mir auf dem Schreibtisch, die in mehrere Bände hätte aufgeteilt werden müssen. Ich habe sie zu einem Band verschlankt und verdichtet, ohne die europäische Dimension aus den Augen zu verlieren, habe allerdings darauf verzichtet, jeder nationalen Entwicklung im Einzelnen nachzugehen. Bestimmte Länder wie Spanien im 16. oder Ungarn im 19. Jahrhundert werden ausführlicher behandelt, wenn dort wichtige Entwicklungen stattgefunden haben oder bemerkenswerte literarische Werke, die oft in andere europäische Länder hineingewirkt haben, erschienen sind. Auf diese Weise konnte ich den Gesamtzusammenhang darstellen und gleichsam der Gefahr entgehen, dass die zusammengeflochtenen Stränge ausfaserten. Ohne Forschungsergebnisse und Erkenntnisse zu opfern, habe ich den wissenschaftlichen Apparat, dem eine gewisse Schwerfälligkeit anhaftet, auf das notwendige Mindestmaß reduziert. Die der Arbeit zugrunde liegende Theorie, die mir am Anfang so wichtig war, habe ich nicht mehr expliziert, sondern im Vertrauen auf ihre Durchschlagskraft in die konkrete Darstellung des Gegenstands einfließen lassen. Der Fachwelt wird also das Ihrige nicht vorenthalten, dem Leser, auf dessen Neugierde und Interesse der Verfasser setzt, das Seine gegeben.

Es existieren nur wenige Phänomene, die man als europäische bezeichnen und über einen Zeitraum von mehreren Jahrhunderten beobachten kann. Darin liegt eine Chance, auf Regeln epochalen Wandels von Gesellschaften zu stoßen, die als ›abendländische‹ schlecht genug bezeichnet worden sind. Die in den letzten Dekaden vollendeten Projekte richteten sich, der Logik ihres Anspruchs folgend, an ›großen‹ Erscheinungen aus: dem *Prozeß der Zivilisation* (Norbert Elias), den Staaten- und Nationenbildungen, den Revolutionen und Epochenumbrüchen (Reinhart Koselleck), den übergreifenden geistigen Bewegungen wie dem *Prozeß der theoretischen Neugierde* (Hans Blumenberg), der Rolle der Religion und des Religiösen oder an bemerkenswerten Sonderentwicklungen wie der Geschichte der Bildung in Deutschland (Georg Bollenbeck). Warum, so meine Ausgangsüberlegung, sollte man

Einsichten über ›Entwicklungen langer Dauer‹ nicht von der anderen Seite her gewinnen können: aus der Betrachtung des Marginalen, das wegen seiner vermeintlichen Bedeutungslosigkeit nie Eingang ins historische Gedächtnis hat finden können. Die Romvölker, die auf unterschiedlichen Migrationswegen einwanderten und nahezu jeden Landstrich des Kontinents einschließlich der Britischen Inseln erreichten, stellen ein solches randständiges europäisches Phänomen dar. Trotz nationaler, regionaler und sprachlich unterschiedlicher Ausprägungen gestaltete sich der Prozess der Wahrnehmung, Identitätszuschreibung, Aufnahme und Ausgrenzung als ein auffällig einheitliches, für das Begreifen der Nachtseiten europäischer Entwicklung zur Moderne aufschlussreiches Geschehen. Bei ihrer ›Ankunft‹ in der Übergangsphase vom Mittelalter zur Neuzeit gerieten sie in epochale Umbrüche, denen sie sich zu entziehen suchten: Strandgut aus einer vergangenen Zeit am Ufer der Moderne. Schon bald standen sie – zunächst meist negativ – für den überwundenen Zustand, das Überholte, für Verhaltensweisen, die ihren Zeitgenossen die Schamesröte ins Gesicht trieben oder ihre Wut anstachelten. Die europäischen Gesellschaften auf der Schwelle der Neuzeit suchten nach Wahrnehmungsmustern, die es ihnen erlaubten, den plötzlich auftauchenden Fremden einen sozialen Ort zuzuweisen. Dieser Vorgang war von Beginn an mit einem hohen Grad an Emotionalität verbunden und wurde von Abwehr, Ausgrenzung und Verfolgung begleitet.

Was das Denken und Fühlen der Romvölker betrifft, blicken wir zurück in einen undurchdringlichen Nebel, der sich wohl niemals lichten wird, da es an brauchbaren Zeugnissen mangelt. Wir sind hingegen mit Grunderfahrungen einer ständischen und bodenständigen Bevölkerung konfrontiert, die aus der Auseinandersetzung mit den als fremd und bedrohlich empfundenen Lebensweisen herrührt. Mit diesen Erfahrungen befinden wir uns allerdings in einem Raum der Unaufmerksamkeit, der ungenauen Beobachtung und der nachlässigen Beschreibung, in dem die Fremden ›erzeugt‹ werden, statt dass von ihnen Zeugnis gegeben wird. Das Bild des ›Zigeuners‹ ist schillernd, unscharf und ausdeutbar. Umso schärfer fallen die Werturteile und Setzungen aus, mit denen dieser Mangel ausgeglichen werden soll. Als die aufgeklärte Anthropologie um 1800 entdeckte, dass es sich bei den ›Zigeunern‹ um ein aus Indien stammendes Volk mit einer eigenen, aus dem Sanskrit entwickelten Sprache handelt, setzten zwei gegenläufige Tendenzen ein, die sich in der Mitte des 19. Jahrhunderts in der Ethnographie kreuzten. Zum einen

ließen Wissenschaftler, Schriftsteller und Behördenvertreter nichts un-
versucht, um die zu Indoeuropäern Aufgestiegenen zu einem parasitären und zivilisationsresistenten Pariavolk zu degradieren. Zum anderen
ließen die Romantiker ihre pittoresken oder unheimlichen Zigeunerfiguren ausschwärmen und sicherten ihnen durch die Schaffung eines
eigenen Genres, der Zigeunerromantik, eine dauerhafte mediale Prä-
senz. Was man sich als ihre besondere Lebensweise ausmalte, ihre Ursprünglichkeit und Natürlichkeit, ihre Unabhängigkeit und Freiheit,
wurde so zu einem facettenreichen Gegenentwurf zur bürgerlichen
Industriegesellschaft stilisiert. Eine neue Phase setzte gegen Ende des
19. Jahrhunderts ein, als das in geisteswissenschaftlichen Forschungszu-
sammenhängen gesammelte und einem breiten Publikum vermittelte
ethnographische Wissen über die verschiedenen europäischen Romgruppen durch Verbrechens- und Rassentheorien, die unmittelbar auf
staatliches Handeln abzielten, entwertet und die folklorisierten Nomaden mit naturwissenschaftlicher Autorität in pathologische ›Asoziale‹
und ›Arbeitsscheue‹ verwandelt wurden. Die ›große Erzählung‹ über
ein Naturvolk inmitten der Zivilisation wurde zu allen Zeiten, von ihrer
Ankunft in Europa bis hin zur Vernichtung durch die Nationalsozialisten, ohne die Romgruppen selbst geschrieben.

Die Erfindung der ›Zigeuner‹ durch diese ›großen Erzählungen‹ stellt
von Beginn an die Kehrseite der Selbsterschaffung des europäischen
Kultursubjekts dar, das sich als Träger weltzivilisatorischen Fortschritts
versteht. Zugleich ist sie stets die radikale Reinigung des Selbstbildes
von dem, was es vermeintlich bedroht. Im Buch wird das Verhalten gegenüber den ›Zigeunern‹ mit der Angst vor der Demenz verglichen, in
der sich der Mensch selbst in einem Zustand begegnet, den er als Abwesenheit alles Humanen erfährt: als Rückfall in die Kreatürlichkeit, als
Verlust von Sprache, Schrift und Erinnerung und damit auch jeglicher
Geschichte, aber auch als Verlust alles Kulturellen, das einen wesentlichen Teil der Identität ausmacht. Genau das entspricht dem Bild des
›Zigeuners‹, das die europäische Kultur hervorgebracht hat: schriftlos,
geschichtslos, kulturlos und kreatürlich.

In diesem Buch wird von einer anderen Geschichte erzählt, von einer
Geschichte, die fortschreitet, ohne Fortschritte hervorzubringen, von
Veränderungen, auf die Europa wenig stolz sein kann, von versäumten
und zerstörten Chancen. Mit den Worten von Zygmunt Bauman geht es
um die »Kontinuität des alternativen, destruktiven Potentials des Zivili-
sationsprozesses«,[4] um das, was ich als das ›böse Gedächtnis der Kultur‹

bezeichne. In meiner Geschichte werden drei Ebenen miteinander verflochten: eine Genealogie des Wissens über ›Zigeuner‹ in all seinen Aus-
gestaltungen vom Gerücht bis zur akademischen Wissenschaft, von
empirischen Beobachtungen bis zu chimärischen Behauptungen[5] und
Lügen, eine Archäologie der Formen und Muster, in denen dieses Wissen repräsentiert und tradiert wurde, allen voran im literarischen Diskurs, schließlich eine Kulturgeschichte dessen, was von beidem auf welche Weise in das historische Gedächtnis Europas eingegangen ist, was es
bewirkt und welche Entwicklungen es in Gang gesetzt oder verhindert,
welche es beschleunigt oder verlangsamt hat.

Eine Bemerkung noch zu den Bezeichnungen, die hier gewählt werden. Nähern wir uns in diesem Buch der Realität von Menschen an, die
in der Vergangenheit existiert haben oder in der Gegenwart leben, wird
von Romvölkern oder Romgruppen die Rede sein. Das ist die umfas-
sendste Bezeichnung, die möglich ist. In den meisten europäischen Ländern haben sich Roma oder Rom – auf Romanes das Wort für Mann/
Gatte[6] – als Oberbegriff durchgesetzt. Auch die kleine Gruppe der deutschen Sinti wird darunter gefasst. Im 19. Jahrhundert bezog sich der
Name Roma hingegen vorrangig auf jene Stämme, die in Osteuropa lebten. Große Gruppen spanischer Roma nennen sich ›Calé‹, französische
›Manouches‹ und russische ›Kalderasch‹. Diese und andere Selbstbezeichnungen werden verwendet, wenn es einer genaueren sozialen und
ethnischen Verortung dient. Die Fremdbezeichnung ›Zigeuner‹, deren
etymologische Herkunft bisher nicht zufriedenstellend geklärt werden
konnte, ist wie ihre Äquivalente in den anderen europäischen Sprachen
von ›Gypsy‹ bis ›Tattare‹ selbst ein wichtiges Element dessen, was hier
als Geschichte von Faszination und Verachtung untersucht wird. Sinti
oder Roma werden geboren, ›Zigeuner‹ sind ein gesellschaftliches Kon-
strukt, dem ein Grundbestand an Wissen, Bildern, Motiven, Hand-
lungsmustern und Legenden zugrunde liegt, durch die ihnen im Reden
über sie kollektive Merkmale erst zugeschrieben werden. Der Grundbestand, der sich zu Denk- und Wahrnehmungsfiguren verfestigt, wird
zählebig tradiert und dennoch durch die ›Bearbeitung‹ nach Regeln, die
in diesem Buch aufgezeigt werden, ständig verändert. Weil es sich dabei also um Redeweisen und mediale Repräsentationen, um die Erfindung einer Ethnie in einem übertragenen Sinn handelt und nicht um
denkende, fühlende und handelnde Subjekte, kann und muss die Bezeichnung Zigeuner (von hier an) ohne Anführungszeichen verwendet
werden. Die Diskrepanz zwischen der kontinuierlichen Repräsentation

der ›erfundenen‹ Zigeuner in unterschiedlichen Diskursen, vor allem in Kunst und Literatur, und dem nahezu völligen Fehlen historischer Selbstzeugnisse der Romvölker, die über lange Zeiträume nomadisch lebten, über keine eigene Schriftkultur verfügten und politisch nicht in Erscheinung traten, ist gewaltig. Auch für sie soll eine Erklärung angeboten werden. Die Konzentration auf die Geschichte des Fremdbildes schließt jedoch nicht aus, über die Spurensuche in den Archiven, den gelehrten Abhandlungen und den Werken der Literatur und Kunst etwas über die tatsächliche Kultur, Lebensweise, Geschichte und Sprache der europäischen Romvölker in Erfahrung zu bringen.

Einzelne literarische Werke werden besonders hervorgehoben, denn nur in einer genauen Textanalyse kann die Literaturwissenschaft ihre Stärken zur Geltung bringen und zu Ergebnissen gelangen, die mit historiographischen oder soziologischen Methoden nicht zu erzielen sind. Sie sind ein Indikator dafür, dass historische Ereignisse »Spuren hinterlassen haben, daß sie fortbestehen und mit ihrem Fortbestand innerhalb der Geschichte eine Reihe von manifesten oder verborgenen Wirkungen ausüben«.[7] Anders als historische Quellen entziehen sie sich wegen ihrer Einzigartigkeit und Vieldeutigkeit einem raschen Zugriff. Literarische Werke können Bilder und Klischees tradieren, aber auch entlarven, sie vermögen Kontinuitäten zu stiften, aber ebenso Brüche zu inszenieren, sie können Selbstverständlichkeiten behaupten und Selbstverständliches verfremden. Um neben dem Besonderen und Abweichenden auch das Automatisierte und die Wiederholung kenntlich zu machen, wird neben den im Detail untersuchten Texten eine möglichst große Anzahl weiterer – heute oft vergessener – Werke vergleichend herangezogen, die aber um der Lesbarkeit des Buches willen im Hintergrund bleiben. Aus dem gleichen Grund wechseln sich exemplarische Einzeluntersuchungen und Überblicksdarstellungen ab.

Vielleicht ist Fassungslosigkeit der Eindruck, der angesichts der zerstörerischen Energien sowie der Macht- und Vernichtungsphantasien, die in diesem Buch gezeigt werden, zurückbleibt. Vielleicht bleibt das daraus resultierende Mitleid mit den Opfern der Geschichte. Es sollte aber nicht vergessen werden, dass sich dieses Buch in erster Linie mit den ›Erfindern‹ und deren Konstruktionen des Zigeuners befasst und die ›Geschichte der Romvölker aus genannten Gründen nur sehr vermittelt skizziert werden kann. Es geht um die Gelehrten, Intellektuellen, Schriftsteller und Wissenschaftler, um die ›Kulturträger‹, aus deren Wissen und Können vor allen Dingen Befeindung und Ausgrenzung, aber auch Faszination und Romantisierung resultierten. Ihre Verantwortung lässt sich jenseits emotionaler Empörung nüchtern benennen. Nicht zuletzt vermag, wenn man in diese Richtung blickt, erklärt zu werden, welche Alternativen, Weichenstellungen und Möglichkeiten zu bestimmten Zeitpunkten möglich gewesen wären. Es ist wenig erhellend, die Leidensgeschichte mit einem unveränderlichen Schicksal gleichzusetzen, wozu manche Darstellungen der Romvölker neigen.

Wer ein Buch wie dieses schreibt, dem wird hartnäckig immer wieder die Frage gestellt, welche Lehren aus den Ergebnissen und Einsichten zu ziehen seien. Kaum hat man den Staub der Archive abgeschüttelt, soll man als Mahner und Warner den Finger erheben. Vielleicht ist man in der Tat in der Lage, Zeichen der Bedrohung nun früh zu bemerken, Verbindungen zwischen Vergangenheit und Gegenwart präzise herzustellen und Konstellationen zu vergleichen. Doch lassen sich die Lösungen der Konflikte und Probleme nicht an Experten abgeben, die mit ihrem Wissen allenfalls zur Beruhigung oder Dramatisierung aktueller, als krisenhaft empfundener Situationen beitragen können. Dieses Buch ermöglicht einen Blick in den Spiegel, auch wenn es von der Erfindung eines Gegenübers der europäischen Völker handelt. Wir erfahren mehr über uns, unser Denken, Fühlen und Verhalten, über Ausgrenzung, Aneignung und zivilisatorischen Hochmut, als über die Romvölker. Beim Lesen der hier herangezogenen Texte verspürt man, wie bei jeder Bezeichnung, Beschreibung und Wertung der Fremden, die Zigeuner genannt werden, eine Asymmetrie hergestellt wird, wie der Schreibende sich aufbläht, wie sein Ich wächst, wie er in Allmachtsphantasien verfällt und schließlich glaubt, auch wenn er eine noch so erbarmungswürdige Figur abgibt, dem Bild europäischer Kultur zu genügen. Heute angesichts des Wiederauflebens des ›Zigeunerhasses‹ in Europa kommt uns die Geschichte ihrer Verachtung wie ein Wiedergänger vor, dessen Erscheinen uns wie der Antisemitismus und Nationalismus in Schrecken versetzt – als eines der Gespenster, von denen es in Henrik Ibsens (1828-1906) gleichnamigem Stück heißt: »[W]ir können es nicht loswerden.«[8] Man könnte Ibsen zustimmen, wenn mit dem Loswerden Verdrängen gemeint ist. Der Vorstellung der Unabwendbarkeit von Konflikten, Problemen und historischen Katastrophen soll widersprochen werden. Gespenster wie die Verachtung der Zigeuner lassen sich vertreiben, wenn man sie aus der Nacht des Hasses und der Feindlichkeit gegenüber dem Fremden und Anderen ans Licht zerrt. Durch die europäische Vereinigung ist eine der seltenen Situationen entstanden, mit der Gegenwart sozialer und ethnischer Diskriminierung zugleich auch die gespenstische Vergangenheit in den Griff zu bekommen: die jüngste, über die die Überlebenden von Verfolgung und Vernichtung nicht mehr schweigen, und die lange Geschichte, die in diesem Buch erzählt wird.

»von den swartzen getouften haiden die miteinandern gen Bernn kument« aus der *Spiezer Chronik* Diebold Schillings des Älteren (um 1445-1486)

I. Teil:
Vom Spätmittelalter bis zum achtzehnten Jahrhundert

1. Die Ankunft der ›Pilger aus Ägypten‹

Fragmente: Chroniken, Historiographien, Rechtsquellen

Am Anfang war die Chronik. Kein Dokument von eigener Hand, keine Hinterlassenschaft, nicht einmal ein Fetzen Stoff oder eine Scherbe zeugt heute von der Ankunft einer Gruppe von Menschen im Europa des 15. Jahrhunderts, die bald im Englischen als Gypsies, im Französischen als Bohémiens, im Niederländischen als Heiden, im Schwedischen als Tatern, im Spanischen als Gitanos und im Deutschen wohl erstmals 1427 bei Andreas von Regensburg (nach 1380-nach 1438) als »gens Ciganorum, volgariter Cigäwnär«[1] bezeichnet werden. Einzig die Chroniken, die in vielen Städten seit dem späten 13. Jahrhundert von Stadtschreibern manchmal sorgfältig und bisweilen lückenhaft geführt wurden, vermelden, dass vor den Toren unbekannte Fremde auftauchten, »meniglichen seltzam / und hiervor in disem land nit mehr gesehen«.[2] Dass man sie zuvor nicht gesehen oder von ihnen gehört hatte, forderte die Chronisten zu Mutmaßungen über Herkunft und Wesen jener Menschen heraus: kein unlösbares Problem, wie ein Blick in die berühmte *Weltchronik* Hartmann Schedels (1440-1514) aus dem Jahre 1493 bestätigt, die um verzweigte Völker- und Herrschergenealogien nicht verlegen ist und selbst für Abstrusitäten wie Hundsköpfler, Kopflose, Riesenfüßler und Sechsarmige noch Nachrichten und Belege fand.[3] Von einem Volk der Zigeuner jedoch wussten bis zu ihrem Erscheinen vor den Toren zahlreicher Städte Europas von Stockholm bis Barcelona selbst die gelehrtesten Historiographen nichts. Die Chronisten waren keine Augenzeugen. Sie schrieben auf, was ihnen berichtet wurde. Für das Fremde mussten sie vertraute Worte und Bilder finden, um es mitteilenswert und glaubwürdig zu gestalten.

Eine der frühesten bildlichen Darstellungen, »von den swartzen getouften haiden die miteinandern gen Bernn kument«, findet sich in der sogenannten *Spiezer Chronik* Diebold Schillings des Älteren (um 1445-1486).[4] Der Illustrator[5] hat sich auf zwei Elemente konzentriert. Im Bildhintergrund sieht man die Mauern und Türme einer menschenleeren Stadt, die durch das Bärenwappen über dem Tor als das schweizerische Bern zu identifizieren ist. Im Vordergrund nimmt eine dicht gedrängte, offensichtlich Schutz suchende Menschengruppe nahezu ein Drittel der Fläche ein. Vorn, im Detail ausgeführt, sind die Männer zu sehen, hinter ihnen die Frauen und Kinder unterschiedlichen Alters.

Die Personen in der ersten Reihe weisen mit Armen, Händen oder Fingern erwartungsfroh auf die Stadt. Vor ihnen schlängelt sich ein freier Weg auf das Tor zu. Dass die Ankömmlinge Zigeuner sein sollen, erfährt der Betrachter nur durch die Beschriftung. Die Illustration entspricht kaum der Vorstellung, die durch die Berichte in den Chroniken vermittelt wird. Pferde oder Lasttiere lassen sich nicht entdecken, ebenso wenig Hausrat oder Gepäck. Die Figuren tragen keine zerschlissenen, durchlöcherten und zusammengeflickten Lumpen wie auf den späteren Darstellungen, sondern eine ›sarazenische‹ oder orientalische Bekleidung, die durch turbanartige Kopfbedeckungen charakterisiert wird. Die sonst in frühen Darstellungen üblichen tellerförmigen Hüte der Frauen fehlen.[6] Alle besitzen Schuhe, auch die Kinder. Die Gewänder und Hemden sind farbig, aber nicht bunt gemustert. Goldspangen schmücken die Turbane und goldbesetzten Hemden der Männer, die reich verzierte Krummschwerter tragen. Eine Figur wird durch Standort, Körperhaltung, Kleidung und Barttracht als Anführer hervorgehoben. Sie gleicht den Adligen in der *Spiezer Chronik* bis ins Detail. Zeichen der Taufe wie Kreuze fehlen. Im Widerspruch zur Beschriftung sind die ›swartzen haiden‹ ausnahmslos von heller Hautfarbe und blond gelockt.

Ein spätmittelalterlicher Buchillustrator, so wird hier spätestens offensichtlich, hält nicht getreulich im Bild fest, was er gesehen hat. Manchmal sucht er einen engeren Bezug zu dem, was er in der Chronik gelesen hat. Doch in der Regel greift er auf das erlernte Repertoire der ikonographischen Überlieferung zurück: für die ummauerte Stadt ebenso wie für die ständisch gegliederte Gesellschaft. Selbst der Geschichte von Königen und Päpsten werden Abbildungen hinzugefügt, die zwar Könige und Päpste und ihre Insignien, aber nicht das jeweilige Individuum zeigen.

Am Anfang war also die Chronik, und das ist ein Problem. Was nach mühevollem Stöbern in den dunklen Winkeln der Archive über die Zigeuner ans Licht gebracht wird, enttäuscht durch Unzuverlässigkeit und Widersprüche, so wie viele andere Quellen aus den ersten 250 Jahren nach ihrer Ankunft in Europa es tun. In der Tat besitzen wir aus diesem Zeitraum keine bildlichen Darstellungen, die dokumentarischen Ansprüchen genügen könnten. Überhaupt führt die Spurensuche in den Archiven, wissenschaftlichen Werken, in der Literatur und Kunst nur zu spärlichen Ergebnissen über Kultur, Lebensweise, Geschichte und Sprache dieser ethnischen Minderheit in Europa: mühsam zusammengefügte Bruchstücke des Lebens einer geschlossenen Gruppe, deren

Überlebensökonomie durch minimale und zeitlich begrenzte soziale Kontakte nach außen bestimmt war.

Aber wir haben etwas anderes. Die Dokumente erzählen, wenn man sie daraufhin liest, von den Grunderfahrungen der ständischen und bodenständigen Bevölkerung mit einer fremden, als bedrohlich empfundenen Gruppe von Einwanderern, die sich nicht dauerhaft an einem Ort niederlässt. Diese Erfahrungen treten uns fast ausnahmslos in Geschichten und Bildern der Abwehr, also in Gestalt einer »Entstellung«, entgegen. Diese kann wie in der *Spiezer Chronik* als Zuordnung der Unbekannten zu den bekannten Fremden, den Sarazenen, vorgenommen werden und auf diese Weise einen Zustand des Übergangs schaffen, der eine sofortige Abwehr unangemessen erscheinen lässt. Andere Chroniken treiben die Entstellung rasch bis zu Bildern gefährlicher Unberechenbarkeit und abstoßenden Ekels voran; teilweise bis zur Verteufelung im unmittelbaren Wortsinn. Erst viel später werden die Romantiker in ganz Europa mit dem Geheimnisvollen und Wunderbaren einen imaginären Raum schaffen, in dem auch die Zigeuner ein Heimatrecht haben.

Mit dem plötzlichen Erscheinen der Fremden stellt sich den Einheimischen eine Fülle von Fragen: nach dem Grund der Wanderung, der Herkunft, den Absichten und Zielen. Doch die Chroniken zeigen, dass sich das Interesse der Zeitgenossen nicht auf die Existenz der Zigeuner richtet, sondern vielmehr auf ihre Repräsentation: auf ihr Selbstbild, das die Romgruppen nach außen vermitteln, und die Bilder, die man sich von ihnen macht. Hannah Arendt (1906-1975) hat in ihren Studien zur Gestalt des Parias unterschieden zwischen der Darstellung, also der unveränderlichen gesellschaftlichen Rolle des Rechtlosen, des »gehetzten Tier[es], das er in der Gesellschaft darstellen muss«, und der Existenz, der tieferen Repräsentation eines ganz Anderen, das durch nichts als das Pariadasein selbst bezeugt werden kann.[7] Das Desinteresse an ihrer wahren Existenz signalisiert, dass wir es in der Realität mit einer ausgegrenzten Gruppe zu tun haben, obwohl uns der Blick auf sie verstellt ist. Das niemals erlöschende Interesse an der Darstellung hingegen gibt den Blick auf diejenigen frei, die die Ausgrenzung betreiben. Zugespitzt ließe sich formulieren: »Wir erfinden bis zu einem gewissen Grade, was wir antworten, wir erfinden aber nicht, worauf wir antworten.«[8]

Auf diese Weise erfindet Europa im 15. Jahrhundert die Zigeuner. Dass sie an der Schwelle zwischen Mittelalter und Neuzeit, einer Epoche des Zerfalls und der Neuordnung, auftreten und nicht mehr verschwinden, hebt sie vom Rande her hervor. Die europäischen Gesellschaften ›besetzen‹ mit ihnen im Feld der sozialen Außenseiter die Position der Nicht-Integrierbaren am äußersten Rand der Zivilisation. Durch Ausschluss in einer Gesellschaft verortet zu werden, in der man als Fremde auf Dauer betrachtet wird, schafft eine ›unmögliche‹ Position. Sie kann nur durch die ständige Erfindung von Anderssein, durch die Zuschreibung ethnischer, rechtlicher, sozialer, ökonomischer und kultureller Merkmale aufrechterhalten und gefestigt werden. Der ›äußerste Rand‹ markiert zwar eine Grenze, die man sich aber nicht als starre Linie, sondern als einen sich ständig verändernden Übergangsraum vorstellen sollte. Ebenso wenig ist der Ausschluss ein einmaliger Akt, er vollzieht sich vielmehr als ein dauerhafter Vorgang, der zwei Zwecken dient. Zum einen der Kontrolle einer Gruppe wie der Zigeuner, deren inneres Gefüge als undurchschaubar und damit nicht beherrschbar gilt. Zum anderen lässt er die Schichten und Gruppen der Mehrheitsgesellschaft, die sich zu den Machtlosen und Geringen zählen müssen, an dieser Kontrolle teilhaben. Das bewahrt sie allerdings nicht davor, ebenfalls in die Position der Nicht-Integrierbaren an den Rändern zu geraten. Wir werden anhand der Armutsentwicklung in der Frühen Neuzeit sehen, dass auch solche Situationen eintreten können. Durch die Betrachtung des Peripheren, das in die Ereignisgeschichte kaum Eingang gefunden hat, lassen sich Einsichten über Entwicklungen langer Dauer gewinnen, die schließlich zu den Zivilisationsbrüchen des 20. Jahrhunderts führen.

Mit der Schweizer Bilderchronik befinden wir uns am Beginn dieses Prozesses: in der alteuropäischen Gesellschaft, die sich der Weltordnung als einer von Gott geschaffenen sicher glaubt, auch wenn sie innerlich schon zerrüttet ist. Fremde wie die Zigeuner müssen eingefügt werden, ohne die Ordnung zu gefährden. Zunächst werden die ortlosen Unbekannten, die vor den schützenden Mauern Distanz zu den Einheimischen wahren müssen, verortet. Dies geschieht in den Chroniken, indem man auf ein Wissen zurückgreift, das zwar die Fremden nicht wirklich betrifft, sich jedoch auf sie anwenden lässt und den Erfindungen eine plausible Gestalt verleiht. Der Illustrator der Schilling'schen Chronik ›sieht‹ die Ankömmlinge als reiche konvertierte Sarazenen aus dem sich nach Europa ausbreitenden Osmanischen Reich oder dem umkämpften Heiligen Land. Eine eher seltene Blickweise. Die Illustration kommt der *Schweytzer Chronick* Johannes Stumpfs (1500-1566) aus dem Jahr 1538 und dessen Quellen recht nahe. Der entsprechende Abschnitt lautet:

»In disem 1418. jar kamen erstlich die Zyginer / so man nennet die Heiden /
in Helvetien / gen Zürych und andere ort / [...] deren waren mann / weyb
und kinder auff 14 000. personen geschätzt / doch nit an einem hauffen / sonder hin und wider zerströwet. Sie gaben für / wie sie auß Egypten verstossen
weren / und müßten also im ellend 7. jar büß würcken. Sie hielten Christliche
ordnung / trügen vil gold und silber / doch darneben arme kleider. Sie wurden von den ihren auß ihrem vatterland herüber mit Gelt verlegt und besol-
det / hatten keinen mangel an zeerung / bezalten ihr essen un trincken / und
nach siben jaren füren sie widerumb heim.«[9]

Die direkte Übereinstimmung betrifft sowohl die Zusammensetzung,
wenn auch nicht die übertriebene Größe der Gruppe, als auch das
Christentum, den Reichtum und die orientalische Herkunft. Die Zuordnung zu Bekanntem wird nun noch deutlicher. Pilger und Büßer, die
einzeln oder in Gruppen arm und um Almosen bettelnd oder gut ausgestattet durch die Länder zogen, um die ewige Seligkeit zu erlangen,
gehörten zum mittelalterlichen Alltag. In diesem Zusammenhang gewinnt auch die legendenhafte ägyptische Herkunft der Zigeuner, die in
der englischen Bezeichnung als *gypsies* ihren Niederschlag gefunden
hat, an Plausibilität, genau wie die durch den biblischen Schöpfungs-
bericht im Volksglauben geheiligte Zahl Sieben. ›Im Ellende‹ meint im
Mittelhochdeutschen noch nicht materielle Armut, sondern den bedau-
ernswerten Zustand, außer Landes zu sein. Das wiederum erklärt das
Auftauchen in der Fremde und die hoffnungsfrohen Blicke auf die Stadt
Bern, die nun als Ort christlicher Nächstenliebe und Zuflucht für schutz-
suchende Pilger erscheint. Bemerkenswert – nicht nur, weil andere Chroniken vom Gegenteil ausgehen – ist die Annahme, dass die »Zyginer« jenseits des Mittelmeeres ein »vatterland« besitzen, zu dem die Verbindung
nicht abgerissen ist. Es muss nicht wiederholt werden, dass es für diese
Erfindung keine Anhaltspunkte gibt, weder in den Völkergenealogien
noch in den Reiseberichten der Zeit. Doch erzählt die Chronik von
einem beruhigenden Versprechen: der zu erwartenden Rückkehr in die
ferne Heimat nach getaner Buße. Der Romantiker Achim von Arnim
(1781-1831) wird diese Geschichte in seiner Erzählung *Isabella von
Ägypten. Kaiser Karl des Fünften erste Jugendliebe* aufnehmen und das
Versprechen in der Phantasie einlösen.

Für das Bild, das sich die europäischen Gesellschaften von den Zigeunern machen, ist es nicht entscheidend, ob die abenteuerlichen Berichte
über Bußgänge und Pilgerfahrten von den Betroffenen oder von den
Chronisten und ihren Informanten ›erfunden‹ worden sind. Ausschlag-

gebend ist die Tatsache, dass sie so und nicht anders in das Archiv des
Wissens aufgenommen und für berichtenswert befunden wurden.
Doch wen konnten die zeitgenössischen Beobachter um 1400 von
ihren Stadttürmen aus überhaupt erwarten? Welchen durch Mobilität
gekennzeichneten Gruppierungen, Verbänden oder Gemeinschaften
ließ sich die »fremde, vorher nicht gesehene umherschweifende Menge
von Menschen«,[10] so der Lübecker Chronist Hermann Cornerus (ca.
1365-ca. 1438) in einer der frühesten Quellen über die Zigeuner, zuordnen? Nomaden, die als Hirten oder Jäger das Land durchstreiften,
waren aus den Kerngebieten Europas seit Jahrhunderten verschwunden. Die unerwartete Ankunft von Menschen, die durch Krieg, Eroberung oder Naturkatastrophen vertrieben wurden, muss zu den seltenen
Ereignissen gerechnet werden. Wahrscheinlicher, zumindest im Bewusstsein der Einheimischen, war seit den Mongolen- und Tatarenein-
fällen und den Türkenkriegen die Bedrohung durch feindliche Heere
und deren Spähtrupps oder Vorausformationen. Kaufleute, Händler und
Reisende hingegen waren regelmäßig zu erwarten und besonders willkommen, wenn sie aus weiter Ferne kamen. Das versprach Abwechs-
lung, Neuigkeiten, die Möglichkeit zum Erwerb seltener Güter. Ähnliches galt für die Pilgerscharen, für die sich Regeln der Beherbergung,
Bewirtung und des Schutzes eingebürgert hatten. Aus diesem Grund
war es in dieser Gruppe üblich, sich durch Schutzbriefe und Empfeh-
lungsschreiben zu legitimieren. Diese Praxis spielte, was naheliegt, bei
der Zuordnung eine wichtige Rolle. In dem Ankunftszeitraum der Zigeuner ist der Übergang von den zahlreichen Pilgergruppen zur ständig
anwachsenden Schicht der Fahrenden und Bettler gleitend, so dass auch
diese Gruppe für eine Zuordnung in Frage kam.

Die Chronisten und wenig später die frühneuzeitlichen Historiographen und Gelehrten nutzen sämtliche Zuordnungsmöglichkeiten, wahr-
scheinliche und abwegige. Sie verfahren entweder metonymisch, indem
sie eine Teilbeobachtung, ein Merkmal herausgreifen und dieses zu einem Ganzen ausgestalten, oder sie basteln aus den vorhandenen Möglichkeiten einen handlichen Wechselbalg. So verbindet die *Schweytzer
Chronik* Stumpfs die Merkmale der Vertriebenen und der Pilger zum
religiös grundierten Gesamtbild einer siebenjährigen Bußfahrt. Wenn
die Zigeuner jedoch schon im *Diarium Sexennale* für 1424 des Andreas
von Regensburg als »heimliche Kundschafter im Lande«[11] und dann in
den Reichsabschieden von 1498 und 1500 als »Erfahrer / Außspäher /
und Verkundtschaffter der Christen Land«,[12] d. h. als Spione des feind-

lichen türkischen Heeres, identifiziert werden, so zeigt diese durch keinerlei Tatsachen zu belegende Zuordnung ein anderes Bild: fremde
Nomaden, deren Mobilität der Informationssammlung dient. In beiden
Fällen erfährt man wenig über die Einwanderer und einiges über die Art
und Weise, wie die Einheimischen mit den Fremden umgegangen sind.
Pilgern aus dem Morgenland gewährt man für eine begrenzte Zeit Obdach und Almosen. Spione aus dem Orient verfolgt, bestraft und vertreibt man ohne Gnade und Mitleid. Pilger nehmen um 1400, wie schon
zuvor, einen anerkannten Fremdenstatus ein. Ihr religiös begründetes
Tun schließt sie in die besuchten Gemeinschaften ein und stiftet ein
gewisses Vertrauen. Daraus leitet sich jedoch keinerlei Anspruch auf
dauerhafte Aufnahme ab. Dem vermeintlichen Spion begegnet man
schon im Verdachtsfall mit moralischer Verachtung und schließt sich
vor ihm ab. Statt Vertrauen regiert die Furcht davor, er werde der Gemeinschaft schaden. Misstrauen, Wachsamkeit, Kontrolle und Vorbeu-
gung halten den unheimlichen Fremden auf Abstand.

Die Chroniken sind erfindungsreich. Ihr Beschreibungsrepertoire ist
beträchtlich: Umrisse, die von dem vertrauten Hintergrund abgehoben
werden, Auffälligkeiten, die im Gedächtnis bleiben, Geschichten, die
Ordnung in das Sammelsurium von Überlieferungen, Beobachtungen,
Berichten, Vermutungen und Gerüchten, von einfallslosen Wiederholungen und gewitzten Erfindungen bringen sollen. Nicht nur ein paar
verschreckte oder um ihre Armenkasse besorgte deutsche Städte halten
die Ankunft der Zigeuner in ihren Annalen fest. Überall in Europa reagieren die Einheimischen auf eine ähnliche Weise, als hätte man darauf
gewartet, neben den Juden ein weiteres Volk vor Augen zu haben, an
dessen uneuropäischer, geheimnisvoller Lebensweise sich der Abstand
zur eigenen Weltordnung messen lasse. Um nur einige Orte und Länder
zu nennen, aus denen Nachrichten überliefert wurden: Neben zahlreichen deutschen und Schweizer Städten von Lübeck über Augsburg bis
Bern sind dies u. a. Brüssel (1420), Deventer (1420), Nijmegen (1428),
Bologna und Forli (1422), Mailand (1457), Paris (1427), Barcelona (1447),
Lwów (1444), Vilnius (1501) und schließlich Orte in Schottland (1505),
Dänemark (1511), Schweden (1512), England (1514) und Finnland (1540).
Schon bald halten europäische Reisende, die in das Heilige Land pilgern,
auf ihrem beschwerlichen und gefährlichen Weg Ausschau nach den
»Ägyptiern«. In Berichten über die Jahre 1482, 1486 und 1498 glaubt
man die »Heimath der Zigeuner«[13] in der Hafenstadt Modon auf der
Halbinsel Peloponnes entdeckt zu haben. Die Reisenden warnen vor

ihnen, weil sie wie die Juden angeblich wohlhabende Pilger an die Türken verraten, um ihnen einen Tribut abzupressen.[14]

Die Erwähnung einer ärmlichen Ansiedlung von Schmieden in Modon lässt sich trotz der sehr dürftigen Quellenlage als Hinweis ernst nehmen, dass Südosteuropa ein Hauptaufenthaltsort vor der Wanderung nach Norden und Westen war. Denn wie soll man die Formel in den Chroniken deuten, dass die Zigeuner von weit her kamen, wenn man bei guten Witterungsbedingungen für die Strecke von Augsburg nach Basel mehr als eine Woche benötigte? Wenn sie Schutzbriefe des ungarischen und deutschen Königs und späteren Kaisers Sigismund (1368-1437), die im böhmischen Zips gesiegelt worden waren, und solche des römischen Papstes vorwiesen, fragten die Chronisten nicht mehr nach dem vorigen und vorvorigen Aufenthaltsort, der nicht allzu weit entfernt gewesen sein konnte. Ihre Neugier richtete sich auf die legendenhaften Erzählungen über eine in mythische Zeiten und Räume eintauchende Herkunft.

Das ist zunächst auch in den Gebieten des heutigen Rumäniens, Ungarns und Bulgariens nicht anders, in denen sich die Zigeuner jedoch schon früh ansiedeln, wenn sie »Pharaonen« genannt und damit auf eine nicht mehr nachvollziehbare Weise mit den antiken Ägyptern in Verbindung gebracht werden.

> »Das Zigeuner-Volk kam aus Kleinasien ungefähr im J. 1417 zuerst in die Moldau, dann in die Walachei, nach Ungern und Siebenbürgen. Noch damals hieß man sie Pharaonen; sie hatten über sich ihre Woiwoden, welche in einem Diplom des ungrischen Königs Vladislaus vom Jahr 1496 Vayvodæ Pharaonum genannt werden, und besonders wird daselbst einer derselben mit seinem Namen, Thomas Bolgar, Vayvoda Pharaonum, bestimmt, und zugleich angegeben, daß jeder dieser Woiwoden über 25 Zigeuner-Zelte gesetzt sei.«[15]

Wichtiger noch als der Hinweis auf die soziale Struktur, die uns in Gestalt der Zigeunerherzöge, -könige und -obersten immer wieder begegnen wird, ist eine verlässliche frühe Quelle aus dem Jahr 1385. Aus ihr lässt sich erfahren, »daß der walachische Wojwode Wladislaw [...] dem Kloster des hl. Antonius na Vodici in der Walachei 40 Zigeunerfamilien schenkt«.[16] Hier ist von Leibeigenschaft und Sklaverei die Rede, die in Rumänien als letztem Land Europas erst 1856 aufgehoben wurde. Die Versklavung bedeutete allerdings auch, dass es der einheimischen Gesellschaft früh gelang, die Einwanderer in ihr von feudaler Bojarenherrschaft getragenes Ordnungssystem einzufügen. Während die anderen europäischen Länder mit Ausnahme Spaniens den Weg der dauerhaften Ausgrenzung einschlugen, wird den Zigeunern hier eine Position innerhalb der Gesellschaft zugewiesen. Die Stellung als Leibeigene der Landadligen und Klöster und als Dienstleister für die untersten, oft als unrein angesehenen Tätigkeiten stellt keine besonders erstrebenswerte Position dar. Die aus ihr erwachsene Verachtung durch die anderen gesellschaftlichen Schichten, die bis heute andauert, richtet sich auf die mangelnde Bildung und die Folgen der Armut wie fehlende Körper- und Wohnhygiene sowie Nichtbeachtung der Speisevorschriften ihrer Umgebung. Fremdartigkeit wird in Andersartigkeit umgewandelt.

Integration bedeutet an der Schwelle zur Neuzeit nicht, in der Gesellschaft aufzugehen, sondern in eine unveränderbare Hierarchie eingeordnet und auf Abstand gehalten zu werden. Dennoch unterscheidet sie sich von anderen Feinderklärungen in den west- und nordeuropäischen Ländern mit Folgen wie Einsperrung oder Landesverweisung. In den durch Epidemien, Hungersnot und Krieg wiederholt entvölkerten Gebieten nördlich des Osmanischen Reichs waren Einwanderer unterschiedlicher Herkunft »als potentielle Arbeitskräfte oder Soldaten« nicht unwillkommen.[17] »Sie begaben sich unter den direkten Schutz des Königs oder eines der zahlreichen Feudalherren, die die Zuwanderer mit Schutzbriefen oder Niederlassungsurkunden ausstatteten.«[18] In der Bukowina gewährte ihnen etwa der moldauische Fürst Alexander der Gute (1400-1432) 1417 »freie Luft und Boden zum Umherziehen, Feuer und Eisen zum Schmieden«.[19] Nicht unwahrscheinlich ist es, dass sich einzelne Gruppen sehr unterschiedlicher Größe von dort aus auf den Weg nach Westen gemacht haben, bisweilen ausgestattet mit Geleitschreiben wie dem urkundlich überlieferten Brief König Sigismunds.[20]

Während in Süddeutschland und in Westeuropa die Schwärze der Haut als Zeichen einer orientalischen oder afrikanischen Herkunft gedeutet wird, erscheinen im norddeutschen und baltischen Raum die unter Barka-Khan (Regierungszeit von 1257 bis 1267) zum Islam konvertierten Tataren im Hintergrund der Einwanderung, deren Bedrohung gegenwärtiger war als die weiter südlich aufziehende ›Türkengefahr‹. »Tatern« – der Anklang an den tartarus, die Hölle, mag eine Rolle gespielt haben – setzt sich im gesamten niederdeutschen Sprachraum und in Schweden als Bezeichnung durch.[21] Noch zu Beginn des 20. Jahrhunderts verwenden Hermann Löns (1866-1914) und Wilhelm Jensen (1837-1911) in ihren Heimatromanen diesen Begriff. Ägyptier, Heiden, Tatern: Die semantische Beliebigkeit, mit der den namenlosen Fremden begegnet wird, täuscht über die Sprachpolitik hinweg, die hier betrieben

wird. In einer christlichen Ordnung der Welt und des Wissens werden
sie einem Bedeutungsfeld des Nichtchristlichen, ja Heidnisch-Gott-
losen zugewiesen, das durch Oppositionen und unvereinbare Unterschiede zum Selbstbild bestimmt ist. Die Frage, ob Zigeuner als »getouf-
te haiden« Christen in umfassender kultureller Bedeutung sein können,
wird bis in das 20. Jahrhundert hinein gestellt werden, z. B. wenn es um
die offizielle Anerkennung der Wallfahrt nach Saintes-Maries-de-la-
Mer durch die katholische Kirche geht.

Chroniken wie die Lübecker bilden die zeitliche Grenze, die bisher
auf der Suche nach verlässlichen Quellen über Zigeuner nicht überwunden werden konnte. Vereinzelt beginnen Städte im späten 13. Jahrhundert mit annalistischen Aufzeichnungen, in größerer Anzahl seit der
Mitte des 14. Jahrhunderts in Norddeutschland und deshalb in mittel-
niederdeutscher Sprache – und mit ihnen häufen sich die Nachrichten
über Zigeuner. Zunächst halten die Stadtschreiber meist unzusammen-
hängend rechtliche und administrative Vorgänge und Regelungen fest,
dann zunehmend Ereignisse und Vorfälle, die ein glanzvolles Licht auf die
Stadt und ihren Rat werfen und eine gute Herrschaft von einer bösen zu
unterscheiden helfen. Einige Chroniken greifen auf das Modell der ›Weltchronik‹ zurück, die mit der Geschichte der Schöpfung beginnt, an deren
Erhalt man durch Bürgerfleiß und -tugend mitzuwirken glaubt. Andere,
wie die *Annales Boiorum* (1522) von Johannes Turmair gen. Aventinus
(1477-1534), entwickeln sich in die Richtung einer zusammenhängenden
Geschichtsschreibung. Chroniken, wie die schon erwähnte von Johannes
Stumpf, erheben einen stilistischen und literarischen Anspruch, indem
sie auf anschauliche, manchmal anekdotische Weise ebenso bewaffnete
Auseinandersetzungen oder Naturereignisse beschreiben wie den Lebensalltag und die Sitten und Gebräuche in den Städten bis hin zu
Details wie Marktpreisen, Löhnen und Almosen. Für die Städte stellen
sie mitunter ein so bedeutendes Dokument der Erinnerung, der Beleh-
rung und Unterhaltung dar, dass man sie aufwändig illustriert oder nach
Gutenbergs Erfindung in prächtiger Ausstattung druckt.

Nichts als die Chroniken also, nicht nur am Anfang, sondern in den
ersten 150 Jahren. In der Vagantendichtung, deren Sujet das fahrende
Volk – ›varnde diet‹ – ist, haben Zigeuner keine Spuren hinterlassen. Das
ist erstaunlich, halten sich doch die Vaganten zugute, weit gereist zu
sein: »[...] meister Trougemund, / zwei und sibenzec lant diu sint dir
kunt«.[22] Ähnliches gilt für die Spielmannsepik. Selbst in *Salman und
Morolf* (um 1190), einem Epos, das das Heilige Land zum Schauplatz

hat, und im *Herzog Ernst* (vor 1186), in dem der Orient phantasiereich gestaltet wird und der Held erfolgreich gegen die merkwürdigsten Völker wie Kranichleute, Platthufer und Großohren antritt und je ein Exemplar als Trophäe mitbringt, tauchen »Ägyptier« nicht auf. Auch die höfische Dichtung von Hartmann von Aue (um 1150/60-um 1210) bis Gottfried von Straßburg (um 1200) kennt keine Figuren, die sich mit den Beschreibungen der Chroniken in Verbindung bringen ließen. Ebenso wenig Oswald von Wolkenstein (1377-1445), der in Diensten König Sigismunds, der 1423 einen Schutzbrief für einen »Ladislaus Woynoda und die ihm untergebenen Zigeuner«[23] siegelte, als dessen Gesandter Europa durchreiste. Zigeuner erwecken bei der publikumsorientierten mittelalterlichen Literatur, gleich ob es sich um Epen oder Schwänke handelt, keinerlei Gestaltungsinteresse, auch dann nicht, als ihre Anwesenheit längst Beratungsgegenstand auf höchster Ebene, auf den Reichstagen (ab 1497), ist. Das ändert sich erst, als Sebastian Münster (1488-1552) ihnen in seiner immer wieder aufgelegten und weit verbreiteten *Cosmographia* (lat. 1544, dt. 1550) ein ganzes Kapitel samt Illustration widmet.

Welche Ereignisse, Beobachtungen, Vermutungen und Geschichten werden in den Chroniken für die Nachwelt festgehalten? Zuallererst immer wieder die Urszene der aus unbekannter Ferne vor der Stadt auftauchenden, Einlass und Hilfe begehrenden Fremden:

> »Item in dem jar als man zalt 1427 kamen leut her gen Augspurg mit weib und mit kinden und nanten sich aus Egipten und heten ainen hertzoge; die müsten in der Rossenaw ligen. die nennet man seider die Zigeiner, und send hernach oft kumen.[24]

Die Lübecker Stadtchronik weiß schon über ihre Reisewege Genaueres zu berichten.[25] Wie andere Chroniken geht sie von der Annahme aus, dass die fremden Bußgänger zu einer Minderheit von Häretikern oder Konvertiten innerhalb einer christlichen Gemeinschaft gehören. Wie sonst könnten sie Bischöfe haben, die für die Aufrechterhaltung der christlichen Ordnung sorgen. Dem Bild bußfertiger Pilger widerspricht allerdings der in zahlreichen Chroniken erhobene Diebstahls- und Betrugsvorwurf. Damit rücken sie in ein anderes, soziales Blickfeld: die Gruppe der Vaganten, Gaukler und betrügerischen Bettler und Diebe. Von ihnen unterscheiden sie sich durch ihre Gruppenstruktur mit Herzögen und Grafen, die wie der heimische Adel durch Kleidung und Habitus zu erkennen sind, und durch den Besitz von Geleitbriefen von höchster Stelle. Einen dieser Schutzbriefe, »den sie auf Papyrus hat-

ten«,[26] jenen von König Sigismund erhaltenen, fügt der Chronist Andreas von Regensburg in einer Abschrift in seine Aufzeichnungen ein, so
dass uns der Inhalt überliefert wurde.[27] Er ist kein Einzelfall. Im Staatsarchiv Karlsruhe befindet sich ein Geleitbrief des Grafen Friedrich von
der Pfalz aus dem Jahr 1472 für einen »edel Bartholomes, grave zu
Clein-Egipten«,[28] im Staatsarchiv Modena ein Papier für einen »Ioannes
Comes de Egypto«[29] (1485). Und noch 1488 stellt die Burggräfin zu
Leißnigk in Sachsen einem Grafen Nicolaus Caspar eine Urkunde aus,
die zu freiem Geleit, Beherbergung und Almosen auffordert.[30] Ebenfalls
erhalten sind Schutzbriefe aus Schleswig-Holstein, so ein Schreiben von
1511 für einen Junker Jürgen von Ägypten.[31] Über die Echtheit der in
den Chroniken erwähnten Schreiben kann nur noch in den seltensten
Fällen entschieden werden. Dass Bettler sich mit Hilfe gefälschter Papiere als Pilger ausgaben, war nicht ungewöhnlich. Sowohl der Handel
mit solchen Papieren als auch ihr praktischer Einsatz gehörten zu den
Mitteln im Überlebenskampf der Armen. Das *Liber Vagatorum* von
1510, eine Schrift, in der die Berufszweige der Bettler, Betrüger und
Diebe und ihre Ausstattung und Tätigkeitsfelder beschrieben werden,
nennt die sogenannten »scherpierer« und »clamyerer«, die sich als
Rompilger ausgaben.[32] Ein spätes Echo lässt sich noch in Johann Peter
Hebels (1760-1826) Kalendergeschichte *Der schlaue Pilgrim* vernehmen. Den Bettelnden war auch nicht unbekannt, an welchen Tagen in
welchen Städten oder Klöstern Almosen verteilt wurden, vor allem
wenn große Armenschenkungen zu erwarten waren.[33] Die Zigeuner
wurden in den ersten Jahren nach ihrem Erscheinen jedoch nicht um-
standslos den herumziehenden Bettlergruppen zugeschlagen. Man sah
sie als ›ellende‹, Armut und Obdachlosigkeit auf sich nehmende Büßer,
die durch ihre fremdartige Erscheinung eine Aura des Besonderen
umgab. Gerne nehmen die Chroniken deshalb die Legenden über die
Herkunft und den Anlass der Buße auf und vermeiden so die sich im
Vorwurf des Diebstahls ankündigende Zuordnung zu den Gaunern und
Betrügern. Die Städte halten die Gebote christlicher Barmherzigkeit
ein, wie die Einträge über beträchtliche milde Gaben belegen. Die Stadt
Nijmegen zum Beispiel lässt sich 1428 ihre Nächstenliebe neben Brot
und Fisch »eyn vat guets biers«[34] kosten. Nicht weniger großzügig verhält man sich 1418 in Frankfurt am Main. Doch schon beim folgenden
Bittgang wird ein Almosen verweigert, der nächste führt zu einem Verbot, die Stadt zu betreten. 1497 dann werden die Zigeuner unter Gewalt-
androhung vertrieben. Von Schutzbriefen ist nicht mehr die Rede.[35]

Ihrem Auftreten entsprechend werden sie überall als sozial hierarchisch gegliederter Verband wahrgenommen – mit Adligen als Führung. Die Lübecker Chronik erwähnt einen Herzog und einen Grafen, in Schottland ist 1505 von einem »Lord of little Egypt« die Rede, in Bologna 1422 von einem Herzog Andrea[36] und 1459 im niederländischen Zutphen sogar von einem »Koninck van Cleyn-Egipten« bzw. einem »Konynck van den Heidenen«.[37] Den Anführern werden Habitusformen wie das Reiten auf Pferden und das Führen von Jagdhunden oder Zeichen von Reichtum wie Schmuck und wertvolle Kleidung zugeschrieben, während die übrigen Gruppenmitglieder als armes, gehorsamspflichtiges Gefolge vorgestellt werden. Man reist nicht nur wie ein Adliger, sondern lässt sich standesgemäß bestatten, zumindest im 15. Jahrhundert, als die Rechtsverordnungen dies noch nicht unterbanden. Grabinschriften zeugen von einem Panuel, Herzog in Klein-Ägypten (1445), von einem Grafen Petrus (1453) oder von einem Freigrafen Johann: »*Anno Dei 1448 uf mentag nach Urbani starb der wolgeburn her Johan frigraf uss klein egipten, dem got barmherzig sy*«.[38] Zum Bild der Anführer gehört auch die im Schutzbrief Sigismunds als Privileg gewährte eigene Gerichtsbarkeit. Die jeweiligen Landes- oder Stadtherrschaften nehmen darauf allerdings keine Rücksicht – und schon gar nicht auf einen 1422 vom Herzog Andrea von Ägypten in Bologna vorgezeigten Schutzbrief Sigismunds, »des Königs von Ungarn, der Kaiser war, kraft dessen es ihnen erlaubt war, während dieser sieben Jahre zu rauben, wo immer sie auch hinkämen, und daß man nicht gerichtlich gegen sie vorgehen dürfe«.[39]

Die Inszenierung einer Feudalgesellschaft en miniature bleibt in den Anfängen nicht erfolglos, solange der Verdacht einer Täuschung oder eines Betruges nicht aufkeimt. Und wenn es nur bessere Unterkunft innerhalb der Stadtmauern ist, während das ›Gefolge‹ auf freiem Feld nächtigen muss. Aus Spanien, mit seinem strengen Kodex adliger Ehre, hat sich ein Fall der Anerkennung und höfischer Korrektheit überliefert. 1460 erreicht eine Gruppe unter der Führung eines Grafen Jakob und seiner Frau Dona Loisa die Stadt Andujar, ausgestattet mit »Sendschreiben, die von unserem Heiligsten Vater ausgestellt worden waren«.[40] Sie führen außerdem noch einen Brief des Königs mit sich,

»den seine Hoheit an alle hochgestellten Untertanen und Einwohner seiner Königtümer gerichtet hatte. Er gebot […] ihnen allen, dem besagten Grafen alle Ehren zu erweisen und einen höflichen Empfang zu bereiten«.[41]

Der zuständige Konnetabel befiehlt die Aufnahme in Andujar.

> »Er ordnete außerdem an, daß der besagte Graf und die besagte Gräfin, seine
> Frau, in der besagten Stadt alle Tage mit ihm, dem Grafen und seiner Frau
> Gräfin essen sollten. Schließlich sollten an alle übrigen alle die Sachen, deren
> sie bedurften, ausgeteilt werden.«[42]

Als 15 Tage nach deren Weiterreise nun gar ein Herzog Paul von Klein-Ägypt mit Geleitbriefen gut ausgestattet die Stadt erreichte, »bezeugte der besagte Konnetabel ihm hohe Ehren, die ihm aufgrund seines herzoglichen Titels zustanden«.[43] Solange der Kontakt mit den Fremden nicht durch anstößige Praktiken oder offene Gesetzesverstöße gestört wird, entsteht eine Situation, zu deren Bewältigung vertraute Verhaltensmuster vorhanden sind: die christliche Barmherzigkeit für die bedürftigen Pilger und die höfische Ehrerbietung und Gastlichkeit für die Aristokraten.

Der Auftritt in Adelsformation kann aber, wie in Aventinus' *Annales Boiorum* zum Jahr 1439, ebenso unter Missachtung der Höflichkeitsregeln als groß angelegte betrügerische Maskerade gedeutet werden:

> »Zu derselben Zeit begann jenes sehr diebische Volk (oder: Menschenge-
> schlecht), ein Gemisch und Auswurf verschiedener Völker, die im Grenzge-
> biet des Türkenreiches und Ungarns wohnen (wir nennen sie Zigeni) unter
> ihrem König Zindelo(ne) unsere Gebiete zu durchstreifen (und) durch
> Diebstahl, Raub und Wahrsagen suchen sie ungestraft ganz und gar ihren
> Unterhalt. Sie lügen, daß sie aus Ägypten stammen und von den Göttern
> gezwungen werden, landesflüchtig zu sein und sie erdichten sehr schamlos,
> daß sie die Sünden der Vorfahren, die sich geweigert hätten, die Gottesgebä-
> rerin und Jungfrau mit ihrem Knaben Jesus aufzunehmen, mit einer Verban-
> nung von sieben Jahren sühnen.«[44]

Bei Aventinus werden die groben Umrisse einer Herkunftstheorie sichtbar, die in den Zigeunern einen gut organisierten Zusammenschluss von Entwurzelten, Entrechteten und Gesetzlosen vermutet: eine diebische Sorte Menschen, so könnte man den lateinischen Text auch übersetzen. König Zindelone könnte eine Romanfigur heißen. In der deutschen Übersetzung der *Annales* von 1580 erhält er den sprechenden Namen Zundel. Ihre Heimat, das umkämpfte Pannonien, ein Übergangsbereich zwischen dem Abend- und Morgenland, lässt sie wie alle Grenzgänger gefährlich und unberechenbar erscheinen. 200 Jahre später, als die Türken Ungarn erobert haben, werden die Zigeuner aus den österreichischen Grenzgebieten verjagt, weil man befürchtet, sie könnten eine feindliche Vorhut sein.[45] Die Herkunftslegenden, die ursprünglich eine kulturelle Brücke bauen sollten, werden als Täuschungsmanöver berufsmäßiger Gauner gewertet. Akzeptiert man die Legenden jedoch, erscheinen die Bußgänge als Teil eines sakramentalen Rituals und freiwillige Armut und Pilgerschaft als Zeichen gesteigerter Frömmigkeit oder Heiligkeit, die eine Scheu vor den Fremden bewirken. Fügt man ihnen Leid zu, wird man möglicherweise von einer unbekannten göttlichen Macht oder durch magische Praktiken bestraft.

Legenden: Aus der Bibel in die Geschichte

Die in den Chroniken erzählten Legenden stellen in einer Zeit, die »noch Gleichniß und Wahrheit wenig«[46] unterschied, erste Versuche dar, die nomadische Lebensweise, die in dieser Ausprägung in der eigenen Gesellschaft nicht existierte, plausibel zu erklären. Eine besondere Erklärungskraft besitzen Analogien zu biblischen Geschichten – oder zu dem, was im Volksglauben dafür gehalten wurde. Sie haben darüber hinaus den unschätzbaren Vorteil, allgemein bekannt zu sein. Andreas von Regensburg reiht, wie andere Chronisten auch, widersprüchliche Aussagen aneinander. Bis ins 20. Jahrhundert hinein werden Behauptungen tradiert wie jene, das Volk der Zigeuner »sei ausgewandert; zum Zeichen und zur Erinnerung an die Flucht des Herrn nach Ägypten, als er vor dem Angesicht des Herodes floh, der ihn suchte, um ihn zu töten«.[47] Das ist eine reduzierte Legendenfassung und eine recht einfache ›imitatio christi‹: kindlich im wahrsten Sinne des Wortes, wenn Gläubige eine Episode aus der frühen Kindheit Jesu nachahmen, aber dennoch keine schlechte Idee, wenn man im Familienverband herumreist. Das Fasten in der Wüste, das Eremitendasein also, oder die Passion sind weitere Möglichkeiten, für Nomaden allerdings weniger praktisch. Durchgesetzt hat sich die Version, dass Gott sie »in das Ellendt verstoßen hette«,[48] weil sie der Heiligen Familie auf der Flucht nach Ägypten die Beherbergung verweigert hätten.[49] Die Analogie zwischen der durch Sünde verursachten Lebensweise und jener der Heiligen Familie ist offensichtlich – und eine Warnung an die Sesshaften, nicht die gleiche Sünde zu begehen. Legenden wie diese leben im Volksglauben weiter und werden immer wieder verändert. Ein weit vorausgreifendes Beispiel soll genügen. Ein undatierter französischer Bilderbogen aus dem späten 19. oder frühen 20. Jahrhundert aus der Serie *Imagerie Pellerin* mit dem Titel *Les Cinq Sous Des Bohémiens* zeigt die Heilige Familie auf der Flucht vor den Soldaten des Herodes. Eine ›bohémienne‹, barfüßig wie Joseph und Maria, versteckt das Jesuskind in ihrem Bettelsack und rettet es durch eine List. Zur Belohnung erlaubt der Herrgott seitdem den Zigeunern, fünf Sous pro Tag zu stehlen. Dafür dürften sie nicht zur Verantwortung gezogen werden.[50] Die schlichte Legende handelt vor dem Hintergrund der Armut einen Spielraum aus, in dem Moral und Gesetz zwar weiterhin Geltung besitzen, aber dennoch suspendiert sind. Das wird mit den auf Almosen zielenden Legenden, von denen die Chroniken Kenntnis geben, nicht anders gewesen sein.

Diese Erzählungen legen die Zigeuner schon früh auf die nomadische Lebensweise fest. Wenn sie nur für eine kurze Weile auftauchen und danach weiterziehen, erledigt sich jeder Versuch individualisierter Darstellung von selbst. Stattdessen werden grobe, typisierende Merkmale offeriert, die es erleichtern sollen, das entwirklichte und entzeitlichte Kollektiv rasch zu erkennen. Das ›Legendäre‹ ihres Lebens wird zu einer Selbstverständlichkeit. Neben Ahasverus, den ›Ewigen Juden‹, tritt der unerlöste, zur Wanderschaft verdammte Zigeuner.[51] Die Geschichte von der verweigerten Herberge und der als Buße auferlegten Obdachlosigkeit gehört in diesen Zusammenhang, ebenso wie die Legenden von den aus Bosheit für die Kreuzigung Jesu geschmiedeten Nägeln und der Nachkommenschaft des Brudermörders Kain.[52] Die romantisierende Volksforschung entdeckt und erfindet im 19. Jahrhundert weitere Märchen und Sagen, die aufs Dürftigste das Bild schicksalhafter Nomadenschaft kolportieren. Weshalb beispielsweise Kessel flickende Zigeuner über Land ziehen, lässt sich leicht erklären. Doch ordnet die im Volksglauben wurzelnde Kreuznägel-Legende, die an die Verurteilung einer »ganzen Zunft zur Ruhelosigkeit«[53] erinnert, diese offensichtlich verachtete Tätigkeit in einen Gesamtzusammenhang wenig einträglicher Arbeiten ein, die von Menschen am untersten Rand der Gesellschaft erledigt werden.

Zu einer möglichen positiven Wertung führt die religiöse Deutung des Lebenslaufs als einer irdischen Pilgrimschaft nach der Vertreibung aus dem Paradies. In dieser Perspektive wären alle »Menschen [...] doch mehr oder minder Zigeuner«.[54] Als der englische Dichter John Bunyan (1628-1688) diese religiöse Grundhaltung von der Vergeblichkeit irdischen Strebens in seinem Werk *The Pilgrim's Progress* (1678) ausgestaltet, vermutet man, dass er von Zigeunern oder Fahrenden abstamme.

Die legendenhafte Ausmalung biblischen Geschehens ist seit der Spätantike im christlichen Volk beliebt, vor allem die Flucht nach Ägypten, auf die sich feudale Willkür zurückspiegeln lässt – eine frühe Form von Geschichten über Prominente, über die man Menschliches-All-zumenschliches erfahren möchte. Daneben überliefern die Chroniken einen Typus von Herkunftserzählung, der an die historisierenden, aben-teuerlichen Sagen der Spielmannsepik erinnert. Zunächst die verein-fachte, von Lodovico Antonio Muratori (1672-1750), dem Begründer der italienischen Geschichtsschreibung, in seinen *Rerum Italicarum Scriptores* (1730) wiedergegebene Fassung:

> »Am 18. Juli 1422 kam ein Herzog von Ägypten nach Bologna, der Andreas [recte: Andrea] hieß, mit Frauen, Kindern und Männern aus seinem Lande, es waren wohl gut 100 Personen. Dieser Herzog war vom christlichen Glau-ben abgefallen. Und der König von Ungarn nahm sein Land und ihn. Dieser Herzog sagte zu dem genannten König, daß er zum christlichen Glauben zurückkehren wolle, und so ließ er sich taufen mit einigen aus seinem Volk, es waren ca. 4.000 Menschen. Diejenigen, die sich nicht taufen lassen woll-ten, wurden getötet. Nachdem der König von Ungarn ihn aufgenommen und wieder getauft hatte, wolle er, daß er 7 Jahre durch die Welt reise. Er müsse außerdem nach Rom zum Papst gehen und könne dann in sein Hei-matland zurückkehren. Als sie in Bologna ankamen, waren sie fünf Jahre durch die Welt gereist und es waren mehr als die Hälfte von ihnen gestor-ben.«[55]

Die durch historische Quellen nicht zu belegende Erzählung verbin-det unterschiedliche Erfahrungen zur Opfergeschichte eines zwischen die politischen und religiösen Fronten geratenen kleinen Volkes: von den Kreuzzügen über die von den Päpsten forcierten gewaltsamen Christianisierungen (›Bekehrung oder Ausrottung‹) bis zu den ständi-gen Kämpfen um Territorialherrschaft und die politische Hegemonie im Deutschen Reich. In Étienne Pasquiers (1529-1615) *Les recherches de la France* von 1596 wird die Herkunftsgeschichte in einen stärkeren Zusammenhang mit den wechselhaften Erfolgen in den kriegerischen Auseinandersetzungen im Orient gerückt, durch die sie aus ihrer Hei-mat »Nieder-Ägypten« vertrieben worden seien.[56]

Beide Geschichtserzählungen haben die gleiche narrative Struktur. Einer wechselvollen, mit dem Verlust der Sesshaftigkeit beginnenden Vorgeschichte folgt die Erklärung für die gegenwärtige nomadische Lebensweise: die Buße als eine Art Canossagang für bedrohte Völker. Dem folgt als Pointe eine durch die Schutzbriefe mit Nachdruck verse-hene Aufforderung, in der Bologneser Version, gnädig, und in der Pari-ser, barmherzig zu sein.

In einem Punkt sind die Geschichtserzählungen so unmissverständ-lich wie die Legenden aus dem Heiligen Land. Die unbekannten Noma-

den werden als Eindringlinge dargestellt, die sich durch ihren Büßer-
und Opferstatus unangreifbar machen möchten. Sie sind weder christliche Europäer noch moslemische Sarazenen, sondern Dritte, die an keinem Ort zu Hause sind. Die wandelbare Verkörperung des Anderen,
das keinen Namen hat und das man deshalb beliebig bezeichnen darf: als
Egyptier, Tataren, Ziganer etc. Die Legenden erzeugen zwiespältige
Reaktionen. Bisweilen führen sie zur erwünschten Anerkennung. Meist
jedoch liefern sie mit der Ort- und Schutzlosigkeit Begründungen für
die Vertreibung und Verfolgung und schaffen Raum für neue Zuschreibungen wie in der Basler Chronik für das Jahr 1422, in der die Stimmung
vollständig umgeschlagen ist. Unmissverständlich werden sie als »zůsam-
men geloffene Bößwichte / Dieb und Räuber« und »unnütz Volck«
identifiziert.[57]

Die ungefähr 150 Jahre nach den Ereignissen von 1422 ausgearbeitete
und gedruckte Chronik übermittelt einen gerafften und verallgemeinern-
den Bericht. Seine Ausrichtung wird von einem späteren Wissensstand-
punkt bestimmt. Deutlicher und schärfer noch als Aventinus verwirft der
Basler Stadtschreiber Christian Wurstisen (1544-1588) die Herkunftslegenden und ordnet die Zigeuner den marginalisierten, außerhalb der
Ständestruktur entstandenen vagierenden Schichten, den »starcken«,
d. h. arbeitsfähigen Bettlern zu, deren Kontrolle außerhalb der Städte
nahezu unmöglich ist.[58]

Ebenso entscheidet sich Muratori, der italienische Geschichtsschreiber, trotz ausführlicher Wiedergabe gegen die Herkunftserzählung und
für ein abwertendes Resümee:»Sie waren die besten Diebe, die es in der
Welt gab. [...] Man beachte, daß dieses das übelste Gesindel war, das es
je in diesem Land gab. Sie waren dürr und schwarz und aßen wie die
Schweine.«[59]

Anders als bei Büßern und Pilgern wird die Armut der Zigeuner von
Albert Krantz (um 1448-1517) in seiner *Saxonia* (1520) mit Gefühlen wie
Ekel und Abscheu in Verbindung gebracht. Er spricht davon, dass sie
»nach Hundeart«[60] leben, womit Promiskuität und Inzest gemeint sind.

Damit verstoßen sie gegen christliche Ordnungs- und Moralvorstellungen auf provozierende Weise. Ihre Religionslosigkeit, über die er
ebenfalls klagt, setzt sie, im Unterschied zu den ›Sarazenen‹, wiederum
in eine Position des Dritten, sich jeglicher Bestimmung Entziehenden.
Einig sind sich die Chronisten darin, dass die Fremden ›erfahren in allen
Sprachen‹ sind. In keinem Dokument wird von Sprach- oder Verständi-
gungsschwierigkeiten berichtet. Das ist merkwürdig, denn die Zigeuner

erreichen Mittel-, Süd- und Nordeuropa innerhalb eines engen Zeitraums von wenigen Jahren, England und Skandinavien nicht sehr viel später. In Lübeck hätten sie Niederdeutsch, in Basel und Bern Alemannisch, in Nürnberg Mittelhochdeutsch, in Paris Französisch und in Bologna Italienisch sprechen müssen. Unwahrscheinlich ist das nicht. Die Beherrschung mehrerer Sprachen wird immer wieder bemerkt: »Sie reden aber mehrentheils die Windische Sprache / darneben aber auch etwas wol andere / als Ungarisch / Italienisch / etc. [...].«[61] Die ihnen eigene Sprache bleibt lange im Dunkeln. In Deutschland, Frankreich und England hält man sie für eine undurchsichtige, künstliche Gaunersprache, mit deren Hilfe sich die Unterwelt ungefährdet verständigen kann.[62] Aventinus glaubt den Beweis dafür zu haben, »daß sie die venedische Sprache [Venedica lingua] sprechen«.[63] Auch diese Spur führt wie andere in eine Sackgasse. Wendisch als ältere Bezeichnung für slawisch würde auf die um 1000 zwangschristianisierten slawischen Völker wie die Sorben hindeuten, windisch auf die Slowenen, venetisch auf eine in Norditalien gesprochene Dialektgruppe. Mehr als spekulativ wäre es, eine Verbindung zum antiken Volk der ›Veneter‹ herstellen zu wollen.[64] Die Mehrsprachigkeit einer in Bayern sich aufhaltenden Gruppe schloss demnach eine für die Gewährsleute des Chronisten nur vage zu identifizierende slawische Sprache ein, die irrtümlich für die Muttersprache gehalten wurde. Die Zigeuner konnten lateinisch abgefasste Schutz- und Geleitbriefe vorzeigen und sich offensichtlich in der jeweiligen Landessprache verständlich machen. Die bei der Ankunft von ihnen erzählten Herkunftslegenden hätten sich kaum ohne Sprachkenntnisse vermitteln lassen. Die eigene Rom-Sprache fiel als Verständigungsmittel aus. Sie war bis in das 18. Jahrhundert hinein unbekannt und konnte demnach auch von niemandem außerhalb der Romgruppen gesprochen oder verstanden werden.[65] Da die Zigeuner sich wohl kaum in Sprachkursen in der Türkei, in der Walachei oder in Griechenland, von wo aus sie vermutlich aufbrachen,[66] auf ihre Reise vorbereitet haben können, oder wie Schwicker (1839-1902) es im Stil des 19. Jahrhundert ausgedrückt hat, »sich uncultivirte Völker Wörter einer fremden Sprache nur im lebendigen Verkehre, nicht etwa aus Büchern aneignen«,[67] legt all dies nahe, dass man von längeren, unbemerkt gebliebenen Aufenthalten außerhalb der Städte ausgehen kann. Entweder haben sie auf den Wanderungen in unterschiedlichen Ländern und Regionen Menschen aufgenommen, wie seit dem 16. Jahrhundert in den unterschiedlichen Quellen immer wieder angenommen wurde, oder die Gruppen waren vielsprachig zusam-

mengesetzt und verständigten sich untereinander in der Rom-Sprache.
Dies sind jedoch Vermutungen, für die es Anhaltspunkte, aber keine
Beweise gibt.

Nomaden aus dem Niemandsland

Fragmente, Legenden, Entstellungen. Die Chroniken, so bereitwillig sie
über die Ankunft der Zigeuner Auskunft erteilen, überliefern keine
zuverlässigen Nachrichten. Aber sie fügen aus Bruchstücken ein Bild
der fremden Einwanderer zusammen, ergeben eine grobe Skizze, die in
den nationalen und regionalen Kulturen Europas schrittweise ausgemalt werden wird. Noch gibt es kein Ordnungssystem, mit dessen Hilfe
sich das Wissen über sie, das Handeln gegenüber ihnen und die symbolische Repräsentation in den Erzählungen und Darstellungen vereinheit-
lichen ließen. Die Kräfte sind an den Orten des Zusammentreffens so
verteilt, dass, anders als bei den Landnahmen durch die Türken beispielsweise, einzig die Einheimischen in allen Belangen die Regeln der
Begegnung und die Position der Fremden bestimmen – daher auch die
Unterschiede und die Willkür. Während die Bilder- und Erzählordnung
sich rasch verfestigt und in das kulturelle Archiv eingeht, werden Einfü-
gungen in die spätmittelalterliche und frühneuzeitliche Wissensord-
nung nur vorläufig durchgespielt. In die als verschlossen, geheimnisvoll
und fremdartig wahrgenommene Welt der Zigeuner einzudringen und
verlässliches Wissen darüber zu erlangen steht noch bevor. Die Huma-
nisten werden es unermüdlich anhäufen und enzyklopädisch präsentieren, die Aufklärer mit System empirisch vertiefen. Die Chronisten halten Distanz. Weder existieren Berichte über einen der Fremden, der
Aufnahme gefunden, noch über einen Einheimischen, der sich ihnen
angeschlossen hat. Kleidung, soziale Stellung, Erwerb, Religion: Das
sind erste Koordinaten, um die Ankömmlinge zu verorten. Eine symbolische Aufladung erfahren die Zigeuner, wenn ihnen der Status des
Pilgers oder des Fahrenden zugesprochen wird. Damit wird ein seman-
tisches, Sinnsuche und Bedürfnislosigkeit, Freiheit und Randständig-
keit vereinendes Feld geöffnet, das die Epochenumbrüche der Moderne
überdauern und auf dem noch die romantische Ästhetik fündig werden
wird. Die kulturelle Einordnung verhindert schon im 15. Jahrhundert
nicht den rigiden sozialen Ausschluss durch die Zuordnung zur untersten sozialen Schicht, zu den sogenannten Gaunern und Bettlern. Fremde, zumal der Gottlosigkeit und Unmoral verdächtigt, fachen die Furcht

vor Kontrollverlust an. In einer Gesellschaft, die ihre Lebensweise als fortgesetzte und vorsätzliche Sünde und Faulheit oder Bosheit betrachtet, erscheinen sie als elementare Bedrohung des von den christlichen Geboten ohnehin nicht immer erfolgreich geregelten Alltags. Die Verbindung und Verschmelzung einer von außen kommenden Gruppe mit einem Teil der eigenen Bevölkerung, den Gesetzesbrechern und Gesetzlosen, allein in der Wahrnehmung aus der Distanz, dient der Herabsetzung und Abwehr beider. Sie erschließt ebenfalls ein reiches sprachliches Reservoir rhetorischer und ästhetischer Abwertung – auch dies auf lange Dauer bis in unsere Gegenwart.

Obwohl also das gesamte Repertoire möglicher Zuordnungen durchgespielt wird und einiges davon Gestalt annimmt, bleibt im kollektiven Gedächtnis der nicht mehr befragten Überlieferungen nur die Erinnerung an das plötzliche Auftauchen bisher völlig unbekannter Menschen überall in Europa, deren Fremdheit mit der Begegnung noch zunimmt. Die situationsbedingten Zuordnungen zu den Pilgern, Gaunern oder Ausspähern rechtfertigen positive oder aggressive Handlungen bzw. Mittel der Beherrschung. Sie ändern aber nichts an dem Status der Zigeuner, der ein Nicht-Status ist und bleibt. Die ethnische und nationale Identität spielt angesichts der durch Territorialherrschaft gekennzeichneten politischen Ordnung noch keine Rolle. Deutlich kann man aus den Überlieferungen durch die Chroniken einen sich rasch vollziehenden Prozess der Marginalisierung ablesen. An den Rand gedrängt, verschwinden sie bisweilen über Jahre aus dem Blickfeld: in den Weiten der noch wenig besiedelten Landstriche oder unter den Scharen umherziehender Armer. Sie werden gefürchtet, weil sie Fremde sind, deren Verhalten man nicht einzuschätzen vermag, wenn sie wieder auftauchen. Der Verdacht, dass sie nicht einmal ›Christenmenschen‹ sind, kommt hinzu. Aber nicht nur das. Die Einheimischen fürchten sich vor ihnen als Fremde, wenn sie nur von ihnen hören oder ihnen begegnen, was selten genug geschieht. In den Stadtchroniken und dann in den historiographischen Werken der Gelehrten avancieren die randständigen Zigeuner zu einem zentralen Symbol des Anderen der europäischen Gesellschaften, verstörend und störend zugleich. Obwohl nun in Europa angekommen, gelten sie als Nicht-Europäer, ortlos und dennoch längst mit einem festen Platz in der symbolischen Ordnung.

2. Die Fremden, die bleiben

Infame Menschen: Ächtung und Ausgrenzung

Ein halbes Jahrhundert später ziehen die »elendigen luden uß dem cley-
nen Egypten«[1] wie eh und je durch Europa, um Almosen und Beherbergung zu erbitten. Verändert haben sich nicht ihre Auftritte und Selbstdar-
stellungen, sondern das Verhalten und die Reaktionen der einheimischen
Bevölkerung und Obrigkeiten. In den Archiven stößt man in den Quellen dieses Zeitraums immer häufiger auf ihre Spuren, die Dokumente
werden redseliger und selbstgewisser in ihren Urteilen und Beschreibungen und die Maßnahmen, die sie verkünden, schärfer.

Die in Schutzbriefen garantierten Aufenthaltsrechte werden ignoriert oder durch neue Verordnungen aufgehoben, der Erhalt von Almosen wird als Gewohnheitsrecht immer seltener hingenommen. Innerhalb des deutschen Reichsgebiets droht der Kurfürst von der Pfalz 1472
in einem ersten Edikt, »keyn zigener durch sayn gnaden lande oder
gebiete faren zu lassen«.[2] Eine Sturzflut von Gesetzen und Verordnungen folgt in deutschen und europäischen Ländern: 1504 befiehlt Ludwig
XII. in Frankreich die Landesverweisung, 1514 setzt die Vertreibung aus
Schweizer Städten ein, 1525 verkündet Karl V. die Vertreibung aus Flandern, 1530 beginnt die Ausweisung aus England, 1541 die aus Schottland
und 1549 aus Böhmen. 1557 beschließt auch der Polnische Reichstag die
Landesverweisung, ab 1583 zwingt Portugal die Gitanos zur Arbeit auf
den Galeeren und in den Kolonien. Nicht vertrieben wird, wer sich
durch Anpassung erfolgreich unsichtbar macht oder wer wie in der Walachei als Leibeigener einem Grundherren oder Kloster von Nutzen ist.
Vertrieben wie ein Aussätziger wird nun, wer heimat-, herren- und ei-
gentumslos ist.

Man sollte stets im Blick behalten, dass die Romgruppen in einer von
tiefen Umbrüchen gekennzeichneten Übergangsepoche nach Europa
gelangen. Dies vor allem erschwert ihnen die Orientierung. Wenn sie
zum Beispiel ihre Anführer als Herzöge oder Grafen bestatten oder als
Pilger vorstellig werden, verharren sie in ihren Köpfen noch in der mittelalterlichen Ordnung, während sie sich mit ihren Füßen längst auf
dem Boden frühmoderner Territorial- und schließlich moderner Nationalstaaten bewegen:

> »Die möglichst reibungslose Ausübung von Herrschaft verlangte seit Aus-
> gang des Mittelalters die Einbindung aller Untertanen in ein räumlich orien-

tiertes festgeknüpftes Netz, in dem sie für die Administration jederzeit greifbar waren bzw. ihre Kontrolle gewährleistet war, während zugleich auch der Raum bzw. das Land selbst bis ins 18. Jahrhundert immer intensiver erfaßt wurde. Die Herrschaft erstreckte sich über Land und Leute, wer nicht von ihr erfaßt werden konnte, gehörte zu den masterless men, zum herrenlosen Gesindel.«[3]

Schon bald wird nach ihrem Ort innerhalb des politisch neu kartierten Raums gefragt. Der Hinweis auf die ferne ägyptische Herkunft genügt den Ansprüchen territorialen Denkens nicht. Er hinterlässt Ratlosigkeit und löst Unverständnis aus:

> »Gleichwohl muß doch auch daselbst nicht ihr eigentliches Vaterland seyn, und es fragt sich, wo solches zu suchen? Allein, wo will man dasselbe finden, da die Zigeuner ein umlauffendes Volck sind, so nirgends zu Hause gehöret.«[4]

Territorialem Denken und Handeln in Europa erscheint das peripatetische Leben als ein bewusster Akt der Desintegration aus den gerade entstehenden sozialen, rechtlichen, wirtschaftlichen und kulturellen Systemen. In dieser Phase werden territoriale Verortung und Akzeptanz unauflösbar miteinander verknüpft. Diese Verbindung besteht bis heute.

Territoriales Denken geht davon aus, dass alles auf der Erde Vorgefundene einschließlich des Bodens und der Menschen sich in Besitz- und Eigentumsverhältnissen befindet. Boden und Menschen gelten als entscheidende Ressourcen des Fortschritts, Wohlstands und der Macht. Vor allem aus diesem Grund stehen Beherrschung und Kontrolle des Raums im Zentrum frühmoderner Regierungskonzepte. In Deutschland werden sie unter der Bezeichnung »*Policey-Wissenschaft*« entwickelt. Diese sucht umfassend »*die vollkommene Cultur des Bodens, die Bevölkerung, den Anbau, Wachsthum und Zierde der Städte; desgleichen die Manufacturen, Fabriken und Commercien, und den Zusammenhang des ganzen Nahrungsstandes*« sowie »*die häusliche Regierung, die bürgerlichen Tugenden, die innerliche Sicherheit, die Anstalten wider Feuersgefahr, die Ueppigkeit, die Versorgung der Armen*« abzuhandeln.[5]

Identität wird aus der Herkunft abgeleitet, die nun neben der Genealogie auch einen bestimmten geographischen Ort bezeichnet und insgesamt einen rechtlichen Status begründet. Der Ort- und Herkunftslose kann diesen Status nicht erlangen. Seine Freiheit bedeutet, auf das Territorium bezogen, in dem er sich bewegt, Rechtlosigkeit. Fahrende Gruppen wie die Zigeuner werden nun nicht mehr zu den zu versorgenden heimischen Armen gezählt. Sie gelten als schädliche, sich den Segnungen zivilisatorischen Fortschritts entziehende Elemente. Sie sind, in der Terminologie Robert Castels (geb. 1933), »Individuen des Mangels [...], des Mangels an Ressourcen und des Mangels an Zugehörigkeit«.[6] Ihr Wert ließe sich einzig durch erzwungene körperliche Arbeit auf Schanzen oder Galeeren oder durch die Verwendung als Soldaten messen.

Auch traditionell hoch gewertete Tätigkeiten wie die Urbarmachung begründen allein, wie ein Beispiel aus dem ausgehenden 17. Jahrhundert zeigt, noch keine Zugehörigkeiten. Als Zigeuner im Fichtelgebirge auf ungenutztem Grund einen Nutzgarten anlegen, den sie dann wegen der Eigentumsverhältnisse wieder aufgeben müssen, hinterlassen sie aus Sicht der Landbevölkerung einen magischen Ort, der nun »am Johannistage von Landleuten aufgesucht [wurde], um hier Kräuter und Blumen zu pflücken, welchen, als Thee verwendet, eine besonders heilsame Kraft zugeschrieben ward«.[7] Nicht die geleistete Arbeit findet Anerkennung, sondern die nach dem Volksglauben in der Andersartigkeit begründete außernatürliche Kraft. Auf der anderen Seite sind nutzbringende Fremde anerkannter Herkunft wie die französischen Glaubensflüchtlinge in Deutschland oder deutsche Fachleute und Siedler in Russland willkommen und können sogar damit rechnen, ihre eigene Kultur und Sprache bewahren zu können.

Die nun einsetzenden administrativen Erfassungsmaßnahmen führen zu einer neuen Form von ›Identität‹, die Geburtsort und -zeit, Abstammung, Religion, Staatsangehörigkeit und ein Kriminalregister umfasst. In der Übergangsphase, in der man durchaus noch an der Richtigkeit der Herkunftslegenden der Zigeuner interessiert ist, um die Vertreibung zu rechtfertigen, kommt es zu grotesken Konstellationen. So konstatiert eine Schweizer Chronik: »In dem Jahre 1646. ward allhier eine ansehnliche Schaar Zigeüner gefangen, deren Anführer sich Hans Heinrich Löwenberger aus klein Egypten nannte, obschon er zu Brenngarten gebohren worden.«[8] Andererseits weist eine 1762 mit einer Gruppe von Zigeunern in Haft genommene Christiane Schmitt die ethnische Zuordnung mit Entschiedenheit zurück, »weilen sie nicht aus Egypten gekommen, sondern in der Pfalz gebohren wäre«.[9] Die Behörden argumentieren hier in einer vergleichbaren Problemlage wie die spanische Regierung von 1749: Sie habe »einen Ziegeuner mäßigen Lebenswandel getrieben, führet die nembliche Kleyder Tracht, und hat sich auch wie alle Ziegeuner für eine Währsagerin [...] ausgegeben«.[10]

Die Suche nach der Herkunft, die wiederholt direkte Befragungen einschließt, führt zu zwei Möglichkeiten: Falls die Zigeuner die angenommene Abstammungsidentität besitzen und demnach ein Volk bilden, können und müssen sie in ihr Ursprungsterritorium zurückkehren. Wenn sie aber »zu Brenngarten« oder an einem anderen benennbaren Ort geboren sind, kann man sie zum »zusammengelauffenen Pöfel« der Gauner und Bettler zählen.[11] In beiden Fällen ist nach der damaligen Rechtsvorstellung die Vertreibung vom ›territorium clausum‹ bzw. die Einsperrung legitimiert. Beide Grundlinien der Ausgrenzung lassen sich bis in die nationalsozialistische Vernichtungspolitik hinein weiterverfolgen.

An der Schwelle zur Moderne entwickelt sich territoriales Denken zu einer ›Normalitätsvorstellung‹.[12] Hierunter sind unreflektierte Identitätsannahmen zu verstehen, die, ohne qualifizierbare Kriterien für Eigenschaften und Handlungen angeben zu können, den eigenen Lebensalltag absolut setzen. Keine Gruppe in Europa widerspricht der territorialen Normalitätsvorstellung mehr als die Zigeuner. Die europäischen Nationalstaaten rechneten bei allen Fremden auf ihrem Gebiet stets mit deren Verschwinden, bewirkt durch Assimilation, Integration oder Flucht und Vertreibung. Die nomadische Lebensweise der Zigeuner, die darauf hinausläuft, sich wie in der Natur auch in einem geordneten Raum frei bewegen zu dürfen, ohne sich den Normen und Gesetzen der Gastgesellschaften völlig anzupassen oder ihrer Kontrolle zu unterwerfen, stand diesen territorialen Praktiken diametral entgegen. Auf der anderen Seite haben sie in ihrer mehr als fünfhundertjährigen Geschichte niemals nationale oder territoriale Ansprüche gestellt. Als Deterritorialisierte sind sie für jene, die durch enges Territorialdenken geprägt sind, der Prototyp des ›Anderen‹, dessen Erscheinen schon in der Frühen Neuzeit ungehemmte Ausgrenzungs- und Vernichtungsphantasien auslöst.

Mit bemerkenswerter historischer Klarsicht und in aufklärerischer Absicht hat Johann Rüdiger (1751-1822), Professor der Kameralwissenschaften in Halle, schon Ende des 18. Jahrhunderts darauf aufmerksam gemacht, dass die Zigeuner in einer historischen, für sie mehr als ungünstigen Umbruchphase einwandern.

> »Sie fanden die europäischen Staten eben in dem Schritte aus der Barbarey zur Cultur, durch die Zerrüttung des alten Lehnswesens, zu schwach ihrem Einbruche zu wiederstehen, aber doch auch durch Volksmenge und Anfang ordentlicher politischer Verfassung zu stark, auf den ersten Anlauf überwältigt zu werden.«[13]

Rüdiger beklagt, dass man »nicht genug ihre und unsere Begriffe von rechtmäßiger Freyheit und Besitz« unterschied und »natürliche Unabhängigkeit und urgemeinschaftlichen Genuß mit Ungehorsam gegen rechtmäßige Obrigkeit und Eingriffe ins Eigenthum« verwechselte.[14] Aus heutiger Sicht lässt sich genauer sagen, dass die Verfolgungen und Vertreibungen sich vorrangig im Zusammenhang mit der Verarmung, Entwurzelung und Marginalisierung wachsender Teile der Unterschichten im Spätmittelalter und in der Frühen Neuzeit ereigneten.

Deren Folgen wie Nichtsesshaftigkeit, Kriminalität und Bettelei[15] trafen mit den Romvölkern eine Gruppe, der sich bis dahin keinerlei Aufstiegschancen geboten hatten.

Die Obrigkeiten registrieren zwar, dass es sich bei den umherziehenden Armen um verschiedene Gruppierungen handelt, sie werden jedoch bei den ordnungspolitischen Maßnahmen pauschalisierend als »Gesindel« oder »Gauner« zusammengefasst. So nennt eine Verordnung gegen die »Fahrenden« aus dem Jahr 1586 als Adressaten im Einzelnen:

> »Zigeuner, Landstreicher, herrenlose Gardenknechte, Umbgänger mit Geygen, Leyren und anderem Seitenspiel, Spitzbuben, Kundtschafter, Außsprecher, zum Müßiggang abgerichtete Landbettler, Störger, Zanbrecher und was dergleichen loß Gesindlin ist … item Wahrsager, Teufelsfenger, Christallenseher«.[16]

Dennoch wird bisweilen ein Unterschied wahrgenommen, der die Zigeuner vor der vorbehaltlosen Verfolgung bewahren müsste. Die Lebensweise ihrer Gemeinschaft entspricht dem wirkungsmächtigen frühchristlichen Ideal der Armut: »Ärmlichkeit der Kleidung, Leben ohne Einkommen und Besitz, ohne ein eigenes Haus, mit einem niedrigen sozialen Status […], unter den täglichen Leiden und Kasteiungen, die ein Leben in Entbehrung mit sich bringt.«[17] Die Herkunftslegenden rücken sie folgerichtig in die Nähe der Heiligen Familie in den Momenten der Flucht, Not und Bedrängnis. Auch das Bild, das die Chroniken malen, legt eine Verbindung nahe. Die mittelalterliche Armenfürsorge orientiert sich an solchen Bildern. Für die aus Nächstenliebe verteilten Almosen erwarten die Wohltäter allerdings als Gegengabe die Fürbitte bei Gott.[18] Ob die des Heidentums verdächtigten Zigeuner die geeigneten Vermittler sind, wurde schon in der Ankunftsphase bezweifelt. Man könnte von einer »Entheiligung«[19] der Armut sprechen, wenn man ihnen gleich dem übrigen »Gesindel« vorhält, durch sündige Handlungen wie Diebstahl, Betrug, Wahrsagen und Unzucht das Recht auf Hilfe zu verwirken. Dabei geht es um erhebliche Summen, wenn man etwa in Betracht zieht, dass Domkapitel den dritten Teil ihres Zehnten »ad usum pauperum et perigrinorum«, zum Nutzen der Armen und Pilger, abtraten. Das von den Landesherren, Städten, Klöstern und Gemeinden getragene Wohlfahrtssystem kollabiert an der Schwelle zur Moderne aus vielfältigen Gründen, von denen die materielle Verelendung breiter Bevölkerungsschichten durch Seuchen, Missernten und Kriege nicht der geringste ist. Große Hungerkatastrophen plagen Europa seit dem ersten Drittel des 16. Jahrhunderts bis ins 18. Jahrhundert hinein periodisch. Der Umbruch zur kapitalistischen Industriegesellschaft vollzieht sich in erster Linie auf Kosten der Unterschichten.[20] Man kann davon ausgehen, dass zwischen dem Beginn der Verfolgung der Romgruppen und dem Wandel in der Armenpolitik im ersten Drittel des 16. Jahrhunderts[21] ein enger Zusammenhang besteht. Anstelle der Barmherzigkeit rückt nun die Arbeit als Quelle des Wohlstands, anstelle der Nächstenliebe die Eigenverantwortlichkeit in den Vordergrund. Statt der Gemeinschaft der Christen erhält der Staat die umfassende Aufgabe, die ›gefährlichen‹ Massen zu befrieden und sozial zu disziplinieren.

Die frühneuzeitlichen Territorialherrscher entledigen sich dieser Aufgabe zunächst durch eine Politik der Gewalt. Die Armen erscheinen in den obrigkeitlichen Denkschriften und Verordnungen als bedrohliche, moralisch verworfene Gegenwelt, als »Milieu der Nacht«.[22] Eine Dissertation aus dem Jahre 1746 nennt sie

> »eine dauerhafte und arglistige, auf Gesellschaft (hin angelegte Vereinigung) mit anderen Gefährten dieses Kennzeichens, die gemacht ist, um alle möglichen Leute auszuplündern, wobei jede andere ehrenhafte Art zu leben, auf das böswilligste zurückgewiesen worden ist«.[23]

Ihre für damalige Vorstellungen merkwürdige Lage als ausgeschlossene Eingeschlossene, »die mitten in der Gesellschaft leben, ohne deren Mitglieder zu sein«[24], wie eine französische Denkschrift irritiert anmerkt, wird in negativer Umkehrung eigenen Ordnungsdenkens zu einer Unterwelt[25] organisierten Verbrechens mit eigenen Gesetzen und eigener Sprache ausphantasiert: zu einer Bettlerbruderschaft wie im *Liber Vagatorum*,[26] in dem Zigeuner nur ganz am Rande erwähnt werden, zu einem Königreich der Geusen in Frankreich und einem ›royaume des truands‹ in Paris,[27] zu den Geheimgesellschaften der Rogues in England im *Canting Dictionary* von 1725. Zu dieser Gegenwelt rechnet das englische Gesetz gegen das Vagabundieren von 1531 all jene, die weder durch Besitz noch durch soziale Abhängigkeiten als Leibeigene, Diener oder Gehilfen in der Gesellschaft verankert sind:

> »jeden Mann oder jede Frau, die körperlich unversehrt, kräftig und arbeits-
> fähig ist, kein Land besitzt, keinen Herrn hat und auch nicht rechtmäßig
> Handel betreibt, Handwerk oder Beruf ausübt, um den Lebensunterhalt zu
> verdienen«.[28]

Nur wenige literarische Werke der Zeit dringen bis zum lebenswelt-
lichen Alltag der Armen vor, am häufigsten noch in Spanien und in
England. Ob Zigeuner darin auftreten, lässt sich mitunter kaum entscheiden. In Deutschland ragt Hans Sachs (1494-1576) mit seinem 1559
geschriebenen *Ein faßnacht-spil mit sechs personen, und wirdt genandt
die fünff armen wanderer*[29] heraus. In diesem Stück bringt er die Begegnung eines Bürgers der Freien Reichsstadt Nürnberg mit einer Gruppe
›Fahrender‹ auf die Bühne. Zu Beginn der Handlung sucht ein Herbergs-
wirt nach dem »elendst wandrer«,[30] um ihm kostenlos Logis und Ver-
pflegung zu bieten. Er übernimmt hier demonstrativ die durch die
christliche Barmherzigkeit gebotene Armenfürsorge und Beherbergung
von Fremden: »[…] ich mich thu erparmen / Uber die elenden und
armen.«[31] Seit dem 14. Jahrhundert versuchten die Städte, durch restriktive Verordnungen Forderungen auswärtiger Bettler zurückzuweisen.
So gewährte ihnen Nürnberg z. B. nur noch einen dreitägigen Aufenthalt.[32] Anspielungen auf die Herbergssuche der Heiligen Familie in
Bethlehem verleihen der Handlung, die manchmal ins Derb-Komische
abzugleiten droht, den notwendigen Ernst. Zu den fünf Wanderern
zählt neben dem »karrenmann«, dem »krämer«, »bettel-münnich« und
»reutter« auch ein »zygeuner«. Ihn bezichtigen die anderen der üblichen Vergehen: »Er bscheist und stielt, er zaubert und leugt, / Angsicht
der augen ein betreugt.«[33] In einem eindrucksvollen Monolog schildert
der Zigeuner die Lage recht- und heimatloser Vaganten:

> »Mein wandern das wert immer zu
> Durch alle land on rast und rhu.
> […]
> Mein plunder muß ich selbert tragen
> In hitz, in kelt, gen thal und berg.
> Niemandt mir geren gibt herberg.
> Wo ich schleich etwan in ein hauß,
> Seh man mich lieber gehn hinauß.
> Man trawt mir nicht, wo ich hin kumb,
> Und bin gantz unwert umb und umb.
> Mit kaufen, verkaufen man mich scheucht.
> Jungs und alts sich vor mir verkreucht.
> Pawrn ir hund gar offt an mich hetschen.

Bald muß ich auß eim dorff mich fetschen.
Wo ich nachts uberkom ein stro,
Bin ich mit weib und kinden fro.«[34]

Der Wirt beendet den demütigenden und absurden Wettstreit mit einer
überraschenden, die Intention des Spiels pointierenden Wendung:»Des
seyt all fünff heint meine gest!«[35] Sein Wohlstand und die Stadt bieten
ihm Sicherheit und Schutz. Deshalb sieht er sich zur Mildtätigkeit gegenüber den Armen und Schutzlosen verpflichtet, zumal er früher selbst
zu ihnen zählte:

»Da war ich auch offt elend leider,
Weil sich mein elend hat verkert
Und mir Gott hat ein narung bschert.
So gieb ich all zeyt herberg gern
Elenden wandrern in meiner tafern.«[36]

Über die Beherbergung hinaus stattet er jeden der elenden Wanderer mit
»drey patzen«[37] aus. Seine Handlung zielt darauf ab, das Gemeinwesen
zu beschämen, das sich seiner Pflichten zu entziehen sucht.
    Hans Sachs bildet keine Ausnahme, wenn er die Zigeuner als einen
Teil des Armenheeres betrachtet. Auch wenn die ethnische Fremdheit,
die zunächst die Wahrnehmung lenkte, noch immer von Bedeutung ist,
bestimmt nun die soziale Ausgrenzung der Eigentums-, Obdach- und
Ständelosen weitgehend das Verhalten. In der Ankunftsphase gab es wenig Veranlassung, eine nomadisierende, unkriegerische Gruppe wie die
Zigeuner, die keinerlei Ansprüche auf einen dauerhaften Aufenthalt
erhoben, genauer zu beobachten, selbst dann nicht, als man sie beschul-
digte, Spione der Türken zu sein. Das ist bei Hans Sachs schon anders.
Genauer besehen verhört der Wirt die ›Elenden‹ und verlangt ihnen ein
Bekenntnis ab, das ihm einen tiefen Einblick in ihre Lebensweise und
ihre betrügerischen Praktiken und Laster erlaubt. Das ist kein Zufall.
Mit der Verschärfung der sozialen Probleme in ganz Europa geraten
jetzt auch die Zigeuner wie die Armen insgesamt in den Blick der Obrigkeiten – und in den der Schriftsteller.
    Für den langen Zeitraum bis zum Ende des 18. Jahrhunderts, als die
aufgeklärten Anthropologen und Ethnologen die Bühne betreten, um-
grenzen die vagabundierenden, marginalisierten Unterschichten den
sozialen Raum, in dem Zigeuner verortet werden. Für einen besonderen, dem der ghettoisierten Juden vergleichbaren Status einer ethnisch-
religiösen Minderheit[38] gibt es keinerlei Anhaltspunkte. Dennoch stel-

len sie durch ihr Äußeres, ihre Sprache, ihre Kleidung und ihr Auftreten in Familienverbänden einen hervorgehobenen Teil der Fahrenden dar.

In der zeitgenössischen Redeweise über Armut und Verbrechen werden die Unterschichten mit schaurigen Bildern des Animalischen, der Rohheit und Gemeinheit, der Unzucht, der Lasterhaftigkeit, des Schmutzes, der Hässlichkeit und der Gottlosigkeit in Verbindung gebracht. Zigeuner sind Teil dieser Repräsentation, sie gehen aber nicht vollständig darin auf. Ihre verheerende Durchschlagskraft verdanken diese Bilder der Vermischung von Elend und Kriminalität.[39] Nur sehr selten stößt dies auf Widerspruch. Henry Fielding (1707-1754) stellt 1753 in einer Denkschrift fest:

> »Die Leiden der Armen springen weniger ins Auge als ihre Verbrechen, deshalb empfinden wir weniger Mitleid mit ihnen. Wenn sie vor Hunger und Kälte sterben, sind sie unter sich, und den Begüterten fallen sie nur auf, wenn sie betteln, stehlen und rauben.«[40]

Die Phantasien der weltlichen und kirchlichen Obrigkeiten, Stadtbürger, Landleute und Schriftsteller kreisen in der Tat um den »engeren Kern der Gauner, Diebe und Räuber«.[41] Eine unübersichtlich und regellos erscheinende Schicht soll durch die Vereinfachung ein wiedererkennbares Gesicht – das Gesicht des Verbrechens – erhalten. Aus dem Gewimmel umherziehender, fremdartiger und bedrohlicher Massen versucht man Signale zu vernehmen, die sich entschlüsseln und erklären lassen.[42] Das gilt für die Marginalisierten insgesamt und für die Zigeuner in besonderem Maße. Mit den Zuschreibungen reagiert man auch auf die Tatsache, dass sich ein bestimmter Teil der »Armutsgesellschaft«[43] der unmittelbaren Dienstherrschaft von Personen aus den höheren Ständen und der obrigkeitlichen Administration entzieht. Solche Handlungsweisen werden als Ausdruck von Laster- und Boshaftigkeit gewertet:

> »Jedoch heut zu Tage ist mehr als zu bekannt, daß diese Ziegeuner nichts anders seyn, denn ein zusammen gelauffenes böses Gesindel, so nicht Lust zu arbeiten hat, sondern von Müßiggang, Stehlen, Huren, Fressen, Sauffen, Spielen u.s.w. Profeßion machen will.«[44]

Nichts mehr erinnert an das positive Bild christlicher Armut, die mit dem ewigen Leben im Jenseits belohnt wird. Der soziale und räumliche Abstand erlaubt eine aggressive Symbolpolitik, die durch Sinngebungen aktiv in Herrschafts- und Machtverhältnisse eingreift. Wenn dem erschrockenen Benutzer des englischen *Canting Dictionary* berichtet wird, dass »Gypsies« promiskuitiv leben und sich wie Tiere mit ihren Zähnen und Nägeln über das Fleisch hermachen und nicht wie »human Creatures«, sondern wie Schweine trinken,[45] dann wird durch diese Bilder eine definitorische Gewalt ausgeübt, der die Beschriebenen ausgeliefert sind. Die Symbolpolitik schlägt in Bedrohung um, wenn in einem Text von 1703 behauptet wird, »daß diese mit Menschenhaut nur überzogenen Bestien keines göttlichen noch weltlichen Rechts wehrt sind«.[46] Der Verachtung folgt die Entrechtung.

Warum wird dann aber überhaupt noch über diese ›Nichtswürdigen‹ geschrieben und geredet? Der französische Philosoph Michel Foucault (1926-1984) hat in seiner Schrift *Das Leben der infamen Menschen*[47] die Auffassung vertreten, dass in der Frühen Neuzeit die unterhalb der Grenze gesellschaftlich-kultureller Erinnerungswürdigkeit lebenden Menschen und sozialen Schichten nur durch einen einzigen Umstand Eingang in die Archive gefunden hätten:

> »Das, was sie der Nacht entreißt, in der sie hätten bleiben können und vielleicht auch für immer hätten bleiben müssen, ist die Begegnung mit der Macht: Ohne diesen Zusammenstoß wäre mit Sicherheit kein Wort mehr da, um an ihren flüchtigen Lebensverlauf zu erinnern.«[48]

Diese Behauptung trifft für die Zigeuner weitgehend zu. ›Sichtbar‹ werden sie nach den Chroniken in erster Linie durch die sich im Zeitalter des Absolutismus häufenden Straf- und Verfolgungsedikte.[49] Ihre Identifizierung bleibt allerdings sozial und ethnisch vage. Als »Diebs-Räuberisch-Zigeuner-Jaunerisch-Herrenloses und anderes Bettel-Gesind«[50] werden sie zu entrechteten Subjekten. Sie gelten als infame, d. h. ehrlose und von der ›fama‹, ihrem schlechten Ruf, bestimmte Menschen.[51]

Territorialität als Terror: Verfolgung und Vertreibung

In diesem Zusammenhang sei noch einmal daran erinnert, dass es den einwandernden Romgruppen in der für sie kurzen spätmittelalterlichen Übergangsphase nicht gelingt, das in den Geleit- und Schutzbriefen von den Territorialherren gewährte Privileg, ihnen »gnad, gunst, furderung und guten willen von unsern wegen zu bezeigenn«,[52] als Gewohnheitsrecht zu tradieren. Das unterscheidet ihre rechtliche Situation deutlich von derjenigen der Juden in einigen europäischen Ländern.[53] Der Reichsabschied von 1551 reagiert darauf, »daß die Ziegeuner / welche auß beweglichen Ursachen ein zeitlang nicht geduldet / und sich auß den Landen Teutscher Nation entäussern müssen / jetzund sich widerumb eindringen«.[54] Zusätzlich wird angeordnet, dass ältere Vereinbarungen annuliert werden, indem »angeregte Paßporten / wo etwan den Ziegeunern / und von wem sie gleich gegeben weren / zu cassieren / abzuthun / und zuvernichtigen seyen«.[55]

Diese Verordnung verschärft den ersten, 1498 auf dem Freiburger Reichstag beschlossenen Abschied, der die Landesherren anhält, Zigeunern weder Sicherheit noch Geleit zu gewähren und ihnen »hanndeln« und »wanndeln« zu untersagen.[56] In einer Situation, in der Kaiser Maximilian I. (1459-1519) aus eigenen Territorialinteressen einen Kreuzzug gegen die Osmanen zu organisieren versucht, wird zudem der später häufig wiederholte Vorwurf erhoben, dass sie Spione der Türken, »außspeer vnnd kunndschaffter der kristenn Lanndt sein«.[57] Spätere Edikte wie das des Landgrafen Karl von Hessel-Kassel von 1695 greifen zu Steigerungsformen wie »*Landbetrieger*« und »*Verräther der Christenheit*«.[58]

Liest man den Reichsabschied genau, fällt ein kleiner Unterschied zu den späteren Edikten gegen Landstreicherei auf. Während dieser eine ›glauplich anzeig‹, eine verlässliche und nachweisbare Information, voraussetzt, kennen die Strafpatente des 16., 17. und frühen 18. Jahrhunderts derartige rechtliche Feinheiten nicht mehr.

Die politische Strategie der Abschiede und Edikte ist durchsichtig und grobschlächtig, was ihre Wirkung abgeschwächt hat. Eine verschwindend kleine Gruppe wie die Zigeuner wird marginalisierten Unterschichten, den Bettlern, Gaunern und ›unehrlichen‹ Berufen, unter der Annahme zugeschlagen, dass wirtschaftliche Interessen sie verbinden und der ständige Kontakt zu einer gefährlichen Verbrüderung führe. So argumentiert nicht nur der »Löbl. Fränckische Crais« in einem Mandat von 1709:

> »Indeme aber / dem gemeinen Sprich-Wort nach / der Stehler zuweilen nicht seyn wurde / wann der Hehler nicht wäre / und sich aus der bisherigen Erfahrnus gezeigt / daß dergleichen ob-eingangs berührte Leute fast noch aller Orten / absonderlich aber in denen schlechten Wirths-armen und Hirten-Häusern / Schäfereyen / eintzlich-gelegenen Höfen / auch wohl gar bey Wasenmeistern / Hencker- und Scherch-Gesind ihren Aufenthalt und Unterschlaiff gefunden / die dann und wann selbst mit unter der Decke gelegen.«[59]

Gleichzeitig werden die Zigeuner mit den großen beunruhigenden, religiös hoch aufgeladenen Bedrohungen in Verbindung gebracht, den Türken und den Seuchen, und selbst durch Übertreibungen, Gerüchte und Erfindungen zu einer weiteren Gefahr aufgebaut: fremdartig wie die Türken und sich über Europa ausbreitend wie eine Plage. Die großen Pestepidemien, die nach dem Dreißigjährigen Krieg 1666/67, 1709-1713 und 1720/21 Deutschland heimsuchen, bieten dazu die passende Gelegenheit. Wegen der unkontrollierbaren Mobilität der Zigeuner und anderer Vagantengruppen gelten sie als Seuchenträger. 1720 fängt man aus diesem Grund in Sachsen »aus Thüringen kommende Zigeunerscharen«[60] ab.

Die Legende der Verbrüderung mit den anderen gesellschaftlichen Randgruppen erlaubt es, davon abzusehen, dass Obdachlosigkeit und Umherwandern eine erzwungene Lebensform darstellen. Noch lässt sich nicht einmal erahnen, dass mit der Massenarmut ›herrenloser‹ Menschen eine entscheidende Voraussetzung der Industrialisierung und des kapitalistischen Wirtschaftssystems in Westeuropa geschaffen wird. Karl Marx (1818-1883) hat diesen Vorgang in *Das Kapital* als Geburtswehen der Moderne beschrieben:

> »Ende des 15. und während des ganzen 16. Jahrhunderts daher in ganz Westeuropa eine Blutgesetzgebung wider Vagabundage. Die Väter der jetzigen Arbeiterklasse wurden zunächst gezüchtigt für die ihnen angetane Verwandlung in Vagabunden und Paupers. Die Gesetzgebung behandelte sie als ›freiwillige‹ Verbrecher und unterstellte, daß es von ihrem guten Willen abhänge, in den nicht mehr existierenden alten Verhältnissen fortzuarbeiten.«[61]

Erst im 18. Jahrhundert wird die Ausbeutung der Arbeitskraft ungelernter und ungebildeter Menschen als Quelle des Reichtums entdeckt. Die »Blutgesetzgebung« wird nun durch Disziplinierungsprogramme abgelöst, bei denen die Zurichtung auf arbeitsteilige Produktion im Zentrum steht.

Was macht das Neue und Besondere der Gesetzgebung gegen das Vagabundieren aus? Die soziale Ausgrenzung wird auf den geographischen Raum übertragen. Neben die geschlossene Gesellschaft treten geschlossene Gebiete. Soziale Ortlosigkeit hat zur Folge, dass es keinen Raum mehr gibt, den man als »herrenloses Gesindel«[62] betreten darf,[63] wie ein preußisches Edikt 1725 unmissverständlich erklärt:

> »So müssen Wir dennoch höchst-mißfällig vernehmen, daß dieses heillose Volck bißher an alle Unsere wieder dasselbe ergangene Verordnungen, Edicta und Mandata sich nicht gekehret, sondern unerachtet deren an ihnen exequirten Landes-Verweisungen mit Stauppen-Schlägen und Brand-Marcken, auch anderen schweren Leibes-Straffen, sich dennoch theils eintzelen, theils Rot-

ten weise hier und da in Unseren Landen wieder eingefunden, und wieder Unsere getreue Unterthanen vielen Frevel und Muhtwillen verübet haben.«[64]

Einige Länder errichten an den Grenzen zur Abschreckung sogenannte Zigeunerstöcke oder -tafeln, auf denen für die des Lesens Unkundigen die zu erwartenden Strafen bildlich dargestellt werden. Die erhaltenen Tafeln zeigen Züchtigungen, Brandmarkungen und Hinrichtungen am Galgen.[65]

Für die Romgruppen folgt aus dieser Politik, dass ihr Überleben zwischen dem 16. und dem 18. Jahrhundert von der Schärfe und der Konsequenz abhängt, mit der die »Blutgesetze« durchgesetzt werden. Dies gilt nicht für die ökonomisch zurückbleibenden, ›kapitalismusresistenten‹ Länder Ost- und Südosteuropas. In ihnen bestimmt eine Sklavengesetzgebung, die bis weit in das 19. Jahrhundert hinein Geltung hatte, ihre Lebensweise. Während die ständische Bevölkerung ihre territorialen Bindungen festigt und rechtlich sichert, geraten die Marginalisierten, wie sie von der heutigen Sozialgeschichtsschreibung genannt werden, in einen Strudel obrigkeitlicher Maßnahmen, die zwischen Einsperrung und Vertreibung, Fürsorge und Zwangsarbeit, Sesshaftmachung und dem Verbot, ein Handwerk auszuüben, Ghettoisierung und Menschenhandel schwanken. Diese Schichten verbindet mit den Zigeunern die Rechtlosigkeit.

Spektakulärste Folge ist die Entstehung von Räuberbanden in ganz Europa.[66] Literarisch schlägt sich die erzwungene Mobilität im Genre der Fahrendenlyrik nieder.[67] Vagantentum und Kriminalität bilden den Hintergrund für das Aufkommen von Zigeunergeschichten, zunächst in Spanien und England und dann in Deutschland und den anderen europäischen Ländern, die auf großes Publikumsinteresse stoßen.

Die historischen Dokumente lassen selbst bei zurückhaltender Auswertung erkennen, dass für Zigeuner Vertreibungs- und Ausrottungsmaßnahmen vorherrschten,[68] obwohl einzelne von ihnen als Soldaten, Militärmusiker oder ›Schutzzigeuner‹ Duldung fanden. Die Zigeuneredikte der Frühen Neuzeit bringen die Idee in eine Rechts- und Verwaltungssprache, dass als unnütz und schädlich angesehene Glieder aus dem Gesellschaftskörper ausgestoßen werden müssen. Auf diese Weise ermöglichen sie den Behörden vom Dorfamtmann bis zur Landesregierung auf einer Stufenleiter immer schärfer werdender Strafen konkretes Handeln, bis das eigentliche Ziel, die Tötung, erreicht ist. So verordnet 1722 der Oberrheinische Kreis:

»*sie seyen gleich Männ- oder Weiblichen Geschlechts, der blossen Betrettung halber, und wann auch sonsten weiter keine speciale Missethat auff sie gebracht werden könte, mit dem gut befundenen Brandmahl O.C. auff den Rücken gezeichnet,* [...] *daß im Wiederergreiffungs-Fall, der Strick ihnen ohnfehlbahr zu Theil werden würde* [...] *nach vorhergegangener Zwickung mit glüenden Zangen, geköpfft, oder auch wohl lebendig geradbrecht, und auff das Rad geflochten werden.*«[69]

Die Frist zwischen dem sozialen Tod und der Hinrichtung wegen Verstoßes gegen eines der zahlreichen Edikte gewährt kaum Spielraum für individuelle Lebensentwürfe oder gar hochkulturelle Aktivitäten, weshalb die Literatur und Kunst des Zeitraums bis zur Mitte des 18. Jahrhunderts sich meist ein wenig monoton im engen thematischen Rahmen von flüchtigen Begegnungen und Verbrechen bewegt. Die Todesdrohung, durch die Landesherren in den Edikten ihre souveräne Macht demonstrieren, wird durch Brandmarkungen, Verstümmelungen und andere Formen der Stigmatisierung in die Körper eingeschrieben. Die Sichtbarkeit des Stigmas verhindert sogar den kleinen Aufstieg in die unteren Stände der Bauern und Handwerker und fördert die ständige Distanzierung. Dem Gebrandmarkten gegenüber ist man zu nichts verpflichtet, weder zur Barmherzigkeit noch zu ehrenhaftem Verhalten. Die Stigmatisierung regelt, weil sie die Tötung zugleich ankündigt und aufschiebt, auf paradoxe Weise eine Nicht-Beziehung, die im Lebensalltag vielfältige soziale Kontakte dennoch nicht ausschließt: von der Ausbeutung der Arbeitskraft bis zum Handel mit unrechtmäßig erworbenen Waren. Je unmissverständlicher sich die Begrenztheit, ja Unwirksamkeit der Gewaltmaßnahmen abzeichnet, desto stärker steigt die Gesetzes- und Verordnungsflut an. Ihr Höhepunkt wird in der ersten Hälfte des 18. Jahrhunderts erreicht. Doch das Recht, zu töten oder zu begnadigen, zu enteignen oder zu beschenken, aufzunehmen oder außer Landes zu vertreiben, über das die Souveränitätsmacht uneingeschränkt verfügt und das sie in den Edikten und Mandaten proklamiert, stiftet ebenso wenig sozialen Frieden wie die »Vorkehrungen zur Ausrottung derley boß- und schad-hafften, auch denen Landes-Innwohnern sehr beschwerlichen Volckes«.[70] Sie schafft ein Klima der Willkür und Unordnung.

Die Politik gegenüber den Zigeunern ist in nahezu allen Ländern Europas die gleiche, das Repertoire der jeweiligen Zwangsmaßnahmen variiert nur geringfügig. In Schweden beginnt König Johann III. (1537-1592) zunächst mit der üblichen Ausweisung, verfügt dann aber 1580

Zwangsarbeit in den Silberminen.[71] Auf die Zerstörung der Lebensgrundlagen der umherziehenden Gruppen zielt die Beschlagnahmung
sämtlichen bei einer Verhaftung vorgefundenen Besitzes. Für die unteren
Behörden eine willkommene Nebeneinnahme.[72] Dem gleichen Zweck
dient die gewaltsame Wegnahme der Kinder: eine frühe, noch dem Zufall überlassene Form der späteren systematischen sozialpolitischen
Maßnahmen, die ab dem Ende des 19. Jahrhunderts durchgeführt werden. Die nach einer Exekution der Eltern zurückbleibenden oder bei
einer Ausweisung zurückbehaltenen Kinder wurden entweder in »Wei-
sen-Zucht- oder Spinn-Häuser gebracht«[73] oder aber Familien übergeben, damit

> »sie anvorderist in dem Christenthum unterrichtet und zu seiner Zeit zu
> einer solchen Handthierung, worinnen sie ihr Brod auf eine zuläßigere Weiß
> als deren Eltern gewinnen können, angehalten werden mögten«.[74]

In einigen Ländern werden die Zigeuner zu ›Vogelfreien‹ erklärt. Der
»Serenissimus Rudolph-August, Herzog zu Braunschweig« veröffentlicht 1685 ein Edikt gegen »die herumb vagirende Zigeuner / oder so
genandte Tartarn«, in dem er sie als »Vogelfrey / wie man es ins gemein
nennet«, deklariert und ausführt, dass »derselbe daran nicht gefrevelt
noch unrecht gethan haben solle«, der gegen sie vorgeht.[75] Diese Maßnahme öffnet der Willkür Tür und Tor. Die Konsequenzen werden
schon in der Frühphase der Verfolgungen deutlich, als 1571 in Frankfurt
am Main ein der Tötung eines Zigeuners überführter Bürger wegen der
Vogelfreiheit des Opfers nicht bestraft wird.[76] Um 1700 ermuntern einige Landesherren wie Leopold I. in Böhmen ausdrücklich zu gewaltsamen Übergriffen auf die Zigeuner. Ein Mandat aus Nassau-Diez (1723)
erklärt anschaulich, dass es jedem Einwohner erlaubt sei,

> »auf dieselbe alsofort Feuer zu geben, sie niederzuschießen, zu hauen und zu
> schlagen, ohne daß jemand, der solcher Raubvögel einen oder mehr nieder-
> geschossen oder sonsten zu Todt gebracht, daran mißhandelt, nicht was ver-
> brochen oder deßfalls einige Straffe verwürckt haben solle«.[77]

Ein anderer Erlass setzt »für jeden Erlegten ein Species Ducaten prä-
mie«[78] aus. Die Vogelfreiheit hebt die streng hierarchisch gegliederte
Ständegesellschaft an einem einzigen Punkt auf: in dem Recht zur Tötung der aus ihr Ausgegrenzten. Sie gewährt den unteren Ständen und
selbst den sesshaften Standeslosen eine Teilhabe an der Gewalt, auch
wenn diese nur sehr eingeschränkt und nach unten bzw. außen gerichtet
ist. Sie übt auf perfide Weise darin ein, Menschen wie die Zigeuner als

recht- und wertlos zu betrachten, und erlaubt es, innerhalb eines christlichen Ordnungsrahmens »die Geringsten meiner Brüder« als Kreaturen der Hölle zu behandeln. Einige der Vorfälle gegen die für vogelfrei erklärten Zigeuner werden nicht vergessen. Als »Zigeunerjagden« gehen sie in die Erinnerung ein und lösen im 18. Jahrhundert in der Aufklärung Empörung aus. Vermutlich als Erster behauptet Johann Rüdiger, von dem die erste kritische Abhandlung über Herkunft und Sprache stammt, »daß noch vor kaum 40 jahren, bey einer großen Jagd eines kleinen Hofes im Rheinland, eine Mutter mit ihrem Säugling erschossen wurde«.[79] Heinrich Grellmann (1756-1804) greift dies in einer Abhandlung, mit der er in Europa als Zigeunerforscher berühmt wird, auf.[80] Seine Version wird mit widersprüchlichen Ausmalungen bis in unsere Gegenwart hinein weitererzählt, ohne dass jemals nach einer zuverlässigen Quelle gesucht wurde. 1866 vergleicht ein Schriftsteller den Vorfall mit dem kolonialen Genozid:

> »[M]an scheint sie mit derselben Kaltblütigkeit niedergeschossen zu haben, mit der heute enragirte Yankees auf die letzten Uiberreste der armen Rothhäute in den Urwäldern Nordamerikas Jagd machen. So führt eine Jagdspezifikation eines kleinen deutschen Fürstenthums aus dem Jahre 1700 unter anderem erlegten Wilde auch eine Zigeunerin und deren Säugling auf.«[81]

Der Verfasser einer kulturhistorischen Plauderei übernimmt die Geschichte, ebenso wie Gustav Freytag (1816-1895) in seinem viel gelesenen Buch *Bilder aus der deutschen Vergangenheit*.[82] Und noch 1930 weiß der rumänisch-amerikanische Schriftsteller Konrad Bercovici (1881-1961) sie in seinem Buch *The Story of the Gypsies*, angereichert durch weitere unbelegte Details, als schändliche, menschenverachtende Untat zu kolportieren: »As late as 1826, Freiherr von Lenchen returned from one of these hunts with two valuable trophies: the head of a Gypsy woman and that of her child.«[83]

Ob derartige »Zigeunerjagden« jemals stattgefunden haben, lässt sich bisher nicht eindeutig nachweisen. Die Jagdgeschichten vermischen vermutlich zwei unterschiedliche Vorfälle. Nicht abwegig ist die Vorstellung, dass Zigeuner, die durch Waldgebiete gewandert sind, mehr oder minder zufällig Opfer von Jagden wurden. In den Archiven jedoch lassen sich Dokumente über Verfolgungsjagden auf dem Lande durchaus finden. Sie zogen sich zum Teil über mehrere Tage hin, und in ihrem Verlauf wurden immer wieder Zigeuner verletzt oder getötet. In Ermanglung von Landgendarmen organisierten die Obrigkeiten in ländlichen

Gebieten nach gemeldeter Grenzübertretung, unerlaubtem Aufenthalt in den Domänen oder der Anzeige von Vergehen solche Verhaftungsaktionen mit Hilfskräften, die in den Dörfern rekrutiert wurden.[84]

Für die Aufklärer, die eine Professionalisierung und Rationalisierung der Strafverfolgung forderten, stellten derartige Praktiken eine Schule der Grausamkeit dar, in der gefährliche Leidenschaften geweckt und gemeine Triebe entfesselt wurden. Der extremste Fall der Zigeunerverfolgung, die grundlose Tötung unschuldiger Frauen und Kinder aus Rohheit oder zum Vergnügen, wird – als Geschichte einer Menschenjagd weitererzählt – zur Keimzelle eines Opferdiskurses, der sich einer Empathie verdankt, die durch die soziale Ausgrenzung allein noch nicht erloschen ist.

Die frühneuzeitlichen Ordnungsmächte sehen dies anders. Wer fremder Herkunft ist – »von Zigeuner-Eltern geborhen, mit den Zigeunern von Jugend auf herumgezogen, sich an Zigeuner verehelicht, keine andere Lebensart gehabt«[85] – und ein infames, unehrenhaftes Leben führt, wird vertrieben und dem Tod preisgegeben. Nach der Logik der Reinigung des Gemeinwesens muss die Gewalt jene treffen, die sich eingeschlichen haben, um ihm beständig Schaden zuzufügen. Deshalb muss sich die Macht auch keine Zügel anlegen. Wer bei den Verfolgungen umkommt, stirbt, wie er gelebt hat: unwürdig. Umso überraschender ist es nach den Beobachtungen Michel Foucaults, der sich mit Denunziationsschreiben aus dem Volk im gleichen Zeitraum beschäftigt hat, dass die staatliche Macht in der gewaltsamen Begegnung mit den Marginalisierten, die »sie einzig hatte vernichten oder zumindest entfernen wollen«[86], mit »Worten, die uns kaum maßvoll scheinen«,[87] reagiert. Durch hyperbolische Darstellung verleihe sie den unauffälligen, durchschnittlichen Gestalten mit Emphase und Pathos »eine Art furchtbare und erbarmungswürdige Größe«.[88]

Ein Blick in die Zigeuner-Edikte bestätigt diesen Befund. Mit biblischem Zorn wird befohlen, »daß dieses ruch- und gottlose, auch nur vom Raub und Stehlen sich ernehrende Zigeuner Gesindel mit Stumpff und Stiehl gäntzlich aus allen Unseren Landen vertilget und ausgerottet«[89] und »also das Land von diesem Geschmeiß gesaubert werde«.[90] Sie präsentieren sich sprachlich nicht als ›kalte‹ Rechtsformeln, sondern vermischen auf archaische Weise Bannung und Vertreibung mit Verdammung und Verfluchung. Die Allmachtsbekundungen offenbaren die elementaren Ängste vor den Fremden gerade durch ihre Übertreibungen und Zuspitzungen. Einer Namenstaufe vergleichbar erschaffen die Edikte in einem performativen Akt die infamen, nichtigen Menschen. Eine Rhetorik des »Verabscheuungswürdigen« und ein »Diskurs der Invektive und der Verfluchung«[91] sind die Mittel, um dies zu erreichen. Diese groben Formen der Verdammung bilden nur einen kleinen Teil eines abgestuften Systems gesellschaftlicher Ehrlosigkeit, auf dessen Grundlage Rechte verwehrt und Strafen erteilt werden können. In der ständischen Gesellschaft zählen zu den Ehrlosen nicht nur diejenigen, die »unehrliche« Berufe ausüben wie Henker oder Abdecker, sondern »die Unfreien und Leibeigenen ebenso wie z. B. Juden, Türken, Heiden, Zigeuner und Wenden, die der Gemeinschaft der Christen nicht angehören konnten«.[92] Die Beschämung der ›Ehrlosen‹ ist die Nachtseite der glanzvollen Glorifizierung der ›Edlen‹, vor allem im Absolutismus. Selbst die Strafe ist nur Teil einer Machtinszenierung, um die Delinquenten »für immer des Gedächtnisses der Menschen unwürdig zu machen«.[93] Sie ist gewissermaßen die Hölle nach dem Fegefeuer der Infamie.

Die Reichsabschiede, Edikte, Mandate und anderen Rechtsdokumente werden hier so ausführlich behandelt, weil sie eine wichtige Phase der ›Erfindung‹ der Zigeuner darstellen und erhebliche Bedeutung für deren literarische Gestaltung gewinnen. Sie bringen eine Grundfigur der Darstellung der Fremden und Infamen hervor, die sich durch Langzeitwirkung auszeichnet. Infame Fremde haben kein individuelles Leben, das sich zu erzählen lohnte. Von Interesse sind nur jene angeblich typischen Züge, die das Portrait eines »Ruch- und Gottlosen«, eines Verworfenen und Verabscheuungswürdigen entstehen lassen. Foucault spricht zu Recht, obwohl es sich um juristische bzw. administrative Quellen handelt, von Legenden, in denen »eine bestimmte Zweideutigkeit des Fiktiven und des Wirklichen hervorgebracht wird«.[94] In den Dokumenten wird also nicht das überliefert, was war, sondern »die Summe dessen, was man darüber sagt«.[95] Diese Rechtstexte, so kann man schlussfolgern, sind immer auch literarisch-ästhetisch konstituiert. Aber es sind keine Heiligen- und Heldenlegenden, die in den Dokumenten über die Zigeuner und die anderen Infamen entstehen. »Der Diskurs der Macht«, so Foucault, »erzeugt […] Ungeheuer«.[96]

Wie kann ein ganzes Volk – vom Kleinkind bis zum Anführer – dem Verdikt der Infamie unterliegen? Der Vergleich mit der Stellung der europäischen Juden in der Frühen Neuzeit bietet sich hier erstmals an[97] – für die Zeitgenossen ein Zusammenhang, der außer Frage steht. In der bekannten Frankfurter antijudaistischen Schmähschrift *Jüdische*

Merckwürdigkeiten von 1714 lässt sich ihr Verfasser nicht die Gelegenheit nehmen, in einem gesonderten Kapitel »Von denen Ziegeunern« zu fragen, »ob sie von Juden herkommen«.[98] Auch wenn dies nach gewundenen gelehrten Erörterungen verneint wird, bindet das Bild »eines nichtswürdigen liederlichen Lumpenvolcks«[99] und fremdartiger, fremd bleibender, heimatloser Einwanderer die Zigeuner an die von ihnen in vieler Hinsicht unterschiedenen Juden. Eine wesentliche Differenz besteht im religiös grundierten Geschichtsbewusstsein der Juden, das sich von der Unkenntnis der Romvölker über ihre Herkunft abhebt. Während es im Antijudaismus darum geht, die bedeutende Geschichte eines alten Kulturvolks herabzusetzen, legt die geheimnisvolle und dunkle Vergangenheit der Zigeuner es nahe, ihre Herkunft zu erfinden, und zwar als Vorgeschichte eines infamen Volkes.

Die Geheimnisse der Herkunft

In einer Gesellschaftsordnung, in der die Herkunft über Herrschaft und Macht entscheidet, autorisieren Familien- oder Stammesgenealogien erreichte Positionen – oder schließen sie aus. Das betrifft im Mittelalter in erster Linie Dynastien, in der Frühen Neuzeit dann aber zunehmend Völker und Nationen. Nicht zuletzt beeinflusst ein würdiger Stammbaum den Rang innerhalb der Völkergemeinschaft. Die humanistischen Chronisten und Polyhistoriker wie Aventinus, die am Rande die Ankunft der Zigeuner beurkunden, widmen sich mit ungleich größerem Aufwand der Herkunft des eigenen Volkes.[100] Bis zu den großen Enzyklopädien des 18. Jahrhunderts wie *Zedlers Universal-Lexikon* (1749) bleiben genealogische Spekulationen der Gelehrten über die Zigeuner eine beliebte Fingerübung, bei der man sich nur selten blamieren kann, es sei denn, man hält sie wie der hoch geehrte Niccolò da Poggibonsi für Nachkommen des Brudermörders Kain, dessen Fluch sie »zum ruhelosen Wanderleben« zwinge. Im Zustand der Sesshaftigkeit würde »ihr Körper wurmig und siech«.[101] In diesem Fall setzt man sich dem Spott der Kollegen aus. So schreibt August Hermann Francke (1663-1727) in den 1729 erschienenen *Schrifftmäßigen Lebens-Regeln*:

> »Wann einige die Zigeuner gar zu Cains Nachkommen machen, die gleich ihrem Stamm-Vater unstet und flüchtig seyn, und in der Welt herumschwermen müssen; so wissen sie nicht, was sie sagen, da ja das gantze Geschlechte Cains in der Sündfluth untergegangen ist.«[102]

Dass »alle Völker des Erdkreises [...] die monogenetisch dargelegte *gemeinsame* Abkunft aus dem Geschlechte Noahs«[103] eint, zählt zum Grundwissen humanistischer Gelehrter, die das Alte Testament und die antike Geschichtsschreibung bei ihren Herleitungen in immer neuen Varianten deuten. Diese beginnen mit den Geschlechtern, die Noahs Söhne begründeten – Japhet in Europa, Sem in Asien und Ham bzw. Cham in Afrika – und die sich in die Völker verzweigten, von deren Existenz man in der Frühen Neuzeit Nachricht zu haben glaubte.

Zigeuner waren weder im Alten Testament noch bei den antiken Geschichtsschreibern erwähnt worden, sieht man von einer dunklen Bemerkung bei Herodot ab.[104] Cham folgt in der biblischen Genealogie sein Sohn Kusch bzw. Chus, »der, seit Josephus anerkannt, für Äthiopien steht [...]. Die Kinder des Kusch sind fünf ›äthiopische‹ Völker in Arabien und rund ums Rote Meer«.[105] Hier die »Klein-Egyptier« zu suchen lag also nahe. Es erklärt auch, weshalb die ›tatarische‹ Spur etymologisch nicht weiterverfolgt wurde.[106] Zu den Nachfahren Chams zählen aber nicht nur die afrikanischen Völker, sondern auch die schon erwähnten Erdrandsiedler, von denen Reisende wie Marco Polo (1245-1324) und Mandeville berichtet hatten; monströse Gestalten, denen sich die Teratologie wissenschaftlich widmete. Sie zählten zu den »Curiosa« des Wissens, die man zu sammeln liebte. Noch in Sebastian Münsters *Cosmographia* sind die Beschreibungen einer Zigeunergruppe, die er in der Nähe Heidelbergs beobachtet haben will, denen der Erdrandbewohner vergleichbar.[107]

Cham, der seinen im Schlaf entblößten Vater schamlos angeschaut und damit ein Tabu gebrochen hat, dient »als *allgemeines* Erklärungsmuster für die Unzivilisiertheit von Menschen«.[108] Als seine Nachfahren gelten die Zigeuner als ebenso schamlos, seine Unzivilisiertheit wird in den Figuren der Erdrandsiedler bis ins Groteske gesteigert. Völkergenealogien suchen nach aufwertenden oder herabsetzenden Familienähnlichkeiten, nach vererbten Tugenden oder Lastern, nach geschichtlichen Aufgaben oder belastenden Flüchen, um den gegenwärtigen »National-Karakter«[109] zu bestimmen.

Cham wird durch seine magischen Fähigkeiten charakterisiert, über Chus wird spekuliert, ob er »durch einen Fluch geschwärzt worden« sei.[110] Beides wiederum kommt Vorstellungen über Zigeuner entgegen, so dass von einigen Gelehrten angenommen wird,

> »daß sie ihren Anfang von Chus, einem Sohn des ungerahtenen Chams genommen / und aus Egypten bürtig seynd / und ihres Ahnen Fluch / mit der durch die gantze Welt Herumbschweiffung / büssen müssen«.[111]

Das weiß Jakob Thomasius (1622-1684) in seiner *Dissertatio* (1652) über die Zigeuner besser: »Wobey er aber hierinnen zu tadeln / daß er dem Chus als den Sohn des Chams, zu einen Vater machet nicht allein der Æthioper und Mohren / sondern auch der Egyptier / welche er billig [...] hätte sollen von den Mefraim den Bruder des Chusi herführen.«[112] Und noch weitere Vorfahren werden in Betracht gezogen: die Ismaeliten, die Nachfahren der »egyptischen magd«[113] Hagar, oder bei Rabbi Elias im 16. Jahrhundert die Samaritaner.

Ob Cham, Chus oder Mefraim: Das Leben dieser ›afrikanischen‹ Urväter wird mit Legenden umrankt, die ihre Stammesmerkmale als Strafe oder Fluch Gottes zu erklären suchen. Sie stehen in deutlicher Opposition zu den heldenhaften Urahnen deutscher Stämme wie Tuisco, Vandalus, Theuto oder Bawarus, von denen die humanistischen Geschichtsschreiber wie Aventinus, Heinrich Bebel (1472-1518), Jakob Wimpheling (1450-1528) oder Conrad Celtis (1459-1508) in etymologischer Rückprojektion[114] zu erzählen wissen. Gleiches gilt für die legendären Gründer der anderen europäischen Länder wie »Francio, Britus, Dan, Nor, Čech, Hunor, Rus« oder »Italus« und »Hispanus«.[115] Das alttestamentliche *Buch der Könige* bietet Stoff genug, aus dem man Gründungsakt und Urgeschichte zugleich als territoriale Inbesitznahme und Sicherung gestalten kann. Für Celtis sind die »*Germani*« »niemals besiegt und darum auch niemals vertrieben worden«.[116] Dass sie nicht »Zugezogene (*advenae*)« seien, zeichne sie als »Überlegene« aus. Sie hätten ihre Eigenart »vor dem schädlichen Einfluß fremder Stämme und Völker bewahrt«.[117] Nach Heinrich Bebel seien sie »fast die einzige unter den Nationen auf Erden, welche ohne Vermischung mit Zugereisten schalten und von alters her ohne jegliches von Außen auferlegtes Joch walten kann«.[118] Wegen dieser Bodenständigkeit hätten alle »fremden Stämme [...] unserer *virtus* weichen müssen«.[119] Territoriales Denken, das sich hier Schritt für Schritt als nationales oder ›völkisches‹ präsentiert, prägt die genealogischen Konstrukte. Sie tragen zur Schließung des Raums und zur Betonung der Unterschiede zwischen dem immer schon überlegenen Eigenen und dem Fremden bei. Der territorialen Stärke und Würde – es wäre verfrüht, von Nationalstolz zu reden – steht die Infamie der Ortlosen, die Schwäche der in alle Welt verstreuten Nachfahren des unzivilisierten Cham gegenüber.

Die Hinweise, die von den Zigeunern selbst über ihre Herkunft gegeben werden, nehmen sich neben den humanistischen Genealogien dürftig aus. In einer 1701 anonym erschienenen Abhandlung wird berichtet, sie hätten »mit wahren Worten bezeuget / daß sie erstlich Christen gewesen / [...] daß der Mohren-König / welcher nach der Papisten Meynung / Caspar soll geheissen haben / [...] ihr erster Christlicher König gewesen sey«,[120] was der protestantische Verfasser ohnehin für unglaubwürdig hält. Immer wieder wird Ägypten als Ursprungsland genannt, das um der ewigen Wanderschaft wegen habe verlassen werden müssen. In einer besonders dramatischen Variante wird behauptet, es »regne [...] Bludt in Egipten«,[121] sollten sie jemals sesshaft werden.[122] Die genealogischen Spekulationen kamen der frühneuzeitlichen Ausgrenzungs- und Vertreibungspolitik durchaus gelegen. In den zeitgenössischen Geschichtswerken und Abhandlungen folgt den ausführlichen Darlegungen nicht selten eine Erörterung der These, dass die Zigeuner kein Volk, sondern eine Spezies der Gauner und Bettler seien. Thomasius unterscheidet in seinem *Curiösen Tractat von Zigeunern* (1702) nach der Hautfarbe zwischen ursprünglichen ›Dunklen‹ und späteren ›Hellen‹:

> »Daß / obwohl noch unter den heutigen Zigeunern / einige / so von denen ersten herstammen / zurücke geblieben / doch der andere und helle Hauffen / ohne Zweiffel / eine von vielen müßigen Leuten / aus allerhand Nationen zusammengelauffene Rotte sey / [...] welche von denen allersten Zigeunern weit unterschieden.«[123]

Das ist eine Auffassung, die sich auch in England durchsetzt: »I do not conceive them to be the proper Orieutal [sic!] Egyptian race, at least they are much intermingled with our own national out-laws and vagabonds.«[124] In Spanien werden nach einem königlichen Edikt bei Volkszählungen auch diejenigen mitgezählt, die

> »zwar nicht von Gitanos abstammen, aber ihre Sprache, Kleidung und Sitten übernommen haben. Auf diese sollen alle Maßregeln, Vorkehrungen und Strafen angewandt werden, die für die Gitanos vorgesehen sind; Unterschiede werden nicht gemacht«.[125]

Auch Ahasverus Fritsch (1629-1701), der sie unter Berufung auf den Chronisten Albert Krantz auf der ›ägyptischen‹ Traditionslinie als »Leute / schwartz und ungestalt / von der Sonnen gleichsam gekochet / in Kleidung und allen ihren Thun unflätig / auf Diebstal und Rauberey insonderheit verschlagen / voraus die Weiber gemeldetes Volcks«[126] charakterisiert, schließt sich der Behauptung an,

> »daß nemlich die Zygeuner / die heutigen aber insonderheit / nichts anders seyn / als eine diebische Gesellschafft / und eine recht zusammen gelauffene

Grund-Suppe allerley müssiges und betrügerisches Gesindleins / welches
sich aus vielerlei / nicht weit entlegenen Völckern versamlet«.[127]

Am entschiedensten weist 1724 Hanns Friedrich von Fleming (1670-
1733) die Herkunftsangaben als Betrugsmanöver der Zigeuner zurück:

> »Dieses Gesindel giebet vor, sie wären aus Klein Egypten gebürtig, stamm-
> ten von Chus her, der ein Sohn gewesen des alten Stamm-Vaters Cham, von
> dem alle die Epyptier und Ethiopier ihren Ursprung herleiteten. […] Jedoch
> es ist nun mehr als zu bekandt, daß diese Zigeuner nichts anders seyn, denn
> ein zusammengelauffenes böses Gesindel, so nicht Lust zu arbeiten hat, son-
> dern von Müßiggang, Stehlen, Huren, Fressen, Sauffen und Spielen Profes-
> sion machen will. […] Sie färben sich die Gesichter mit grünen Nuß-Schaa-
> len, damit sie desto scheußlicher aussehen, und unwissenden Leuten die
> Meynung desto eher beybringen, als ob sie aus den heissen Mittags-Ländern
> ihren Ursprung herführten.«[128]

Das von Fleming im Weiteren gezeichnete Bild entspricht der Vorstellung einer dem Verbrechen ergebenen Gegengesellschaft mit einer geheimen Gaunersprache und militärischen Strukturen, wie es auch im
englischen *New Canting Dictionary* entwickelt wurde. Dieses Bild ist
der Erfahrung bedrohlicher Armut und Gewalt näher als der Gelehrtendiskurs über die Erblast, die die biblischen Stammväter ihren elenden
Nachfahren hinterlassen hätten. In der nachreformatorischen Zeit bildet in Deutschland die angeblich bewusste Verweigerung eines christlichen, gottgefälligen Lebens durch die Zigeuner ein stärkeres Motiv,
gegen sie vorzugehen als die Völkerverschiedenheit, an der auf irgendeine verborgene Weise und mit irgendeinem Ziel Gott mitgewirkt haben
muss. Das bedeutet aber keinesfalls, dass ethnische Zuschreibungen
deshalb positiver ausfallen.

Dass bei den obrigkeitlichen Verfolgungsmaßnahmen in der Zeit des
Alten Reichs nicht genealogische Herkunftsbestimmungen, sondern Verstöße gegen die christliche Lebensführung ausschlaggebend waren, ist
auch das Ergebnis, zu dem die Preußischen Behörden aus sicherem historischen Abstand gelangen, als sie in den dreißiger Jahren des 19. Jahrhunderts über die Ansiedlung von Zigeunerfamilien entscheiden müssen. Der
Preußische Kultusminister, der nun von einem anderen Wissensstand,
in diesem Fall von einer anthropologisch begründeten Rassenlehre, und
zugleich von einem höheren Zivilisationsgrad der preußischen Zigeuner
ausgeht, teilt dem Innenminister mit:

> »Diese ältren Gesetze haben nämlich nirgends auch nur entfernt die Racen-
> verschiedenheit der Zigeuner von den Europäern im Auge, vielmehr wird

der Ausdruck Zigeuner in den ältren Gesetzen überall nur auf eine gewisse eigenthümliche Lebensweise bezogen [...]. Es kann gegenwärtig wohl am wenigsten an der Zeit seyn, diese im Laufe der Zeit völlig unpassend gewordenen ältren Gesetze aus dem Schutt der Vergessenheit, in welchen ein ganzes Jahrhundert sie begraben, wiederhervorzulangen, da die Zigeuner, welche jene Gesetze im Auge haben, und die Zigeuner in Friedrichslohra nicht auf gleicher Stufe von Verwilderung stehen [...].«[129]

Als die württembergischen Behörden zehn Jahre nach den Auseinandersetzungen um die Zwangsansiedlung in Friedrichslohra die Identität der Landesbewohner nach ethnischen Kriterien festlegen, wehrt sich einer der Betroffenen, ein Schneidermeister mit dem unter Sinti häufig vorkommenden Namen Reinhard, entschieden dagegen:

»*Jetzt aber, wo ich heuer zum erstenmal als Zigeuner creirt worden, siehet mich jedermann, der es liest, darum an. Der Polzejdiener wie der Gensdarme betrachtet mich mit mißtrauischen Augen, und murmelt vor sich hin also ein Zigeuner! und so erscheine ich bej dem Publikum, das ohnehin sehr reizbar ist, als ein wahrer Ecce homo!*«[130]

Reinhards Familie zählt zu den Fremden, die geblieben sind, vermutlich seit mehr als dreihundert Jahren. Aus guten Gründen möchte er, der in der sozialen Hierarchie durch Schulbesuch und handwerkliche Ausbildung einen respektablen Platz erklommen hat, das Geheimnis seiner Herkunft gewahrt wissen. Seine Erfahrung zeigt, dass man nichts von dem, was im kollektiven Gedächtnis gespeichert wurde, vergessen hat: weder die kruden Herkunftslegenden noch die Ächtung und Ausgrenzung.

3. Gefährten des Satans

Gottlose: Heiden, Ketzer, Teufelsanbeter

Sittenlosigkeit und ein sündhaftes Leben: So lassen sich die um 1600 kursierenden Berichte der Theologen über die spanischen Zigeuner auf den Punkt bringen, mit denen ihre Verfolgung gerechtfertigt werden sollte. Wer die Zehn Gebote missachtete und die Sakramente verschmähte, konnte nach christlicher Lehre nur ein Heide, Ketzer oder Teufelsanbeter sein.

Die Zigeuner geraten in den Verdacht, mal dieses, mal jenes zu sein: ägyptische Magier, moslemische Spione, getarnte Juden oder Kinder Satans. »Es seynd Leute / die im reisen gebohren / dem Müssigang ergeben seynd / und kein Vaterland erkennen. [...] Sie leben wie die Hunde / achten keine Religion.«[1] Es habe sich erwiesen, dass sie

> »mit gottlosen aergelichen dingen vmbgehen, nemlich mit zauberey, warsagerey, dieberey vnd allerley betrueglichen stuecken, weßwegen sie auch bey wolbestelten regimentern im christenthumb vnd vnter den rechtglaeubigen keines weges zu hegen, sintemal sie auch den christlichen glauben nicht verstehen noch demselben zugethan seyn«.[2]

Der protestantische Erzieher August Hermann Francke hält sie für »schlechte Christen, weil sie sich weder der Predigt des göttlichen Worts, noch des heil. Abendmahls bedienten: wenigstens habe [ich] solches von ihnen nie gelesen oder gehöret«.[3] Die spanischen Inquisitoren deuten die Gleichgültigkeit gegenüber dem katholischen Ritus vor dem Hintergrund der Zwangskonvertierung von Mauren und Juden als Hinweis auf geheime, nichtchristliche Praktiken. Franckes Urteil ist volkserzieherisch begründet. In protestantischen Landen sah man in der konsequenten Religionsausübung ein wirksames Mittel, die unteren, für den Aberglauben anfälligen Volksschichten zu zivilisieren, ihr Arbeitsethos zu steigern und die obrigkeitliche Kontrolle durch Selbstkontrolle zu verstärken. Doch ohne Gemeindeleben und Predigt innerhalb der Zigeunergemeinschaften gibt es hierfür keinen angemessenen Zugang. Belehrung und Erbauung erreichen sie nicht. Und von Missionierung vor Ort, wie es sie im 19. Jahrhundert geben wird, ist noch nicht die Rede. Im 16. und 17. Jahrhundert, als die Kirchen gewaltsam gegen Aberglauben und Volksmagie vorgehen,[4] hält man die Zigeuner für Versucher, die aufgrund der magischen Fähigkeiten, die ihnen im Volksglauben zugeschrieben werden, die Gläubigen immer wieder auf Abwege führen und, ohne Furcht vor ewiger Verdammnis und ohne Hoffnung auf das Paradies, mit allen Mitteln betrügen.

»Kurtz zu sagen / weil sie von Kindes-Beinen an zur Boßheit angewöhnet werden / so ist kein Betrug / darinnen sie nicht Meister seyn: Kein Bubenstück / dessen sie sich nicht unterfangen solten; auf den Pferde-Betrug sind sie wohl abgericht; auf den Bretspiele betrüglich; aller Schalckheit und Unkeuschheit überwiesen; Verächter der Religion / als die ein Kind / um schändlichen Gewinstes willen / vielmahl tauffen lassen; Zauberer; Mörder; Beschwerer; sonderlich können sie das Feuer wohl versprechen: Verräther der Christenheit; von Türcken ausgeschickte Kundschaffter und Mordbrenner.«[5]

Die Litanei der Anschuldigungen ist uns inzwischen vertraut. Ohne autorisierte Verkünder kann aus der Sicht einer literalen, auf der Heiligen Schrift gegründeten monotheistischen Religion und Gesellschaft wie der europäischen in der Frühmoderne »kein Gott bey ihnen« sein. Und ohne den ›einen Gott‹ gehören sie einer fremden, zurückgebliebenen Kultur, einer frühen Zivilisationsstufe an, die das göttliche Gesetz nicht kennt:

»Gebet, Opfer und Cultus sind dem Zigeuner ganz fremde, unbekannte Dinge; das Volk lebt sorg- und kummerlos wie die Kinder, ohne sich über den Lauf der Dinge in und über der Welt irgendwelche Gedanken zu machen. […] Wenn der Zigeuner äußerlich die Ceremonien der Confessionen, zu welcher er sich gerade bekennt, nachahmt, so geschieht das ohne jedes Verständnis, ohne Ahnung über Wesen und Bedeutung solcher Culthandlungen. Daß er von Aberglauben und Gespensterfurcht nicht frei ist, haben wir schon angeführt; ebenso glaubt er an Zeichen und Vorbedeutungen […].«[6]

Werden Zigeuner bei der Ausübung religiöser Handlungen beobachtet, die von den Kirchen »ohne priesterliche Anwesenheit«[7] untersagt worden sind, kommt der Verdacht auf, dass es sich um blasphemische Handlungen wie schwarze Messen handle. Das Misstrauen hält sich bis in unsere Gegenwart. An der im ausgehenden 19. Jahrhundert zu einer Massenveranstaltung anwachsenden Wallfahrt zur ›Schwarzen Sara‹ im provenzalischen Saintes-Maries-de-la-Mer nehmen erst seit 1912 Priester teil. Die Prozession ins Meer wird von der katholischen Kirche seit 1935 offiziell anerkannt.[8] Um andere Wallfahrten, an denen Zigeuner teilnehmen, gibt es immer wieder Auseinandersetzungen.

In Untersuchungen zur Geschichte der Romvölker wurde wiederholt behauptet, das Tridentinische Konzil (1545-1563) habe beschlossen, sie »für immer vom Priesterstand auszuschließen«.[9] Auch durch umfangreiche Nachforschungen konnte ein solches Dokument in den Akten nicht gefunden werden.[10] Diese Behauptungen wurden in erster Linie von jenen vorgebracht, die aus ethnologischem Interesse nachweisen wollten, dass die Zigeuner eine eigene ›kreolische‹ Religion besäßen, in der sich magische Praktiken und christlicher Kult vermischten.

Das Konzil von Trient legte allerdings auf strikte Weise die Residenzpflicht für Pfarrer fest, damit sie sich den seelsorgerischen Aufgaben stärker widmen konnten, als es vorher üblich war. Ein nomadisches Priesterleben wird durch die Residenzpflicht ausgeschlossen. Hinzu kommt eine Fülle praktischer Probleme: von der Frage nach einem mobilen sakralen Raum bis zur angemessenen Aufbewahrung sakraler Gegenstände. Sie werden erst im 20. Jahrhundert durch das II. Vatikanische Konzil (1962-1965) geregelt werden. Nachweisen lässt sich hingegen, dass schon vierzig Jahre nach dem Trienter Konzil Joseph von Calasanz (1556-1648) mit der Evangelisierung der Zigeuner beauftragt und im 17. Jahrhundert eine ›Zigeunerkongregation‹ in Rom gegründet wird. Lokalgeschichtliche Nachforschungen über das ausgehende 18. Jahrhundert würden vermutlich neben dem aus einer Sinti-Familie stammenden, 1742 geborenen katholischen Priester Anton Joseph Lagrave, der im siegerländischen Netphen von 1782 bis 1824 sein Amt ausübte,[11] weitere Kleriker entdecken.[12]

Die christlichen Kirchen schüren den Verdacht, dass die Einwanderer zweifelhafter Herkunft nicht durch Konversion zum Glauben geführt werden könnten wie Juden oder Moslems, weil sie im Verborgenen bösen Mächten huldigten. Zu den ersten Handlungen der schwedischen lutherischen Kirche nach der Reformation zählt eine vom Erzbischof von Uppsala 1560 an die Pfarrer ergangene Anweisung, weder die Toten der Zigeuner zu begraben noch deren Kinder zu taufen.[13] Die Synode von Linköping bestätigt 1594 noch einmal: »*infantes eorum non baptizentur, mortui eorum non sepeliantur*«.[14] Das Dekret wird erst 1686 aufgehoben. Ähnliche Regelungen sind aus den Niederlanden bekannt.[15] Die Kirchenordnung des Erzstifts Magdeburg von 1652 verlangt von den Pfarrern, Zigeuner ohne höhere Erlaubnis nicht zu taufen, und untersagt, dass »*Zigeunerkinder während der Taufe mit Korallen, Perlen, Gold- und Silberkörnlein und ähnlichem geschmückt sind, da dieser Schmuck, wenn er mit dem Kind getauft werde, besondere (magische) Kraft erlangen könne*«.[16]

Volksmagie und Wahrsagerei sind auch schon vor der Ankunft der Zigeuner weit verbreitet und werden nicht erst mit den Hexenjagden der Frühen Neuzeit verfolgt und bestraft.[17] Berufsmäßige Volksmagier mit unterschiedlichen Spezialisierungen finden sich allerorten unter der Landbevölkerung.[18] Die magischen Praktiken umfassen ein breites Spektrum, mit dem auf Alltagsnöte und -konflikte reagiert werden kann. Sie reichen von »Formen der Krankheitsmagie, des Amulett- und Spiegelzaubers, der Dämonenabwehr oder der Entdeckung von Verborgenem und Zukünftigem«[19] über solche des »Vieh- und Butterzaubers, der Giftmischerei, der Verwünschung oder Verfluchung und der Tierverwandlung«[20] bis zum »Liebeszauber«.[21] Während der gläubige Christ Gottes Hilfe durch Fürbitten, Gebete und Opfer erfleht, erliegt der Ungläubige, indem er sich der bösen Mächte bedient, der »teuflische[n] Verführung«[22] oder dient dem Satan unmittelbar. Die dunkle Herkunft der Zigeuner lässt auch Raum für Spekulationen darüber, ob sie nicht »Träger eines mythologischen und rituellen Erbes«[23] aus vorchristlicher Zeit seien und über ein geheimes Wissen verfügten, das im Kontakt mit dem Satan immer wieder erneuert würde.[24]

›Ägyptische Magier‹: Wahrsagen und Wahr-Sagen

Den ›ägyptischen Zauberern‹ werden spezielle Fähigkeiten im Umgang mit Feuer, bei der Schatzsuche, beim Liebeszauber und immer wieder auf dem Gebiet des Wahrsagens durch Handlesen zugeschrieben. Handlesende Zigeunerinnen finden sich seit dem 16. Jahrhundert auf zahlreichen Kupferstichen, Zeichnungen und Gemälden und als Randepisoden in literarischen Werken.[25] Während große Feldherren und Fürsten der Zeit hochrangige Astrologen beschäftigten, um in die Zukunft zu schauen, mussten sich die Unterschichten mit den Künsten alter, umherziehender Bettlerinnen begnügen.[26]

Über den Unterschied zwischen ernsthaft betriebener Chiromantie und betrügerischem Handlesen belehrt ein 1661 in Leipzig bei Johann Bartholomäus Oehler gedrucktes Kupfer.[27] In der oberen Hälfte stellt der Verfasser durch Beispiele für eine chiromantische und physiognomische Zeichenlehre sowie durch autoritätsheischende Zitate aus der Bibel oder von Horaz und Pindar in Latein und Griechisch seine Gelehrsamkeit unter Beweis. Die untere Hälfte zeigt, durch eine Zierleiste geteilt, zu gleichen Hälften zwei Szenen, in denen aus der Hand gelesen wird. Links widmen sich in einem Innenraum drei berühmte, namentlich genannte Meister der okkulten Wissenschaften, unter ihnen Hermes Trismegistos, konzentriert dem Studium der Handlinien einer Frau, eines Mannes und eines Jünglings. Unter dieser Szene findet sich der Spruch »Nullum Numen abest, si sit prudentia praesto«: Es gibt kein Geheimnis, das sich nicht durch Klugheit lösen ließe. Auf der rechten Seite erkennt man eine Marktszene über der Warnung des Evangelisten Matthäus: »Cavete nobis a Pseudoprophetis!« Zwei Gruppen von Zigeunerinnen drängen sich jeweils um einen Mann und eine Frau, die sich die Handlinien lesen lassen. Die Zigeunerinnen unterscheiden sich in der Kleidung deutlich von den Bürgern durch ihre turbanähnlichen Kopfbedeckungen und ihre umhangartigen Gewänder bzw. Decken, die über einer Schulter zusammengeknotet oder -gesteckt sind. Die Haare fallen offen auf die Schultern.[28] Eine der Frauen trägt in einem Tuch ihr Kind auf dem Rücken. Während die beiden Bürger mit Spannung den Wahrsagungen lauschen, greift ein Kind dem Mann von hinten in die Taschen und ein halbwüchsiges Mädchen macht sich am Geldbeutel der Frau zu schaffen, der unter ihrer Schürze befestigt ist. Das Bild vermittelt eine merkwürdige Ambivalenz und eine unaufgelöste Spannung zwischen dem ungebrochenen Glauben an geheimnisvolle Kräfte und dem Versuch, auf der einen Seite einen rationalen, kontrollierten Zugang zu ihnen zu finden und auf der anderen Seite sie als Betrug zu entlarven.

Einem ähnlichen Muster folgt das Titelkupfer eines astrologischen Kalenders. Als Verfasser wird »Necho von Alkair aus Egypten / ein geborner Zigeuner«[29] genannt. Wie häufig in der esoterischen Populärliteratur werden altägyptisches Magiertum und Zigeunerherkunft miteinander verknüpft. Aus »Alkair« oder Alkahira stammend, dem im 18. Jahrhundert gebräuchlichen Namen für Kairo, ist es ein ›Ägypter‹ aus dem Ursprungsland magischen Wissens, wie man zu wissen meint. Dem Kalender ist als Anhang eine aus »dem Lauff des Gestirns Erkundigte Jahrs-Prohpeceyung« hinzugefügt, »welche Necho / ein Egyptischer Artzt und Sternkündiger / mit seinem vorhin gewesenen Knechte Simplicio / der nunmehro ein Gastwirth in diesem Lande worden / gehalten hat«.[30] Ob hier eine Spur zu Grimmelshausen und seiner Romanfigur Simplicio Simplicissimus gelegt wird, kann nur vermutet, nicht nachgewiesen werden. Das Titelbild unterscheidet ebenfalls zwischen den wissenschaftlichen Methoden des Sterndeuters Necho und den im rechten unteren Teil abgebildeten aus der Hand lesenden Zigeunerinnen in ›morgenländischer‹ Kleidung und strähnig herabhängenden Haaren. Ihre Kinder tragen sie wie üblich in einem Tuch auf dem Rücken; die größeren laufen nackt herum. Im Vordergrund sind, womöglich als Hinweis auf das ihnen zugeschriebene Talent für die Schatzsuche, gefüllte Säcke zu erkennen. Doch lässt sich ein entscheidender Unterschied zu allen anderen bildlichen Darstellungen des Genres – von Callot und Caravaggio bis zu den Realisten des 19. Jahrhunderts – feststellen. Ein Diebstahl während des Handlesens wird nicht einmal angedeutet, die abgebildeten Personen bleiben davon unbehelligt. Ein solcher Vorwurf wäre nicht nur geschäftsschädigend, er ist im Zusammenhang mit dem Volksaberglauben und der Volksmedizin zweitrangig. Im Vordergrund steht hier die Absicht, sich die geheimnisvolle Aura anzueignen, um mit dem ›ägyptischen‹ Namen über ein Erfolg versprechendes, Aufmerksamkeit erregendes Etikett zu verfügen.

Auch die magische Hausväterliteratur der Zeit scheint sich dieser Etikettierung zu bedienen, wie einer ihrer Titel andeutet: *Kunst-Büchlein von D. Pelin Horati, Königl. Leib-Medico in Egypten, als einem gebornen Zigeuner.*[31] Freilich auf anderem Niveau taucht Ägypten als Land der Magie und verborgener Urgeheimnisse noch bei Friedrich Schiller (1759-1805) in *Das verschleierte Bild zu Sais*, bei Novalis (1772-1801) in *Die Lehrlinge zu Sais* und in Mozarts (1756-1791) *Zauberflöte* auf. In der magischen Literatur wird der ägyptische Zigeuner zu einem Jahrmarktspseudonym wie Samson oder Herkules für ›starke Männer‹. Schon sehr früh eignet man sich hier ein den Zigeunern zugeschriebenes Charakteristikum an, selektiv und funktionsbezogen. Zigeuner sind hier kein Gegenstand der Darstellung, nicht einmal ein Opfer von Diffamierungen. Der Zigeuner Necho ist wie seine wahrsagenden und quacksalbernden Schwestern und Brüder schlicht eine Erfindung zum *Nuzen und Vergnügen*, wie es im Titel eines Taschenbuchs von 1802 heißt.[32] Das gilt auch für den *Theologischen Zigeuner, Androphilus*,[33] der als Dialoggegner in einem religiösen Pamphlet (1739) den Part des betrügerischen Irrlehrers zu übernehmen hat.

In der *Historia von D. Johañ Fausten* (1587), in der die Grenzen zwischen Wissenschaft und Aberglauben, zwischen ›weißer‹ und ›schwarzer‹ Magie verhandelt werden, erklärt der Erzähler auch die »gelarte« Chiromantie »für eine Phantasey«.[34] Das Wahrsagen der Zigeuner gilt ihm ohnehin als gotteslästerliches Tun:

»Vielmehr ists eitel Narrerey / ja betrug der Leut / das die Ziegeunen oder umblauffende vermeinte Tartarn denn leuten in die hände sehen / und jhnen auß deren linien weyssagen. Welche Gottlose Landtdiebe dann billich von Christlicher Obrigkeit nicht sollen gedüldet und gelitten / sonder gezwungen werden / jr brodt / wie andere / mit GOtt und ehren zu erwerben / oder auch / weil sie so überauß Gottloß und diebisch handeln / am leib gestrafft werden.«[35]

Mit einer Standardformel, die dann auch Grimmelshausen wählen wird, appelliert er an die kirchliche und weltliche Obrigkeit, dem gewaltsam ein Ende zu bereiten.

Menschen aller Stände verzichten indes keineswegs auf diese Form der Lebenshilfe, vor allem in Liebes- und Familiendingen. Sonst wären magische Praktiken nicht ein Dauerthema in den Eheratgebern von der Frühen Neuzeit bis zum 18. Jahrhundert. In Thomas Bircks *Ehespiegel* (1598), der das neue protestantische Familienideal propagiert, wird das Wahrsagen in einer Gassenszene komisch und ernst zugleich durchgespielt. »Auff begehr«[36] prophezeien zwei Zigeunerinnen mit den exotischen Namen Birsa und Helam zunächst drei jungen Frauen, die nichts dafür bezahlen wollen, die Zukunft. Die Zigeunerin verspricht »nicht [zu] liegen umb ein Haar«,[37] was sie zur Überraschung der Beteiligten auch einhält:

> »Ein böser Balg du gwißlich bist /
> Und steckest voller arger List /
> Ich glaub nicht / daß deins gleichen werd
> Gefunden hie auff diser Erd.«[38]

Die junge Frau beschimpft darauf die Wahrsagerin, die sie, wie um 1600 üblich, für eine ›Afrikanerin‹ hält: »Du schwartzer Mor auff mich starck leugst / Und manches vm(b) sein Gelt betreugst.«[39] Der Zweiten ergeht es nicht besser. Auch sie reagiert mit Beschimpfungen, getragen von den gängigen Vorurteilen:

> »Hat uns der Teuffel bschissen heut
> Mit disen Hexen so unrein /
> Mein Tag solls mir ein Witzgung sein /
> Will fürhin kein Zügeinerin
> Mehr fragen / weil sie solchen Gwin
> Außtheilen / ich wollt daß sie all
> Im Necker legen ohne zal.«[40]

Wie der Narr kommentiert, verkünden die Zigeunerinnen die ungeschminkte Wahrheit und übernehmen damit eine Aufgabe, die er sonst selbst erfüllt. Die jungen Frauen begreifen die Doppelbedeutung des ›Wahr-Sagens‹ als Prophezeiung und Entlarvung der Lüge nicht. So besteht auch die Dritte noch darauf, zu erfahren, was für einen Mann sie bekommen werde. Die Zukunftsdeutung fällt wiederum nicht sehr zufriedenstellend aus, so dass auch sie die Handleserin als »schwartze[n] Teuffel da«[41] beschimpft:

»An Ehren du nicht sehr fromm bist /
Darneben auch gar faul wie Mist /
Schlaffest gern lang / und ungern spinnst /
Ist gleich verschleckt was du gewinnst /
Dann ein Weinschnäbelin du hast /
Ein Leckermäulin das nicht fast
Hoch anbeisset die grobe Speiß /
Derwegen du mit solcher weiß
Kein rechten Man bekriegen würst /«[42]

Den jungen Männern, die ebenfalls etwas über Liebesdinge in Erfahrung bringen möchten, ergeht es ähnlich. Dem einen wird verkündet, dass er seinen Eltern viel Kummer bereite und voller »böser Tück« stecke, über den anderen heißt es:

»Zwar zu der Kranckheit bist auch gneigt /
Die heißt hinfallende Faulkeit /
Die nimpt dich offt am Wercktag ein /
Und lähmet alle Glider dein /
Daß du nicht schaffen kanst ein streich«[43]

Damit noch nicht genug. Eine Bauerntochter, die auf dem Markt beträchtlichen Gewinn erzielt hat, möchte, im Unterschied zu den Damen aus der Stadt, gegen Bezahlung etwas über ihren Zukünftigen erfahren. Für einen Lohn prophezeien die Zigeunerinnen, wie in anderen Erzählungen und Stücken auch,[44] gern Erfreuliches und bestehlen die wohlhabende Klientin, nun wissend, wo sich das Geld befindet. Der zu Hilfe gerufene Amtmann ist weniger von den magischen Fähigkeiten als von der Fingerfertigkeit der Zigeunerinnen überzeugt: »Habt ihr durch ewer Teuffelswerck / Ihr Säckel butzt […]«[45] Die Beschuldigten halten ihm entgegen, dass die Bauerntochter ihnen »zween Batzen« als Lohn versprochen hätte. Bevor sich der Amtmann ihnen zuwendet, wirft er dem Bauernmädchen vor, die christliche Barmherzigkeit gegenüber den Armen aus Eigennutz vergessen zu haben. Mit dem Gestus des ›gerechten Richters‹ nimmt er ihr einen Teil des umstrittenen Geldes ab, um es einem karitativen Zweck zuzuführen:

»Wie sollt ich dir behülfflich sein?
Weil du so härt bist wie ein Stein /
Und gibst eh Gelt dem losen Gsind /
Dann armen Leuten Gottes Kind.«[46]
»Ja daß du auch mir glogen hast /
Und den Zügeinerin nachlauffst /
Und suchst Rath wider Gottes Lehr /

So gib ich dir kein Heller mehr.
Büttel nimm dise Gulden zween /
Dem Heiligenpfleger trag sie hin /
[...]
Ihr Schelmen aber hört mein Wort /
Drollt euch für alle Teuffel fort /
Die Landsordnung unser Gesatz
Gibt solchem Gsind mit nichten platz.«[47]

Die Zigeuner versuchen der mit dem Hinweis auf die Edikte ins Spiel gebrachten Vertreibung außer Landes durch die Büßer-Legende vorzubeugen:

»Herr Amptman wir seind Edelleut /
Und kommen her ein Weg gar weit /
Auß klein Egypten / siben Jar
Müssen wir bawen also bar
Das Elend / wann außlaufft die zeit /
Alsdann wir alle seind gefreyt /
Und kommen wider auß der Not /
Muß dann gleich rauß ein andre Rott.
Derhalben uns passieren laßt /
Den hohen Adel nicht so haßt.«[48]

Um 1600 gelten die Herkunftslegenden längst als Zwecklügen betrügerischer Fahrender, gegen die die Obrigkeiten mit aller Härte vorgehen sollen. Ebenso wenig überzeugt die Selbstzuordnung zur Aristokratie. Entsprechend reagiert der Amtmann des *Ehespiegels*:

»Was sagstu da von Edelleut /
Dem Teuffel ihr vil gleicher seit /
[...]
Vil Hurenwerck und Zauberey /
Vil rauben / morden mancherley /
Treibt ihr mit grossem Spott und Schand
Hin und wider in alle Land /«[49]

Das Volk jedoch fürchtet die Reaktionen der Zigeuner auf die harte Behandlung durch den Amtmann. Derartige Befürchtungen, meistens aus der Landbevölkerung, sind aus dem 16. und 17. Jahrhundert mehrfach belegt. Von den magischen Kräften und der Herrschaft der Zigeuner über das Feuer ist das Volk im Gegensatz zu dem protestantischen Vertreter der Obrigkeit fest überzeugt: »Sie möchten uns sonst machen Leid / Und bringen uns in Fewerslast /«[50]
Für den Amtmann sind auch das betrügerische Machenschaften, bei

denen ihnen, so die übliche Auslegung der Theorie des Bösen von Luther, der Teufel bisweilen zu Hilfe kommt, um die Menschen in Versuchung zu führen: »Und lehrt sie auch beids hew unnd stroh / Verwahren / daß es nicht verbrinnt / Wanns schon mit Fewer ist um(b)ringt /«[51]

Der Wunsch danach, sein Schicksal vorherzusehen, statt es in Gottes Hand zu legen oder in Demut und Frömmigkeit zu gestalten, bedeutet, vom tugendhaften Leben abzuweichen. Er entsteht, wie der *Ehespiegel* durch das Wahr-Sagen aufzudecken versucht, nur bei ohnehin lasterhaften und anfälligen Menschen. Die Zigeuner lassen sich wegen ihrer gotteslästerlichen Verbindung zu den bösen Mächten nicht für das christliche Familienleben der Bürger und Bauern gewinnen. Deshalb, so die Warnung des Amtmanns, »meide der Zügeiner Raht«.[52] Seine Argumentation wird in der Druckfassung des lehrhaften Stücks in einer Marginalspalte fortlaufend durch genau belegte Zitate aus der Bibel, von Martin Luther oder anderen anerkannten Quellen autorisiert. Auf diese Weise erfährt der Leser prägnant die für Birck maßgebliche protestantische Meinung über die Zigeuner, dass sie ein »wüst wild Volck / ja schier halb Teuffel / halb Menschen«[53] seien. Sie betrügen selbst die Kirche und verspotten ihre sakramentale Kraft, wenn sie »immerdar Hochzeit unnd Tauff halten / wo sie hinkommen / daß ein Dürn wol zehenmal Braut / unnd ein Kind zehenmal getaufft würde«.[54]

Die Warnungen der kirchlichen und weltlichen Autoritäten scheinen wenig gefruchtet zu haben. Sie wiederholen sich bis in die Zeit der Aufklärung hinein. Dem *Besonders-Curieusen Gespräch In dem Reiche derer Todten*[55] (1730) zwischen zwei berühmten »Ziegeuner-Spitzbuben« wurde ein Kupferstich beigefügt, der im Vordergrund zwei Zigeunerinnen und eine wohlhabende Bürgerin oder Adlige mit einem Hündchen zu ihren Füßen am Eingang eines schlossartigen Gebäudes zeigt. Offensichtlich zu Liebesdingen befragt, liest eine der Zigeunerinnen unerwünschte und unangenehme Wahrheiten aus der Hand. Der Spott richtet sich gegen abergläubische, die bürgerlichen Tugenden vernachlässigende Frauen: »Du blancke Schwester bist verliebt / [...] Du trinckest Caffe spät und früh. / Und weist nichts als galanterie; / Die Wirthschafft wirstu schlecht verstehn. / [...] Die Keuschheit hastu längst verjagt / Das heist wahrhafftig wahr gesayt.«[56] Die Zigeunerinnen sind nur noch Staffage und stellen keine Gefahr mehr dar.

Christian Fürchtegott Gellerts (1715-1769) Lustspiel *Die kranke Frau* (gedruckt 1747) kommt beim gleichen Thema schon ohne sie aus. Statt ihrer erscheint ein »Herr Wahrmund« auf der Bühne, ein »Chiromantist«, der wie im Leipziger Kupferstich seine »Wissenschaft« vom Betrug der handlesenden Zigeunerinnen abgrenzt: »Was mengen Sie dieses Gesindel ins Spiel? Solche Leute wissen den Teufel von unsrer Kunst. Es gehören gelehrte, geschickte und ganz besondere Köpfe zu den chiromantischen Wissenschaften.«[57] Sein Gegenpart, eine kluge und aufgeklärte »Jungfer«, argumentiert, dass »die Linien und Striche in unsern Händen nichts weiter vorstellten, als was die Ritzen und Lücken an den Bäumen vorstellen«.[58] Sie hatte ihn zuvor so weit in die Enge gedrängt, dass er schon in den Anfangsgründen der Hermeneutik strauchelt:

> »Eben deswegen, weil sie so heissen, bedeuten sie dieses, und nichts anders. Und eben deswegen heissen sie so, wie sie heissen, weil sie das bedeuten, was sie bedeuten. Können Sie sich aus diesem Schlusse herausfinden, meine vielwissende Jungfer?«[59]

Im aufgeklärten Lustspiel wird die sogenannte wissenschaftliche Form des Wahrsagens dem Spott des Verstandes preisgegeben, so wie auch in Johann Peter Uz' (1720-1796) Gedicht *Das neue Orakel* (1749), in dem es heißt: »Propheten unsrer Zeit, / Zigeuner, alte Weiber, / Und wer ihr alle seyd, / Der Neugier Zeitvertreiber!«[60] Doch noch 1788 berichtet ein wichtiges Organ der Aufklärung, die *Lippischen Intelligenzblätter*, »[ü]ber die schädlichen Folgen der Wahrsagerei«.[61] Adressat ist die Landbevölkerung, die immer noch mit den gleichen Informationen über die betrügerischen ›Kunstgriffe‹ versorgt wird wie schon in den Eheratgebern des 16. Jahrhunderts.[62] Die vom Verfasser erzählten Anekdoten sind in zahlreichen Variationen verbreitet worden, so die Geschichte einer Bäuerin, die, während alle anderen auf dem Feld arbeiten, ihr Haus während des Wahrsagens unbeaufsichtigt lässt. »Nach einigen Stunden besahe sie ihr Haus und fand, daß es ziemlich ausgeleeret war. Während der Zeit daß sie sich hatte Glück sagen lassen, hatten die Gefährten der Weissagerin ihr Glück gemacht und viele der besten Sachen aus dem Hause weggetragen.«[63] Und so schließen die *Intelligenzblätter* mit einem Aufruf zum vernünftigen Gebrauch des Verstandes: »Warum willst du die Zukunft enthüllen Sterblicher? Was du wissen sollst weißt du ohne Grübeley. Das andere durch Zigeuners dir entziffern zu lassen ist eben so thörigt als schädlich.«[64]

In der romantischen Literatur hingegen gewinnen magische Praktiken und Fähigkeiten geheimnisvoller oder unheimlicher Figuren für den Handlungsverlauf vieler Dramen und Erzähltexte an Gewicht. Ein

Beispiel, Matthew Gregory Lewis' (1775-1818) Schauerroman *Der Mönch* (1796), soll zunächst genügen. Im *Mönch* tritt keine alte, hexenartige Handleserin auf, sondern – gemäß dem spanischen Schauplatz der Handlung – eine junge Tänzerin und Sängerin vom Typ der Preciosa. Ein wenig lässt der Erzähler sie zudem wie eine karibische Schamanin erscheinen:

>»Nach einiger Zeit bildete die Menge einen Kreis, und nun erst erblickte Antonia in dessen Mitte ein ungewöhnlich hochgewachsenes Frauenzimmer, welches sich beständig im Wirbeltanze drehte, wobei sie die befremdlichsten Gebärden vollführte. Ihre Gewandung bestand aus seidnen und linnenen Fetzen von unterschiedlicher Farbe und in phantastischer, jedoch durchaus nicht geschmackloser Anordnung. Das Haupt trug sie bedeckt von einem turbanähnlichen, mit Weinlaub und Feldblumen geschmückten Gebilde. Insgesamt wirkte die Fremde recht sonnenverbrannt, wie überhaupt ihre Haut von dunklem Oliv war. Die Augen wirkten so glutvoll wie exotisch, und in der Hand hielt sie einen langen schwarzen Stab, mit dem sie hin und wieder die sonderbarsten Figuren in den Sand malte, um dieselben danach in aller Exentrizität des Wahnsinns und der Verzückung zu umtanzen.«[65]

In einem Lied preist sie, geschickt um Kundschaft werbend, ihre magischen Kräfte im Hinblick auf die angeblichen Haupterwerbszweige der Zigeuner an, das Wahrsagen und die Schatzgräberei: »Mir nämlich ward die Macht zu eigen, / Das Buch des Schicksals aufzutun«[66] und »In Schlaf sing' ich den Feuer-Drachen, / Der den vergrabnen Schatz bewacht!«.[67] Sie teilt der Menge außerdem mit, am Hexensabbat teilzunehmen und mit Schlangengift umgehen zu können und über wirksame Liebestränke zu verfügen. Die lebenserfahrene Tante Antonias hält die Zigeunerin nicht für wahnsinnig oder auch nur in einen Trancezustand enthoben, sondern wie in der aufklärenden Literatur für eine Betrügerin:

>»Ein durchtriebnes Stück ist sie, eine Zigeunerin, eine Art Landstreicherin, deren ganzes Tun und Trachten darauf gerichtet ist, umherzuziehn und Lügen zu erzählen, um den Leuten damit ihr sauer verdientes Geld abzuluchsen. Pfui über solches Geschmeiß! Wär' ich König von Spanien, dann sollt' mir dies Gesindel hübsch bei lebendigem Leibe schmoren, gleich in den ersten drei Wochen meiner Herrschaft!«[68]

Die neugierige Nichte überredet sie, sich dennoch die Zukunft aus der Hand lesen zu lassen.

Wie in den frühneuzeitlichen Eheratgebern rächt sich die Zigeunerin für die öffentlich geäußerten Zweifel an ihren magischen Fähigkeiten.

Ihre Prophezeiung ist beredt und zudem noch in Reime gefasst.[69] Das Wahr-Sagen entlarvt öffentlich das, was man um 1800 für weibliche Untugenden hält. Nachdem sie die ältere Frau dem Gespött preisgegeben hat, wendet sich die Zigeunerin der jungen Antonia zu. Wie es das Genre des Schauerromans verlangt, warnt sie das unschuldige Mädchen andeutungsvoll vor einem bösen Schicksal:

> »Guter Gott – welch eine Hand!
> Keuschheit, Wohlgestalt, Verstand
> In solch glücklicher Begegnung
> Fügen sich zur Himmels-Segnung
> Jedem guten Mann! Doch seht,
> Überm kurzen Wege steht
> Euch ein Unhold in das Haus,
> Ist auf Eu'r Verderben aus:
> Ach, ich seh', wie gramversehrt
> Eure Seel' zum Himmel fährt!
> [...]
> Flieht des Tugendbolds Umgarnung!
> Er verbirgt in Engels Kleid
> Hoffart nur und Lüsternheit.«[70]

Beide Frauen verdrängen und vergessen, im Unterschied zum Leser, die Prophezeiung der Zigeunerin rasch, und schon bald gerät das Mädchen in die Fänge des teuflischen Mönchs.

Die romantische und nachromantische Literatur kennt zahlreiche Warnungen und Vorhersagen von Zigeunerinnen. In den Romanen, Dramen und Gedichten bricht die aufklärerische Bekämpfung des Wahrsagens ab. Sie weicht einer durch die Handlungsverläufe verstärkten Anerkennung. Nun werden die Zigeunerinnen und ihre Fähigkeiten ernst genommen, wenn es, wie in Heinrich von Kleists (1777-1811) *Bettelweib von Locarno* oder *Michael Kohlhaas*, um Leben und Tod geht. Nicht länger repräsentieren sie die Bettlerbanden und Betrüger mit ihren billigen Jahrmarkttricks, sondern unheimliche, dunkle Mächte der Nachtwelten.

Neben der Magie spielt die Volksmedizin eine nicht unerhebliche Rolle. Zigeunern wird ein Heilwissen zugeschrieben, das bis heute verworfen und dennoch erfolgreich tradiert wird.[71] Seit dem 16. Jahrhundert werden die Zigeuner für die Esoterik wichtige mögliche Träger alten paganen Wissens.[72] Aus diesem Grund sucht man ihre Nähe und behauptet gefahrvolle Grenzgänge, um sich Einblick in ihre ›Künste‹ zu verschaffen.[73] Aufklärerische Gelehrte sprechen ihnen magische und heilende Fähigkeiten ab und ordnen die esoterischen Praktiken dem Betrugsrepertoire der Infamen zu. Ein diffuser Vorstellungsraum entsteht, in dem Bilder der Bedrohung und der Hilfe sich abwechseln, wie beispielsweise bei den hexenhaften Zigeunerinnen in Goethes (1749-1832) *Götz von Berlichingen*.[74]

In der Esoterik spielt die unverfälschte Übermittlung eines geheimen Wissens auf undurchschaubaren Wegen eine zentrale Rolle. Es entstehen Narrative der Überlieferung, des Vergessens und Wiederentdeckens, des Ver- und Entschlüsselns von Botschaften. Neben dem Handlesen werden die Zigeuner besonders in Frankreich mit dem Kartenlegen in Verbindung gebracht. Ein Ende des 19. Jahrhunderts veröffentlichtes und seitdem immer wieder aufgelegtes esoterisches Werk, Papus' (1865-1916) *Tarot der Zigeuner. Der absolute Schlüssel zur Geheimwissenschaft*, spitzt die seit der Frühen Neuzeit entstandenen Legenden über die »Geheimlehren« der Zigeuner zu einer noch heute in Esoterikerkreisen anerkannten These zu. Danach hätten sie das »Spiel der Taroten«, »das Grundbuch der antiken Einweihung«, von Generation zu Generation weitergereicht.[75] Das Tarotspiel sei im wörtlichen Sinn die Bibel der Zigeuner, das ihnen den Lebensunterhalt durch Wahrsagen sichere.

> »Ja, das Kartenspiel mit dem Namen TAROT, das die Zigeuner besitzen, ist die Bibel der Bibeln. Sie ist das Buch des Toth Hermes Trismegistos, sie ist das Buch Adams, sie ist das Buch der Offenbarung über den Ursprung der ältesten Zivilisation«.[76]

mehr noch, das Spiel ist »die Synthese aller Lehren der Antike«.[77] Der Zigeuner sei der Hüter dieses Wissens, von dessen tiefer Wahrheit er als »ein unwissender und lasterhafter Mensch«,[78] ein die Bildkarten deutender Analphabet jedoch nichts verstehe.

Noch in dieser abstrusen Weltweisheitslehre, die dem Volksglauben an Feuerzauber und Schadensbannung in nichts nachsteht, ändert die den Zigeunern zugedachte Mission nichts an dem Bild einer verachteten archaischen, marginalisierten Gruppe. In Bruchstücken ausphantasiert wird die Vorstellung eines unreinen, dem Antichristen ergebenen Volkes. Sie bildet den Hintergrund für die aggressive Verfolgung ihrer ›Dienstleistungen‹.

Schadens- und Feuerzauber

Zwischen Dankbarkeit und Furcht schwanken die Vorkommnisse, die in den Volks- und Ortssagen über die magischen Fähigkeiten der Zigeuner erzählt werden.[79] Aufgrund der damals bestehenden Brandrisiken erklärlich, stehen, neben dem Wahrsagen und Verfluchen, Feuerabwehr und Schadenszauber im Vordergrund.[80] Ein *Betrugs-Lexikon* von 1761 warnt die Leser davor, dass »sie die Leute beschwatzen, das Feuer dämpfen zu können, oder zu machen, daß ein Haus vor Hexen und Dieben verwahret seyn, noch sonst der Donner in selbiges einschlagen soll«.[81] Auch die vielfach berichtete Vorführung, ein Feuer zu entzünden, ohne dass Unterlage und Umgebung in Brand geraten, wird zum Gegenstand der Auseinandersetzung:

> »Die Zigeuner sollen nach der gemeinen Sage zum öfftern auf einen Bunde Stroh Feuer angemacht haben, also dass das Stroh davon nicht einmal entzündet worden. Allein solches halte ich für unmöglich, obgleich einige vorgeben, dass sie sich hiezu allerhand Teuffels-Künste oder der weissen Cichorien-Wurzel bedient hätten, oder das Stroh auf eine besondere Weise traktiret und gelegt, dass es nicht so bald Feuer fangen könne.«[82]

Ein schwäbisches Volkslied weiß ebenfalls auf spöttische Weise von diesen Fähigkeiten zu berichten: »Zigeuner sind auch keine Narren, / Wenn sie schon in der Welt rum fahren, / Kochens' Wildpret in dem Hut, / und der Hut nicht brennen thut.«[83]

Zusätzlich zur kirchlichen Segnung werden bis ins 19. Jahrhundert hinein beim Häuserbau sogenannte »Feuerkugeln« »zur Sicherung gegen Brandschaden«[84] an bestimmten Stellen eingegraben oder angebracht, die von umherziehenden Zigeunern verkauft werden. Von ihrer Wirkung scheint man überzeugt gewesen zu sein. »1729 brannte der größte Teil der Stadt Münchberg ab. Ein Häuslein trotzte den Flammen. Natürlich war auch das den Zigeunern zu danken; sie hatten das Haus einst ›eingesegnet‹.«[85] Gleiches gilt für Feuerwurzeln »auß klein Egypten, da solche auf einem hohen Berg wachsen sollen«.[86] Nach einem Bericht aus der Ober-Steyermark sei dem Vater eines Adligen »von einem Zigeuner-Obristen eine solche Wurtzel verehret worden, welche er hernach, als seine Mühle gebrannt, über solch Feuer geworffen, da es denn gleich wieder gelöschet worden«.[87] Solche Auffassungen sind zu einer Zeit, in der die Volksmagie auch eine Mixtur von jungfräulichem Menstruationsblut, Schwalbennestern und vielem Unappetitlichen mehr als

Erfolgsrezept gegen die zu Recht gefürchtete Feuersbrunst empfahl, nicht ungewöhnlich.[88]

Bisweilen sind auch Behörden davon überzeugt, dass Zigeuner sogar das Gewehrfeuer abwehren können. Deshalb setzt eine württembergische Streife gegen Zigeuner zur Sicherheit und mit Erfolg auf konventionellere Tötungsmethoden:

> »40 derselben traffen zu Grodt am Forst etliche Zigeiner an, darvon ein Husar gleich einen erschossen; auff den Schuß versammelten sich augenblickhlich mehrere diser Negers, und jagten die Husaren bis auff Muttenschweiler [...], erschossen einen Husaren zu dem Thurmloch hinein, es schüeßten zwar die Husaren immerdar auff die Zügeiner zu den Löcheren herauß, die Kugeln aber fallten nur an ihnen ohne Schaden hinab, zuweilen prellte eine so starkh an die Zügeiner an, das sie wie von einem Stein zuruckh gesprungen. [...] Den 7. Novemb. 1705 [...]; diejenige von disem schwarzen Gesindel, welche sich widersezten, mußten auff der Stell nider gestochen oder nidergesäblet werden, weilen durch das schießen ihnen nit vil abzugewünnen wäre.«[89]

Wo Gefangene lästig sind, hilft die Dämonisierung, Tötungshemmungen abzubauen.

Die Behauptung magischer Fähigkeiten wird immer wieder als Beweis dafür genommen, dass die Zigeuner den höllischen Mächten verfallen sind. Als 1717 im böhmischen Städtchen Netschetin bei Pilsen eine Gruppe gefangen genommen wird, gelingt einem von ihnen, Georg Heinrich Grünwald, in Schlesien geboren und katholisch getauft, die Flucht aus dem Kerker. Wieder zurückgebracht, soll er die Umstände erklären: »Jetzt gestehe bey deiner Seel und Seeligkeit die warheit, wie du Bist Loß worden, auß Hießigem arrest vor 4 wochen, wo du die Rechte wahrheit nicht gestehest, wollen wir dir Lassen Taummen Stöck anlegen«.[90] Um der Daumenfolter zu entgehen, erzählt Grünwald eine Geschichte, die die Erwartungen der Untersuchungskommission übertrifft:

> »Ihr Liebe Herren ich will die wahrheit gestehen, Ehe ich bin daß Erstemahl Eingefang worden, Hat mir meine Schwester Ein Büchl geben, daß war so groß alß 4 Finger, in diesen büchl waren 4 blatter, ware gedruckt, und Kein Creytz darinnen, da Hat meine Schwester gesagt, wan ich in Einer gefahr sein werde, soll ich daß büchl 4 mahl Umbwenden und Rickling wider Nein stecken so werden die Eysen von mir wekhfallen, und wird mich Kein mensch sehen, werde Unsichtbar sein, dießes büchl Habe Eingenöt gehabt in Hossen Saum, da Hab ich Einmal daran gedenckt und Habs probirt wie mein Schwester gesagt Hat, da seynd die Eysen von mir nunder gefallen, da

bin ich Hinauß gangen daß Kein mensch nichts gesehen ghabt, seynd doch die diener Leuthe all in der Stuben gewest.«[91]

Obwohl Grünwald offensichtlich nicht lesen kann, achtet er bei seiner Aussage sorgfältig darauf, nicht den Verdacht aufkommen zu lassen, das Büchlein, mit dem er seinen Zauber getrieben habe, könne eine Bibel oder christliche Schrift gewesen sein. Die Kommission hat wenig Zweifel an seiner Geschichte und verzichtet auf weitere peinliche Verfahren. Am Ende steht das Urteil, ihn »mit dem Strang Von Leben Zum Todt Hinzurichten«.[92]

Aber auch das Gegenteil, sich der Hilfe der Zigeuner längerfristig zu versichern und ihr Wissen zu nutzen, ist eine mögliche Verhaltensweise gegenüber den unheimlichen Fremden. Dazu gehört die Idee »Sicherheits-Zigeuner« in den Dörfern anzusiedeln. So ersucht ein Amtmann bei der vorgesetzten Behörde um Erlaubnis,

> »einen ›alten zigeuner samt seinem weib und kindern vor einen bettelmann ahn und aufzunehmen, damit er zu verhütung feüersgefahr und anderen unheyls die in dasigen ambt sich heimlich aufhaltende zigeuner anzeigen möge‹«.[93]

Populäre Feuersegen werden im 18. Jahrhundert sogar als Flugblätter gehandelt.[94] Auf einem dieser Blätter findet sich die dramatische Geschichte über die Hinrichtung von sechs Zigeunern (am 10. Juni 1714) und die Errettung ihres Zigeunerkönigs vor dem Galgen, die ihm durch die Bannung einer Feuersbrunst in der Stadt gelingt. Wie bei den astrologischen Kalendern wird die Herausgabe einem »*Zigeunerische[n] König aus Egypten*« zugeschrieben.[95] Einige der Beschwörungsformeln tauchen, wie man herausgefunden hat, nahezu wörtlich in dem Lied *Das Feuerbesprechen*[96] in Clemens Brentanos (1778-1842) und Achim von Arnims Liedsammlung *Des Knaben Wunderhorn* (1806) auf.[97] Es beginnt so: »Zigeuner sieben von Reitern gebracht, / Gerichtet verurteilt in einer Nacht, / Sie klagen um ihre Unschuld laut, / Ein Jud hätt ihnen den Kelch vertraut.«[98]

Das Flugblatt rückt seinem geschäftlichen Zweck entsprechend recht profan die Beschwörungsformeln in den Vordergrund. Die verhinderte Hinrichtung soll nur den amtlichen Beweis für die Wirksamkeit liefern. Brentano und Arnim bauen effektvoll ein Szenarium auf, das über den konkreten ›merkwürdigen‹ Vorfall hinausgeht. Mit der Nennung von »Jud« und »Kelch«, im Flugblatt nicht erwähnt und daher unschwer als antisemitische Zugabe zu verstehen, deuten sie einen tabuverletzenden

Diebstahl sakraler Kultgegenstände an. Für den anonymen Verfasser des Flugblatts ist es selbstverständlich, dass die Edikte gegen »Gauner, Bettler und Zigeuner« eine standrechtliche Hinrichtung ohne förmliches Gerichtsverfahren gestatten. Brentano und Arnim hingegen führen über die Figur des Zigeunerkönigs das Problem von Schuld und Sühne, von göttlicher Gerechtigkeit und Gottesstrafe und vom Eingreifen jenseitiger Macht in weltliches Geschehen ein. Die Beschwörungsformeln entstammen dem überlieferten christlichen Repertoire des Feuerbanns. Gott, Christus und die Jungfrau Maria werden nach bewährten Mustern zu Hilfe gerufen: »Ich sage dir Feuer bei Gottes Kraft, / Die alles tut und alles schafft, / Du wollest also stille stehn, / Wie Christus wollt im Jordan stehn.«[99] Die ägyptisch-heidnische Magie wird überraschenderweise nicht ins Spiel gebracht. Und trotzdem erscheint das Geschehen um den Zigeunerkönig unheimlich und schauderhaft. Wenn er den »Ratsherrn« vorwirft: »[…] Was gießet ihr schuldlos Blut? / Wie wollet ihr löschen die höllische Glut?«[100] – sollte man die letzte Frage wörtlich nehmen. Im Volksglauben gelten die Zigeuner als Abgesandte oder Verbündete des Teufels. »Devils Arse« wird in England die Höhle genannt, in der sie sich angeblich jährlich versammeln. Es muss also der Satan sein, der seine Schützlinge durch das höllische Element, das Feuer, rächt und dem Zigeunerkönig die Kraft verleiht, darüber zu gebieten. Das würde auch den dramatisch gesteigerten Schluss des Liedes erklären: »Das Feuer sank in sich zusamm, / Der Wundermann ging fort durch die Flamm.«[101]

Dem Gefährten des Satans kann das höllische Element nichts anhaben. Hinter dem Hokuspokus feuerbannender Zigeuner und den Bittformeln christlichen Volksglaubens macht sich, so zeigen Brentano und Arnim eher nebenbei, eine zerstörerische, gefährliche Macht bemerkbar.

Die Geschichten über das Wahrsagen und über die magischen Künste geben indirekt eine Antwort auf die Fragen, die den einwandernden Romgruppen bis zum Ausgang des 18. Jahrhunderts überall in Europa gestellt werden: Ob sie an Gott glauben, ob sie Mitglieder einer christlichen Gemeinschaft seien und die heiligen Sakramente ehrten.[102] Obwohl die meisten Gruppen sich durch die Taufe einer christlichen Konfession anschließen und gelegentlich durch den Besitz von Rosenkränzen und Gesangbüchern[103] auffallen und später großen Wallfahrten ihren Stempel aufdrücken, bleibt die für die Anerkennung so entscheidende Aufnahme in die Gemeinschaft der Gläubigen aus. Maßnahmen der Kirche erschweren diesen Prozess, und der Vorwurf der Magie unterbindet ihn. Ein tiefes Misstrauen gegenüber der Andersartigkeit verleitet dazu, das Unvertraute und Unerklärliche ihrer Herkunft, ihrer Lebensweise und Körperzeichen wie die Schwärze ihrer Haut mit unerklärlichen Erscheinungen wie dem Schadensbann und Schadenszauber oder dem Wahrsagen in Verbindung zu bringen. Ein theologisch fundiertes Erklärungsmodell, der Abfall vom christlichen Glauben und der Teufelspakt, bietet sich ohnehin an.[104] Trotz zunehmender Vertrautheit erscheinen die Romgruppen weiterhin als Bedrohung. Die Dämonisierung ihrer Tätigkeiten und ihrer Person schafft aus der Sicht der christlichen Mehrheitsbevölkerung einen Sicherheitsabstand, dessen Überwindung wenig angebracht scheint. Sie erzeugt nicht zuletzt einen Handlungsdruck sowohl beim Einzelnen als auch bei den Institutionen Kirche und Staat, zu beobachten und zu kontrollieren, Vorsorge zu treffen und die vermeintliche Gefahr auszuschalten. Religiöse, sozial- und sicherheitspolitische Gründe greifen ineinander und verschmelzen zu einem diffamierenden und ausgrenzenden Konglomerat.

4. Was im Gedächtnis bleibt

Die schöne Zigeunerin: Cervantes' La gitanilla und ihre Doubles in Europa

Welche Bilder und Phantasmen schreiben sich in der Periode nach der Ankunft der Romgruppen zu Beginn des 15. Jahrhunderts über den langen Zeitraum von beinahe dreihundert Jahren in das kulturelle Gedächtnis der europäischen Gesellschaften ein? Welche Geschichten über sie werden weitererzählt, welche Individuen dem Vergessen entrissen? Wie werden Ausgrenzung, Verfolgung und Verachtung, wie die eigene Gewalt erinnert? Welches Wissen wird verbreitet, und was soll im Dunkeln bleiben? Schließlich: Welche Weichen werden damit für die folgenden Jahrhunderte gestellt? Das sind die Fragen, auf die in diesem Kapitel Antworten gesucht werden. Nicht das Abgelegene oder Flüchtig-Einmalige, das bisweilen in den Archiven auftaucht, soll dargestellt werden, sondern der Grundbestand an europäischen Gemeinsamkeiten. Die Ungleichzeitigkeiten auf dem Weg in die Moderne in den einzelnen Territorien, von Spanien und England bis zum Balkan, bringen ohnehin genug Unterschiede hervor.

Der Beginn des 17. Jahrhunderts ist in Spanien unter Philipp III. (1578-1621) eine Zeit der endgültigen Vertreibung der ›Mauren‹ und schärfster Verfolgungsmaßnahmen gegen ›egypcianos‹ bzw. ›gitanos‹. Genau in dieser Phase erscheint 1613 Miguel de Cervantes' (1547-1616) Erzählung La gitanilla[1] (Die kleine Zigeunerin), die abenteuerliche Geschichte des schönen Zigeunermädchens Preciosa. In Spanien lässt sich vieles von dem wiedererkennen, was sich bei der Ausgrenzung in den anderen Ländern Europas ereignete. Anderes unterscheidet sich davon. Die Reconquista, die Rückeroberung der von Mauren besiedelten Gebiete unter Ferdinand II. (1452-1516) und Isabella I. (1451-1504) 1492, schafft eine komplexe bevölkerungs- und religionspolitische Situation. Über einen langen Zeitraum werden mit einem Bündel zum Teil gewalttätiger Maßnahmen die Hispanisierung und Christianisierung der Moslems und Juden, der Wandalen und Basken, der Einwanderer aus Frankreich und der Gitanos durchgesetzt. Man geht im Hinblick auf die über Frankreich im 15. Jahrhundert eingewanderten Romgruppen von vier Entwicklungsphasen aus.[2]

Die erste Phase erstreckt sich vom Zeitpunkt der Einwanderung um 1450 bis zur Verordnung über die Vertreibung und das Verbot ihrer

Sprache und Tracht im Jahr 1499. Die zweite Phase, die bis zur Aufhebung dieser Verordnung durch Philipp IV. (1605-1665) 1633 reicht, ist durch Verfolgungsmaßnahmen wie die Verschleppung und Einsetzung der Zigeuner als Galeerensklaven durch Karl I. und Philipp II. (1527-1598) charakterisiert. Noch 1618, also fast gleichzeitig mit Cervantes' Novelle *Die kleine Zigeunerin*, empfiehlt der einflussreiche Sancho de Moncada in seiner *Politischen Restauration Spaniens* die gewaltsame Vertreibung. Auch in der dritten Phase nach 1633 gibt es Versuche, diejenigen auszurotten, die sich nicht vollständig assimiliert haben. So hebt 1745 Philipp V. (1683-1746) das Asylrecht auf und bereitet damit den Boden für die 1749 unter Ferdinand VI. (1713-1759) durchgeführte systematische, generalstabsmäßig geplante Verschleppung von neun bis zwölftausend Gitanos in Arbeitshäuser, Bergwerke und Festungen.[3] Philipp IV. leitet mit seiner Verordnung eine Phase administrativer Assimilation ein, die mit der Erklärung der Zigeuner zu gleichberechtigten Staatsbürgern durch Karl III. (1716-1788) 1783 ihren Höhepunkt erreicht. In der vierten Phase ab 1783 gibt es keine spezielle Zigeunergesetzgebung mehr. Sie dürfen in amtlichen Dokumenten nicht mehr als ›gitanos‹ gekennzeichnet werden. Bevölkerungspolitisch zielt die Verordnung auf die Sesshaftmachung und das Aussterben ihrer tradierten Lebensweise und Sprache.

Stärker als in den anderen europäischen Ländern werden in Spanien, neben den Vorwürfen, dass sie Vagabunden, Diebe, Betrüger und Handleser seien, bei der Begründung für die Vertreibung religiöse Aspekte genannt. Don Geronimo de Salamanca und Don Martin de Porres schreiben in einem Traktat aus dem Jahre 1594:

> »Deren Leben und Verhalten ist das erbärmlichste, das es in der ganzen Christenheit (›república cristiana‹), selbst bei den Barbaren nicht gibt. Sie scheinen Leute ohne jedes Gesetz zu sein, denn man hat nie gesehen, daß sie eines beachten. Im Gegenteil, führen sie ein Leben voller Sünden, ohne jede Zurückhaltung oder Sittsamkeit.«[4]

Und sie fahren fort:

> »Es sind Leute, die die Ehe in der Form der Kirche mißachten, denn sie heiraten untereinander, Blutsverwandte heiraten Blutsverwandte. Ohne alle Auflagen und ohne Trauung vermischen sie sich miteinander ohne Rücksicht auf den Verwandtschaftsgrad, sei er eng oder weitläufig. Sie beachten auch keine anderen rechtlichen Verbote. Niemanden sieht man beim Glaubensbekenntnis und niemanden beim Empfang des Heiligsten Sakramentes, sie hören nicht die Messe, sie kennen keine Pfarrei und keinen Priester [...].«[5]

Auf dem Weg in das »katholische Spanien« werden sie als eine nicht-christliche, die Sakramente verweigernde Gemeinschaft charakterisiert und damit neben die ›conversos‹, die unter Zwang getauften moslemischen Mauren und spanischen Juden, gerückt. Ihnen allen unterstellen die ›christianos viejos‹, die Altchristen, den Missbrauch der heiligen Sakramente durch heimliche Ausübung ihres ursprünglichen Glaubens. Ein Gesetz Philipps III. aus dem Jahr 1619 verbietet ihnen, »Tracht, Namen und Sprache der Gitanos und Gitanas zu benutzen. Sie sind fortan keine Nation und ihr Name und Brauchtum wird für alle Zukunft untergehen und in Vergessenheit geraten.«[6] Die Familien sollen getrennt, die Kinder unter zehn Jahren weggenommen und die Mädchen mit Feldarbeitern verheiratet werden.[7] Das entsprechende Gesetz seines Nachfolgers Philipp IV. von 1633 geht wie die deutschen Edikte davon aus, dass Zigeuner zweihundert Jahre nach ihrer Einwanderung von der Schicht der Fahrenden, Bettler und Gauner nicht mehr zu unterscheiden seien.

> »Diejenigen, die sich Gitanos nennen, sind es weder von ihrer Natur noch von ihrer Abstammung her, sondern sie haben diese ihre Lebensweise mit so nachteiligem Ergebnis ohne irgendeinen Nutzen für die Republik aufgenommen. Von nun an dürfen diese oder jedwede Person, ob Mann oder Frau, gleich welchen Alters, in der Republik weder Gitanokleidung tragen, noch die Sprache der Gitanos sprechen. [...] Sie haben sich in Sprache, Kleidung, in ihren Berufen und Verrichtungen wie die anderen Bewohner des Reiches zu verhalten, so daß kein Unterschied zwischen ihnen und der restlichen Bevölkerung besteht.«[8]

Mit der Zwangsintegration wird eine Gedächtnispolitik verbunden, indem die Annahme neuer Taufnamen verlangt wird. Die »*condemnatio memoriae*«[9] und die Auslöschung des Namens sollen die bisherige Existenz als ›Nation‹ abrupt beenden. »Um den Namen Gitano mit Stumpf und Stiel auszumerzen, befehlen Wir ihnen, sich nicht so zu nennen; noch wage irgendjemand, sie so anzusprechen.«[10] Der neue amtliche Name ›castellanos nuevos‹, Neu-Spanier bzw. Neu-Kastilier, soll dazu entscheidend beitragen, dass ihre vergangene – unwürdige und schändliche – Existenz bei ihnen selbst, aber ebenso bei den anderen in Vergessenheit gerät. Sämtliche Zeichen der Differenz haben zu verschwinden. Dass durch diese Gesetze weder die Auslöschung ihrer Sprache und Kultur erreicht noch die Diffamierung durch die Mehrheitsgesellschaft beendet wird, ist eine andere Geschichte.

Jede kulturelle Äußerung muss von nun an ›spanisch‹ codiert sein, um akzeptiert zu werden, wie die Flamencokultur der Gitanos, deren Erinnerung nicht mehr in die Zeit vor der Auslöschung des Namens zurückreichen kann und darf. Sie geht in den regionalen Zwischenraum einer diffusen »andalusischen« Volkskultur ein.[11]

Die letzte große Verfolgung von 1749 in Spanien, in der die Frage, wer Spanier ist und wer der eigentlich längst vergessenen Gruppe der Gitanos angehört, über Leben und Tod entscheiden kann, löst trotz der umsichtigen Vorbereitung Unordnung aus. Denn jede Prüfung des Einzelfalls muss an der Brüchigkeit der Konstruktion einer spanischen Identität scheitern. Die aus ihren Wohnorten Deportierten können z. B. unter Beifügung von Urkunden oder Bürgschaften geltend machen, dass sie seit mehr als zweihundert Jahren am Leben ihrer Gemeinde teilnehmen.[12] Ausschlaggebend für die Aufnahme in die Deportationsliste ist nicht die ethnische Abstammung, sondern die Lebensweise. Die Behörden verfolgen einen kulturalistischen, von der Idee und der Praxis christlicher Missionierung geprägten Ansatz – jeder Saulus kann sich zu einem Paulus wandeln. Deshalb genüge es nicht, so die Antwort auf eine Beschwerde, »daß sie Urteile des Kronrats zur spanischen Abstammung vorweisen können, [...] von denen man annehmen muß, sei seien ohne genaue Kenntnis ausgestellt worden«.[13] Hingegen bewahre sie die Tatsache, dass »sie zu alteingesessenen Katalanen dieses Fürstentums erklärt wurden und dies dadurch rechtfertigen, daß sie als solche gelebt haben, ohne Kontakt mit Gitanos zu haben und ohne nach ihren Sitten zu leben und ihre Berufe auszuüben«,[14] vor der Verfolgung. Nicht wer fremder Herkunft ist, sondern wer ein infames Leben nach fremder Sitte führt, wird vertrieben und dem Tod preisgegeben.

Zu Lebzeiten von Cervantes hatte sich die Vorstellung durchgesetzt, dass Gauner und Bettler sich als Zigeuner ausgeben, ihre Kleidung tragen, ihr Aussehen nachahmen und ihre Sprache und ihr Benehmen annehmen.[15] 1603 veranlasst die spanische Ständeversammlung, die Cortes, bei einer Zusammenkunft ein Memorandum, das den Unterschied zwischen ›falschen‹ und ›richtigen‹ Zigeunern klären helfen soll. Im Zuge der endgültigen Moriskenvertreibung bilden sich in Südspanien und dann auch im Zentrum und im Westen Kastiliens maurische Banden, mit denen die Zigeuner in Verbindung gebracht werden. Ein Widerschein findet sich in Vicente Espinels (1550-1624) *Vida del escudero Marcos de Obrégon* (1618).

Die spanische und portugiesische Literatur der Frühen Neuzeit erwähnt Zigeunerfiguren zunächst nur am Rande. Sie treten als Anbieter anrüchiger Dienstleistungen wie Wahrsagen oder Schatzsuche vorübergehend in den Lebensbereich der anderen sozialen Schichten ein. Häufiger werden sie in den pikaresken Erzählungen als Teil des bunten Volkslebens erwähnt. Spanischen Dichtern verdanken wir zudem das hartnäckigste Motiv der Zigeunerliteratur, den Kindesraub, das wohl zum ersten Mal in Lope de Ruedas (um 1510-1565) Stücken *Comedia ilamada medora*[16] (1567) und *La gitana ladrona*[17] auftaucht. Darin wird berichtet, dass eine Zigeunerin einen kleinen Jungen gestohlen und mit ihrem eigenen todkranken Sohn vertauscht habe.[18] Mit Anekdoten über den betrügerischen Viehhandel von Zigeunern würzen z. B. Jerónimo de Alcalá Yáñez (1571-1632)[19] und Vicente Espinel[20] ihre Schelmenromane. Die pikareske Erzähltradition in den anderen europäischen Ländern steht dem nicht nach. Als burleske Erscheinungen finden sich die Zigeuner in englischen Maskeraden bis zur *Jegjupka* (1525) des ragusischen Dichters Andrija Čubranović (1500-ca. 1559) wieder.

In Gil Vicentes (1465-1536) 1521 vor dem portugiesischen König Johann III. in Évora aufgeführten Maskenspiel *Auto das Ciganas* (gedruckt 1562), das in spanischer Sprache verfasst ist, werden vier »ciganas« und vier »ciganos«, die auf ihre äygptische Herkunft hinweisen (»ribera del Nilo«[21]), auf der Bühne vorgeführt. Sie versuchen darin, die zuschauenden adligen Damen und Herren durch Schmeicheleien und Segnungen mit ihren betrügerischen Praktiken auszunehmen. Weder gelingt ihnen der Tauschhandel mit Pferden und Eseln, noch erhalten sie für die Wahrsagungen über die zukünftigen Ehemänner die erhoffte Belohnung. Die Druckfassung von 1562 versucht die Sprache der Zigeuner, wie beispielsweise das ihnen zugeschriebene Lispeln (ceceo), phonetisch wiederzugeben. Auch Cervantes gibt in seinem Stück *Pedro de Urdemalas* (1615) die Bühnenanweisung: »*Alle, welche Zigeunerrollen spielen, müssen die Spracheigentümlichkeiten der Zigeuner wahren.*«[22] Preciosa spricht an einer Stelle, als sie bettelt, »betont andalusisch«.[23] Die geistlichen Spiele des Mittelalters hatten mit dem gleichen Mittel gearbeitet, indem sie pseudohebräische Wörter einstreuten, um antijüdische Ressentiments zu schüren. Die fremde Sprache verstärkt die Ablehnung, die Figuren werden »zu undurchsichtigen, gefährlichen und absonderlichen, lächerlichen Wesen«.[24]

Vielleicht ist es aber gerade das, was Cervantes' Preciosa von den ebenfalls wahrsagenden, tanzenden, singenden und manchmal ebenso schönen Martinas, Casandras, Lucretias und Giraldas unterscheidet. Sie ist alles andere als eine lächerliche, gefährliche oder undurchschaubare

Figur, keine devote, abstoßende Randgestalt, auf welche die Geschichte verzichten könnte. Charakter, Bildung und Klugheit heben sie heraus. An Nachahmungen fehlt es in der europäischen Literatur nicht.[25] Ihre Darstellung prägt das Bild der ›schönen Zigeunerin‹ bis in die Gegenwart. Frühe wichtige Stationen sollen nicht unerwähnt bleiben: In Spanien beginnt der Siegeszug der ›kleinen Zigeunerin‹, mit mehr oder weniger erfolgreichen Bühnenfassungen wie Juan Pérez de Montalbáns (1602-1638) *La gitanilla de Madrid* (o.J., vermutlich 1631) und dem gleichnamigen Stück von Antonio de Solís y Rivadeneyra (1610-1686)[26] aus dem Jahr 1671. Beflügelt durch den Erfolg der im spanischen Kostüm auftretenden Tänzerin »La belle Liance« am Hof von Fontainebleau,[27] erscheint kurz nach der spanischen Publikation der Novellen von Cervantes 1615 eine französische Übersetzung von François de Rosset (um 1570-1619). Es folgt eine Bühnenfassung unter dem typisierenden Titel *La belle égyptienne*,[28] *Die schöne Zigeunerin*, wie dann auch 1770 in Deutschland eine »merkwürdige Geschichte der Prinzessinn Zaina, einer gebohrnen Aegypterinn«,[29] überschrieben wird. Noch zu ihren Lebzeiten haben Thomas Middleton (1570-1628) und William Rowley (1591-1627) ihre Version *The Spanish Gipsy* aufgeführt, die dann 1653 und 1661 gedruckt wurde.[30] Die Prosaübertragung ins Englische erschien 1640.[31] Populär wurde die ›schöne Zigeunerin‹ erst im 19. Jahrhundert mit Henry Wadsworth Longfellows (1807-1882) *The Spanish Student* (1843). Im gleichen Jahr schuf in London William Balfe (1808-1870) aus dem Preciosa-Stoff unter dem Titel *The Bohemian Girl* in einer Opernversion einen Welterfolg der Unterhaltungsindustrie.

Auf ganz andere Art und Weise hat die 1655 in Antwerpen erschienene neulateinische Übersetzung von Caspar Barlaeus (1584-1648) zur raschen Verbreitung von *La gitanilla* unter den humanistischen Gebildeten Europas beigetragen.[32] In den Niederlanden waren ihr Übersetzungen ins Holländische vorangegangen. 1637 erschien Jacob Cats' (1577-1660) *Selsaem trougeval tusschen een Spaans edelman en een Heydinne (het Spaens Heydinnetje)*,[33] 1643 Mattheus Gansneb Tengnagels (1613-1652) *Het leven van Konstance: waer af volgt het toneelspel De Spaensche heidin*[34] und 1644/1657 Catharina Verwers van Dusart (1618-1686) *De Spaensche Heidin*.[35]

Widerspricht der Erfolg der Novelle von Cervantes nicht der Annahme, dass Zigeuner erst ›sichtbar‹ werden, wenn sie mit der Macht zusammenstoßen, die sie vernichten will? Einzig ihre fremdartige Lebensweise und ihre Verbrechen finden Eingang in die Dokumente, die aufbewahrt werden: von den Chroniken bis zu literarischen Werken. Das ist bei Cervantes anders – und auch wieder nicht. Von ihrem schändlichen Leben und ihren Vergehen erfahren wir auch hier alles, was an Vorwürfen erhoben worden ist. Schon der erste Satz ist eine Beleidigung:

>>Es scheint, als würden Zigeuner und Zigeunerinnen nur geboren, um Diebe zu sein; ihre Eltern sind Diebe, unter Dieben wachsen sie auf; sie erlernen das Diebshandwerk und werden schließlich mit allen Salben geschmierte Diebe. Die Lust am Stehlen selbst ist ihnen so zur zweiten Natur geworden, daß nur der Tod sie davon abbringt.<<[36]

In der Erzählung setzen sie betrügerisch Heilzauber ein,[37] handeln mit gestohlenen Maultieren, deren Brandzeichen sie fälschen,[38] verfügen über Naturheilmittel,[39] betreiben Schatzgräberei,[40] und – das ist der Erzählkern – sie haben ein Kind, nämlich Preciosa, geraubt. Die Zigeunergruppe nimmt eine ambivalente Position zwischen beschützender Großfamilie und krimineller Bande ein. Sie zieht nomadisch umher, und zwar innerhalb der Städte und über Land. Auf der einen Seite verdient sie ihren Unterhalt mit Wahrsagerei und mit musikalischen und tänzerischen Vorführungen auf Festen wie dem zu Ehren der heiligen Anna, der Schutzpatronin von Madrid. Auf der anderen Seite überlebt sie durch kleinkriminelle Vergehen. Zum Stadtgespräch von Madrid wird die Gruppe jedoch durch etwas anderes: Was sie positiv heraushebt, ist der Gesang und der Tanz der fünfzehnjährigen Preciosa. Im Licht ihres Erfolges erscheinen sie als Künstler, die sich im Übrigen bisweilen von Dichtern mit Gedichten versorgen lassen, die, wie Cervantes kommentiert, >>der Hunger […] dazu treibt, Dinge zu tun, die sie sonst nicht täten<<.[41] Kunstausübung, Poesie und Virtuosentum, nicht Betrug und Verbrechen, bilden den Subtext der Erzählung.

Preciosa, über die wir am Ende der Erzählung erfahren, dass sie die geraubte Tochter einer Adelsfamilie ist,[42] wird >>in allen Kniffen, Winkelzügen und Diebeskünsten unterwiesen<<.[43] Dennoch bewahrt sie – so das zentrale Motiv der Novelle, das sie aus den anderen Zigeunerbeschreibungen heraushebt – inmitten der widrigen Lebensumstände ihr aristokratisches Wesen. Sie wird als >>schön und klug<<,[44] als >>höflich und sehr verständig<<[45] geschildert, beherrscht das Lesen und Schreiben[46] und ist den Vertretern ihres Herkunftsstandes an Geist, Witz und Bildung überlegen. Und weder >>die Sonne […] noch die Unbill des Wetters […] hatten es vermocht, die zarte Gesichtshaut des Mädchens zu verderben, noch ihre Hände zu gerben«.[47] Die Natur respektiert ihre aristokratische Blässe und Eleganz.

Die Handlung wird von ständigen Grenzziehungen begleitet. Die Titelheldin, so wird schon zu Anfang betont, habe nie »gegen die Ehrbarkeit verstoßen«, sie sei »schamhaft« und in ihrer Gegenwart wage es niemand, »unzüchtige Lieder zu singen« oder »ungebührliche Wörter zu gebrauchen«.[48] Auch sie selbst trägt ausschließlich Lieder vor, »die aber alle ehrbar waren«.[49] Wenn sie aus der Hand liest, dann nicht ohne die Grenzen anzudeuten: »Ihr müßt aber auch wissen, daß ich in das, was ich sage, keine rechte Einsicht habe und, da ich viel und so im allgemeinen daherrede, manchmal auch da und dort das Richtige treffe.«[50] Während es eine zur Zeit von Cervantes verbreitete Ansicht ist, dass Zigeunerinnen öffentlichen Dirnen gleichzusetzen seien,[51] wird in der Novelle die Virginität zur Sprache gebracht: »Ich besitze etwas, das ich höher schätze als das Leben selbst: meine Jungfräulichkeit. Ich werde sie weder für Versprechungen noch für Geschenke aufgeben [...].«[52] Immerhin scheint sie durch das Leben unter den Zigeunern »etwas dreist«[53] geworden zu sein. Durchaus anzügliche Verse gehen ihr von den Lippen: »Achte drauf, daß du nicht strauchelst! / Nur nicht auf den Rücken fallen! / Solche Lagen sind gefährlich / Auch den hochgestellten Damen.«[54] Die Figur ist der Idee ›reinen Blutes‹ verpflichtet. Auch ohne ihr Wissen fließt es durch ihre Adern. Ehre hat sie durch Geburt erworben, ein Gut, das durch das ›Zigeunerleben‹, das Gegenteil des von Überwachung und Einsperrung charakterisierten Lebens eines adligen Mädchens der Zeit, nicht verloren geht. Ihre adlige Herkunft ist ein soziales Kapital, das durch die widrigen Umstände sogar eine Wertsteigerung erfährt.

Die Zigeuner werden als ›schicklich‹ dargestellt und mit einigen Tugenden ausgestattet. Die Tatsache, dass sich unter Cervantes' Vorfahren der ›el gitano‹ genannte, von einer Zigeunerin geborene und später legitimierte Martin de Mendoza befunden hat, mag dabei eine Rolle gespielt haben.[55] Die Zigeuner werden zwar als Diebe und Betrüger vorgeführt, doch nicht ohne ironische Abschwächung, wenn die Großmutter sich gegenüber Preciosa verteidigt, sie wünsche nicht, »daß die Zigeunerinnen meinetwegen den Ruf der Geldgier verlören, den sie sich in langen Jahrhunderten erworben haben«.[56]

Die Aufnahme des in Preciosa verliebten Juan in die Zigeunergemeinschaft gibt Gelegenheit zur Beschreibung angeblicher Riten, der Familien- und Sippenordnung und der Gerichtsbarkeit.[57] Wie beim Eintritt in einen religiösen Orden oder in eine Fraternität des Verbrechens muss er einen anderen Namen, Andrés, annehmen. Das Aufnahmeritual wirkt absurd. Eine karnevaleske Krönungszeremonie auf dem Stumpf einer Korkeiche, bei der Juan als Insignien Hammer und Zange in die Hände gegeben werden, Schmiede- und Einbruchswerkzeuge zugleich. Zu Gitarrenklängen muss er zwei Luftsprünge machen: eine Parodie auf die Tänze andalusischer Gitanos. Stärker als die Initiation provoziert das nachfolgende Eheschließungsritual, weil es dem Sakrament der Ehe entgegengesetzt wird. Dem gerade Aufgenommenen wird Preciosa von einem alten Zigeuner »zum Weibe oder zur Geliebten«[58] übergeben, denn »unsere freie, weitzügige Art kennt keine Ziererei und macht auch nicht viele Umstände.«[59] Wie bei einem Handel, kann er sich aber auch eine andere »unter den hier anwesenden Jungfrauen«[60] aussuchen. Danach jedoch darf er die Erwählte nicht mehr verlassen und sich auch nicht mit einer weiteren einlassen, »gleichgültig ob Frau oder Jungfrau.«[61] »Verbindungen zwischen Blutsverwandten«[62] werden geduldet, nicht jedoch der Ehebruch. Untreue Ehefrauen oder Geliebte würden sofort getötet und verscharrt, so »als wären sie schädliches Getier.«[63] Diese von der Gemeinschaft wegen ihres elementaren Wertes der »Freundschaft« und nicht wegen Gottes Gebot erzwungene Treue kann allerdings durch ein archaisches Überlebensrecht gebrochen werden: »ein junger Mann darf eine alte Frau verlassen und sich mit einer anderen zusammentun, die den Jahren nach besser zu ihm paßt«.[64]

Wie von Salamanca und Porres 1594 behauptet, führen auch die Zigeuner der Novelle ein von der christlichen Morallehre abweichendes Leben und begehen die teuflische Sünde des Inzests. Durch die Darstellung ihrer inneren Ordnung als klar geregeltes und wertebewusstes Zusammenleben kommen aber weder Empörung noch Abscheu auf. Nicht ohne unterschwellige Ironie wird das Verbot der Tracht, der Sprache und der Zigeunernamen, das die Erinnerung an ihre Lebensweise auslöschen sollte, umgekehrt. Juan, der spanische Aristokrat aus einer angesehenen Familie, muss die »Zigeunertracht«[65] anlegen und einen Zigeunernamen annehmen und in das ernste Spiel der »Krypto-Identitäten«[66] einsteigen, das nach der Reconquista einsetzt. Die Tatsache allein, dass jemand sich den Zigeunern anschließt, entspricht der in den Verfolgungsedikten vorgebrachten Vermutung, dass die ursprünglich eingewanderten ›reinen‹ Zigeunergruppen durch zusammengelaufene Gesetzesbrecher und Müßiggänger aufgefüllt worden seien. Doch Juan schließt sich ihnen, wie später eine andere Figur, Clemente, der Schutz auf seiner

Reise sucht, aus ehrenhaften Gründen an – nicht, um seinen womöglich lasterhaften Charakter ausleben zu können. In der pikaresken Literatur wird eher das Gegenteil beschrieben: der Kampf um rein spanische Namen und Adelspartikel, um als Altkastilier zu gelten.[67] Denn der Name ist in einer ständischen Gesellschaft, in der ›Blut und Ehre‹ untrennbar miteinander verbunden werden, ein wichtiges Erkennungszeichen, wie schon die ersten einwandernden Romgruppen wussten, als ihre Anführer sich als Herzöge oder Grafen von Klein-Ägypten titulierten. Die Namenserschleichung stellte eine Art »Mimesis der Ehre«[68] dar.

Vollzieht dann Juan eine Mimesis der Unehre, wenn er seinen Adelsnamen und seine standesgemäße Kleidung ablegt? Auf jeden Fall trägt die Erzählung durch die Verkleidung auf eine ernsthaftere Weise zur Verwirrung der als unabänderlich gedachten Weltordnung bei als die beliebten Maskenspiele und Komödien, in denen Herren und Diener die Rollen tauschen. Die Verunsicherung reicht tiefer, weil nicht nur soziale Grenzen überschritten, sondern religiöse und ethnische Tabus berührt werden. Am Ende, als auch bei Cervantes die Ordnung durch die Entdeckung der wahren Identität Preciosas wiederhergestellt wird, erhält zwar Andrés seinen Adelsnamen und sogar seine sorgsam aufbewahrte Kleidung zurück. Doch Preciosa darf, wie es wörtlich heißt, »zur Erinnerung an Verlust und Wiederfinden«[69] ihren Namen behalten. Und wie zur Bestätigung redet der Paterfamilias sie mit »Preciosa, Tochter«[70] an.

Diese Wendung ist im Blick auf die Erinnerungspolitik der spanischen Gesellschaft dieser Zeit schwierig zu deuten. Denn mit dem Namen nimmt sie einen Teil des zweifelhaften Ruhmes, den sie als Zigeunerin auf den Märkten und Plätzen erworben hat, in ihr Leben als Ehegattin und Tochter aristokratischer, mit öffentlichen Ämtern betrauter Familien hinüber. Durch ihre Musik und Poesie ist sie möglicherweise die verlorene und wiedergefundene Seele Spaniens, die personifizierte Symbiose der heterogenen Ursprünge der spanischen Kultur, sowohl der gebildeten Eliten, deren Romanzen sie vorträgt, als auch der aus unterschiedlichen Ethnien zusammengewachsenen Unterschichten, deren Tänze sie vorführt.[71]

In der schottischen Ballade *The Gypsy Laddie*, die seit 1740 gedruckt vorliegt und seitdem in zahlreichen Varianten erschienen ist, wird die Geschichte einer wunderschönen adligen Dame erzählt, die plötzlich Reichtum, Ehemann und Kinder verlässt, um sich einer Gruppe von Zigeunern anzuschließen, in deren Anführer sie sich verliebt.[72] Das

Erschrecken der Sesshaften und Besitzenden über die bedenkenlose soziale Grenzüberschreitung einer verheirateten Frau und die Anziehungskraft eines ungebundenen Lebens bilden die affektiven Pole des Liedes. Anders als der umkehrbare Identitätswechsel in Cervantes' *La gitanilla* endet der soziale Verrat aus Liebe in der Ballade tragisch: mit der Hinrichtung der Zigeuner. Darin gleicht das schottische Lied einer »Begebenheit« aus Mähren, einer Erzählung über den Sohn eines Schlosshauptmanns, »welcher eine heftige Leidenschaft zu einem Zigeunermädchen faßte, sie eheligte und in der Verfolgung der Zigeuner im Walde bei Kaltenlutusch vom eigenen Bruder erschossen wurde«.[73] Die ›natürliche‹ familiäre Ordnung zerbricht durch die unerlaubte Eheschließung, die politische Ordnung wird auf brutale Weise aufrechterhalten. Anders *La gitanilla*, wo eine Lösung bereitgehalten wird.

Im Mittelpunkt der Novelle wird Juan/Andrés, der adlige Jüngling, durch einen lebenserfahrenen Mann, den Anführer der Zigeuner, über seine Aufgaben aufgeklärt. Die väterliche Belehrung wird zur Offenbarung eines Geheimnisses, der archaischen Lebensweise der Zigeuner, erweitert:

>»Wir sind die Herren der Felder, der Fluren, der Wälder und der Berge, der Quellen und der Flüsse; umsonst geben uns die Wälder Holz für das Feuer, geben uns die Bäume ihre Frucht, die Weingärten Trauben, die Nutzgärten Gemüse, die Quellen Wasser, die Flüsse Fisch und die Gehege Wildbret; Schatten spenden uns die Felsen, Kühlung die Klüfte, und Wohnung geben uns die Höhlen.«[74]

Die kunstvoll aufgebaute Rede ist einmalig in der Literatur vor 1800, nicht nur wegen der Ausführlichkeit, mit der die angebliche Lebensanschauung der als rätselhaft geltenden Zigeuner verkündet wird. Sie dient zahlreichen literarischen und wissenschaftlichen Werken als Informationsquelle. Ihr Echo findet sich bei dem aufklärerischen Zigeunerforscher Heinrich Grellmann, ebenso wie in Goethes *Götz*. Niemand scheint daran gezweifelt zu haben, dass es sich um gesichertes Wissen handelt, das ein angesehener Dichter wie Cervantes mitteilt. Der erste Teil ist unschwer als ›locus amoenus‹, als Idylle in der Tradition antiker und frühneuzeitlicher Schäferdichtung, zu erkennen. Doch liegt bei Cervantes ein Schatten über der Idylle, der die gesamte Rede und vielleicht sogar die Novelle verdunkelt. Der alte Zigeuner lobt die freundliche Natur des Schöpfergottes, die ihnen gewogen ist, aber er nennt auch Kulturphänomene wie die Felder, Nutzgärten und Gehege. Sie sind ein Ergebnis der mühevollen Arbeit anderer und werden von den

Zigeunern parasitär genutzt. Die paradiesische Unschuld, mit der sie die Natur genießen, wird durch euphemistisch oder ironisch umschriebene und mit rhetorischer Finesse umgedeutete Gesetzesbrüche in Zweifel gezogen, wenn es z. B. heißt: »Kein Adler noch ein anderer Raubvogel stößt schneller und leichter auf die erspähte Beute nieder, als wir uns auf die Gelegenheit stürzen, aus der wir Nutzen zu ziehen hoffen.«[75] Mit den gleichen Mitteln wird die grausame Verfolgung angesprochen. »Knebelstricke können unseren Mut nicht brechen, noch schwächen ihn Block und Seil; ihn erstickt nicht die Tropfenfolter, noch zähmt ihn die Streckbank.«[76]

Und trotzdem spielen bei ihnen auch ohne Religion die christlichen Tugenden Bescheidenheit, Demut und Genügsamkeit eine vorrangige Rolle. Ruhmsucht und Schmeichelei verabscheuen sie. »Uns quält nicht die Sorge, wir könnten unser Ansehen verlieren, noch raubt uns der Ehrgeiz, unsere Geltung zu vergrößern, den Schlaf; [...] wir brauchen keinem hohen Herrn den Hof zu machen [...].«[77] Aber als Gegengesellschaft des Müßiggangs und des Verbrechens halten sie sich an die Unterweltregel, »im Kerker« zu singen und »auf der Streckbank« zu schweigen,[78] und lehren als Taugenichtse die Leute, »mit ihrem Eigentum nicht leichtfertig umzugehen und es nicht ohne Aufsicht zu lassen«.[79]

Der Höhepunkt der Rede führt in einer bemerkenswerten Steigerung zur idyllischen Anfangssituation zurück. Das Gefühl für die Schönheit der Natur tritt durch den Vergleich mit der bewunderten holländischen Landschaftsmalerei als Geschmacksurteil hervor. Es deutet auf einen unvermuteten Bildungsgrad des alten Zigeuners und darüber hinaus auf verborgene metaphysische Dimensionen der Zigeunergesellschaft. Denn er beschreibt wortgewandt das Erhabene der Natur und damit, trotz des Mangels an Religion, eine Erscheinung des Göttlichen. Damit nicht genug, ist er auch derart belesen, einen Dichter zitieren zu können, der das in angemessene Worte zu fassen gewusst hat.

Die Belehrung überzeugt Juan/Andrés davon, »dem eitlen Ruhm seiner adeligen Herkunft«[80] zu entsagen und in die zweijährige Probe- und Verlobungszeit, die Preciosa ihm abverlangt, einzuwilligen. Doch auch diese Entscheidung wird durch die Furcht vor Infamie verschattet. Gleich Preciosa zieht er innerhalb seiner neuen Gemeinschaft wiederholt Grenzen, um noch satisfaktionsfähig zu sein, wenn ihm jemand »an die Ehre«[81] geht. Am Ende ist es die Tugend der Beständigkeit beider, nicht allein der als Constanza geborenen Preciosa, die, inmitten eines nomadischen, von unzähligen Anfechtungen bestimmten Lebens, zum glücklichen Ende führt: in eine christliche, von den Eltern abgesegnete Ehe.

Mit Preciosa, der »gitanilla«, tritt neben die schöne Jüdin und die schöne Orientalin die Figur der schönen Zigeunerin.[82] Erst die zigeunerischen Fähigkeiten und Wesenszüge lassen sie – in ungleich stärkerem Maße als ihre gesichtslosen tanzenden und singenden Schwestern in anderen Dichtungen der Epoche – zu diesem Typus werden. Goethe wird ihm mit der Figur der Mignon eine romantisch-melancholische und Prosper Mérimée (1803-1870) mit Carmen im 19. Jahrhundert eine sexualisierte Variante zur Seite stellen.

In einer Romanze, die ein Ordensritter in Madrid in Preciosas Anwesenheit vor einer adligen Gesellschaft vorträgt, wird die erotische Attraktion der kleinen Zigeunerin unmittelbarer angesprochen als in der von ›constantia‹ beherrschten Handlung:

»Deiner Zauberaugen Beute
Wird ein jeder, der dir traute,
Mit Ergötzen dich beschaute,
Wenn es ihn auch bald gereute.«[83]

Der Blick der geheimnisvoll glänzenden schwarzen Augen wird zu einem Element literarischer Darstellung, auf das fortan nicht mehr verzichtet wird, wenn von einer jungen Zigeunerin die Rede ist. Es ist die erotische Variante des ›bösen Blicks‹ der alten, hexenartigen Zigeunerin. Beide signalisieren die Gefahr, die von einer fremden Frau ausgeht, vor der sämtliche Mittel männlicher Kontrolle und Selbstbeherrschung versagen.

»Der Verstand der Zigeunerinnen geht anderswo zur Schule als der Verstand anderer Leute; Zigeunerinnen sind immer ihrem Alter voraus. [...] Es gibt keine Zigeunerin, die nicht mit zwölf schon soviel wüßte wie eine andere mit fünfundzwanzig, sind doch der Teufel und die Erfahrung ihre Schulmeister [...].«[84]

Die schöne Zigeunerin zeichnet sich nicht allein durch ihre körperlichen Vorzüge aus. Sie verspricht, das wird hier deutlich genug gesagt, im jungfräulichen Alter das Wissen und Können einer verheirateten Frau. Sie entzündet das männliche Begehren, die »Liebesflammen«, auf eine teuflische Weise und führt es in moralische Abgründe. Auch Juan wird dazu gebracht, sein ehrbares Elternhaus zu verlassen und sein standesgemäßes Leben aufzugeben, doch zu mehr nicht. In der Novelle ist es die ›Macht des Blutes‹, die eine Wendung zum Guten bewirkt. In einer Herberge von einem Soldaten als »lumpige[r] Diebszigeuner«[85]

beschimpft und geohrfeigt, meldet sich bei Andrés/Juan der Adelsstolz zurück. Die Ehrverletzung beantwortet er mit der Tötung des der Satisfaktion unwürdigen Beleidigers. Diese Tat erst verursacht die Ereignisse, die zur positiven Auflösung aller Geheimnisse und Konflikte führen. Vom Ende aus betrachtet, der glücklichen, vom Erzbischof genehmigten Verbindung zweier ehrenwerter altspanischer Adelsfamilien, erscheint die Passage über das Zigeunerleben wie eine besonders ausgefallene Tugendprobe junger Liebender. Aber die Geschichte erzählt mehr. Sie holt die aus dem kollektiven Gedächtnis verdrängten und gewaltsam zur Anpassung gezwungenen Zigeuner zurück, ohne dass sie das Fremdartige auflöst. Zugleich entwirft Cervantes mit der Hauptfigur Preciosa das anspielungsreiche poetische Bild eines jungen Mädchens, das zur Allegorie der Poesie selbst wird. Denn die »Poesie gleicht einer überaus schönen, reinen, ehrbaren, verständigen, klugen und zurückhaltenden Jungfrau, die sich stets in den Schranken größter Verständigkeit hält«.[86] Mit ihren Tänzen und Liedern baut sie, die schreiben und lesen gelernt hat und daher mit den Dichtern zusammenarbeiten kann, eine Brücke zwischen den Außenseitern und der spanischen Kultur.[87]

In der zuerst 1614 aufgeführten englischen Bearbeitung des Stoffs von Thomas Middleton und William Rowley, *The Spanish Gipsie*,[88] treten nur noch als Zigeuner getarnte Edelleute und Diener auf. Stärker noch als in *Pedro de Urdemalas* wird vorausgesetzt, dass es sich um »counterfeit gipsies«, also »falsche Zigeuner«, handelt. Nach der Definition der englischen und spanischen Gesetze gegen das Vagantentum wären sie, da sie ›in deren Art‹ umherziehen, von ›echten‹ Zigeunern nicht zu unterscheiden. Hier bleibt von der idyllischen, pastoralen Gegenwelt Cervantes' nichts übrig. Dennoch ist der Reiz der Idee zu spüren, ein Leben außerhalb der fest gefügten Gesellschafts- und Rechtsordnung zu führen, in welchem der Wert eines jeden allein durch seine Persönlichkeit bestimmt ist. Wie die Könige, die sich des Nachts verkleiden, um die Wahrheit über sich zu erfahren, nehmen die falschen Zigeuner die Beschwernisse eines elenden Lebens und den Verlust sozialen Ansehens auf sich, um für einen kontrollierten Zeitraum ihre eigene Gesellschaft von außen zu betrachten. Mit der Realität der Zigeuner und der standeslosen Unterschichten hat dieses Spiel nur so viel zu tun, dass es ohne ein Wissen über sie nicht gespielt werden kann.

Die Versfassung von T. Ritzsch (Lebensdaten unbekannt), die *Verteutschte Spanische Ziegeunerin* von 1656, behält trotz erheblicher Kürzungen das Erzählgerüst bei.[89] Erheblich modifiziert wird das Motiv der schönen Zigeunerin. Obwohl diese Version nach dem Dreißigjährigen Krieg geschrieben wurde, gibt es keinerlei Anspielungen auf diese Epoche, in der sich die sozialen Konflikte massiv verschärft hatten. Die konkrete Lokalisierung spielt anders als bei Cervantes keine Rolle mehr:

>»Ein schwartz Egyptisch Heer pflegt offt herüm zu streichen / Durch alle weite Welt / in allen frembden Reichen«.[90]

Im Unterschied zu Cervantes' Novelle folgt bei Ritzsch der Auflösung der Verwicklungen und Maskeraden eine belehrende Deutung der Geschehnisse, die sich immer weiter vom Ausgang der ursprünglichen Zigeunergeschichte entfernt. Die schöne Zigeunerin wird in der Selbstdeutung der Verserzählung in eine reizvolle Maske verwandelt und zu einem Bild natürlicher Unschuld und unschuldiger Natürlichkeit verflacht. Ihr fehlen die Selbstständigkeit und der Eigensinn der Preciosa Cervantes'.

In der dramatisierten *Preciosa* (Uraufführung am 14. März 1821) von Pius A. Wolff (1782-1828), die durch die Musik von Carl Maria von Weber (1786-1826) Berühmtheit erlangt hat, setzt sich die Verselbstständigung des Bildes der schönen Zigeunerin fort. Man könnte das Schauspiel in vier Aufzügen in die Tradition des bürgerlichen Rührstücks und seiner Absicht einordnen, vermittels sentimental-empfindsamer Darstellung eine moralische Läuterung der Zuschauer zu bewirken.[91] Wolff kann sich zweihundert Jahre nach Cervantes aus einem Fundus literarischer Zigeunerdarstellungen bedienen. Aus Goethes *Götz von Berlichingen* wird das bühnenwirksame Szenarium übernommen: »Wilder Wald. Zigeuner-Lager. Nacht. Mondenschein. Die Zigeuner-Familien in Gruppen gelagert. Viarda vor einem großen Kessel, unter welchem das Feuer hell auflodert«.[92] Das Archaisch-Unheimliche, das die Szene bei Goethe vermittelt, wird nicht aufgenommen. Die Parodie seines Zigeunerlieds bewirkt das Gegenteil, wenn es heißt: »Das Bellen der Hunde, sie hören's nicht gern, Wauwau! Wauwau! Wauwau!«[93] Den gleichen Unterhaltungszweck verfolgen auch die dem Operngenre angepassten Kampf- und Konfliktszenen. Preciosa ist eine Figur, die weniger ein Zigeuner- als ein Künstlerleben führt und deren Auftritte an das zeitgenössische bürgerliche Kulturleben und den Kult um berühmte Sängerinnen erinnern: »Sah man je so was auf Erden! / Ein gemein Zigeunermädchen / Zieht die ganze Stadt am Fädchen.«[94]

Zwar wird den Zigeunern wie bei Cervantes und Ritzsch das Lob der Bescheidenheit und Einfachheit gesungen,[95] dies steht aber in einem eklatanten Widerspruch zum Handeln der »Zigeunermutter Viarda« und des Zigeunerhauptmanns. Der Tugenddiskurs tritt gegenüber den beiden anderen Werken deutlich in den Hintergrund.[96] Bei der männlichen Hauptfigur Don Alonzo wird auf den Namenswechsel verzichtet. Damit wird, abgesehen von dem hier entfallenden besonderen spanischen Hintergrund der Zwangskonversion, die Grenzüberschreitung nicht mehr als Gefährdung der Identität gedeutet, weder in sozialer noch in moralisch-religiöser Hinsicht. Während in den beiden älteren Werken ständig Grenzziehungen um die Figuren herum vorgenommen werden, wird Preciosa bei Wolff umgekehrt von den Zigeunern zu einer Unberührbaren erklärt, die »als Heil'ge wir verehren«.[97] Ein solches Motiv lässt sich nur vor dem Hintergrund einer säkularisierten Gesellschaft erklären, in der die Kunst im öffentlichen Raum Funktionen der Religion übernommen hat. Preciosa ist eine Heilige nicht in einem religiösen Sinn, sondern als idolisierte Künstlerin, die als »Königin«[98] eine sozial verblasste, kulissenhafte Zigeunergemeinschaft anführt, über die der Zuschauer kaum noch etwas erfährt.

Eine gravierende Änderung erfährt der Handlungs- und Konfliktverlauf bei Wolff, was das Verhältnis der Zigeuner zu Preciosa betrifft. Als sie den durch ihre Kunst angehäuften Besitz als Lösegeld für den Geliebten Don Alonzo opfern will, setzt sich deren Habgier durch. Sie feilschen und handeln ohne Rücksichtnahme auf das Glück ihrer »Königin«. Latent antisemitische Stereotype tauchen auf – in einer Zeit zunehmender Pogrome in Deutschland kein Zufall: »Falsches Volk! / Eigennützig von Natur, / Treibt Euch stets der Vortheil nur!«[99]

Die Handlung verselbstständigt sich zu einer Intrige der Zigeunermutter und des Hauptmanns, um den ›Schatz‹ Preciosa und ihre Besitztümer zu behalten. Inmitten des menschlichen Dramas bleiben sie auf ihren materiellen Vorteil bedacht: »Nein, drum muß die Klugheit walten, / Im Tumult noch was zu fischen.«[100]

Das vor ihren Augen ablaufende Rührstück selbstloser Liebe läutert sie nicht. Die Rettung und Zusammenführung des Liebespaares leitet zu einer gewaltsamen Ausgrenzung der Zigeuner über. Sie profitieren – sieht man von dem finalen Gnadenakt Preciosas ab – nicht von der Erhebung der beiden ehemaligen Mitglieder ihrer Gemeinschaft. Nach dem Verlust ihrer »Königin« sinken sie in Gemeinheit und Rechtlosigkeit zurück. »Willst Du mir Gesetze geben?«[101] »[...] Pack' Dich, Satan, / Oder meine Leute werden –«,[102] herrscht sie Preciosas leiblicher Vater an. Mit der Ausgrenzung der Zigeuner und der Rückaneignung des

Kleinods Preciosa durch die Ursprungsfamilie werden ganz auf der Linie bürgerlichen Familienrechts Eigentumsfragen geklärt:»Könnt Ihr nicht des Mädchens Herkunft, / Euer Recht auf sie, beweisen: / So macht weiter keinen Anspruch!«[103]

Liebe und Treue werden – ein rührender Effekt – doppelt belohnt: durch die Verlobung und mehr noch durch den Gewinn einer schützenden und liebenden Familie. Deshalb kann Preciosa ihren Zigeunernamen nach der Entdeckung ihrer wahren Herkunft kommentarlos beibehalten:»Daß sie eures Stammes nicht, / Liegt am Tag [...].«[104]

Die schöne Zigeunerin erweist sich am Ende als Kostümierung, als ein »Prachtanzuge«,[105] wie es im Stück heißt. Wolffs *Preciosa* wirkt ›literarischer‹, artifizieller, dadurch aber nicht poetischer. Der Anspielungsreichtum und die Allegorisierung, die das Werk von Cervantes auszeichnen, werden im Wortsinn auf der Bühne ›verspielt‹ und nicht durch Zeitgenössisches ersetzt. Die moralische Schwere von Ritzsch, durch die die Figuren zu steifen Tugendexempeln herabgedrückt werden, verschwindet ebenfalls und weicht einer spielerischen Leichtigkeit. Das Bild der schönen Zigeunerin wird bei Wolff zum Typus der verfolgten und geretteten Unschuld trivialisiert.[106] Was die ästhetische Inszenierung von Geschlechteridentität betrifft, erlauben ihre Auftritte die sinnfällige, möglicherweise die Sinnlichkeit andeutende Ausgestaltung einer Frauenrolle, in der Aktivität, Attraktivität und ausübendes Künstlertum sich verbinden.

Auch in den Gelehrtendiskurs der Frühen Neuzeit geht Cervantes' *La gitanilla* ein. Schon in Christoph Besolds (1577-1638) *Thesaurus practicus* von 1629 findet sie Erwähnung. Aufschlussreich ist, dass von der episodenreichen Erzählung nur ein Element für merk-würdig befunden und als Wissen über die Zigeuner weitertradiert wird. Bei diesem Vorgang geht zudem die Kenntnis verloren, dass es sich um einen fiktionalen Text handelt. Einzig die unerhörte Tatsache, dass ein Mann von Stand sich den Zigeunern aus Liebe anschließt, findet immer wieder Erwähnung, nicht aber der Kindesraub. In *Zedlers Universal-Lexikon*, in dem 1749 die überlieferten Kenntnisse über Zigeuner breit präsentiert werden, heißt es recht allgemein:»Man lieset sogar von einem Spanischen Edelmann, der sich in ein Zigeuner-Mägdgen verliebt und dadurch bewogen worden, zu ihrer Gesellschafft zu treten.«[107]

Als Quellen sind Ahasverus Fritsch[108] und Jakob Thomasius zu vermuten, der 1702, wohl ohne Cervantes gelesen zu haben, eine entstellende Inhaltsangabe macht:

»Man hat auch erfahren / daß sie als Menschen-Diebe kleine Kinder auff-
gefangen / und für die ihrigen aufferzogen haben. Ein Exempel hiervon
(denn eine Fabel wollen wirs nicht nennen;) wird gelesen I.IV.Henric.
Barlæi, welche in einen netten Carmine beschrieben ist / von einen Africani-
schen Mägdgen / welche die Zigeuner entführet haben / als dieselbe in Spanien einer von Adel gesehen / hat er sie dermassen liebgewonnen / daß er
auch / sie zu erlangen / selbst ein Zigeuner worden.«[109]

August Hermann Francke wiederum übernimmt Thomasius, ohne noch
zu erwähnen, dass es sich um ein ›Carmine‹, also eine Dichtung, handelt,
um die These vom ›zusammengelaufenen Gesindel‹ zu bekräftigen:

»Man lieset so gar von einem Spanischen Edelmann, der sich in ein Zigeuner-
Mädgen verliebt, und dadurch bewogen worden, zu ihrer Gesellschaft zu
treten. Bey dem allen aber ist doch ausser Zweiffel, daß viele würckliche
Zigeuner im Lande geblieben, zu welchen sich allerhand ruchloses Volck
geschlagen hat.«[110]

Thomasius, der auf die neulateinische Übersetzung aus Antwerpen
zurückgreift, behauptet außerdem, dass in dem Carmine die Schwärzung der Haut beschrieben werde, und fügt diesem Detail weitere Informationen hinzu:

»Aus eben diesen Carmine, darinnen der Poëte / dieses Volckes Lehre /
Gesetz und Lebens-Arth zubeschreiben verspricht / ist auch zu sehen / wie
die Zigeuner / denen / so sich in ihre Gesellschafft begeben / die Nahmen verändern / und eine schwartze Farbe anstreichen. Wie auch gemeldet wird / daß
die Mütter die bestrichenen Kinder an die Sonne legen sollen / damit die
Schwärtze sich recht tieff einlege. Man sagt doch auch / daß sie mit Waschen / so offt ihnen beliebet / die Schwärtze wieder loß werden können.«[111]

Dass unter dem Kostüm der schönen Zigeunerin auch Bedrohliches verborgen sein kann, offenbaren im 19. Jahrhundert Figuren wie Esmeralda
und Carmen. Spätestens in der europäischen Romantik erobert die
schöne Zigeunerin als literarische Figur und in der bildenden Kunst
einen festen Platz im Archiv kultureller Symbole, die bis heute jederzeit
abrufbar sind. Man kann von diesem Zeitraum an beobachten, dass in
ethnographischen, juridischen und pädagogischen Diskursen der Blick
auf junge Zigeunerinnen durch das literarische Bild bestimmt wird.[112]

›Fraternity of Vagabonds‹: Zigeunerreiche

Namens- und Kleiderwechsel, der Verlust und der Gewinn von Nobilität und Ansehen sind in der spanischen Literatur nicht bloß ein unterhaltsames Maskenspiel. Sie sind Anzeichen dafür, dass trotz Verfolgung über den Ort der Zigeuner im Gesellschaftsgefüge nicht endgültig entschieden worden ist und Grenzüberschreitungen ihren Reiz haben. Musik und Tanz schaffen eine Verbindung zwischen ihnen und der Kultur einer ohnehin brüchigen Mehrheitsgesellschaft, die sich nicht ohne Verluste kappen lässt. Diese Vorläufigkeit ist der englischen und französischen Literatur der Frühen Neuzeit fremd. In ihr sind die »egyptians« und »bohémiens« ohne jeden Zweifel ein Ferment der parasitären Gegengesellschaft der Bettler und Schurken, ein heimtückischer, unberechenbarer Feind, eine innere Bedrohung. Zu dieser beschränkten Sichtweise auf die entwurzelten Randgruppen trägt die Literatur ebenso bei wie die Armengesetzgebung der Zeit, von deren Sprache sie sich kaum zu entfernen wagt. John Awdeleys *The Fraternity of Vagabonds* von 1561 oder das oft und ausgiebig plagiierte Buch von Thomas Harman *A Caveat or Warning for Common Cursitors, Vulgarly Called Vagabonds* von 1566, in dem die Zigeuner ausführlich verunglimpft werden, setzen die pamphletistische Tradition von Sebastian Brants (1457-1521) *Narrenschiff* (1494) und des *Liber Vagatorum* von 1510 fort. Durch Thomas Dekker (ca. 1572-1632), der Harman in seinen Pamphleten *Villainies Discovered by Lanthorne and Candle-light* (1608) und *The Belman of London* (1608) ausgiebig nutzt, haben die zeitgenössischen Autoren einen direkten Zugang zu dem aus ungenannten Quellen zusammengetragenen und anekdotisch präsentierten Wissen. In diesen Ordnungsentwürfen über die Welt des »herrenlosen Gesindels« und der Vagabunden sind die Zigeuner entweder eine markante, wie eine Zunft organisierte Untergruppe, oder sie werden sehr vage mit der gesamten Gegengesellschaft gleichgesetzt: einer Kernbevölkerung, der sich die Müßiggänger und Gesetzesbrecher durch ein Aufnahmeritual und die Übernahme ihrer Tracht, ihrer Geheimsprache und der Lebensgewohnheiten anschließen.[113] Was in der historischen Wirklichkeit ein Stigmatisierungsprozess ist, wird in den Pamphleten als Selbststigmatisierung umgedeutet. Mit der Beschränkung der Darstellung auf die betrügerischen und verbrecherischen Praktiken – Wahrsagen, Quacksalbern, Unmoral, Promiskuität und Religionslosigkeit – wird den Marginalisierten ein Lebenssinn unterstellt, der den Werten der christlichen Gesellschaft entgegensteht und in ihrer Missachtung und Verhöhnung seine Erfüllung findet. Dies nährt die Verachtung und Aggression gegen Außenseiter wie Zigeuner, aber auch den Reiz, den ihr sündiges und reueloses Leben ausübt. Das eng begrenzte und ständig wiederaufbereitete Wissen über die Nachtseiten der Gesellschaft schlägt bis in die literarische Gestaltung durch. In gesteigerter und verdichteter Form als anekdotisch schwankhafte Aventüre erzählt oder dramatisiert, wird dieses Wissen in der Literatur in einer Übergangszone von Beobachtung und Erfindung angesiedelt. Zur Beglaubigung des Erzählten wird es meist in vermeintlich autobiographische Zusammenhänge gestellt.

Eine solche Erzählung stellt *La vie généreuse des mercelots, gueuz et boesmiens, contenant leur façon de vivre, subtilitez et gergon*[114] dar, eine 1596 in Frankreich erschienene Schelmengeschichte in der Tradition der spanischen *La vida de Lazarillo de Tormes y de sus fortunas y adversidades* (1554). Beschrieben werden drei ›Gegengesellschaften‹, denen sich der Erzähler anschließt: die »mercelots«, die bettelnden Hausierer bzw. hausierenden Bettler, die »gueuz«, d.h. die Straßenräuber, die wie ihr Vorbild, die niederländischen aufständischen Geusen gegen die spanischen Besatzer, aus dem Hinterhalt agieren, und die in der französischen Variante »boesmiens«, also Böhmer genannten Zigeuner, die in größeren Gruppen mit ihren Familien umherziehen. Das Nomadenleben im Familienverband unterscheidet sie von den anderen. Der Autor hat für den Erzähler den ›Gaunernamen‹ Pechon de Ruby gewählt, dessen Bedeutung er in der beigefügten Wortliste preisgibt: Pechon de Ruby meine ein »enfant esveillé«, ein aufgewecktes Kind. Derartige Wortlisten einer angeblichen Geheimsprache aller Bettler und Gauner, die in England als Cant, in Spanien als Geringonza Germania, in Deutschland als Rotwelsch bezeichnet und bisweilen einfach nur fälschlicherweise Zigeunersprache genannt wird, lassen sich häufig in diesem Genre finden. Sie sollen die Leser von der Authentizität des Beschriebenen überzeugen und ihm zusätzlich ein praktisches Schutzmittel gegen Diebe und Bettler an die Hand geben. Bücher dieses Genres verbreiten sich in den meisten europäischen Ländern erfolgreich durch Übersetzungen, Plagiate, Bearbeitungen sowie Übernahmen einzelner Anekdoten und Motive. Drei Elemente, die sich stets finden lassen, scheinen von besonderem Interesse gewesen zu sein: zuallererst das lasterhafte, vom Müßiggang bestimmte Leben, das häufig zu besseren Lebensumständen führt als ein durch Arbeit und Fleiß geprägtes; dann die Raffinesse, Gemeinheit und Abscheulichkeit der Verbrechen. Analogien zu Missständen in den herr-

schenden Ständen werden gezielt hergestellt, bis hin zur Gesellschafts-
satire. Schließlich der Kampf gegen die von ihnen herausgeforderten
Obrigkeiten, der sie im Falle eines Sieges zu Volkshelden aufsteigen
lässt.

Zigeuner tauchen in diesen Texten manchmal gar nicht oder nur am
Rande auf. Doch lassen zwei Beobachtungen sie besonders interessant
erscheinen. Ihnen wird ein gut funktionierendes, Grenzen überschrei-
tendes Netzwerk zugeschrieben, eine Binnenorganisation, in die nur
sehr schwer eingedrungen werden kann. Noch George Henry Borrow
(1803-1881), der selbst ernannte englische »Zigeunerfreund«, wird sich
im 19. Jahrhundert in seinen Reiseberichten über Spanien damit brüsten,
in ihre Gemeinschaft aufgenommen worden zu sein. Diese Gemeinschaft hütet ›Geheimnisse‹, besondere Fähigkeiten und Kenntnisse, deren Preisgabe Sensationen verspricht. In der nur über wenige Episoden
berichtenden Lebensgeschichte schließt sich Pechon einem »Capitaine
d'Egyptiens«[115] an, der über eine »belle trouppe d'Egyptiens ou Boë-
miens«[116] verfügt. Er wird ohne Initiationsritual aufgenommen und erhält den weiblich klingenden, obszön-vulgären Spitznamen »Fourette«.
Banale Selbstverständlichkeiten wie die Umstände eines nomadischen
Lebens werden vom Erzähler als unter Lebensgefahr erworbene Kenntnisse präsentiert.

> »Wenn sie in irgendeinem kleinen Ort kampieren, geschieht es immer mit
> der Genehmigung des Grundherren oder des Obersten der Gegend: Ihre
> Unterkunft befindet sich in einer Scheune oder unbewohntem Haus.«[117]

Das verbrecherische und müßiggängerische Leben verläuft nach den
Schilderungen Pechons nicht planlos, sondern wird berufsmäßig orga-
nisiert. An neuen Aufenthaltsorten bezahlen sie ihre Lebensmittel und
halten sich im Hintergrund, »aber in den benachbarten Pfarrgemeinden
wüten sie, indem sie stehlen und Schlösser mit dem Dietrich öffnen«.[118]
Ihr Organisationsgrad und ihre innere Befehlshierarchie ließen auf eine
militärische Formation schließen, einen »Trupp«, mit dem, wie zu dieser
Zeit noch üblich, die Familien zum Leidwesen der Landbevölkerung im
Tross umherziehen. Wie das Militär verfügen sie, so die Vorstellung des
Erzählers, über »die besten und verläßlichsten Karten, auf welchen alle
Städte und Dörfer, Flüsse, Herrenhäuser und andere verzeichnet sind«.[119]
Bei Überfällen gingen sie generalstabsmäßig vor, marschierten getrennt,
schlügen gemeinsam zu und verwischten ihre Spuren. Für den Verkauf
der gestohlenen Dinge seien sie ebenso gut vorbereitet wie für deren

Beschaffung, denn sie besäßen einen »Almanach in dem alle Märkte der Welt verzeichnet sind«.[120] Sämtliche Einnahmen seien Gemeineigentum, das vom ›Capitaine‹ verteilt werde, »ausgenommen das, was sie mit Wahrsagen verdienen«.[121] Pechons Erinnerungen lassen kaum einen der bekannten Vorwürfe aus, von der Bezahlung mit Falschgeld bis zur Rosstäuscherei. Mit strategischem Einfallsreichtum entgehen sie der Verfolgung durch die Behörden.

Noch mehr als zweihundert Jahre später variiert Eugène François Vidocq (1775-1857), der Gründer der modernen französischen Geheimpolizei, in seinen Erinnerungen an den Aufenthalt bei den Zigeunern in Flandern Pechons Bild ihrer ›Gegengesellschaft‹ nur unwesentlich. Bei ihm stammen sie indes »aus den Gegenden an der Moldau, wo hundertfünfzigtausend von ihnen vegetieren wie die Juden in Polen, ohne daß sie je eine andere Stellung dort annehmen können, als die des Henkers«.[122] Zuallererst erst sind sie wie bei Cervantes »Diebe«,[123] deren Taten breit ausgemalt werden. Sie reisen in Trupps umher und dürfen sich nur trennen, um Verbrechen besser begehen zu können. Die Landbevölkerung betrügen sie durch Quacksalberei und Geldwechsel. In ihren städtischen Schlupfwinkeln führen sie unter der Führung einer »Herzogin«,[124] »eines der allerscheußlichsten alten Weiber, die ich je gesehen habe«,[125] ein unzivilisiertes und unmoralisches Leben. »Männer und Weiber«, so Vidocq, »rauchten und tranken, über- und untereinander, in Ausschweifungen und widerlichen Stellungen«,[126] während in der Mitte des Raums »eine Frau in einem Scharlachturban einen wilden Tanz ausführte und die laszivsten Stellungen darbot«.[127] Victor Hugo (1802-1885), Eugène Sue (1804-1857), Alexandre Dumas (1802-1870) und andere werden all dies in ihren Darstellungen der Pariser Armen und Unterwelt aufgreifen und weiterreichen.

Beschimpfungen, wenig schmeichelhafte Vergleiche, böser Blick und schwarze Magie sind die Anlässe, bei denen in einigen Dramen Shakespeares (1564-1616) von Zigeunern die Rede ist. Markierte Zigeunerfiguren tauchen nicht auf. In *Ein Sommernachtstraum* (1600) beschimpft Lysander Hermia, die ihn liebt, grob als »Ethiope«[128] und dann als »tawny Tartar«.[129] In der neueren deutschen Übersetzung von Frank Günther als »schwarze Schlampe« und »Zigeunerschlampe«[130] bezeichnet, müssen die Benennungsvarianten, die Shakespeare offensichtlich noch für Zigeuner vertraut waren, zugunsten der Lesbarkeit untergehen: die Bezeichnung als ›schwarze‹ Nachfahren Hams und der im Niederdeutschen und in Skandinavien sich einbürgernde Begriff Tatern. Während im *Sommernachtstraum* die Bezeichnung auf direkte Weise Ekel und Verachtung zum Ausdruck bringen soll, spielt Shakespeare in *Antonius und Cleopatra* (1607) raffiniert und rhetorisch wirkungsvoll mit den Bezeichnungen »gipsy« und »egyptian«. Schon in der 1. Szene wird über die »gipsy's lust«,[131] die zigeunerische Brunst der Ägypterin Cleopatra, geredet, die dann ein paar Verse weiter unverblümt als »strumpet«, Hure, beschimpft wird. Antonius spielt in der 12. Szene des IV. Akts mit der doppelten Bedeutung, wenn er flucht: »This foul Egyptian hath betrayed me«,[132] was sich in der deutschen Übersetzung als »Drecks-Ägypterin«[133] nicht wiedergeben lässt. Cleopatra, »this false soul of Egypt«,[134] verhält sich so gierig und verführerisch, wie es nach landläufiger Ansicht die aus Ägypten eingewanderten Zigeunerinnen tun. Ben Jonson (vermutlich 1573-1637) bezeichnet in seiner *Masque of the Gypsies*, in ironischer Anspielung auf ihren Charakter, die Mütter von fünf Zigeunerprinzen umgekehrt als »Cleopatras«. »Like a right gipsy«,[135] wie echte Zigeunerinnen besäßen sie magische Kräfte und den bösen Blick und beherrschten das Handwerk des Betrugs und der Täuschung. In der Tragödie *Othello* (1622) beginnt in der 4. Szene des III. Akts eine folgenschwere Intrige um ein von Desdemona verlorenes Taschentuch. Dieses von einer Zigeunerin wie ein Amulett mit einem Liebeszauber ausgestattete Tuch hatte Othello einst beim Tode seines Vaters von seiner Mutter weitergereicht bekommen:

> »Dies Taschentuch bekam einst meine Mutter / Von 'ner Ägypterin [Egyptian]. / Sie war 'ne Zauberin und konnte fast / Gedanken lesen. Sie sagte ihr, solang sie's hätte, / Wär sie voll Liebreiz und könnt meinen Vater / In Liebesfesseln schlagen; doch wenn sie's / Verliern, verschenken würde, würde Vaters Blick / Sich vor ihr ekeln, seine Liebeslust / Würd andre Frauen jagen. Sie gab's mir, als sie starb«.[136]

Dass ein heldenhafter Mann und Soldat wie Othello die abergläubische Furcht seiner Mutter vor der magischen Wirkung des Tuchs teilt – es sind die Frauen, die schon in den frühneuzeitlichen »Ehespiegeln« vor dem Erwerb derartiger Amulette gewarnt werden –, deutet womöglich auf eine Nähe zwischen dem »Mohren« und der ebenso schwarzen »Ägyptierin« und ihrem Verhältnis zum Glauben.

In Samuel Rowlands' (ca. 1573-1630) Pamphlet *Martin Mark-All. Beadle of Bridewell* (1610) findet sich im ersten Teil eine Allegorie des Gaunertums samt einer satirischen Landkarte ihres Reichs. Im zweiten Teil erzählt er die Geschichte ihrer ›Regenten‹, von Jack Cade bis zu Cock Lorrell, der von 1501 bis 1533 regiert und die ›25 Gesetze der Vagabunden‹ erdacht haben soll, und nennt eine Reihe von angeblichen Gipsy-Königen und -Königinnen.[137]

In diese romanhafte Unterweltgenealogie reiht sich noch der gleichnamige Verfasser von *The Life and Adventures of Bampfylde Moore Carew* (1745) ein. Carews (1693-1759) Geschichte eines verlorenen Sohnes, der wegen des abenteuerlichen Lebens, das die Gaunerwelt bietet, trotz einiger Versuche nicht mehr heimkehrt, zählte zu den Erfolgsbüchern des 18. Jahrhunderts in England. Die »gipsies«, zu denen er aus der Schule flieht, sind wie in den meisten Schelmenromanen vagabundierende Gauner und Bettler ohne besondere Merkmale einer ethnischen Gruppe. Von ihnen erlernt er jung die Kniffe und Tricks, die das Betteln und den Betrug zu einer bequemen Einkommensquelle machen. Wie schon in *Pedro de Urdemalas* wird der große Schatzgräber-Trick, mit dem man das Vermögen der Geizigen und Gierigen an sich bringen kann, erfolgreich durchgeführt. Auch Carews Zigeuner sind als Bruderschaft organisiert, gehorchen eigenen Gesetzen und wählen einen »gipsy king«, dem sie Abgaben leisten. Der Held erwirbt durch seine listigen Verkleidungskünste, die ihm bei seinen Gaunereien und seinen häufigen Fluchten vor der Obrigkeit von Nutzen sind, einen legendären Ruf. So wählen sie ihn, den entlaufenen Bürgersohn, nach dem Tod des Unterweltführers Clause Patch zum »King of the Mendicants«. Obwohl Carew den ›rechten Weg‹ verlässt, indem er sich den Zigeunern anschließt, führt ihn diese Entscheidung nicht ins Verderben. Zwar wird er mehrfach der Strafe für seine Vergehen entgegengeführt, doch immer wieder entkommt er und vermag am Ende sogar seinen Lebensabend in Ruhe an einem von ihm gewählten Ort zu verbringen.

Wie in den deutschen Aventuriergeschichten des 18. Jahrhunderts verzichtet man in den Romanen, die sich in die Unterschichten der englischen Gesellschaft begeben – ein berühmtes Beispiel bietet Daniel Defoe (1660-1731) in *Moll Flanders* (1722) –, meistens nicht auf eine kürzere oder längere Episode, die unter Zigeunern spielt. Bei ihnen landen, ihrem Ruf als Kindesentführer und -räuber entsprechend, die Helden meist in einer frühen Kindheitsphase. Das ist auch bei Moll Flanders der Fall:

> »Ganz dunkel erinnere ich mich noch, daß ich als ganz kleines Kind mit Zigeunern umherzog. Soviel ich mich entsinne, war ich nur kurze Zeit bei ihnen, sonst hätten sie mir wohl die Haut gefärbt, was sie bei fremden Kindern meist tun. Wie ich unter sie geriet und später wieder von ihnen loskam, weiß ich nicht mehr. [...] Ein Gemeindebeamter von Colchester griff mich auf, und ich erzählte ihm, ich sei mit Zigeunern in die Stadt gekommen. Da

ich aber nicht weiter mit ihnen herumziehen wollte, hätten sie mich zurückgelassen. Wohin sie gegangen, wisse ich nicht.«[138]

Da Moll Flanders sich danach meist innerhalb des städtischen Raums
und der urbanen Randschichten bewegt, zu denen sich die Zigeuner erst
im 19. Jahrhundert gesellen, begegnet sie ihnen nicht wieder. Der Held
von Defoes *The Life, Adventures and Piracies of the Famous Captain
Singleton* (1720), Bob Singleton, wird in seiner Kindheit für 12 Schilling
an eine Zigeunerin verkauft, die bald am Galgen endet. Gemäß der Vorstellung, dass Zigeuner ihre Gegengesellschaft durch die Aufnahme
anderer Gauner und Bettler bewahren, erscheinen sie in den Romanen
und Theaterstücken des 16. bis 18. Jahrhunderts als ein Auffangbecken
der Ausgestoßenen, Verfolgten und Verelendeten, ebenso wie der Lasterhaften und Bösen. Wer den Schutz des Hauses und der Familie verlässt und sich der Straße anvertraut, liefert sich ihnen, die überall im Verborgenen lauern, aus. Oft beginnt eine Abenteurer-, Hochstapler- oder
Verbrecherlaufbahn mit dem episodischen Aufenthalt bei ihnen. Dieses
Erzählmuster setzt sich im 19. Jahrhundert in der Schauerromantik fort.
Wer sich ihnen anschließt, wechselt in eine andere Weltordnung ohne
Gott und Religion über, in der es außer der Gruppenloyalität keine ver-
stetigenden Momente gibt. Immerfort ist alles in Bewegung und Verwandlung. Der Aufenthaltsort wird ebenso gewechselt wie der Name
oder die Tracht. Selbst die eigene Sprache dient der Täuschung und Verstellung. Während die Adelsgesellschaft und das Bürgertum ihre sozialen und kulturellen Distinktionsmerkmale ausstellen und als Standes-
identität pflegen, werden die Unterschichten, wenn sie sich nicht demütig wie ehrliche Arme verhalten, durch die rasanten Metamorphosen,
die sie vollziehen, als identitätslos dargestellt. Das Prinzip permanenter
Täuschung nimmt ihrem Leben aus diesem Blickwinkel jede Ehrenhaf-
tigkeit. Im englischen Puritanismus endet jedes Leben, und nicht nur
das der Gauner und Verbrecher, auf diese Weise, wenn man sich nicht
auf das Wesentliche, die Vorbereitung auf das Jenseits, konzentriert.
Anders als die Adels- und Bürgergesellschaft, die es sich nur im kontrollierten Maskenspiel, bei dem sie unter sich bleibt, gestattet, die sozialen
Grenzen zu überschreiten, gilt der unfreiwillige Karneval der Armen als
Ausdruck ihrer Nichtigkeit. Sie sind, wie Thomas Dekker 1608 über die
Zigeuner schreibt, »a people more scattered than Jewes, and more hated:
beggerly in apparell, barbarous in condition, beastly in behauiour [sic!],
and bloody if they meete aduantage«.[139]

In seinem Stück *The Gypsies Metamorphos'd* (1621) bringt Ben Jonson höfisches Maskenspiel und die in Betrug und Täuschung versierten Zigeuner zusammen.[140] Auf der Spielfläche erscheint eine Gruppe von »Gypsies«, die dem König und seinem Hof die Zukunft deuten. Narren und Mädchen tanzen, und die Zigeuner führen ihre Geschicklichkeit im Taschendiebstahl und im Wahrsagen vor. Auch Jonson unterscheidet sie nicht von den anderen marginalisierten Gruppen.[141] So tauchen neben dem üblichen »Captaine« als Zigeunerfiguren der »Jackman« und der »Patrico« auf, die in Thomas Harmans Gaunertypologie als Urkundenfälscher (Jarkmen) und falsche Priester (Patricos) bezeichnet werden. Sie singen ein grobes Lied über den von der Landbevölkerung gefürchteten Versammlungsort der Fahrenden in Derbyshire, »From the famous Peak of *Darby*, / And the Devills-Arse there hard by, / Where we yearely keep our musters, / Thus th' *Ægyptians* throng in clusters«.[142] In einem weiteren Lied feiern sie ihren legendären »König« Cock Lorrell. Ihr Aufritt gleicht ikonographisch den frühen Chronikillustrationen und Kupfern der Kosmographien.[143] Auf einem Pferd werden fünf Kinder befördert, auf einem zweiten gestohlenes Geflügel und andere Beute.[144] In Anspielung auf die Herkunftslegenden der ersten in England und Schottland eingewanderten Zigeunergruppen werden sie ironisch »five Princes of *Ægypt*«[145] genannt, die von verschiedenen »*Cleopatra's*«[146] in verschiedenen Grafschaften geboren worden seien. Über eines der Kinder wird die Geschichte einer grotesk verlaufenen Gaunerkindheit erzählt. Am Ende des Stücks beschreibt der Patrico das Aufnahmeritual ihrer Bruderschaft, worauf die Zigeuner ihre Lumpenkostüme ablegen, um sich durch ihre prächtige Kleidung darunter als Mitglieder des königlichen Hofes zu erkennen zu geben.[147]

Die als Gauklervorstellung inszenierte Kritik am Hof greift nur vor dem Hintergrund eines negativen Zigeunerbildes.[148] Ob Jonson so weit geht, den Hof durch das Maskenspiel zu desavouieren, indem er auf die Rechtspraxis der Zeit anspielt, die jeden, der sich wie ein Zigeuner kleidet und ihre Gewerbe wie Diebstahl und Wahrsagen betreibt, als einen solchen behandelt, muss Spekulation bleiben. Unsicher über die Identifikationsmerkmale, hatte man 1562 in einem Edikt festgelegt, dass schon ein Monat des Zusammenlebens mit den Zigeunern genüge, um wie sie bestraft zu werden.[149] Zu den Strafen, die sie vom Betreten des Herrschaftsgebietes abhalten sollten, zählte in dieser Zeit, dass die Ohren an einen Baumstamm genagelt und dann abgeschnitten werden sollten.[150] Vor solchen Schrecken bewahrt Jonson seine Maskenspieler, unter denen sich der König selbst befindet, indem er sie rechtzeitig in Mitglieder des Hofstaates zurückverwandelt. Von den Zigeunern bleibt nichts als ihr schlechter Ruf, dem die verkleideten Hofleute im Spielverlauf gerecht werden. Sollte der Poeta laureatus Jonson eine Kritik am englischen Hof intendiert haben,[151] so fällt sie trotz des wenig schmeichelhaften Vergleichs milde aus. Das Reich der ›Ägyptier‹ mit seinen fünf Prinzen und lasterhaften Cleopatras fügt sich nicht zur Allegorie einer schlechten Herrschaft, sondern ist der Schauplatz vergnüglicher Betrügereien und derb-komischer Unterhaltung.

Der aufklärerische Moralist Henry Fielding kehrt in seinem Roman *Tom Jones. Die Geschichte eines Findlings* (1749) die Argumentation um, wenn er ein ländliches Hochzeitsfest der Zigeuner mit einem Maskenball der städtischen Oberschichten kontrastiert.[152] Fielding wählt nicht irgendeine beliebige Maskerade aus, sondern eines der von John James Heydegger (1659-1749), dem »Hohepriester des Vergnügens«,[153] gewöhnlich im Königlichen Theater in Szene gesetzten Ereignisse. Eine als »Fairy Queen« maskierte Gräfin erklärt dem Helden Tom Jones gleich zu Beginn, sie könne »sich nichts Schaleres und Kindischeres vorstellen als eine Maskerade für Leute von Stand«.[154] Die Maske erlaubt verheirateten Frauen in einer Beobachtungssituation voller Ambivalenzen in der Öffentlichkeit Rede- und Verhaltensweisen, die in anderen Situationen zum Ehrverlust oder zur gesellschaftlichen Ächtung führen würden. Eine Atmosphäre der Schlüpfrigkeit und des Ungehörigen entsteht. In Fieldings Darstellung ist die Maskerade ein umständliches und verlogenes erotisches Spiel für Ehebrecher und Verführer, an dessen Ende ohnehin die Masken und Hüllen fallen.

Zu den Zigeunern gelangen Tom Jones und seine beiden Begleiter nach einem für eine solche Begegnung typischen Erzählverlauf. Ohne Herberge und in einem Unwetter durch die Nacht reitend, entdecken sie in der Ferne eine einsame Scheune, aus der Licht dringt. Trotz ihrer Furcht suchen sie dort Schutz und werden zu ihrer Überraschung gastfreundlich aufgenommen, denn die »Leute […], die sich in dieser Scheune versammelt hatten, waren nichts andres als eine Bande Zigeuner oder, wie man sie vulgär nennt, Taterer; und sie feierten nun die Hochzeit eines Mitglieds ihrer Gesellschaft«.[155] Die Scheune ist keine gefährliche Falle und auch kein unheimlicher Treffpunkt wie der »Devil's-Arse-Peak«, sondern, in positiver Anspielung auf die Bibel,[156] ein Ort, dem erst die Anwesenden Glanz verleihen:

>Es ist unmöglich, sich einen glücklicheren Haufen Volkes zu denken, als
nun hier versammelt zu sein schien. Die äußerste Fröhlichkeit zeigte sich in
jedem Antlitz und ihr Ball entbehrte auch nicht gänzlich jeglicher Ordnung
und jeglichen Anstandes. Vielleicht besaß er mehr davon als zuweilen eine
ländliche Assemblee, denn diese Leute unterstehen einem formellen Regime
und eigenen Gesetzen und alle leisten einer großen obrigkeitlichen Person,
die sie ihren König nennen, Gehorsam.«[157]

Das unterscheidet sie von den gelangweilten und skandalsüchtigen
Aristokraten und Großbürgern auf den Maskeraden Heydeggers, die
sich zwar als Schäfer oder Elfen verkleiden, jedoch eine ländliche Idylle
wie die der Zigeuner nicht einmal mehr zu spielen in der Lage sind.[158]

Auch bei Fielding bilden die in der Scheune Versammelten eine organisierte Gegengesellschaft. Sie werden als Zigeuner bezeichnet, obwohl
es sich um Vaganten ohne spezifische Merkmale handelt. An ihrer Spitze
findet sich ein in absolutistischer Manier regierender Herrscher aus
ihren eigenen Reihen:

>Während er [Tom Jones] staunend rund um sich blickte, näherte sich ihm
eine ehrwürdige Persönlichkeit mit vielen freundlichen Grüßen, die eher
zu herzlich waren, um höflich genannt zu werden. Dies war niemand anderer als der Zigeunerkönig selbst. Er unterschied sich in der Kleidung sehr
wenig von seinen Untertanen und führte auch keine Insignien der Majestät
mit sich, um seine Würde zu unterstützen. Und doch schien (wie Mr. Jones
sagte) etwas in seinem Wesen zu liegen, was Autorität ausdrückte und den
Betrachter mit einem Gefühl von Ehrfurcht und Hochachtung erfüllte«.[159]

Der König, der namenlos bleibt, spricht nicht die sogenannte Gaunersprache, sondern ein sehr einfaches und fehlerhaftes Englisch. Komi-
sche Wirkung erzielen nicht nur seine verballhornten Fremdwörter,
sondern ebenso seine Aussprache: »Me doubt not, sir, but you have
often seen some of my people, who are what you call de parties detache:
for dey go about everywhere [...].«[160] Den Gästen gewährt er einen Einblick in die Geschichte und die Grundlagen seiner Herrschaft:

>Ich hab' die Ehr', wie man sagt, ihr König zu sein, und 's kann sich wohl
keiner von die Gekrönten getreuerer Untertanen rühmen oder daß sie ihn
lieber hätten. [...] So ungefähr vor tausend oder zweitausend Jahren, ich
kunnt's nicht auf ein oder zwei Jahre sagen, weil ich nicht lesen kann und
auch nicht schreiben, da hat's eine große, wie Ihr's heißt – Volution unter den
Zigeunern 'geben. Denn damals gab's noch Tatererfürsten [im Original »der
was de lord in gypsy in dose days«] und sie stritten miteinander, wer der
Oberste sein sollt'; aber der Zigeunerkönig hat sie untergekriegt und zu seinen Untertanen gemacht, ganz wie alle anderen. [...] Denn wenn wir auch

keinen hängen, unsere Strafen sein doch sehr streng. Sie sein drauf eingerichtet, daß die Taterer [im Original »de gypsy«] sich selber schämen, und das ist eine schreckliche Straf'.«[161]

Ein Vorfall, an dem diese Rechtsprechung sich exemplifiziert, lässt nicht lange auf sich warten. »Eine junge Zigeunerin, mehr ihres Witzes als ihrer Schönheit wegen bemerkenswert«, lockt einen der Begleiter Jones' »unter dem Vorwand, ihm wahrzusagen«,[162] in einen hinteren Teil der Scheune. Dort werden sie

> »in einer sehr unschicklichen Lage von dem Gatten der Zigeunerin entdeckt, der scheinbar aus Eifersucht sein Weib wachsam im Auge behalten und ihr bis an den Ort nachgespürt hatte, wo er sie in den Armen ihres Galans fand«.[163]

Der Ehemann möchte durch eine Geldzahlung für seinen Ehrverlust entschädigt werden. Auf diese Zahlung zielte der Trick ab, den jungen Mann in die verfängliche Lage zu manövrieren. Zur Überraschung von Jones, der sich mit der Zahlung abfindet, spricht der weder des Schreibens noch des Lesens und damit auch der Rechtsprechung des Landes nicht kundige König ein ganz anderes Urteil:

> »'s tut mir leid, einen Zigeuner zu sehn, der nicht mehr Ehre besitzt und die Ehre seines Weibs für Geld verkauft. Wennst dein Weib liebtest, so hättest du's verhindert und dich nicht drauf verlegt, eine Hur' aus ihr zu machen, damit du sie erwischen kannst. Ich befehle, du sollst kein Geld kriegen, denn du verdienst Strafe und nicht Belohnung. Ich befehle drum, daß du ein ehrloser Taterer [im Original »dat you be de infamous gypsy«] bist und sollst einen Monat lang zwei Hörner auf der Stirn tragen; und dein Weib soll man Hure heißen und mit dem Finger auf sie zeigen; denn du bist ein ehrloser Zigeuner, aber sie nicht weniger eine schändliche Hur'.«[164]

Das Urteil des »Zigeunerkönigs« weist die Vorstellung einer Ökonomie der Gerechtigkeit zurück, weil sie die Mitglieder der Gesellschaft zur Käuflichkeit und Gier verleitet und ihre Moral untergräbt. Aus ihm folgt, dass es nicht um die bloße Unterlassung von Vergehen aufgrund der Androhung von Strafe, sondern um Moral und Verantwortung gegenüber der Gemeinschaft geht. Damit stellt der Rechtsspruch eine Öffentlichkeit her, in der die Individuen sich wechselseitig kontrollieren und ständig verorten und beurteilen. Das führe dazu, »daß es keine falsche Ehre unter ihnen gibt und daß sie die Schande als die bitterste Strafe von der Welt betrachten«.[165] Der Sozialfrieden wird nicht wie in einem Privatvertrag durch Interessenausgleich wiederhergestellt. Er bleibt eine Angelegenheit aller. Deshalb bedarf es wie bei Thomas Hobbes (1588-1679) eines absoluten Königs, der im Konfliktfall jede ansonsten bestehende Hierarchie aufhebt. Fielding nutzt diese Episode und ihr überraschendes Ende zu einer Apologie absoluter Herrschaft, die er im Rückblick auf eine bestimmte Epoche römischer Kaiserherrschaft von Nerva über Hadrian bis Antonius als »goldene[s] Zeitalter«[166] bezeichnet.

Aber was hat das mit den Zigeunern zu tun, von deren Armut und Elend der Sozialpolitiker Fielding weiß? Nichts, denn ihre Gegengesellschaft, von deren Vorhandensein er wie die meisten Schriftsteller, Gelehrten und Staatsbeamten überzeugt ist, wird lediglich in didaktischer Absicht der eigenen Gesellschaft als Spiegel vorgehalten. Dass im Reich der Zigeuner, der ausgestoßenen, religions- und heimatlosen Vaganten, die Begriffe Ehre und Schande zentral sind, muss all jene besonders beschämen, die noch empfänglich für Moral sind und deren Identität mit diesen Kategorien verbunden ist; nicht jedoch jene, für die das Leben eine ständige Maskerade darstellt.

Was Fielding in seiner Darstellung des Zigeunerreichs zusammenführt, die Gegenwelt des Verbrechens und die Idylle naturnahen Lebens fernab der verdorbenen Zivilisation, entwickelt sich in der Literatur des 19. Jahrhunderts zu zwei auseinanderstrebenden Modellen. Wir finden einmal die immer geheimnisvoller und schauriger ausgestaltete Verbrecherwelt, die an einer Epochenschwelle in die Auseinandersetzung zwischen der alten untergehenden Ordnung und der modernen Industriegesellschaft eingreift: z.B. wenn Zigeuner durch Kindesraub oder -rettung die Erbfolge zerstören bzw. wiederherstellen oder Zauber, Flüche und Wahrsagen als obskure Kräfte ins Spiel gebracht werden. Und ebenso sehen wir eine Fortsetzung der idyllisierenden Darstellung durch Archaisierung der Gesetze und Regeln und Ethnisierung des Figurenensembles, das zunehmend auf authentische Zigeuner bzw. auf das, was man darunter versteht, beschränkt wird.

›Lumpengesindel‹: Räuber- und Zigeunerbanden

In Johann Jakob Christoffel von Grimmelshausens (um 1622-1676) 1670 erschienenen Roman *Der seltsame Springinsfeld* aus dem Simplicianischen Zyklus wird die Hauptfigur Courasche vom Erzähler ohne Umschweife als Zigeunerin bezeichnet:

»[D]a kam ein prächtige Zigeunerin auf einem Maulesel dahergeritten, dergleichen ich mein Tage nicht gesehen noch von einer solchen gehöret hatte,
wessentwegen ich sie denn, wo nicht gar für die Königin, doch wenigst für
eine vornehme Fürstin aller anderen Zigeunerinnen halten mußte!«[167]

In der Vorgeschichte, der *Lebensbeschreibung der Erzbetrügerin und
Landstörzerin Courasche* (1670), wird ihr Eintritt in die Zigeunergesellschaft als Schutz- und Tarnmaßnahme und Tiefpunkt ihres bisherigen
Lebens beschrieben. Während sie in ihrer vorherigen Existenz als Offi-
ziers- und Soldatenhure ihren Wert durch Schminke und Kleidung zu
erhöhen suchte, stellt die äußerliche Anpassung an die Zigeuner durch
die Schwärzung der Haut eine Selbstentstellung und -abwertung ihres
Körpers dar.[168]

Die Courasche ist bei Grimmelshausen unzweideutig keine Zigeunerin, und dennoch ist sie zu den Zigeunern zu rechnen, weil der Verfasser
keine ethnischen Unterscheidungen vornimmt. An ihrer raschen Verwandlung und Integration lässt sich beobachten, dass die Zigeunerge-
stalt, die sie annimmt, nur eine unter anderen möglichen Repräsenta-
tionsformen des im Verlauf des Dreißigjährigen Krieges anschwellenden
Vaganten- und Bettlertums ist.[169] Die Körperfärbung bleibt kein einma-
liges Ereignis, sie wird im *Springinsfeld* auch am Erzähler selbst vollzogen. Anders als das positiv aufgeladene Aufnahmeritual bei Cervantes
trägt die stigmatisierende Schwarzfärbung des Körpers groteske Züge.
Die Maskerade der Courasche und ihrer Zigeuner gehört zur Ausstattung des betrügerischen Handwerks. Denn, so der Erzähler, nicht alle
sind »als Zigeuner, sondern auch auf andere Manieren bekleidet, je
nachdem sie meines Dafürhaltens ein Diebsstück zu verrichten im Sinn
hatten«.[170] Manchmal kann das auch die Landestracht sein. Die Zugehörigkeit zu einem Stand erkennt man an der gleich bleibenden Kleidung,
den nichtständischen Betrüger an der ständigen Camouflage. Taucht die
»Zigeuner-Compagnie«[171] der Courasche wie im *Rathstübel Plutonis*
(1672) dagegen in der eigenen Tracht auf, wird sie sogleich als ein »Haufen Lumpengesindel«[172] wahrgenommen, das auf Diebesbeute aus ist.
So schreit »die gute alte Meuder« des Simplicissimus bei ihrem Auftauchen, ohne einen konkreten Grund zu haben: »O weh meiner Hühner
und Gäns! O Gott sei meinen Enten gnädig!«, und läuft davon, »als
wenn sie der Tod selbst oder sonst etwas Schrecklichs ins Haus gejagt
hätte«.[173]

Grimmelshausens Schilderungen entsprechen den zeitgenössischen
Quellen. Herangezogen hat er vermutlich Jakob Thomasius' *Dissertatio*

und die im ersten Kapitel erwähnte Schweizer Chronik Stumpfs (1548). Für Thomasius ist die ›ägpytische Herkunft‹ nicht mehr von Bedeutung oder nichts weiter als eine betrügerische Behauptung. Auch der einflussreiche französische Staatstheoretiker Jean Bodin (1530-1596) vertritt 1576 die Auffassung, dass Zigeuner verkleidete Diebe seien.[174]

In den Wirren des Dreißigjährigen Krieges rettet die Courasche sich zu den Zigeunern, die sich, so der Erzähler, durch »ein seltsam Gewelsch«[175] verständigen, das sogenannte Rotwelsch, »unsere Diebs-Sprach«,[176] von der die Courasche behauptet, »ich hab sie ehe als in einem halben Jahr begriffen!«.[177] Im Roman wird erzählt, wie sie diese Sprache zur Täuschung der Bewohner eines Dorfes einsetzt, das sie zu plündern beabsichtigt.[178] Noch rascher erlernt sie »von einer alten ägyptischen Großmutter wahrsagen«[179] und betrügerische Tricks, um geldgierige Reiche um Schmuck und Juwelen zu erleichtern. Als strategisch versierte, kriegserfahrene Führerin »teilet' [sie] das Lumpengesindel in unterschiedliche Truppen aus«,[180] die je nach ihren besonderen Fähigkeiten unterschiedliche Beutezüge übernehmen.

Das Leben »in den Wäldern«[181] – »Essen, Trinken, Schlafen, Tanzen, Herumrammeln, Tabaksaufen, Singen, Ringen, Fechten und Springen«[182] – steht im Gegensatz zum Arbeitsethos und zur religiösen Pflichterfüllung der arbeitenden Stände: der Bauern und Handwerker. Die magischen Fähigkeiten dienen vorrangig der Vermeidung von Anstrengung. Das Wild wird »durch zauberische Segen zum Stillstehen«[183] gebracht, »das kleine Vieh [wird] entweder in oder um die Dörfer und Bauernhöfe hinweggefüchselt, oder hin und wieder von den Herden hinweggewölfelt«.[184]

Die Courasche verspricht dem Erzähler nicht nur materielles Wohlleben ohne Mühen, sondern auch »ein schöne Beischläferin«.[185] Wie in vielen Geschichten über die Gesellschaft der Bettler, Gauner und Räuber von *Pedro de Urdemalas* bis zu Friedrich Schillers *Der Verbrecher aus verlorener Ehre* gilt das Zusammenleben ohne das kirchliche Sakrament der Ehe als zusätzlicher Anreiz, »aller Ehr und Tugend«[186] abzusagen und einem »liederlich-geführten Lebens-Lauff«[187] den Vorzug zu geben.

Der Erzähler fordert von der Obrigkeit entschieden Unterdrückungs- und Vertreibungsmaßnahmen, wie sie in den landesherrlichen Edikten formuliert wurden, und kritisiert ihre Gleichgültigkeit:

»Mit diesen Leuten habe ich gleichsam alle Winckel Europae seithero unter-schiedlichmal durchstrichen und sehr viel Schelmenstück und Diebsgriffe ersonnen / angestellt / und ins Werck gerichtet / daß man ein gantz rieß Papier haben müste / wann man solche alle miteinander beschreiben wolte / Ja ich glaube nicht / daß man genug damit hätte; und eben dessentwegen habe ich mich mein Lebtag über nichts mehrers verwundert / als daß man uns in den Ländern gedultet / Sintemahl wir weder Gott noch den Menschen nichts nützen noch zudienen begehren / sondern uns nur mit Lügen / Betriegen und Stehlen genähret; beydes zu schaden des Land-Mans als der grossen Herren selbst / denen wir manches stück Wild verzehren [...].«[188]

Die Position, dass »man die Zygeuner nicht in dem gemeinen Wesen dulden soll«,[189] vertritt auch Ahasverus Fritsch in einem 1662 erschienenen Werk. Obwohl sich weder in gelehrten Abhandlungen noch in der Gesetzgebung der Zeit Hinweise auf Milde oder Nachsicht finden lassen, greift er wie Grimmelshausens Erzähler jene an, die

»durch eine unzeitige Erbarmung verblendet / [...] sich nicht gescheuet / diese verhaste und Land-betriegerische Betteley / solcher faulsüchtigen Raub-Vogeln und Land-störtzer / zu entschuldigen und zu bemänteln«.[190]

Von den Verfolgungsmaßnahmen – vom Schlagen am Pranger, dem sogenannten Stäupen, über die Brandmarkung bis hin zum Erhängen – findet sich in den Romanen Grimmelshausens nichts. Im *Rathstübel Plutonis* jedoch wird »der Courasche Gesindel mit ihren Pferden in einem umzäunten Stück Feld«[191] untergebracht: ausgegrenzt und eingesperrt zugleich, ein kleines Internierungslager, leicht zu überwachen und zu kontrollieren.

Die Zigeuner setzen bei Grimmelshausen in Friedenszeiten eine Lebensweise fort, die während des Krieges für alle Armen und Entwurzelten üblich geworden war. Sie erscheinen nicht als ein eigenständiges Volk, gewinnen aber doch eine eigene Kontur als betrügerische Formation jener, zu deren Wesen das Vagabundieren und der unmoralische Lebenswandel gehören. Grimmelshausen unterhält seine Leser mit bekannten Geschichten aus der Schelmen- und Schwankliteratur, in denen, wie in der Episode über das Wahrsagen, die Leichtgläubigkeit und die Einfältigkeit einer jungen Braut, die Courasche die Hauptrolle übernimmt.[192] Ebenso werden Schmeicheleien und Anreden wie »›schöne weiße Mutter‹, ›frommer lieber Vater‹ und dergleichen«[193] stets mit Betrugsabsichten ausgesprochen. In die gleiche Richtung weist die in der *Lebensbeschreibung* als Schwank erzählte Geschichte von den betrogenen Dorfbewohnern. Courasche und der Hauptmann der Zigeuner spielen ihnen vor, einen von ihnen selbst zur Tat angestifteten Hühnerdieb aus ihren eigenen Reihen zur Strafe im Wald erhängen zu wollen, um sie auf diese Weise aus dem

Dorf zu locken. Den wichtigsten Part bei dieser List übernimmt eine junge Zigeunerin, die sich als Ehefrau des Täters ausgibt und zur Steigerung des Mitleids »von andern drei Kinder«[194] ausleiht. In dieser Szene missbrauchen die Zigeuner auf Schritt und Tritt jegliche menschliche Regung und Schwäche, jegliche Tugend und jegliches Laster ihrer Opfer wie deren Mitleid und Neugierde zum eigenen Vorteil. Gleich ihrer Anführerin, der schwarz gefärbten Courasche, personifizieren sie die Falschheit. Die gleiche Anekdote erzählt Tallemant des Réaux (1619-1692) in seinen *Historiettes* in einer Variante als Schelmenstreich des »capitaine de Bohemens« Jean-Charles aus der Regierungszeit Heinrichs IV.[195]

Grimmelshausen konfrontiert seine Leser mit einer zerbrochenen Weltordnung. Schein und Sein lassen sich nicht länger unterscheiden, ebenso wenig wie Mann und Frau, jung und alt, Königin und Bettlerin bzw. Hure. In den drei Romanen sind es die Zigeuner, die diese Welt der Täuschung, des Betrugs und der Lüge meisterhaft beherrschen. Ihr ›Reich‹ gründet sich darauf. Die Kapitel über die Zigeuner allegorisieren sprachlich einen Weltzustand, wie er in den Titelkupfern[196] der Romane visuell gestaltet ist.[197]

Allegorische Tiefendeutungen über den Weltzustand verblassen zu Beginn des 18. Jahrhunderts, während die Neugierde auf das Treiben räuberischer, marodierender »Banden«, die der gut organisierten Gemeinschaft der Courasche gleichen, zunimmt. Die sogenannten »aktenmäßigen« Darstellungen über die großen Räuberbanden der Zeit erscheinen in zahlreichen Auflagen, werden plagiiert und durch Unterhaltungsromane, Flugblätter, Gedichte, Zeitungsnachrichten und Moritaten popularisiert.[198] Ob Grimmelshausens Zigeunertrupp, Cartouches Spitzbubenreich oder Hannikels Zigeunerbande: Die Darstellungen eint die Phantasie, dass es sich um konstante Formen eines ›anderen‹ Gemeinschaftslebens handelt. Kleine Paradiese des Wohllebens in Zeiten der Armut und des Hungers breiter Bevölkerungsschichten und sexueller Ausschweifung in Zeiten kirchlicher, obrigkeitlicher und gesellschaftlicher Kontrolle des Familienlebens, Oasen der Faulheit inmitten eines von harter Arbeit geprägten Überlebenskampfes. Die meist anonymen Verfasser versäumen es nicht, ihre Verachtung für dieses Leben abseits der menschlichen und göttlichen Ordnung, das alle Faulen, Lasterhaften, Ziellosen, Bösen und Rohen wie ein Magnet anziehe, zum Ausdruck zu bringen. Die nomadische Lebensweise, die, wie immer wieder zu lesen ist, von den Zigeunern übernommen oder erlernt wird, dient aus dieser Sicht dazu, von abgelegenen Schlupfwinkeln aus Beutezüge zu organisieren. Dem moralischen Duktus, der, unverblümt zum Ausdruck gebracht, der Erziehung und Disziplinierung des Lesers dienen soll, steht die ästhetisch effektvolle Ausmalung menschlicher Monstrositäten entgegen. Auch wenn die Sprache der Verachtung vordergründig den Zweck verfolgt, diese ›Abscheulichen‹ um ihren zweifelhaften Ruhm zu bringen und sie aus dem Gedächtnis der Menschen zu löschen,[199] so bewirkt sie doch das Gegenteil. Eine unterhaltsame Schauerliteratur setzt sich erfolgreich auf dem expandierenden literarischen Markt durch. Sie malt nicht nur Grenzüberschreitungen aus und wagt sich bis in Tabuzonen vor, sondern verleiht den unterschwellig empfundenen Emotionen wie Angst und Ekel, Neid und Bewunderung einen schillernden kollektiven Ausdruck. Von hier aus ist es noch ein großer Schritt zur Idee des erhabenen Verbrechers, wie sie Friedrich Schiller in seiner Dramentheorie und im *Verbrecher aus verlorener Ehre* gegen Ende des Jahrhunderts darlegen wird.[200]

Die Erfindung des verbrecherischen Zigeuners hatte damit begonnen, die herrenlosen Fremden den marginalisierten, aus der Sicht der Ordnungsmächte betrügerischen und gottlosen »Jaunern- und Bettlern« zuzuordnen. Obwohl ihr Anteil an der Bandenkriminalität und an schweren Verbrechen im 18. Jahrhundert unbedeutend ist[201] und die Gerichtsakten meist nur über Fälle von Mundraub, Waldfrevel, Kleindiebstahl, Wahrsagen und immer wieder über das unerlaubte Betreten landesherrschaftlicher Territorien Auskunft geben, zeichnet die Räuberliteratur ein anderes, ja düsteres Bild. Raub, Einbruch, Misshandlungen, Mord und Kindesentführung[202] gehören nach den Prozessdossiers über die legendären Zigeunerbanden des »Grossen Galantho« Antoine la Grave und des »Räuberhauptmanns Hannikel« zu den Handlungen, die Zigeunerfiguren in unzähligen Romanen und Erzählungen des 19. und 20. Jahrhunderts zugeschrieben werden. Aus rechtlosen Gelegenheitsdieben und Rosstäuschern, wie sie etwa Cervantes charakterisiert, werden gewissenlose Rechtsbrechernaturen.[203]

Ein weiteres Mal werden die Zigeuner zur Verfügungsmasse eines europäischen Modernisierungsschubes, diesmal des Rechts- und Strafsystems, weil sie aufgrund der rechtlichen Vorgeschichte, der Verfolgungen und Ausschließungen durch die landesherrschaftlichen Edikte, keinen positiven Rechtsstatus besitzen. Die Gesetzlichkeit der aufgeklärten absolutistischen Staaten, durch die der Sozialfrieden und der Erhalt der bestehenden Ordnung gesichert werden sollen, gilt für sie in einer Übergangsphase nur in negativer Hinsicht. Medizinische, moralische und

seelenkundliche Erörterungen in der zeitgenössischen Wissenschaft, die
von der belehrenden Räuberliteratur übernommen werden, beschreiben sie als Störfaktoren im Prozess der rational betriebenen ›Vervoll-
kommnung‹ des Gemeinwesens und der einzelnen Untertanen. Mit auf-
klärerischem Eifer wird das Wissen über die ethnischen Eigenheiten des
›Volkes der Zigeuner‹, das seit ihrer Ankunft im 15. Jahrhundert angehäuft wurde, zum sozialen Portrait einer verbrecherischen »Bande«
umgedeutet. Ein Status jenseits der latenten – jeden Augenblick zur
bedrohlichen Realität werdenden – Verbrecherexistenz muss im Verlauf
dieses Prozesses erst noch geschaffen werden: gewaltsam in Spanien und
in Österreich durch Zwangsassimilation und Zwangsansiedlung oder in
der ersten Hälfte des 19. Jahrhunderts in Preußen administrativ durch
die Garantie des Heimatrechts qua registrierter Geburt.

Literarische Vorbilder der Geschichten über deutsche Zigeunerhaupt-
männer und ihre Banden sind die europaweit erfolgreichen Lebensbeschreibungen Louis-Dominique Bourguignons, genannt Cartouche.[204]
Keine Biographien in einem quellenkritischen Sinn, verbreiten sie in bewusster Anknüpfung an die frühneuzeitliche Geusenliteratur und den
Schelmenroman[205] durch Legenden und Anekdoten den Ruhm des 1721
auf der Place de Grève hingerichteten französischen Banditen. Das
mündlich und schriftlich tradierte Wissen über die Lebensweise der
»Gauner, Bettler und Zigeuner« wird in der Verbrecher- und Schafott-
literatur auf grobschlächtige Weise in Erzählstrukturen und -elemente
verwandelt. Cartouche missachtet das Sakrament der Ehe und lebt in
wechselnden Konkubinaten. Wie schon bei der Beschreibung des Grup-
penlebens der Zigeuner bei Cervantes lässt auch die städtische Unterwelt, in der sich Cartouche bewegt, bei der Hochzeit »weder Notarium
noch Priester dazu holen / allein es dauren auch dergleichen Verbünd-
nüsse gemeiniglich so kurtze Zeit / daß man bey Schliessung derselben
auch desto weniger in acht zu nehmen hat«.[206] Ebenso führt ihn sein
Aufstieg an die Spitze des französischen Verbrecherreiches bzw. Geheim-
ordens. Von dessen »General-Capitul« wird er zum General gewählt
und beauftragt, ein »Gesetz-Buch« zu verfassen,[207] das in erster Linie
die Verteilung der Beute und das Stillschweigen nach außen regeln soll.
Nach monarchistischem Modell wird »ihm die absolute Macht und
Gewalt«[208] verliehen. Auf einem »Reichs-Tag«,[209] so der Erzähler, entlarvt und bestraft Cartouche ein Bandenmitglied, das gegen das »Gesetz« verstoßen hat, mit der im Absolutismus der Zeit üblichen Härte
und Grausamkeit. Der einstige Gefährte wird »unverzüglich ohne alle

Gnade jämmerlich erwürget und zerfleischet [...]: das Hertz samt dem Eingeweide ward ihm aus dem Leibe gerissen / und das Gesicht zerstümmelt / damit er nicht erkannt würde«.[210]

Wie im Schelmenroman spielen die Zigeuner bei der Ausbildung zu einem überragenden Verbrecher eine wichtige Rolle. Der junge Cartouche begegnet ihnen auf einer nächtlichen Flucht und nimmt sie zunächst als fremdartige »Gespenster« wahr, »die gar seltsam gekleidet waren / und noch vielseltsamer sich bezeigten. Einige tantzten / andere sungen / einige assen / andere schickten sich zum essen«.[211] Ihre Sprache versteht er nicht, doch »resolvirten sie sich mit ihm Frantzösisch zu reden / und ihm zu gestehen / daß sie Menschen wären wie er / ob sie gleich etwas schwärtzer aussahen«.[212] Im Schutz der Nacht genießen sie ihre Beute: »Es waren in That lauter Spanferckel / Hüner und Tauben / und er hatte niemahlen so wohl gelebet / so lange er auf der Welt gewesen.«[213] Wie bei Grimmelshausen ist es eine alte Frau, »so dise Rotte commandirte«[214] und ihn binnen kürzester Zeit durch Schmeicheleien und das Lob »der angenehmen Lebens-Art der Ziegeuner [...] zum Jünger von ihrem Orden«[215] macht. Das Wissen über die ethnischen Besonderheiten scheint vollständig verloren gegangen zu sein. Geblieben ist die Vorstellung eines Haufens zusammengelaufener Müßiggänger und Betrüger. Die Reste ethnischer Merkmale wie Sprache und Kleidung zählen nun zum Handwerkszeug ihrer Zunft der Diebe, »Beutel-Schneider«[216] und Wahrsager. »[M]it lauter heßlichen Lumpen bedeckt [...] / und von den Sonnenstrahlen gantz schwartz worden«,[217] passt sich Cartouche auch in dieser Hinsicht rasch an. Der Aufenthalt bei ihnen erweist sich als Grundschule des Verbrechens. Cartouche erlernt »solche Streiche / die er noch nicht gewust / er verstunde nun / wie man mit Dieben und Spitzbuben in eine Gesellschafft tretten könte / und die Kunst seine Diebs-Griffe zu verbergen wurde ihm immer besser bekannt«[218]. Von den »Hexenmeistern«[219] der Zigeuner eingeweiht, reift Cartouche zu einem Unterweltkönig heran, der die Staatsordnung herausfordert. Die fiktive Grabinschrift, die die Beschreibung wirkungsvoll abschließt, erklärt seine Taten als Anomalien. »Ein Menschlich Ungeheur / von tausend Laster-Gaben / Ein Irrthum der Natur / CARTOUSCH ligt hier begraben.«[220]

Die *Nachricht von dem famosen Ziegeuner Antoine la Grave vulgo Grossen Galantho*, nur eine Dekade nach den Lebensbeschreibungen Cartouches erschienen, spekuliert auf ein anhaltendes Interesse der Öffentlichkeit an der Schilderung der Untaten und Bestrafung der Räuberbanden. Im Unterschied zur romanhaften, anekdotisch erzählten Geschichte des französischen Generals der Unterwelt ist die *Nachricht* als gelehrte Abhandlung konzipiert. Sie ist pedantisch in Paragraphen gegliedert und bewältigt ihr Thema unter Heranziehung der Gerichtsakten, aus denen unter Angabe der Aktenzeichen und Protokollnummern ausgiebig zitiert wird, schwerfällig und sprachlich ungelenk. Eine »complete genealogische Tabelle«[221] der in Gießen 1726 und in Darmstadt 1733 geräderten Personen aus dem familiären Umfeld Antoine la Graves soll den Beweis für die These liefern, dass das Verbrechen sich fortzeugt: »Wie nun ein Habicht keine Dauben hecket / so sind auch von diesen bösen Eltern grund-böse Kinder gezeuget worden«.[222] Des »grossen Galantho [...] Lebens-Wandel«[223] bestätigt diese Behauptung. Schon früh unterstützt er die Seinen bei ihren Gesetzesbrüchen und wird deshalb mit einem Galgen auf dem Rücken gebrandmarkt. In internen Machtkämpfen tötet er Zigeuner aus anderen Sippen.[224] Schließlich lässt ihn der Dienst als Soldat bei unterschiedlichen Landesherren, so die Deutung des Autors der *Nachricht*, glauben, zu einer Führerpersönlichkeit geboren zu sein. In diesem Zusammenhang soll er sich sogar einen Adelstitel als Pseudonym zugelegt haben. La Grave unterscheidet sich nach dieser Beschreibung durch nichts von den anderen Bandenführern. Die in den Bettlerbüchern den Zigeunern zugeschriebenen besonderen »Professionen«, in denen auch noch Cartouche geschult wird, oder die im gleichen Zeitraum immer wieder erwähnten magischen Fähigkeiten spielen in der »aktenmäßigen« Darstellung keine Rolle. Das Interesse am unbewältigten Problem öffentlicher Sicherheit auf den Reise- und Handelswegen und die Gefährdung auch befestigter und bewachter Siedlungen auf dem Lande durch organisierte Überfälle stehen im Vordergrund. Eine doppelseitige, drastisch an die Gräuel des Dreißigjährigen Krieges erinnernde Illustration einer la Grave zur Last gelegten Tat lenkt die Aufmerksamkeit des Publikums darauf.[225] Einziges Merkmal der Zigeunerherkunft bleibt die Promiskuität, die hier als ›Hurerei‹[226] bezeichnet wird. Im Verhör wehrt sich la Grave gegen diese Anschuldigung und erklärt sein Verhalten vor dem Hintergrund des Lebens eines »herrenlosen« Armen, der im positiven Fall durch Arbeit, im negativen durch Landesverweisung oft über lange Zeiträume von seiner Familie getrennt ist: »So lang ich das Band / nemlich meine Frau Zeitlebens zu behalten / nicht breche / so lang bin ich auch / wann ich schon beständig mit andern huhre / kein Ehebrecher / weilen ich das Band / meine Frau / auff immer zu behalten / noch nicht gebrochen habe.«[227]

Nicht die Grausamkeit der Verbrechen, sondern diese Antwort reißt den pedantischen Autor zu einer emotionalen Äußerung hin:

»Wodurch sich zugleich ergiebet / wie wenig das auff viehische Arth lebende Ziegeuner-Pack sich aus einer rechtmäßigen Ehe mache? ja / hierdurch wird bestärcket / was die tägliche Erfahrung lehret / daß wohl unter 100. Ziegeunern nicht ein eintziger mit dem bey sich führenden Frauen-Mensch durch Priesterliche Hand copuliret seye.«[228]

Die Redewendung »auff viehische Arth« paraphrasiert ähnliche Urteile von Sebastian Münster bis zu Jakob Thomasius. Das öffentliche Hinrichtungsschauspiel demonstriert dem Delinquenten und den zuschauenden Untertanen, dass die Obrigkeit eine Todesart zu bestimmen weiß, die der Scheußlichkeit der Taten nicht nachsteht. Der »Grosse Galantho« wird »mit dem Rad nur von oben herunter gestossen / und gerädert / und also vom Leben zum Tode hingerichtet / so dann dessen Cörper auffs Rad geflochten / und der Kopff auff den Pfahl gesteckt«.[229] Die Mitangeklagten Frantz Leimburger und Speck-Daniel werden »wegen ihrer […] Diebereyen«[230] mit dem Schwert hingerichtet. Dass sie Zigeuner sind, spielt für die Deutung ihres Lebensweges bis zum Schafott nur noch am Rande eine Rolle. Ihre Herkunft ist nicht mehr als ein Merkmal neben anderen, die sie als Mitglieder der ehrlosen Gaunergesellschaft zu erkennen geben.

Als Jakob Reinhard, genannt Hannikel, am 17. Juli 1787 in Sulz am Neckar angeblich vor 12 000 Zuschauern[231] hingerichtet wird und bald zu einer legendären Räuberfigur avanciert, deren Nachruhm bis tief in das 19. Jahrhundert anhält,[232] begnügt sich der Staat nicht mehr mit der Überführung und Bestrafung von Verbrechern. Das Interesse an zuverlässigen Informationen über Herkunft, Kindheit und Jugend, Charakter und Seelenleben der Delinquenten wächst. Ihre Geschichten befriedigen weiterhin die Sensationslust des Publikums, sie dienen jedoch ebenso als sorgfältig zu dokumentierende und auszuwertende Exempel menschlicher Fehlentwicklung in Zeiten zunehmender Vernunft und allgemeinen zivilisatorischen Fortschritts. Darin gleichen sie den aufklärerischen Erziehungsexperimenten mit ›wilden Kindern‹. Jeder »Menschenfreund«, so bilanziert der anonyme Verfasser des *Hannikel*, lerne, »wie viel Elend und Roheit, auch selbst bei den manchfaltigen Aufklärungs- und Verbesserungs-Anstalten unsres Jahrhunderts noch unter seinen Brüdern hersche«.[233] Die Lebensweise der Zigeuner führe zu »schädlichen Auswüchsen der Menschheit«[234] und bringe immer wieder

»Tiger in Menschen Gestalt«[235] hervor. Wohin er auch seinen Blick lenkt, stößt er auf eine Gesellschaft von Infamen: »Hannikels Grosvater, der zu seiner Zeit sehr berüchtigte kleine Konrad röchelte ehemalen zu Gießen unter dem Rad sein Leben aus, da an diesem nemlichen Tag seine beede Brüder in seiner Nachbarschaft aufgehängt wurden.«[236] Als ehrlos wird auch Hannikels Mutter beschrieben, die »selbsten ehmals lediglich keine Erziehung genos, und von Jugend auf an ein irreligiöses lasterhaftes Leben gewöhnt, keinen Sinn für heilige und erhabene Gegenstände hatte, und dümmer als das Vieh, die Krippe ihres Herrn selbst nicht einmal kennen lernte«.[237] Vaterlos können Hannikel und sein Bruder Wenzel ungestraft und ungehindert ihre schädlichen Anlagen entfalten und ohne Anstrengungen ein angenehmes Leben feiern. Mit ihrer Mutter nach einer kurzen sesshaften Periode als arme Gänse- und Schweinehirten in die Zigeunergemeinschaft zurückgekehrt,

> »hielten sie offne Tafel, verzehrten etliche gebratene fette Igel, mehrere Schüßeln voll Gebakenes, und stießen auch die Becher waidlich aneinander. Zuletzt reihten sie sich zum Tanz, Dudelsak und Schalmey ertönte, sie liessen folgendes Stükchen aufspielen:
> Das Völklein, das Zigeuner heißt,
> Beurtheilt man oft schiefer,
> Als andre Leute, weit und breit
> Nennt man es Ungeziefer.
> [...]
> Wir suchen unser Stücklein Brod,
> Wie andre, durchs Hausiren,
> Drum lasse man ZigeunerLeuth,
> Als brave Leuth passiren.«[238]

Mit dem den Zigeunern untergeschobenen Spottlied verstärkt der anonyme Schreiber anschaulich und unterhaltsam das Bild einer selbstbewussten, geschlossenen und dem bürgerlichen und bäuerlichen Leben fernen, parasitären Kultur. Obwohl »ihnen der Schöpfer Verstand, Gesundheit und die erforderliche Leibeskräften«[239] und damit die Möglichkeit zur Arbeit geschenkt habe, ergreifen sie diese nur vorübergehend wie Hannikel, wenn er sich als »Jägerpursch«[240] betätigt. Ohne ein Bewusstsein für die ausweglose soziale und wirtschaftliche Lage der besitzlosen Unterschichten an der Schwelle zur Industriegesellschaft wird verallgemeinernd »zigeunerisches« Zusammenleben definiert:

> »sie giengen dem Müsiggang und der Wollust nach, stahlen und tyrannisirten mit unter, wo sie konnten, und betrogen die Leute mit Wahrsagen, daß ihnen die Augen übergiengen. Sie kannten nunmehr auch keine Geseze, als

die, die in ihrer Mitte gezeugt wurden, nemlich zu rauben, wo sie zukommen konnten, und jeden mit Gewalt über den Haufen zu stosen, der sich ihnen auch nur im mindesten widersezen würde.«[241]

Ihre Gesetzlosigkeit krönt auch hier wieder das promiskuitive Zusammenleben: »So bald ihnen eine Beischläferin abgeht, es seye auf welche Art es wolle, so nehmen sie auf der Stelle wieder eine andere, ohne sich lange an eine Trauerzeit zu binden. Offt geschieht es auch, daß sie ihrer zwei oder noch mehr neben einander halten.«[242] Rascher als bei Cartouche sind sich die Mitglieder der Hannikelbande »in weniger als einer Viertelstunde [...] über die Ehepakten einig«.[243] Auch wenn durch die Schilderung der wechselnden Beziehungen das soziale Elend der schutzlos der Gewalt der Straße und ihrer Partner ausgelieferten Frauen aufscheint, weckt sie keinerlei Verständnis für ihre Zwangslage:

>»Nachdem Toni ihm [Wenzel] die Mantua entführt hatte, lief eine gewise Rösel mit ihm, die aber nur ein Jahr bei ihm aushielt. Nach ihr wurde Katharina Lagerin, die sonst nur die Hanns hieß, seine Beischläferin. In ihrem 16ten Jahr gebahr sie ihm schon das erste Kind. Sie war mit unter den Gefangenen in Chur, wurde nach Sulz transportiert, erkrankte vor einigen Wochen, und starb im Gefängniß.«[244]

Für empfindsame Momente allerdings ist der Verfasser empfänglich. Ihn rühren die Begrüßungs- und Abschiedsszenen bei den Verhören und Gegenüberstellungen, deren Ausdrucksformen er als Zeichen familiärer Zuneigung und Verbundenheit deutet, die für die bürgerliche Kleinfamilie als vorbildlich gelten:

>»Ueberhaupt aber ist die ausserordentliche Anhänglichkeit und Neigung, welche Zigeuner gegen einander haben, nicht genug zu bewundern. Wann ihrer mehrere zur Konfrontation zusammen ins Verhör kamen, so war diß immer ihr erstes, daß sie mit offenen Armen auf einander zuliefen; Busen an Busen, Mund auf Mund drükten, und unter unzählbaren Küssen, und Vermischung häufiger Thränen einander die Freude ihres Wiedersehn's zu erkennen gaben.«[245]

Da seine Argumentation trotz aller Zweifel und Einwände auf ein Konzept der Disziplinierung und Integration zumindest jener Zigeuner hinausläuft, die nicht zu den »schädlichen Auswüchsen der Menschheit« zu rechnen sind, bildet der von der sonstigen Rohheit und Falschheit freie innerfamiliäre Zusammenhalt den Keim künftiger Besserung. Ein schwacher Keim wie die Tatsache, dass die »heutigen Zigeuner« nach Hannikels eigenen Angaben über keinerlei magische Fähigkeiten mehr verfügten »und daß auch jene unter ihnen in vorigen Zeiten übliche unmenschliche Grausamkeit; ihre betagten Eltern und Gros-Eltern, wann solche nicht mehr fortkommen konnten, lebendig zu verscharren, ganz abgeschaft worden seye«.[246]

Die dem Obduktionsbericht folgende und an Cartouches blutige Hinrichtung eines »Verräters« erinnernde Schilderung der Verunstaltung eines zeitweiligen Bandenmitgliedes legt einen anderen Schluss nahe:

> »Hannikel, der noch immer auf dem Toni saß, oder lag, hatte sich durch all dasjenige, was bisher grausames an ihm verübt worden, so gar nicht rühren lassen, daß er sich vielmehr an seinem blutigen Anblik weidete. Er hielt es vor Schande, der menschlichste unter den Unmenschen zu seyn. Er grief daher in die Tasche, zog sein Schnapp-Messer hervor, um seinen längst schon gefaßten satanischen Vorsaz zu vollziehen, und – schnied dem bereits schon so hart mitgenommenen und gepeinigten Toni die Nase, samt deren halben Rukwand und die ganze Oberlippe hinweg«, währenddessen »Dieterlen, der 12. jährige erzböse Bube des Hannikels, gleich darauf einen Hut voll Wasser, vermuthlich aus einer nahen Mist-Pfüze, ihm über seine Wunden hinunter goß, welches ihm, wie Toni nachgehends selbst noch sagte, die allerpeinlichsten Schmerzen verursachte«.[247]

In dieser Episode repräsentieren die Zigeuner-Verbrecher das Andere einer Gesellschaft, die sich als nach den Grundsätzen der Vernunft organisierte und handelnde begreift. Die Ungeheuerlichkeit ihrer Taten bringt ans Licht, dass ihnen das fehlt, was das Wesen des Menschen ausmacht. Ihrem Treiben soll das Schafott ein Ende bereiten. Reue und Umkehr angesichts des Todes, auch davon erzählt die Räuberliteratur, weckt die Hoffnung auf die Gnade Gottes. Für den Verfasser des *Hannikel* ist die von ihm vorbehaltlos bejahte Hinrichtung der »Zigeunerbande« kein Triumph der zivilen Macht über ihre Herausforderer. Er sieht sie als ein Symptom unzureichender gesellschaftlicher Kontrolle und mangelnder Durchschlagskraft der integrierenden und bindenden Instanzen:

> »Also sich selbsten ganz überlassen, zu keinem anhaltenden Verstand und Körper nüzlichen Geschäft gewöhnt; durch keine Religions-Begriffe aufgeklärt; von Eltern und Gros-Eltern angestekt und allenthalben verschrait, durch böse Exempel vergiftet, durch die Farbe ihres Gesichts verrathen, von allen Mitteln entblößt, von keinem Menschenfreund mitleidig unterstüzt, und zur Arbeit gedingt, bei der Nacht oft um Gottes willen nicht einmal auf eine Viehstreue gelegt – wie leicht war es bei diesen Umständen möglich, daß der vom Schöpfer ihnen Anfangs eingehauchte gute Funken nach und nach verlosch, daß ihr Schif, ohne Segel und Ruder, an jenen gefährlichen Syrthen scheiterte, und – untergieng in den Wellen –!«[248]

Leben und Taten Hannikels und seiner Kumpane, Gefährtinnen und Nachkommen legitimieren das planmäßige obrigkeitliche Eingreifen in die Erziehung und Lebensführung all jener Untertanen, die dazu aus eigener Kraft nicht in der Lage sind. Ihr Schicksal legt aus der Sicht des Verfassers einen Politikwechsel nahe: von der Verfolgung und Bestrafung zur Überwachung und Disziplinierung. Nur zwanzig Jahre früher hatte Justus Möser als satirische Antwort in Swift'scher Manier auf die sich an Härte gegenseitig überbietenden Vorschläge »zur Ausrottung der Diebesbanden« vorgeschlagen, Dieben vorsorglich beide Beine abzunehmen.[249] Wenn an die Stelle territorialer Vertreibung, Ausgrenzung und grausamer Bestrafung ein engmaschiges Netz behördlicher Kontrolle treten soll, ließe sich das mit Blick auf die mobilen Zigeuner nur durch Zwangsansiedlung und -assimilation erreichen. Systematisch betreibt Österreich unter Maria Theresia (1717-1780) und Joseph II. (1741-1790) diese Politik. Als Landarbeiter an der untersten Stelle der gesellschaftlichen Rangordnung angesiedelt, sollen sie dennoch dem Gesellschaftskörper zugehören.

Den Vorschlägen zur Besserung und Zivilisierung der Zigeuner, die im letzten Drittel des 18. Jahrhunderts vorgebracht werden, begegnet die Mehrzahl derjenigen, die sich für Kenner ihrer Geschichte und ihres Volkscharakters halten, mit großer Skepsis. Ein Jahrhundert vor rassistischen Theorien über angeborenes und vererbliches Verbrechertum müssen die Zweifler die Argumentation, die im Verlauf des 18. Jahrhunderts auf eine Identifikation von Zigeunerexistenz und Kriminalität hinausläuft, erneut ethnisch begründen, um die Vergeblichkeit aufklärerischer Integrationsprojekte zu beweisen. Als Replik auf die im *Hannikel* geäußerte Idee, dass der Schöpfer auch den Zigeunern einen ›guten Funken‹ eingehaucht habe, erzählt sechs Jahre später der Verfasser einer Abhandlung über das *Jauner und Bettelwesen in Schwaben nach Akten und andern sichern Quellen* die Lebensgeschichte von Hannikels Sohn Dieterle, der als Zwölfjähriger die Wunden des Mordopfers seines Vaters sadistisch mit Jauche begossen hatte. Nach der Hinrichtung der ›Bande‹ in Sulz wird er in ein Waisenhaus aufgenommen, aus dem er nach einem Jahr flüchtet, um »ein höchst gefährlicher und kühner Landstreicher«[250] zu werden. Und Toni, das damalige Opfer, sei als Kind nach der Hinrichtung seines Vaters »mit aller Sorgfalt erzogen«[251] worden, habe das Schusterhandwerk erlernt und als Klosterschuster gearbeitet, so dass ihm im Falle einer Ansiedlung »das Burger- und Meister-Recht zu Rothweil versichert«[252] worden sei. Doch der zigeunerische Volkscharakter, geprägt von Ruhelosigkeit und Triebhaftigkeit, hätte sich als stärker als die Aussicht auf ein bürgerliches Leben erwiesen.

»Der Zigeuner erwachte in ihm, und er entwich mit einer Zigeunerin nach
Preussen, schlug sie, da sie schwanger war, auf den Tod, hängte sich dann an
eine andere, die er auch bald wieder verjagte, und entführte endlich dem
Wenzel die Mantua, wofür er mit seinem Leben büssen mußte.«[253]

Die noch im Jahr der Hinrichtung Hannikels verbreitete Moritat, ein *Lied fürs Volk*,[254] reflektiert nicht mehr über die Möglichkeiten und Grenzen der Assimilation, obwohl sie vermutlich vom gleichen Autor stammt. In holprigen Reimen akzentuiert sie plakativ, was im Gedächtnis bleiben soll: die Furcht erregende Gestalt des Täters (»Ein Mann von fünfundvierzig Jahren, / Starkknochigt, kurz, im Blicke wild, / Halbkahl, mit schwarzem Bart und Haren, / Und Farbe ist Hannikels Bild«[255]), seine Herkunft (»Entsprossen vom Zigeuner-Saamen, / Verwarloßt an der Eltern Hand«[256]), seine unmoralische Lebensführung (»Auch hat Er mit drei Konkubinen / Sich ohne Priesterhand gepaart; / Er zeugte Sprößlinge mit ihnen / Nach Kopf und Herz von seiner Art«[257]), die Brutalität der Taten (»Die Nase, und die Oberlippen – / Erstaunt!! schnied er ihm grausam ab«[258]) und die Bewunderung seiner hier maßlos übertriebenen organisatorischen Fähigkeiten (»Und stund, mit unerschroknem Mute, / Vierhunderten als Hauptmann vor«[259]). Ausführlich widmet sich die Moritat mit antisemitischem Unterton und nicht ohne Häme den Überfällen Hannikels auf jüdische Händler und Kaufleute. Das Schlussbild zeigt dem Genre gemäß die Hinrichtungsstätte: »Man thuts, Hannikel schließt die Scene / Sieht seine Brüder alzumal / Am Strang, und stirbt mit wilder Miene / Als ein Zigeuner General.«[260]

Die Volksliteratur reduziert wie der Unterhaltungsroman die in den *Lebensbeschreibungen* rudimentär und selektiv zusammengetragenen Informationen auf Bilder und Geschichten, die Aufmerksamkeit erregen. Aus den nicht wenigen Romanen, die sich aus diesem Repertoire bedienen, sei exemplarisch Christian August Vulpius' (1762-1827) *Rinaldo Rinaldini* (1799) herausgegriffen. Vulpius führt seine Zigeunerbanden zurück in die Wälder. Als undurchschaubare Gemeinschaft leben sie jenseits der menschlichen Gesellschaft. Während der Begegnung Rinaldos mit ihnen wird klar, dass es sich bei ihnen im Unterschied zu den furchtlosen Räuberbanden um eine feige, verräterische, devote und heimtückische kriminelle Gruppe handelt, deren betrügerische Manöver er aus Erfahrung durchschaut. Diebstahl, Wahrsagen und Kinderraub werden ihnen wie selbstverständlich als Erwerbsformen zugeschrieben. Promiskuität wird dezent angedeutet. Die Konturen der Lebensweise der Zigeuner, die sich in den »aktenmäßigen« Darstellungen aufgrund der herangezogenen Dokumente und Geständnisse abzeichnen, werden in der Unterhaltungsliteratur um 1800 wieder verwischt. Es bleibt die Gleichsetzung von Zigeunerleben und Bandenkriminalität in einer unwürdigen Variante am unteren Ende der Skala räuberischer Vereinigungen. Die »vater- und mutterlose Waise«[261], die Rinaldo ihnen abkauft, beklagt sich bei ihrem Befreier darüber: »Ach, ein Zigeunermädchen ist gar ein armes Tier! Man muß sich zu vielerlei gebrauchen lassen, hat doch zuweilen kaum das liebe Brot, und wenn man einmal etwa mit langen Fingern erwischt wird, rips! bekommt man zwischen Himmel und Erde Quartier.«[262]

Die Zigeuner erscheinen als verachtungswürdige Fremde, weshalb jeder Gedanke an Besserung abwegig erscheint. In der Unterhaltungsliteratur der Zeit, den Räuberromanen und *gothic novels*, verschlägt das Schicksal so manchen Helden in ihre Gesellschaft. Die Mehrzahl von ihnen jedoch verabscheut bald das unwürdige, geheimnisvolle Leben und entzieht sich ihm durch Flucht. Fern der sozialen Realität geht das Bild einer jenseits der zivilisatorischen Ordnung im Verborgenen existierenden ›Kultur‹ von Gesetzesbrechern, das die Unterhaltungsliteratur zeichnet, wirkungsmächtig sowohl in den Alltagsdiskurs über Zigeuner als auch in die Hochliteratur ein.

Doch was kann und darf nicht im Gedächtnis bleiben? Das Licht des aufgeklärten Humanismus fällt bei Lessing (1729-1781) auf den Juden Nathan, auf Zigeunerfiguren fällt es nicht. Weil Zigeuner weiterhin als heidnische Nichteuropäer und infame Verbrecher betrachtet werden, gelten die Vorbehalte und Ressentiments des Okzidents gegenüber den eigenen Unterschichten und außereuropäischen Kulturen für sie uneingeschränkt.

Wenn Friedrich Schiller 1798 in einem Brief an Goethe nach der Lektüre der berühmten Reiseschilderung Niebuhrs und Volneys über den Orient zu dem Schluss gelangt, »welche Wohltat es bei alledem ist, in Europa geboren zu sein«,[263] dann wird klarer, weshalb es keinen Anlass gibt, sich mit denen zu befassen, die vor langer Zeit von dort her eingewandert sind. Schiller führt zwei Argumente an: zum einen, »daß die belebende Kraft im Menschen nur in einem so kleinen Teil der Welt wirksam ist, und jene ungeheuren Völkermassen für die menschliche

Perfektibilität ganz und gar nicht zählen«.[264] Daraus schlussfolgert er, zum anderen, was sich auf die Darstellung der Zigeuner übertragen lässt: dass es »absolut unmöglich« sei, den Stoff zu einem epischen oder tragischen Gedichte in diesen Völker-Massen zu finden oder einen solchen dahin zu verlegen.[265] Die Zivilisationsgrenze, die sowohl Europa vom Rest der Welt trennt als auch das eigene Territorium durchquert, ist zugleich eine ästhetische. Erst nach einem Wandel in der Ästhetik und Poetik, der den Spielraum der Darstellung bis zur Beliebigkeit erweitern sollte, können Nichteuropäer und Unterschichten zu einem kunstwürdigen Gegenstand avancieren. Im 18. Jahrhundert, das legt Schillers Argumentation offen, hat sich – trotz der Aufhebung der Ständeklausel auf dem Theater – die enge Verflechtung zwischen gesellschaftlicher Rangordnung und ästhetischer Würde nur wenig gelockert.

Jedoch bieten der Roman und andere Prosaformen, die sich in der europäischen Literatur im 18. Jahrhundert durchsetzen, durch ihre panoramatische Fülle vielfach Gelegenheit, Randfiguren zu präsentieren und ihnen ein narratives Gewicht zu verleihen. In dieser Gattung, die sich schon um 1800 zur Massenliteratur entwickelt, tauchen Zigeunerfiguren am häufigsten auf, nicht zuletzt in der Tradition des Schelmenromans. Individuell gezeichnete Charaktere, deren Handlungen, Gefühle und Gedanken ausgestaltet werden, deren Schicksal beleuchtet wird, sucht man vergebens. Auch das *Lob der Zigeuner* (1757) von Friedrich von Hagedorn (1708-1754) begnügt sich mit Projektionen auf ein imaginäres Kollektiv. In der Schlussstrophe steigert er ihre angebliche Lebensart zum Gegenbild der nationalen Zersplitterung, religiösen Spaltung und geistigen wie sozialen Desorientierung seines eigenen Landes:

> »Ihr rennet nicht nach hohen Ehren:
> Ihr wünscht euch nicht an Titeln reich.
> Kein Zwiespalt in geweihten Lehren,
> Kein Federkrieg verhetzet euch.
> Ihr seyd (was kann den Vorzug rauben?)
> Von Einer Farb und Einem Glauben.«[266]

In Jakob Michael Reinhold Lenz' (1751-1792) Platusbearbeitung *Die Türkensklavin*[267] (entstanden 1774) verfügt die Zigeunerin Feyda nicht einmal mehr über die unvermeidliche Sehergabe. Als Komödientypus der komischen Alten, die sich leidenschaftlich der Trunksucht ergeben hat, wird sie in eine anrüchige Gesellschaft ehr- und sittenloser Betrüger eingereiht, zu denen »Hirzel, ein reicher Jude«, und ein skrupelloser

Bordellwirt gehören, der die »Türkensklavin« Selima einst einer anderen Zigeunerin abgekauft hat und nun an einen verabschiedeten Offizier aus der »Bulgarei« gegen Gewinn weiterreichen will.

›Waldmenschen‹: Unzähmbare Wilde

In einer Szene auf der Burg Jagsthausen in Goethes Schauspiel *Götz von Berlichingen mit der eisernen Hand* (1773) lernt Karl, »sein Söhnchen«, dass arme Ritter ›ausreiten‹ müssen, um mit Gewalt Gerechtigkeit wiederherzustellen und sich ganz nebenbei auf diese Weise ihren Unterhalt sichern. Als Elisabeth ihren Sohn Karl, den Götz für ein wenig verweichlicht hält, fragt: »Wärst du nicht auch ausgeritten?«[268], weist er dieses Ansinnen verängstigt zurück: »Nein! da muß man durch einen dicken, dicken Wald, sind Zigeuner und Hexen drin.«[269] Was hier als Ausgeburt der Phantasie und kindlich-naive Urangst vor magischen Orten und Kräften erscheint, wird den Zuschauern im V. Akt, in der Szene »Nacht. Wilder Wald«, in der Götz auf der Flucht vor den kaiserlichen Truppen in ein »Zigeunerlager« gerät, als soziale Realität der Zeit vorgeführt. Zigeuner gelten seit den systematischen Verfolgungen im 16. Jahrhundert bis ins 19. Jahrhundert hinein als die »Waldmenschen«[270] Europas, die sich den unzugänglichen und unübersichtlichen Raum mit Räubern oder Marginalisierten und Pauperisierten wie Köhlern oder ›Hexen‹ teilen. Auch im *Götz* werden sie als Erdhöhlenbewohner auf der Entwicklungsstufe von Jägern und Sammlern beschrieben, wenn z.B. die »Zigeunermutter« ihrer Tochter die Anweisung erteilt: »Flick das Strohdach über der Grube« und der Sohn die Abendmahlzeit präsentiert: »Ein Hamster, Mutter. Da! Zwei Feldmäus.«[271] In der Frühen Neuzeit erschließen nur wenige Verkehrswege die großen Waldgebiete Zentraleuropas. Die Jagdvergnügungen der adligen Landesherren werden in der Literatur immer wieder als gefährliches Eindringen beschrieben, sobald eine liminale Zone im Verfolgungseifer überschritten wird. Jenseits dieses durch Bewirtschaftung zumindest bei Tageslicht kontrollierten Bereichs liegt der ›tiefe Wald‹, ein fremdes, unzivilisiertes Territorium: ein Un-Ort, in dem das ganz Andere der eigenen Kultur vermutet wird. Ein Un-Ort ist durch Mangel charakterisiert: das Fehlen vertrauter Familienstrukturen, ständischer Hierarchien, der Religion, der Verwaltung usw. Er wird aber auch als Unordnung wahrgenommen, weil er dem Herrschaftszugriff und der Sozialkontrolle, die für die dörflichen Gemeinschaften und die ummauerten Städte kennzeichnend sind, entzogen ist. So deutet z. B. Goethe die Zigeuner im zeithistorischen Rückblick auf die Französische Revolution und die napoleonischen Kriege als symbolische Verkörperungen gesellschaftlicher Ordnungslosigkeit, als er sie im *Maskenzug* (1818) neben anderen literarischen Figuren aus einigen seiner Dramen und denen Friedrich Schillers, gespielt von den Damen und Herren der Weimarer Gesellschaft, auf den Straßen der Residenzstadt wandeln lässt: » G ö t z v o n B e r l i c h i n g e n tritt auf, [...] L a n d v o l k zeigt sich, den einfachen Lebensgenuß zur verworrensten Zeit, Z i g e u n e r dagegen, den gesetzlichen Zustand aufgelöst anzudeuten.«[272]

Wie kann es angesichts der Grenzziehung, die im eigenen Land nicht nur ethnisch und sozial, sondern auch topographisch das markiert, was als Zivilisation zu gelten hat, zu Begegnungen kommen? In der Literatur des 18. Jahrhunderts wird die Begegnung meist als Zufall inszeniert. Zigeuner gelten als Nomaden, und als solche bestimmen sie durch ihr plötzliches Auftauchen und Verschwinden Ort, Zeitpunkt und Dauer des Zusammentreffens. Deshalb scheint ein Einblick in ihre Lebensweise nicht möglich. Einzig das Auffinden eines Zigeunerlagers – meist in finsterer Nacht durch den verräterischen Schein der Feuer und fremdartigen Gesang herbeigeführt – gestattet eine flüchtige Begegnung. Im Laufe des 18. Jahrhunderts bilden sich drei Begegnungsvarianten heraus, die auf unterschiedliche Weise die heimische Zivilisationsgrenze konfirmieren. Am häufigsten wird die räumliche Distanz gewahrt. Das Lager bietet aus der Ferne das Bild eines fremden, ursprünglichen, vorzivilisatorischen Lebens in der Natur. In der zweiten Variante gestaltet sich die Begegnung zu einem gefährlichen Unterfangen. Die Zigeuner erscheinen als umherschweifende Marodeure, die im Lager ihre Beute verprassen und die Hinzukommenden ausplündern. Schließlich wird drittens das Lager auch als rettender Fluchtort geschildert. In ihm findet man eine archaische, den Regeln der Gastfreundschaft verpflichtete Gemeinschaft vor.

In Goethes Roman *Wilhelm Meisters Lehrjahre* (1795/96) scheint sich eine Möglichkeit der Begegnung durch die rousseauistisch inspirierte Rückwendung der zivilisationsgeschädigten Gesellschaft zu einer naturgemäßen Lebensweise abzuzeichnen, als Wilhelm Meister und seine Freunde in einer unübersichtlichen Kriegssituation zur Flucht gezwungen werden.[273] Der zivilisierten Umgebung entkommen, schlagen sie an einem idyllischen Ort im Wald ein Lager auf. Der Aufenthalt in der Natur stärkt ihr Gemeinschaftsgefühl und scheint »jedes Gemüt zu reinigen«.[274] Die positiven Erfahrungen werden mit der Topographie und den ›Waldmenschen‹ und ihrer Lebensweise in Verbindung gebracht:

> »Man beneidete die Jäger, Köhler und Holzhauer, Leute, die ihr Beruf in diesen glücklichen Wohnplätzen festhält; über alles aber pries man die reizende Wirtschaft eines Zigeunerhaufens. Man beneidete die wunderlichen Gesellen, die in seligem Müßiggange alle abenteuerlichen Reize der Natur zu genießen berechtigt sind; man freute sich, ihnen einigermaßen ähnlich zu sein.«[275]

Die gefühlte Nähe entspringt einer vermeintlichen Affinität der sich unkonventionell wähnenden Künstlergruppe. Die Beschreibung der Szenerie wird zu einer merkwürdigen Form positiver Selbstentfremdung gesteigert. »Ihre seltsamen Kleidungen und die mancherlei Waffen gaben ihr [der Gruppe] ein fremdes Ansehen.«[276] Die Metamorphose bleibt jedoch nicht frei von inszenatorischen bzw. theatralischen Momenten, die Waldidylle droht zur Kulisse zu werden. Der imaginierte Identitätswechsel findet auch eine sprachliche Resonanz, wenn, wie bei ›Wilden‹, von der »kleinen Horde« und von Wilhelm als dem »Anführer derselben« die Rede ist.[277] Doch schon auf dem Höhepunkt des Gemeinschaftserlebens im selbst geschaffenen Zigeunerlager deutet der Erzähler das Illusionäre der Situation an, wenn er vom »Wahn des Moments«[278] spricht. Dann aber schlägt die Idylle jäh in Schrecken um, als eine Räuberbande – ob es sich um Zigeuner handelt, bleibt offen – die Gruppe überfällt und ausraubt. Was anhält, ist das Gemeinschaftsgefühl, das sich in der heldenhaften Verteidigung der mitgereisten Frauen und des Hab und Guts äußert. Das emphatisch erlebte Lager verwandelt sich in ein Schlachtfeld, in eine »Wiese, wo zerbrochene Kasten, zerschlagene Koffer, zerschnittene Mantelsäcke und eine Menge kleiner Gerätschaften zerstreut hin und wieder lagen«.[279] Das selbst aufgebaute Zigeunerlager im Wald erweist sich als ein romantisches Bühnenbild – das Stichwort fällt nicht zufällig im Zusammenhang mit dem Begriff »Illusion«[280] in diesem Kapitel des Romans –, das destruiert wird, noch bevor eine Begegnung mit einem »Zigeunerhaufen« überhaupt stattgefunden hat.

In Goethes Schauspiel *Götz von Berlichingen* taucht das Zigeunerlager als Fluchtort auf. Die verschiedenen Fassungen und Bearbeitungen gestalten diesen Schauplatz unterschiedlich aus, doch ist die dramatische Grundsituation stets ähnlich. Nach ihrer verheerenden Niederlage flüchten die verstreuten Aufständischen vor den kaiserlichen Truppen in eine unwirtliche Natur und stoßen in der Szene »Nacht. Wilder Wald« auf eine archaische Gemeinschaft von Nomaden, die Zigeuner. In der zweiten Fassung ehren sie den Fremden als Gast und teilen mit Götz brüderlich ihre Habe: »Seid willkommen! Alles ist Euer, was wir haben.«[281] Sie versorgen seine Wunden und unterstützen ihn militärisch: »Götz, unser Leben und Blut lassen wir für Euch.«[282] In einer anderen Variante erscheinen sie als Räuberbande, die sich auf derb-komische Weise um ihre Beute balgt.[283] In der ersten Fassung, in der nicht Götz, sondern Adelheid von Walldorf sich zu den Zigeunern verirrt, bis Sickingen sie aus dem Wald zurückführt, wird das Fremdartige eines über magische Kräfte verfügenden Volkes betont.[284] Die Zigeunerinnen sprechen beim Kochen über dem Feuer wie die Hexen in Shakespeares *Macbeth* (1605) unheimliche Worte über Werwölfe mit dem formelhaften Refrain »Wille wau wau wau! / Wille wo wo wo!«.[285] In dieser gottesfernen Welt des Aberglaubens hört der Zigeunerhauptmann den »Wilden Jäger«, eine mythische Gestalt, die am Nachthimmel dahinzieht. Frauen und Männer beherrschen allerlei magische Praktiken, die den Zigeunern seit dem Mittelalter zugeschrieben werden. Sie sorgen dafür »daß dem Jäger die Büchs versagt, daß's Wasser nicht löscht, daß Feuer nit brennt«[286] und »löschen den Brand im Dorf, [...] geben der Kuh die Milch wieder, vertreiben Warzen und Hühneraugen, unsre Weiber sagen die Wahrheit, die gute Wahrheit«.[287] Der nach der Ankunft im Zigeunerlager geführte Dialog zeigt eine Erstbegegnungssituation, die durch eine asymmetrische Beziehung gesteuert wird. Nicht der Eindringling muss sich erklären, sondern die Gastgeber müssen sich ständig rechtfertigen und ihr Wesen, ihren Charakter und ihre Gebräuche und Sitten darlegen. Auf die Szene im Drama bezogen, ist das ein der Situation unangemessenes Verhalten, denn angesichts der näher rückenden Ritter und Reiter haben die Zigeuner anderes zu tun, als Bekenntnisse abzulegen – wie: »wir sind keine Räuber«[288], »Wir tun niemanden Leids«,[289] »Wer uns was schenkt, dem nehmen wir nichts«[290] – und Erkenntnisse über ihre Speise- und Lebensgewohnheiten mitzuteilen, die Goethe offensichtlich aus Miguel de Cervantes' Novelle *La gitanilla* übernommen hat, wenn es u. a. heißt:

»[...] wir säubern 's Land vom Ungeziefer, essen Hamster, Wieseln und Feldmäus. Wir wohnen an der Erd und schlafen auf der Erd und verlangen nichts von euern Fürsten als den dürren Boden auf eine Nacht, darauf wir geboren sind, nicht sie.«[291]

Auch der »wilde Wald« ist nicht mehr herrenlos, sondern Teil eines herrschaftlichen Territoriums. Aber die Geburt auf nackter Erde weist unmissverständlich darauf hin, dass er sich dennoch jenseits der Zivilisationsgrenze erstreckt.

Bei strikter Segregation und Kontaktvermeidung ließen sich nach diesem Modell räumlicher Ausgrenzung mögliche Konflikte vermeiden. Dagegen stehen im 18. Jahrhundert gegenteilige Erfahrungen. Grenzüberschreitungen in beide Richtungen sind die Regel, nicht die Ausnahme. Nicht nur in den überseeischen Kolonien, auch in Europa schreitet die Erschließung bis dahin schwer zugänglicher Gebiete durch Eingriffe wie die Trockenlegung von Sumpfgebieten, Kanalisierungen oder die wirtschaftliche Nutzung von Wäldern, Steppen und Tundren rasch voran. Diese territorialen Eroberungen werden im Bewusstsein der eigenen Überlegenheit stets als Zivilisierungsprojekte begriffen. Eine Gefahr droht der erreichten Kulturstufe dadurch, dass die Lebensweise der Völker auf ›niedrigerer Stufe‹, denen man deshalb begegnet, weil man ihnen über die Zivilisationsgrenze hinaus nachsetzt, auf die eigene Kultur zurückwirkt, indem sie nun ihrerseits aus dem ›tiefen Wald‹ in die Zivilisation einbrechen. Unter den Erklärungen für diese Rückwirkung findet sich nicht selten die Vorstellung, dass das Leben auf der ›wilden‹ Kindheits- oder Jugendstufe der Menschheit einen besonderen Reiz auf Gesellschaften ausübt, die sich als vernunftgeleitete und disziplinierte Ordnungen definieren. Auch in der Waldidylle in Goethes *Wilhelm Meister* lässt sich diese Vorstellung als lustvolles jugendliches Spiel beobachten.

In Friedrich Müllers (1749-1825) Erzählung *Das Nußkernen* (Erstdruck 1811) führt die Überschreitung der Zivilisationsgrenze zur tödlichen Katastrophe. Eine Pfarrerstochter verlässt ihr Elternhaus, um mit einem jungen Zigeuner zusammen in dessen »Rotte« zu leben. Die »pfälzische Idylle« inszeniert in polemischer Wendung gegen die Schäferdichtungen des Barock und Rokoko eine volkstümliche Erzählsituation. Die Mitglieder einer Familie von Landleuten und hinzukommende Dorfbewohner erzählen sich während des Nusskernens Geschichten, singen ›alte Lieder‹ und kommentieren und debattieren das Gehörte. Als der Familienvorstand nach den Geschehnissen um »des Pfarrers Tochter von Bollenbach, die die Zigeuner gestohlen […] haben«,[292] fragt, korrigiert ihn der »Schulmeister« und gibt der Runde den außergewöhnlichen Fall zur Kenntnis.

»Sie verliebte sich nun, wie es stadt- und landkündig ist, in einen Zigeunerburschen, der die Geige spielte und öfters an Festtagen ins Dorf hinabkam;

ein schöneres, wohlgewachs'neres Mannsbild soll man nicht leicht haben finden können.«[293]

Ein Konflikt zwischen der Dorfgemeinschaft und den Zigeunern bahnt sich an. Der Vater verbietet jeglichen Kontakt und »suchte [...] sie geschwind an einen alten, sehr reichen Landkrämer, der eben um sie freite, zu verheiraten, und drang sie mit Gewalt, ihre Einwilligung zu geben«.[294] Doch die Tochter flieht am »Abend vor ihrem Hochzeittag«[295] mit ihrem Geliebten »glücklich davon«.[296] Die Geschichte erfährt dann jedoch eine unerwartete Wendung, die auch vor dem Hintergrund der an Gewalt nicht armen Volkserzählungen, -märchen und -legenden von ungeheuerlicher Grausamkeit ist:

> »Sie war nun, wie man sagt, bei der Rotte sehr willkommen und in kurzer Zeit ihres höflichen, freundlichen Wesens wegen äußerst beliebt. Alle Männer hingen ihr an und suchten ihr Gefälligkeiten zu erweisen. Das verdroß die übrigen Weiber aufs äußerste; alle sahen sie mit neidischen Augen an, und nicht lange dauerte es, so brach das Feuer hell aus. [...] Eines Tages, als alle Männer hinaus auf den Fang gezogen waren, überfielen alle auf einmal wie wütige Wölfinnen die arme Verlassne in ihrer Hütte, schlugen sie ohne Mitleid nieder, zerbissen und zerschnitten ihr Angesicht und ihre Brüste gräßlich, und wälzten sie nachher über den Fels hinunter an die Landstraße. Hier ließen sie den mißhandelten Körper liegen und machten sich ihres Wegs davon.«[297]

Der Erzähler bricht an dieser Stelle ab. Das anschließende Gespräch dreht sich ausschließlich um das unbarmherzige Verhalten des Vaters gegenüber seiner, »wie die Leute sagen«,[298] vermutlich schon schwangeren Tochter. Ihm wird von allen Beteiligten die Schuld an den Ereignissen gegeben. Ihr hingegen wird durchaus Verständnis dafür entgegengebracht, dass sie eine problematisch gewordene, enge Familienordnung aus Liebe verlassen hat. Fast übergangslos folgt die nächste Geschichte. Weder wird über die Reaktion des Geliebten und der anderen Männer berichtet noch über einen Prozess oder eine Bestrafung der Mörderinnen. Woher weiß der Erzähler, was im Zigeunerlager wirklich geschehen ist? Wer war Augenzeuge des Mordes? Zwischen dem Ausrücken der Zigeunermänner und dem zu vermutenden Fund der geschändeten Leiche auf der Landstraße klafft eine Lücke. Sie ließe sich durch andere Tathergänge und Täter, z.B. aus den Reihen der Dorfbewohner, schließen. Vielmehr wird es aber so sein, dass der Erzähler aus der Art der Verstümmlung des Gesichts und vor allem der Brüste auf einen von Frauen verübten Ritualmord zurückgeschlossen hat. Auf archaische Weise entfernen die Zigeunerinnen den fremden Eindringling, der ihre eigene Position gefährdet, aus ihrer Gemeinschaft. Das Rudel der »Wölfinnen« fällt über ein Individuum her, das sich in einem Akt der Selbstbestimmung befreit hat und nun ohne die Ordnung der Väter schutzlos ist. Eine Anleihe bei antisemitischen Legenden ist nicht unwahrscheinlich, ebenso aber auch bei den weit verbreiteten Lebensgeschichten des »Zigeunerhauptmanns« Hannikel, der einen Verräter durch das Abschneiden der Lippen bestraft haben soll.

Die barbarische Verstümmlung warnt als martialisches Zeichen vor der Überschreitung der Zivilisationsgrenze. Für den Volksaufklärer, Pädagogen und Schriftsteller Johann Heinrich Pestalozzi (1746-1827) ist die Vorstellung, dass das mühsame Werk der Erziehung zu einer bewussten, moralischen Prinzipien folgenden Lebensführung durch die Begegnung mit anderen Lebensweisen gefährdet werden könnte, unerträglich. Er betrachtet die Zigeuner als ein Volk auf niedrigster Zivilisationsstufe und somit als Gefahr für eine von der Vernunft geleitete Familien-, Gesellschafts- und Staatsordnung. Der Zigeuner ist für Pestalozzi ein ›Waldmensch‹, triebgeleitet, ungesellschaftlich und ohne sittliche Erziehung.[299] Anders als die ›Wilden‹ inmitten der Zivilisation zählen die Zigeuner zu jenen, die sich durch ihre nomadische Lebensweise ›in den Wäldern‹ jeglicher Erziehung und Überwachung zu entziehen vermögen, zumindest im 18. Jahrhundert. Aus der Sicht aufklärerischer Gesellschaftspolitik müssen sie auch noch von dort vertrieben werden, weil sie vor allem die einfachen Menschen des Volkes an deren eigene, kaum gebändigte Wildheit erinnern. Der Abstand zu ihnen scheint nicht groß genug zu sein, und die Grenze bleibt in beide Richtungen durchlässig. Pestalozzis Roman *Lienhard und Gertrud* (1819) errichtet nicht nur eine Schule der Austreibung der Wildheit, sondern schult auch in der Vertreibung der ›Wilden‹. Während die erste pädagogische Anstrengung von einer jungen Frau geleistet wird, muss die zweite von einem jungen Mann bewältigt werden, damit er zukünftig dazu in der Lage ist, die Kontrolle über den ›Wald‹ in Herrschaft umzuwandeln. Dazu muss er lernen, der Vernunft und Erfahrung zu vertrauen und an magische Kräfte nicht zu glauben:

> »Ich sollte Förster werden, und also solcherley Zeugs weder glauben noch fürchten; deshalb nahm er [der Vater] mich zu Nacht, wenn weder Mond noch Sterne schienen, wenn die Stürme braußten, auf Fronfasten und Weyhnacht in den Wald; wenn er dann ein Feuer oder einen Schein sah, oder ein Geräusch hörte, so mußte ich mit ihm drauf los über Stauden und Stöcke,

über Gräben und Sümpfe, und über alle Kreuzwege mußte ich mit ihm dem
Geräusch nach; und es waren immer Zigeuner, Diebe und Bettler – sodann
rief er ihnen mit seiner erschrecklichen Stimme zu: Vom Platze, ihr Schelmen! Und wenn's ihrer zehn und zwanzig waren, sie strichen sich immer
fort und sie liessen oft noch Häfen und Pfannen und Braten zurück, daß es
eine Lust war.«[300]

Bei diesem Übergriff werden die Menschen, die als Eigentums- und Ob-
dachlose im Wald Unterschlupf gesucht haben, nicht nur vertrieben,
sondern auch noch verspottet, denn Zigeuner galten landläufig als abergläubisch und feige. Vor dem geringen Besitz und vor der ›Wohnung‹
der Heimatlosen zeigen sie keinerlei Respekt. Diese rohe Handlung der
dörflichen Autoritäten scheint jedoch der Tugenderziehung nicht ent-
gegenzustehen. Das Lustgefühl, das ein Vergnügen am Leiden anderer
und an der Macht über sie ist, wird nicht bekämpft, sondern bewusst
hervorgerufen. Die Pädagogik, die im Roman an den Figuren exemplifiziert wird, hat entgegen ihrem Selbstverständnis also auch eine schwarze Seite. Sie drängt gleichermaßen in die tiefen und dunklen Regionen
der Seele und des landschaftlichen Raums ein und möchte vor beiden die
Angst nehmen. Doch bedroht sie, um der Bedrohung zu begegnen, und
übt Gewalt aus, um Gewalt zu verhindern. Der Unterschied zu der
Begegnung im Wald bei Goethe, sowohl im *Wilhelm Meister* als auch im
Götz, ist erheblich. Obwohl der Raum auch dort ab- und seine Bewohner, die Zigeuner, ausgegrenzt sind, werden beide respektiert. Passagen
und Überschreitungen ändern ihn nicht. Bei Pestalozzi wird die Überschreitung zu einem imperialen Akt der Inbesitznahme. Müssen im *Wilhelm Meister* die Flüchtenden ihre Habseligkeiten zurücklassen, so werden in *Lienhard und Gertrud* die Bewohner des Waldes, die Zigeuner
oder »Diebe und Bettler«, dazu gezwungen. Die äußere Zivilisationsgrenze wird eliminiert, ein ›fremdes‹ Territorium im heimischen Gefilde
nicht mehr geduldet. Sie verläuft nun im Inneren der Menschen, zwischen Begierden und Vernunft, zwischen Laster und Tugend, zwischen
Gottlosen und Gottesfürchtigen.

5. Ordnung schaffen im Haus der Menschheit. Zigeuner und Anthropologie der Aufklärung

Deutende Gewalt: Popularisierungen des Wissens über Zigeuner

Die adligen Damen, die am 22. Februar 1678 im kurfürstlichen Schloss zu Dresden eine *Frauen-Zimmer-Zigeuner-Masquerade*[1] aufführen, müssen nicht befürchten, vertrieben oder aufgehängt zu werden. Ebenso wenig die Hofgesellschaft und die Bürger, die sich bei einer der beliebten »Wirthschafft[en]« am brandenburgischen Hof »zu Cölln an der Spree«[2] als Zigeuner verkleiden[3] und durch die Stadt ziehen. Zigeuner dienen als Modelle für die beliebten Maskeraden, die im 17. Jahrhundert in ganz Europa eine Zigeunermode hervorbringen.[4] Maskeraden bilden einen wichtigen Bestandteil höfischer Repräsentationskultur. Mit ihnen lässt sich, ohne die Etikette zu verletzen, ein für das Barock typisches Spiel zwischen Schein und Sein, zwischen Verbergen und Enthüllen in Szene setzen. ›Zigeunerhaftes‹, d. h. natürliches und ungebundenes Verhalten, ist nur eine Variante bukolischer Schäferspiele. Es lizenziert spontane Verstöße gegen den strengen Verhaltenskodex und erfreut sich deshalb großer Beliebtheit. Die Maskerade wird hin und wieder durch ein ausführliches Programm angekündigt. Das hier erwähnte spielt mit dem zeitgenössischen Wissen, das über die Zigeuner im Umlauf ist:

> »An kostbaren Edel-Gesteinen und allerhand reichhaltigen Berg-Arten ist uns ein solcher Uberfluß vorkommen / daß wir daher nun nicht mehr bedacht seyn / in unser Aegypten wiedrümb uns zurücke zubegeben. Meinet aber nicht [...] als weren wir etwan eine Rotte / zusammengelauffenen Pöfels; sondern wir seyn die edelsten und auffrichtigsten unseres Volckes / die der Spitzbübischen / leichtfertigen / und betrüglichen Büberey von Hertzen Feind sind.«[5]

Die ägyptische Herkunftslegende ist noch in Erinnerung. Die in den Edikten strikt geregelte Aufenthaltsfrage wird im Spiel kokett mit dem Hinweis auf die großzügigen kurfürstlichen Zuwendungen anders entschieden. Zur Legitimierung übernimmt man die aus den Chroniken vertraute Unterscheidung zwischen echten eingewanderten Zigeunern und dem zusammengelaufenen heimischen Pöbel.

Die Zigeunermaskerade ist ein frühes Beispiel literarischer Diskursivierung. Die zeitliche und räumliche Nähe von Verfolgungsedikten und

Spielvorlage – möglicherweise wurden beide in der gleichen Dresdner Druckerei hergestellt – führt zu keinerlei Bezugnahme von Seiten der Akteure. Weder wird die Verfolgung im Spiel repräsentiert, noch wird die Zigeunermaske von den Damen als Stigma empfunden. In den Vordergrund drängt sich der Wunsch, die eigene Identität durch ein typologisiertes Kostüm unkenntlich zu machen. Das Bild der Zigeuner geht vollständig in einer geschlossenen literarisch-kulturellen Praxis auf. Die Damen des Hofes spielen Zigeunerinnen, während Romfrauen an der Landesgrenze am »nächsten Schnell- oder andern Galgen [...] aufgehenket«[6] werden. Schon hier ist die Gesellschaft so weit ausdifferenziert, dass dieser Widerspruch keinerlei Reibungen auslöst. Diese unreflektierte Konstellation kultureller Vereinnahmung des Zigeunerlebens bei gleichzeitiger rigider Verfolgung wird uns auch im 19. und 20. Jahrhundert begegnen.

Die Maskenspiele, die wir ebenso am französischen wie am englischen Hof finden, geben einen Fingerzeig, dass das Phänomen eines rätselhaften Volkes nichteuropäischer Herkunft trotz der Degradierung zu infamen Gaunern und Bettlern auf erhebliches Interesse stößt. Dies gilt gleichermaßen für die Wissenschaft und das gebildete Laienpublikum. Ein deutliches Zeichen ist die deutsche Übersetzung der *Dissertatio* von Jakob Thomasius fünfzig Jahre nach ihrem Ersterscheinen. Damit wurde das Werk eines angesehenen Gelehrten leichter zugänglich, was den wissenschaftlichen Standards der Zeit entsprach. Popularisierungen und akademische Variationen wie die 1730 an der Universität Uppsala abgehaltene Disputation *De cingaris* von Samuel Björkmann (1707-1747) kamen bald hinzu.

Abhandlungen wie die von Thomasius tragen auf enzyklopädische Weise aus unterschiedlichen Quellen das Wissen zusammen, das sich tradiert hat. Sie vergleichen die Aussagen auf Widersprüche, wägen die Autorität der jeweiligen Verfasser ab und erörtern die Schlussfolgerungen. Bei den frühen Abhandlungen ist durchaus der Einfluss einer in der Moderne als Statistik sich etablierenden Wissenschaft – der Apodemik oder Reisekunst – zu spüren, die ein bestimmtes Beschreibungsschema bevorzugt: Gegend, Herrschaftsformen, Namen der Städte, Flüsse, Meere, Berge, Wälder, Gebäude, ›Regierung‹, Institutionen, Schulen, Sitten und Gebräuche.[7] Wohl nicht zufällig steht der Autor der ersten größeren Studie über die Zigeuner, Heinrich Grellmann, als Göttinger Statistikprofessor in dieser wissenschaftlichen Tradition.

Zur Verbreitung und Popularisierung des Wissens über Zigeuner im

18. Jahrhundert haben neben einem ausführlichen Artikel in *Zedlers Universal-Lexikon* auch die sogenannten Totengespräche zwischen dem der Bande des »Grossen Galantho« zugerechneten und 1726 in Gießen geräderten »Ertz-Bößwicht Hemperla«[8] und dem dort ebenfalls hingerichteten Gabriel[9] beigetragen. Diese bis auf Lukian zurückgehende literarische Form »alteuropäischer Gelehrsamkeit«[10] diente der unterhaltenden Unterrichtung und moralischen Ermahnung – und dies sehr erfolgreich, wie die hohe Zahl der Totengespräche zeigt.[11] All das deutet auf eine wachsende Verbreitung des Wissens über Zigeuner innerhalb des Lesepublikums hin.

Zu den Merkwürdigkeiten des Gesprächs der beiden ohne jegliche Elementarbildung aufgewachsenen, analphabetischen Delinquenten gehört, dass sie ihren Gegenstand, Namen, Herkunft, Geschichte und Lebensweise der Zigeuner, systematisch darlegen und wie akademisch geschulte Gelehrte zum Teil präzise auf die Quellen ihrer Aussagen verweisen, von denen die meisten nichtsdestoweniger unzutreffend sind:

> »Güldener Bruder / ich bin aus einem alten vornehmen Geschlechte / die Teutschen nennen uns Ziegeuner / bey denen Lateinern heissen wir Ciani, Cigani oder aber auch Cigari, bey denen Holländern Egyptennes / bey denen Frantzosen les Egyptieus; bey denen Spaniern los Gitanos, bey denen Arabern Raselherami oder Strassen-Räuber / woher aber eigentlich die Benennung kommen / weiß selbst nicht.«[12]

Ankunft (1414) und erste Vertreibung (1416) werden mitgeteilt,[13] ebenso dass sie in einer Stärke von 14 000 mit ausreichend Reisegeld ausgestattet aus Nubien gekommen seien, sich »Egyptier« genannt hätten und »denen jenigen sehr feind [seien] / so sie Tartern heissen«.[14] Erwähnung finden der Schutzbrief Kaiser Sigismunds und die Grabinschriften ihrer ersten Herzöge und Grafen, genau wie die genealogischen Spekulationen über die Herkunft von Kain oder Ham. Der Einwandererthese zieht Hemperla, der sich vor Gesprächsbeginn von einem Schreiner im Totenreich »seinen zerhackten Kopff«[15] aufsetzen lässt, die Auffassung vor, dass »aber heut zu Tag ein liederlich zusammen gelauffen Gesindel herum[ziehe] / unter den Nahmen der Zigeuner / von einem Lande ins andere / so von Diebstahl / Morden und Rauben sich meistens ernehret«.[16] Die Verfolgungen und Bestrafungen deutet er humorvoll und zum Amüsement der Leser als Zeichen eines ruhmvollen Lebens:

> »Nur etwas sachte / wir sind eben keine Schelme und Diebe / denn sonsten man nicht unser portrait auf Land-Strassen in Lebens-Grösse theils abmahlen / theils im Stein hauen / theils aber in Marmor würden setzen lassen / der

dabey entworffene Galgen ist zwar etwas disreputirlich / allein weilen wir
Leute seyn / die immer an ihren Tod dencken / so ist es uns gar keine
Schande / daß wir unsern Sarg Symboli loco mit uns führen. Das Ausstrei-
chen so allemahl dabey gemahlet ist / halten wir auch vor nichtes Böses /
massen wir keine Music haben / wann wir also einmahl Tantzen / oder aber
Capriolen schneiden wollen / lassen wir uns gemeiniglich auspeitschen. Das
Brand-Marcken ist unser gröste Ehre / sintemahlen dieses ein Zeichen unser
Heroischen Lebens-Arth ist.«[17]

Aus dem Munde Gabriels, der Hemperla Leichtsinnigkeit vorwirft, erfahren die Leser den aktuellen Stand der Rechtsverordnungen.[18] Er vertritt auch die weit verbreitete Meinung, dass sie gegenüber Besserungs-
versuchen resistent und nach dem Dienst als Soldaten »viel ärger denn wie
zuvor«[19] seien. Nicht fehlen darf der Vorwurf der Religionslosigkeit und
der Promiskuität.[20] Auch von den übrigen Vorwürfen gegen »die ärgsten
Schelmen in der Welt«[21], die sich in gelehrten Werken, Rechtsdokumen-
ten und literarischen Schriften angehäuft haben, lassen die Totengespräche nichts aus: Kindesraub, geheimbündlerisches Aufnahmeritual mit
Namensänderung, Schwärzung der Haut, Chiromantie, Mehrfachtau-
fen und Feuerzauber.[22] In einer reuevollen Beichte erklärt Hemperla
schließlich seine Verbrechen nach religiösem Muster als Hingabe eines
schwachen Sünders an das Laster:

> »Von Jugend auff war ich der Wollust ergeben / daß ich nichts mehr suchte /
> nichts mehr liebete als diese Verführerin. Ich war unvergnügsamer als ein
> Thier / welches seine Nothdurfft geneust / und wanns satt ist / mit dem aller-
> grösten Zwang zu keiner überflüßigen Nießung zu bringen. Dem Wollüstler
> ist die Gnüge entzwey gebrochen / liebet alle Lustreitzende Ubermaß im
> Sauffen / Fressen / Buhlen / Lügen / Stehlen und Morden / so alles zu Koth
> ausschänmet [sic!] / und hinter sich verläst Stanck / Schimpff / Eckel /
> Armuth / auch gemeiniglich zeitliche und ewige Straffe.«[23]

Dem fügt Gabriel kommentierend hinzu, was die Leser ohnehin wissen:
»jedweder hat zwey Wege / den schmalen Tugends-Pfad und den breiten Laster-Weg«.[24] Doch hat sich die sozialpolitische Strategie der individuellen Umkehr und Jenseitsorientierung angesichts der die Möglichkeiten einer karitativen Zuwendung übersteigenden Massenarmut längst
als Sackgasse erwiesen. Das im Totengespräch im Wortsinn unterhal-
tend ausgebreitete Wissen dient daher der Rechtfertigung der landesherrlichen Vertreibungspolitik, die hier an keiner Stelle in Frage gestellt
wird wie ein halbes Jahrhundert später in den von aufgeklärten Ideen
bestimmten Abhandlungen. Vieles spricht dafür, dass es zum Gemein-
gut der Gelehrten ebenso wie der Gebildeten gehörte. Mehr noch kann

man mit Blick auf die öffentlichen Hinrichtungen und ihre medialen Nachbereitungen davon ausgehen, dass die infamsten Geschichten auch im Gedächtnis der unteren Bevölkerungsschichten gegenwärtig waren. Was in den Abhandlungen und den Popularisierungen über die Zigeuner verbreitet wird, wirkt grob und grell. Ungewöhnlich ist das nicht, denn auf diese Weise äußert man sich in der Regel über die Unterschichten: die Bauern, die Dienerschaft und die Armen. Andere Völker werden kaum anders dargestellt. Cornelius Agrippa von Nettesheim (1486-1535), um ein frühes Beispiel heranzuziehen, stellt in seinen Überlegungen zu den unterschiedlichen Volkscharakteren fest, dass bestimmte Völker

> »von dem Himmel so formiret und gestalt [seynd] / daß sie in guten Sitten alle gantz einig und beruffen sind / hingegen wüthen die Scythier mit einer unmenschlichen Grausamkeit. Die Italiener leuchten herfür mit ihrem Adel / die Frantzösischen sind närrisch / die Sicilianer scharffsinnig / die Asiatischen Völcker der Wollust ergeben / und die Spanier stoltz und hochmüthig«.[25]

Die frühneuzeitliche Wissenschaft zieht sehr unterschiedliche Wissensbestände von Tugendlehren über Temperamentstypen bis zur Klimazonenlehre[26] heran, um ein Völkertableau zu erstellen. Enzyklopädisches Wissen versucht die disparaten Aussagen logisch-systematisch zu vernetzen, um Zusammenhänge herzustellen, die sich empirisch nicht nachweisen lassen. Wenn also die Zigeuner nach dieser Logik wegen der ihnen nachgesagten Promiskuität als wollüstiges Volk zu gelten haben, dann können sie nur asiatischer bzw. orientalischer Abkunft sein, weil die Wollust nach landläufiger Meinung eine Eigenschaft dieser Völker ist. Die Frage nach der ägyptischen oder indischen Herkunft ließ sich auf diese Weise nicht klären, weil ein Differenzkriterium zwischen den beiden Weltregionen fehlt. Wenn eine Fürstlich Hessische Landesordnung von 1656 einräumt, dass »man weder von ihrer geburt noch aufferziehung, leben oder wandel, vielweniger von ihrem ehestande einige gewisse nachricht haben kan«,[27] dann fischt man in trüben Gewässern, greift auf unsichere Quellen und Gerüchte zurück und erfindet manches dazu.

Dazu nur ein abwegig erscheinendes und dennoch symptomatisches Beispiel. Es handelt sich um Überlegungen zur bis heute nicht geklärten Bedeutung und Herkunft der in Südost- und in Mitteleuropa sich durchsetzenden Bezeichnung »Zigeuner«.[28] In seinem polyhistorischen Monumentalwerk *De Jure Publico Imperii Romano germanici* (1629-1645) versucht sich Johann Limnäus (1592-1665) an einer Auflösung mittels etymologischer Ableitungen und vergleichender Merkmalszuordnungen:

> »Einen gewissen Meeresvogel haben einige auch ›Cingalus‹ oder ›Cinglus‹, andere ›Jynx‹ oder ›Torquilla‹ und wieder andere, unter denen Galen ist, ›Motacilla‹ genannt. Alle haben diesen Namen sicherlich von der häufigen Bewegung entlehnt. Daher möchte ich glauben [...], daß sie, wie auch bei den Alten die vagabundierenden Bettler geheißen wurden, und infolgedessen ist diese Bezeichnung vorher in Großgriechenland und darauf in ganz Italien auf Leute ohne festen Wohnsitz übertragen worden. Wie es einst das Sprichwort gab: ›ärmer als ein «Cingalus»‹, wie dies Suidas aus Menander lehrt, kann man nur mit Recht: ›diebischer als ein «Cingalus»‹ sagen, deswegen weil sich dieses Menschengeschlecht zur Diebeskunst in aller Öffentlichkeit bekennt mit gewaltiger Schmach für die Beamtenschaft, die diese nicht sofort in das Gefängnis werfen und bestrafen.«[29]

Die halsbrecherischen Herleitungen, die schon ein paar Jahre später in einer überarbeiteten Fassung auf nicht weniger gewagte Weise widerlegt werden, führen nicht zur Zurückhaltung im Hinblick auf politische Empfehlungen. Thomasius bemerkt in seinem *Curiösen Tractat von Zigeunern*:

> »Wiewohl er darinnen handgreifflich irret / daß er meinet Cingalus bedeute ein gewisses Volck / da es in der Warheit ein Nahme eines See-Vogels ist / welcher so schwach seyn soll / daß er sich kein eigen Nest machen könne / sondern in ein fremdes seine Eyer legen müsse«.[30]

Thomasius irrt sich nicht, denn noch in *Brehms Thierleben* findet sich ein »Zigeunerhuhn«[31].

Die Argumentation der Kontrahenten ist weniger durch den Willen zum Wissen als durch deutende Gewalt charakterisiert. In ihren Abhandlungen erzwingen sie die Lesbarkeit des Fremden, Anderen, indem sie dessen ›Zeichen‹ nahezu beliebig innerhalb des eigenen Verstehenshorizontes deuten. Damit bereichern sie ihre Bücher um interessante und manchmal originelle Erscheinungen und stellen ihre gelehrte Belesenheit und polyhistorischen Kenntnisse selbst abgelegener Dinge unter Beweis.

Mit dem umfangreichen Artikel über Zigeuner in *Zedlers Universal-Lexikon* wird das vermeintliche Wissen für die Gebildeten leicht greifbar.[32] Mit dem Anspruch auf Vollständigkeit trägt er das Bisherige zusammen und legt einen Schwerpunkt auf Rechtsdokumente, ohne allerdings zwischen Tatsachen und Fiktion zu unterscheiden. Zugleich wird es, so unzutreffend viele der Behauptungen sind, durch die Aufnahme in

die angesehene Enzyklopädie autorisiert und für einen längeren Zeitraum festgeschrieben. Literarischer Herkunft ist z. B. die Feststellung,
dass die Frauen »insgemein sehr scharfe und lange Messer bey sich verborgen [führen], mit welchen sie sich im Nothfall wehren, und das
gestohlne Feder-Vieh desto geschwinder schlachten und fortbringen
können«.[33] So ist schon Grimmelshausens Courasche bewehrt, und so
sind es Esmeralda in Victor Hugos *Glöckner von Notre-Dame*, Mérimées Carmen mehr als 150 und Marlene Dietrich (1901-1992) als Zigeunerin Lydia in *Golden Earrings* 250 Jahre später immer noch.

Etymologischen Spekulationen über den »Nahmen Zigeuner«[34] folgt
eine Erörterung der verschiedenen Ursprungstheorien, an die sich die
Darstellung des Exodus, von den Buß- und Pilgerfahrten bis zu den
pseudobiblischen Legenden, anschließt. Letztere gelten dem Verfasser
jedoch als »ein Gedichte, womit sie die Leute bewegen wolten sie zu dul-
ten«.[35] Die Spekulation des angesehenen Altendorfer Gelehrten Christian Wagenseil, dass es sich bei den Zigeunern um verfolgte Juden han-
dele, die sich für einen längeren Zeitraum in die Wälder zurückgezogen
hätten, um dann, verarmt und verelendet, mit neuer Identität wieder
aufzutauchen, wird zurückgewiesen. Ausführlich werden ihre Tätigkeiten gewürdigt. Das Spektrum reicht von ambulantem Handel und
Handwerk über unehrliche Arbeit als Henker, Scharfrichter oder Abdecker, medizinische Dienstleistungen, Wahrsagen, Feuerbann, Goldwä-
sche und Musizieren bis zur Spionage für die Türken, Betrug und anderen Verbrechen. Die Frage nach der inneren sozialen Organisation
bleibt unbeantwortet.[36] Die in Frankreich und England weit verbreitete
Vorstellung eines Unterweltkönigreichs wird nicht erwähnt.

Die Zigeuner sind im *Zedler* eine *natio infamata*, ein ehrloses und
fremdartiges Volk, das »sich fast in die gantze Christenheit geschli-
chen«[37] habe. Die Untertanen eines »wohlbestellten« europäischen Staa-
tes sollten den Kontakt mit ihnen meiden: nun nicht mehr, weil sie
unheimlich und undurchschaubar sind, sondern weil man über ihre
Herkunft, ihr Wesen und ihre Lebensweise umfassend aufgeklärt worden ist. Was man erfahren hat, entbindet von den Verpflichtungen zur
Barmherzigkeit und Milde, welche die christliche Morallehre auferlegt.

Vermögen aufgeklärte Philosophen, Naturforscher, Cameralwissen-
schaftler und Dichter eine Situation widerspruchslos hinzunehmen, in
der vieles nicht vom vernunftgemäßen Gebrauch des Verstandes herrührt, sondern nach Unwissen und Aberglauben klingt? Wer den Traum
vom ›ganzen Menschen‹, der sich durch Kultur und Zivilisation selbst

erschafft, und vom Glück der menschlichen Gattung träumt, der muss die Fremden, die sich in seiner unmittelbaren Nähe bewegen, ebenso aufmerksam betrachten wie die, die in der Ferne der neu entdeckten Kontinente leben.

Im Verein verachteter Völker

Seit der Frühaufklärung tauchen Hottentotten, Pygmäen, Lappländer und Eskimos regelmäßig in den Abhandlungen als niedrigste Menschenrassen oder ›Übergangsrassen‹ zwischen Mensch und Affe auf.[38] Hier ergibt sich eine unmittelbare Verbindung zu den Zigeunern. Denn als »Schwarze«, als »wüste und häßliche Afrikaner oder Mohren«[39] werden sie seit ihrer Ankunft wegen der angeblichen ägyptischen Herkunft wahrgenommen und damit zu den rangniedrigsten Völkern gezählt. Andere Quellen nennen sie wegen ihres katholischen Glaubens »Äthiopier« oder »Nubier«. Sebastian Münster bezeichnet sie in seiner weit verbreiteten *Cosmographia* als »schwartz [...] Volck«[40]. Bei ihrem Auftauchen in Paris 1427 notiert der Chronist:

> »Die Männer waren sehr schwarz und ihre Haare waren gekräuselt. Die Frauen waren das Häßlichste und Dunkelhäutigste, das man je gesehen hatte. Alle hatten Wunden im Gesicht [wahrscheinlich Tätowierungen] und Haare schwarz wie ein Pferdeschweif.«[41]

Ähnlich die Konstanzer Stadt-Chronik: »In dem 1430 jar do kam ain schwarz folk gezogen [...].«[42] Eine schwäbische Quelle nennt eine Gruppe von Sinti, die sich 1703 gegen die gewaltsame Landesverweisung zur Wehr setzen, »Negers«.[43] Denjenigen, die ihre Abstammung nicht mehr aus Ägypten herleiten können, unterstellt man immer wieder das Schwarzfärben der Haut. Grimmelshausens Roman über die Courasche ist dafür ein Beispiel von vielen. Eine einmalige Kombination von Hautfarbe und Rasse wagt das brandenburgische Maskenspiel *Der Scheeren-Schleiffer* (1690):

> »Zigeuner / fremdes Volck / ihr schwartzen Indianer;
> Geht hin / und bücket euch / vor unserem Romaner.
> Die Farbe geht nicht ab / wann ich gleich zehnmahl schleiffe /
> Sucht eine Wäscherin / und braucht Venetsche Seife.«[44]

Noch *Zedlers Universal-Lexikon* nennt »die Zigeuner von Farbe schwärtzlich«.[45] Nach dem Steckbrief eines 1782 vom kurfürstlichen Gericht in Werl/Westfalen gefangenen Zigeuners sieht er »außerordentlich schwarz im Gesicht aus, hat pechschwarze Haare, die er in einem langen Zopf trägt«.[46]

Das Bild des schwarzen ›afrikanischen‹ Zigeuners prägt sich tief in das kulturelle Gedächtnis ein und überlagert lange die mit Beginn des 19. Jahrhunderts sich durchsetzende Zuordnung zum orientalisch-asiatischen Typus des olivbraunen Inders. Eine ethnographische Abhandlung von 1842, die die etymologischen Spekulationen wiederaufnimmt, behauptet: »Die Zigeuner nennen sich auch Schwarze kale, melelle, in Rußland schwarzes Volk […], in Spanien auch ihre Sprache kalo.«[47] Noch zu Beginn des 20. Jahrhunderts findet sich in dem Reisebericht *Die Zigeuner* (1909) des dänischen Schriftstellers Martin Andersen-Nexö (1869-1954) folgendes Portrait:

> »Der Zigeuner fesselt selbst in einer großen Versammlung das Auge sogleich durch seine fremdartige Kopfform und seine schwärzliche Hautfarbe, die – wie die des Negers – kein Licht ausstrahlt, und bei flüchtigem Hinblicken nur einen dunklen Fleck auf der Netzhaut des Auges hinterläßt.[48] […] Sie [die Zigeuner] haben niedere Stirnen, breite Nasen und einen suchenden boshaften Blick; dies sowohl wie ihre huschenden Bewegungen und ungenierten Gebärden geben ihnen eine Ähnlichkeit mit Affen.«[49]

Bis weit in das 18. Jahrhundert hinein ist die Schwärze der Zigeuner ebenso wie die der an die europäischen Höfe verschleppten Afrikaner eine exotische Kuriosität.[50] Unübersehbar repräsentieren sie Fremdheit und Anderssein. Mutmaßungen über die Herkunft der in gemäßigten Klimazonen ungewöhnlichen Hautfarbe verringern die Distanz nicht. Im Gegenteil eint sie das Bemühen, die andere Hautfarbe als Stigma, als ein dem gesamten Körper eingeschriebenes ›Kainsmal‹ zu entziffern. Dem steht die in der Genesis erzählte Schöpfungsgeschichte entgegen. Die Vorstellung einer gemeinsamen Abstammung aller Menschen von Adam und Eva muss umgangen werden, wenn man die grundsätzliche Verschiedenheit der Rassen plausibel erklären möchte. Zwei Linien zeichnen sich hierbei ab: Die sogenannte präadamitische Theorie, die behauptet, dass Gott am sechsten Tag nur die seinem Antlitz gleichenden Menschen, die weißen und die ihnen verwandten Rassen, geschaffen habe, die anderen, schwarzen hingegen am fünften Tag zusammen mit den Tieren.[51] Und, argumentativ schlüssiger, die der genealogischen Beschreibung des Alten Testaments folgende Theorie, die in der Sintflut, in der alle bisherigen Geschlechter untergehen, einen Neubeginn sieht.

Die aufgeklärten Mediziner, Anthropologen, Philosophen und Sprachforscher geben sich mit der Vermutung, die Zigeuner seien Nachfahren Hams bzw. Chams, des missratenen Sohns Noahs und Stammvaters der ›Schwarzen‹, nicht mehr zufrieden. Ebenso wenig sind sie sich der Farbe der Haut sicher.[52] Sie entblößen die ›Schwarzen‹, sammeln ihre Schädel, sezieren, ziehen ihnen die Haut ab und prüfen, ob sie abfärbt oder nicht.[53] Immanuel Kants (1724-1804) Schüler und Kollege Christian Jacob Kraus (1753-1807) zählt zu den Ersten, die mit Hilfe eines Gewährsmannes vor Ort, des Landpredigers Zippel aus Niebudzen in Litauen, die dort ansässigen Zigeuner auf wissenschaftlichem Niveau systematisch erforschen möchten.[54] Kraus überprüft die Behauptungen, dass die Schwärze von künstlicher Färbung oder mangelnder Hygiene herrühre, auf ihre Stichhaltigkeit, setzt sich mit der einflussreichen Klimazonentheorie auseinander, berücksichtigt die Beobachtungen über die Farbe der Handflächen und Fußsohlen der Afrikaner und sammelt Belege für und wider die Zugehörigkeit zu den Schwarzen oder zu den »olivengelben« Hinduvölkern. Er veröffentlicht seine Forschungen nicht, sondern gibt sein Material weiter.[55] Die Empfänger Johann E. Biester (1749-1816) und August Friedrich Pott (1802-1887), einer der bedeutenden Sprachhistoriker der zweiten Generation nach den Gebrüdern Grimm und Franz Bopp (1791-1867), präferieren ohne Einschränkung die These von der indischen Herkunft und verfolgen die Spur nach Afrika nicht mehr weiter.

Um 1800 löst ein um Genauigkeit bemühter Blick auf Körperbau, Schädelform und Behaarung die diffusen Wahrnehmungen des Fremden endgültig ab. Die Verwissenschaftlichung setzt allerdings nicht die überkommenen Hierarchien außer Kraft. Im Falle der Zigeuner wechseln die abwertenden Charakteristika aus ihrer ›schwarzen Periode‹ in ein systematisiertes Feld der Anthropologie über und gewinnen durch die so erlangte Wissenschaftlichkeit noch an Durchschlagskraft. Rasseäquivalenzen ersetzen die genealogischen Filiationen, so dass die jetzt als Inder klassifizierten Zigeuner als »Neger Europas« immer noch den Schwarzen zur Seite gestellt werden können. Die Ausgrenzung aus dem Verband der Völker Europas, aus dem Raum, in dem sie seit dem 15. Jahrhundert beheimatet sind, nähert sich in Theorie und Praxis dem Umgang mit den jüdischen Minderheiten an. In der ersten Hälfte des 19. Jahrhunderts nimmt entsprechend die Zahl antisemitischer Pamphlete zu, in denen Zigeuner und Juden verglichen werden. Ein Beispiel aus dem Jahr 1835:

»Die Juden sind Ausländer, die Zigeuner ebenfalls. Schon das Aeußere beider Nationen zeigt in vielen Stücken eine auffallende Uebereinstimmung. Man sehe nur das glänzend schwarze Haar und die glänzend schwarzen Augen; sind sie nicht bei dem Zigeuner wie bei dem Juden zu finden? Die dunkle Farbe der Haut, welche wenigstens der Mehrzahl der Abrahamiden eigen ist, könnte für gleichen Stamm beider Völker sprechen. Auch die übrige äußere Gestalt, der selten hohe Wuchs und der schlanke Körperbau findet sich unter beiden Nationen gleich. Noch mehr in der Lebensweise sehen wir in vielen Stücken eine merkwürdige Uebereinstimmung. [...] Am meisten aber zeigt sich in geistiger Hinsicht eine Harmonie zwischen beiden Völkern, die in Erstaunen setzt. Beide sind, bei guten Anlagen, voller List und Ränke; beide nehmen es mit der Ehrlichkeit nicht so genau. [...] Scheu vor aller ernsten Arbeit ist ebenfalls ein Charakterzug beider Nationen. Was uns aber noch mehr bestimmen könnte, Zigeuner und Juden für gleichen Gelichters zu halten, das ist ihr festes Beharren bei ihren Eigenthümlichkeiten und zwar trotz aller Verfolgungen und Beschwerden.«[56]

Der Nachweis der indischen Herkunft setzt die Ähnlichkeitsbeziehungen von Zigeunern und Schwarzen nicht außer Kraft, wenn es darum geht, entwertende Zuschreibungen vorzunehmen. Dann kann das Wissen über die nomadisierenden, für die Türken spionierenden, vom Diebstahl lebenden, besitzlosen Zigeunerbanden die Wahrnehmung eines neu entdeckten afrikanischen Volkes wie das der »Buschmänner« lenken, die dann als in »Horden« lebendes »gehaßtes und verfolgtes Raubgesindel« und als »Spione und Vorposten« der ›Hottentottenvölker‹ gelten.[57] Die Buschmänner seien »häufig gar nicht als ein Volk oder Stamm, sondern als Rotten verlaufener Diebe und Räuber vom verschiedensten Ursprung angesehen worden«.[58]

Ein Dreieck verachteter Völker entsteht, als die indischen Parias entdeckt werden. Nach der Durchsetzung der indischen Herkunftsthese bieten sie sich nach dem Äquivalenzverfahren als Vorfahren der Zigeuner an. Die Parias werden wiederum mit »den Afrikanischen Mohren« verglichen. Nach Auffassung von Peter von Bohlen (1796-1840) sollen sie »an Geistesgaben [...] fast den Thieren nachstehen«.[59] Zustimmend zitiert er einen Gelehrten, für den sie »das unfläthigste Geschlecht, mit einem Worte, ein verächtlich stinkend Volk [sind]; ein gottloses Gesinde, die bei Winterszeit viel Vieh stehlen, dasselbe todschlagen und die Häute verkaufen«.[60] Und er fügt hinzu, dass

»die Pariar die Hefen und Grundsuppe der Indianer [gemeint sind Inder] sind, sie haben ein lasterhaftes Gemüthe, sind diebisch und Erzlügner; ihre Hauptnahrung, wornach sie lüstern sind, ist gefallenes Vieh; sie sind sclavisch, feige und grausam, gefräßig und wohllüstig, und begatten sich fast öffentlich, wie das Vieh«.[61]

Für Bohlen sind die Ähnlichkeiten mit »unsern Zigeunern«[62] nicht zu übersehen:

> »Ihre Liebe zum Golde und Silber ist so grenzenlos wie ihre Lüsternheit nach Cadavern, Tabak und berauschenden Getränken, wodurch sie besonders dem Inder ein Gräuel werden. Neben dem Schmiedehandwerke, welches sie mit den unvollkommensten Instrumenten betreiben, geben sie viel mit Roßtäuscherey sich ab und reisen, wenn sie es vermögen, mit Pferden durch das Land.«[63]

Völkerbeschreibung der indischen Parias, Auswanderungsgeschichte um 1400 und die Charakterisierung der Zigeuner verschmelzen zum Bild einer barbarischen, am Rande der menschlichen Gattung vegetierenden Gesellschaft:

> »Ihre Auswanderungen geschahen nach den Verheerungen des Timur (1398); im Jahre 1417 erschienen die Ersten in Ungarn und verbreiteten sich über ganz Europa. Ihre Indische Abkunft, welche aus der physischen Aehnlichkeit mit jenen barbarischen Stämmen und aus gleichen Neigungen, aus den Wahrsagereien und üppigen Tänzen, die sie den Bayaderen abgelernt, schon wahrscheinlich wäre, wird besonders noch durch ihre Sprache bekräftigt, welche den Dialekten des Pengab ähnlich und so sehr hindostanisch ist, daß sich in ihrem Wortvorrathe zwey Drittheile auf Indische Idiome und selbst auf das Sanskrit […] zurückführen lassen.«[64]

Bohlen folgt dem von Heinrich Grellmann vorgegebenen Modell, das neue Wissen flexibel in die bestehenden Vorurteilsstrukturen zu integrieren. Wenn es sich nicht mehr leugnen lässt, dass die Zigeuner indischen Ursprungs sind, dann müssen sie auch am Herkunftsort einem ihrer sozialen Stellung in Europa entsprechenden Ort zugewiesen werden. Grellmann wählt dazu die niedrigste Pariakaste (um 1800 meist Parier, Pariar oder Pareier), die ihm bekannt ist:

> »Oben haben wir sie kennen gelernt als äußerst unrein und ekelhaft; und in Absicht auf Charackter, als Menschen von dem verderbtesten Herz. Sie waren diebisch, lügenhaft und im höchsten Grade Betrüger. Und dies ist gerade auch das treffendste Bild der Suders.«[65]

Der Vergleich mit Hottentotten dient dazu, die Fremdartigkeit und Deplaziertheit in Europa vor Augen zu stellen und die sozial praktizierte Verachtung durch Abscheu und Ekel zu verstärken. Mit der genealogisch begründeten Verwandlung in Parias wird ein Modell der

Ausgrenzung geschaffen, das auf der Basis der Unterscheidung von rein und unrein der Segregation das Wort redet. Auf diese Weise wird das Verwandtschaftsnetz verachteter Völker erneut geknüpft. Sie einen nicht anthropologische Merkmale, sondern eine Liste kruder Ressentiments: Entwurzelung, Assimilationsunfähigkeit, Parasitentum, vermeintliche Unterlegenheit und faktische Rechtlosigkeit. An den Stereotypen von ›Schwarzsein‹ und ›Jüdischsein‹ lässt sich ebenfalls verfolgen, wie die den beiden Gruppen jeweils zugeschriebenen Eigenschaften übertragen und verstärkt werden.[66] Trotz der voranschreitenden Differenzierungen in den Wissenschaften findet also gleichzeitig eine Entdifferenzierung statt. Die jeweiligen Eigenheiten und realen Besonderheiten werden vollständig verwischt und verschwinden hinter einer allgemeinen Vorstellung über das Wesen deterritorialisierter, wurzelloser Gemeinschaften. Ein Diskurs über die Anderen und Fremden entsteht und wird fortgeschrieben, der weder eine Leerstelle noch eine Unterbrechung zulässt.

Das Familiennetz verachteter und ausgegrenzter Völker entsteht nicht durch die Anhäufung dumpfer Vorurteile unaufgeklärter und unwissender Schichten. Wenn z. B. der erwähnte »Professor der morgenländischen Sprachen und Literatur an der Universität zu Königsberg«,[67] Peter von Bohlen, in einer August Wilhelm Schlegel (1767-1845) und Franz Bopp gewidmeten Arbeit Zigeuner, indische Parias und einen kaukasischen »Negerstamm«[68] auf Ähnlichkeiten hin untersucht, wird eine andere Dimension sichtbar. Das Netz ist nicht zuletzt ein Produkt akademischer, populärwissenschaftlicher und literarischer Praxis. Der Diskurs ist deshalb so erfolgreich, weil er die Komplexität der Verhältnisse auf ein Ensemble vertrauter Bilder und geläufiger Erzählmuster reduziert, auf autorisiertes Wissen zurückgreift und konsequent erscheinende Handlungsanweisungen für den Umgang mit den Fremden erteilt. Darin der Literatur verwandt, vermag er jederzeit neue Bilder und Erzählungen zu schaffen und ihnen bisweilen ästhetischen Glanz zu verleihen.

Wie der anthropologische und der ästhetische Diskurs sich wechselseitig autorisieren und schließlich wirksame Bilder kollektiven (Un-) Wissens und präfigurierter Wahrnehmung generieren, kann man an Schiller, der im *Fiesco* (1783) einen Mohren als Bösewicht auftreten lässt, aber mehr noch an Lessings Ausführungen über das Hässliche und den Ekel in der berühmten *Laokoon*-Schrift (1766) beobachten. Im letzten Drittel des 18. Jahrhunderts wird die Kulturfähigkeit von Völkern auch als ein ästhetisches Phänomen betrachtet. Während »eine gepletschte Nase mit vorragenden Löchern«[69] als Erscheinung des Hässlichen bei Lessing genau auf der Grenze des Kunstwürdigen liegt, löst die Beschreibung einer ›hottentottischen‹ Hochzeit »Ekel und Abscheu«[70] aus:

> »Ein gequetschter Knorpel von Nase, schlappe bis auf den Nabel herabhangende Brüste, den ganzen Körper mit einer Schminke aus Ziegenfett und Ruß an der Sonne durchbeizet, die Haarlocken von Schmeer triefend, Füße und Arme mit frischem Gedärme umwunden [...]!«[71]

Lessing paraphrasiert an dieser Stelle eine englische Erzählung Lord Chesterfields (1694-1773) aus *The Connoisseur*. Seine drastischen Beschreibungen wurden auch später wiederholt als ethnographische Fakten übernommen,[72] meist wie hier ohne Hinweis darauf, dass es sich um einen literarischen Text handelt. Seit der Gründung der Kapkolonie 1652 durch van Riebeek erreichten Europa Nachrichten über die kolonisierten südafrikanischen Völker, die die ›Empfindungen beleidigen‹ und die ›Herzen empören‹ sollten. Vergleiche mit den Zigeunern stellten sich rasch ein. Auch der »Ertz-Bößwicht Hemperla« soll, in der Imagination des Verfassers des Totengesprächs, den barbarischen Hottentotten in sich spüren:

> »Ich hätte beynahe aus Gramm und wütender Feindschafft wie es die Hottentotten machen / meines Feindes Hertz fressen können / sein Blut sauffen / mit dessen Caldaunen / hätte ich mich beschmieret und behenget / wann nur öffentlich so einher gehen dürffen.«[73]

Das afrikanische Hochzeitsritual wird zum kannibalischen Exzess gesteigert. Beide vorzivilisatorischen Inszenierungen verbieten jede Empathie. Zur sozialen und ethnischen Verachtung tritt als ästhetisch-sinnliche Wahrnehmung der Ekel.

Die Entdeckung der ›Zigeunersprache‹ und des indischen Ursprungs

Die Entdeckung einer eigenständigen ›Zigeunersprache‹ gegen Ende des 18. Jahrhunderts, für die sich später neben regionalen Benennungen der Begriff *Romanes* durchsetzt,[74] holt die Zigeuner aus dem sozialen Nichts der randständigen Bevölkerungsschichten zurück in den Kreis der Völker der Erde. Zumindest eröffnet sie für einen Augenblick diese Möglichkeit. Christian Wilhelm Büttner (1716-1801), der eine der ersten vergleichenden Wortlisten zusammenstellt, rätselt noch, ob die Zigeuner »gar ein Indostanisch-Afganischer Stamm«[75] seien. Johann Rüdiger kann in seiner sorgfältig argumentierenden Abhandlung *Von der Sprache und Herkunft der Zigeuner aus Indien*[76] (1782) die enge Verwandtschaft mit dem Sanskrit nachweisen. August Friedrich Pott, Verfasser des ersten Wörterbuchs und der vergleichenden Grammatik der »Zigeunersprache« bilanziert 1844 die Forschung eines halben Jahrhunderts: »Diese alle schliessen aus der Sprachvergleichung, hinzugenommen andere Umstände, und zwar mit Recht, auf Indischen Ursprung des Zigeunervolks.«[77]

Die Entdeckung des Romanes ist ein diskursives Ereignis, das die bisherige Ordnung des Wissens über Zigeuner umzustürzen droht. Ohne das Geheimnis der ›ägyptischen‹ Herkunft sind die Rom eine der vielen Gruppen, die die Völkerwanderung nach Europa gebracht hat: und damit ein Teil der wechselvollen europäischen Geschichte. Als Nachfahren der Inder und damit als entfernte indoeuropäische Verwandte müssten sie in der Völkerhierarchie einen höheren Rang einnehmen. Auch die Behauptung, sie seien das Ferment der zusammengelaufenen Unterwelt des Verbrechens, gerät ins Wanken, da das Romanes mit den unterschiedlichen Gaunersprachen in Frankreich, England, Spanien oder Deutschland in keiner Weise identisch ist. Auch wenn eine frühe englische Wortliste (1542) Wörter in Romanes enthält und bisweilen zwischen ihm und den Gaunersprachen unterschieden wird,[78] führt dies nie bis zum sprachwissenschaftlichen Nachweis der Eigenständigkeit. Einer der seltenen Beobachtungen, dass sie eine eigene Sprache besitzen, »die von niemand anderm verstanden wirt«,[79] so Johannes Guler von Weineck (1562-1637) 1616 in seiner *Raetia*, steht die vorherrschende Auffassung entgegen, dass »sie sich eine eigene Sprache ersonnen«[80] hätten, um ihre Diebstähle zu verabreden: so Johannes Becanus (1518-1572) 1580 in *Hermathena*. Befragungen und Verhöre von Zigeunern wie die 1747 in Mähren nach einer Verhaftung, bringen wenig Licht in das Dunkel, denn die ausschließlich mündliche Überlieferung begrenzt die Erinnerung der Sprecher auf drei Generationen. Ein eigener Name für das Romanes lässt sich nicht erkennen, aber die Übernahme unterschiedlicher Fremdbezeichnungen belegen:

> »Ihre Sprache, die sie untereinander redeten, wurde von dem einen Weibe ›zigeunerisch‹ (ciganska), von einem eilfjährigen Knaben die kroatische (charwatska), von den übrigen einstimmig die egyptische genannt. [...] Sie hatten diese Sprache von ihren Großältern her, und erlernten sie einer von dem Andern. Ein junges Zigeunermädchen, das man hierüber fragte, sagte

dieß aus, und setzte naiv hinzu: ›Wir haben sie nicht erdacht; es ist halt
die egyptische Sprache.‹ – Eine etwa 39 Jahre alte Zigeunerin sagte aus, sie
hätte diese Sprache von ihrer Stiefmutter erlernt, die eine Egyptierin gewesen
sei.«[81]

Mit dem Besitz einer eigenständigen, über viele Jahrhunderte bewahr-
ten Sprache, die zu einer der großen europäischen Sprachfamilien zählt,
kommt ein wichtiges Zivilisationskriterium ins Spiel, das den bisherigen
Mangel der dunklen Herkunft beseitigen müsste, zumal die Anthropologie, in der sich die von Johann Friedrich Blumenbach (1752-1840) 1776
vorgenommene Unterscheidung in fünf Rassen durchsetzt,[82] den sprachwissenschaftlichen Befund stützt. Der Kantianer Christoph Girtanner
(1760-1800) ordnet in seiner nach der Hautfarbe organisierten *Naturgeschichte* die Zigeuner der Rasse der »Olivengelben«, der »Hindosta-
ner«,[83] zu und führt die von Kants Schüler Kraus untersuchten litaui-
schen Zigeuner als Beweis gegen die Klimatheorie an, da sie sich »seit
beinahe vierhundert Jahren nicht im mindesten verändert haben«.[84] Sie
hätten nicht nur ihre Hautfarbe, »sondern auch andere auszeichnende
Eigenthümlichkeiten«[85] bewahrt.

Die Folgen dieser Entdeckung werden vereinzelt, aber kontinuierlich
über mehr als ein halbes Jahrhundert von den aufklärerischen Schriften
über die romantische Sprachforschung bis zu den spätromantischen
und positivistischen Ethnographen erörtert. Die romantische Wissenschaft sieht in der Sprachforschung einen Weg, zur authentischen Gestalt des jeweiligen Volkscharakters vorzudringen.[86] Jede Sprache, die
wie das Romanes ihren ursprünglichen Charakter bewahrt hat, stellt aus
ihrer Sicht ein erhebliches kulturelles Kapital dar. Sprachtheorien zählen aber auch zum Kernbestand aufklärerischer Anthropologie. Die
Sprachfähigkeit unterscheidet die Menschen grundlegend von der übrigen Schöpfung, und sie ist das Schlüsselwerkzeug für den Aufstieg zu
den Höhen der Kultur. Nicht zuletzt fördert sie die Bildung von Nationen und bewahrt die Geschichte der Menschheit auf.

Die Sprache der Zigeuner ist zwar, wenn man die Breite anthropologischer Forschungen in den unterschiedlichsten Disziplinen in Betracht
zieht, ein Thema am Rande. Jedoch weckt sie im Zusammenhang mit
der Spurensuche nach frühen Sprachstufen und nicht zuletzt einer
Ursprache gewisse Hoffnungen. Neben dem Hebräischen werden von
Johann Gottfried Herder (1744-1803) die indischen Sprachen als älteste
zugängliche Erben der Ursprache in Erwägung gezogen.[87] Das Sanskrit
gewinnt gegenüber dem Hebräischen im Ausgang des 18. Jahrhunderts

als ältere Stufe einer weit verzweigten Sprachfamilie an Gewicht und Ansehen:[88] »Das Sanskrit, so alt es auch sein mag, zeichnet sich durch eine wunderbare Struktur aus. Es ist vollkommener als das Griechische und reichhaltiger als das Lateinische und von viel ausgesuchterer Feinheit als diese beiden Sprachen«,[89] heißt es in einer englischen Abhandlung von 1786. Die Sprachgeschichte stellt auf die Erforschung des »Indo-Europäischen« um, programmatisch mit Friedrich Schlegels (1772-1829) 1808 erschienener Abhandlung *Über Sprache und Weisheit der Indier*, wissenschaftlich mit Franz Bopps *Vergleichender Grammatik* (1833-1849) und mit Potts Grammatik und Wörterbuch der Zigeunersprache. Von der Grundannahme her, dass archaische Sprachen einen Einblick in vorgeschichtliche Gesellschaften erlauben, wäre das Romanes als Sprache eines Volkes, das angeblich seit hunderten von Jahren unverändert lebt, eine wichtige Spur, die in die Frühzeit der Menschheitsgeschichte führt.[90] Denn, so Wilhelm von Humboldt (1767-1835): »Die Sprache ist tief in die geistige Entwickelung der Menschheit verschlungen, sie begleitet dieselbe auf jeder Stufe ihres localen Vor- und Rückschreitens, und der jedesmalige Culturzustand wird auch in ihr erkennbar.«[91] Die Sprachen selbst, so der Philologe Friedrich August Wolf (1759-1824), bilden »die ersten Kunst-Schöpfungen des menschlichen Geistes, enthalten den ganzen Vorrath von allgemeinen Ideen und von Formen unseres Denkens«.[92]

Solche Überzeugungen tragen Forschungsprogramme zur Sprache und Volksliteratur von Jacob und Wilhelm Grimm oder Clemens Brentano und Achim von Arnim, Vorbilder für zahlreiche Unternehmungen in vielen Ländern Europas. Die Sprache der Zigeuner wird entgegen den mit ihrer Entdeckung geweckten Erwartungen kaum einbezogen. Die Sprachhistoriker, die sich mit morphologischen Vergleichen, Lautverschiebungen und Wortlisten des Romanes abmühen, sehen keinen Grund, nach dem »Vorrath an Ideen und Formen des Denkens« zu fragen, den auch diese Sprache nach der vorherrschenden Sprachtheorie enthalten müsste. Auch die mit dem Auftreten der Zigeuner verknüpfte Vorstellung einer »originellen Volkseigenthümlichkeit«[93] beflügelt nicht dazu, ihre Sprache mit der gleichen Ernsthaftigkeit zu untersuchen wie die jeweils eigene. Im Gegenteil lassen nach der Entdeckung grobe Herabsetzungsstrategien nicht lange auf sich warten. Sie dienen in erster Linie dem Ziel, die Verbindungen zwischen dem der Wiege der Menschheit erwachsenen Sanskrit und dem Romanes als der Sprache eines kulturlosen Volks wieder zu lockern. Subtiler geht Pott vor, wenn er sich auf den fernen indischen Ursprung bezieht:

»Wir glauben [...] versichern zu können, dass der romsche Sprachtypus [...] ein Indischer sei, und durch sein engeres Anschliessen nicht so sehr an das Sanskrit als vielmehr an die schon verwahrloseteren Formen Indischer Volksmundarten wirklich als aus Indien ausgewandert angesehen werden müsse«.[94]

Das Attribut »verwahrlost« macht in den Darstellungen des Romanes im 19. Jahrhundert Karriere. Als Stufe einer »ungemeinen Verbasterung und Roheit [...] der in ihrem Bau vollendetsten aller Sprachen«[95] oder als »broken-down Hindu dialect«[96] wird es in einen gehörigen Abstand zum Sanskrit gerückt. Die angebliche Verwahrlosung wird an keiner einzigen Stelle mit einer etwaigen Minderwertigkeit des sprachlichen Bestands, der Grammatik, der Syntax oder der Lexik in Verbindung gebracht. Hingegen erfindet man – was angesichts des indischen Kastensystems auf der Hand liegt – Sprechergruppen auf niedrigster sozialer Stufe, denen die Zigeuner zugewiesen werden. Für sein bildungsbürgerliches Publikum entwickelt der philologisch und historisch ausgebildete Schriftsteller Gustav Freytag mit antisemitischem Unterton eine von Pott ihren Ausgang nehmende Argumentation:

»Die Sprache erscheint als die Mundart eines einzigen und besonderen indischen Stammes, eine verkommene Tochter des vornehmen Sanskrit; sie hat fast in jedem Lande, wo das Volk auf seiner Irrfahrt verweilte, einzelnes Fremde für sich gestohlen, und ihr Kleid ist mit den Lappen aller Völker überdeckt, so daß nur noch hier und da die echten Goldfäden sichtbar sind.«[97]

Freytag wertet die eigenständige Sprache zu einem Dialekt ab und personifiziert sie als unehrenhaftes Familienmitglied. Der jungen vergleichenden Sprachgeschichte liefert die Lexik des Romanes, z.B. das Auffinden armenischer und griechischer Sprachbestände, aufschlussreiche Hinweise auf die Wanderungswege. Mit ihrer Hilfe ließ sich das System früher Sprachentlehnung und -assimilation rekonstruieren und eine zeitliche Abfolge erkennen. Diese sachlichen Bezüge schneidet Freytag ab und stülpt der sprachgeschichtlichen Entwicklung die überkommenen Stereotype über: bunte, armselige Kleidung und notorischer Diebstahl. Am Ende wird ein rassistisches Modell der Bastardisierung ›reiner‹ Sprachen sichtbar.

Eine weitere Strategie besteht darin, den Sprachbestand zu sichten und als niedrige Entwicklungsstufe mit beschränkten Ausdrucksmöglichkeiten zu behaupten,

»weil der Zigeuner als ein auf der Kindheitsstufe geistiger Entwickelung stehendes Volk sich der Sprache nur zur Befriedigung des konkreten Bedürfnisses bedient und im allgemeinen überhaupt zu abstrahieren nicht vermag. Auch ist sie arm an Gefühlsausdrücken. Mit den höheren Künsten nicht vertraut, kann der Zigeuner natürlich keine eigenen Ausdrücke für Malen, Maler, Pinsel, Bild u. dgl. haben.«[98]

Das ist bei einer mündlich tradierten, von den Sprachforschern nur fragmentarisch zusammengetragenen Sprache, von der zu diesem Zeitpunkt keine schriftlich verfassten literarischen Texte bekannt sind, ein erwartbares Ergebnis.

Am Ende richtet sich der Blick auf das Romanes nicht mehr hinauf zu einem Abkömmling des bewunderten Sanskrits, sondern hinab zu einer niedrigen und durch die Aufnahme anderer Sprachen verdorbenen Volksmundart. Es wird mit der gleichen Geringschätzung betrachtet wie das Jiddische,[99] das vor 1800 ebenso als Gaunersprache galt. Im Unterschied zum Jiddischen aber zu fremdartig und unbekannt, findet das Romanes, mit wenigen Ausnahmen, keinen Eingang in die Literatur, um Figuren durch seinen Gebrauch negativ zu charakterisieren.

August Friedrich Pott, dessen wissenschaftliche Reputation durch sein Buch über die Zigeunersprache erheblich gestiegen war, beschleicht am Ende ein Unbehagen, als er sich der Sprachvariante der spanischen Zigeuner zuwendet:

»mir gebrach es an Zeit, und, ehrlich gestanden, auch an Lust, mich länger mit diesem wunderlichen und im Grunde doch zu intereselosen Jargon der Gitanos zu befassen, zumal sich etymologisch so wenig Erspriessliches damit anfangen lässt«.[100]

Demgegenüber fallen vereinzelte Stimmen, die im 19. Jahrhundert Bedenken gegen die Abwertung geltend machen und das Romanes für eine »nach Klange und Baue sehr schöne Sprache […] eine freilich sehr gemischte, doch auch viele Wörter rein erhaltende Sanskrittochter« und nicht für »eine Mischsprache der Outcasts und Parias«[101] halten, kaum ins Gewicht.

Anthropologische Hierarchien:
Zigeuner und der europäische ›Kulturmensch‹

Wird den Romgruppen in den Ländern Europas vor dem Hintergrund
anthropologischen Wissens der Aufklärung eine Integrations- oder, wie
es in der Sprache der Zeit heißt, Zivilisierungsperspektive eröffnet?
Genauer: Betreffen die Maßnahmen, »welche die Barbary ausrotten,
und ein rohes, wildes, ungesittetes Wesen unter den Völkern vertreiben«[102] sollen, um die »*Macht und Glückseeligkeit der Staaten*«[103] zu erreichen, auch sie? Zumindest stößt die Idee einer von oben nach Nützlichkeitsüberlegungen organisierten, überwachten und kontrollierten
Gesellschaft die Auseinandersetzung mit der erfolglosen Ausgrenzungs-
und Vertreibungspolitik der Vergangenheit an. Zu einer Veränderung
der gesellschaftlichen Stellung der Zigeuner und einer Verbesserung
ihrer Lage führen weder die modernen Humanwissenschaften noch die
politischen Umstürze der Zeit wie die Französische Revolution, auch
wenn sich zum ersten Mal eine Chance abzeichnet. Es ist nicht so, dass
die Erkenntnisse der Anthropologie und der Sprachwissenschaft ohne
Echo bleiben. Doch sobald sie in die Richtung konkreter sozialer Praxis
und einer Verbesserung der Rechte gedeutet werden könnten, nutzt
man sie stattdessen für eine erneute Ausgrenzung. Anthropologisches
Wissen verschärft die Frage nach der nationalen und kulturellen Identität. Die hiervon als wesenhaft bestimmten Eigenschaften und Werte der
auf höchster Zivilisationsstufe angesiedelten Europäer werden als unvereinbar mit jenen der Zigeuner betrachtet. Obwohl beide völkergenealo-
gisch und sprachlich eine ferne Vorgeschichte verbindet, trennt sie die
gegenwärtige jeweilige Lebensweise wie seit vielen Jahrhunderten.
Wenn aber die Natur, die auch die menschliche Gattung eint, begrenzt
und unveränderlich, die Zivilisation hingegen dynamisch und unbe-
grenzt ist, dann lässt sich ein Ort für die Zigeuner finden: als Natur-
wesen inmitten der Zivilisation, aber dennoch von ihr ausgeschlossen.
Diese Ausschließung ist fundamental und unbestimmt zugleich: fundamental, weil sie die Grenze entlang der Unterscheidung von Natur
und Kultur zieht; unbestimmt, weil sie ein breites Spektrum der Zuschreibungen erlaubt: von den Gesetzesbrechern aus Infamie bis zu den
›guten Wilden‹. Ihre Nähe ist nun, im Unterschied zur vorangegangenen Phase, unter Wahrung eines gesetzlich geregelten Sicherheitsab-
stands im Lebensalltag erforderlich, um in ihnen das Gegenbild zum
Eigenen zu erkennen. Der europäische »Kulturmensch« ist all das, was

die Zigeuner nicht sind. An ihrem Zustand sieht er, wie weit er es gebracht hat.

Drei unterschiedliche Begründungslinien sind für diese Haltung erkennbar. *Erstens* schließe das Fehlen einer Schriftkultur die Zigeuner von den entscheidenden Kommunikationsprozessen aus und versperre den Zugang zu höheren Stufen kulturellen Fortschritts. An der Epochenschwelle zur Moderne erscheint ein Verharren im Stadium der Mündlichkeit dramatisch als Beginn eines selbst verschuldeten Nieder- und Untergangs. Nicht ohne Pathos und voller Selbstgewissheit schreibt Jacob Grimm: »Ohne sprache, dichtkunst und die zur rechten zeit sich eingestellten erfindungen der schrift und des bücherdrucks würde die beste kraft der menschheit sich verzehrt haben und ermattet sein.«[104] Eng zusammen hängt damit die Vermutung, dass ihnen eine Religion fehle. Trotz Taufe oder Bekenntnis zum moslemischen Glauben im Osmanischen Reich blieben sie, so die Vorhaltungen seit dem 15. Jahrhundert, unempfindlich für das ›Wort‹ Gottes. Monotheistische Religionen, die ihre Autorität aus der Auslegung der Schrift gewinnen, sind misstrauisch gegenüber oralen Kulturen, die sie verdächtigen, schamanischen Götzendiensten oder schwarzen Praktiken verfallen zu sein. *Zweitens* fehle ihnen als nomadisierenden Horden oder Banden von sehr einfacher sozialer Organisation der Antrieb zur Nationen- oder Staatenbildung. Ohne ein eigenes Territorium, einen Siedlungsraum oder Eigentum, seien sie von jeder politisch-ökonomischen Weiterentwicklung ausgeschlossen. Im Unterschied zu den ebenfalls verstreut lebenden Juden verbände sie nichts mit ihrem Ursprungsterritorium, für das sie irrtümlich Ägypten hielten. *Drittens* habe ein mehrere hundert Jahre währender Aufenthalt inmitten der europäischen Länder, die man für die höchste Zivilisationsstufe hält, an ihrem kulturlosen Verhalten wie den barbarischen Essgewohnheiten, an denen immer wieder Anstoß genommen wird, nichts ändern können. Weder hätten sie in dieser Zeit ein Geschichtsbewusstsein entwickelt noch ein Interesse für die Pflege der Überlieferung gezeigt. Als unverbesserliche Primitive würden sie nur niedrige Formen des Glücks genießen können:

> »Jedes sanfte, sittsame Gefühl [...] muß ihnen fremd bleiben und jede Kraft der Seele bei ihnen verstimmt werden. Gleichwohl gibt es auch Zigeuner-Freuden. [...] Es giebt etwa einmal einen fetten Braten, eine am Feldfeuer gebratene, wohl gesikte und wohlbeträufte Kaze, einen Fuchs, eine aufgerafte Henne, einen im Frost ertappten Hasen, auch wohl ein Reh und der-

gleichen; nach einem glüklich ausgeführten Streich ein Sauf-Gelage, einen Tanz bey schallender Musik«.[105]

Wenn die Zigeuner im Naturzustand einer nomadisierenden Horde verharren, dann werden sie im Sinne von Thomas Hobbes zum Herd eines permanenten Bürgerkrieges gegen die sich formierende staatliche Ordnung. Wie Samuel von Pufendorf (1632-1694), einer der einflussreichen Ideengeber des aufgeklärten Absolutismus erklärt, entkommt der Mensch als ein der ›wilden Natur‹ verhaftetes Wesen diesem Zustand nur, wenn er sich zielbewusst an der Bildung einer ›guten Regierung‹ beteiligt, die ihm ihrerseits Rechtssicherheit bietet. Nur dann »entfalten sich Ackerbau, geistige Anlagen und sittliches Verhalten«.[106] Daraus erwächst die Pflicht eines jeden Erdenbürgers, »seine Fähigkeiten auszubilden, so daß sie zum Nutzen anderer gebraucht werden können«.[107] Die Zigeuner kommen aus der Sicht der Aufklärer dieser Bürgerpflicht nicht nach.

Ob von ihnen die Ausbildung und Entfaltung geistiger Anlagen und sittlichen Verhaltens überhaupt zu erwarten ist, möchten die Anthropologen im Hinblick auf angemessene bevölkerungspolitische Maßnahmen, wie sie in Österreich von Maria Theresia und Joseph II. ergriffen werden, erkunden. Andererseits wird im letzten Drittel des 18. Jahrhunderts unter dem Einfluss Jean-Jacques Rousseaus (1712-1778) debattiert, ob die ›wilden‹ Völker nicht glücklicher seien als der zivilisierte und ›policierte‹ Bürger.[108] Ein gewichtiger Einwand gegen die Zwangsanpassung erwächst aus der Befürchtung, eine ursprüngliche Kultur in dem Augenblick zu zerstören, in dem man sie als bewahrenswerte und lehrreiche frühere Stufe der Menschheitsentwicklung erkannt hat.[109] Der schon mehrfach erwähnte Johann Rüdiger, der als einer von wenigen die Rechtlosigkeit der Zigeuner als Ursache ihrer Verwilderung anprangert, schwankt zwischen dem Wunsch, »daß sie noch eine eigene Nation ausmachen, die in dem allen etwas eigenthümliches von uns verschiedenes hat«,[110] und der Forderung, »ihnen vollgültigen bürgerlichen Werth, und die natürliche Gleichheit mit uns andern Menschenkindern«[111] einzuräumen.

Heinrich Grellmann hingegen schürt in seinem sehr einflussreichen, von Christoph Martin Wieland (1733-1813) im hoch angesehenen *Teutschen Merkur* rezensierten und 1787 ins Englische (London), 1788 ins Französische (Metz) und 1791 ins Holländische (Dordrecht) übersetzten und vielfach plagiierten Buch *Historischer Versuch über die Zigeu-*

ner[112] die Zweifel an ihrer Zivilisierbarkeit. Der Göttinger Statistikprofessor, Mitglied des Lehrkörpers der damals angesehensten Universität Deutschlands, wagt sich im Vergleich zu dem originelleren und den historischen Ursachen nachforschenden Hallenser Kollegen Rüdiger nicht weit über den enzyklopädischen Wissensbestand des Zedler'schen *Universal-Lexikons* hinaus. In der geschickten Kombination von Überholtem und Zweifelhaftem mit den neueren Ergebnissen der Anthropologie und Sprachgeschichte liegt vermutlich der Erfolg seiner Abhandlung begründet. Zur Steigerung des Interesses trägt er anekdotisch eine Reihe von Abstrusitäten und Scheußlichkeiten über den Genuss von Aas, den Kinderraub und angebliche Fälle von Kannibalismus zusammen[113] und heizt die Phantasien der Leser über die »orientalische Denkart« der Zigeuner an:

> »Nichts übersteigt ferner die Zügellosigkeit wollüstiger Sitten, die unter diesem Volke herkömmlich ist. Und besonders trifft dieser Vorwurf das andere Geschlecht. Unbekannt mit irgend einer Empfindung von Schaam, geben sie sich jeder Begierde preis. Die Mutter sucht ihre Tochter, durch die schändlichsten Künste, schon in den frühesten Jahren ihrer Kindheit, zu einem Opfer der Wollust zu bilden; und kaum ist diese erwachsen, so wird sie wieder Verführerin anderer.«[114]

Als Menschen, die sich ohne regulierende Moralvorstellungen vollständig ihren Trieben überlassen und ihre Lebensenergien bar jeglicher Vernunft verausgaben, gehören sie, wie die onanierenden Jünglinge, über die in der gleichen Zeit ernsthafte medizinische und moralphilosophische Debatten geführt werden, zu den »Anormalen«.[115] Die Wollust wird, als nicht mehr von der Vernunft zu steuernde Begierde, auch in der Literatur des 18. Jahrhunderts als Ursache eines verbrecherischen, die sozialen Beziehungen zerstörenden Lebens dargestellt. Dass hiernach die Zigeunerfrauen, denen nach dem bürgerlichen Familienideal die Aufgabe zufällt, Moral und Ehrbarkeit zu hüten, das Gegenteil betreiben, setzt sie allgemeiner Verachtung aus. Ihr Verhalten, für das sie, so eine tief verwurzelte Vorstellung, mit frühzeitigem Altern und hexenhafter Hässlichkeit bestraft werden, stellt aus Grellmanns Sicht eines der unaufholbaren zivilisatorischen Defizite dar. Zigeuner seien nichts weniger als sittliche »Ungeheuer«,[116] rohe Menschen, die jede Arbeit scheuen, »wenn sie mühsam ist, und viele Anstrengung erfodert«,[117] und als Orientalen jeder Neuerung und Veränderung gegenüber resistent seien.[118]

Da die Einbeziehung bisher ›schädlicher‹ Menschen in die Produk-

tion als wichtige Ressource des Fortschritts gilt, gehen auch volkswirt-
schaftliche Nützlichkeitserwägungen in Grellmanns *Versuch* ein.[119] Trotz
ihrer robusten Gesundheit, Wetterunempfindlichkeit und manuellen Geschicklichkeit überwiege der Schaden den Nutzen, wenn man sie in die
Gesellschaft integriere.[120] Grellmann folgt weitgehend der dritten weiter
oben vorgestellten Argumentationslinie, verbunden mit einer allgemeinen, das Individuum vernachlässigenden Völkertypologie und ergänzt
durch ein noch der Frühaufklärung verhaftetes Menschenbild unmün-
diger, zur Pflichterfüllung zu zwingender Unterschichten, deren Befreiung gefährliche Risiken birgt. Diese Argumentation bestimmt das Gesamtbild, das er von den Zigeunern zeichnet:

> »Wenn man sich Menschen mit kindischer Denkungsart, mit einer Seele voll
> roher, ungebildeter Begriffe, denkt; Menschen, die mehr von Sinnlichkeit,
> als Vernunft, geleitet werden, und von Verstand und Nachdenken nur in
> sofern Gebrauch machen, als sie Mittel erfinden, um den Reiz einer Neigung
> zu befriedigen: so hat man, wie ich glaube, einen wahren Grundriß von dem
> Charakter der Zigeuner.«[121]

Anders aber als die ihnen nicht unähnlichen Menschen, die unterhalb
bürgerlicher oder bäuerlicher Verhältnisse leben, haben die Zigeuner
aus der Sicht Grellmanns durch ihr indisches Pariaerbe ein parasitäres
Verhalten nach Europa gebracht, das dem zivilisatorischen Fortschritt
fremd ist. Damit gelangt er über den Umweg aufgeklärten Wissens wieder zu den frühneuzeitlichen Verfolgungskonzepten zurück.

Im Vergleich mit der beginnenden jüdischen Emanzipation und Assimilation stößt Grellmann bei den Zigeunern auf einen gravierenden
Unterschied. Jüdisches Leben wird von einer bis tief in die Menschheitsgeschichte zurückreichenden Religion bestimmt, die auf schriftli-
cher Tradierung und gelehrter Auslegung beruht. Unter den Zigeunern
konnten bis zum Zeitpunkt, an dem der Göttinger Statistiker die Forschung zusammentrug, keine glaubwürdigen Anzeichen für eine eigene
Religion entdeckt werden. Vor dem Hintergrund der indischen Herkunft nimmt der Kantschüler Kraus einen neuen Anlauf in die vage
Richtung des Buddhismus bzw. nichtchristlichen Glaubens. Über seinen Mittelsmann möchte er z. B. in Erfahrung bringen, ob die Zigeuner
»vom Dalai Lama wissen«[122] und ob sie »nicht unter sich irgendwelche
heilige Tage und manche abergläubische Religionsgebräuche«[123] haben.
Und auch eine mögliche heimliche Komplizenschaft mit den Juden wird
durch die Frage, ob sie gegen diese »mehr Vertraulichkeit [zeigen] als
wir«,[124] in Erwägung gezogen. Die Antworten fördern nur zutage, dass

sie christlich getauft seien und dann und wann zum Gottesdienst erschienen. Damit scheint erwiesen, dass den Zigeunern jegliche Geisteskultur, auch eine elementare religiöse, fremd ist. »Darum«, so Grellmanns Schlussfolgerung, »entstund unter diesem Volke noch nie ein Gelehrter, und wird nie entstehen, so lange ihre jetzige Denkungsart währet«.[125]

Das ist keine Randbemerkung, sondern ein Ausfluss der Bemühungen der neuen Humanwissenschaften von der Anthropologie bis zur Philologie, die Völker der Gegenwart und der Vergangenheit nach der von ihnen erreichten Kulturhöhe zu hierarchisieren. Friedrich August Wolf wendet sich in seiner *Darstellung der Altertumswissenschaft* (1807) gegen Schlegels Aufwertung Indiens und des Orients zu Ungunsten der Antike. Mit Hilfe eines Stufenmodells, in dem bestimmte Formen der Schriftlichkeit – und nicht allein der Besitz und Gebrauch einer Schrift – ausschlaggebend sind, schließt er den Orient als Gegenstand der Altertumswissenschaften aus. Es sei nicht gerechtfertigt,

> »Aegyptier, Hebräer, Perser und andere Nationen des Orients auf Einer Linie mit den Griechen und Römern aufzustellen. Eine der wichtigsten Verschiedenheiten unter jenen und diesen Nationen ist die, daß die erstern gar nicht oder nur wenige Stufen sich über die Art von Bildung erhoben, welche man bürgerliche Policirung oder Civilisation, im Gegensatze höherer eigentlicher Geistescultur, nennen sollte«.[126]

Die Geisteskultur offenbare sich nicht darin, dass eine Elite die Schrift zu ihren Zwecken gebrauche, »sondern jeder aus der Nation, welcher bessern Einsichten vertrauet«,[127] sie anzuwenden in der Lage sei. Aus diesem Grund sind

> »Asiaten und Afrikaner […] als litterarisch nicht cultivirte, nur civilisirte Völker, unbedenklich von unsern Grenzen ausgeschlossen; so auch die später bedeutend gewordenen Araber, wiewohl sie mit Hülfe der Griechen, wie vorher die Römer, einen gewissen Grad gelehrter Bildung erreichten«.[128]

Ohne Schrift und Teilhabe an der Zivilisationsgeschichte ihres Herkunftslandes Indien scheint die Aussicht gering, die Zigeuner auch nur auf die untere Stufe der ›Asiaten und Afrikaner‹ zu führen, geschweige denn sie zu Europäern zu bilden. Ein strikter Gegner ihrer Assimilation hält es konsequenterweise für eine

> »Schande für unsre bessere Erziehung und höhere Aufklärung, daß wir noch immer den groben Kunstgriffen eines barbarischen Volks, der Auswürflinge von Hindostan zinsbar sind, die nicht einmal die gemeinste Buchstabenschrift

kennen, und nicht die ersten Begriffe wahrer Weisheit besitzen, aber doch in den Sternen und den innersten Falten des Herzens sollen lesen können«.[129]

Die pragmatischen Befürworter argumentieren nicht geschichtsphilosophisch und zivilisationstheoretisch, sondern volkserzieherisch. Ein württembergischer Verwaltungsbeamter weist in seinem bemerkenswert gut informierten *Abriß des Jauner und Bettelwesens* (1793) auf konkrete Erfahrungen mit Kindern von Zigeunern »im Ludwigsburger Waisenhause [hin], wo mehrere von ihnen schon erzogen wurden«.[130] Diese Kinder besäßen »viel Anlage [...] zum Schönschreiben und Zeichnen«, hätten »eine zierliche Handschrift« und »lernten doch ohne viel Mühe gut schreiben«.[131] Mit den Vorbehalten vertraut, versäumt er es auch nicht, zu erwähnen, dass ein Zigeuner als Aufseher beim Festungsbau beschäftigt worden sei, »weil er gut lesen und schreiben konnte«.[132] Der Verfasser zählt zu den pragmatischen Reformern, die durch zwangsweise durchgeführte Erziehungsmaßnahmen die Kinder der Zigeuner, deren man habhaft geworden ist, aus dem Kreislauf von Unbildung, Armut und Kriminalität zu befreien hoffen. Für mehr als elementare Kenntnisse, für »Gegenstände des reinen Verstandes«,[133] bringen sie auch nach seiner Auffassung keine Anlage mit.

Einer der wenigen Gelehrten, die sich der Konsequenzen bewusst sind, mit denen in einer literalen Gesellschaft Gemeinschaften zu rechnen haben, wenn sie in der Oralität verharren, ist Johann E. Biester, der 1793 in der *Berlinischen Monatsschrift*, dem Organ der preußischen Aufklärer, schreibt:

> »Der Jude hat einen Sinn mehr: er kann lesen, meist auch schreiben; er lernt es in der zarten Kindheit, und dazu angehalten von seinen Eltern oder Verwandten. Ganz etwas anders ist es, wenn einmal ein Zigeunerkind, ohne oder gar wider Willen seiner Familie, von Fremden, welche er als Feinde seiner Eltern und Verwandten ansehen muß, unterrichtet wird: wie bisweilen in Ungarn geschehen ist. Dieser einzige Umstand macht alles klar. Ein des Lesens und Schreibens unkundiger Mensch kann unmöglich in Europa emporkommen.«[134]

Im Gegenteil wird er, und das hat sich bis heute nicht geändert, immer weiter sozial herabsinken. Im Ausgang des 18. Jahrhunderts ist Schriftlichkeit die entscheidende Zivilisationsschwelle. Wer sie als »Volk« nicht überschreitet, wird auf die anthropologischen Gründe hin befragt. Für Individuen genügen einfachere Erklärungen wie ungünstige Lebensumstände.

Dass der Mensch gemäß seiner Gattungsbestimmung wirkt, d. h. sich und seiner Umgebung eine der Vernunft folgende Ordnung gibt, gehört zu den Selbstgewissheiten der Philosophie, Wissenschaft und Kunst der Aufklärung und des deutschen Idealismus. Wilhelm von Humboldt hat diese Idee prägnant zusammengefasst: »Wo aber der Mensch auftritt, wirkt er menschlich, verbindet sich gesellig, macht Einrichtungen, giebt sich Gesetze«.[135] Gilt aber auch der Umkehrschluss? Sind jene, die keine Einrichtungen schaffen und als Gesetzesbrecher leben, keine Menschen? Die Zigeuner werden daraufhin ins Visier genommen. Die Gegner einer Assimilation sind ohne Einschränkungen dieser Überzeugung und führen zum Beweis Beispiele unmenschlichen Verhaltens an. Die Grundlagen ihrer Gemeinschaft seien Grausamkeit und Heimtücke. »[D]er zerstreute Zigeuner-Staat ruht auf dieser Grundveste so gut, als die Seeräuber-Staaten auf der afrikanischen Küste«.[136] Gegen elementare Werte sozialen Zusammenlebens würde auf gewissenlose Weise verstoßen. »Schon Knaben werden zu viehischer Grausamkeit gewöhnt, angefrischt, und durch Lob aufgemuntert, wenn sie es nach Zigeunerart brav machen.«[137] Die göttlichen Zehn Gebote missachtend, würden die Alten, sobald sie zu schwach seien, »der Horde zu folgen, auch wohl lebendig begraben«.[138] Diese Anschuldigungen würden ja schon dann Empörung auslösen, wenn sie das Verhalten Einzelner beträfen. Als Charakterisierung eines Volkes, für das Tabubrüche wie Kindesraub, Kannibalismus, die Tötung der nutzlos gewordenen Eltern und die Prostituierung der Töchter durch ihre eigenen Mütter die Regel sein sollen, zielen sie auf eine bis ins kollektive Unbewusste hinabreichende Feindschaft gegenüber einer Minderheit.

Johann Gottfried Herder, für den »Menschheit nur das ist, was insgesamt auf der Menschen-Erde lebt«[139], läge eine solche Feinderklärung gegenüber einem kleinen »Brudergeschlecht«[140] fern. Und doch relativiert auch er die anthropologisch-theologische Grundannahme, dass eine gemeinsame Gattungsbestimmung die Menschheit verbinde, erheblich, wenn er einschränkt, dass der Mensch »lediglich die Disposition zur Humanität«[141] mitbrächte. Die unterschiedlichen Kulturstufen trennten im Verlauf der historischen Entwicklung wieder, was ursprünglich eine Einheit gebildet habe, und führten zu einer Hierarchie der Völker. Bei den Zigeunern scheint für Herder selbst die Grundannahme in Frage zu stehen, wenn er sie als »eine verworfne Indische Kaste« bezeichnet, »die von allem, was sich göttlich, anständig und bürgerlich nennet, ihrer Geburt nach entfernt ist und dieser erniedrigenden Bestimmung noch nach Jahrhunderten treu bleibt«.[142] Herders polemische Entgleisung zeugt davon, wie tief die Verachtung reicht. Vergessen ist die Idee der Brüderlichkeit, wenn Herder erwägt, wozu die Zigeuner in der Gegenwart nützlich seien und wie sie unschädlich gemacht werden können. Wie schon die frühneuzeitlichen Landesherren empfiehlt er die militärische Zucht,

> »die doch alles aufs schnellste discipliniret? (a: welch ein schönes und wohlfeiles stehendes Heer könnten diese tapfern Waldbewohner den Mächten Europas, insonderheit alldann geben, wenn man diese tapfern Krieger in fremde Welttheile verhandelt.)«[143]

Dass er ausgerechnet den von den Aufklärern bekämpften Soldatenhandel vorschlägt, verdeutlicht, dass die ›verworfenen‹, zu einem bürgerlichen Leben unfähigen Menschen aus seiner Sicht keinen Anspruch auf Freiheit und Menschenwürde geltend machen können.

Andererseits erlegt das aufklärerische Erziehungsideal den ›Wissenden‹ die moralische Verpflichtung gegenüber Angehörigen einer niedrigeren Zivilisationsstufe auf, für eine Verbesserung ihrer Lage Sorge zu tragen. Zigeuner werden von liberalen Gelehrten und Staats- und Sozialtheoretikern wie Rüdiger und Christian Wilhelm von Dohm (1751-1820), der ihnen in seiner Schrift zur Emanzipation der Juden von 1781 einen kurzen Abschnitt einräumt, nicht ausgenommen. Die von ihnen erwünschten Lebensläufe müssten unter dieser Voraussetzung, wenn noch nicht als Bildungsromane, so doch als Erziehungsgeschichten zu schreiben sein. Solche Geschichten, die den Weg hinaus aus der Wildnis und hinein in ein erfolgreiches, anerkanntes bürgerliches Leben vorzeichnen, suchen wir vergebens. Die Literatur nach 1800 bevorzugt scheiternde, zur Sesshaftigkeit unfähige, verantwortungslose Wesen, die sich aus dem Jahrhunderte während kulturlosen Zustand nicht lösen wollen und ihre wohlmeinenden Erzieher enttäuschen. So verwundert es nicht, dass Dohm von einem sehr langfristigen Integrationsprozess ausgeht:

> »Die Zigeuner sind unstreitig eine sehr verwilderte Nation. […] Die Erfahrung lehrt, daß es äußerst schwer sey, sie an diesen festen Aufenthalt und bleibende Beschäftigungen zu gewöhnen, und daß sie dem bequemen und ruhigeren Leben das unsichere und beschwerliche Umherziehen vorziehen. […] Sollten aber auch erst die Nachkommen der itzigen Zigeuner nach mehr als einem Jahrhundert glücklichere Menschen und gute Bürger werden; so wird doch dieses unstreitig die Regierung nicht abhalten, ihre weisen Bemühungen fortzusetzen.«[144]

Damit befindet er sich in einer Minderheitenposition. Die Mehrzahl derjenigen, die sich zu Wort melden, hält es für »wirklich nicht wahrscheinlich, daß diese verderbliche Menschenklasse sich durch sich selbst jemals bessern sollte«.[145] Es befremdet im bürgerlichen Zeitalter des Strebens nach Selbstbestimmung und Autonomie, dass sie selbst bei längerer Sesshaftigkeit nicht an der Verbesserung ihrer Lage mitwirken. Ihre Gleichgültigkeit gilt als Anzeichen dafür, dass sie als Volk die für ein zivilisiertes Leben erforderlichen Eigenschaften nicht besitzen:

> »So erscheinen die seßhaften Zigeuner Nassaus als von der Kultur mit äußerem Schliff versehene und dressierte Menschen, halbwild, ohne Herzensbildung, ja selbst ohne das Maß von Feingefühl, welches sonst in Nassau fast jeder Bauernknecht sein eigen nennen kann.«[146]

Hessen-Nassau gehört neben Preußen, Württemberg und Österreich zu den wenigen Ländern, die in unterschiedlichen Dimensionen eine Zwangsassimilation der Zigeuner betreiben. Die Bevölkerungspolitik Maria Theresias und Josephs II. setzt den neuesten Wissensstand voraus, um erfolgversprechend sozialdisziplinierend und erzieherisch handeln zu können. Ansiedlung und Verpflichtung zu Arbeiten niedrigster Art zielen auf Kontrolle und Verbrechensprävention. Ökonomische Nützlichkeitsüberlegungen bestimmen – wie bei der im gleichen Zeitraum verfügten Aufhebung der Leibeigenschaft und dem Toleranzgesetz für Juden – die Zigeunerverordnungen. Der einen Gruppe, den ehemaligen Leibeigenen, wird nun gestattet, was den Zigeunern untersagt wird: der Ortswechsel nach wirtschaftlichen Erfordernissen. 1761 bestimmt Maria Theresia nach spanischem Vorbild, dass der Name »Zigeuner« durch die Bezeichnung »Neubauern« oder »Neu-Ungarn« – »Uj Magyarok« – ersetzt wird und dass diese »an feste Wohnplätze gewöhnt werden«.[147] Sechs Jahre später werden diese Maßregeln verschärft. Die Kinder sollen den Familien weggenommen und »christlichen Bürgern und Landleuten«[148] zur Erziehung übergeben werden. Ehen zwischen Zigeunern sollen in der Regel verboten, die körperlich tauglichen Jungen über sechzehn Jahren zum Militär eingezogen und die zwischen zwölf und sechzehn »zur Erlernung eines Handwerkes«[149] gezwungen werden. An die Stelle der in den anderen deutschen Ländern noch üblichen Stigmatisierungen, Leibesstrafen und Landesverweisungen tritt unter Maria Theresia der Versuch, die Zigeuner als ethnische Gruppe mit Gewalt zu assimilieren und ihren Fortbestand zu verhindern. Joseph II. erweitert und intensiviert 1783, im selben Jahr wie Karl III. in Spanien, das weitgehend wirkungslos gebliebene bevölkerungspolitische Projekt. Gezielter reagiert er auf das, was als Eigentümlich-

keit der Zigeuner gilt. Den Unterdrückungs- werden Förderungsmaß-
nahmen zur Seite gestellt. Ein Bündel von Anweisungen ist darauf
gerichtet, ihnen die Religion nahezubringen. Die Teilnahme am Reli-
gionsunterricht wird für alle verpflichtend, die Religionsausübung, insbesondere die Teilnahme an den Sonntagsgottesdiensten, soll überwacht
werden. Gehorsam gegenüber den Seelsorgern in Fragen der Lebensführung wird erwartet. Wie für die unteren Schichten soll die christliche
Religion den geistigen und moralischen Rahmen der Lebensgestaltung
abstecken. Hinzu kommt die Elementarbildung der Kinder. Unsittliche
Verhaltensweisen werden schon in den Niederungen des Alltags, bei
den kleinen Nachlässigkeiten und Gleichgültigkeiten der Armen, aufge-
spürt. So vergisst das Regulativ nicht, den Kindern zu untersagen, draußen nackt umherzulaufen und »ohne Unterschied des Geschlechts bei
einander [zu] schlafen«.[150] Lückenlos wird die Liste der Gewohnheiten und Beschäftigungsarten der Zigeuner abgearbeitet. Der Ekel der
christlichen Nachbarn darf nicht mehr durch den Verzehr »gefallener
Thiere«[151] erregt werden: Nichtchristliche Speisevorschriften und -tabus
sind ein häufiger Angriffspunkt gegenüber Minderheiten. Streng verboten wird der Wechsel des Taufnamens. Der in der gruppeninternen
Kommunikation gebrauchte Name in Romanes gilt als tarnendes Gau-
nerpseudonym. Weder dürfen sie hausieren oder Jahrmärkte aufsuchen
noch sich in Zelten in den Wäldern ansiedeln. Nur für »regulierte«, d. h.
sesshafte Zigeuner sind Ausnahmen möglich. Auch der Pferdehandel
wird verboten. Damit sollen die bisherigen Erwerbsquellen verschüttet
und der Druck so weit erhöht werden, dass sie den erwünschten Tätigkeiten nachgehen.

Widerstand kommt nicht nur von den Romgruppen. Vor allem in
der Bukowina führt die Aufhebung der ›Zigeunersklaverei‹ 1781/82, die
in Moldawien und der Walachei weiterbesteht, zu langjährigen Auseinandersetzungen zwischen dem aufgeklärten Wiener Hof und den lokalen Grundherren.[152] Zu denen, die sich letztlich mit Erfolg gegen
die Aufhebung der Leibeigenschaft zur Wehr setzen, gehören auch der
Bischof und die Klöster. Nach der revidierten Verordnung von 1784
bleiben sie förmliches Eigentum der Grundherren, nur dass »lediglich
das Tauschen und Verkaufen mit diesen Leuten nicht mehr zuzulassen
und die Benennung ›Zigeuner‹ aufzuhören habe«.[153] Das Zurückwei-
chen stößt auf Kritik des österreichischen Generalkommandeurs, während das Kreisamt paternalistisch argumentiert: »Den Zigeunern falle
die Sklaverei durchaus nicht schwer. Im Gegenteil, die Befreiten emp-

fänden ihren neuen Zustand vielfach als Verschlechterung ihrer Lage.«[154] Die umherziehenden Gruppen, die bis dahin die Erlaubnis hatten, »ihr Vieh 3 Tage auf jedem Gute [zu] weiden, sich im Winter im nächstbesten Walde nieder[zu]lassen«,[155] wehren sich gegen die Verordnung zur Sesshaftwerdung noch 1802 durch ihre »Bolubaschen«,[156] die selbst gewählten und vom Staat akkreditierten Zigeunerrichter. Sie bleiben erfolglos.

Das josephinische Regulativ geht von großen nationalen, kulturellen und sprachlichen Unterschieden in seinen Geltungsbereichen von Böhmen über Österreich und Ungarn bis zur Bukowina und Galizien aus. Die Zigeuner sollen deshalb nicht eine bestimmte Sprache, die deutsche, annehmen, sondern die jeweilige »Kleidung und Sprache der Bewohner, in deren Orten sie seßhaft sind«.[157] Das kann Tschechisch, Slowakisch, Ungarisch, Kroatisch oder Polnisch sein. Deren kulturelle Vielfalt bleibt unangetastet. Der Kleidung und Sprache der Zigeuner wird daneben keine Existenzberechtigung eingeräumt. Das Regulativ vollzieht faktisch die Nichtanerkennung der Zigeuner als ein eigenständiges Volk. Damit reicht es weiter als die Wissenschaft, die ihnen einen Platz auf den unteren Stufen der Menschheitsentwicklung einräumt. Am entschiedensten geht Joseph II. gegen den Gebrauch der ›Zigeunersprache‹ vor. Mit vierundzwanzig Stockstreichen muss rechnen, wer sie noch spricht.[158]

Die Tätigkeit, zu der sie gezwungen werden sollen, der Landbau, stellt das Gegenteil ihrer bisherigen Lebensweise dar: Eine Abhandlung von 1793 nennt für die schwäbischen Zigeuner die »Verfertigung von Kochlöffeln, Tabaksköpfen, Pulverhörnern, hölzernen Schuhnägeln, Bohrern, Körben u. handeln mit Glas, mit Wurzeln und Kräutern«[159] und außerdem Musizieren, Wanderschauspiel und Schattenspiel. Ohne Rücksicht auf die mögliche Eignung – an ihrem Fehlen scheitert das josephinische Projekt auf Dauer, ebenso wie an dem Widerstand gegen die Zerstörung der Familien und Sippen – wird vom volkswirtschaftlichen Nutzen und der erzieherischen Wirkung der Landarbeit ausgegangen. Anders als bei dem gleichzeitig in Kraft tretenden Toleranzpatent für Juden, das die Entwicklung des Wirtschaftsbürgertums befördern soll, wird die Assimilation der Zigeuner auf einem sehr niedrigen sozialen Niveau festgeschrieben.[160]

Wie kann es sein, dass die unheimlichen Fremden, die gefährlichen Beherrscher des Feuers, die grausamen Räuber, die man gewaltsam auf Abstand gehalten hat, nun in unmittelbarer Nähe leben dürfen? Als Objekt der Erziehung und Zivilisierung, als endlich eingefangene wilde

Tiere werden sie wahrgenommen, deren Erscheinung man zu einem Bild des Abscheulichen, Ekelhaften und Bedrohlichen verdichtet hatte, nun als Unterlegene, als unmündige Kinder, deren Willen man zu brechen hat, um sie auf den rechten Weg zu führen.[161] Eine Bedingung dafür, einen Ort in der Gesellschaft zugewiesen zu bekommen, ist die völlige Aufgabe der bisherigen Identität, der eigenen Sprache und des eigenen Namens. Eine weitere besteht darin, dass der zugewiesene Platz angenommen und die Kontrolle darüber hingenommen wird.[162] Die Assimilation, wie sie in aufklärerischer Absicht von Joseph II. betrieben und von einem Teil der Wissenschaftler empfohlen wurde, erweist sich als ein Versuch, individuelle Integration um den Preis ethnischer Auslöschung zu erreichen.

Obwohl von der Anthropologie der Aufklärung entdämonisiert und von einer verbrecherischen Bande zu einem Volk mit eigener Sprache aufgewertet, glauben die Wissenschaften und die ihren Ratschlägen folgenden Staatsverwaltungen in den Zigeunern weiterhin all das zu erkennen, was sie als Mitglieder einer Gesellschaft auf der obersten Sprosse der Kulturentwicklung nicht mehr sind. Der Abstand zu ihnen wird zur Maßeinheit des eigenen Zivilisationsgrades. Im günstigsten Fall gesteht man ihnen die Ursprünglichkeit und Natürlichkeit von ›Wilden‹ inmitten Europas zu. Das zu denken und in der Literatur und Kunst auszugestalten wird nun möglich. Für die Mehrheit bestätigt die Klassifikation der Völker eine unveränderte Rangordnung. Zum verachteten Volk am unteren Ende der Skala sucht man weiterhin die größtmögliche Distanz. Aus der Selbstgewissheit heraus, der höchsten Zivilisationsstufe anzugehören, wird die Identität eines anderen Volkes bestimmt: Man erklärt es für kulturlos und entwicklungsunfähig und zwingt es gewaltsam in Erziehungsprogramme.

Die Erkenntnisse aufgeklärter, rationaler Wissenschaft führen im Falle der Zigeuner nicht dazu, dass die kollektiven Gefühlsstrukturen der Angst und Faszination, des Abscheus und der Verachtung eine Veränderung erfahren. Nicht einmal auf die Verdammungsrhetorik der frühneuzeitlichen Rechts- und Strafordnungen wird verzichtet. Grellmann bedient sich ihrer in dem seinerzeit wirkmächtigsten Buch über Zigeuner ausgiebig, ebenso wie er den abstrusen Kannibalismusvorwurf wieder ins Spiel bringt. Auch wenn die Vorstellungen und Legenden durch Beobachtungen und Erkundungen vom Aberglauben gereinigt werden, ändern sich Einstellungen und Emotionen nicht.

Im letzten Drittel des 18. Jahrhunderts weichen Fremdheit und Unvertrautheit einem wachsenden Wissen über Herkunft, Gebräuche, Sitten und die Sprache der Zigeuner, die nun jeder erlernen kann, der dafür Interesse aufbringt. Dieses von Ungenauigkeiten und Unzuverlässigkeiten befreite Wissen vergrößert jedoch den Abstand, anstatt ihn zu verringern. Es hebt das Anderssein hervor und sucht es auf fundamentale zivilisatorische Differenzen zurückzuführen. Man gestattet sich nun ungefragt den Zutritt zu ihrem Leben, verschließt aber den Zugang zur eigenen Gesellschaft. Zigeuner werden nicht als Teil der vielgestaltigen europäischen Kultur akzeptiert. Anders als bei den Juden führt eine erneute Enteuropäisierung zu einer weitgehenden sozialen Desintegration. Eine Integration findet auch dann nicht statt, als einzelne europäische Staaten im 19. Jahrhundert dazu übergehen, denen, die im Lande geboren sind, die Staatsbürgerschaft zu verleihen. Sie wird gewissermaßen ersetzt durch die kulturelle Bemächtigung, durch die die Zigeuner aus der Gesellschaft sozial ausgegrenzt, aber zugleich vermittels kultureller Repräsentationen von der Literatur über die Malerei bis zur Musik vereinnahmt werden.

Voraussetzung dafür ist die selbstgewisse Aneignung der Definitionshoheit, die niemals in Frage gestellt und selten gerechtfertigt wird. Die Kunstwerke der ›zweiten Enteuropäisierung‹ konstruieren Zigeuner als Individuen und Kollektive, die zwar Eigenschaften und typische Figurenmerkmale, aber keine Identität im Sinne bürgerlicher Ich-Vorstellungen aufweisen dürfen. Damit wird ihnen auch in Kunst und Literatur ein Subjektstatus verweigert. Ein Bildungsroman mit einem Zigeuner als Helden wäre undenkbar. Die Idee eines selbstbestimmten, für seine Handlungen verantwortlichen Individuums ist für die bürgerliche Gesellschaft, für Rechts- und Wirtschaftsverhältnisse, politische Teilhabe, für den Zugang zu Bildungsinstitutionen, für die Partnerwahl usw. konstituierend. Die jüdische Emanzipation bringt z.B. mit Moses Mendelssohn (1729-1786) ein solches Individuum hervor, das sich nicht mehr auf das Bild des Kollektivs, dem es angehört, reduzieren lässt und dessen Beitrag zum Geistesleben nicht leicht zu leugnen ist. Die außergewöhnlichen Zigeuner der Zeit, der »Grosse Galantho«, Hemperla und Hannikel, die ins Gedächtnis eingehen, liefern den Stoff für eine Erzählung ihrer zerstörerischen Zivilisationsfeindschaft, die in die entgegengesetzte Richtung weist. Dass ein Zigeuner auf nützliche Weise als selbstbestimmtes und verantwortungsbewusstes Individuum an der bürgerlichen Gesellschaft in irgendeinem Land Europas teilhaben könnte, gehört in der Wissenschaft und Literatur der Aufklärung zum Undenkbaren.

Die europäische Zivilisationsgeschichte zählt die Entdeckung der »Würde des Individuums« zu den herausragenden Errungenschaften von langer Dauer. Lucien Febvre (1878-1956), der große französische Historiker, beschreibt diesen Schritt zur Moderne als »Übergang von einem Individualismus hinter Gittern zu einem solchen, der sich unter freiem Himmel entfalten kann«.[163] Auch wenn die Zigeuner sich nach landläufiger Meinung meist unter freiem Himmel ›entfalten‹ und für ihre Freiheit und Ungebundenheit bisweilen bewundert werden, zeigt die Geschichte ihrer ›Erfindung‹, von den Chroniken bis zu den literarischen Kunstwerken des 18. Jahrhunderts, dass diese Errungenschaft, so grundlegend sie für das moderne Europa auch sein mag, zu ihrer Ausgrenzung entscheidend beiträgt.

II. Teil:
Das neunzehnte Jahrhundert

1. Himmelfahrten und Höllenstürze. Zigeunerromantik in Europa

Nationalmythos der Heimkehr: Achim von Arnims Isabella von Ägypten

[...] Es kommen die Vagabunde, / Zigeuner, Polacken und Lumpen-hunde, / Die Tagediebe, die Hottentotten – / Sie kommen einzeln und in Rotten, / Und wollen in den Himmel hinein / Und Engel werden und selig sein.«[1] Der Himmelspförtner Petrus lässt sich auf kein Risiko ein und reagiert harsch: »Ihr seyd dem leidigen Satan verfallen. / Fort, fort von hier! und trollt Euch schnelle / Zum schwarzen Pfuhle der ewigen Hölle«.[2]

In Heinrich Heines (1797-1856) *Himmelfahrt* (1853/54) müssen die verachteten Randgruppen und Völker zu seinem Leidwesen in die Nacht ewiger Verdammnis verschwinden. Nicht alle, denn Zigeuner bevölkern den Himmel der Künste und tanzen und singen auf den europäischen Theater- und Opernbühnen und in den Romanen und Gedichten seiner Zeit. Eine von ihnen, Achim von Arnims Isabella von Ägypten, fährt sogar als Heilige in die himmlischen Gefilde auf.

In ganz Europa profitieren die Schriftsteller von dem Wissen, das die Anthropologie der Aufklärung und die Vergleichende Sprachgeschichte zusammengetragen haben. An fünf herausragenden literarischen Werken soll dies nun gezeigt werden. Grellmanns Zigeunerbuch avanciert zu einem viel benutzten Nachschlagewerk. Auf seine Spuren kann man noch nach Jahrzehnten in literarischen Werken stoßen. Die Gelegenheit zu einer Normalisierung des Verhältnisses zu den Zigeunern ist günstig. Die zweifelhafte Herkunft ist geklärt, auch wenn das Ergebnis nicht den Anforderungen literaler Gesellschaften genügt. Die Sprache kann verstanden und erlernt werden, und erste empirische Beobachtungen der Sitten und Gebräuche erlauben einen Einblick in die besondere Lebensweise. Und in der Tat nimmt die literarische Gestaltung an Breite und Vielfalt zu. Nicht dass die schönen Zigeunerinnen, die Wahrsagerinnen und Kinderdiebe, die Zigeunerbanden und heidnischen Waldmenschen verschwinden würden. Ganz im Gegenteil, denn die Geschichten, die sich um sie ranken, sind tief im kollektiven Gedächtnis verwurzelt und können jederzeit abgerufen werden. Doch ihre Geheimnisse, die ein wenig gelüftet werden konnten, müssen nun erneuert werden. Nach ihrer Ankunft umgab sie lange ein dunkler Zwischenraum, der vom Licht aufgeklärten Wissens durchdrungen werden musste. Jetzt, zu Beginn des 19. Jahrhunderts, geht es um einen geheimnisvollen Raum ›dahinter‹, den die Zigeuner zu verbergen scheinen: eine unsichtbare Welt irgendwo draußen oder im Inneren ihrer ›schwarzen‹ Seelen, vielleicht aber auch das verlorene Paradies der modernen Industriegesellschaft, eine Insel selbstbestimmten Lebens. Durch das Wissen über sie sind die Zigeuner innerhalb von dreihundert Jahren bedenklich nahe herangerückt. Die kulturelle Erneuerung der Fremdheit soll die unheimlichen, verschlossenen Nachbarn wieder auf Abstand bringen. Dazu sind Himmelfahrten und Höllenstürze gleichermaßen geeignet. Der Wille zum Unverständnis bleibt ungebrochen, und wir werden sehen, warum.

In der Schwellensituation nach 1800 kristallisieren sich drei unterschiedliche gesellschaftspolitische Strategien im Umgang mit den Zigeunern heraus, die mit den literarisch-ästhetischen Darstellungsweisen eng verflochten sind, Strategien, die sich in der Praxis kreuzen oder ergänzen.

Die erste Strategie, die universalistische, zielt darauf ab, die Zigeuner (auf irgendeine Weise) in die allgemeine Entwicklung der Moderne zu einer Disziplinargesellschaft zu integrieren. Sie sieht in ihnen eine nützliche, bisher unausgeschöpfte Ressource, sofern sie von ihrem unproduktiven Wirtschaften abgebracht und dem schädlichen Kreislauf der Armut entzogen werden können. Dem Heranwachsen eines Homo oeconomicus inmitten eines Milieus der Verelendung, der seinen Lebensunterhalt nicht mehr parasitär durch Betteln und Verbrechen bestreitet, sondern an wirtschaftlichen Tauschprozessen teilnimmt, steht die unkontrollierbare nomadische Lebensweise entgegen. Der Erfolg hängt davon ab, sie in eine übersichtliche soziale Ordnung einzufügen und einer lückenlosen Kontrolle ihres Verhaltens und ihrer Gesinnungen zu unterwerfen: von der Kindererziehung über die Arbeit bis zur Alltagsgestaltung. Es sollen Bedingungen geschaffen werden, die den Normalverlauf eines durchschnittlichen Lebens gewährleisten. Zu ihnen zählt an erster Stelle neben der Beheimatung die Rechtsgleichheit. Vermeiden und verhindern möchte man ein in den Wäldern oder im Untergrund der großen Städte sich verbergendes ›Reich‹ der Ausgegrenzten, durch das die als gesund angesehene Gesellschaft ständig geschwächt und in ihrer Dynamik behindert wird.

Die zweite Strategie könnte man mit Blick auf die Assimilation der Juden im 19. Jahrhundert als Emanzipationsstrategie bezeichnen. An die Stelle des Zwangs gegenüber einem Kollektiv tritt die Entscheidung des Einzelnen, seinen Lebensentwurf selbst zu gestalten. Die Idee der Emanzipation muss darauf vertrauen, dass individuelle Leistungen unabhängig von der Herkunft in wachsendem Maße Anerkennung finden, so dass auch Mitgliedern bisher ausgegrenzter Gruppen wie der Juden oder der Romvölker im Zuge wirtschaftlicher Erfolge, durch den Erwerb hoher Bildungszertifikate, durch künstlerischen Ruhm oder ein Opfer für die Allgemeinheit wie den Tod für das Vaterland die Assimilation gelingen kann. Erzwungen wird eine Metamorphose, die sich unter den misstrauischen Augen derjenigen vollzieht, die sich die Deutungshoheit darüber verschafft haben, was das Eigene und das Fremde ist. Indem verlangt wird, sich die Aufnahme in die Mehrheitsgesellschaft durch besondere Leistungen verdienen zu müssen, bleibt die alte Verachtung stets gegenwärtig – und die Drohung, das Angebot zu widerrufen.

Die dritte Strategie, die kulturalistische, möchte das den Zigeunern Eigene auf eine Weise präsentieren, die es ermöglicht, ihre Lebensweise als elementare zivilisatorische Leistung anzuerkennen. Man misst diese Leistung jedoch nicht an den verfeinerten höfischen und bürgerlichen Elitekulturen, die im Rousseauismus eine abwertende Kritik erfahren hatten. Zum Maßstab werden die von Herder und dann den Gebrüdern Grimm ins Spiel gebrachten Volkskulturen mit ihren Merkmalen »›Ursprünglichkeit‹, ›kollektive Schöpferkraft‹ und ›Reinheit der Volksseele‹«.[3] Die Romvölker eignen sich dafür auch deshalb, weil sie keine eigene Schriftkultur entwickelt haben. Seit der Romantik hegt man die Hoffnung, auf wohl gehütete ungehobene Schätze kollektiver Schöpferkraft wie Epen, Lieder und Tänze, Märchen, Sagen, Legenden, Schwänke und Witze zu stoßen. Im Verlauf des 19. Jahrhunderts werden akademisch ausgebildete Ethnologen und dilettierende Zigeunerfreunde, die »Romani Rais«, immer wieder behaupten, in ganz Europa fündig geworden zu sein. Eigene organisierte Versuche der kulturellen Selbstdefinition bleiben aus oder werden nicht nach außen getragen, während überall in Europa Philologen, Historiker, Schriftsteller, Sammler und Archivare dem Vorbild der Grimms und der Romantiker wie Achim von Arnim und Clemens Brentano nacheifern, um durch die Wiederentdeckung und -erweckung der Volkskultur die jeweiligen Projekte nationaler Staatenbildung der Iren, Schotten, Basken, Finnen, Griechen, Walachen usw. voranzutreiben: eine Motivation, die den Zigeunern vollständig fehlt. Der Übergang von der Mündlichkeit zur Schriftlichkeit einer Anzahl europäischer Sprachen und ihrer Literaturen signalisiert mehr als ein kulturelles Erwachen. Darin äußert sich der Anspruch ›kleiner‹ Völker, denen die Selbstbestimmung bisher verweigert wurde, auf territoriale und nationale Souveränität. Wenn keine eigene Haupt- und Staatsgeschichte schriftlich fixiert wurde, dann erfinden die romantischen Nationalisten im Rückgriff auf eine unsichere mündliche Überlieferung heroische Vorgeschichten aus mythischer Zeit wie beispielsweise das finnische Kalevalaepos, sammeln und restaurieren Legenden über nationale Gründerväter und -mütter, deren Heldentaten, Opfer und Kämpfe mit den Göttern und Wesen der Vorzeit. Sie können, wie die keltischen oder germanischen Epenkreise, bis in die historische Zeit fortgeschrieben werden, um die Augenblicke der vermeintlichen religiösen Sendung des Volkes oder seine Bewährung in Zeiten der Bedrängnis auszugestalten. Die Romvölker beteiligen sich daran nicht.

In diese Lücke stößt Achim von Arnim *Isabella von Ägypten. Kaiser Karl des Fünften erste Jugendliebe*[4] (1812): eine Erzählung über die legendenhafte Begründerin eines imaginierten Reichs aller europäischen Zigeuner. Nach der Hinrichtung des Zigeunerherzogs Michael am Galgen, geht die Sendung, sämtliche Zigeunerstämme in das Land der Herkunft, nach Ägypten, zurückzuführen, auf seine Tochter Isabella über, die verborgen am Rande Gents lebt. Die einst über sie verhängte Strafe, ein ruheloses Wanderleben zu führen, sei abgebüßt. Vor dem Auszug der ›Ägyptier‹ müsse sie jedoch vom künftigen Herrscher Europas, Karl V., ein Kind empfangen, das ihre Herrschaft an den Ufern des Nil fortführen solle. Diese Konstellation folgt der kulturalistischen Strategie. Das der Zeit enthobene, ohne nationale Bestimmung dahintreibende Volk der Zigeuner belebt seine Kräfte durch die Begegnung mit einer Schlüsselfigur der großen europäischen Geschichte wieder. Isabella und Karl verlassen aus Liebe und Pflichtbewusstsein nur für die kurzen Momente körperlicher Vereinigung ihre Ursprungskulturen. Der zukünftige König und Kaiser kehrt aus kühler politischer Berechnung zurück, die zukünftige Herrscherin des ägyptischen Zigeunerreichs nimmt die Trennung als Opfer für die Vereinigung ihrer Nation auf sich.

Arnim ist durch Grellmanns Buch gut über die Zigeuner informiert, auch darüber, dass die Wissenschaft nicht mehr vom ägyptischen, sondern vom indischen Ursprung ausgeht. Zigeuner tauchen auch in seiner zusammen mit Clemens Brentano herausgegebenen Sammlung *Des Knaben Wunderhorn* (1806) auf. Wenig später veröffentlicht Arnims Freund Clemens Brentano eine Übersetzung des in Italien sehr beliebten Volksliedes *La Zingara*,[5] das von Straßenmusikanten gesungen, im szenischen Spiel vorgetragen und durch Flugblätter verbreitet wurde.[6] In diesem Marienlied wird die bekannte Legende über die von den Zigeunern verweigerte Hilfe für die Heilige Familie auf der Flucht nach Ägypten widerlegt. La Zingara stellt ihre armselige Hütte zur Verfügung und wahrsagt Maria die Zukunft ihres Sohnes. Damit wird sie als ernsthafte Prophetin und nicht als betrügerische Magierin behandelt. Unklar bleibt in diesem Dokument des Volksglaubens lediglich, ob sich Gott durch ihre Stimme offenbart. Arnim entscheidet sich, als er die Repatriierungslegende der Zigeuner in die Welt setzt, hingegen bewusst für die gläubige und abergläubische Welt der Volksüberlieferung und gegen die aufklärerische Sprach- und Geschichtsforschung, die nicht einmal Legenden über die indische Herkunft kennt. Indem er sie zu Nachfahren der Pharaonen erklärt,[7] kann er sie mit der geheimnisumwitterten Hochkultur des Orients in Verbindung bringen. Die indischen Parias hingegen, über die nur Abstoßendes berichtet wird, eignen sich kaum für eine Erzählung über die Wiedergeburt eines Königsgeschlechts. Die Legende der Isabella von Ägypten erzählt von einer glorreichen Restauration, von einer romantisch-reaktionären Utopie. Unter dynastischen Verhältnissen werden einstige Größe und ursprüngliche Religion wiederhergestellt.

Bei den Lesern Arnims kann dreihundert Jahre nach den geschilderten Ereignissen in den flämischen Hütten und Palästen und am Nil kein Zweifel daran aufkommen, dass aus der Legende keine moderne Nationalgeschichte der Zigeuner auf orientalischem Boden geworden ist. Durch einen narrativen Kunstgriff am Ende wird dies bestätigt. Die Nachrichten vom Nil werden durch die bekanntermaßen unglaubwürdigen Reiseschilderungen des sich Zacharias Taurinius nennenden Leipziger Buchdruckers Damberger übermittelt. Die Erzählung ist ein ästhetisch-politischer, das Wunderbare berührender Entwurf, kein historischer Roman.

Aus der Fülle stofflicher Möglichkeiten wählt Arnim die Epoche beginnender Zigeunerverfolgungen hundert Jahre nach der Einwanderung in Europa, für die von ihm dargestellte Gruppe in Gent eine Zeit größter Not und Gefahr, in der sie ihren Anführer verliert. Zu Beginn folgt er damit den historischen Darstellungen, die den Freiburger Reichsabschied von 1498 als den Beginn systematischer Verfolgung und Vertreibung datieren. »[D]amals gab es ein strenges Recht gegen die Zigeuner, sie totzuschlagen, wo sie sich finden ließen«,[8] heißt es in der Erzählung. Dass Karl V. als deutscher Kaiser fünfzehn Jahre nach den in der Erzählung beschriebenen Geschehnissen 1531 in Gent die strenge und unnachsichtige Verfolgung der Bettler und Zigeuner anordnet,[9] beachtet Arnim nicht. Der Erzählverlauf gebietet es, dass er den Zigeunern freies Geleit gewährt:

>»Ich erkenne öffentlich Isabella, die Tochter des Herzogs Michael von Ägypten, – als einzige Erbin dieses Landes, als Fürstin aller Zigeuner in allen Ländern diesseits und jenseits des Meeres, und gebe ihr die Freiheit, sie alle nach Ägypten zurückzuschicken, insofern sie selbst nur Unsrer Liebe bleiben will.«[10]

Nach dem gewaltsamen Tod des Herzogs Michael droht den führerlos gewordenen Zigeunern die endgültige Zerstreuung ihres Volkes. Arnim bringt nun in seiner Erzählung zusammen, was aus der Sicht eines Patrioten die Errettung eines bedrohten Volkes ermöglicht: zuallererst einen vom Schicksal erwählten Anführer, hier eine Anführerin, die »unsre einzige Hoffnung«[11] genannt wird. Dann eine Sendung, der sie sich zu opfern hat:

>»Du mußt von diesem künftigen Erben der halben Welt, ein Kind bekommen, das durch die Liebe seines mächtigen Vaters den zerstreuten Überbleib deines Volkes in Europa sammelt und in die heiligen Wohnplätze unseres Ägypterlandes zurückführt.«[12]

Wie andere charismatische Figuren, die Jungfrau von Orléans mag als Vorbild gedient haben, wird Isabella von Schlüsselvisionen überwältigt. Sie verfügt über die in der Romantik hoch geschätzte Fähigkeit des Geistersehens, wenn sie sich im somnambulen Zustand mit ihrem toten Vater berät,[13] eine Marienerscheinung erlebt[14] oder, wie es an späterer Stelle heißt, »gleichsam mit offenen sehenden Augen in eine andre Welt getragen wurde. Sie sah ein Kind in ihrem Schoße, das dem Erzherzoge gleich, vor dem sich zahlreiche Völker beugten; sie war ganz verloren in dem Anblick«.[15] Und vor allem muss sie sich der Tradition und der überlieferten Religion ihres Volkes gegenüber verpflichtet fühlen, im Falle der ägyptischen Zigeuner besonderen Trauer- und Bestattungsritualen:

>»wir holen ihn diese Nacht und werden ihn in den Bach werfen mit allen Ehren, wie ihm zukommt, daß er hinschwimme zu den Seinen nach Ägypten, denn er ist auf frommer Wallfahrt gestorben. Nimm diesen Wein und dieses Töpfchen mit Schmorfleisch, halte ihm ein Totenmahl in deiner Einsamkeit, wie es sich geziemt«.[16]

Dazu kommt die Aneignung des überlieferten Wissens, in diesem Fall der ›ägyptischen‹ Astrologie, Magie und Heilkunde. Überraschend erweisen sich die Zigeuner als Angehörige einer geheimen Schriftkultur, die an Isabella »in einer Kiste alte[r] Schriften [...], manche mit köstlichen Siegeln geziert, auf wunderlichem Papier in fremder Sprache«,[17] weitergereicht wird. Eine christliche Dynastie begründet Isabella nicht. Womöglich ist es deshalb kein Hindernis, dass sie eine illegitime Verbindung mit dem mächtigsten Herrscher Europas eingeht. Die von der alten Zigeunerin Braka kupplerisch betriebene Paarung mit Karl zum Zwecke der Zeugung eines königlichen Sohnes wird durch das jugendliche Alter der beiden – Karl ist sechzehn und Isabella vermutlich vierzehn – zur Angelegenheit einer eher keuschen Liebe. Nach der geglückten Vereinigung wird Isabella vom Bewusstsein ihrer zukünftigen Herrscherrolle getragen und weiß sich, als Tochter einer früh gestorbenen niederländischen Gräfin, im höfischen Rahmen »in einem prachtvollen silbernen Kleide, das mit roten Blumen bestreut zu sein schien, auf ihrem Haupte eine kleine goldne Krone«,[18] angemessen und wirkungsvoll zu präsentieren.

Das Zigeunervolk besteht bei Arnim aus gehorsamen und vaterländisch gesinnten Untertanen:

> »Sie [Isabella] hörte die Sprache ihres Volkes, dessen zerstreute Führer, nachdem der Erzherzog ihnen eine Freiheit des Aufenthalts in den Niederlanden gewährt hatte, zu der anerkannten Fürstin ihres Volkes geeilt waren, sie mit einem Gesange nächtlich zu begrüßen, ihr Treue und Liebe bis in den Tod zu schwören.«[19]

Mit einem Huldigungslied im Ton und in den Bildern vaterländischer Lyrik der antinapoleonischen Befreiungskriege bekennen sie sich öffentlich zur erneuerten Dynastie.[20]

Am Ende steht die nationale Wiedergeburt. Sie wird abgesichert durch die öffentliche Anerkennung des ›Beherrschers der halben Welt‹ und den dauerhaften Gewinn eines Territoriums. Das wüste Land, das Isabella in ein grünes Paradies verwandelt, »darinnen die glücklichen Kinder ihres umgetriebnen Volkes wieder ruhig spielten«,[21] erstrahlt nach dem erniedrigenden, bei Arnim nur hundert Jahre währenden Exil in neuem Glanz.[22] Nach ihrem Tod kann es von ihrem Sohn Lrak, dem rückwärts gelesenen Karl, weiterregiert werden. Damit nicht genug, zwingt der Erzähler in der Schlussapotheose seine Leser gewissermaßen auf die Knie, um die »heilige Isabella«[23] wegen ihrer Liebe und unwandelbaren Treue anzubeten: »Reines Bild des jugendlichen Lebens, wir blicken zu Dir und flehen, reinige uns von eingebildeten Leiden der Liebe und von angebildeten Sünden der Zeit«.[24]

Das Bild einer mariengleichen Zigeunerheiligen in einer künstlichen, wiedererstandenen ›pharaonischen‹ Welt befremdet. Anders als die europäischen Nationalepen, die aus mythischer Vorzeit in die Gegenwart hineinragen, führt die Legende der schönen Isabella aus der geschichtlichen, in den Chroniken noch verzeichneten Epoche der Nomadenschaft und Zerstreuung in eine mythische Zeit zurück.[25] Während die Nationalepen danach suchen, wie es ursprünglich einmal war, erzählt Arnims *Isabella* als vaterländische Größenphantasie, wie es sein sollte.

Mit den europäischen Zigeunern zu Beginn des 19. Jahrhunderts hat die Erzählung wenig zu tun. Gleich ihren Totengerichten, so belehrt uns Arnim, gehören sie »nicht in unsre europäische Welt«.[26] Eher noch lässt sie sich als konservative Staatsutopie lesen mit Verweisen auf die nachrevolutionäre Situation in Europa und nicht zuletzt auf die zur vaterländischen Ikone verklärte Königin Luise von Preußen.[27]

Arnim geht davon aus, dass jedes Volk der Identitätsstiftung durch einen Gründungsmythos bedarf. *Isabella von Ägypten* kann in diesem Sinne als die Gabe eines Dichters an ein geschichtsvergessenes Volk verstanden werden. Gedächtnispolitisch stellt sie einen Akt kultureller Bemächtigung mit den Mitteln der Poesie dar. Bei denjenigen, von denen die Rede ist und die sich allmählich ihrer indischen Herkunft bewusst werden, bleibt sie verständlicherweise ohne Widerhall. Arnim überschreibt die Kultur der Zigeuner bis zur Unkenntlichkeit, wohl wissend, dass es in Europa zu Beginn des 19. Jahrhunderts kein anderes Volk mehr gibt, das eine solche Fremddeutung widerspruchslos hinnehmen würde.[28] Die Erzählung hinterlässt Spuren in der europäischen Romantik. In Hans Christian Andersens (1805-1875) *Nur ein Spielmann* (1837) findet sich eine verkürzte Wiedergabe der ›orientalischen‹ Flussbestattung,[29] ebenso im Drama *Der Zigeunerbube* (1829) von Ernst Freiherr von Houwald (1778-1845). Heine zollt ihr in *Die Romantische Schule* (1836) uneingeschränkte Bewunderung:

> »Unter Arnims Novellen dünkt mir die kostbarste sein ›Isabella von Ägypten‹. [...] Hier lebt und webt das seltsame Märchenvolk mit seinen braunen Gesichtern, freundlichen Wahrsageraugen und seinem wehmütigen Geheimnis. Die bunte, gaukelnde Heiterkeit verhüllt einen großen mystischen Schmerz.«[30]

Er liest sie nicht als Gründungslegende und deutet die märchenhaften Zigeunerfiguren als Erscheinungen des Wunderbaren. Sie treibt nicht wirkliches Leid um. Ein dunkler mystischer Schmerz in einem Raum ›dahinter‹ lässt sie gespensterhaft wirken.

Ein solcher Schmerz quält sie ebenfalls in Clemens Brentanos Fragment *Romanzen vom Rosenkranz* (erschienen 1852). Das Schicksal der Zigeuner wird von Brentano als Nebenhandlung einer weit ausgreifenden Legende von der Erfindung des Rosenkranzes gestaltet und damit vollständig in religiöse Zusammenhänge eingebettet. Wie Brentano hiermit ein »apokryphisches Gedicht«[31] entwirft, so könnte man sagen, dass Arnim mit der *Isabella* eine apokryphe Geschichte der Zigeuner geschrieben hat, die sich zugunsten des Gründungsmythos von der anerkannten völkerkundlichen Forschung entfernt. Im *Evangelium Infantiae vel Liber Apocryphus de Infantia Servatoris* (1697) kann Brentano reichlich Material zur Flucht der Heiligen Familie finden. Im *Rosenkranz* wird aus der »Zingara« des italienischen Volkslieds ein Paar, das von der Mutter Gottes mit einem Fluch belegt wird, weil es ihren Trauring stiehlt. Als Stammeltern der Zigeuner beladen sie ihr gesamtes Volk damit. Der Marienfluch ist bei Brentano das Geheimnis, das jede Zigeunerin und jeder Zigeuner bis zur Erlösung in sich birgt und das ihre Geschicke leitet.

Die beiden Legenden der engen Freunde Arnim und Brentano lassen sich trotz des ägyptischen Schauplatzes nicht zusammenfügen, selbst wenn man den *Rosenkranz* als die nicht ausgeführte Vorgeschichte der *Isabella* nehmen würde. Sie sind ein Indiz für den Unterschied im Umgang mit den eigenen nationalen Zeugnissen und den Spuren des Volkslebens der Zigeuner. In der fehlenden Sorgfalt, ja in der Beliebigkeit, spiegelt sich die von der Anthropologie vorgenommene Hierarchisierung der Völker nach Kultur- und Zivilisationsstufen wider. Der Blick auf die soziale Realität ist ohnehin ein anderer, wenn Brentano in einem Brief an Jacob und Wilhelm Grimm (1810) die Zigeuner, die er in seiner Umgebung bemerkt hat, als »alle zum Galgen reif und gar nicht romantisch«[32] bezeichnet.

Vor Arnims *Isabella von Ägypten* hat es schon einen anderen Versuch gegeben, Zigeuner in einem Nationalepos zu verewigen. 1800 schreibt der aus dem heutigen Rumänien stammende Ion Budai-Delanus (1760-1820) die *Țiganiada*, die jedoch erst zwischen 1875 und 1877 veröffentlicht wird.[33] Der Verfasser, ein Vertreter der rumänischen Aufklärung und nationalen Emanzipationsbewegung,[34] führt die Leser zurück ins 15. Jahrhundert in die Zeit kriegerischer Auseinandersetzungen mit den Türken. Der Walachenfürst Vlad Vodă möchte die Zigeuner für den Kampf gegen die Invasoren gewinnen und gibt ihnen aus diesem Grund »Freiheit, Grundbesitz und Waffen«.[35] Doch ihre Versuche, »ein eigenes

Gemeinwesen zu schaffen«,[36] scheitern aus Uneinigkeit, und sie verstreuen sich wieder über das Land.

Retter der Tradition: Walter Scotts
Guy Mannering oder: Der Sternendeuter

Meg Merrilies, die hundertjährige Zigeunerin in Walter Scotts (1771-1832) Roman *Guy Mannering oder: Der Sternendeuter*[37] (1815) ist das Gegenteil von Isabella, der begehrenswerten, zur Führerin ihres Volkes erwählten Tochter eines Zigeunerherzogs und einer »aus einem alten Hause der Grafen von Hogstraaten« stammenden Adligen. Obwohl Meg Merrilies vordergründig durch ihre unangenehme, schneidende und tiefe Stimme und ihre merkwürdige Kleidung auffällt, ist sie eine Art Landesmutter mit Macht, Einfluss und Ansehen bei den Zigeunern Schottlands:

> »Sie war wohl sechs Fuß lang, trug ein Mannskleid über ihrem übrigen Anzug, hatte einen tüchtigen Schlehdornknüttel in der Hand, und schien in allen ihren Kleidungsstücken, den Unterrock ausgenommen, eher männlich als weiblich. Ihre dunklen Weichselzöpfe, wie die Schlangen der Medusa unter einer alten Weibermütze hervorschießend, erhöhten den sonderbaren Eindruck ihrer fremden und verwitterten Gesichtszüge, welche sie theilweise beschatteten, während das wilde Rollen ihres Auges auf einen wirklichen oder angenommenen Wahnsinn deutete.«[38]

Die Bevölkerung des Landstrichs, in dem sie ihren Geschäften nachgeht, und der Grundherr, auf dessen Land ihr ›Stamm‹ wohnt, akzeptieren ihre Rolle als Wahrsagerin und Heilerin gleichermaßen, wenn sie wie selbstverständlich »den Zauber der heiligen Colma über das arme Würmchen«,[39] den Erben des Grundbesitzers, Harry Bertram, spricht. Mit magischen Kräften wehrt sie »Würgkühe« ab und schützt »vor den Elfen und Gespenstern«.[40]

Der Roman handelt von Harrys an Katastrophen, Wendungen und Verwicklungen reichem Schicksal, seiner Entführung als Kind, seiner Kindheit in den Niederlanden unter fremdem Namen, seinem Militärdienst in den indischen Kolonien, der Entdeckung seiner wahren Identität und der Rückeroberung seines von verbrecherischen Intriganten in ihre Verfügungsgewalt gebrachten Erbes. Meg Merrilies wird zunächst als pittoreske Randerscheinung eines ohnehin an originellen Typen nicht armen Landstrichs gezeichnet. Dann aber wächst sie als unbeirrbare Beschützerin und Retterin Harrys in eine heroisch-tragische

Schlüsselposition hinein und überragt alle anderen Helferfiguren einschließlich des Titelhelden an Bedeutung: eine antike Heldin der Unterwelt in Lumpen, die einen Schwur zu erfüllen hat und sich an die alten Sitten gebunden fühlt.

Ein ganzes Kapitel räumt Scott einem Exkurs über die Geschichte und Lage der Zigeuner in Schottland ein.[41] Seine Darstellung fußt noch auf dem voraufklärerischen Wissen der polyhistorischen Kompilatoren. Ihre These vom ›zusammengelaufenen Pöbel‹ übernimmt er.[42] Das Verhältnis zur schottischen Mehrheitsbevölkerung vergleicht er – in Umkehrung der Positionen von Stammbevölkerung und Einwanderern – mit der Situation in Nordamerika:

> »Diese Horden [»tribes« im engl. Orig.] waren, kurz gesagt, die Paria's von Schottland, welche, gleich wilden Indianern, unter europäischen Ansiedlern lebten, und gleich ihnen, wurden sie nach ihren eigenen Gewohnheiten und Meinungen, und nicht als Mitglieder eines civilisirten Theils der Gemeinheit beurtheilt.«[43]

Die Anerkennung des Andersseins erlaubt nach Scott einerseits das Zusammenleben, erzeugt aber zugleich gesellschaftlichen Ausschluss, Ungleichheit und Rechtlosigkeit. Auch in *Guy Mannering* herrscht eine konfliktträchtige Situation voller Ambivalenzen, die, wie bei der Tolerierung der jüdischen Gemeinden in Europa, jederzeit einseitig durch gewaltsame Vertreibung zuungunsten der Minderheit verändert werden kann.

Die Vertreibung ist bei Scott ein Thema in einer umfassenderen Dimension. Harry Bertrams Schicksal lässt sich historisch nicht vom Übergang zur kapitalistischen Marktwirtschaft trennen. Diese Entwicklung verwandelt den angestammten, symbolisch hoch besetzten Grundbesitz, sozusagen ein Stück Fleisch aus dem Körper der schottischen Nation, in eine Ware, die von Fremden oder Unwürdigen erworben werden kann. Mit der Kapitalisierung des Bodens, so die Befürchtung, gehe die mit ihm verbundene Geschichte, Kultur und Sozialordnung verloren.

Vor dem Hintergrund der Verschuldung des schottischen Altadels und der Vertreibung von seinen Stammgütern gewinnt die Vertreibung der gewohnheitsrechtlich dort lebenden Zigeuner eine ganz neue Bedeutung als Verfallssymptom altaristokratischer Werte und Loyalitäten. Meg Merrilies, die aufgrund ihres Alters auf mehrere Generationen zurückblicken kann, deutet das in einem Gespräch mit ihrem Grundherrn an:

»Aber wäre er so wie Du, Herr, seit hundert Jahren ein ächter Edelmann, er jagte nicht arme Leute von seinem Grund und Boden weg, als wenn es tolle Hunde wären. Keiner unserer wildesten Leute würde Dir was entwenden«.[44]

Mehr noch weisen ihre magischen Fähigkeiten auf die heroische vorchristliche Zeit Schottlands, in der geheimnisvolle Naturkräfte das Leben der Menschen bestimmten. Harry Bertrams Vater wird wortbrüchig und vertreibt die Zigeuner und Meg Merrilies von seinen Besitzungen:

»Vier oder fünf Männer machten den Vortrab, in lange, große, weite Kutten gewickelt, welche ihre langen, dürren Figuren, so wie ihre breiten, herabgeschlagenen Hüte, über ihre Augenbrauen gezogen, ihre wilden Züge, finstern Augen und dunkelbraunen Gesichter verbargen. […] Hinter ihnen kam der Zug beladener Esel und kleiner Sturzkarren, […] auf welchen die Gebrechlichen und Hülflosen, die Alten und die Kinder dieser exilirten Gemeine [sic!] gepackt waren. Die Weiber in ihren rothen Mänteln und Strohhüten, die ältern Kinder, barhaupt und barfuß, und mit fast nacktem Körper, hatten die besondere Aufsicht über diese kleine Karavane.«[45]

Scott malt ein Bild des Elends, das folkloristische Züge vermeidet. Deshalb wohl erinnert der Erzähler an einen Maler, der mit Zeichnungen berühmt geworden ist, die bis heute als authentische und realistische Wiedergabe des Nomadenlebens der Zigeuner gelten: »Diese Gruppe würde ein vortrefflicher Gegenstand für den Pinsel eines Calotte gewesen seyn.«[46] Jacques Callot (1592-1635), von dem es heißt, dass er mit Zigeunern umhergezogen sei, hält Elend und Armut fest, aber ebenso Kleinkriminalität und die Vergnügungen des Essens und Trinkens. Bertram, dem die Zigeuner bisher die einem Grundherrn gebührende Achtung entgegengebracht haben, schlägt nun Hass entgegen. Meg Merrilies, die Traditionalistin unter den Zigeunern, verflucht ihn. Damit beginnt der Niedergang seines Geschlechts. Aber auch die Zigeunergemeinschaft, die sie in einer Rede des Sittenverfalls bezichtigt, befindet sich im Niedergang:

»Da waren die Männer noch Männer, und schlugen sich im offenen Felde mit einander; da trieb man das Handwerk der Mordräuber noch nicht. Da waren auch die Vornehmen gütiger und gaben, was sie bei Leib und Seel' hatten, den armen Zigeunern, und 's gab nicht einen unter ihnen, von dem Johannie Faa, dem Hauptmann der Bande, bis zum kleinen Christel, der noch im Korbe lag, welcher ihnen ein Läppchen gestohlen hätte. Aber ihr seyd alle von den alten, guten Lehren gewichen, und 's wundert mich gar nicht, daß ihr so oft in Fesseln liegen […] müßt.«[47]

Scotts Zigeuner sind ein Teil der Geschichte des Landes, des schottischen Volkslebens und der Folklore wie andere im Roman auftauchende Volkstypen auch. Aber er will ihren historischen, sozialen und kulturellen Ort nicht genau bestimmen. Er entwirft negative und positive Zigeunerfiguren und erzählt Geschichten sowohl ihrer Verbrechen als auch ihrer Heldentaten. Von der landläufigen Ansicht, es mit einer Mischpopulation aus ursprünglichen Einwanderern und hinzugelaufenen Gaunern zu tun zu haben, vermag er sich nicht zu lösen. Es ist Dinmont, die Verkörperung des schottischen ›braveheart‹, der sagt: »Es sind verteufelte Leute, wie mein alter Vater zu sagen pflegte; sie sind schlimm, wenn man sie schlecht behandelt; sie haben ihr Gutes und ihr Böses, das Zigeunervolk!«[48] Auch Guy Mannering, der gebildete und weltläufige königliche Offizier, teilt diese zwiespältige Haltung:

> »Wie bekannt, haben Viele ihres Gelichters als Betrüger angefangen, und als Enthusiasten geendet, oft führt auch diese Sorte Menschen bisweilen zwischen diesen beiden Extremen eine zweideutige Lebens- und Handlungsweise, und sehen wohl selbst nicht einmal recht ein, wie sie sich anführen oder Andere betrügen!«[49]

Am Ende ist es jedoch die unverwechselbare Meg Merrilies, die unter Einsatz und Aufopferung ihres Lebens den angestammten Besitz ihrer Grundherren vor den bürgerlichen Aufsteigern und egoistischen und bornierten aristokratischen Nachbarn rettet. Darin besteht das Lebensziel der besitzlosen Zigeunerin, die sich in den Ruinen des Stammschlosses verbirgt, um an der Wiedererrichtung durch eine neue, traditionsbewusste Generation mitzuwirken:

> »Man muß das alte Haus wieder aufbauen! – erst müssen die Grundsteine gelegt werden – [...] ich sagte ihm, daß ich geboren sey, dies zu thun [...]! Ich that nichts, und ward verbannt, dennoch blieb ich im Lande – ich wurde gepeitscht, gebrandmarkt, aber das lag tiefer in mir, als daß es Peitsche und Brandeisen erreichen konnten«.[50]

Die wurzellose Zigeunerin, »die man wie einen verlaufenen, herrenlosen Hund von einem Kirchspiel zum andern jagte«,[51] hegt Heimatgefühle:

> »Sehet ihr jenes schwarze und zerstörte Gemäuer? Da hat mein Kessel vierzig Jahre lang gesiedet – da gebar ich zwölf rüstige Söhne und Töchter! – Wo sind sie nun? – Wo sind die Blätter dieser Esche, die um Martini noch grünten? – Die hat der West entlaubt, ich aber – ich bin verdorrt! – Seht ihr diese Weide? – Jetzt nur ein abgebrannter, verfaulter Stamm – manchen schönen Sommerabend weilte ich unter ihr, wenn ihre herabhängenden Zweige über das Bächlein nickten, da saß ich!«[52]

Wenn sie den zu seinem Recht gekommenen Harry Bertram daran erinnert, ihm als Kind dort »das Lied von Deinen Ahnen, den Baronen, und von ihren blutigen Kriegen«[53] gesungen zu haben, erweist sie sich ein weiteres Mal als Bewahrerin schottischer Traditionen.

Obwohl es so scheint, dass Meg Merrilies wegen ihrer besonderen Verdienste für das Land Anerkennung und Achtung erfährt, kann man nicht von Emanzipation sprechen. Die Situation der Zigeuner ändert sich nur insofern, als der Zustand paternalistischer Abhängigkeit wiederhergestellt wird. Scott pendelt zwischen universalistischen und kulturalistischen Integrationsstrategien. Allerdings werden die konservativen Werte wie Aufrichtigkeit, Zuverlässigkeit, Treue, Mut, Verantwortungsbewusstsein und Gastfreundlichkeit Figuren aus sämtlichen sozialen Schichten und den verschiedenen Völkern zugeordnet. Auch wenn es nicht gelingt, den Zigeunern einen Ort innerhalb der Volkskultur zuzuweisen, so verleiht der Roman doch der Folklore der Armut in der Figur Megs eine markante Gestalt und ein individuelles Gesicht, das sich dem Gedächtnis einprägt. John Keats (1795-1821) gestaltet sie in seinem Gedicht *Old Meg She Was a Gipsey*[54] (1818) poetisch nach.

Das wachsende Interesse an den Zigeunern auf den Britischen Inseln drückt sich nicht nur in Scotts Erfolgsroman aus. Nach der englischen Übersetzung von Grellmanns Zigeunerbuch erscheinen in rascher Folge zwei Werke, die aus christlicher Sicht Vorschläge zur Verbesserung ihrer Lage unterbreiten: John Hoylands (1750-1831) *A Historical Survey of the Customs, Habits, & Present State of the Gypsies; Designed to Develope the Origin of this Singular People, and to Promote the Amelioration of their Condition*[55] (1816) und *The Gypsies; or a Narrative, in Three Parts, of Several Communications With that Wandering and Scattered People: With Some Thoughts on the Duty of Christians to Attempt their Instruction and Conversion*[56] (1822). Eine 1816 von Daniel Terry (um 1780-1829) vorgenommene Dramatisierung des Romans, in der Meg Merrilies die Hauptfigur ist, wird sehr erfolgreich auf Londoner Bühnen gespielt.[57] Mehrfach taucht die Figur bei Hans Christian Andersen auf.[58] Die 1818 im Druck erscheinende deutsche Bühnenfassung *Meg-Merrilies, die Zigeunerin oder Guy-Mannering, der Sterndeuter. Schauspiel nach dem englischen Roman dieses Namens in fünf Aufzügen*[59] nimmt sie in den Titel auf.[60]

Einübung in die Freiheit: Alexander Puschkins Die Zigeuner

Semfira, die Steppenzigeunerin aus Alexander S. Puschkins (1799-1837) Poem *Die Zigeuner* (1827)[61] trägt weder die Schicksalslast ihres Volkes wie Isabella, noch kämpft sie um einen Lagerplatz für ihre Sippe wie Meg Merrilies. Das mit Enthusiasmus variierte Leitmotiv des Poems lautet Freiheit in einem umfassenden Sinn. Denn ›volja‹ meint Freiheit als Seinszustand, ebenso wie die Freiheit des Handelns, den freien Willen. Die mit den Zigeunern verknüpfte Vorstellung eines freien und ungebundenen Lebens gewinnt in der balladesken Erzählung in Semfira Gestalt. Die Verkörperung der Freiheit durch eine Frau verleiht dem im Restaurationszeitalter politisch provokanten Thema vor dem Hintergrund der herrschenden Geschlechterverhältnisse zusätzliche Brisanz. Aleko, der männliche Protagonist, der auf der Flucht »vor dem Gesetz« bei den Zigeunern Unterschlupf findet, erlebt seinen Aufenthalt als Einübung in die ungewohnte Freiheit.

Mit Semfira betritt ein neuer Zigeunerinnentypus die Bühne der Literatur und Kunst. Puschkin holt die Zigeuner vom äußersten Rand des Zarenreichs – Russland hatte sich erst 1812 im Vertrag von Bukarest Moldawien einverleibt – mit suggestiven Bildern einer begehrenswerten fremden Welt in die Mitte der russischen Literatur:

> »Durch Bessarabiens Steppen streicht
> Geräuschvoll der Zigeuner Bande.
> Die Nacht hat sie am Fluß erreicht,
> Zerfetzte Zelte stehn am Strande.
> Das Lager ist, der Freiheit Bild,
> Froh unterm Himmel aufgeschlagen,
> Des Feuers Schein umleuchtet mild
> Die Räder halbbedeckter Wagen.
> Das Abendessen wird gemacht.
> Die Pferde gehn auf offnem Felde,
> Ein zahmer Bär liegt unbewacht
> In Freiheit hinter einem Zelte.
> Von Leben rauscht die Steppe weit.
> [...]
> Der Amboß tönt von lauten Schlägen.«[62]

Die Darstellung der moldauischen Zigeuner als Bild der Freiheit muss erstaunen, denn sie sind, wie Puschkin, der sich im Zuge seiner Verbannung aus Petersburg zwangsweise im Süden aufhält, weiß, in ihrer Mehrzahl Sklaven der Grundbesitzer oder Klöster.[63] Im Poem hingegen

leben sie als Nomaden, die durch die Steppe wandern und ihren Unterhalt dadurch verdienen, dass sie »Eisen schmieden, singen, geigen, / Im
Dorf des Bären Künste zeigen«.[64] Semfira, die Tochter eines Stammesältesten, bringt einen Fremden, den Russen Aleko, ins Lager, der darauf
hofft, bei den umherziehenden Zigeunern untertauchen zu können. »Er
will gleich uns Zigeuner werden. / Vor dem Gesetze mußt er fliehn, / Ich
aber will ihn freundlich pflegen.«[65]

Anders als bei Arnim oder Scott bilden die Steppenzigeuner keine
geheimnisvolle und zwielichtige Gesellschaft. Wie in Goethes *Götz*, der
Puschkin nicht unbekannt gewesen sein dürfte, gewähren sie einem Verfolgten Schutz. Als offene Gemeinschaft, die weder Initiationsrituale
veranstaltet noch die Unterwerfung unter ihre Regeln und Gesetze oder
einen Namenswechsel verlangt, heißen sie den Fremden mit erstaunlicher Gelassenheit willkommen: »Mit uns dann sollst du Dach und
Brot / Und unsre arme Freiheit teilen.«[66]

Durch die gastliche Aufnahme wird auch das Zusammenleben mit
Semfira ohne jegliche Zeremonien besiegelt. Das Mädchen allein entscheidet darüber: »Er ist mein! / Ganz mein! Und niemand trennt uns
wieder!«[67]

Diese Worte erzeugen ein folgenreiches kulturelles Missverständnis,
denn Aleko vermag nicht zwischen seinen bürgerlichen Besitzvorstellun-
gen und der Wertordnung der Zigeuner zu unterscheiden. Zunächst
erfährt er das Nomadenleben als ständige Bewegung und regellose Veränderung und kontrastiert es mit dem unfreien Leben in der Zivilisation:

> »Ein unharmonisches Gemenge,
> Doch so bewegt, so farbenreich,
> So lebensvoll, so wenig gleich
> Der Städte müß'gem Lustgepränge,
> Das tot und starr und monoton
> Wie Sklavensang in harter Fron.«[68]

Dennoch kann er sein bisheriges Leben nicht sofort vergessen. Ein »stil-
ler Gram«[69] überfällt ihn, eine Melancholie, von der er durch die Natur
allmählich geheilt wird. Semfira deutet seine Traurigkeit als Reue darüber, der »Stadt« den Rücken gekehrt zu haben. Alekos Erwiderung
bietet die Gelegenheit zu einer schneidenden Kritik an der Zivilisation:
an ihrer Abwendung von der Natur, ihrer Unrast, ihrer Korrumpierbar-
keit und ihren menschlichen Gemeinheiten: »Was gab ich hin? Verrates
Tücke / Und niedrige Verstellungskunst, / Der Großen neiderfüllte Blicke, / Des Pöbels schmacherkaufte Gunst.«[70]

Semfiras Vater, »der Alte«, wendet ein, dass nicht jeder, der bei ihnen Aufnahme gefunden hat, ihre Freiheit zu schätzen wusste. Das lehre die lange Überlieferung der Zigeuner:

»Die Sage geht in unserm Lande,
Daß fern von Süden her ein Zar
Einst einen Mann zu uns verbannte.
(Sein Name klang so sonderbar,
Und ich vergaß, wie er sich nannte.)
Er war schon alt, sein Haar war bleich,
Doch jung und lebensfroh die Seele,
Und rauschendem Gewässer gleich
Entströmten Lieder seiner Kehle.
Und lieb gewann ihn jedermann.
So lebt' er still am Donaustrande,
Und keinem tat er Leides an.
Gern lauschte ihm das Volk im Lande.
[…]
Doch nie vermocht er sich zu fügen
Ins Los der Armut, schlich umher
Mit bleichen, abgehärmten Zügen …
[…]
Und sterbend bat er noch, gen Süden
Zu tragen sein entseelt Gebein,
Daß in der Heimat man den müden,
Im fremden Lande ohne Frieden
Entschlafnen Körper scharre ein.«[71]

Der an die Donau verbannte Greis, dessen Name auch von Aleko nicht enthüllt wird, obwohl er ihm aufgrund seiner städtischen Bildung vertraut sein müsste, ist der römische Dichter Ovid (43 v. Chr.-17 oder 18 n. Chr.). Auf diese Weise nutzt Puschkin nicht ganz unbescheiden den Schauplatz, um auf das Unrecht seiner eigenen Verbannung anzuspielen.[72] Doch in den Vordergrund rückt das Bild eines vaterlandsliebenden Dichters, dem die umherziehende Gemeinschaft, die ihn schützt, umsorgt und als »heil'gen Greis«[73] verehrt, fremd bleibt. Die Sage der Zigeuner offenbart aber noch mehr. Obwohl sie als schriftlose Nomaden keine eigene Geschichte und Literatur aufzeichnen, bewahren sie über einen Zeitraum von eintausendachthundert Jahren, aus Mitgefühl für einen Verfolgten und Vertriebenen, in ihrer mündlichen Erzähl- und Liedtradition die Erinnerung an einen Dichter und seine Werke, von dessen Größe und Bedeutung sie nichts wissen können. Puschkin konstruiert eine lebendige, nicht gelehrt-akademische europäische Tradition. In ihr erfüllt die Zigeunerkultur eine Brückenfunktion. Nicht über den ›Westen‹, wie bei den russischen Eliten seit Peter dem Großen (1672-1725), sondern über den ›Süden‹ wird die Verbindung der russischen Volkskultur zur Antike hergestellt. Von einer indischen oder ägyptischen Herkunft ist daher an keiner Stelle die Rede. Die Sage über den greisen unglücklichen Dichter verbietet es auch, sie als Wilde oder Barbaren zu betrachten. Durch ihr Leben in Freiheit unterscheiden sie sich in der poetischen Erfindung Puschkins positiv von den Gesellschaften rings um sie herum. Dennoch sind sie Europäer, tief verbunden mit den antiken Wurzeln dieses Kulturraums.

Ihr Anderssein wird Aleko schließlich zum Verhängnis, obwohl er sich nach zweijährigem Leben mit Semfira und dem gemeinsamen Kind »frei« und »eins mit den Nomaden«[74] fühlt. Ein Spottlied Semfiras über eine junge Frau, die ihren alten Mann mit einem jüngeren betrügt, schreckt ihn aus seiner Ruhe und Gelassenheit auf, zumal es unzweideutig an ihn adressiert ist. Es handelt sich um ein *chanson de malmeriée*,[75] »ein traditionelles Lied, dessen Typus für fast alle volkstümlichen Dichtungen nachweisbar ist«:[76] »Alter Mann, böser Mann, / Schneide mich, senge mich, / Fest bin ich, fürchte nicht / Feuersglut, Messerstich.«[77]

Der Alte versucht ihm anhand der Geschichte seiner gescheiterten Liebe zu Semfiras Mutter, die das Kind bei ihm zurückgelassen hat, das Verhalten der Steppenzigeuner zu erklären. Semfira bringt es auf die knappe Formel: »Frei will das Herz sich binden, trennen«.[78] Aleko betrachtet Semfira jedoch als seinen Besitz und ersticht eines Nachts sie, die lieber stirbt, als zur Liebe gezwungen zu werden, und ihren jungen Geliebten. Der Alte stößt ihn aus der Gemeinschaft aus, weil er die Freiheit nur auf seine Interessen begrenzen und nicht als die Freiheit des anderen anerkennen will:

> »Bei uns, der Wildnis freien Söhnen,
> Gibt's keine Folter, kein Gericht.
> Nicht lechzen wir nach Blut und Tränen,
> Doch dulden wir den Mörder nicht.
> Du taugst nicht für das wilde Leben:
> Es soll nur dir die Freiheit geben.
> Du bist voll Stolz und Rachbegier,
> Doch friedlich sanft sind unsre Sitten.
> Das Band ist zwischen uns zerschnitten.«[79]

In einem Epilog begibt sich das lyrische Ich selbst auf den Schauplatz der Geschichte von Aleko und Semfira und erlebt die gleiche freundliche Aufnahme und Offenheit. Der ›Dichter‹ behält hier das letzte Wort, indem er eine skeptische Relativierung der idealisierten Freiheitsidee des Poems vornimmt: »Verworrne Leidenschaften halten / Gefesselt auch den Steppensohn, / Und des Geschickes strengem Walten / Ist noch kein Irdischer entflohn.«[80]

Erst das anthropologische Argument der Affektgebundenheit aller Menschen erlaubt wieder eine Gleichsetzung der Zigeuner mit den anderen. Es vermag allerdings nicht die Unterschiede zwischen den gesellschaftlichen Ordnungen, der Gemeinschaft freier und gleicher Individuen und einem hierarchischen Staatswesen, zu nivellieren. Prosper Mérimée, der durch das bis heute zu den beliebtesten Werken Puschkins zählende Poem den entscheidenden Anstoß zur Gestaltung seiner Zigeunernovelle erhalten hat, reduziert Carmen auf die »verworrne[n] Leidenschaften« der Frau, während die ihren Gefühlen folgende Semfira in einer Gemeinschaft lebt, die dafür ungestraft Raum lässt. Das Poem erzählt von der Freiheit in Zeiten politischer Unterdrückung und imperialistischer Eroberungen und von einem zweifachen Verlust. Ein Territorium kann man mit Gewalt erobern und beherrschen, nicht jedoch eine freiheitsliebende, unkorrumpierte Gemeinschaft »sanfter Sitten«. Und ebenso wenig die leidenschaftlichen Gefühle einer freiheitsergebenen Frau. Sie zu töten bedeutet in der Geschichte, sowohl die Liebesfähigkeit als auch die Freiheit der Gemeinschaft zu verlieren. Puschkin imaginiert die Zigeuner als eine erstrebenswerte Gesellschaftsordnung an den Rändern Europas, die über ein kulturelles Gedächtnis verfügt und nichts mit den dunklen und gefährlichen Unterwelten, in denen sie in Westeuropa vermutet wird, zu tun hat.[81]

» Wir Zigeunerinnen brauchen nichts als Luft und Liebe«: Victor Hugos Der Glöckner von Notre-Dame

Genau dort, in der Pariser Unterwelt des 15. Jahrhunderts, finden wir die vierte bemerkenswerte Zigeunerinnenfigur der europäischen Romantik: Esmeralda, die Heldin des historischen Romans Der Glöckner von Notre-Dame (1831) von Victor Hugo.[82] Der Erzähler führt Esmeralda mit einem fulminanten Auftritt ein: »In einem weiten, leeren Raum zwischen der Menge und dem Feuer tanzte ein junges Mädchen.«[83] Mehrfach wechselt er zwischen der direkten Beschreibung der Tanzenden und den Wahrnehmungen aus der Perspektive ihrer Zuschauer, wie des heruntergekommenen Dichter-Philosophen Pierre Gringoire:

»Gringoire war so von der blendenden Erscheinung bezaubert, daß er, der zweifelsüchtige Philosoph und ironische Dichter, im ersten Augenblick nicht zu entscheiden wagte, ob das junge Geschöpf ein menschliches Wesen, eine Fee oder ein Engel sei.«[84]

Sein Eindruck wird durch die unmittelbare Schilderung verstärkt:

»Sie war nicht groß, aber ihr schlanker, aufrechter Wuchs ließ sie groß erscheinen. Sie war braun; aber man ahnte, daß ihre Haut bei Tageslicht denselben schönen goldigen Schimmer haben mußte wie die Haut der Römerinnen und Andalusierinnen. Auch ihr kleiner Fuß war andalusisch; der zierliche Schuh umschloß ihn knapp und bequem zugleich. Auf einem alten persischen Teppich, der nachlässig unter ihre Füße gebreitet war, tanzte sie, drehte sie sich, flog sie im Kreise herum, und ihre großen, schwarzen Augen schossen Blitze auf jeden, dem sich im Vorüberwirbeln ihr strahlendes Gesicht zuwandte.«[85]

Doch damit noch nicht genug, sucht der Erzähler durch die Betonung erotischer Signale eine weitere Steigerung zu erreichen:

»Um sie herum waren alle Blicke gebannt, alle Münder aufgerissen; und wahrlich, sie war ein übernatürliches Wesen, wie sie sich da beim Surren des Tamburins, das ihre schönen, runden Arme über ihrem Kopfe schwangen, im Tanze drehte, so zart, so gebrechlich, so beweglich wie eine Wespe, mit goldnem, faltenlosem Mieder, mit buntem Rock, der sich bauschte und ab und zu die schlanken Beine sehen ließ, mit nackten Schultern, mit schwarzen Haaren, mit funkelnden Augen.«[86]

Auf dem französischen Schauplatz wird Cervantes' Preciosa, die in ihren spanischen Tänzen weniger wagte als in ihren Liedern, für ein Publikum des 19. Jahrhunderts erfolgreich neu choreographiert, das zu seiner Unterhaltung und seinem Vergnügen größere erotische Freizügigkeit erwartet. Ein letzter, nicht mehr zu überbietender Höhepunkt tritt ein, als die »junge Zigeunerin« ihren Auftritt mit einer Gesangsvorführung krönt:

»Ihre Stimme hatte gleich ihrem Tanz und ihrer Schönheit einen unbeschreiblichen Zauber, etwas Reines, Klangvolles, Luftiges, Beflügeltes. Ihr Gesang war ein ununterbrochenes Klingen, eine Kette von Melodien, von plötzlichen Trillern, von getragenen Sätzen, die durch scharfe, pfeifende Töne unterbrochen wurden, von Sprüngen aus einer Tonart in die andre, die eine Nachtigall aus der Fassung gebracht hätten und die doch immer wieder in Harmonie ausklangen«.[87]

Auch der Gesang erscheint, indem er akustisch ein Liebesspiel imitiert, erotisch aufgeladen: ganz ohne Absicht der Sängerin, wie der Leser später erfahren wird, aber genau so von den zuschauenden Männern empfunden. Damit wird eine bestimmte Lesererwartung geweckt: Wen die Natur so geschaffen hat und wer sich öffentlich auf diese Weise präsentiert, weckt, obwohl von unschuldiger Naivität und von naiver Unschuld, das Begehren der Männer oder ihre Beschützerinstinkte.

Während Esmeraldas Auftritt vor dem Feuer deutet sich an, dass es vier Männer sein werden, die eine Beziehung zu ihr suchen: der Überlebenskünstler Gringoire, den sie nach dem Unterweltritual ehelicht, der sie aber nicht berühren darf; der von ihr bedingungslos geliebte Hauptmann Phöbus, der sie zum Spielzeug seiner Lüste machen möchte; der dämonische, triebhafte Erzdechant von Notre-Dame, ein »Priester«, den sie zurückweist und der sich dafür blutig rächt, und Quasimodo, der Glöckner von Notre-Dame, der sie wegen seiner Missgestalt erst zu umarmen wagt, als sie tot am Galgen baumelt. Hugo folgt ihnen durch die Abgründe von Liebe und Leidenschaft.

Die Hauptfiguren spiegeln die soziale Topographie und Machtkonstellation der Stadt im Jahre 1482 wider: die Altstadt der Kirche, die Neustadt der Kaufleute und Handwerker und die Universitätsstadt, das ›lateinische Viertel‹ der Gelehrten.

Esmeralda lebt in keinem dieser Viertel. Ihre Heimat ist die Pariser Unterwelt der Gauner und Bettler. Im Verborgenen der labyrinthischen Metropole hausend, ziehen sie einmal im Jahr in der »Prozession des Narrenpapstes«[88] geschlossen durch Paris:

> »Zuerst kamen die Zigeuner; voran der Zigeunerherzog zu Pferde, umgeben von seinen unberittenen Grafen, die ihm den Zügel und die Steigbügel hielten, hinter ihnen die bunte Masse der Zigeuner und Zigeunerinnen mit ihren schreienden Kindern im Arme, alle, Herzog, Grafen und geringes Volk, in Lumpen und Flitterstaat. Dann kam das rotwelsche Königreich, das heißt alle Gauner Frankreichs nach Rang und Würden geordnet, die geringsten voran. Vier und vier zogen sie vorüber, geschmückt mit den verschiedenen Abzeichen der Grade, die sie in diesem seltsamen Staatswesen erworben hatten. [...] Nach dem rotwelschen Königreich kam das galiläische Kaiserreich.«[89]

Hugo bedient sich hier der Beschreibungen der drei Verbrecherreiche der Zigeuner, Gauner und Juden in der Tradition des *Liber Vagatorum* und der Geusen-Literatur. In der spielerischen Prozessionsszene erscheinen die drei Königreiche zunächst als karnevaleske Travestie der feudalen Ständeordnung, als ›verkehrte Welt‹, in der alle Hierarchien und Werte auf den Kopf gestellt worden sind. Doch im Roman wird erzählt, dass diese Königreiche wirklich existieren, in Gegenden, in die sich niemand aus den drei Pariser Stadtteilen wagt, weil er niemals daraus zurückkehren würde. Auf der Suche nach Esmeralda verirrt sich Pierre Gringoire in das Zentrum dieser Welt, »den fürchterlichen Mirakelhof«:[90]

> »in die Stadt der Diebe, diese scheußliche Warze am Angesicht von Paris, diese Kloake, aus der jeden Morgen die Flut des Lasters, der Bettelei und des Vagabundentums in die Gosse der Großstadtstraßen drang und in der sie sich abends wieder anstaute; in das ungeheure Wespennest, in das sich nachts alle Plagegeister der menschlichen Gesellschaft mit ihrer Beute verkrochen; in das Lügenspital, wo sich die Bettler des Tages – die Zigeuner, die entlaufenen Mönche, die verkommenen Scholaren, die Taugenichtse aus aller Herren Länder […], der Auswurf aller Religionen, der jüdischen, der christlichen, der mohammedanischen, der heidnischen – ihrer geschminkten Wunden entledigten und sich in nächtliche Räuber verwandelten; kurz, in die riesige Garderobe, wo sich damals alle Schauspieler an- und auskleideten, die in der auf dem Pariser Pflaster ewig von neuem sich abspielenden Posse des Diebstahls, der Unzucht und des Mordes auftreten«.[91]

Die Stadt der Gauner ist ein gefährlicher Ort, eine tödliche Falle für den Fremden und ein Infektionsherd an den Rändern von Paris. Ihren Bewohnern ist jegliches Gespür für ein zivilisiertes Leben und Zusammenleben abhandengekommen:

> »Wo der flackernde Schein des Feuers sich auf dem Boden mit großen unbestimmten Schatten mengte, da huschte ab und zu über die Helligkeit ein Hund, der einem Menschen nicht unähnlich war, oder ein Mensch, der einem Hunde glich.«[92]

Während die Gesellschaft der drei anderen Stadtteile vertikal und horizontal geordnet ist und ihre Mitglieder sich durch vielfältige feine Unterschiede individuell voneinander abheben, verwischt in der Unterwelt alles zu einem Bild des Grauens, »wie in einem Pandämonium. Männer, Frauen und Tiere, alle Lebensalter und Geschlechter, Gesundheit und Krankheit, alles mischte sich, alles schien diesem Volke gemeinsam«.[93] Gringoire wähnt sich »in einer […] unbekannten, unerhörten, häßlichen, kriechenden, krabbelnden, wunderlichen Welt«[94] bedrohlich und grotesk wirkender Massen. Die Zigeuner unter der Führung ihres Zigeunerherzogs »Mathias Hungadi Spicali«[95] sind ein Teil dieses Pandämoniums. Darin unterscheidet sich *Der Glöckner* von der Mehrzahl der romantischen Erzählungen, Romane und Gedichte, in denen sie als isolierte Wald- und Naturmenschen auftauchen.

Esmeraldas Schönheit und Anmut finden ihren absoluten Kontrast in der Hässlichkeit und Niedrigkeit des Milieus, dem sie entstammt. Auch moralisch erhebt sie sich über ihr Umfeld, denn als die Leute vom Mirakelhof den Eindringling Gringoire zu ihrer Unterhaltung aufhängen wollen, rettet sie ihn durch ein Opfer. Durch eine Heirat mit ihr nach ›Zigeunerart‹ muss er in ihr Reich aufgenommen werden. Die Hochzeitszeremonie folgt einer der bekannten Varianten, die in den gelehrten Darstellungen als Beispiel für die Religionslosigkeit der Zigeuner angeführt werden:

> »Der Zigeunerherzog trug, ohne ein Wort dabei zu verlieren, einen tönernen Krug herbei. Die Zigeunerin reichte ihn Gringoire hin. ›Werft ihn auf die Erde!‹ sagte sie zu ihm. Der Krug zerbrach in vier Stücke. Da legte der Zigeunerherzog den beiden seine Hände auf den Scheitel und sprach: ›Bruder, sie ist deine Frau; Schwester, er ist dein Mann. Für vier Jahre. Geht!‹«[96]

Esmeralda gestattet Gringoire jedoch niemals, die Ehe zu vollziehen. Seine diesbezüglichen Versuche scheitern kläglich. Wie schon in der Tanzszene zu Beginn des Romans angelegt, wandelt sich das Bild der schönen Zigeunerin erheblich, auch wenn die Namen Preciosa und Esmeralda nur eine geringe semantische Verschiebung anzudeuten scheinen. An die Stelle der in einer Gemeinschaft lebenden und für diese arbeitenden Kindfrau bei Cervantes tritt bei Hugo die einsame und auf ihre weibliche ›Natur‹ zurückgeworfene Waise. Während Isabella, die strahlende Patriotin, ihre Jungfräulichkeit einer großen gemeinsamen Sache opfert, lässt sich die Pariserin Esmeralda vollständig von ihren individuellen Bedürfnissen leiten. Anders als Meg Merrilies und Semfira ist sie auch nicht ein Teil der sie umgebenden Natur. Die ›Wildnis‹, mit der sie vertraut ist, ist die Pariser Unterwelt mit ihren Verstecken und labyrinthischen Gassen und Wohnungen. In ihrer Person verdichtet sich, was man sich im 19. Jahrhundert unter ›wahrer‹ Weiblichkeit vorstellt. Esmeralda ist weder durch Erziehung noch durch Konvention an die bürgerliche Frauenrolle gebunden. Ihre Natürlichkeit ist aus der Perspektive der männlichen Protagonisten nicht unproblematisch. Begehrt wird sie wegen ihrer Schönheit und natürlichen Sinnlichkeit. Doch anders als die zur Verstellung und Berechnung erzogenen bürgerlichen Frauen gibt sie ungehemmt ihren eigenen Bedürfnissen und Wünschen nach. Einerseits entspricht sie dem Frauenbild der Zeit, weil sie sich von Gefühlen leiten lässt. Andererseits weist die Unbedingtheit, mit der dies geschieht, weit darüber hinaus. Während die Frauen aus der Oberschicht im *Glöckner* als unselbstständig und launenhaft charakterisiert werden,[97] ist Esmeralda in einem viel tieferen Sinn unberechenbar. Ihre Wildheit ist der Ausdruck ihrer Autonomie. Wie die Zigeuner als Gruppe nicht gesellschaftsfähig sind, weil sie sich nicht an die Regeln bürgerlichen Zusammenlebens halten, ist sie es als Individuum. Wie im *Glöckner* überlebt eine solche Figur in den meisten Romanen und Erzählungen die Begegnung mit der bürgerlichen Gesellschaft auf tragische Weise nicht, die in ihr etwas repräsentiert sieht, für das es keinen Ort mehr gibt und geben darf.

Esmeralda wird von den Zigeunern im Roman »wie eine Art heilige Jungfrau verehrt«.[98] Sie ist nicht nur der schönste Körper, sondern auch die ›schöne Seele‹ der Unterwelt, wenn sie ganz ohne Tugenderziehung das Verhältnis zu einem Priester für widernatürlich und sündhaft hält, nicht aber die Hörigkeit gegenüber einem von ihr einseitig geliebten Mann. Wie eine Steigerung der herzensguten, nicht verworfenen Kurtisanen bei Honoré de Balzac (1799-1850) verkörpert die Zigeunerin Esmeralda den Frauentypus, der alles gibt und wenig verlangt. Frei von Konventionen, vereindeutigt sich deren Geschlechtsidentität hin zum Sexuellen. In einer Schlüsselszene des Romans offeriert sie dem doppelzüngigen Hauptmann Phöbus Zigeunerinnen als ideale Geliebte:

> »Nein, Phöbus, nein; ich will deine Geliebte sein, dein Vergnügen, deine Zerstreuung, wenn du sie brauchst; ein Mädchen, das dir gehört, denn nur dafür bin ich geschaffen; beschmutzt, verachtet, entehrt, aber was kümmert es mich, geliebt! Ich werde die stolzeste, glücklichste aller Frauen sein. [...] Bis dahin aber, nimm mich! Alles gehört dir, Phöbus; habe mich nur lieb! Wir Zigeunerinnen brauchen nichts als Luft und Liebe.«[99]

Diesem Angebot vermag der feige und auf Reputation bedachte Offizier nicht zu widerstehen, und er drückt »seine glühenden Lippen auf ihre schönen, südländischen Schultern«.[100] Doch anders als von ihm erwartet, sickert das Blut nicht aus dem jungfräulichen Körper Esmeraldas, sondern aus seinem eigenen, weil er vom eifersüchtigen Erzdechanten, der sich Zugang zur Absteige verschafft hat, in der das Rendezvous stattfindet, erdolcht wird. Die gesteigerte Lust bringt den Tod. Die Überschreitung der Konvention auf der Welle unkontrollierter Gefühle bleibt im Roman ein faszinierendes Versprechen. Auch hier regiert die Welt des Mirakelhofs, die Chaos, Betrug und Verbrechen gebiert.

Daran ändert auch die Merkwürdigkeit nichts, dass die Zigeunerin Esmeralda gar keine Zigeunerin ist, wie die in den Roman eingeflochtene melodramatische Geschichte der »Grittel Trillerblümchen«[101] aus Reims enthüllt, die zur Zeit der Haupthandlung als Einsiedlerin in einer durch feste Gitter verschlossenen Kammer am Grève-Platz, dem Ort öffentlicher Hinrichtungen in Paris, haust. Grittel träumt von einem besseren Leben und spielt deshalb die Geliebte mehrerer wohlhabender Männer, bis sie als Hure immer tiefer absteigt. Um ein Kind zu bekommen, schläft sie mit dem widerlichen Gaunerkönig.[102] Nach der Geburt eines Mädchens, das sie Agnes tauft, entrinnt sie durch die aufopfernde Fürsorge für ihr Kind allmählich dem Leben auf der untersten Stufe der sozialen Leiter. In einer dramatischen Situation wird dieses Kind von Zigeunerinnen geraubt und durch ein anderes Kind ersetzt:

> »Statt ihrer schönen, rosigen, frischen kleinen Agnes, die ein Geschenk vom lieben Gott war, schleppte sich ein scheußliches, einäugiges, verkrüppeltes, hinkendes kleines Ungeheuer auf dem Fußboden herum. [...] Es war das abscheuliche Kind irgendeiner Zigeunerin, die sich dem Teufel ergeben hatte; es schien etwa vier Jahre alt zu sein und stammelte in einer Sprache, die keines Menschen Sprache war«.[103]

Dieses »von der Natur«[104] missgestaltete Kind ist der spätere Glöckner von Notre-Dame. Nicht Esmeralda, die mit der kleinen Agnes identisch ist, stammt also von Zigeunern ab, sondern Quasimodo.[105] Da er durch den Kindertausch aus der Gemeinschaft verstoßen wurde, spielt seine Herkunft keine Rolle mehr.

Hugo legt den Ereignissen in Reims eine ausführliche Darstellung der Ankunft der ersten Zigeuner in Frankreich im Jahre 1427 zugrunde, wie wir sie in Étienne Pasquiers *Les recherches de la France* finden.[106] Die Beschreibung übertrifft die Chronik noch an Ungenauigkeiten und Unwahrscheinlichkeiten.[107] Zu den üblichen Vorwürfen kommt das Gerücht der »Menschenfresserei«[108] hinzu. Die erzählerische Besonderheit im *Glöckner* besteht allerdings darin, dass das ungenaue Wissen über die Zigeuner aus der Perspektive ›unzuverlässiger‹ Figuren mitgeteilt wird. Ein Beispiel ist der Erzählbericht einer beschränkten und geschwätzigen Frau über die Entführung der kleinen Agnes/Esmeralda:

> »Am nächsten Tage fand man in einer Heide zwei Meilen von Reims die Spuren eines großen Feuers, daneben ein paar Bänder, die der kleinen Agnes gehört hatten, Blutstropfen und Bocksmist. Die verflossene Nacht war gerade eine Sabbatsnacht gewesen. Man zweifelte nicht, daß die Zigeuner den Hexensabbat in dieser Heide gefeiert und das Kind in Gesellschaft des Teufels verzehrt hatten; denn so ist es bei den Mohammedanern Sitte.«[109]

Im Unterschied zu Scott, der in seinem gelehrten Exkurs Zweifelhaftes als Tatsachen darstellt, entautorisiert Hugo durch die Figurenperspektive das über die Zigeuner Erzählte und macht es als eine Mischung aus Gerüchten, Volksaberglauben und antitürkischer Propaganda der Zeit kenntlich.

Das gleiche Erzählprinzip gilt auch für die von Gringoire bruchstückhaft zusammengetragene Lebensgeschichte Esmeraldas bei den Zigeunern, die eine abstruse Variante ihrer Auswanderung von Algerien über Ungarn nach Frankreich anbietet: »In allen diesen Ländern hatte das junge Mädchen seltsame Worte, Lieder und Anschauungen aufgelesen. Ihre Sprache war ebenso buntscheckig wir ihr halb afrikanischer, halb pariserischer Anzug.«[110] Noch einmal wird Esmeralda als ein entwurzeltes, ortloses und einsames Individuum vorgestellt. Zugleich geht von der regellosen Buntheit ein erotischer und ästhetischer Reiz aus.

Esmeralda ist mehr als eine melodramatische Heldin exotischer Herkunft. Sie verkörpert ein ästhetisches Konzept der französischen Romantik.[111] Wie ein Kunstwerk im orientalischen Stil effektvoll inszeniert, stellt sie eine ›Sensation‹, eine Novität und einen Sinnenreiz dar und löst die unterschiedlichsten Affekte von Bewunderung über Mitleid bis zu Trauer aus. Schmutz und Schlamm der Armut und des Elends, von Hugo drastisch bis zur grotesken Übertreibung präsentiert, durchschreitet sie wie eine Unberührbare. Selbst der Marterung ihres unschuldigen Körpers unter der Folter weiß Hugo durch sadistisch-masochistische Andeutungen einen Reiz abzugewinnen. Und noch am Galgen erweckt sie durch das weiße Hemd den Anschein engelhafter Unschuld. Ihr Opfertod, den sie wählt, um ihre weibliche Ehre gegenüber dem dämonisch-triebhaften Erzdechanten von Notre-Dame zu retten, setzt einen pathetischen Schlusspunkt.

Im Vergleich mit den Werken von Arnim, Scott und Puschkin hat die Geschichte der Esmeralda wenig mit den Zigeunern als Gemeinschaft zu tun, obwohl nicht weniger über sie berichtet wird. Sie wird indes mit der Pariser Unterwelt vermischt. Abgegrenzt wird Esmeralda nach zwei Seiten: von den Prostituierten aus der Unterschicht, zu denen ihre Mutter zählte, und von den Frauen aus der Oberschicht, die sie in der einzigen Begegnungsszene in einem Salon vergeblich zu demütigen suchen. Als Tänzerin und Sängerin bewegt sie sich zusammen mit dem Schriftsteller Gringoire und dem Glöckner Quasimodo in einem Zwischenraum einsamer Außenseiter. Wie Nikolaus Lenaus (1802-1850) *Mira das Zigeunerkind* verlässt sie sich auf tragische Weise bei ihren Entscheidungen und Handlungen vollständig auf jenen Bereich, der in der Romantik für die Liebe zuständig ist: auf die tiefen, inneren Gefühle, von denen sie sich in ihrer Unabhängigkeit auch durch äußeren Zwang nicht abbringen lässt. Diese Liebe wird bei Hugo sehr traditionell und rollenkonform als Dienen bis in den Tod bestimmt.[112]

Obwohl Esmeralda keine Zigeunerin ist, wird sie ausschließlich als Typus der barfüßigen, schönen, erotischen Zigeunerin wahrgenommen: »ursprünglich und leidenschaftlich, gänzlich unwissend und für alles begeistert«.[113] Zu dieser Wirkung und Nachwirkung hat sicherlich ebenfalls die erfolgreiche Oper *La Esmeralda* (1836) beigetragen, zu der Hugo das Libretto verfasste.[114] Entscheidender war jedoch der Roman, da er der ästhetischen Konstruktion und Wirkung vor etwaiger ethnologischer Genauigkeit den Vorrang einräumt. In den kulissenhaft ausgeleuchteten Schauplätzen von Paris agiert Esmeralda nicht nach den Regeln authentischer, realistischer Darstellung, sondern wie eine kunstvoll präsentierte und auf direkte Wirkung hin konzipierte Dramenfigur. Die durch ihren ersten überwältigenden Auftritt evozierten visuellen und akustischen Eindrücke prägen sich als Bild einer begehrenswerten tanzenden und singenden Zigeunerin tief ins Gedächtnis ein.

Verortungen im Volksleben: Steen Steensen Blichers Keltringleben

Zu den wenigen Versuchen, das Alltagsleben der Zigeuner auf die gleiche Weise zu begreifen wie das des eigenen Volkes, gehört die 1829 erschienene Erzählung *Keltringleben* des dänischen Schriftstellers Steen Steensen Blicher (1782-1849). Keltringe oder »Kieltringe« wurden in Jütland die umherziehenden Obdach- und Besitzlosen genannt. August Friedrich Pott übersetzt das Wort in seiner großen Abhandlung über die Zigeunersprache mit »Lumpenhund, schlechter Kerl«.[115] Ein sprachlicher Bezug lässt sich auch zu dem altertümlichen dänischen Verb »kieltra, d.h. betteln«,[116] herstellen. Blicher hat »Keltringe« im Zuchthaus von Viborg gesehen und gesprochen. Er wirft sie, wie den von ihm erwähnten Räuberhauptmann Jens Langmesser,[117] mit den Zigeunern zusammen. Auch ihre Sprache setzt er mit dem Romanes gleich. Seine Leser stimmt er mit einem Hinweis auf eine für ihre Zigeunertänze berühmte Tänzerin am königlichen Theater in Kopenhagen ein.[118] Die Zigeunermode auf dem Theater hat offensichtlich auch den Norden Europas erreicht. Zigeunerfiguren bei Scott, Goethe und Maler Müller[119] (d.i. Friedrich Müller) führt er an, um die Behandlung des »gemeinen Stoffes« in seiner Erzählung zu legitimieren. Eine Rechtfertigung scheint vonnöten, wenn die Figur der schönen Zigeunerin fehlt. In den einleitenden poetologischen Erörterungen, die an Schillers Überlegungen zu Beginn des *Verbrechers aus Infamie* (1786) erinnern, vergleicht er aus ästhetischer Sicht ›große‹ und ›niedrige‹ Verbrecher: »Attila und Semiramis bekommen Platz in der Geschichte – Stoffer Einauge und Lange Margrethe im Zuchthaus von Viborg.«[120] Für Blicher birgt ihre wandernde Lebensweise etwas Großes und Besonderes: »Nomaden sind sie, und das genau so vollkommen wie Kalmücken und Beduinen.«[121]

Schwierigkeiten bereitet ihm die Bezeichnung durch die dänische Bevölkerung, die sich von der Selbstbezeichnung der Fahrenden unterscheidet:

> »*Keltring* ist eine Benennung, die vom gewöhnlichen Volk insbesondere den herumwandernden Nachtleuten beigelegt wird, die aber diese nicht sich selbst zuerkennen. [...] Die echten *Keltringe* – nicht die, die man über alle andern Stände verstreut findet – bilden eine isolierte Gesellschaft, einen Staat im Staate; [...] Diese Nation da nennt sich selbst *die Reisenden*.«[122]

Als Nachtmenschen werden die Zigeuner hin und wieder in Skandinavien bezeichnet. Möglicherweise lässt sich der Begriff auf eine von Carl von Linné (1707-1778) getroffene anthropologische Unterscheidung zwischen Tagmenschen (Homo sapiens) und Nachtmenschen (Homo troglodytes) zurückführen.[123] Auch Spekulationen über eine heidnische Mondreligion mögen eine Rolle gespielt haben.

Zu Beginn der Handlung wandert der Ich-Erzähler durch die jütländische Heide und beobachtet und belauscht dabei eine merkwürdige Gruppe: eine Frau, die einen Mann auf dem Rücken trägt, und einen Jungen, der beide begleitet. Die Familie redet in einer Sprache, »die ich an einigen Ausdrücken – wie etwa ›Jup‹, ›Brall‹, ›Pukkasch‹ – bald als das sogenannte ›Romanische‹ erkannte«.[124] Dass diese Wörter nicht zum Bestand des Romanes zählen, ist für die romantische Darstellung zweitrangig. Maßgeblich ist, dass die in wenigen Bruchstücken – meist nur Lexemen – wiedergegebene fremde Sprache den Authentizitätsgrad erhöhen soll. Häufig werden wie hier die wenigen Wörter für die Leser in Fußnoten übersetzt.

Die Figurenzeichnung ist schematisch und klischeehaft und noch stark von der Auffassung beeinflusst, dass Zigeuner ›Schwarze‹ sind:

> »Die Frau war noch viel dunkler, hatte große, schwarze, zusammenlaufende Augenbrauen, eine abgeplattete Nase, volle Wangen, einen ziemlich breiten Mund mit dicken Lippen, zwischen denen die beneidenswertesten schnee-

weißen Zähne hervorleuchteten. Sie war sehr stark an Brust und Gliedern und sah schon danach aus, dass sie ihren Mann stellen konnte.«[125]

Um das Vertrauen der Gruppe zu gewinnen, beginnt er ein Gespräch auf Rotwelsch: dilettantisch und dürftig aus sprachlicher Sicht. Nach der Begegnung reflektiert er die Diskrepanz zwischen der Neugierde der Gebildeten seines Landes nach exotischem Leben in der Ferne und ihrem Desinteresse am Leben der Unterschichten in der eigenen Heimat:

> »Wer Zeit und Geld hat, dem könnte leicht in den Sinn kommen, einen Sprung nach Norwood[126] oder Siebenbürgen zu machen, um ein Zigeunerlager in Betrachtung zu nehmen; aber unsere dänischen Parias können täglich an ihm vorbeigehen, ohne eines Blickes gewürdigt zu werden.«[127]

Denn dort, im Niedrigen und Kleinen verbirgt sich, so der poetologische Kommentar des Erzählers, Großes und Erhabenes: »Wie uneigennützig, wie stark, treu, ja heroisch ist die Liebe dieser Frau zu einem hilflosen Krüppel, den sie auf ihren Schultern trägt – Gott weiß, wie lang und wie weit!«[128]

Die zweite Begegnung des Erzählers mit den Zigeunern findet in einer Szenerie statt, die in der romantischen Literatur in vielen Varianten vorkommt. Der Erzähler entdeckt in der Nacht in einer einsamen Gegend, in der nach seinem Wissen niemand wohnt, während eines Unwetters in der Ferne ein Licht. Doch die Anzeichen einer menschlichen Ansiedlung mehren sich. In seiner Angst malt er sich aus, auf eine »Hexengesellschaft«[129] zu stoßen, die sich »auf der wilden Heide«[130] zu nächtlicher Stunde versammelt. Schließlich erreicht er ein einsames Häuschen. Durch das Fenster kann er unbemerkt das Geschehen im Inneren beobachten. Ein weiteres Mal bedenkt er die Mittel der künstlerischen Darstellung:

> »Woher nehme ich einen *niederländischen* Pinsel, um diese *niedrige* Szene zu malen? Wie soll ich dem solchen Dekorationen gänzlich fremd gegenüberstehenden Leser diese ›gemütliche‹ Stube schildern: Decke aus Lehm, Wände aus Lehm, Boden aus Lehm?«[131]

Der Hinweis auf die niederländische Malerei, noch in Hegels Ästhetik ein Beispiel für die gelungene ästhetische Formung ›niedriger‹ Gegenstände, soll sein Schreiben rechtfertigen. Zugleich dient er der Kritik an einer volksfernen Kunst. Der Erzähler bleibt im Diskurs der Malerei, wenn er bekundet, sich auf »die lebenden Figuren«[132] konzentrieren zu wollen. Zunächst beschreibt er eine markante männliche Person, allerdings weniger im Stil der niederländischen Genremalerei als nach dem Schema der Verbrechersteckbriefe.[133] Nicht übersehen wird deshalb eine Tätowierung am Arm. Diesen Mann erkennt er als seinen Informanten und Lehrer der rotwelschen Sprache wieder, weshalb er ihn ironisch den »Professor« nennt. Der Professor tanzt mit der Frau, der der Erzähler mittags begegnet ist, einen echten Zigeunertanz, den man, wie der Erzähler ausdrücklich betont, nur äußerst selten zu Gesicht bekommt:

> »Es war ein wirklicher Zigeunertanz, bei welchem ich zufällig Zuschauer geworden war. Die Füße der Dame liefen wie Trommelschlegel und rührten mit schnellen Schlägen den Lehmboden; die Arme waren auch nicht müßig, ebenso wenig wie die Finger, die das Klappern der Kastagnetten trefflich nachahmten. Bei alledem war in ihren Bewegungen und Mienen überhaupt nichts von einer Bajadere oder Dewidaschi;[134] im Gegenteil: Ihr Gesicht war so kalt, verdrossen, ja trotzig, dass es den vollkommensten Kontrast zu dem des Professors bildete.«[135]

Der ›wirkliche‹ Zigeunertanz, der angeblich vor den Fremden verborgen wird, ist unschwer als der meist Fandango genannte Tanz der Zigeunersingspiele und Ballette zu erkennen. Die Botschaft Blichers ist eindeutig: Nur wer sich den Fremden zu nähern wagt und ihre Sprache erlernt, erfährt etwas über ihre originäre Kultur.

Die voyeuristische Szene endet abrupt, als der Professor aus dem Haus tritt und den ihm bekannten Erzähler in die nahe gelegene Stadt führt. Auf dem Weg erfährt er zunächst die Geschichte des Hauses, das die Armenfürsorge der Gemeinde weit draußen für einen »Reisenden« errichtet hat, dem es gelungen ist, sein Heimatrecht durchzusetzen. Keine Räuberhöhle also, sondern ein frühes Monument des sozialen Wohnungsbaus.

Auch die Lebensgeschichte der Zigeunerin Linka Smaelem und ihres Mannes Peiter Maje, später Peiter Beenlös genannt, wird nun ausführlich erzählt: Der Professor, der Peiter seit seiner Kindheit kennt, reist mit ihm »in Gesellschaft von Smaelemern«,[136] wie die Zigeuner auf Rotwelsch in Dänemark genannt werden, bis nach Preußen und Österreich. Dort geraten sie in kriegerische Auseinandersetzungen. Das Mädchen Linka wird so schwer verletzt, dass Peiter sie auf den Wanderungen tragen muss, bis sie gesundet. Die »Smaelemer« laufen feige davon und lassen sie allein zurück. In der Erzählung wird kolportiert, was bei Grellmann und anderen behauptet wird, dass Zigeuner Verletzte und Alte unversorgt sterben lassen: »[D]ie Smaelemer hätten ihr nur wenig geben wollen, wovon sie hätte leben können, und hätten sie dann in der Höhle zurückgelassen.«[137] Was als Rohheit eines unzivilisierten Volkes noch in Erzählungen und Romanen des 20. Jahrhunderts Abscheu erzeugen soll, wird sich durch sorgfältige historische Forschung als Projektion einheimischer Bevölkerungsgruppen nachweisen lassen. Erste Untersuchungen aus Ungarn kommen zu dem Ergebnis, dass z. B. unter der osteuropäischen bäuerlichen Bevölkerung vom 18. bis zum 20. Jahrhundert die Tötung belastender Angehöriger nicht ungewöhnlich war.[138]

Peiter und Linka heiraten nach ihrer Gesundung ohne kirchlichen Segen. Die beiden Männer werden zwangsrekrutiert – vermutlich von den Alliierten, um gegen die napoleonischen Truppen zu kämpfen –, und Linka folgt ihnen im Tross zusammen mit dem Kind nach, das sie inzwischen bekommen hat. In einer Schlacht verliert Peiter nach schwerer Verletzung durch Amputation seine Füße und wird ohne Pension aus dem Militärdienst verabschiedet. Linka schlägt sich mit Betteln, Tanzen und Wahrsagen durch[139] und wandert, ihren Mann auf dem Rücken schleppend, von der Donau bis nach »Büffelmatini«, wie Mecklenburg auf Rotwelsch heißen soll. Der Professor desertiert und kehrt ebenfalls zu Fuß nach Dänemark zurück.

Dieser Teil der Erzählung konzentriert sich ganz auf die Innenperspektive eines »Keltrings«. Sein schnörkelloser Bericht weitet sich zu einer realistischen Schilderung des Lebens der Armen in Europa nach der Französischen Revolution aus. Obwohl Blicher in seinen Eingangsüberlegungen zunächst poetologischen Problemen den Vorrang einräumt und im ersten Teil das Interesse an den archaischen Sitten und Gebräuchen und ihrer Sprache und Moral vorherrscht, ist die Erzählung in einem stärkeren Maße sozial und ethisch-politisch motiviert als beispielsweise Arnims Legende *Isabella von Ägypten* oder Hugos *Glöckner*. Blicher zwingt zu einem anderen Blick auf die »Lumpenhunde«: nicht mehr beherrscht von Angst, Verachtung und Ekel, sondern von der Hochachtung für die Heldentat einer ihrer Frauen. Sie zeichnet sich durch sonst nichts aus, als dass sie ohne das Sakrament der Ehe mit geradezu alttestamentarischer Haltung ihre Menschenpflicht erfüllt.

Blicher führt in seiner Erzählung mehrfach an Situationen heran, die man als Topoi der Zigeunerdarstellung bezeichnen könnte: die spannungsgeladene Begegnung in der einsamen Heidelandschaft, die rettende Unterkunft, die eine tödliche Falle sein könnte, der wilde Tanz der Zigeunerin, die Führung durch einen möglicherweise verräterischen Zigeuner. Blicher erliegt der Versuchung nicht, diese Situationen ins Imaginäre hinein zu entgrenzen. Er beschränkt die Erzählung auf den sozialen Raum, in dem sich die »Keltringe« bewegen, um sie auf diese Weise im Volksleben zu verorten.

Ähnlich gestaltet der finnische Schriftsteller Aleksis Kivi (1834-1872) in seinem Roman *Die sieben Brüder* (1870) den derben ländlichen Umgang der Bauern mit der Zigeunerfamilie des Schweinekastrierers, Pechsieders und Wünschelrutengängers Mikko und seiner Frau, der Schröpferin, Heilerin und Wahrsagerin Kaisa.[140] In eine blutige Kindesraub- und Schmugglergeschichte eingebunden wird die Darstellung des rauen und entbehrungsreichen Lebens der jütländischen Küstenbewohner in Carit Etlars (Pseudonym von Carl Brosbøll; 1816-1900) Roman *Der Zigeuner. Ein Bild von Jütlands Westküste* (1839).[141]

Zigeuner auf diese Weise literarisch zu repräsentieren ist eher selten geblieben. Zu den wenigen, vermutlich heute völlig unbekannten Texten zählen August Zollers (1773-1858) *Bilder aus Schwaben* (1834). Darin Walter Scott vergleichbar, unternimmt Zoller den Versuch, die mögliche Position der Zigeuner im Volksleben Schwabens zu erkunden. Angedeutet wird, dass ihr ›Verrat‹ am legendären und in Schwaben über mehr als ein Jahrhundert populären Zigeunerhauptmann Hannikel als Schritt zur Integration gewertet worden ist.

> »Vor den Dörfern in Schwaben lagern sich am Mittag Zigeuner-Familien aus acht bis zehn Gliedern bestehend. Sie gehören alle einem Stamme an, dessen jetzt vielleicht noch lebendem Oberhaupte für seine Verdienste bei Gefangennehmung des berüchtigten Hannickels besondere Vaganten-Rechte ertheilt worden sind. Ihre Habe besteht aus einigen Kesseln, ein Paar aufgefangenen Hunden, einem kleinen Pferdchen, ein Paar Violinen und einer Baßgeige und, wenn es gut geht, einer gellenden Klarinette. Als Sitzbretter für die Zigeunerbrut dienen in dem Wagen, den sie mit sich führen, Coulissenstücke, die am Abend zur Bewunderung hinreißen müssen. Die Zigeunermutter wird zu dem Vorsteher der Dorfgemeinde abgesandt, um sich mit ihrer bedeutenden Zungenfertigkeit die Erlaubniß zur Errichtung einer Schaubühne zu erbetteln. Von Geldbestechung wissen diese unverdorbenen Nachkommen der Aegyptier, wie sie sich nennen, nichts […].«[142]

Ihre ambulanten Tätigkeiten reichen vom Marionettenspiel über das Holzschnitzen und Wahrsagen bis zum Musizieren. Es sind erwünschte Dienstleistungen, von denen keine Gefahren ausgehen und durch die, in der Beschreibung Zollers, keine Betrügereien und Diebstähle kaschiert werden. Im Marionettentheater sprechen sie, das lässt sich aus den wenigen wörtlichen Wiedergaben erschließen, Deutsch mit dialektaler Einfärbung, wenn in ihrer Version des *Doktor Faustus* z.B. Mephisto sagt: »Fauste, Du hast mir gerufen; was ist Deine Wille?«[143] und Faust mit sich hadert: »Ich bin die geschickteste Doktor, und all die Geschicksam-keit hilft mir nicht dazu, daß mich die schöne Prinzesse lieben soll.«[144]

Auch wenn von ihrem ›Volks-Charakter‹ durchaus in einem positi-ven Sinn die Rede ist, ist Zoller weit davon entfernt, sie in Schwaben endgültig heimisch werden zu lassen. Weil er aber insgesamt mit seinen *Bildern* nicht auf eine national begründete Ethnisierung der Einheimi-schen als Deutsche zielt, sondern auch die Schwaben von den ande-ren deutschen »Stämmen« abgrenzt, kann er die Besonderheiten und Eigenarten der Zigeuner benennen. So ist es möglich, den umherwan-dernden, meist aber schon über Winterquartiere verfügenden Zigeunern eine Position am Rande der Gesellschaft – »vor den Dörfern«, nicht in ihnen – einzuräumen.

Welche Wege hat die literarische Darstellung der Zigeuner im An-schluss an die Aufklärung eingeschlagen? Andere als die ausgetretenen Pfade der Räuber- und Gaunergeschichten, der Schelmenromane und der Geschichten von schönen Zigeunerinnen und unzähmbaren Wil-den? Geändert haben sich die Strategien des Umgangs auf allen Ebenen, von der Wissenschaft über die Politik bis zur Kunst und Literatur. An die Stelle der Feinderklärung tritt ein flexibleres Verhalten, das drei sich überkreuzende Linien erkennen lässt: die disziplinierende Integration, die individuelle Emanzipation und die kulturelle Vereinnahmung. Vier der Werke, bedeutend in ihrer jeweiligen Nationalliteratur, aber ebenso im europäischen Kontext, berühmt für ihre Zigeunergestalten, lassen die Konsequenz der neuen Strategien erkennen: eine Spaltung in der Wahrnehmung der Zigeuner. Die Befreiung von den engen Fesseln bis-heriger ästhetischer Repräsentationen und zugleich die Ausblendung eines als nicht repräsentierbar angesehenen Teils der Wirklichkeit. Als Leser müssen wir uns die unsichtbare Grenze zwischen dem Gesagten und dem nicht Sagbaren vergegenwärtigen, um die neue Dimension der Darstellung zu erkennen. Arnim, Scott, Puschkin, Hugo und natürlich andere, weniger bedeutende Autoren betreten – nicht ganz unvorberei-tet – die neuen Räume, um sie auf sehr unterschiedliche Weise für ihre dichterischen Projekte zu nutzen: als Spielwiese für Nationalmythen und patriotische Phantasien; als Antwort auf die politischen, sozialen und kulturellen Umwälzungen der Moderne; als Symbol verlorener Freiheit in der Restaurationsepoche; als Verkörperung echter Gefühle und natürlicher Schönheit, wie sie die bürgerliche Gesellschaft nicht mehr hervorzubringen vermag.

Man kann deshalb von einer kulturellen Bemächtigung sprechen, weil mit der Darstellung ein nicht repräsentierbarer Teil der Existenz der Zigeuner abgespalten wird: die von ihnen gelebte und selbstbestimmte soziale Organisation, ihre Wirtschaftsformen, die Alltagskultur in ihrer europäischen Vielfalt, die Gefühle, Wünsche und Interessen der Individuen. Mit einem Wort, ihre Existenz als Romvölker und nicht als Zigeuner. Eine Identität im Sinne der Zugehörigkeit zu einer christlichen Religion, einem sozialen Stand oder einer europäischen Nation wird ihnen auch weiterhin nicht zugestanden. Ein Mitglied ihrer Gruppe ist, selbst wenn er es de facto sein sollte, kein deutscher Handwerker protestantischen Glaubens oder kein slowakischer Bauer katholischen Glaubens, sondern ein Zigeuner. Sie sind gewissermaßen als Männer nicht satisfaktions- und als Frauen nicht heiratsfähig, es sei denn, sie verlassen ihre Herkunftsgruppe vollständig und brechen jeglichen Kontakt ab.

Ihre zweite Erfindung am Übergang zur romantischen Literatur und Kunst ist nicht allein das erfolgreiche und einprägsame Ergebnis entfesselter Einbildungskraft. Als kulturelle Repräsentation bildet sie eine heterogene, brüchige Vereinigung kultureller Zuschreibungen und ›durchgestrichener‹ Identitäten, sie verbindet kreative Phantasien und Auslöschung, Vergessen und Ignoranz.

2. »Fort ins Zigeunerland«. Trivialisierung und Inflation

Europäische Unordnung nach der Revolution: Wahrsager,
Verschwörer, Kindesräuber, Mädchenhändler

Der romantische Blick durchdringt die banale Wirklichkeit auf der Suche nach einem geheimnisvollen Raum ›dahinter‹ und lässt sich selbst
von der abstoßenden Welt der Zigeuner nicht ablenken. In Ludwig
Tiecks (1773-1853) Erzählung *Die Elfen* (1811) wird beinahe lehrhaft
vorgeführt, wie sich das als fremd und bedrohlich Wahrgenommene in
etwas Wunderbares verwandelt.[1]
    Eine junge Familie lässt sich in einer fruchtbaren und wohlhabenden
Gegend nieder. Nur der »Tannengrund«, eine Ansammlung verfallener
Hütten und Ställe, der »schwarz und traurig [...] in der ganzen heitern
Umgebung liegt«,[2] ist für alle ein Stein des Anstoßes. Die Dorfbewohner wissen wenig über die Menschen dort, die »sich doch nur so von
allen in der Gemeinde entfernt halten«.[3] Der junge Pächter hält sie für
»[a]rmes Gesindel [...] dem Anschein nach Zigeunervolk, die in der
Ferne rauben und betrügen, und hier vielleicht ihren Schlupfwinkel
haben«.[4] Seine Frau hingegen nimmt sie aus christlicher Perspektive als
»arme Leute [...], die sich ihrer Armut schämen«,[5] wahr. Nicht annehm-
bar findet sie aus der gleichen Sicht, »daß sie sich nicht zur Kirche halten«[6] und ihre Felder und Gärten brachliegen lassen. Kontakte bestehen
nicht, und der Wohnplatz der im Elend lebenden fremden Nachbarn gilt
als bedrohlich. Er sei »ja wie verbannt und verhext, so daß sich auch die
vorwitzigsten Bursche nicht hingetrauen«.[7] Das Wissen über die ›armen
Leute‹ »abseits vom Dorfe«[8] setzt sich wie ein Mosaik aus Gerüchten
und flüchtigen Beobachtungen zusammen: »auf der Bank vor der Hütte einige abscheuliche Weiber in zerlumptem Anzuge [...], auf deren
Schoß ebenso häßliche und schmutzige Kinder sich wälzten; schwarze
Hunde [...] ein ungeheurer Mann, den niemand kannte«[9] usw. Niemand
überschreitet die Grenze, die von einem Bach markiert wird, in die eine
oder andere Richtung, bis eines Tages Marie, die Tochter der Pächter,
mit dem Nachbarsjungen Andres einen Wettlauf zu einem Hügel hinter
dem Tannengrund veranstaltet. Marie möchte gewinnen und traut sich,
nach einigem Zögern, die Abkürzung durch die »Zigeunerwohnung«[10]
zu nehmen. Nachdem sie die Grenze überschritten und den dunklen
Tannengrund betreten hat, erlebt sie eine plötzliche Verwandlung:

>Der bunteste, fröhlichste Blumengarten umgab sie, in welchem Tulpen, Rosen und Lilien mit den herrlichsten Farben leuchteten, blaue und gold-rote Schmetterlinge wiegten sich in den Blüten, in Käfigen aus glänzendem Draht hingen an den Spalieren vielfarbige Vögel, die herrliche Lieder sangen, und Kinder in weißen kurzen Röckchen, mit gelockten gelben Haaren und hellen Augen, sprangen umher [...].«[11]

Das Elendsquartier der Zigeuner entpuppt sich aus unmittelbarer Nähe als paradiesisches Idyll und nach weiteren Erkundungen als Land der Elfen, die zusammen mit anderen Wesen über die vier Elemente Luft, Erde, Wasser und Feuer gebieten. Ein Geheimnis ›dahinter‹ wird gelüftet. Was die ablehnende Dorfbevölkerung nicht ahnt: Die Nähe der Zigeuner/Elfen ist der Grund für die Fruchtbarkeit des Landes und den Wohlstand auf ihrer Seite. Marie bleibt, ohne sich dessen bewusst zu werden, sieben Jahre im Elfenland und muss es erst bei der Rückkehr des Elfenkönigs verlassen. Seine Aura bewirkt eine Zunahme des Wohlstandes in der Umgebung: »alle Brunnen und Bäche werden ergiebiger, alle Äcker und Gärten reicher, der Wein edler, die Wiese fetter und der Wald frischer und grüner«.[12] Marie wird ein Schweigegebot auferlegt. Bricht sie es, so die Elfen, »müssen wir diese Gegend fliehen, und alle umher, so wie du selbst, entbehren dann das Glück und die Segnung unsrer Nähe«.[13]

Nach ihrer Rückkehr ehelicht sie Andres und bekommt eine Tochter, die schon früh eine ungewöhnliche Selbstständigkeit entwickelt. Von ihren Eltern und Großeltern sucht sie sich fernzuhalten. Marie entdeckt irgendwann, dass sie heimlich »in holdseliger Eintracht«[14] mit der kleinen Elfe Zerina spielt. Mit ihr hatte schon Marie die Zeit im Land der Elfen verbracht. Sie duldet diese Bindung, obwohl sie damit das Kind den anderen entfremdet. Im Laufe der Zeit nehmen die Aversionen ihres Ehemanns, ihres Vaters und der Dorfbewohner gegen die Zigeuner, »die im finstern Grunde wohnten«,[15] zu. Als die Situation eskaliert und Andres fordert, »das Gesindel müsse als landesverderblich durchaus fortgeschafft werden«,[16] bricht sie zur Verteidigung der zu Unrecht Verachteten ihr Schweigegelübde. Das bleibt nicht folgenlos. »Die Frische des Waldes war verschwunden, die Hügel hatten sich gesenkt, die Bäche flossen matt mit wenigem Wasser [...].«[17] Das gelobte Land wird unbewohnbar:

>Noch in demselben Jahre war ein Mißwachs, die Wälder starben ab, die Quellen vertrockneten, und dieselbe Gegend, die sonst die Freude jedes Durchreisenden gewesen war, stand im Herbst verödet, nackt und kahl [...].«[18]

Und auch Marie und ihre Tochter sterben.

Ohne das Feenmärchen würde die Geschichte einer ökologischen Katastrophe erzählt, deren Ursachen unentdeckt bleiben. Die Folge ist ein Niedergang, der zu einer Verarmung und Verelendung der Bevölkerung führt, wie sie im Zuge der Industrialisierung in allen europäischen Ländern zu beobachten war. Auch in dieser Erzählung verfällt das Schloss aus der ›guten alten Zeit‹ symbolträchtig und wird zur Ruine. Man könnte sie als märchenhafte Version des Niedergangs lesen, den der wortbrüchige Grundherr in Scotts *Guy Mannering* erleiden muss, als er die Zigeuner von seinem Besitz vertreibt. In beiden Geschichten folgt der Verfall dem Bruch mit der Tradition der Duldung der Besitz- und Rechtlosen. Tiecks märchenhafte Erfindung ist einmalig, weil sich hinter der Fremdheit der Zigeuner nicht wie sonst üblich magische Kräfte des Bösen verbergen. Bei ihm deutet ihre Nähe auf ein aus vorgeschichtlicher Zeit stammendes Bündnis zwischen magischen Kräften und Wesen und den Menschen hin, die sich die Erde teilen. Sie zu akzeptieren erscheint als Bewährungsprobe, sie zu bestehen als geheime Quelle des Glücks.

Außergewöhnlich ist nicht die Differenz zwischen Sichtbarem und Unsichtbarem, zwischen Schein und Sein, nicht das Geheimnis, das durch den Ausflug zweier mutiger Kinder in die Welt des Wunderbaren gelüftet wird. Ungewöhnlich ist die positive Stellung, die den Zigeunern, durch deren Gestalt sich die Elfen tarnen, eingeräumt wird, wenn der Verfall, die Abscheulichkeit und Hässlichkeit, die sie überwiegend in der Literatur und im Volksglauben repräsentieren, als Omen des Glücks und Wohlergehens und der Schönheit gelesen werden – und ihre Abwesenheit als Zeichen des Niedergangs.[19]

Es fällt nicht schwer, in dem Verhältnis von Realem und Imaginärem, von Banalem und Wunderbarem und von Hässlichem und Schönem eine Affinität zum künstlerischen Selbstverständnis romantischer Dichter zu sehen. In den *Elfen* lassen sich, wie in anderen Werken auch, die »Zigeuner als Metapher für die gefährdete romantische Poesie«[20] deuten. Mit dem Abgründigen verschwindet zugleich das Phantastische, mit dem Alptraum der Traum. In einem umfassenderen Sinn also werden Zigeunerfiguren und ihre nomadische, der bürgerlichen Gesellschaft ferne Lebensweise zu einem »Reflexionsmedium der eigenen Dichterexistenz«.[21] In der Mitte des 19. Jahrhunderts werden sich jene Künstler, die sich mit dem Zigeunerleben oder dem, was sie dafür halten, identifizieren, ›La Bohème‹ oder Bohemiens nennen.

Für die idealisierende, verklärende Umdeutung hat sich schon bald der Begriff Zigeunerromantik durchgesetzt. Die Projektion des romantischen Künstlerbildes auf die Zigeuner als das »Andere« der bürgerlichen Gesellschaft hat man als einen Versuch ihrer authentischen Darstellung gedeutet. Von ihm müsse man die Traditionslinie verkleideter, vertauschter und geraubter Nichtzigeuner unterscheiden.[22] Diese Unterscheidung leuchtet nicht ein, weil sie von markanten Einzelfiguren ausgeht und das Kollektiv, in dem sich diese bewegen, nicht einbezieht. Noch weniger sind die ›falschen‹ Zigeunerinnen wie Preciosa und Semfira von Projektionen ausgenommen. Und mit einem Federstrich wird Esmeralda in der Librettofassung des *Glöckners* von Hugo in eine ›echte‹ verwandelt. Es ist ohnehin problematisch, auf literarisch-ästhetischer Ebene, im Raum des Imaginären, eine empirische Unterscheidung nach ethnischer Zugehörigkeit vornehmen zu wollen. Was lenkt unsere Aufmerksamkeit auf eine bestimmte Ethnie? In der Regel die Häufung von Klischees und Völkerstereotypen. Weder ›authentische‹ noch ›falsche‹ Figuren gewähren einen Einblick in die historische Lebensrealität der Romvölker. Sie bleiben Zigeuner. Die Zigeunerromantik gestaltet sie verstärkt als eingängige Bilder des Andersseins, sie erfasst sie aber keineswegs in ihrer besonderen Alterität. Nur selten, wie bei Puschkin oder Blicher, blitzt eine Ahnung davon auf, dass sie einen Teil der europäischen Kultur repräsentieren.

Die romantischen Schriftsteller nehmen ihre Zigeuner nicht mit in die moderne Gegenwart industrialisierter Nationalstaaten. Vielmehr symbolisieren sie, was jenseits der Epochenschwelle um 1800 in der Vergangenheit zurückgeblieben ist.[23] Es ist kein Zufall, dass viele Werke ihre Handlung zwischen dem 15. und 18. Jahrhundert ansiedeln. Doch die Zigeunerromantik bietet mehr als ihre heute noch vertrauten Bilder. Sehr viel häufiger, als man vermutet, agieren Zigeuner als Verbündete revolutionärer Kräfte und Profiteure der Umwälzung: als Unheilsboten und -stifter und Marodeure in den europäischen Kampfzonen. Die Geschichten, in denen sie vorkommen, weisen sehr häufig auf Krisen, Probleme und Tabus des Epochenumbruchs hin: auf die politischen und sozialen Folgen der Französischen Revolution, die konkurrierenden Freiheitsmodelle, die Suche nach nationaler Identität, den Bruch der Traditionen, den Wandel der Geschlechterverhältnisse, die territorialen Veränderungen in der Folge der napoleonischen Kriege und die von ihnen bewirkte Mobilität, die Zukunftsungewissheit, die Entwertung feudal-aristokratischen Lebens durch Verbürgerlichung und nicht zuletzt die wachsende Naturferne. In diesen vielfältigen Zusammenhängen tauchen nun in der Literatur Zigeuner auf, ohne dass sie aus den bekannten Nebenrollen als Betrüger, Diebe und Räuber entlassen werden. Hinzu kommt das Interesse am Archaischen, an Volksmythologien, magischen Praktiken, Geheimbünden, am Unheimlichen und Antibürgerlichen, das in auffälliger Häufigkeit und großer Variationsbreite mit Zigeunerfiguren verbunden wird. Zeigen ließe sich die Zigeunerromantik an all diesen Themen und Motiven. Die zeitgenössischen Leser haben am stärksten das Wahrsagen, die Verschwörungen, Verwünschungen und der Kindesraub der Zigeuner bewegt. Sie führen ins Zentrum der Übergangsepoche und zu den Ängsten und Wünschen der Menschen. Auf sie soll sich deshalb die Darstellung in diesem Kapitel konzentrieren.

Von den angeblich magischen Fähigkeiten der Zigeuner, die ihnen in der Welt des Volksglaubens einen respektablen Platz verschafft hatten, findet sich in der romantischen und nachromantischen Literatur besonders häufig das Wahrsagen wieder.[24] So unterschiedliche Werke der deutschen Literatur wie Carl August Seidels (1785-um 1836) *Goldchen* (1800), die *Nachtwachen des Bonaventura* (1804), Eichendorffs (1788-1857) *Ahnung und Gegenwart* (1815), E.T.A. Hoffmanns (1776-1822) *Die Serapionsbrüder* (1819), Heinrich Zschokkes (1771-1848) *Der Freihof in Aarau* (1823)[25] oder Karl Immermanns (1796-1840) *Die Epigonen* (1836) bringen die Handlung durch Zukunftsdeutungen in Schwung. Im populären Genre des zeitgenössischen Geheimbundromans[26] nehmen die geheimnisvollen, verwickelten Schicksals- und Verschwörungsszenarien oftmals von Prophezeiungen alter Zigeunerinnen ihren Ausgang. *Seinem Schicksal kann Niemand entgehen* (1818) lautet der Titel eines einschlägigen Dramas Ernst Freiherr von Houwalds.[27]

Wahrsagungen sind kein besonders raffiniertes erzählerisches Mittel. Sie erzeugen einen Moment der Spannung beim Leser, der sich fragen muss, ob sie wirklich eintreten oder ob man ihnen, wenn sie als Orakel verkündet werden, am Ende noch entkommt. Spätromantische Schicksalsdramen wie Adolf Müllners (1774-1829) *Die Schuld* (1816) haben sich diese Möglichkeit, dramatische Spannung zu erzeugen, nicht entgehen lassen. Darin tritt »ein Weib / Von zigeunerhaftem Wesen, / Wie sie häufig dort vom Stehlen / Oder Betteln, und daneben / Vom Prophetenhandwerk leben«,[28] auf und »kreischt« wütend eine Furcht erregende Prophezeiung heraus, weil ihr die milde Gabe verweigert wurde:

>>›Tagelang wirst du dich quälen,
›Eh' du quitt wirst deiner Last!
›Ist, was du gebierst, eine Knabe,
›Würgt er den, den du schon hast:
›Ist's ein Weibsbild, stirbt's durch ihn,
›Und du fährst in Sünden hin!‹«[29]

Ihr Verhalten entspricht der schon im 16. Jahrhundert gängigen Vorstellung, dass sich Zigeuner für die Zurückweisung mit einem Fluch rächen oder für gutes Geld eine angenehme Zukunft versprechen. »Nur aus der Hand, auf der etwas Blankes liegt, läßt sich wahrsagen«,[30] versichert die alte Zigeunerin in Immermanns *Epigonen*. Am Ende einer aus England stammenden Erzählung, *Martha, die Zigeunermutter*,[31] in der ebenfalls nach der Verweigerung eines Almosens ein Todesfluch ausgesprochen wird, versichert der Verfasser am Ende, dass es »erst dem Geiste der neuesten Zeit gelang [...], den Aberglauben und die Furcht vor dieser sonderbaren Menschengattung zu verbannen«.[32]

In Müllners Drama nimmt das Schicksal seinen Lauf, und es wäre nicht der Erwähnung wert, wenn der Autor nicht in einem der Dialoge eine Selbstdeutung beigesteuert hätte. Prophezeiungen rückt er in einen merkwürdigen Zwischenraum realer Bedrohung und subjektiver Wahrnehmung: »Durch Zigeunermund und Traum, / Droht die Hölle mit Gefahren, / Wo sie weiß, daß man ihr glaubt«.[33] In einer Fußnote spricht er den Zigeunern jegliche magischen Fähigkeiten ab: »Ich wollte weder einem unchristlichen, groben Fatalismus das Wort reden, noch ein ekelhaftes Zigeunerweib auf den delphischen Dreifuß erheben«.[34] Das hindert ihn nicht daran, diese Figur auf die Bühne zu bringen.

Im Lebensalltag erfüllten wahrsagende Zigeunerinnen bis weit ins 18. Jahrhundert hinein eine bestimmte, eng umrissene Aufgabe. Ohne den Hintergrund der von den Eltern bestimmten Partnerwahl lässt sich ihr Erfolg kaum erklären. Vor der Eheschließung oder risikoreichen geschäftlichen Unternehmungen boten sie in Form eines Glücksversprechens oder einer Warnung eine Reihe vager, von ihnen ›gelesener‹ Zeichen an. Um die Jahrhundertwende weitet sich diese private und persönliche Dimension unsicherer Lebensplanung zu einer allgemeineren Zeiterfahrung aus. Die Wahrsagerinnen, die nach der vernichtenden Kritik der Aufklärung am Aberglauben noch die Literatur bevölkern, sind ein nicht zu übersehendes Anzeichen dafür, dass tiefe Zukunftsunsicherheit zur Epochenerfahrung nach der Französischen Revolution und inmitten der Modernisierungsschübe gehört. In einer solchen Um-

bruchsituation scheint die Prophezeiung einer aus der Hand lesenden
Zigeunerin nicht unwahrscheinlicher oder zutreffender zu sein als die
Prognose eines Politikers, Wissenschaftlers oder Theologen. Furcht und
Hoffnung wachsen selten aus rationaler Einsicht in den Gang der
Dinge. Vielmehr werden sie durch die Drohungen und Versprechungen
einer plötzlich in den Alltag einbrechenden fremden und unheimlichen
Welt genährt. »Man hofft auf überraschende Wendungen, Begegnungen,
die das große Glück bringen.«[35] Und ebenso fürchtet man die großen
Katastrophen, die den Untergang des Bestehenden und der alteuropäi-
schen Traditionen beschleunigen.

   In Eichendorffs Roman *Ahnung und Gegenwart* bricht die furchtbare Prophezeiung, dass ein Mord begangen werden würde, in eine
Idylle ein und reißt eine der Protagonistinnen, die gerade erst »vor den
Unruhen in Italien«[36] geflüchtet ist, erneut in den Strudel des Zeitge-
schehens und der Leidenschaften. Die Aufgabe der wahrsagenden Zigeunerinnen kann variieren. Mal erscheinen sie als rettende Botinnen,
die eine Wende zum Guten verkünden, mal als zwielichtige und eigen-
nützige Intrigantinnen, deren Vorhersagen ins Verderben und in die Katastrophe führen. In der Unterhaltungsliteratur lösen sie mit ihren Ora-
keln Missverständnisse aus und lassen die Heldinnen und Helden ihre
Situation tragisch verkennen.

   Fehlende Sicherheit in der Lebensplanung, Familienrivalitäten, Kon-
tingenz der Ereignisse, Identitätsverlust und -gewinnung: Darum kreisen die historischen Räuber-, Ritter- und Schauerromane und Dramen.
Und Zigeuner werden in nicht wenigen von ihnen dafür verantwortlich
gemacht. Diese für die zeitgenössischen Leser höchst unterhaltsamen
Werke inszenieren Berg- und Talfahrten der Gefühle. Zugleich üben sie
aber auch Affekthaltungen gegenüber Zigeunern ein: Furcht, Wut, Ekel,
Hass und Empörung. Für eine Gesellschaftsordnung, die Eigentum,
Sicherheit, Moral und Herrschaft auf die Familie gründet, stellt der Kindesraub oder -tausch den schwerwiegendsten Eingriff in die genealogische Reihe dar und gefährdet ihren Fortbestand. In Deutschland mit seinen zahlreichen Kleinstaaten und den um ihre jeweilige Herrschaft konkurrierenden Adelslinien stößt ein solches Thema nach der politisch-
geographischen Neuordnung zunächst durch Napoleon und dann durch
den Wiener Kongress auf besonderes Interesse der Untertanen. Aber
auch in Frankreich bleibt es nach der Wiedererrichtung der Monarchie
wegen des Legitimationskampfs um den Königsthron von Interesse. Als
Täter tauchen in der Literatur in steigender Häufigkeit Zigeuner und

Zigeunerbanden auf. Adlige Finsterlinge bedienen sich ihres professionellen Könnens, oder Zigeuner betreiben das Geschäft des Kinderhandels ohnehin auf eigene Rechnung, um begabten Nachwuchs für ihre ›Künste‹ zu rekrutieren, wie schon die kleine Preciosa in Cervantes' *La gitanilla*. Damit geht ein Vorwurf, der seit der Frühen Neuzeit im Zusammenhang mit der angeblichen Diebesnatur der Zigeuner vereinzelt erhoben worden war, als literarischer Topos nicht nur der Unterhaltungsliteratur in Serie. Er verfestigt sich rasch in den meisten europäischen Ländern zu einem weit verbreiteten und zum am häufigsten geäußerten Vorurteil gegenüber den Romvölkern.[37] Es ist müßig, nach Anhaltspunkten in der Kriminalitätsstatistik oder nach spektakulären Fällen zu suchen, die sich ins Gedächtnis eingeschrieben haben. Es gibt sie nicht. Auch im Antisemitismus hat der Vorwurf des Kindesraubs eine lange, ebenso dubiose Geschichte.[38] Der historische Hintergrund ist unschwer in den demographischen Krisen des 17. Jahrhunderts auszumachen. Der Dreißigjährige Krieg mit seinen Hungersnöten und Seuchen zwingt der Bevölkerung einen Überlebenskampf auf, zu dem auch Kindesaussetzungen und Kinderhandel gehören. In Märchen wie *Hänsel und Gretel* ist diese Erfahrung verarbeitet worden.[39] Noch hundert Jahre später gibt es in Frankreich immer wieder Gerüchte von Kindesentführungen, die bisweilen zu Aufständen der Bevölkerung führen.[40]

Marie singt in Georg Büchners (1813-1837) *Woyzeck* ihrem Kind ein unheimliches Schlaflied vor: »Mädel, mach's Lädel zu, / S' kommt e' Zigeunerbu, / Führt dich an deiner Hand / Fort in's Zigeunerland.«[41] Vielleicht klingt in diesem Lied in der fürsorglichen Geste so etwas wie der Aufbruch in ein besseres Leben an, wenn mit dem Zigeunerland das Jenseits der Armen gemeint ist. Davon kann im Lied *Der Star und das Badwännelein* aus *Des Knaben Wunderhorn*[42] und in der Märchenfassung Ludwig Bechsteins[43] (1801-1860) von 1845 nicht die Rede sein. Unzweideutig handeln beide vom Raub eines Königskindes. Ein junger Edelmann verliebt sich während einer Rast in einem »Wirtshaus im Walde« in ein Mädchen, das die Wirtin als eine angenommene Waise ausgibt. Durch ein wappenverziertes »Badewännelein« und einen sprechenden Star wird die wahre Identität des Mädchens aufgedeckt und der drohende Inzest verhindert, denn es ist die Zwillingsschwester des jungen Mannes.[44] Das Bild des nackten, wehrlosen Kindes im Garten lässt die Tat besonders perfide erscheinen. Zugleich ist sie Ausdruck der den Zigeunern zugeschriebenen Feigheit und Heimtücke. Die Beraubten werden an ihrer empfindlichsten Stelle getroffen, der Liebe zu ihren Kindern, aber auch in übertragener Bedeutung, dem Übergang von Besitz und Herrschaft auf die nächste Generation. Entsprechend fällt die Rache aus: »Darüber wurde Herr Konrad so entrüstet, daß er das Schwert zuckte, und es der Wirtin durch die Ohren spießte, zu einem hinein, zum andern heraus.«[45] Der sprechende und singende Star kommentiert diese Grausamkeit als gerechte Strafe: »Der Ziegeunerin tun die Ohren so weh, / Sie wird keine Kinder stehlen mehr!«[46]

Die Motive des Kindesraubes sind vielfältig und weisen in unterschiedliche Richtungen. E. T. A. Hoffmann verleiht dem Thema in *Das öde Haus* (1825) eine verstörende Dimension: Sexuelles Begehren, Ehebruch, Wahnsinn, Geburt und Tod werden mit der Figur der alten Zigeunerin verknüpft.[47] Hingegen nutzt Carl August Seidel das Motiv in seinem Roman *Goldchen oder das Zigeunermädchen*, um mit pädagogisch-moralischen und philosophischen Argumenten eine Kritik des aristokratischen Lebensstils vorzutragen.[48]

Aus den Werken über Kindesraub und -vertauschung ragt die Erzählung des tschechischen Romantikers Karel Hynek Mácha (1810-1836) *Die Zigeuner*[49] (1835/36/EA 1857) heraus. Auch hier tauchen am Horizont die kriegerischen europäischen Auseinandersetzungen nach der Französischen Revolution auf. Im Zentrum der an Verwirrungen und Wendungen reichen Geschichte steht ein egoistischer Kindestausch. Graf von Borek, ein böhmischer Grundherr, verdächtigt seine Frau der Untreue, obwohl er selbst ständig Ehebruch betreibt. Sie stirbt bei der Geburt eines Sohnes, der durch ein Brandmal und körperliche Beeinträchtigungen gezeichnet ist. Er zwingt seine Geliebte Angelina, die zur gleichen Zeit eine Totgeburt erleidet, den Jungen aufzunehmen. Um jedoch weiter seine Mätresse sein zu können, setzt sie das Kind im Wald aus, wo es von Zigeunern gefunden und aufgezogen wird. Als der namenlos bleibende junge Zigeuner und sein Ziehvater bei ihren Wanderungen auf das Territorium des Grafen kommen, klären sich die verwickelten Verhältnisse allmählich auf, und der alte Zigeuner, der ursprüngliche Geliebte der jungen Angelina, rächt sich nach mehr als zwanzig Jahren durch die Ermordung des Grafen. Am Ende enthüllt sich, dass keiner der Zigeuner ein solcher ist. Der Alte ist ein venezianischer Gondoliere, dem der Graf die Braut Angelina ausgespannt hatte und der sich erst danach einer Zigeunergruppe anschloss. Eine wahnsinnige Bettlerin, eine an Meg Merrilies erinnernde Gestalt, ist jene Angelina und der junge Zigeuner der legitime Sohn des Grafen von Borek.

Doch nicht die Verwicklungen und Identitätswechsel stehen im Vordergrund, sondern die Darstellung feudaler Willkür. Die Verführungen und Vergewaltigungen junger Mädchen aus dem Herrschaftsbereich des Schlossherrn wie der schönen Jüdin Lea, in der der junge Zigeuner eine Seelenverwandte erkennt, werden mit einer erschreckenden Selbstverständlichkeit und Gleichgültigkeit von allen Bewohnern und selbst den Betroffenen hingenommen. Die blutige Rache erfolgt von außen. Auch wenn am Ende der junge Zigeuner als Erbe zu seinem Recht kommt, hält er die zutiefst zerrüttete Ordnung für unheilbar:

> »Mein Vater! – Mein Vater verführte meine Mutter – nein, er ermordete meine Mutter – mit Hilfe meiner Mutter – nein, nicht mit Hilfe meiner Mutter verführte er meine Geliebte – er verführte die Geliebte meines Vaters – meine Mutter – und mein Vater ermordete meinen Vater!«[50]

Angewidert von den Gemeinheiten, Leidenschaften und Trieben, der Gewalt und dem Machtmissbrauch, gibt er nach nur kurzer Zeit des Nachdenkens sein Erbe auf: »er tat keinem seine Absichten kund und entschloß sich, wieder als junger Zigeuner in die weite Welt zu gehen«.[51] Der höchsten Ehre, die ihm die Bevölkerung bei seiner Übernahme der Herrschaft erweist, zieht er die Verachtung vor. Heilung sucht er in einem offenen Raum ohne zerstörerische Bindungen und Beziehungen.

Die romantischen Zigeunerphantasien sind so wirkmächtig, dass sie erfolgreich mit der Wirklichkeit konkurrieren und deren Wahrnehmung nicht unerheblich beeinflussen. Die Offenbarungen der Zigeunerphantasien sind bis auf wenige Ausnahmen erwartbar, wie die schönen Zigeunerinnen bekunden. Und doch erweitert sich das Darstellungsrepertoire erheblich von den drei im ersten Teil beschriebenen ›Begegnungsvarianten‹ zu mehreren breit angelegten Situationen.

Für die erste Situation, das Eindringen der Zigeuner in den als Eigenes und Eigentum betrachteten Heimatraum, sind schon einige Beispiele angeführt worden. Es geht darum, die Begegnung mit den Fremden, die geblieben sind, immer wieder so durchzuspielen, als seien sie gerade angekommen. In den Geschichten wird die Kontaktaufnahme von Seiten der Zigeuner als Missachtung der Distanz gewertet, die zu wahren ist, wenn man den Status eines Gastes nicht erlangt. Dabei wird ignoriert, dass die Fremden kommen, um Waren oder Dienstleistungen wie Tanz, Musik und Handlesen anzubieten. Das ungebetene Erscheinen, das aber nach der Migration nichts anderes als nachbarschaftliche Anwesenheit ist, wird als Grenzverletzung bewertet und, wie wir gesehen haben, in der Frühen Neuzeit juristisch als Straftat geahndet. Von versöhnenden Gaben, die die Fremden mitbringen, ist niemals die Rede, häufig jedoch von Diebstahl, Betrug und Raub. Ihre Anwesenheit ist stets mit Schaden und Verlust verbunden und wird daher als Bedrohung erlebt.

Die zweite Situation ergibt sich aus der umgekehrten Bewegung. Man überschreitet die Grenzen des gesicherten eigenen Territoriums und entfernt sich damit aus der Gesellschaft mit ihren schützenden Institutionen und der vertrauten Zivilisation. Die Natur, in die man eindringt, stellt in ihrer Erhabenheit und Unberechenbarkeit einen potentiell Furcht auslösenden Erfahrungsraum dar. Vor allem der Einzelne erfährt sich ihr gegenüber als schutzlos ausgeliefertes Wesen. Die gleiche Wehrlosigkeit und Furcht wird auch bei jenen Menschen empfunden, die sich wie Zigeuner und Räuber nach herrschender Vorstellung in die wilde Natur zurückgezogen haben oder dort leben müssen wie Köhler, Herbergswirte oder Müller. In Eichendorffs *Ahnung und Gegenwart* z. B. entfernt sich in einer Episode der Held immer weiter von den erschlossenen und kontrollierten Räumen und erlebt, wie der Wald, durch den er wandert, »immer dunkler und dichter, der Pfad enger und wilder«[52] wird. In der Dunkelheit entdeckt er »endlich ein Licht [...]. Er eilte darauf los und kam an eine elende, einsame Waldschenke. Er sah durch das kleine Fenster in die Stube hinein. Da saß ein Haufen zerlumpter Kerls mit bärtigen Spitzbubengesichtern um einen Tisch und trank.«[53] Gefahr ahnend, entfernt er sich unbemerkt, um dann bei einem Müller Obdach zu finden. Doch dieser verrät ihn an die Räuber aus der Schenke. Durch einen heldenmütigen Auftritt vermag er der Falle zu entkommen. Auf ähnliche Weise stößt er im weiteren Verlauf des Geschehens im tiefen Wald auf ein Zigeunerlager.[54] Inmitten der unzugänglichen Natur erscheinen die wetterfesten Zigeuner, deren Sprache nicht einmal eine vernünftige Ordnung kennt, dennoch nicht als Fremde, wie in der ersten Situation. Sie sind das Andere: die Gegenwelt zur arbeitsamen und nach strengem Reglement lebenden Zivilisation. Sie sind am ›richtigen‹ Ort jenseits des eigenen Territoriums. Ihr Lager kann nun ebenso zum Schauplatz des Wunderbaren, Unzeitgemäßen oder Ursprünglichen werden wie zum Hinterhalt oder zur Mördergrube.

Die dritte Situation setzt schon voraus, dass eine feste, auf signifikante Wiedererkennungszeichen reduzierte Vorstellung davon, wie Zigeuner aussehen und handeln, in das kulturelle Archiv Eingang gefunden hat. Erst dann kann der Auftritt in der Maskierung eines Zigeuners

oder einer Zigeunerin funktionieren. Für das im höfischen oder bürger-
lich-geselligen Rahmen inszenierte Spiel mit Identitäten und Rollen,
dem Verbergen, Enthüllen und der Täuschung, konnten schon frühe
Beispiele angeführt werden. Eichendorff, um bei ihm zu bleiben, bietet
in *Ahnung und Gegenwart* neben der wahrsagenden alten Zigeunerin,
die in die gesellschaftliche Ordnung eindringt, und den gefährlichen
Begegnungen im tiefen Wald auch eine Verkleidungssituation.[55] In seiner
Erzählung *Die Entführung*[56] (1839) präsentiert sich auf einem Maskenball »eine prächtige Zigeunerfürstin, hoch, schlank, mit leuchtendem
Schmuck, die Locken aufgeringelt über die glänzenden Schultern«.[57]
Durch die Zigeunerinnenmasken werden die Figuren auf symbolische
Weise charakterisiert und gewertet. So wählt die Gräfin Diana eine Kostümierung, die ohnehin ihrer Gestalt und ihrem Wesen entspricht: ihrem »rabenschwarzen Haar und dunkeln Augen«, ihrer verlockenden
und abgründigen Schönheit und ihrer »wilde[n] Jungfräulichkeit«.[58] In
allmählicher Steigerung wird sie durch Bilder des verzehrenden und
vernichtenden Feuers dämonisiert. Als unzähmbare und unerreichbare
Frau, die wie die Göttin Diana ihre Jungfräulichkeit amazonenhaft verteidigt, entflammt sie nicht nur das Begehren der Männer: »Sie steckt'
mit der Abendröte / In Flammen rings das Land«.[59] Die Maskierung als
Zigeunerin verbirgt nichts, sondern enthüllt das wahre Wesen.

Die Romantik führt zum größten und wirkungsvollsten Schub der
Ästhetisierung und Medialisierung der Zigeuner. Sie liefert Bilder und
Geschichten einer archaischen, freien und manchmal auch gefährlichen
und bedrohlichen Lebensweise an den Rändern und in den Nischen der
modernen Disziplinargesellschaft oder fern von ihr in den Wäldern,
Bergen oder Steppen der noch nicht eroberten Natur Europas. Zigeuner
werden zu einem populären Gegenstand der Unterhaltung und des Vergnügens im Roman, in der Lyrik, auf der Bühne und – nicht zu vergessen – in der Malerei. Die Zigeunerromantik wird nur selten von
der Absicht getrieben, bewusst zu diskriminieren und auszugrenzen,
schon allein deshalb, weil sie einen Wunschtraum imaginiert, in dem
Verdrängtem und Unbewusstem Gestalt gegeben werden kann. Darin
bleibt wenig Platz für eine adäquate ästhetische Repräsentation der
Romvölker und ihrer historisch sich wandelnden Eigenheiten. Nimmt
man sie als Bezugspunkt und nicht ästhetische und poetologische
Aspekte, kann man die Zigeunerromantik als einen Ausdruck der Missachtung ihrer besonderen Lebensweise mit künstlerischen Mitteln betrachten.

Eine vierte Situation schließlich umfasst die Flucht oder den Rückzug eines Nichtzigeuners aus der Gesellschaft in die Freiheit und Anonymität des als abenteuerlich und abwechslungsreich beschriebenen nomadischen Zigeunerlebens. Die Motive reichen von der Liebe wie in der Ballade *The Gypsy Laddie*[60] über die Flucht vor Verfolgung wie bei Puschkin bis zu anthropologischen Interessen.

In Jan Graf Potockis (1761-1815) labyrinthisch erzähltem Roman *Die Abenteuer in der Sierra Morena oder Die Handschriften von Saragossa* (1805/09)[61] nutzt ein Reisender die Gunst der Zigeuner und ihres Anführers, um sicher durch die Sierra Morena, eine unerschlossene und gefährliche Gegend, zu gelangen. Die Gruppe, der sich der Erzähler anschließt, bietet eher den Anblick friedlicher Naturmenschen:

> »Die Töne wurden bald deutlicher, und ich erspähte eine fröhliche Zigeunertruppe, die, tanzend, singend und sich mit ihren Trommeln und Schellen begleitend, näher kam. Sie schlugen ihr kleines flüchtiges Lager nahe der Terrasse auf, so daß ich leicht den Schimmer von Anmut wahrnehmen konnte, der auf ihren Gewändern und ihrem ganzen Zug lag. Ich vermutete, daß dies ebenjene diebischen Zigeuner seien, unter deren Schutz sich nach den Worten des Einsiedlers der Wirt der Venta de Cardenas begeben hatte, doch sie kamen mir zu gesittet vor, um Räuber zu sein. Während ich sie musterte, errichteten sie ihre Zelte, setzten ihre Töpfe aufs Feuer und hängten die Schaukelkörbe mit den Kindern an die benachbarten Bäume. Und als alle diese Vorbereitungen abgeschlossen waren, gaben sie sich von neuem den Vergnügungen hin, die ihrem unsteten Leben eigen sind und deren größtes in ihren Augen das Nichtstun ist.«[62]

Die jungen Frauen zeichnen sich durch ihre erotischen Tanzkünste und das Singen frivoler Liebeslieder aus. Liebe und Erotik sind dann auch neben Freiheit und Abenteuer die Motive, die einen Aufenthalt bei den Zigeunern attraktiv erscheinen lassen. So berichtet der Erzähler von der ersten Nacht im Zelt des Anführers,

> »daß man meine Bettdecke zugleich an beiden Seiten aufhob und daß zwei Körper sich an mich schmiegten. [...] Ich stellte mir vor, daß solche Sitten zur Gastfreundschaft der Zigeuner gehören und daß es einem Soldaten meines Alters wenig anstehe, sich zu widersetzen«.[63]

Das andere tragende Motiv ist das Naturerleben, genauer die Möglichkeit, in eine sonst unzugängliche Natur mit Hilfe der Zigeuner einzudringen und sich in ihr zu bewähren. Der Zigeunerhauptmann verspricht ihm zu Beginn der Reise, »die schönsten wie die grausigsten Täler zu zeigen, die lieblichsten Landschaften neben denen, die man schaurig-schön nennt, und wenn Sie die Jagd lieben, werden Sie Muße haben, Ihrer Neigung nachzugehen«.[64]

Eine fünfte Situation wäre zu ergänzen. Zigeuner und Nichtzigeuner treffen aufeinander oder beobachten sich, ohne dass es zu einer wirklichen Begegnung kommt. Mit feiner Ironie schildert Jane Austen (1775-1817) in ihrem Roman *Emma* (1816) den dramatischen Verlauf einer solchen Nichtbegegnung.[65] Zwei junge Damen der Gesellschaft suchen auf einer Landstraße bei einem Spaziergang ein wenig Bewegung, doch als sie

>»eine Weile auf ihr gegangen waren, sahen sie in kurzer Entfernung vor sich eine Gruppe von Zigeunern auf einem breiten Wiesenstreifen am Straßenrand lagern. Ein Ausschau haltendes Kind kam auf sie zu, um sie anzubetteln, und die völlig verängstigte Miss Bickerton gab einen lauten Schrei von sich«.[66]

Sie flüchtet überstürzt und erfüllt von panischer Furcht zum Haus zurück. Die andere, Miss Harriet, kann ihr wegen eines Wadenkrampfes nicht folgen. Die Zigeuner nutzen die Gelegenheit, und sie wird »bald von einem halben Dutzend Kinder überfallen, die sie unter Anführung einer stämmigen Frau und eines großen Jungen lärmend umringten und mit zudringlichen Blicken, wenn nicht gar Worten belästigten«.[67]

Unerträglich ist die Situation weniger wegen der Gefahr als dadurch, dass die Zigeuner die soziale und räumliche Distanz, die ein Mitglied der Oberschicht der Gesellschaft erwartet, nicht respektieren. Vorurteile und Ängste, aus der Lebensunkenntnis erwachsen, die wiederum eine Folge der sozialen Abschottung nach unten ist, führen zu einem situationsunangemessenen Verhalten. »In ihrer zunehmenden Panik bot sie ihnen sofort Geld an, zog ihr Portemonnaie heraus, gab ihnen einen Schilling und bat sie, nicht mehr zu verlangen und sie nicht zu mißhandeln.«[68] Die Zigeuner sehen die Angelegenheit damit noch nicht als abgemacht an, denn »die ganze Bande folgte ihr oder vielmehr umringte sie und verlangte mehr«.[69] Die Eskalation, »Harriet zitternd und bittend, die Bande laut und unverschämt«,[70] verlangt nach einem Retter, der dann auch zur rechten Zeit auftaucht. »Harriet klammerte sich an ihn und war unfähig zu sprechen. Sie hatte noch gerade Kraft genug, Hartfield zu erreichen, bevor sie zusammenbrach.«[71]

Die Ohnmacht holt nur somatisch nach, was Harriet vorher ihrer Frauenrolle entsprechend getan hat: sich schutzlos und schutzbedürftig zu geben. Und kopf- und sprachlos ohnehin. Das Aufeinandertreffen

mit den Zigeunern erscheint, wenn man die überzogene Reaktion bedenkt, als ein Vorfall, der sich angesichts der Weltfremdheit und Erfah-
rungsarmut jeden Tag mit anderen Menschen wiederholen könnte. In
der geschlossenen, engen Welt des Landadels und des Bürgertums und
seiner Umgangsregeln ist eine Begegnung oder gar eine direkte Auseinandersetzung, die eine Kommunikationsleistung abverlangt, nicht vorgesehen. Dafür sind die Behörden, im Notfall die Männer, aber niemals
die »Damen« zuständig. Austens Zigeuner scheinen das zu wissen: »Die
Zigeuner warteten gar nicht erst, bis die Gerechtigkeit ihren Lauf nahm;
sie machten sich in äußerster Eile davon.«[72]

Für die Gesellschaft der Umgebung, die sich in gepflegter Langeweile
ergeht, ist das folgenlose Erlebnis der jungen Damen »ein ganz außeror-
dentliches Ereignis«.[73] Damit ist aber nicht das Auftauchen der Zigeuner gemeint, sondern das schicksalhafte Zusammentreffen Harriets und
ihres Retters, das »Anlaß zu den schönsten Hoffnungen gab«.[74] Nur
durch den beschränkten Bezug zu möglichen Veränderungen im Bezie-
hungsgefüge der eigenen Gesellschaft geht das belanglose Ereignis als
»die Geschichte von Harriet und den Zigeunern«[75] in das Gedächtnis
ein und bleibt des Erzählens wert. Ohne den engen Verstehenshorizont
zu erweitern und ohne eine neue Erfahrung als solche in das eigene
Bewusstsein zu integrieren, wird die Begegnung mit den Fremden zu
einem Gegenstand affirmativer Unterhaltung.

Während in den Geschichten vom Kindesraub die in adlige Erbinnen
zurückverwandelten Zigeunerinnen weiterleben müssen, um das Fort-
leben des Geschlechts zu sichern, haben die mignongleichen Mädchen,
die als ›echte‹ Zigeunerinnen eingeführt werden, wenig Überlebens-
chancen. Ihr Leben vergeht wie eine Lust, die nicht auf Dauer gestillt
werden kann. Sie dürfen eine bestimmte Grenze nicht überschreiten,
das Erwachsenwerden, Ehe und Mutterschaft nicht anstreben. Vor diesen Banalitäten einer bürgerlichen Existenz bewahrt sie der frühe Tod.
Nun beschränkt sich der Blick der Männer auf den weiblichen Körper,
der sich auf der Schwelle vom Kind zur Frau befindet, um 1800 nicht auf
die Zigeunerinnen und Orientalinnen. Schwärmereien für junge Bräute
und Eheschließungen mit sehr jungen Frauen sind nicht unüblich. Es
zirkuliert aber auch ein Wissen über sehr frühe, durch die Kirche nicht
legitimierte Eheschließungen bei Zigeunern und über die Angewohn-
heit, ihre Kinder bis zum zwölften Lebensjahr nackt oder halbnackt
herumlaufen zu lassen, an der sich offensichtlich immer wieder erotische Phantasien entzünden. Zu diesen Zigeunerinnenfiguren zählen die

Königstochter Susanne in Achim von Arnims *Die Kronenwächter* (1817), Brentanos Zinga in *Aloys und Imelde* (1811/12), Eichendorffs Erwine in *Ahnung und Gegenwart*, Chiara in Hoffmanns *Lebensansichten des Katers Murr* (1820) und Flämmchen[76] in Immermanns *Die Epigonen* (1836).

Als Maximilian Heine (1807-1879), jüngster Bruder Heinrich Heines, Arzt in russischen kaiserlichen Diensten und Reiseschriftsteller, in den zwanziger Jahren im Zuge der russischen Südexpansion die Türkei und die von ihr eroberten südosteuropäischen Länder bereist, erwirbt er als Souvenir ein kleines Zigeunermädchen, um es, wie er in seinen Reiseerinnerungen *Bilder aus der Türkei* (1833) behauptet, zu zivilisieren. Obwohl er als Jude, der als Jugendlicher die gewaltsamen sogenannten Hepp-Hepp-Pogrome in Deutschland noch miterlebt haben muss, für die Unterdrückung und Ächtung der Zigeuner hätte sensibilisiert sein können, sieht er keinen Anlass, sich mit ihrer Lage und ihrem Schicksal kritisch zu befassen, als er auf dem Gebiet des heutigen Bulgariens Kontakt zu ihnen aufnimmt. Im Gegenteil mischt sich in seine Schilderung ein Gefühl von Ekel und Verachtung: »Hier gedeihen diese Horden in ganz anderer Gestalt, als wie wir sie etwa in Böhmen oder Ungarn schleichen sehen«.[77]

Der Blick, der bei seinen Erkundungsgängen durch die elendsten Gebiete der Stadt auf das vermutlich ›im Gewande der Unschuld‹ herumlaufende »himmlische kleine Mädchen, dessen liebevolles Bild nie in meinem Herzen erlöschen wird«,[78] fällt, weckt im Reisenden den Wunsch nach ihrem Besitz. »Um eine Kleinigkeit kaufte ich dieses Kind ab, das ich bilden und erziehen wollte. Zehn Jahre war sie alt, als ich sie zu mir nahm, und ich nannte sie Pretiosa, meine Pretiosa.«[79] Der Menschenhandel, sicher undenkbar und ungeheuerlich, wenn er Kinder aus der Schicht betreffen würde, aus der Heine stammt, wird von ihm bedenkenlos praktiziert. Durch den Namen der Hauptfigur aus Cervantes' Novelle, den er ihr gibt, zwingt er sie in eine literarisch konstruierte Rolle. Ihr eigener Name – und damit ihre ethnische Identität – wird nicht zur Kenntnis genommen. Als Pretiosa ist sie die lebende Puppe in einem Spiel, dessen Regeln einzig der erwachsene Mann bestimmt. Das Spiel, von dem im Reisebericht erzählt wird, heißt Entwurzelung aus der unterlegenen Herkunftsgesellschaft und vollständige Anpassung an die ihr überlegene europäische Zivilisation:

> »Sie hatte sich sehr bald an mich gewöhnt; meine Liebe und Sorgfalt fanden solchen Wiederklang in diesem reinen edlen Herzchen, dass Vater, Mutter, und alles andere Gesindel bald vergessen wurden. Sie machte in der deut-

schen Sprache gute Fortschritte, und hatte ein treues Gedächtniss. Wenn ich ihr einen moralischen Begriff zu erläutern strebte, so wurde sie stets sehr ergriffen, und schien lange nachzudenken.«[80]

Und auch ihr rascher Tod – »Pretiosa lebte nicht lange; sie wurde bald ein Opfer der P e s t!«[81] – löst nicht mehr als ein neues literarisches Rollenspiel aus, so dass auch noch der Verlust ästhetischen Genuss bietet: »Alles, was die Phantasie Göthe's in M i g n o n 's Zauberseele legte, fand ich, wunderbar genug, unverhohlen in diesem Kinde wieder [...].«[82]

Zigeuner werden in der romantischen Literatur nicht im Sinne eines Abbildungsvorgangs dargestellt. Deshalb wäre es verfehlt, sie auf eine angemessene Wiedergabe hin zu lesen, was immer das im Blick auf Kunstwerke bedeuten sollte. Die Romantik nimmt sie für vielfältige Zwecke ›in Gebrauch‹.[83] Als Medien kommunizieren Kunstwerke nicht Zigeunerbilder, sondern vermittels dieser Bilder kommunizieren sie Botschaften. Zigeunerromantik kommuniziert weder über die Romvölker noch mit ihnen. Romantische Repräsentationen von Zigeunern sind ein gefragtes Medium der Kommunikation über weibliche Erotik und Sexualität. Unter diesen Bedingungen werden sie im ersten Drittel des 19. Jahrhunderts zu einem Medienprodukt der Literatur, Musik und Malerei, der Opern, Singspiele und Operetten. Man kann diese Entwicklung ohne wertenden Unterton als ästhetische Befreiung von jeweils aktuellen gesellschaftlichen Zuschreibungen bezeichnen, und zwar in zweifacher Hinsicht. In nahezu allen europäischen Ländern entstehen auf der einen Seite eigensinnige Darstellungen von Zigeunern von hoher literar-ästhetischer Qualität, Komplexität und literaturhistorischer Bedeutung. Die ›Befreiung‹ fördert aber auf der anderen Seite auch die Trivialisierung des romantischen Zigeunerbildes zur pseudofolkloristischen Zigeunerromantik. Die ständige Wiederholung produziert Erwartbares und erzeugt eine semantische Leere. Und dennoch bleibt auch sie nicht ohne Auswirkungen auf die Wahrnehmung und beschwört die Gefahr herauf, das Verhältnis von Realität und Repräsentation zu verkehren. Trivialisierung bedeutet eine Inflation der Bilder und Geschichten, sie bedeutet aber auch, dass eine komplexe Realität auf wenige Elemente reduziert wird, die ohne Nachdenken wiedererkannt werden können. Zur Trivialisierung gehört jedoch ebenso, das Reduzierte lebensweltlich plausibel erscheinen zu lassen, so dass am Ende die Wirklichkeit als das Doppel der Darstellung erscheint. Sie geht in das kulturelle Gedächtnis ein, nicht das Bild der komplexen, widersprüchlichen und beständig sich verändernden Realität.

»Ein wilder Tanz, ein vaterländisch Lied«:
Ungarischer Patriotismus und Zigeunermusik

Das bekannteste Werk der Zigeunerromantik, Nikolaus Lenaus Gedicht *Die drei Zigeuner* (1838), dessen rauchende, schlafende und gei-
gende Zigeunergruppe rasch zur Allegorie des Zigeunerlebens avanciert, reicht in seiner Bedeutung über ein einprägsames Merkbild weit
hinaus. Zum einen als Medium spätromantischer Selbstreflexion[84] einer
europäischen Künstlerboheme. Zum anderen gehört es gemeinsam mit
den anderen Zigeunergedichten Lenaus in die Reihe der patriotischen,
politischen Romantik.[85] Die seit den Befreiungskriegen populären ›vaterländischen Dichtungen‹[86] von Heinrich von Kleist, Theodor Körner
(1791-1813), Ernst Moritz Arndt (1769-1860) u. a. setzen, um unmittelbare Wirkung zu erzielen, auf aus- und einschließende Gegenüberstellungen von Eigenem und Fremdem, von Freund und Feind. Ihnen ist
ein Moment emotionaler Mobilmachung zu eigen, das von Begeisterung
bis zu aggressivem Furor reicht. Zigeuner tauchen in diesen nationalen
und territorialen Abgrenzungs- und Abwehrphantasien kaum auf, denn
sie sind keine satisfaktionsfähigen Feinde wie die Franzosen für die
Deutschen und Spanier, wie die Spanier für die Italiener oder die Türken
für die Österreicher, Ungarn, Bulgaren, Griechen usw. Allerdings gibt
es ein bemerkenswertes Dramenfragment von Clemens Brentano, *Die
Zigeunerin* (ca. 1813/14), das vor einiger Zeit ausgegraben und zu Recht
als Parodie auf die patriotische Kriegsdichtung im Stile Theodor Kör-
ners bezeichnet worden ist.[87]

Bei Lenau sind die musizierenden Zigeuner Naturpoeten auf eine
ungezähmte, vertraute und dennoch unbegreifliche Weise, deren ma-
gisch-mythische Ursprünge sich im Dunkel einer geschichtslosen Vergangenheit verlieren. Aus nüchterner kulturgeschichtlicher Perspektive
stellten die Zigeunermusiker in Ungarn im Unterschied zu Zentral- und
Nordeuropa und England »ein zentrales Element sowohl der Adels-
kultur als auch des bäuerlichen Alltags dar«.[88] Vergleichbar, wenn auch
nicht mit dem nationalen Befreiungsdiskurs verbunden, ist ihre Position
in Russland und Andalusien. Franz Liszt (1811-1886) behauptet in seiner
Abhandlung *Die Zigeuner und ihre Musik in Ungarn* (franz. 1859; dt.
1861), dass das Desinteresse der Herrschaftseliten an ihrer nationalen
Musik und ihre Hinwendung zur europäischen aristokratischen Repräsentationskultur zu einer Unterbrechung der Tradition geführt habe
und »die ungarische Musik nur durch Zigeuner aufrecht erhalten und

verbreitet werden«[89] konnte. Wenn Lenau Zigeunervirtuosen gestaltet, kann er auf »die große Ära der Zigeunermusik«[90] im 18. Jahrhundert zurückgreifen. Die besondere Rolle der Zigeunermusik in Ungarn war auch schon Clemens Brentano bekannt. In *Die mehreren Wehmüller und ungarischen Nationalgesichter* (1817) karikiert er ihre magische Wirkung auf die Bauern, die schon nach wenigen Takten in veitstanzartige Zustände fallen.[91]

Maßgeblich für die Rolle der Zigeuner in Lenaus Gedichten ist die Idee einer patriotischen Metamorphose der Zigeunermusik, die auch Liszt teilt:

> »Die Zigeunermusik ist in unsrem Jahrhundert mehr und mehr ein Gegenstand ungarischen Stolzes geworden und man bezeichnete sie mit Recht oder Unrecht als nationales Eigenthum, indem man für den Namen ›Zigeunermusik‹ die Benennung ›Ungarische Musik‹ annahm.«[92]

Während die andalusisch-spanische Zigeunermusik durch den Flamenco stärker weiblich bestimmt ist, herrscht bei Lenau und seinen Epigonen ein Bild »patriotischer Männlichkeit«[93] vor. Dieses Bild wird grundiert durch die Topographie der Puszta,[94] deren Weite wie »Bessarabiens Steppe« bei Puschkin die Vorstellung von Freiheit und Unabhängigkeit geradezu visuell evoziert. Im Gedicht *Die Heideschenke* (1831) stößt das lyrische Ich, von dem wir erfahren, dass es Ungarn durchwandert, am Abend auf die unvermeidlichen Zigeunermusiker, denen es wie immer gelingt, die Zuhörer in ein Crescendo der Gefühle hineinzureißen: »Stets wilder in die Seelen geigt / Nun die Zigeunerbande, / Der Freude süßes Rasen steigt / Laut auf zum höchsten Brande.«[95]

Während die stille und leere Landschaft einen ›horror vacui‹ hervorruft,[96] führt die Musik zu einem ekstatischen Rauschzustand. Der Hauptmann der in der Heideschenke rastenden »Räuber« entzieht sich dieser Gefahr durch Aufbruch: »Doch die Zigeuner blieben hier, / Die feurigen Gesellen, / Und spielten alte Lieder mir / Rakoczy's, des Rebellen.«[97]

Eindringlich wird gezeigt, dass die Zigeunerlieder Mädchen und Räuber in der Schenke gleichermaßen bewegen und rühren, weil sie Lieder des Volkes sind und die Erinnerung an dessen Heldentaten, den Aufstand gegen die Habsburger nach der Zurückdrängung der Türken, wachhalten.

Im Gedicht *Die Werbung* (1830), das man mit guten Gründen als Kritik am patriotischen Männlichkeitsbild lesen kann,[98] aber ebenso als sentimentale Feier des vaterländischen Jünglingsopfers, wird die Funktion der von Lenau imaginierten Bindung zwischen Zigeunern und Ungarn deutlich:

> »Rings im Kreise lauscht die Menge
> Bärtiger Magyaren froh;
> Aus dem Kreise rauschen Klänge,
> Was ergreifen die mich so? –
> Tiefgebräunt vom Sonnenbrande,
> Rothgeglüht von Weinesgluth,
> Spielt da die Zigeunerbande,
> Und empört das Heldenblut.
> ›Laß die Geige wilder singen!
> Wilder schlag' das Zimbal du!‹
> Ruft der Werber, und es klingen
> Seine Sporne hell dazu.
> Der Zigeuner hörts, und voller
> Wölkt sein Mund der Pfeife Dampf;
> Lauter immer, immer toller
> Braust der Instrumente Kampf;
> Braust die alte Heldenweise,
> Die vor Zeiten wohl mit Macht
> Frische Knaben, welke Greise
> Hinzog in die Türkenschlacht.«[99]

Die Musik ist Teil einer Inszenierung patriotischer Gesinnung. Seit 1715 werden Zigeunermusiker wie die legendäre Geigerin und Cimbalistin Panna Czinka (1711-1772) bei der Rekrutierung von Freiwilligen in Ungarn eingesetzt, für die sie eigene Formen wie die ›Verbunkos‹ genannten Tänze schaffen. Ihre Musik scheint unverzichtbar und ist deshalb auch allgegenwärtig. Verschwiegen wird, dass die Zigeuner von den Handlungen, zu denen sie aufrufen, in der Regel ausgeschlossen sind. Behauptet wird eine innere Verwandtschaft zwischen der künstlerischen Ausdrucksfähigkeit der Zigeuner und der Empfänglichkeit des ungarischen »Heldenbluts«. Dazwischen entsteht ein Resonanzraum, der für die ungarische Nation charakteristisch sein soll. Was im religiösen Kontext der heiligen Cäcilie zugeschrieben wird, die göttliche Beseelung durch die Musik, die reinigt und erleuchtet, wird hier zu patriotischer Erweckung abgewandelt. Die Zigeuner scheinen aus den Tiefen ihrer ›dunklen Seelen‹ ganz andere Kräfte zu beleben: die Lust und den Tod.

»Und der Dämon schwebt zur Bande,
Facht den Eifer der Musik
Mächtig an zum stärksten Brande
Mit Geraun' und Geisterblick.
Aus des Basses Sturmgewittern
Mit unendlich süßem Sehnen,
Mit der Stimmen weichem Zittern
Singen Geigen, Grabsirenen.«[100]

Sie sind nicht nur Boten des vaterländischen Genius, sondern ebenso einer dämonischen Macht. Als ein Volk, dessen Wurzeln in heidnische Zeiten zurückreichen, sind sie mit ihrer Musik die Meister der ›dunklen‹ Seelenkräfte: eine für die ›hellen‹ ungarischen Helden günstige Arbeitsteilung. Ohne den durch die Musik erzeugten Rausch, den sie durch vertraute Mittel wie »Weinesglut« und »der Pfeife Dampf« zu fördern wissen, könnten die gemischten Gefühle, die Bittersüße, das Ineinanderfließen von Allmachtsgefühlen, Sehnen, Hoffnung und Vereinigungsphantasien, erst gar nicht entstehen.

Im ersten Teil des bekannten *Mischka*-Zyklus, *Mischka an der Theiß* (1836), führt Lenau geradezu klischeehaft drei nationale Erkennungsmerkmale des Ungartums zusammen: Husaren, Zigeuner und Tokayer. Die Husaren zieht es magisch zu den Musikern und zum heimischen Wein:

»›Mischka, streiche! Wirth, gib Wein!‹
Manche Geige mag im schönen
Lande der Magyaren tönen,
Doch im Land die Geige Keiner
Spielt wie Mischka, der Zigeuner.«[101]

Wie in der *Werbung* wird auch von ihm nach einem Augenblick der Vorbereitung eines der Schlachtenlieder aus den Türkenkriegen vorgetragen.[102] Die Musik vergegenwärtigt augenblicklich mit großer emotionaler Wirkung die Vergangenheit. Darbietung und Aufnahme tragen rituelle Züge. Nicht nur das Ereignis, von dem sie berichtet, stiftet magyarische Identität, sondern die Musik selbst: Ich höre – ich tanze – also bin ich ein Ungar. Mit den unterschiedlichen Instrumenten vermag sie nach den Beschreibungen Lenaus lautmalerisch die alten Schlachten zu simulieren. Die in den anderen Zigeunerliedern indirekt abschlägig beantwortete Frage,[103] ob ihre Musik bei den Zigeunern selbst bedingungslose Vaterlandsliebe auslöse, wird hier offen und ohne Antwort gestellt.[104] Die Überwältigung durch ihre eigene Musik würde sie der ungarischen Nation näher bringen. Auch Liszt hat sich mit dieser Frage befasst und über zwei Besonderheiten ihrer Musik zu beantworten gesucht. »Unter den Gefühlen welchen die Zigeuner in der Musik Ausdruck verleihen konnten ist das hervortretendste: Stolz; das zugänglichste: Schmerz.«[105] Hier wird eine Seelenverwandtschaft mit dem ›manisch-depressiven‹ Volkscharakter der Ungarn angesprochen, die von den Urvätern beider Völker aus Asien herrühren könnte. Ein Bild, das Liszt im Gedächtnis geblieben ist, soll diese rational nicht begründbare Nähe veranschaulichen:

> »Da findet man manchmal in einer Felsenvertiefung oder hinter einem dichten Busch Zigeuner oder Zigeunerin auf der Erde kauernd, das Kinn zwischen die verschlungenen Hände auf die Knie gestützt mit einer unsäglich sympathischen Traurigkeit nach den gelblichen wüsten Ebnen des Tschernigoff-Gouvernements hinüber starrend.«[106]

Den Zigeunern unterstellt Liszt im positiven Sinne die Fähigkeit und den Willen zur Empathie. »So theilen die Cygany immer die Leiden der Völker deren Brot sie essen, als hätten sie der eignen, schmerzlichen, nicht genug.«[107] Im Falle der Ungarn ist dies die fehlende nationale Unabhängigkeit eines Volkes, das sich als stolz und kämpferisch begreift und zugleich von der Trauer über die ständigen Niederlagen gezeichnet ist. Eine vergleichbare Empathie beschreibt E. T. A. Hoffmann in den *Serapionsbrüdern* im Hinblick auf die gegen die französische Vorherrschaft kämpfenden Spanier. Auch hier weckt die Zigeunermusik patriotische Gefühle.[108] Mischka erfährt die Einheit mit den Ungarn nicht. Der zweite Teil des Gedichtzyklus klärt über die Gründe auf. Mischkas Künstlertum deutet Lenau mit einem Hinweis auf den antiken Sänger Orpheus – im 19. Jahrhundert ein Künstlerbild für höchste Meisterschaft und tragisches Scheitern: »Diese bangen, diese süßen, / Zauberhaften Töne müssen / In das Land der Schatten dringen / Und die Todten wiederbringen«.[109]

Die Zigeunermusik wird zum Medium, zu »einer Brücke«, wie es im Gedicht heißt, auf der die toten Helden zu den Lebenden zurückkehren. Dies ist eine heidnische Vorstellung, dass die ›Manen‹, wie die guten Geister der Toten in der römischen Antike genannt wurden, sich dann erheben und unsichtbar mitkämpfen, wenn das von ihnen Unerledigte zu Ende gebracht werden soll. Auch revolutionäre Dichter wie Ferdinand Freiligrath (1810-1876) haben auf dieses Motiv zurückgegriffen. In Lenaus *Mischka* »schweben« und »schwanken« die Manen »[u]m die

Tänzer ungesehen«.[110] Die Geisterbeschwörung gelingt, aber die Reaktion der jungen Kämpfer, der Husaren, lässt die notwendige Transferleistung vermissen. Sie stürzen nach draußen, auf der vergeblichen Suche nach den »Türkenscharen«. Doch nicht sie, sondern die Habsburger sind inzwischen die Gegner ihrer Freiheit und Unabhängigkeit. Die ironische Brechung des patriotischen Rausches findet ihren Schlusspunkt im Bild einer friedlichen Mondnacht.

Der zweite Teil der lyrisch-epischen Dichtung, *Mischka an der Marosch* (1842), zeigt den Geiger als einen seiner nomadischen Natur gehorchenden Wanderzigeuner.[111] Ein idyllischer Rückzugsort ist sein »Hüttlein mit dem Halmendach«[112] am wilden Bergfluss Marosch: das Gegenbild zum Steppenstrom Theiß. Dort lebt nach dem frühen Tod von Mischkas Frau »[…] die wunderschöne / Mira, das Zigeunerkind«.[113] Aus der Sicht eines heimlichen Beobachters beschrieben, gleicht sie den romantischen Kindfrauen:

> »O, wenn diese schöne Brust erwacht!
> Dieses Busens keusche Wellen,
> Die noch Liebe nie empfanden,
> Selig, wem sie einst entgegen schwellen
> Und an's Herz im Sturm der Liebe branden!«[114]

Während ihr Vater auf einer Hochzeit spielt, erliegt die sechzehnjährige Mira den Liebesbeteuerungen des jungen adligen Beobachters, der die Abwesenheit Mischkas ausnutzt. Die Liebesgeschichte nimmt den zu erwartenden tragischen Verlauf:

> »Mira! herrliches Zigeunerkind!
> Schnell hast du geliebt, und welkst geschwind.
> Er verrieth, verließ dich feigen Muthes,
> Weil die Liebe, die sein Herz verschönt,
> Ward in einer Schilderei verhöhnt.«[115]

Während in den Stunden patriotischer Hochstimmung die Verbindung mit den Zigeunern gesucht wird, scheint die geplante Ehe zwischen dem Aristokraten und der schönen Zigeunerin Mira ausgeschlossen zu sein. Der junge Graf wird »[v]on den Adeligen seines Blutes«[116] mit einer anonym zugestellten »Schilderei«, einem Spottbild, beschämt. Als Parodie auf die Stammtafeln führt es die Genealogie seines Hauses mit der Verbrechergenealogie der Zigeuner zusammen, ohne die wirkliche Herkunft Miras, die immerhin die Tochter eines berühmten Geigers ist, auch nur anzudeuten.[117] Auch wenn kein ethnisches Kriterium die soziale Ächtung begründet, sondern ein ständisches Gesellschaftsmodell, bleibt die Konsequenz für die Zigeuner die gleiche: die Kriminalisierung ihrer Ethnie unabhängig vom Verhalten des Einzelnen. Verdienste und Leistungen wie die Musik Mischkas können nicht in soziales Kapital umgemünzt werden oder zu einer Durchlässigkeit sozialer Grenzen beitragen. Dem Dünkel der Aristokraten stellt Lenau – in Anspielung auf Puschkins Poem – die elementare Menschlichkeit der Zigeuner entgegen: »Mischka klagt, doch fern daß er verdamme / Seines Kindes unglücksel'ge Triebe, / Weil bei ihm und seinem wilden Stamme / Frei und heilig gilt des Menschen Liebe.«[118]

Mira wählt nach dem Liebesverrat den Tod, während der junge Graf standesgemäß heiratet. Mischka, der nach ländlicher Tradition mit seiner »Bande« auf der Hochzeit spielen soll, erhält durch diesen Umstand die Gelegenheit zur Rache. Wie er an der Theiß die alten magyarischen Helden, ihre Freiheitssehnsucht und ihren Mut hatte wiedererstehen lassen, so spielt er nun in einem Solo der Hochzeitsgesellschaft die Geschichte seiner Tochter, ihre Liebesnacht, ihre Hoffnungen, ihre Verzweiflung, ihr Sterben vor. Mit seiner Geige, die zur »Rachegöttin« wird, verleiht er seinem Schmerz, seiner Trauer, Wut und Rache Ausdruck. Niemand außer ihm und dem Bräutigam weiß, worum es geht, doch alle fühlen, was er in seine Musik gelegt hat:

> »Und nun läßt der Alte deinem Lauschen
> Durch die Saiten dir Vergeltung rauschen! –
> Aus dem Saal ist jede Luft gewichen,
> Dunkles Weh durch alle Herzen schlägt;
> Und nicht wissend, was sie tief bewegt,
> Hat die Braut sich weinend fortgeschlichen.«[119]

Der Fluch und die dämonische Kraft der Musik verfehlen auch in dieser Situation, die jener in der *Werbung* vergleichbar ist, ihre Wirkung nicht: »Von der Macht gejagt des Racheschalls, / Eilt der junge Bräutigam zu Rosse, / Sprengt in finstrer Nacht aus seinem Schlosse, / Stürzt und bricht im Graben sich den Hals.«[120]

Das ist auch das Ende von Mischkas Musik. Er bedient sich dieser magischen Kraft nicht mehr, verscharrt seine Geige und verschwindet spurlos.[121] Man könnte diesen Schluss als Ende der Symbiose zwischen Zigeunermusik und magyarischem Patriotismus lesen, das erreicht ist, nachdem die Illusion einer gegenseitigen Anerkennung und damit der nationalen Einheit durch die soziale Ächtung zerstört worden ist.

In Lenaus *Die drei Zigeuner*, einem durch zahlreiche bildliche Adaptionen und Liedvertonungen sowie -interpretationen weit verbreiteten Gedicht,[122] spielt das Verhältnis zwischen Ungarn und Zigeunern keine Rolle. Ebenso wenig die Magie ihrer Musik. Als griffiges Gegenbild zum bürgerlichen Streben, Reichtum, Arbeitsethos und Zivilisierungsfuror hat es ebenso gewirkt wie als einprägsame Formel eines ethnischen Stereotyps:

> »Drei Zigeuner fand ich einmal
> Liegen an einer Weide,
> Als mein Fuhrwerk mit müder Qual
> Schlich durch sandige Heide.
> [...]
> Dreifach haben sie mir gezeigt,
> Wenn das Leben uns nachtet,
> Wie man's verraucht, verschläft, vergeigt,
> Und es dreimal verachtet.«[123]

Der vielfältige Ge- und Missbrauch dieser Verse reicht von Bewunderung über Neid bis zu Verachtung und von der Künstlerboheme bis zur rassenbiologischen Sozialpolitik. Vor allem die sehnsüchtigen Verse der letzten Strophe[124] haben zu den unterschiedlichsten Lesarten über das angedeutete Verhältnis zu den Zigeunern Anlass gegeben. Man sollte sich aber nicht von der Rezeptionsmasse einschüchtern lassen und deren motivische Enge im Blick auf die Präsentation der Zigeuner annehmen. Man kann das Gedicht ebenso in die Tradition des melancholischen lyrischen Lebensrückblicks einordnen, die von Horaz über Walther von der Vogelweides (um 1170-um 1230) *ich saz uf einem steine* bis zur klassischen Moderne des 20. Jahrhunderts reicht. Als Beispiel lässt sich eine Epistel von Horaz anführen, die mit einem vergleichbaren Trikolon arbeitet: »Wenn du nicht recht zu leben weißt, so mache Platz für die, die das verstehen! / Du hast genug gespielt, geschmaust, getrunken. / Zeit ists für dich zu gehen«.[125]

In den dreißiger und vierziger Jahren entsteht ein neues Lyrikgenre: die »Zigeunerlieder« oder »Ungarischen Lieder«. Mit anhaltendem Erfolg tauchen sie noch bis in das 20. Jahrhundert hinein bei zweitrangigen Autoren und in der Operette auf. Vergleichbar dem romantischen Unterhaltungsroman, werden bestimmte Themen und Motive, oft als Fortsetzung oder Nachahmung Lenaus, variiert, wiederholt und standardisiert. Diese Texte kommen schnell zur Sache. Die ›Musik‹ sucht in das Innerste ihrer Hörer einzudringen: Mit einem einschmeichelnden Vorspiel macht sie ihre Opfer wehrlos oder zur Hingabe fähig, um dann die

>Seele‹ zu berühren und verborgene Gefühle zu erspüren, steigert sich zu emotionalen Wechselbädern und Momenten des Rausches bis zur Erschöpfung: ein Substitut sexueller Erregung, die männliche, entkörperlichte Variante der sinnlichen Attraktion des Flamenco. Der Kreis schließt sich, wenn danach wieder Sehnsucht, Trauer und Vergeblichkeit anklingen.[126]

Nicht wenige dieser Gedichte werden nach dem Vorbild von Liszt erfolgreich vertont, wie Emanuel Geibels (1815-1884) *Zigeunerleben* (1834/35) von Robert Schumann. Brahms wählt für seinen Zyklus von *Zigeunerliedern* (1888) Übersetzungen ungarischer Texte mit Titeln wie *He, Zigeuner, greife in die Saiten*, *Brauner Bursche* und *Horch, der Wind klagt in den Zweigen*. Im Verlauf des 19. Jahrhunderts tritt in der europäischen Unterhaltungskultur das Bild des ungarischen »Csárdás-Geigers« und Zigeunerprimas neben das der spanischen Flamencotänzerin.

In Johann Nepomuk Vogls (1802-1856) *Klänge und Bilder aus Ungarn* (1844) findet sich das Gedicht *An einen alten Zigeuner*. Mehrere Anspielungen vom Häuschen an der Marosch bis zur Beerdigung Miras deuten darauf hin, dass dieser alte Zigeuner Lenaus Mischka ist, der am Ende seines Lebens noch einmal zur Geige greifen soll.[127] Im Unterschied zu Lenaus vielschichtigen Zigeunergedichten steuert die Mehrzahl der sentimentalen Nachahmungen auf ein genrehaftes Stimmungsbild und eine floskelhafte Lebensmaxime zu: »Denn mit stumm beredter Sprache / Sagt's das Naß in unserm Blick, / Daß umsonst gesucht auf Erden / Ich und du ein harmlos Glück.«[128]

Die nationale Aufgabe der Zigeunermusik, Kriege und Schlachten aus heroischer Vergangenheit zu vergegenwärtigen, wird von Alexander Graf von Württemberg (1801-1844) in seiner *Zigeuner-Symphonie* (1841) wörtlich genommen. Er lässt die einzelnen personifizierten Instrumente spielen und reden. So die erste Violine als ›der Vater‹: »Auf, mein Sohn, und laß uns geigen / Einen ernsten Schlachtenreigen«.[129] Der Refrain erläutert die jeweilige musikalische Gestaltung des Geschehens.

Als politischer Dichter betont Karl Beck (1817-1879) in den *Liedern vom armen Mann* (1846) den Freiheitsdrang der Zigeuner, vergisst aber auch nicht, ihr soziales Elend anzuklagen. »Der ungarische Geiger« führt ein menschenunwürdiges Leben als »[s]chwarzer Hund mit Zottelhaaren«.[130] Er zählt wie der Betteljude oder die Savoyardenkinder zu den Ärmsten der Armen.[131] Ohne Verklärung erscheint sein Nomadenleben als eine Form der Obdachlosigkeit: »Du lebst und stirbst im Wald auf hartem Stein, / Und die Zigeunermutter scharrt Dich ein. —«[132]

Das umfangreiche, in drei Episoden gegliederte Erzählgedicht *Der Zigeunerkönig* (1844) von Karl Beck zeichnet die Zigeuner als Schatten-existenzen und ›Nachtmenschen‹. Ein Genrebild des Zigeunerlagers und -lebens leitet es ein.[133] Im Unterschied zu den *Liedern vom armen Mann* fehlen die Anzeichen sozialer Not.[134] Man versammelt sich zum Essen, um anschließend zu rauchen und zu musizieren. Diese ländliche Idylle wird durch die melancholische Selbstdeutung brüchig: »Denn Schatten sind wir, trüb und zag, / Nicht festen Fuß im Leben habend, / Verschämt und klein am hellen Tag, / Doch fühlen wir uns stark am Abend.«[135]

Im zweiten Teil wird die Vermählung eines Zigeuners mit einer von ihnen entführten dreizehnjährigen Grafentochter geschildert.[136] Sie muss, eine Reminiszenz an Goethes Mignon, den »märchenhafte[n] Eiertanz« tanzen, der von Beck als Initiationsritual zur Frauwerdung interpretiert wird.[137] Die Vermählung erfolgt auf die umstandslose Art, die den Zi-geunern seit ihrer Einwanderung zugeschrieben wird, ohne kirchliches Sakrament.[138]

Im dritten, balladesken Teil wechselt der Schauplatz. Der Zigeuner-könig reitet in der Nacht zu einem Schloss, um schweigend und allein durch seine männliche Aura um die von ihm geliebte Frau »mit den blei-chen Wangen«[139] zu werben.[140] An dieser Stelle gibt sich das Gedicht als eine Wiederaufnahme der alten schottischen Ballade *The Gypsy Laddie* zu erkennen, in der eine reiche Aristokratin aus Leidenschaft Reichtum, Ansehen und Mann und Kind aufgibt, um einem Zigeuner zu folgen. Stärker als in der alten Ballade wird in diesem Gedicht aus dem 19. Jahr-hundert die erotische Attraktion des exotischen Fremden benannt, bis hin zur provokativen Vereinigung von Schwarz und Weiß. Während aber der ›echte‹ Magyar die Zigeunermusiker zur patriotischen Feier »herein«bittet, muss die ›weiße Frau‹ mit ihrem geliebten Zigeuner-könig in der Dunkelheit des Waldes verschwinden.

Die ›Zigeunerlieder‹, aber ebenso die hier vernachlässigten Prosa-werke, verhandeln ein entscheidendes Problem von sogenannten Viel-völkerstaaten: das Verhältnis von nationaler Einheit und ethnischer Ver-schiedenheit. Eine konsequente Lösung bietet das vermutlich 1851 erschienene historische Schauspiel *Die Zigeuner-Königin von Ungarn im Jahre 1849* von Dr. A. Würth an. Ob der Verfasser mit dem 1848 für die Wiener Josefstadt in die Frankfurter Nationalversammlung ge-wählten Strafrechtshistoriker Joseph Edler von Würth (1817-1855) iden-tisch ist, lässt sich nicht mit Sicherheit feststellen, aufgrund des Themas aber auch nicht völlig ausschließen, zumal von Würth ein *Album der*

Geschichte des Jahres 1848 in Europa mit Dokumenten erschienen ist, zu denen er als Abgeordneter unmittelbaren Zugang hatte. Der Aufstand der Ungarn von 1849 und ihre Niederlage gegen die Habsburger unter Kaiser Franz Joseph I. noch im gleichen Jahr stehen im Zentrum des Stücks. »Agota, die Zigeunerkönigin, genannt die blühende Rose der Wüste«, und Lajos Kossuth, der politische Führer der Aufständischen, sind die Hauptfiguren. Zu den historischen Nebenfiguren zählt der in Ungarn kulthaft verehrte Dichter Sándor Petöfi (1823-1849), der im Stück eines seiner patriotischen Freiheitslieder vorträgt, das mit den Versen »Bleich und sterbend liegt der Sänger / Mit der Laute in der Hand«[141] beginnt. Auch die ungeklärten Umstände seines Todes während der militärischen Auseinandersetzungen werden auf der Bühne angedeutet, wenn die Dunkelheit ihn beim Abgang verschluckt und dann ein Schuss fällt, der aus einer Waffe der Österreicher aber ebenso aus seiner eigenen stammen könnte. Hütte und Palast sind die Schauplätze: »Der 1. Akt spielt theils in einer Zigeunerhöhle, theils in Kossuths Wohnung in Debreczin.«[142] Die Stimmung ist erregt, auch die Zigeuner singen im Chor ein vaterländisches Schlachtenlied: »Ungarns Feinde müßt Ihr schlagen, / Jeder kühn das Höchste wagen. / Froh und frisch mit keckem Muth, / Spritzet hin des Feindes Blut!«[143]

Ihnen wird die ägyptische Herkunft zugedacht, von der sie im Übrigen selbst überzeugt sind. Das macht sie zu Theaterfiguren ohne Bezug zur sozialen Realität und verleiht dem Stück Züge einer vaterländischen Legende. Die Begrüßungsformel für Agota lautet »Erleuchtete Königin unseres Stammes! Tochter der weisen Mutter der Kinder der Wüste!«.[144] Dennoch verstehen sie sich als Patrioten: »Wir sind die ächten Söhne Egyptens, keine Weiber die in müß'ger Ruhe ihr Leben vergeuden! – Auf! Laßt uns helfen die Feinde Ungarns schlagen, und vergeßt dabei die Rache nicht!«[145] Eine Verbindung stellt sich über die gemeinsame Leiderfahrung und einen unmittelbaren Anlass her. »Graf Gerhard Szirmai, der bekannt [ist] als ein frecher Räuber junger Mädchen«,[146] hat Agotas Schwester

> »mit Gewalt nach seinem Schlosse geschleppt, und – Gott verdamme ihn dafür [...], als sie eben entfliehen wollte, um den Mörder ihrer Unschuld seinen Richtern überliefern zu können, wird sie verrathen, zu Boden geworfen und von seinen Hayducken zu Tode gepeitscht«.[147]

Der aristokratische Lüstling entpuppt sich zudem als »ein Verräther an seinem Volke«.[148] Die Zigeunerkönigin deutet den langen Aufenthalt ihres Volkes als einen Akt der Beheimatung. »Ungarn ist auch das Hei-

mathland, das gastliche, für die weissagenden Stämme Egyptens geworden, folglich retten wir uns selbst, wenn wir Ungarn retten helfen.«[149]
Kossuth, der in Debreczin die Erhebung vorbereitet, ist beeindruckt
davon, dass die Zigeuner ihm und dem »Vaterlande« beistehen wollen.
Agota wendet dagegen ein, dass sie keines haben, worauf Kossuth ihr ein
für den liberalen Nationalismus des 19. Jahrhunderts typisches Assimilationsangebot unterbreitet: Blut gegen Bürgerrechte.

> »Wer sagt Dir, daß Du kein Vaterland hast! Holdes Kind! Ist Ungarn befreit
> vom Joche, das es schmerzend niederdrückt, dann ist es auch jedem
> Unglücklichen ein Heimathland! Du aber wirst der Lohn für die Helden-
> thaten eines der tapfersten Söhne Ungarns sein, und an seiner Hand Ungarns
> ersten Bürgerinnen gleich stehen.«[150]

Und: »Auch den Deinigen soll es nie mehr an einem friedlichen Lagerplatz fehlen, wenn sie gleich Dir mir und dem Vaterlande ergeben
sind.«[151] Auf der Suche nach neuen Bataillonen im Befreiungskampf
zeichnet sich durch das Bündnis mit anderen Minderheiten ein transeth-
nischer Patriotismus ab. Anders als bei Karl Beck spielen Fragen der
sozialen Ungleichheit und der Verelendung keine Rolle.

Das gesamte Schauspiel durchzieht eine breit angelegte Inszenierung
der vaterländischen Einheit, die sich zunächst im gemeinsamen Gesang
kundtut: »Erhalte Gott mit mächtiger Hand / Unser magyar'sches Vaterland.«[152] Die Zigeuner verbeugen sich vor den versammelten Ungarn,
und Agota erscheint »im glänzenden Costüm aus Ungarns älterer Zeit«[153]
und verleiht damit dem Bündnis eine historische Dimension. »Dann beginnt der ungarische Tanz«,[154] der alle vereint.

Selbst der Augenblick, in dem Kossuth seine nationale Sendung begreift – ein wichtiger Erzählbaustein des Nationaldiskurses –, wird mit
den Zigeunern in Verbindung gebracht. So habe Kossuth, während eines
Spazierganges von einem Unwetter überrascht, bei den Zigeunern Obdach gefunden. Im »schauerlich schönen Augenblick« von Blitz und
Donner »ergriff die Urmutter der Zigeunerfamilie meine Hand, nachdem sie mich eine Weile angestarrt hatte und mit einem Blick in meine
offene Rechte, rief sie begeistert die prophetischen Worte: ›Du wirst
einst der Befreier Deines Vaterlandes!‹«[155] Die mantische Gabe, in der
Aufklärung als Aberglauben und Betrug beargwöhnt und in der Romantik mit dem Unheimlichen in Verbindung gebracht, wird nun als
historisch-politische Vorhersage geadelt.

Nach den ungarischen Zigeunern schließen sich auch die Juden der

Befreiungsbewegung an, indem sie ihr Höchstes, die Religion, dem Vaterland opfern:

>»Aus der Tiefe kommt eine Schaar von 8 Zigeunern mit Instrumenten, die den Marsch spielen, und stellen sich dann in der Tiefe auf. Hinter ihnen kommt eine große Zahl Juden in schwarzen Talaren mit 2 Rabinern, einem jungen und einem greisen Mann, an der Spitze. Die sämmtlichen Juden [...] tragen auf rothen Kissen, auf denen das Wappen Ungarns gestickt ist, große Geldrollen in Masse, Silbergeräthe aller Art«.[156]

Die Juden unterbreiten Kossuth das gleiche Assimilationsangebot, das dieser zuvor den Zigeunern gemacht hatte:

>»Ungarn ist für uns bedrängte Juden, das gelobte Land der Verheißung geworden, Du aber Kossuth bist der Messias der uns zu Bürgern dieses Landes macht! – Darum sind wir entschlossen, eher unsern letzten Tropfen Blut zu vergießen, als ruhig zuzusehen, daß der Boden Pannoniens von fremder Macht unterdrückt und entehrt werde!«[157]

Nach diesem Bekenntnis einer zweiten verfolgten und unterdrückten Minderheit deklariert Kossuth das Programm einer brüderlichen Nation, in der die religiösen und ethnischen Minderheiten gleiche Rechte genießen sollen:

>»Fortan umschling' ein Bruderband alle, die innerhalb der Grenzen unseres gesegneten Vaterlandes leben! – Christ und Jude, Türk und Grieche, Katholik oder Protestant [.] Alle umschling' der Bruderliebe heilig Band! [...] Rabi Moses Elkan! Rabi Levi Jordan! Ich reiche Euch die Bruderhand im Namen der ganzen Nation!«[158]

Im Kampf, der nun ausbricht, lernen die Zigeuner »in geregelter Ordnung«[159] zu marschieren. Die Vaterlandsliebe, so die Botschaft, vermag Unmögliches. Agota, der Zigeunerin, fällt eine doppelte Aufgabe zu. Die »Rose der Wüste« erdolcht den verräterischen Grafen und verhilft nach der Niederlage der Ungarn mit ihren Zigeunern Kossuth erfolgreich zur Flucht.

In der *Zigeuner-Königin von Ungarn* wird keine zufällige Einzelposition vertreten. Und auch der pathetische Ton, der durch Übertreibungen und Superlative erzeugt wird, fällt nicht aus dem vor 1848 in der politischen Dichtung in Europa üblichen Rahmen. Bei großen ungarischen Poeten wie Sándor Petöfi, dem ungarischen Goethe, und bei János Arany (1817-1882) in seinem Epos *Die Zigeuner von Nagyida* taucht ebenfalls das Motiv des patriotischen Zigeuners auf, der auf Seiten der ungarischen Revolution kämpft. Das gilt auch für Mihály Vörösmarty

(1800-1855), der in seinem Gedicht *A vén cigány, Der alte Zigeuner* (1855) die Niederlage von 1849 reflektiert.[160]

Viele der Zigeunerlieder und ebenso das historische Schauspiel von Würth offenbaren eine Diskrepanz zwischen dem Desinteresse an der sozialen Lage der Zigeuner und dem hohen Stellenwert, der ihnen im Politischen symbolisch eingeräumt wird. Auf ein konkretes Programm der Integration oder Assimilation zielen sie nicht ab. Dennoch weist der Stellenwert, den die Zigeuner in der Literatur Ungarns – und ebenso der Literatur Spaniens und Russlands – um 1850 einnehmen, auf einen Unterschied zu ihrer Position in den Literaturen Mitteleuropas, Frankreichs, Englands und Skandinaviens hin. In ihnen rücken immer stärker die sozialen Dimensionen, Verelendung, Devianz und Kriminalität, in den Vordergrund, und das kulturelle Interesse an den Zigeunern ist gering. Im Zusammenhang mit der Herausbildung der jeweiligen nationalen Folklore ergeben sich in der Mischung von Außensicht und Selbstbild Nuancierungen, die man so auf eine Formel bringen könnte: In Ungarn musizieren die Zigeuner, und das Volk und der Adel tanzen dazu. In Spanien musizieren, tanzen und singen die Zigeuner ihre Lieder, und man hört und sieht ihnen zu. In Russland singen und tanzen sie und überliefern die alte russische Volksliedtradition.

Die ›letzten Mohikaner‹ Europas: George Borrow und andere Zigeunerversteher

»Wild outcasts of society«[161] nennt William Wordsworth (1770-1850) 1807 in einem Gedicht die Zigeuner, in dem er sich über ihr angeblich fehlendes Arbeitsethos lustig macht. In einer polemischen Antwort hält William Hazlitt (1778-1830) dagegen, dass sie »a better answer to the cotton manufactories«[162] seien. Die Auseinandersetzung ist ein frühes Zeichen dafür, dass sich die Wahrnehmung der Zigeuner allmählich ändert. Den Modernisierungsgegnern gelten sie als der Teil der untersten Schichten, der sich am entschlossensten den Folgen der Industrialisierung und Urbanisierung und dem Leben nach der Uhr entzieht. Und auch die romantisch inspirierte Philologie trägt dazu bei, »dass die englischen Zigeuner von sozialen Ausgestoßenen in edle Wilde verwandelt werden«.[163] Die städtischen Verehrer des Landlebens bewundern in ihnen das letzte Bollwerk eines Lebens in freier Natur.[164] An der Durchsetzung eines solchen Bildes hat der englische Reiseschriftsteller George Borrow wesentlichen Anteil, nicht nur in England, sondern in vielen

Ländern Europas. Wenn Heinrich Grellmann der bekannteste Zigeunerforscher des 18. Jahrhunderts war, so war Borrow, »the walking lord of Gypsy lore«,[165] der des 19.[166] Dass er ein wichtiger oder gar innovativer Sprachforscher und Volkskundler war, kann man aus heutiger Sicht mit einiger Berechtigung verneinen. Die kulthafte Bewunderung, die ihm in Europa entgegengebracht wurde, berührt dieses Urteil nicht. Die Autorität, die er schon zu Beginn seines Wirkens erlangt hatte, ist bei Prosper Mérimée im Epilog seiner Erzählung *Carmen* zu spüren. Noch ein halbes Jahrhundert später erinnert sich ein Weggefährte in der einflussreichen Londoner Zeitschrift *The Athenæum* der grenzenlosen Wertschätzung seiner Person und seines Werks.[167] Die Gründer der Gypsy Lore Society (seit 1888 bis heute), die sich als Fortsetzer seines Werks im organisierten Rahmen eines wissenschaftlich arbeitenden Vereins verstehen, geben seinem Ruf einen legendären Anstrich. So behaupten sie, er sei von den spanischen Zigeunern »Don Jorgito el Inglés« genannt worden. Sein Geist würde noch nach seinem Tod unter den »Romanichals of Andalusia«[168] weiterleben. Auch die Literaturwissenschaft war lange davon überzeugt, dass Borrow »zweifellos einen Wendepunkt in der Entwicklung des Zigeunerromans«[169] bedeutet habe.

Borrow, der mit der Tradition des englischen und spanischen Schelmenromans wohl vertraute Spätromantiker, gibt *eine* erfolgreiche literarische Antwort auf die Romantisierung der Zigeuner durch die Unterhaltungsindustrie in Europa, die jegliche Referenz zur Lebenswirklichkeit der Romvölker vermeidet. Ihren Phantasiegebilden stellt er die Suche nach den ›wahren‹ Zigeunern entgegen.[170] Entschieden und mit der Verachtung des Eingeweihten wendet er sich von den ästhetischen Inszenierungen des Exotischen und Bizarren ab und richtet sein Begehren auf das fremde Leben und das Leben der Fremden, das unterzugehen droht. Ein innerer Zusammenhang mit der konservativen Kulturkritik der Romantik besteht durchaus. Wie diese beklagt Borrow, dass traditionelle Gewohnheiten und Werte verschwinden und der Zeitgeist über Unangepasstes und Unzeitgemäßes hinweggeht. Ein anderer Blick fällt nun auf Völker am Rande Europas. Man zeigt sich besorgt darüber, dass ihre ›Reinheit‹ gefährdet sei und sie durch den Fortschritt korrumpiert würden. »[W]itnessing a dying way of life«:[171] Das möchte Borrow mit seinen Büchern wie *Lavengro* (1851/1857) und *The Romany Rye* (1857). Für ihn sind die Zigeuner die ›letzten Mohikaner‹ Europas, an die nur noch heranzukommen ist, wenn man ihnen bis in ihre Zelte folgt.

»Ich bin Zeit meines Lebens ein Wandersmann gewesen.«[172] Borrow

fühlt sich als Seelenverwandter der Zigeuner. Das verleitet ihn zu der
Überzeugung, eine geheime Anziehungskraft führe ihn immer wieder
mit ihnen zusammen. Für seine Beziehung zu ihnen bürgert er den Begriff »Romany rye« oder ›Romani rai‹ ein, von ihm definiert »as ›one not
a Gypsy, who loves the race and has mastered the tongue‹«.[173] Er ließe
sich mit ›Zigeunerfreund‹ und ›Zigeunergelehrter‹ oder offener mit ›Zigeunerversteher‹ übersetzen. »Lavengro«, der Name, mit dem ihn angeblich die englischen Zigeuner angeredet haben, meint ›Sprachkenner‹
oder ›Sprachmeister‹. Borrows ethnographisches und philologisches
Programm ist zugleich sein poetologisches: die Suche nach dem Ursprünglichen und Reinen einer untergehenden Lebensweise und Sprache. Seine Zeitgenossen, die mit dem gleichen Enthusiasmus nach keltischen Spuren in Wales und Südengland forschten, wird das nicht ganz
abwegig erschienen sein.

Hier liegt auch einer der Gründe, Spanien als Territorium für erste
Erkundungen zu wählen.[174] Das Land jenseits der Pyrenäen gilt zu Beginn des 19. Jahrhunderts als eine der rückständigsten Regionen Europas, mit Landesteilen, die der Kontrolle staatlicher Macht entglitten sind
und von Banditen und Partisanen beherrscht werden. Borrow, der schon
sehr jung als Sprachgenie gilt, reist als Agent der »Bible Society« dorthin, mit dem Auftrag, den protestantischen Glauben durch Bibelver-
kauf und Übersetzungen des Lukas-Evangeliums in die Sprache der
Zigeuner und Basken zu verbreiten. Vier Jahre, zwischen 1836 und 1840,
durchquert er das Land, bis er wegen Erfolglosigkeit abberufen wird. In
England publiziert er zwei Bücher über seinen Aufenthalt: *The Zincali
or An Account of the Gypsies in Spain*[175] (1841) und das Werk, welches ihn
schlagartig berühmt macht, *The Bible in Spain* (1843). Neu ist die Sorgfalt, mit der die Sitten und Gebräuche einer niedrigen und verachteten
Volksschicht beobachtet werden: Hochzeiten, Reinheitsgebote, Tabus
beim Waschen und Essen, Tätigkeiten, Tanz und Musik, soziale Organisation, Führer, Versammlungen, Rechtsprecher.[176] Die dem Zufall über-
lassenen, fragmentarisch dokumentierten Beobachtungen wirken durch
die Augenzeugenschaft des Autors authentisch. Die amüsanten Schilderungen wecken Sympathien, aber sie sind in ihrer Gesamtheit alles andere als positiv. Die Wildheit der Zigeuner wird von Borrow zwiespältig
wahrgenommen: als unverdorbene Natürlichkeit und als Unfähigkeit
zur Weiterentwicklung und Anpassung, derentwegen ihr Untergang
drohe. Für ihn sind sie das einzige freie Volk in Europa, das durch Absonderung den Zwängen der Moderne widerstehe.[177]

Die Modernisierungsprozesse haben, so das Ergebnis der Erkundungen Borrows vor Ort, schon zu Verfallserscheinungen geführt, für die im Verlauf des 19. Jahrhunderts im rassistischen Diskurs der Begriff der ›Entartung‹ gewählt werden wird:

> »Was für ein bemerkenswerter Menschenschlag müssen die Zigeuner in alten Zeiten gewesen sein! […] Ich wollte beinahe, ich hätte zwei oder drei Jahrhunderte früher gelebt, um dieses Volk in einem ursprünglicheren Zustand beobachten zu können. Ob ich wohl damals ebensoleicht bei ihnen Eingang gefunden hätte?«[178]

Spätestens hier wird deutlich, dass Borrow im Unterschied zu den englischen Philanthropen oder Sozialreformern wie James Crabb[179] und John Hoyland[180] kaum an ihrer gegenwärtigen sozialen Lage und noch weniger an deren Veränderung interessiert ist. Ihn begeistert ihre ›unzeitgemäße‹, eine frühgeschichtliche Gesellschaftsform repräsentierende Lebensweise, der man wie einer aussterbenden Fauna auf gewagten Expeditionen ins eigene Land oder in abgelegene Winkel Europas begegnet. Aus literaturgeschichtlicher Sicht verleiht Borrow seinem Ich-Erzähler in *Lavengro* die Gestalt eines ›Taugenichts‹, dessen Erlebnisse in einer Freiluftvariante des Bildungsromans zur Reifung und Festigung seiner Persönlichkeit führen. Die Begegnungen mit den Zigeunern lassen neue, alternative Lebensentwürfe jenseits der Anpassung an ein von Urbanität und bürgerlichem Arbeitsethos geprägtes Leben möglich erscheinen.

Dennoch geht Borrow einen wichtigen Schritt über die Zigeunerromantik hinaus, die sie vornehmlich zu ästhetisch-poetologischen und unterhaltenden Zwecken entdeckt hatte. Das tradierte Wissen und die im kulturellen Gedächtnis gespeicherten, vorurteilsbeladenen Bilder übernimmt er nicht ungeprüft. Stattdessen sucht er die direkte Kommunikation. Als ethnographischer Schriftsteller will er widersprüchliche Aussagen und Auffassungen klären und erhellen, was noch im Dunkeln liegt. Diese sach- und personenorientierte Wahrheitssuche trägt Elemente realistischen Schreibens in sein literarisches Programm, geht aber keinesfalls darin auf. Man könnte sie eher als erweiterte Wiederaufnahme der frühen romantischen Bemühungen der Gebrüder Grimm, Arnims und Brentanos um die Volkskultur bezeichnen. Mit einem gravierenden Unterschied. Während diese in ihren Editionen des volkstümlichen mündlichen Erzähl- und Liedgutes die Spuren ihrer Anwesenheit bei der Aufzeichnung zu tilgen suchten, stellt Borrow seine Person in den Mittelpunkt. Das autobiographische Schreiben bietet die Rahmenbedingungen dafür, die Figur des Romany rye, des Zigeunerfreundes, zu schaffen, der Zugang zu einer Welt erhält, die sich sämtlichem Kontakt durch Abgrenzung, Abwehr, Flucht und Verstellung entzieht. Die Verbindung wird durch das Selbstverständnis des Künstlers als Bohemien gestiftet: eines ›sentimentalischen‹ Seelenverwandten des ›naiven‹ Naturvolkes. Die Beziehung, die durch einen Romany rye aufgebaut wird, unterscheidet sich jedoch von vergleichbaren Verhältnissen zu einem als Kulturnation geltenden Volk, z. B. der Frankophilie oder Anglophilie. Denn sie ist asymmetrisch und einzig von den Interessen des ›Freundes‹ bestimmt. Als teilnehmender Beobachter möchte er hin und wieder etwas erleben, von dem er glaubt, dass es aus den modernen Gesellschaften verschwunden ist. Deshalb nimmt er Unbequemlichkeiten, hygienische Mängel und ekelhafte Speisen in Kauf. Die von Borrow erfolgreich in die Literatur eingeführte Figur des ›Freundes der Fremden‹ wird im 19. Jahrhundert zu einem wichtigen Erzählelement im Reise- und Abenteuergenre und in den Werken über koloniale und imperiale Landnahme. In Deutschland gehören vermutlich die Indianer- und Araberfreunde aus Karl Mays (1842-1912) Romanen zu den bekanntesten Figuren dieses Typs. Für die englische Literatur mit Indien und Arabien als Schauplatz sei nur der ›Weltensammler‹ Richard Burton (1821-1890) erwähnt, der zu den Gründern der Gypsy Lore Society zählt und ein Buch über die Zigeuner geschrieben hat.[181]

Mit dem Romany rye erschafft Borrow eine Mittlerfigur, die sich in einem imaginären Raum zwischen der Mehrheits- und Minderheitskultur bewegt. Die Informationen fließen jedoch nur einseitig in die Richtung der eigenen Gesellschaft. Von ihr grenzt sich der Zigeunerversteher durch die vermeintliche Anerkennung und Wertschätzung durch die Zigeuner und die Illusion eines privilegierten Zugangs ab.[182] Zu den wichtigsten Funktionen der nach dem Tod von Borrow gegründeten Gypsy Lore Society gehört die wechselseitige Anerkennung als Romany ryes. Davon geben zahlreiche Vorworte und Widmungen, die Zeitschrift der Gesellschaft, die Nachrufe und die autobiographischen Werke ihrer Mitglieder bis in die sechziger Jahre des 20. Jahrhunderts hinein beredtes Zeugnis. Sowohl Borrow als auch die Gypsy Lorists wahrten als Angehörige der englischen Bildungselite trotz sommerlicher Zeltausflüge zu den Zigeunerlagern eine deutliche kulturelle und soziale Distanz zu ihnen. Schließlich rechnete man doch Erzherzog Joseph von Österreich (1833-1905), einen Privatgelehrten aus kaiserlichem Hause, der sich der Landeskunde der k.u.k. Monarchie verschrieben hatte, zu den elf Gründungsmitgliedern.[183]

Poetologisch gesehen ist Borrows Position ein schwacher Abglanz von Byrons aktivistischem Programm, dass über Freiheit nur der dichten könne, der sie verspürt habe und sich ihr mit Hingabe widme. Auch Borrow genügt ein Wissen ohne subjektive Erfahrung nicht, da es weder Authentizität sichert noch Verstehen im Sinne der Empathie romantischer Philosophie ermöglicht. Wirkliches Verstehen erfordert die dialogische Begegnung – deshalb steht das Gespräch in Borrows Büchern an zentralen Stellen. Verstehen erfordert Nähe, Einfühlung oder sogar Mimikry.

Sein Blick auf die Zigeuner ist neu in der europäischen Literatur. Bei ihm wird zur konsequenten Haltung, was sich bei Blicher zögernd andeutete. Jedoch überrascht es, wie wenig diese Haltung zu einer veränderten Wahrnehmung beiträgt. Betrachtet man Borrows Romane weniger als Schauplatz seiner Selbstinszenierung als Romany rye, sondern als Präsentation von Wissen, dann drängt sich das Bild der Zigeuner als einer kriminellen, gewalttätigen und nicht integrierbaren Gemeinschaft in den Vordergrund. Seine durch Berührungs- und Abstiegsängste und durch einen rigiden Begriff von Reputation geprägten Verehrer scheinen die prekäre Lage des Mittlers gespürt zu haben, wenn sie im Nachhinein zu verklären suchen: »Er konnte Pech berühren, ohne beschmutzt zu werden – durch Feuer schreiten, ohne verbrannt zu werden.«[184]

Die Suche nach sogenannten ›reinen‹ Zigeunern zwingt Borrow und mehr noch seine stärker systematisch vorgehenden Nachfolger dazu, Kriterien für die Zigeuner festzulegen, die sie als autochthone Ethnie bestimmen und von ›Mischpopulationen‹ und anderen Fahrenden, ambulanten Händlern oder Obdachlosen und sogenannten Vagabunden, abgrenzen lassen. Auf diese Weise dringen Schritt für Schritt Rassentheorien in ihren Diskurs ein: zunächst die bekannten Modelle der Rassenanthropologie, dann der Populärrassismus im Stile Gobineaus und schließlich am Ausgang des Jahrhunderts die sich wissenschaftlich ausweisenden Rassenlehren. Ein wichtiges Abgrenzungsmerkmal ist eine ›reine‹ Sprache mit geringem Lehnwortschatz, die auf der grammatischen Grundlage des Romanes und nicht des Englischen gesprochen wird.[185] Das philologische Handwerkszeug wird nicht selten an deutschen Universitäten erworben. Francis Hindes Groome (1851-1902) studiert in Göttingen,[186] der Amerikaner Charles Godfrey Leland (1824-1903), der eigentliche Initiator der Gypsy Lore Society, der 1873 mit der

Studie *The English Gypsies and Their Language* bekannt wird, in Heidelberg. John Sampson (1862-1931), ein Bibliothekar der Liverpooler Universität, deren Sammlung über die Roma heute zu den weltweit bedeutendsten zählt, wird wiederum von Groome als »Romani Grimm«[187] bezeichnet. Nicht ganz zu Unrecht, denn die Gypsy Lore Society und ihre Korrespondenten in ganz Europa setzen, wenn auch meist unkritisch, die Tradition romantischer Volksmärchenforschung fort. Zu den ursprünglichen Tätigkeiten ›reiner‹ Zigeunernomaden zählen sie neben dem Wahrsagen und der Musik das Geschichtenerzählen. Zu den »abendlichen Lieblingsvergnügungen«, »wenn Alt und Jung sich um das Lagerfeuer versammeln«, gehöre es, »eine Geschichte nach der anderen in aufgeregtem Wettstreit zu erzählen«.[188] Aber auch Methoden wie Schädelmessungen werden von den Zigeunerfreunden schon zur Kenntnis genommen.[189] Doch herrscht in den literarischen, wissenschaftlichen und journalistischen Texten das von Borrow gepflegte ethnographische Programm vor. Dessen Hauptantrieb ist der Schutz von Diversität, insofern sie als authentisch erkannt und erfahren worden ist. Der Schutz schließt den konservatorischen Imperativ ein, die Zigeuner vor der Dynamik der Moderne und der Integration in die Mehrheitsgesellschaft zu bewahren. Mit dem Status quo werden jedoch zugleich ihre Ungleichheit, Armut und Rechtlosigkeit aufrechterhalten, auch wenn man sie als Bedürfnislosigkeit und Freiheit verklärt. Die Einfachheit des Zigeunerlebens bildet den Kontrast zur komplexen, ausdifferenzierten eigenen Gesellschaft und dient als Ersatz für das, was man verloren zu haben glaubt. Jede Veränderung wird als Verfall und Anzeichen des nahen Untergangs einer der letzten europäischen Naturvölker beklagt wie im Reisebericht *Tent Life With English Gipsies in Norway* (1874) von Hubert Smith.[190]

Verallgemeinernd könnte man die Grundhaltung von Borrow und den Gypsy Lorists als Versuch beschreiben, dem Leben ›ihrer‹ Zigeuner eine besondere Zeitlichkeit zu unterstellen. Ihre Existenz wird als Negation der Gegenwart gedeutet. Als archaische, vormoderne Ethnie gehören sie stets der Vergangenheit an, auch wenn sie wie alle ›Wilden‹ ausschließlich im Hier und Jetzt zu leben scheinen. Als ›geschichtsloses‹ Volk aus einer vergessenen Welt nehmen sie nicht am Wandel und an der Beschleunigung der Moderne teil. Ihre Zukunft ist, falls eine solche überhaupt noch erwartet wird, ebenfalls nichts als die Wiederholung des Vergangenen. Sie werden, um die Terminologie des Anthropologen Claude Lévi-Strauss (1908-2009) aufzugreifen, als stationäre Gesellschaft wahrgenommen.

»Wir betrachten [...] jede Kultur als kumulativ, die sich in der gleichen Richtung wie unsere eigene entwickelt, deren Entwicklung für uns also eine *Bedeutung* hat, während die anderen Kulturen uns als stationär erscheinen, nicht immer, weil sie es tatsächlich sind, sondern weil ihre Entwicklungskurve für uns nichts bedeutet, nicht mit den Begriffen unseres eigenen Bezugssystems meßbar ist.«[191]

Gerade dass ihr Leben nicht ›meßbar‹ und daher außerhalb berechenbarer Normalität angesiedelt ist, macht sie für spätromantische Schriftsteller wie Borrow oder Matthew Arnold (1822-1888) (*The Scholar Gypsy*, 1852) erst interessant. Während ihr Dasein für eine auf Verwertung und Ausschöpfung der Humanreserven orientierte Gesellschaft als belastend oder überflüssig erscheint, ist es für deren Gegner und Skeptiker von erheblichem symbolischem Gewicht. Als das ›Andere‹ des Normalen birgt es die uneingelösten Möglichkeiten der Vergangenheit und die uneinlösbaren Wünsche der Gegenwart.

»Afrika beginnt in den Pyrenäen«: Prosper Mérimées Carmen *und die Orientalisierung*

Wie können unter solchen Voraussetzungen die Lebensläufe von Zigeunern in Erzähltexten, wie ihre fiktiven Biographien aussehen? Sie sind exzentrisch, unheimlich und unbegreiflich. Wer nicht bleibt, wie viele der Zigeunergestalten in den Erzählungen des 19. Jahrhunderts, darf vieles sein: Bote aus der Fremde, Zeichen des Wunderbaren, Versucher oder Warner, Helfer in der Not oder Verderber. Kommt es jedoch zu einem längeren Zusammenleben und zu einer Nähe, wie sie in Liebesgeschichten nicht zu vermeiden ist, werden die Zigeuner stets einem Normalisierungs- und Anpassungsdruck ausgesetzt. Nach der Begegnung mit der Zivilisation wird das Leben der Zigeunerfiguren nahezu ausnahmslos durch die gewaltsame und rasche Assimilation erheblich verkürzt. Prosper Mérimées Novelle *Carmen* ist für diese Modellierung eines Lebenslaufs das berühmteste literarische Beispiel aus dem 19. Jahrhundert.

Mérimée lockt den Leser zunächst auf eine falsche Fährte. Der Erzähler, ein Archäologe, reist nach Spanien, um das antike Schlachtfeld von Munda, auf dem Cäsar gekämpft haben soll, zu verorten und somit ein Problem, »welches das ganze gelehrte Europa in Atem hält«,[192] in einer »Denkschrift« zu lösen. Stattdessen erzählt er eine »kleine Geschichte«[193] von der Zigeunerin Carmen, die die Männer in Atem hält. Carmen ist in der Erzählung Studienobjekt und Objekt sexuellen Begehrens. Über ihre Sexualität kann ständig gesprochen werden, weil der ethnologische Blick sie als deren Verkörperung in Reinkultur wahrnimmt. Zunächst hält der Erzähler sie »ihrer wohlklingenden Sprache«[194] wegen für eine Andalusierin, dann für eine Maurin oder Jüdin, bis Carmen sich als Zigeunerin zu erkennen gibt. Jede dieser Zuordnungen steigert das Interesse wegen der wachsenden Freizügigkeit, die den Frauen jeweils zugeordnet wird und die Reisende, heute würde man unverblümter von Sextouristen sprechen, im Süden Spaniens aufgrund der Reiseberichte erwarten.[195] Vor dem Hintergrund einer Mischbevölkerung, deren Loyalität zum christlichen Europa immer wieder bestritten wurde, wird die ›fremde Frau‹ durch alle Nennungen hindurch als Orientalin wahrgenommen. Don José hingegen, der Geliebte Carmens und Binnenerzähler, aus dessen Perspektive die Affäre mit tödlichem Ausgang in einer Art Lebensbeichte ›von Mann zu Mann‹ berichtet wird, ist Baske bzw. ein Altspanier aus Navarra, der Erzähler der Rahmenhandlung ein gebildeter Franzose.

Spanien gilt seit Beginn des 19. Jahrhunderts als eines der rückständigsten Länder Europas. Wegen der Spuren der Maurenherrschaft und der kolonialen Vergangenheit und Gegenwart wird es zunehmend als nichteuropäisch marginalisiert. Aus der Sicht der Franzosen ist Spanien ein Teil des Orients,[196] für Alexandre Dumas »beginnt Afrika in den Pyrenäen«,[197] für Alfred Vigny (1797-1863) sind die Spanier »katholische Türken«.[198] Der englische Lyriker Horace Smith (1779-1849) schließt sich dieser Sichtweise an, wenn er die spanischen Zigeuner als »Arabs of Europe«[199] bezeichnet. Das wertet Spanien nicht gerade auf, sondern exotisiert das Land und Teile seiner Bewohner wie in Théophile Gautiers (1811-1872) viel gelesener, von Gustave Doré (1832-1883) illustrierter *Reise in Andalusien* (1843). Der Eindruck von Unzivilisiertheit schlägt sich unmissverständlich in der Wortwahl nieder. Die Tabakmanufaktur, der Arbeitsplatz Carmens, taucht bei Gautier als erotische Reiseattraktion auf, bei der weniger die Tabakherstellung als die »recht spärliche Bekleidung« der Arbeiterinnen und »ihre Reize«[200] sein Interesse wecken. Obwohl der Reisebericht von unmittelbaren Erfahrungen, Beobachtungen und Erlebnissen zehrt, versucht der Verfasser die Anschaulichkeit durch Vergleiche mit Zeichnungen von Callot oder Goyas (1746-1828) *Hexen von Barahona* zu steigern. Die Abwertung der spanischen Zigeuner reicht tief und bedient sich aus dem Reservoir anthropologischer Völkerhierarchien. Mérimée übernimmt einige Elemente der Reisebilder Gautiers, jedoch nicht jene, die Ekel erregen, um die erotische Aura Carmens nicht zu zerstören. Bei den anderen Informationen, dass ihr »eigentlicher Beruf [...] im Grunde Dieb«[201] ist und »die Männer [...] sich mit Schmuggel, Maultierschur, Roßtäuscherei und dergleichen« beschäftigen, »wenn es nichts Schlimmeres ist«,[202] ist er weniger zurückhaltend. Die Charakterisierung Carmens in dem stilistisch nicht sehr subtilen Werk wird auf Standardelemente konzentriert. So wird sie als »hübsche Hexe«[203] bezeichnet, »mit lockendem Blick, die Faust in der Hüfte, frech wie eine echte Zigeunerin, die sie war«.[204] Farbmetaphern lassen sie als eine Frau erscheinen, die von brennender Leidenschaft getrieben wird: »Sie trug einen sehr kurzen roten Rock, der weiße, durchlöcherte Seidenstrümpfe und niedliche rote Saffianschuhe sehen ließ, die mit feuerfarbenen Bändern gebunden waren.«[205] Als sie von Don José an der Ausplünderung des Archäologen gehindert wird, verwandelt sich ihre Schönheit in animalische Grausamkeit: »Ihre Augen wurden blutunterlaufen und schreckerregend, ihre Züge verzerrten sich, sie stampfte mit dem Fuß auf.«[206] Als notorische Diebin stiehlt sie die Uhr des Erzählers,[207] als ebenso notorische Lügnerin gibt sie sich Don José gegenüber als Baskin aus. Zudem ist sie launenhaft[208] und gnadenlos.[209] Sie prostituiert sich und beabsichtigt, einen ihrer Freier in einen tödlichen Hinterhalt zu locken. Diese »ägyptischen Geschäfte«,[210] wie ihre Unternehmungen genannt werden, betreibt sie nicht allein wegen der Beute, sondern aufgrund ihrer ›wölfischen‹ Natur auch aus Lust und ohne Hemmung durch Moral oder Scham. Sie entstammt wie die anderen Zigeuner einer ›verdunkelten‹, dämonisierten Welt. Garcia, der Einäugige, ihr von den Galeeren geflohener Mann, wird als »das häßlichste Scheusal, das die Zigeuner je hervorgebracht haben«, bezeichnet: »schwarz die Haut und noch schwärzer die Seele, war er der schändlichste Schurke, dem ich in meinem Leben begegnet bin«.[211] Carmen, die sich mit »Zauberei«[212] befasst, warnt Don José nach der ersten gemeinsamen Nacht: »Du bist dem Teufel begegnet«.[213] Die Dämonisierung der Ethnie ist immer auch eine der weiblichen Sexualität. Wenn sie ihren Geliebten darüber belehrt, dass »Hund und Wolf [...] nicht lang gut zusammen«[214] passen, wird damit eine Ausschlussregel formuliert, nach der jedoch in Wirklichkeit nicht die Zigeuner, sondern die Mitglieder der Mehrheitsgesellschaft handeln. Wie bei Borrow folgt daraus die Unmöglichkeit einer Anpassung. Sie wird aber nun nicht mehr mit kulturellen Unterschieden begründet, sondern biologisch.

Die Liebe Don Josés erzwingt eine Nähe zur zivilisatorischen Ordnung, der sich Carmen zu entziehen weiß: »Ich will nicht gequält, schon gar nicht kommandiert werden. Ich will frei sein und tun, was mir gefällt.«[215] Es ist ihre wiederholte strikte Weigerung, den Ort ihres Aufenthalts, die ihr zur Verfügung stehende Zeit und den ›Gebrauch ihrer Lüste‹ kontrollieren zu lassen, die ihre Ermordung in einer melodramatisch ausphantasierten und zum Ritual stilisierten Szene legitimieren soll.[216]

Die Fremdheit der Zigeuner, in Mérimées Novelle immer auch die Fremdheit des anderen Geschlechts, kann weder durch Anpassung und Erziehung noch durch Gewalt überwunden werden. Gewalt ›befreit‹ am Ende von der Bedrohung, die von der fremden Frau ausgeht. Der Mord raubt aber auch das begehrte Objekt. Denn die Körpersprache und -inszenierung der spanischen Zigeunerin, von den schwarzen Haaren über den feurigen Blick bis zu den nackten Füßen, versprechen eine ›andere‹, in der bürgerlichen Gesellschaft unterdrückte Erotik, zu der Unbedingtheit in der Hingabe und Leidenschaft gehören. Vor allem ist ihre Sexualität nicht an die institutionelle Vorbedingung der Eheschließung und an Wohlanständigkeit und Schicklichkeit – oder an Bezahlung – gebunden. Im Unterschied zu Puschkins Semfira, die das literarische Vorbild für Carmen abgegeben hat, fehlt als Hintergrund des tragischen Liebeskonflikts die emphatische Vorstellung individueller Freiheit. Er wird gegen das Bild unsteter weiblicher Triebhaftigkeit ausgetauscht. Noch weniger von den ethnischen Implikationen des Konflikts bleibt im Libretto der Oper (1875) Georges Bizets (1838-1875) übrig, die den Stoff der Novelle erst weltweit bekannt macht, wenn es in der berühmten »Habanera« heißt: »Die Liebe von Zigeunern stammet, / Fragt nach Rechten nicht, Gesetz und Macht; / Liebst du mich nicht, bin ich entflammet, / Und wenn ich lieb, nimm dich in acht!«[217]

Das enzyklopädische Schlusskapitel, in dem Mérimée zeitgenössisches Wissen über Zigeuner zusammengeschrieben hat, belehrt uns, genau gelesen, noch eines anderen. Dort entwickelt er ethno-hygienische Vorstellungen, die den frühen Tod Carmens im Nachhinein als sinnvolle ›Säuberung‹ erscheinen lassen:

»Sehr jung mögen sie [die spanischen Zigeunerinnen] für angenehm häßlich gelten, sind sie aber erst einmal Mütter, werden sie widerlich. Die Unsauberkeit beider Geschlechter ist unglaublich, und wer die Haare einer Zigeunermatrone nicht gesehen hat, kann sich unmöglich einen Begriff davon machen, selbst wenn er sich die gröbsten, fettigsten und staubigsten Pferdehaare vorstellt.«[218]

Am Ende möchte die Erzählung den Eindruck hinterlassen, den schon mehr als ein halbes Jahrhundert früher ein anonymer Autor geäußert hat, »daß Zigeuner zu den grossen Plagen gehören, die der Orient über den Occident ausgeschüttet hat«.[219]

Schon zwanzig Jahre vor Mérimée hat Friedrich Laun (1770-1849)[220] in dem in weiten Teilen abstrusen Roman *Die Zigeunerin* (1825) eine Figur gestaltet, die, was ihre Begierden und Launenhaftigkeit betrifft, einige Ähnlichkeiten mit Carmen aufweist. Der junge Held mit dem sprechenden Namen Michael König wird vor einer Begegnung mit ihr, der »Zigeunerkönigin«, gewarnt. Im Zigeunerlager, in das der Held sich hineinwagt, herrscht eine »Aethiopierin«.[221] Die Interieurs der Zelte sind orientalisch ausgestattet, und die Zigeunerkönigin gleicht mehr einer Haremsdame als der Führerin einer sächsischen Zigeunersippe an der Grenze zu Böhmen. Als Erster fällt ihr der alte Zigeunerhauptmann zum Opfer, wie dessen Sohn berichtet:

> »Da brachte – drei Jahre wird es nun seyn – mein Vater eines Abends diese Schwarze zu uns und ward seitdem ein ganz anderer Mann. Er, vor dessen sonst immer auf Recht und Ordnung gegründeten Geboten der ganze Haufe zitterte, er sank mit Einem Male zum Spielwerk dieser Frau herunter. [...] Entweder die eigene Verzweiflung, oder die Aethiopierin selbst, hatte ihn an einen Baum geknüpft. Seitdem ist Alles zum Erschrecken anders worden, gegen vorhin.«[222]

Mehr noch als Carmen macht sie die Männer zu Sklaven ihrer Begierden und bringt einen von ihnen sogar dazu, »ihr andre Jünglinge zuzuführen, wie sie, wenn er vor Wuth dabei geschäumt, sich gerade hieran am meisten ergötzt hätte«.[223] Auch der Held droht ihren Verführungskünsten zu erliegen:

> »[O]hne zu wissen, wie ihm geschah, fühlte sich Michael auf Einmal von den Reizen des schönsten weiblichen Körpers umfangen. Sey mein! hauchte die üppige Glut der Lippen seiner Nachbarin ihm zu und eine Trunkenheit bemächtigte sich seiner Sinne, daß er schon verzweifelte, Widerstand leisten zu können.«[224]

Anders als Don José leistet er ihn doch noch, aber ebenso wie dieser tötet er die Königin im Affekt.

In beiden Geschichten wird die Begegnung mit der ›fremden Frau‹ auf die Sexualität beschränkt. Zu einer auf Gegenseitigkeit beruhenden Liebe müsste die jeweilige Kultur hinzukommen, nach deren Regeln die Tiefe der Beziehung erst ausgelotet werden könnte. Doch Kultur existiert aus der Perspektive der Verfasser nur auf einer Seite. Auch deshalb ist Carmens Schicksal typisch für die Darstellung der Begegnung mit Zigeunern im 19. Jahrhundert, als eine wissenschaftlich autorisierte und politisch ausformulierte Strategie der Beherrschung der Fremden bzw. Marginalisierten oder Devianten noch in den allerersten Ansätzen steckte. Praktiziert wird etwas, was Zygmunt Bauman die Kunst der Nichtbegegnung genannt hat, nämlich ein Set von Techniken, um die Beziehung mit anderen aus moralischen Verpflichtungen zu lösen oder gar nicht erst einzugehen.[225] Es handelt sich dabei vorrangig um solche Verpflichtungen, wie sie das aufklärerische Erziehungsideal dem ›Wissenden‹ und damit Zivilisierten als Verantwortung gegenüber den Angehörigen einer niedrigeren Entwicklungsstufe auferlegt. Die Lebensläufe von Zigeunern müssten unter der Voraussetzung einer wirklichen Begegnung als hoffnungsvolle Erziehungsgeschichten zu schreiben sein. Doch solche Narrationen bleiben, wie wir gesehen haben, rar. In den literarischen Werken des frühen 19. Jahrhunderts lesen wir die immer gleichen Geschichten von Zigeunern und Zigeunerinnen, die unfähig und unwillig sind, sich diszipliniert in eine zivilisierte Gesellschaft einzufügen und mit dem Scheitern das Recht auf ihr Leben verwirken.

3. »Menschen sind sie, aber nicht Menschen wie wir«. Zigeuner und die Ethnographie

Ein Naturvolk inmitten der Zivilisation

Um die Jahrhundertwende reist der ehemalige Burenkommandant Jacobus Petrus Jooste (1868-1945) durch Deutschland und Europa, um für die südafrikanische Burenrepublik zu werben. Er stößt nicht überall auf Verständnis und Zustimmung. In Siebenbürgen, wo die Leute »für ihre deutsche Volksart, ihre Muttersprache und Schule kämpfen müssen«,[1] fühlt er sich endlich wohl. Fern der urbanen Zentren sehen die Menschen noch so aus, wie Europäer nach seiner Ansicht auszusehen haben. Aber er wittert auch hier Gefahr:

> »Hier sah ich auch zum ersten Male etwas, was mich an Afrika denken ließ, nämlich die Zigeuner, die ich die Siebenbürger Kaffern nennen möchte. Sie waren allerdings nicht ganz so schwarz, nicht ganz so häßlich und nicht ganz so schmutzig als die unserigen, aber sie sind trotzdem und auch mit Recht die verachtetste Bevölkerung des Landes, und niemand wird mit ihnen enger verkehren. Aber warum verlangt Europa denn von uns, daß wir uns mit solchen Leuten gleichstellen sollen? Hätte ich in Siebenbürgen ein Sachsenmädchen fragen wollen: ›Warum heiraten Sie keinen Zigeuner?‹ so wäre sie wohl und auch mit Recht beleidigt gewesen. Aber wie oft wurde mir gesagt: ›Die Kaffern sind doch auch Menschen wie wir!‹ Menschen sind sie, aber nicht Menschen wie wir. Denn wo hat man auf der ganzen Erde wohl jemals einen schwarzen Germanen gesehen? Und oft ist mir das Blut zu Kopf gestiegen, wenn ich auf der Friedrichstraße in Berlin eine augenscheinlich gebildete und elegante Dame gesehen habe und neben ihr einen schwarzen Kaffern, mit dem sie freundschaftlich wie mit ihresgleichen verkehrte, nur weil er sich einen eleganten Rock hatte überziehen lassen und einen weißen Kragen [...], um dadurch seine schwarze Haut zu verbergen. Wenn wir das in Südafrika machen wollten, dann würden wir auch bald, weiß Gott, ein Kulturvolk sein im Sinne mancher europäischer Wünsche, aber wir würden nicht mehr das Recht haben, auf unser Germanentum stolz zu sein. Europa soll erst einmal versuchen, den Kaffer von seinem Geruch zu befreien, und dann wollen wir von ›Menschen, wie wir‹ sprechen.«[2]

Während sich die Buren anschicken, die afrikanische Mehrheitsbevölkerung nach rassistischen Ordnungsvorstellungen politisch und sozial zu entrechten, waren immerhin die rumänischen Zigeuner ein halbes Jahrhundert zuvor im Windschatten der Nationalbewegung von der Sklaverei befreit worden. Und doch berührt der Kommandant einen wunden Punkt der europäischen Gesellschaften. Die Mehrzahl der alten und neuen Nationalstaaten war weder in der Lage noch willens, auf ihren mühsam errungenen und instabilen Territorien das Problem ethnischer Vielfalt dauerhaft zu lösen. In einer konfliktreichen, auf gewaltsame Auseinandersetzungen zueilenden Epoche, in der ethnische Hegemonien mit dem Ziel bekämpft wurden, neue durchzusetzen, wie die ungarische gegen die österreichische und in der Folge die kroatische und rumänische gegen die ungarische, bringt der Burenkommandant zu der in Europa seit langem geübten politisch-kulturellen Unterdrückung von Minderheiten wie den Basken, Bretonen, Korsen oder Finnen ein Konzept rassisch begründeter Dissimilation und Segregation ins Spiel, für das Angst, Misstrauen, Neid und Verachtung von zentraler Bedeutung sind. Selbst in Ländern wie England und Preußen, deren Gesetzgebungen im 19. Jahrhundert darauf abzielen, den Assimilationsdruck auf die Zigeuner zu erhöhen und die auf die Sogwirkung der Industrialisierung und Urbanisierung vertrauen, wächst die Bereitschaft, die ›Vermischung‹ mit der Mehrheitsbevölkerung zu unterbinden. Es fällt auf, dass nun auch der Wahrnehmungshorizont in Richtung Ost- und Südosteuropa und Südspanien erweitert wird – und damit in Regionen mit einem vielfach höheren Bevölkerungsanteil von Zigeunern.

Die nationalstaatlichen Neuordnungen wiederum werden von volkstypologisch und -charakterologisch argumentierenden Hierarchisierungen begleitet. Über die jeweiligen Verhaltensweisen der Zigeuner gegenüber den Nationaleigenschaften unterschiedlicher Völker erhofft man sich Aufschlüsse über eine etwaige Alternative zwischen Assimilation und Ausgrenzung. In einer offiziösen, im Rahmen des zwölfbändigen Sammelwerks *Die Völker Oesterreich-Ungarns* erschienenen Studie über *Die Zigeuner in Ungarn und Siebenbürgen*[3] (1883) hält der Verfasser Johann Schwicker (1839-1902) es für bedeutsam, »mit welchen Völkern sich der Zigeuner mehr oder weniger leicht verträgt«.[4]

»Während er dem Türken, wie es scheint, ziemlich indifferent gegenüber steht, ist ihm der gewaltthätige Albanese entschieden antipathisch. Eher findet er dem Griechen gegenüber einen modus vivendi. Heimisch fühlt er sich unter Rumänen und Magyaren, in geringerem Grade unter Slaven und noch viel weniger unter Deutschen. Unter den slavischen Völkern dürfte er den Polen und Kleinrussen (Ruthenen) den Vorzug geben. Feindlich begegnet ihm der Franzose […].«[5]

Der Autor verzichtet auf eine empirische Überprüfung und begnügt sich mit Vermutungen über kollektive Befindlichkeiten. Andere Forscher gelangen auf diese Weise zu entgegengesetzten Ergebnissen:»Die

Zigeuner sind aber am Nil, an der Theiß und Themse in gleicher Weise Fremdlinge.«[6]

Verlässlichere Auskunft über die jeweiligen Möglichkeiten der Anpassung oder Ausgrenzung verspricht eine neue Wissenschaft: die Ethnographie oder »specielle Volkskunde«, die sich im Laufe des 19. Jahrhunderts aus der Anthropologie, Philologie, Geographie und Geschichtswissenschaft entwickelt. Sie begreift den Menschen, so Friedrich Müller (1834-1898), einer ihrer akademischen Pioniere 1873, »als ein zu einer b e - s t i m m t e n, auf Sitte und Herkommen beruhenden, durch gemeinsame Sprache geeinten G e s e l l s c h a f t gehörendes Individuum«.[7] Die anthropologische Leitkategorie der Rassen wird zwar nicht ersetzt, allerdings durch den offeneren und flexibleren Begriff der Völker ergänzt. Zu ihren wichtigsten Aufgaben zählt die Ethnologie, die »Abgränzung des Menschen nach Völkern«,[8] »deren Individuen durch gleiche Sprache und gleiche Sitten zu einer das Volksthum begründenden Einheit zusammengehalten werden«.[9] Ihr Interesse richtet sich auf mündliche, materiell-gegenständliche sowie in Ritualen, Sitten und Gebräuchen zum Ausdruck gebrachte Überlieferungen, des Weiteren auf nichtkodifizierte soziale Beziehungen zwischen Männern und Frauen, Alten und Jungen, Blutsverwandten, Stämmen und Völkern. Ohne schriftliche Quellen ist es der Sammler und Forscher, der die Authentizität des Materials verbürgt. Sammlung, Dokumentation, Verschriftlichung, Archivierung und Präsentation gehören in der Ethnographie eng zusammen. Als wissenschaftliche Disziplin gibt sie sich nicht mehr mit dem Buch, z. B. der illustrierten Reisebeschreibung, zufrieden, sondern sieht im Völkerkunde- bzw. im Volkskundemuseum die angemessene Form der Wissenspräsentation. Für den Direktor des Berliner Völkerkundemuseums Adolf Bastian (1826-1905) »bilden die Museen selbst die Texte«,[10] die man für die schriftlosen Völker zusammenstellt. Die wissenschaftliche Ethnographie, in Deutschland seit 1869 mit der *Zeitschrift für Ethnologie* auch in der Öffentlichkeit präsent, grenzt sich von den dilettierenden Amateurforschern und Reisenden ab, die ihre Zufallsfunde als Trophäen und Kuriositäten nach Hause bringen. Nicht nur die ›Wilden‹ der Völkerschauen, auch ›echte‹ Zigeuner werden für das großstädtische Publikum zu einer ethnologischen Sensation und Rarität. Als sich 1885 eine Romgruppe im Berliner Umland aufhält,

> »machten sich die Schaulustigen aus den verschiedensten Ständen zu Wagen, zu Roß und zu Fuße um so mehr auf, die verwilderten Fremdlinge in Augenschein zu nehmen, als Zigeuner in Preußen bereits so selten geworden sind,

daß sie gar nicht mehr in die amtlichen Bevölkerungslisten eingeführt werden, und auch die Künstler waren in den ersten Reihen derer, die bei diesen
fremdartigen Wanderern mit Interesse verweilten«.[11]

Gebildete Bürger in Ungarn und Rumänien nutzen den Aufenthalt in
der »Sommerfrische« dazu, Zigeuner zu beobachten und darüber zu
schreiben. Man kann darin frühe Formen des Bildungstourismus erkennen, wenn die Folklore des besuchten Landes, die Illusion einer unmittelbaren und unverstellten Begegnung mit den Einheimischen und deren Dokumentation in den Mittelpunkt gerückt werden. Der Unterhal-
tungswert scheint beträchtlich gewesen zu sein.

In diesem Zusammenhang nimmt die Zahl der fotografischen Abbildungen von Zigeunern und ihrer Lebensumstände rasch zu und tritt
in den europäischen Kultur- und Unterhaltungszeitschriften an die
Seite der Genremalerei. Das Publikumsinteresse ist so groß, dass regelmäßig illustrierte Reiseberichte erscheinen. Und auch die Ethnographie
bedient sich bei der Dokumentation und Präsentation zunehmend der
Fotografie, um das aus ihrer Sicht ›Flüchtige‹ der Welt der Nomaden für
einen Augenblick stillzustellen.[12]

Einer der Berichte aus dem Jahr 1879 erzählt begeistert von »lustige[n] Ferien«[13] in Hermannstadt in Siebenbürgen. Der Reisende rüstet
sich in Erwartung der »braunen Studienobjekte«[14] sorgsam aus. In seinem Koffer befinden sich »unter vielen anderen Büchern auch mehrere
Zigeunergrammatiken, Abhandlungen über die Sprache der Zigeuner«,[15]
die ihm dabei helfen sollen, die Kontaktaufnahme sprachlich zu bewältigen.

Die Anthropologie des ausgehenden 18. Jahrhunderts hatte die Andersartigkeit der Völker mit unveränderlichen Rassenmerkmalen begründet und damit die Unterschiede ›naturalisiert‹. Die europäische
Volkskunde des 19. Jahrhunderts eröffnet zumindest die Möglichkeit,
durch kulturelle Vergleiche beispielsweise der Kernbestände europäischer Volksmärchen die Abstände zu verringern. Indem sie die eigenen
Unterschichten, das »Volk«, ethnographisch wahrnimmt und nicht nur
die sogenannten Naturvölker Europas, schafft sie Übergänge zwischen
den Kulturen. Dies führt in wenigen Fällen zu einer vorübergehenden
Aufwertung: im Blick auf die Zigeuner etwa durch die Studie von Franz
Liszt über ihre Musik und ihre herausragenden Musikvirtuosen.[16] Me-
thodisch stellt sich die Frage nach dem Maßstab, an dem die europäischen ›Naturvölker‹ gemessen werden sollen. Schwicker gibt eine zwiespältige Antwort:

»Bei der Beurtheilung der geistigen und moralischen Zustände eines cultur-
losen Volkes geräth der Culturmensch leicht in die Gefahr, schiefe Urtheile
zu fällen, weil es überaus schwer fällt-sich auf das Niveau der zu beurthei-
lenden ›Naturmenschen‹ zu stellen. Das ist auch den Zigeunern gegenüber
der Fall. Es sind darum die Urtheile über deren intellectuelle Anlagen und
Fähigkeiten sowie über ihre Sittlichkeit nur in relativer Weise, d.i. von unserem Gesichtspunkte aus aufzufassen.«[17]

Als Wissenschaftler muss er für eine empirische Betrachtungsweise eintreten, die Projektionen und Spekulationen vermeidet.[18] Zu einem Perspektivenwechsel ist er dennoch nicht in der Lage, wenn er z.B. die
romantische Lesart des ›düsteren Blicks‹ der Zigeuner als Melancholie
zurückweist und seinerseits als »Ausdruck des Stumpfsinnes, der mangelnden geistigen Thätigkeit und einer Gefühllosigkeit, die bei dem thie-
rischen Wesen eines solchen rohen Volkes ganz natürlich erscheint«,[19]
deutet.

Die unheimliche Nähe zur eigenen Volkskultur und zu deren ebenfalls rohen Sitten und Gebräuchen, die eigentlich nicht von der Hand
zu weisen ist, wird durch die Behauptung eines tierischen Wesens der
Fremden verleugnet. Schwickers Charakterisierung unterscheidet sich
an diesem wichtigen Punkt nicht sonderlich von anderen volkskundli-
chen Bestandsaufnahmen, die nun eine klare Trennlinie innerhalb der
Volkskulturen zu ziehen suchen. Dazu betten sie die regionalen ländlichen Unterschichtskulturen erneut in die schon von der aufklärerischen
Anthropologie konstruierte zivilisatorische Gesamtentwicklung ein.
Maßgeblich für den Vergleich ist nicht der gegenwärtige Zustand, der
auch bei eigenen lokalen Bevölkerungsgruppen in kargen und abgelegenen Regionen niedrig sein kann, sondern das Vorhandensein höherer
Entwicklungsstufen des gleichen Volkes bis hin zur höchsten Phase nationaler Kultur und Staatlichkeit. Doch reicht der Nachweis ungleich-
zeitiger Entwicklungen innerhalb eines Volkes allein nicht aus. Auf diese
Weise lassen sich allenfalls die europäischen ›Kulturvölker‹ voneinander
unterscheiden, nicht jedoch diese von ›Naturvölkern‹ wie den Zigeunern. Eine unüberbrückbare Kluft lässt sich erst behaupten, wenn man,
wie die Ethnographie des 19. Jahrhunderts, von der Annahme eines kul-
tur- oder zivilisationsenergetischen Prinzips, eines Willens zum Höheren, ausgeht, der den ›Naturvölkern‹ fehlt. Dieser angebliche Mangel
kann rassenanthropologisch begründet werden, muss es aber nicht.
Kulturvölker schaffen Ordnung, Naturvölker wie die Zigeuner verursachen Chaos: »alles bewegt sich bunt und laut und wild durcheinander;

und eben darin liegt das Anziehende, daß es doch endlich einmal etwas Anderes, etwas Außereuropäisches ist«.[20]

In einem Beitrag von 1889 wird erörtert, ob die Zigeuner nicht doch ein »Kulturvolk« seien. Aus der Sicht des Verfassers kommen nur jene Gruppen in Betracht, die ihre Ursprünglichkeit bewahrt haben.[21] Messe man sie nicht an der Moderne, besäßen sie alles, was zur Kultur eines Volkes gehöre: »Vor allem eine eigene Sprache; ferner Handel, Gewerbe, Musik, Dichtung«[22] etc. Insbesondere der Besitz »der Poesie«[23] beweise, »daß das heimatlose Volk der Zigeuner nicht ohne Kultur ist«.[24] So weit möchten andere Autoren nicht gehen, die ihre Dichtungen für »roh, grobsinnlich und häufig obscön«[25] halten. Die Poesie dient einer milieutheoretischen Argumentation als wichtiger Anhaltspunkt. Nach ihr ist der niedrige Zivilisationsgrad die Folge dauerhaft negativer Umweltbedingungen und der fehlenden Hilfe von außen. Wenn aber volkskundliche Forschungen zutage fördern würden, dass die Zigeuner ihre Lieder und Erzählungen über Generationen bewahrt oder wie in Russland die Poesie ihres Gastvolkes überliefert hätten, dann wären sie nach dieser romantischen Ansicht zivilisierbar:

> »Und dichten die Zigeuner der Gegenwart in ähnlicher Weise wie ihre Vorfahren in Tönen, so geben sie den Beweis, daß sie trotz aller Zerstreuung und Verwüstung die Bildung in ihrem tief unter der Oberfläche verborgenen Innersten wie in einem vom Schmuze unbefleckten Gefäße hegten und überlieferten und demnach in jeder Hinsicht der Bildung fähig und der Menschenachtung werth und würdig sind.«[26]

Der Ethnographie, die eine ihrer Aufgaben darin sieht, Einzelbeobachtungen zu Aussagen über »Völker« zu verallgemeinern, droht ständig ein Scheitern an der Komplexität ihres Gegenstandes. Ihre Attraktivität und Anerkennung in der Öffentlichkeit erlangt sie allerdings genau dadurch, dass sie das Durcheinander des Volkslebens in eine überschaubare Ordnung bringt und dessen Vielfalt auf wenige kollektive Merkmale reduziert. Indem sie Ethnizität nicht vorrangig biologisch, sondern kulturell bestimmt, bewegt sie sich auf einem Feld auseinanderstrebender und widersprüchlicher Phänomene und Praktiken.

Zu den Ordnungsvorstellungen, die sich in Deutschland am erfolgreichsten durchsetzen, zählt die »Heimat«. Sie bringt die Volkskunde durch die Frage nach der Anwesenheitsdauer bestimmter ›Völkerstämme‹ auf einem meist durch landschaftliche Besonderheiten abgegrenzten Raum bestimmend ins Spiel. Heimat, zunächst nur die vage Vorstellung einer Herkunftsumgebung, erlangt im 19. Jahrhundert die Bedeutung eines symbolisch hoch besetzten Raums, dem unter Rückgriff auf die Elemente »Landschaft, Volksleben, Geschichte, Kultur«[27] feste Konturen verliehen werden. Die ›Erfindungen‹ von Heimat und von Zigeunern gleichen sich in den Konstruktionsverfahren. Werden hier Räume, Figuren und Narrationen des Nahen, Vertrauten und Eigenen[28] geschaffen, so im Blick auf die Zigeuner solche des Fremden, Fernen und Anderen. In beiden Fällen steht das Angebot kollektiver Identifikation quer zu Phänomenen wie der sozialen Lage oder der politischen Verfasstheit. Das Heimatkonzept des 19. Jahrhunderts stellt eine erhebliche Verschärfung frühneuzeitlicher territorialer Normalvorstellungen dar. »Die Unterscheidung zwischen dem Innen und Außen einer Gemeinschaft«[29] wird nicht mehr allein – wie in den Rassentableaus der aufklärerischen Anthropologie – über wenige Merkmale getroffen, die eine einfache und rigide Grenzziehung erlauben.[30] Sie bezieht sich nun auf ganze ›Systeme‹: auf Lebensweisen, die für die Unterscheidung eines Binnen- und Außenraums von größerer Bedeutung sind als Hautfarbe, Knochenbau, Schädelform oder Sprache, auch wenn dieses Register jederzeit gezogen werden kann und um die Jahrhundertwende in rassenbiologischen Theorien auch wieder dominant gesetzt wird. Die weit reichende Umstellung von klassifikatorischen Rassenmerkmalen auf eine ›systemische‹ Abgrenzung komplexerer Art erlaubt es, von einer zeitweiligen Vorherrschaft ethnographischer Diskurse in der zweiten Jahrhunderthälfte zu sprechen.

Während die Vorstellungen von dem, was die Heimat eines Volkes oder seiner »Stammesgliederungen« ist, von diesen selbst entworfen, ausgehandelt und dargestellt werden, wird die Lebensweise der Zigeuner von außen beschrieben. Wie schon im 18. Jahrhundert geht man davon aus, »daß die andere Gesellschaft schwach ist und durch einen Außenstehenden repräsentiert werden ›muß‹«.[31] Die andere Kultur wird immer auch zu dem gemacht, was der eigene Raum nicht ist, sein darf und will.

Das wachsende Interesse an der »Vielfalt lokal gebundener Lebenswelten«[32] kann man auch als Reaktion auf die Vereinheitlichungstendenzen der Moderne, die Verstädterung und Erschließung des Landes durch Eisenbahnen, Kanäle und Straßen deuten. Es wäre zu einfach, den Konservatismus, der sich im Zuge der Erfindung der Heimat herausbildet, als durchgängig moderne- und fremdenfeindlich zu etikettieren. Den Beschleunigungs- und Überbietungsregeln der Modernisierung hält man die als natürlich angesehene, ordnende und bindende Kraft tra-

ditionaler, ständisch-patriarchalischer Gesellschaften entgegen. Die Idee
der »Reinhaltung und Konservierung«[33] der Alltagskultur erstreckt sich
nicht nur auf das Eigene, sondern ebenso auf das Fremde und Andere.
Verstärkend kommt hinzu, dass in Europa eine lange »Tradition des
Pastorale[n]«[34] existiert: eine zum Teil religiös eingefärbte Idealisierung
des Landlebens, die im Rousseauismus eine wirkungsmächtige Ausprägung erfahren hat. Die Ethnographie des 19. Jahrhunderts zweifelt nicht
daran, dass die ›Naturvölker‹ sich dem zivilisatorischen Fortschritt auf
Dauer nicht entziehen können und deshalb untergehen werden.[35] Ohne
Hilfe der ›Kulturvölker‹ würden auch ihre Sprachen und ihre Lebensweise rasch in Vergessenheit geraten.

Volkskundliches Interesse und staatliche Diskriminierungsmaßnah-
men überkreuzen sich in der zweiten Jahrhunderthälfte auf vielschichtige und widersprüchliche Weise. Für die einen figurieren Zigeuner (die
Naturvölker) als tragisches Symbol des Verschwindens und als Moder-
nisierungsopfer, für die anderen sind sie eine typische Folge menschlicher Degeneration und deshalb nichts mehr als Objekte staatlicher Sozialfürsorge und Verbrechensbekämpfung.

Ebenso wenig wie die aufklärerische Anthropologie verzichtet die
Ethnographie auf eine Hierarchisierung der Völker. Auf einer Stufenleiter »der allgemeinen Cultur-Entwicklung der Menschheit«[36] wird der Abstand der Völker der Erde zur jeweiligen europäischen Ethnie vermessen.[37] Ihr Wert wird nach dem Grad sozialer Organisation von der Horde über die Familie und den Stamm bis zu Volk und
Staat bemessen.[38] Nur wenig später unterscheidet der Zoologe Ernst
Haeckel (1834-1919), ein in Deutschland einflussreicher Populärwissen-
schaftler, auf evolutionstheoretischer Grundlage zwischen ›Naturvölkern‹, ›Barbarvölkern‹, ›Zivilvölkern‹ und ›Kulturvölkern‹.

Erneut wird den Zigeunern als einer Gruppe ohne Schriftkultur, Religion, Territorium und Staat die Position einer vorzivilisatorischen,
statischen Gemeinschaft zweifelhafter Herkunft zugewiesen.[39] Je nach
gesellschafts- und sozialpolitischer Zielsetzung wechseln die Zuschreibungen zwischen in sich selbst ruhenden Naturmenschen, heimtücki-
schen und parasitären Barbaren oder einem Volk an der Schwelle der
Assimilation.

Am Übergang von der anthropologischen zur ethnologischen Betrachtung fallen sie meist von der Stufe eines durch Rasse und Sprache
bestimmten »Volks« auf die niedrigere eines »Stamms« oder einer »Sippe« hinab, hin und wieder sogar auf die einer »Horde«. Charles Boner

(1815-1870) siedelt die Zigeuner, die ihm auf seiner *Reise nach Ungarn* (1864) begegnen, nach bekanntem Muster auf unterstem Niveau an: »Was die hier zu entdeckenden Anzeichen von Cultur anbelangt, so hätte man ebenso gut sich in Neuseeland oder unter den Ureinwohnern Australiens wähnen können.«[40] Ihre Entwicklungsstufe wird auch in der Ethnographie als »ewige Kindheit«[41] der menschlichen Gattung charakterisiert: ursprünglich und zugleich zurückgeblieben. Die Diskrepanz zwischen natürlichem und unzivilisiertem Verhalten erscheint als groteskes Resultat fehlender Anpassungsfähigkeit:

> »Unser Bruder, geschichtlich so alt, sittlich so jung, wurde aus einem unerzogenen Kinde ein überaus ungezogenes, ein völlig verwildertes, und die Masse seiner in der That schlimmen Eigenschaften steht im seltsamsten Contraste mit einem immer noch kindischen Wesen.«[42]

Die unzugängliche Gemeinschaft der Zigeuner vermittelt den Eindruck einer ursprünglichen Lebensweise. Vor dem Hintergrund ihrer hoch entwickelten Umwelt geben sie hingegen das Bild degenerierter Wilder ab.[43] Auch im ursprünglichen Zustand droht Verderben, denn sie sind keine Kinder, sie sind »wie« Kinder. Der Zigeuner begreife

> »nur Befriedigungen von einfacher, ursprünglicher Natur. Liebe zum Weibe, zur Lustigkeit, zum Tanz, zum Trunk, zur Musik, zum Schwelgen, und daneben zu Diebereien, zur List, zur Mystification, zur Lüge«.[44]

Das macht sie gefährlich. Ein unkontrollierter Umgang mit ihnen scheint nicht möglich, ein Erziehungsprogramm nach kolonialem Muster geboten. Der Zivilisationsrückstand ist ihnen, wie der anderen ›kindischen‹ Rasse, den Afrikanern, gewissermaßen in ihre Körper eingeschrieben.[45] Ihre Beharrungsfähigkeit wiederum nährt die Hoffnung der Ethnographie, durch die Erforschung ihrer Lebensweise den nahezu dokumentlosen Ursprüngen der Menschheitsgeschichte näher zu kommen.[46] *Am Ur-Quell* betitelt der Sammler und Herausgeber eines umfangreichen Bandes über »Zigeunerhumor« seine 1890 gegründete *Monatsschrift für Volkkunde*. Die Ethnologen träumen davon, »jungfräulichen Boden«[47] betreten zu können, der ihnen die mühsame Reinigung von den verderblichen Spuren späterer Entwicklungsstufen erspart. Als Schreckensszenario gilt, wenn die Ethnologie »einen Naturstamm sich zu dem Rang eines Culturvolkes erheben sieht, ehe es noch möglich gewesen, die genügenden Daten über jenen Larvenzustand, worin das frühere Leben vegetirte, in genügender Vollständigkeit aufzunehmen«.[48] Die Angst vor dem Verschwinden treibt Mitte des 19. Jahrhunderts auch die Beobachtung der Zigeuner in Europa an. Sie könnten also ein ideales Forschungsobjekt abgeben, wenn die Annahme zutrifft, dass sie eine ursprüngliche Kultur unverfälscht überliefert haben. Doch genau das wird in der Ethnographie sehr unterschiedlich beurteilt. Als Faustregel gilt, was schon Borrow behauptet hatte: Wer sich resistent gegenüber Zivilisierungsversuchen zeigt, bekundet damit seine Ursprünglichkeit. Umstritten bleibt bis zu den Zigeunergesetzen der Nationalsozialisten, wer auf Dauer die größere Bedrohung darstellt, die unzähmbaren, traditionsbewussten oder die entwurzelten, zur Assimilation gezwungenen Zigeuner.[49] Die Loyalität gegenüber den gruppeneigenen Regeln und Moralprinzipien und der Wille, diese ebenso wie die eigene Sprache zu tradieren, werden mit Ursprünglichkeit und Reinheit gleichgesetzt. Den Entwurzelten hingegen würden das Rechtsbewusstsein, die Moral und der Wille zu einer Kulturanstrengung, die über die Befriedigung ihrer persönlichen Bedürfnisse hinausreiche, fehlen.

Das ethnographische Ideal würde die Betroffenen, falls sie sich danach richteten, in eine ausweglose Situation führen. Denn das Verharren in der Ursprünglichkeit zementiert den gesellschaftlichen Ausschluss und verhindert notwendige Anpassungen. Die Anpassung wiederum bringt die Gefahr einer Stigmatisierung als degenerierter Naturmensch mit sich. Wer diesen Schritt vollzieht, vermag allerdings ethnographisch nicht mehr erfasst zu werden. Er verschwindet in der Anonymität der modernen Gesellschaft.

Die Aktivitäten akademisch ausgebildeter Ethnographen und der Forscher aus Liebhaberei sind beträchtlich. Das Interesse des Lesepublikums an ihren Ergebnissen bleibt das gesamte Jahrhundert über wach. Beide Gruppen dokumentieren mit wachsender Systematik Zeugnisse materieller Kultur, zeichnen mündliche Erzähltraditionen wie Witze, Schnurren, Märchen und Sagen auf und sammeln Lieder, beschreiben Tänze und versuchen zuverlässige Informationen über religiöse Praktiken und die innere soziale Organisation der Romgruppen zu erlangen. Die Ergebnisse sind von erheblicher Bedeutung für Kunst, Literatur und den Unterhaltungsjournalismus. Dass sich die ethnographische Betrachtungsweise gegenüber einer sozialwissenschaftlichen durchsetzt, deutet darauf hin, dass sie weiterhin als Fremdkörper wahrgenommen werden. Ihre Lebensverhältnisse hätten ebenso nach dem Modell von Bettina von Arnims (1785-1859) Sozialbericht *Das Armenbuch* (1844) oder Friedrich Engels' (1820-1895) Sozialstudie *Die Lage der arbeitenden Klassen in England* (1845) als soziale Verelendung einer marginalisierten, desintegrierten Gruppe beschrieben werden können. Stattdessen entsteht allmählich das schillernde ethnographische Bild der ›Lage einer nicht arbeitenden Rasse in Europa‹. Die Gründe dafür sind vielfältig. Zum antimodernen Motiv der Traditionsbewahrung tritt die Auffassung, dass sämtliche bisherige Integrationsversuche vollständig gescheitert seien. Mit ihr erlischt schließlich auch das ökonomische Interesse, im Zuge der Industrialisierung Zigeuner als Arbeitsreserve auszuschöpfen. Das ist die entscheidende Ursache dafür, dass z. B. in der sozialdemokratischen Arbeiterbewegung das ethnographische Wissen den Blick auf die Zigeuner bestimmt. Aufmerksamkeit erweckt der drohende Untergang eines Naturvolks und nicht dessen außerordentlich bedrückende soziale Lage. Für August Bebel (1849-1913), den Führer der deutschen Sozialdemokratie, sind die Zigeuner angesichts »der Raschheit aber, mit der die Völkerschaften mit alten primitiven Kulturzuständen in unserer Zeit verschwinden«,[50] nur ein merkwürdiges Relikt des Vergangenen innerhalb der dynamisch und unaufhaltsam fortschreitenden Moderne.[51] Bebel gelingt es nicht einmal im Ansatz, Ethnographie, marxistische Geschichtsauffassung und konkrete Situationsanalyse zu verbinden. Die mechanische Vorstellung, dass die Gesellschaft dem Gesetz der Höherentwicklung unterworfen ist und zur Gleichheit der Menschen führen wird, macht ihn blind für politische Konzepte eines ethnischen Minderheitenschutzes. Bei der Schlüsselrolle, welche die Arbeit in der sozialdemokratischen Gesellschaftspolitik spielt, sind die Zigeuner nach dem, was die Ethnographie über sie berichtet, keine wünschenswerten Kampfgefährten.

Allerdings gibt es einige wenige Versuche, vor allem im England des ausgehenden 19. Jahrhunderts, die katastrophale soziale Lage der Zigeuner und Fahrenden zu verbessern. Die breiteste öffentliche Wirkung erreicht George Smith of Coalville[52] (1831-1895) mit seinen Büchern *I've Been a Gypsying. Or, Rambles Among Our Gypsies and Their Children in Their Tents and Vans* (1885) und *Gypsy Children; Or, A Stroll in Gypsydom* (1889). Seine zwischen 1885 und 1895 geführten Gesetzeskampagnen zur Verbesserung der Lage der Zigeuner scheitern allerdings. Man sieht ihn heute als wichtigen frühen Sozialreformer aus christlich-karitativem Antrieb, der mit privatem Engagement, durch Sammlungen und Stiftungen auf die Versäumnisse staatlicher Fürsorge hingewiesen hat. Als Reformer suchte er einen Mittelweg zwischen sozialer Unterstützung und verstärkter Kontrolle, Überwachung und Regulierung. Seine Vorschläge reichten von der amtlichen Registrierung über die

Schulpflicht und die Überwachung der Gesundheit und der Einhaltung hygienischer Standards bis zur Zwangsansiedlung.[53] Ähnlich argumentierte in Deutschland Lorenz Diefenbach (1806-1883), der bei den Zigeunern eine Verbesserung durch Maßnahmen erhoffte,

> »die das Volk zum eigenen Erwerbe der Gleichberechtigung mit den übrigen Landesbewohnern durch Bildung und Thätigkeit nöthigen, aber ihm diesen auch möglich machen, ohne vorerst zu verhungern«.[54]

Die Ergebnisse würden »in wenigen Menschenaltern beweisen, daß dieser intellektuell begabte Stamm ebenso erziehbar ist, wie das ›gemeine Volk‹ aller Staaten«.[55]

Armut und Elend werden dennoch in der europäischen Zigeunerethnographie allzu oft nicht als bedauernswerte Situation, sondern als authentische Lebensform einer besonderen Ethnie imaginiert, die sich in ihnen, und nur in ihnen, wohl fühlt. »Jedermann kennt die verfallene, rauchgeschwärzte, scheinbar unbewohnte und unbewohnbare Csarda, aus welcher gleichwohl oft von Mitternacht bis zum Morgen Zitherklang und wildes Jauchzen erschallt«,[56] heißt es in einem Reisebericht aus dem Jahr 1887. In solchen Behausungen hocken die »braunen Brüder«[57] und »die Weiber, mit blitzenden Metallscheiben auf den schmierigen Röcken«.[58] Wie die Orientalen »sind sie wahre Virtuosen im Schlafen, dem sie sich beliebig hingeben, wann sie wollen«.[59] Daraus schließen die Beobachter, »daß der Zigeuner keinen größeren Feind kennt als die Arbeit«.[60] Allzu aufdringlich erzeugen diese Beschreibungen das Gegenbild einer verantwortungsbewussten und zukunftsgerichteten Gesellschaft.

Der Ertrag der Zigeunerethnographie bleibt trotz beachtlicher Einzelleistungen gering und in der Substanz eher dürftig. Die Mehrzahl der Forscher kommuniziert nach dem Prinzip der stillen Post. Nicht wenige Werke kompilieren vorangegangene Kompilationen ungenau und neigen zu pauschalen Verallgemeinerungen von Zufallsergebnissen. Das gilt auch für großflächig angelegte Studien wie Johann Schwickers *Die Zigeuner in Ungarn und Siebenbürgen* oder die viel beachteten Arbeiten von Eilert Sundt[61] (1817-1875), Heinrich von Wlislocki[62] (1856-1907), Friedrich Salomon Krauss[63] (1859-1938) und die *Aufzeichnungen des Zigeuners Engelbert Wittich*[64] (1919).

Die Liste erfundener, unwahrscheinlicher, belangloser und anekdotischer Informationen in der ethnographischen Literatur und ihren populären Wiederaufbereitungen ist lang. So behauptet der Jurist Richard

Liebich 1863 allen Ernstes, das »allen Zigeunern gemeinschaftliche Wappen« repräsentiere »das Bild eines Igels«.[65] Drei Jahre später ist daraus in einer Prager Geschichtszeitschrift ein »Zigeunersiegel« geworden, das der »Hauptmann« der jeweiligen »Landsmannschaften«, die sich »[a]lle sieben Jahre zur Pfingstzeit versammel[n]« und »die innern Angelegenheiten der Gemeinde« regeln, »zu führen und aufzubewahren«[66] habe. Dort wird zudem von Beschäftigungen berichtet, deren ethnographische Bedeutung nicht einleuchten will:

> »Eines ihrer Lieblingsvergnügen ist es, mit langen Messern, die sie immer bei sich tragen, nach einem Ziele zu werfen. Wer den bezeichneten Punkt trifft, gewinnt. [...] Hat er genug geraucht, geklimpert und gespielt, dann legt er sich ins grüne Moos und schläft.«[67]

Und selbst die abgegriffene Anekdote über das Heimweh des Ganoven nach der Strafanstalt findet in der Zigeunerliteratur ihren Platz: »Sein Lieblingswinterquartier aber ist das Gefängniß und in dies trauliche Asyl zu gelangen, fällt dem erfindungsreichen Zigeuner eben nicht schwer.«[68]

Aus der frühen anthropologischen Literatur wird die Annahme übernommen, dass die Zigeuner nur rudimentäre Ordnungsstrukturen entwickelt haben: Ein ›Hauptmann‹ vertritt die Gemeinschaft auch nach außen, eine diesem bisweilen übergeordnete weise alte Frau, die ›puri daj‹, überliefert das geheime Stammeswissen, und ein Gericht, der ›kris‹, dem ein Rechtsprecher oder der Hauptmann vorsteht, schlichtet in Konfliktfällen und straft bei Vergehen gegen die Stammesordnung. Für den Hauptmann oder Führer werden die Bezeichnungen ›wajda‹ (Wojwode), ›baro‹ oder ›kraljo‹ angeführt, lokale Begriffe, die sich an den Herrschertiteln des jeweiligen Umfeldes orientieren. Genannt werden u. a. ›Laï‹ für Horde und Bande, ›Polgar‹ (Anführer), ›Agil‹ (Richter), ›Dschamadari‹ (Würdenträger), ›Palo‹ (König) und ›Radscha‹ (Fürst): eine bunte Mischung aus osteuropäischen und ›orientalischen‹ Bezeichnungen oder deren Verballhornungen. Diese Begriffe bilden wiederum ein Reservoir, aus dem die Schriftsteller sich nach Belieben bedienen.

Immer wieder erwähnt wird die überragende Bedeutung verwandtschaftlicher Bindungen der Großfamilie oder Sippe. Ob die beobachteten und durch Vergleich festgestellten Gemeinsamkeiten der Sprache, Sozialstruktur und Gebräuche die Schlussfolgerung zulassen, von einem Volk auszugehen, das einem gemeinsamen »Stamm« entspringt, sich durch geheime Kommunikation verständigt und durch nomadisches

Wandern und Eheregeln ›rein‹ erhält, wird nicht geklärt, oft aber dennoch vermutet.

Meidungsvorschriften und Berührungstabus insbesondere im Umgang mit Außenstehenden, Sterbenden, Toten und Tieren und im Verhältnis der Geschlechter zueinander werden ebenfalls von der Zigeunerethnographie beschrieben. Von einigen Autoren werden sie, ohne Einflüsse nachweisen zu können, auf die indische Herkunft und das Kastenwesen zurückgeführt. Als indisches Erbe gelten auch die Totenbräuche. Auch dass »lebensmüde, altersschwache, zu Erwerb nicht mehr fähige und daher nutzlose Personen mit ihrem Willen lebendig begraben«[69] würden, wird in diesem Zusammenhang wiederholt angeführt.[70]

Noch dürftiger bleiben die Ergebnisse der Nachforschungen nach einer eigenen Volksreligion.[71] Joseph Görres (1776-1848) dichtet den Zigeunern in seinem Monumentalwerk *Die christliche Mystik* (1836-1842) mit erstaunlicher Sorglosigkeit Götter und Rituale an und unterstellt ihnen in diesem Zusammenhang bedrohlicher Geheimreligionen Kindesraub und »Kinderfraß«[72] am Sabbat. Die seit der Frühen Neuzeit behauptete Unempfänglichkeit für die christliche Heilsbotschaft wird aus ethnographischer Sicht bestätigt. Wlislocki und andere bemühen sich um den Nachweis, dass die Zigeuner einer manichäischen Gottesvorstellung folgen und über eigene Schöpfungsmythen verfügen. Ihr Alltag sei von animistischen Vorstellungen durchdrungen und wie bei den Juden und Hindus durch religiöse Reinheitstabus geregelt. Ob diese Darstellungen auf zuverlässigen Feldforschungen beruhen oder nur auf willkürlich zusammengetragenen Einzelbeobachtungen und Anleihen aus anderen Kulturkreisen, lässt sich kaum noch nachprüfen. Erhebliche Zweifel sind angebracht.

Wie schon um 1800 bleibt die Suche nach »Erinnerungen in und aus heidnischen Tempeln«[73] ein vergebliches Unterfangen. Die Ethnographen müssen sich mit Spuren naturmagischer Gottes- und Geistervorstellungen und magischer Praktiken zufriedengeben, wie sie für den Volksglauben der europäischen Völker typisch sind, und das Verhältnis der Zigeuner zu den christlichen Religionen oder zum moslemischen Glauben in Südosteuropa zu klären suchen. Diejenigen, die eine Integration für möglich halten, sehen in der Religion eine zivilisatorische Brücke und daher eine »tiefere religiöse Bildung dieses Volkes« als »Hauptaufgabe der christlichen Kulturmenschheit«.[74]

Immerhin erwägen die ethnographischen Forschungen ernsthaft, ob sie die Zigeuner als eigenständige und womöglich schützenswerte Ethnie bewerten sollen. Nicht vergessen werden darf, dass ihren Bemühungen eine andere, weit verbreitete Konzeption entgegensteht. Wenn der Kriminalwissenschaftler Friedrich Avé-Lallemant (1809-1892) in seinem mehrfach aufgelegten Buch *Das deutsche Gaunertum in seiner sozialpolitischen, literarischen und linguistischen Ausbildung zu seinem heutigen Bestande* (1858) apodiktisch behauptet, »sie sind kaum jemals ein Volk gewesen; sie haben daher auch keine Kultur- und Volksgeschichte«[75], dann deutet er ihre Lebensweise und Sprache in der polizeilichen Tradition der Werke über Verbrecherkönigreiche und Gaunergesellschaften. Nach dieser Auffassung sind die Besonderheiten, die Zigeuner kennzeichnen, durch kriminelle Energien und Handlungen entstanden und weitergegeben worden.

Das ethnographische Wissen nimmt den Zigeunern einen Teil ihrer Fremdheit, selbst wenn es unzureichend oder unzutreffend ist. Der Berliner Sonntagsausflügler, der aus Sensationslust in die märkische Heide eilt, weiß, was er im Zigeunerlager zu sehen bekommt. Die Distanz zu ihnen wird damit nicht verringert, denn der entscheidende Maßstab, der eigene, hoch gewertete Zivilisationsgrad, bleibt bestehen. Wird die ethnographische Bestandsaufnahme zur Folklore stilisiert, lassen sich die Zigeuner in das Gesamtbild bestimmter Landschaften wie Südspanien, die Puszta oder Siebenbürgen einzeichnen. Das harmonische Nebeneinander dient als Indiz der beheimatenden Wirkung europäischer Kultur. Dazu ein besonders aufdringliches Beispiel:

> »Um die völlige Germanisierung dieser ehemaligen Nomaden der Bistritzer Gegend darzuthun, will ich erwähnen, daß man an den lauen Sommerabenden, in Neudorf oder Petersdorf promenierend, das Lied ertönen hört: ›Wer hat die schönsten Schäfchen, die hat der goldene Mond.‹«[76]

Auf ähnliche Weise werden die Folgen der Sesshaftigkeit zur Kenntnis genommen.

> »Und endlich, die drei Fenster haben Glasscheiben. Das ist der Uebergang zur Kultur. Kommt dazu noch die Erlernung des Waschens, ich meine des Waschens des eigenen Körpers, und gar der Gebrauch der Seife, so ist der steile Rand der Civilisation schon erstiegen.«[77]

Nur wenige volkskundliche Werke nehmen die sozialen und wirtschaftlichen Beziehungen in den Blick, die zwischen den Romgruppen und der Landbevölkerung in vielen Regionen Europas kontinuierlich bestanden haben: Erntehilfe, ambulanter Handel mit selbst gefertigten

Waren, Reparaturdienstleistungen wie Kesselflicken und Messerschleifen sowie Festmusik und Schaustellungen. In der Erzählliteratur werden sie wie in Theodor Storms (1817-1888) bekannter Novelle *Pole Poppenspäler* (1874) hin und wieder angedeutet. In den Mittelpunkt rückt
sie Jeremias Gotthelf (1797-1854) in seinem Lebensbild aus dem Schweizer Landleben *Die christlichen Zigeuner* (1839). Die in der Gemeinde
lebenden christlichen Zigeuner erfüllen eine wichtige Funktion bei der
Wiederherstellung des gestörten Dorflebens. Als Nichtmitglieder der
Dorfgemeinschaft ergreifen sie wie der Arzt oder der Pfarrer, deren
Handlungsspielraum bei ehrlosem oder sündigem Verhalten begrenzt
ist, in den Konflikten keine Partei und werden durch ihr Wirken dennoch in die Gemeinschaft eingeschlossen: eine prekäre Mittlerposition,
die jederzeit wieder verloren werden kann. Bei Gotthelf löst eine alte
Zigeunerin verdeckte Konflikte, die durch übertriebenen Aberglauben,
Eheprobleme von Frauen, deren Gatten nach Jüngeren Ausschau halten, oder die Heiratsunwilligkeit von Burschen, die Dorfmädchen ge-
schwängert haben, hervorgerufen wurden. Ebenso geht sie gegen Gerüchte vor, die das Klima zu vergiften drohen. Ausschlaggebend für
Gotthelf ist, dass die alte Frau niemals gegen Gebote des christlichen
Glaubens handelt, auch wenn sie sich in einer Dunkelzone des Volks-
aberglaubens bewegt. Insofern existiert eine gemeinsame Grundlage des
Zusammenlebens, die die »christlichen Zigeuner«, nicht die heidnischen,
zu Europäern werden lässt.[78] Eine seltene Ausnahme ohne Folgen.

›Gleich Kaffern, Indianern, Orientalen‹: Enteuropäisierung der Zigeuner

Was aber herrscht in der ethnographischen Literatur vor? Selbst noch
die zögerlichen Versuche kultureller Würdigung werden von einer
Strategie durchkreuzt, die man als zweite, ethnographische Phase der
›Enteuropäisierung‹ nach der anthropologischen des 18. Jahrhunderts
bezeichnen kann. Sie ist allgemein dadurch charakterisiert, dass ethnographische Beobachtungen, direkt oder durch Anspielungen und asso-
ziative Nennungen, mit dem Durchschnittswissen über außereuropäi-
sche ›Naturvölker‹ in Verbindung gebracht werden. Häufig wählen die
Autoren einen herabsetzenden, bisweilen ironischen Ton, den man gegenüber ›Kulturvölkern‹ nicht anschlagen würde, es sei denn in natio-
nalistischen Hasstexten:

»Der Zigeuner besitzt ohne Zweifel einen hohen Grad natürlicher Verständigkeit und Gewandtheit; daher stammt seine Findigkeit und die List, mit
welcher er seine Zwecke zu erreichen sucht. [...] Ehrlichkeit gilt eben nicht
als Glanzseite dieses Volkes, das man seit seinem ersten Auftreten als lügenhaft und diebisch bezeichnet. [...] Freilich verräth er dabei zuweilen auch
kindliche Naivetät oder sucht durch Frechheit und Unverschämtheit zu
imponiren. Überhaupt besitzt dieses Volk eine große Dosis von Hochmuth
und Selbstüberhebung.«[79]

Derartige abschätzige Beurteilungen sind aus der Reiseliteratur und der
Völkerkunde seit dem 18. Jahrhundert vertraut und weit verbreitet. Die
Zigeunerethnographie setzt sie fort und erweitert sie um ihre Wahrnehmungen. Dabei folgt sie den eingeschliffenen Sprachregeln. Die Lebensweise der ›echten‹ Zigeuner wird durchgängig auf vorzivilisatorische
Verhältnisse bezogen, der Vergleich mit Afrikanern und nun auch den
nordamerikanischen Indianern wird immer wieder gesucht. Ständig ist
von Horden und Hütten die Rede, von Schamanentum, von schamloser
Nacktheit usw. Sogar »Namen, wie wir sie von den Indianern hörten«,[80]
tragen europäische Zigeuner angeblich. Versuche, Elemente der Ursprungskultur in die moderne Gesellschaft herüberzuretten, werden als
groteske Unternehmungen unverständiger Wilder missverstanden. Sie
liefern allenfalls den Stoff für Anekdoten wie jene über einen armen
Zigeuner, dem ein Geistlicher aus Mitleid ein festes Haus zur Verfügung
stellt:

»Der braune Gesell zog ein, als aber der Pfarrer drei Tage später an dem
Gebäude vorbeikam, bemerkte er zu seinem Erstaunen das aufgeschlagene
Zelt des Nomaden inmitten der leeren Bauernstube!«[81]

Ihm fehlt, was die moderne Kultur begründet: ein Bewusstsein für Veränderung und Fortschritt.[82] 1842 wird in einem kompilatorischen Machwerk behauptet, dass jeder Zigeuner, »nachdem man ihn aufgefüttert,
gekleidet und alles für ihn gethan hat, um ihn zum besseren Menschen
zu machen, gewöhnlich davon läuft und zu seiner stinkenden Hütte
zurückkehrt«.[83] Das Motiv misslungener Adoption lässt die Irritation
erahnen, die das ungebrochene Verhältnis der von den Zivilisierungsexperimenten Betroffenen zu ihrer ursprünglichen Lebensweise auslöst.

Ethnographische Beschreibungen, Charakterisierungen, Wertungen
und Anekdoten legen erneut die Schlussfolgerung nahe, dass die eingewanderten Zigeuner eine vorzivilisatorische Stammesgesellschaft bilden
und den Indianern und Afrikanern näher stehen als den Europäern,
unter denen sie seit einigen Jahrhunderten leben. Sie werden auf eine

Weise kombiniert, dass ihr kultureller Rückstand als weiterer Beweis der ohnehin angenommenen rassischen Inferiorität ins Feld geführt werden kann. Nach der ethnographischen Klassifizierung, wie sie Friedrich Müller vornimmt, würden sie sich auf der Höhe der Polynesier, jedoch unterhalb der ›Neger‹ wiederfinden. Um einer solchen Positionierung auszuweichen, die ihrer sprachgeschichtlichen Stellung zwischen ›Hochasiaten‹ und Europäern widerspricht, fasst er sie gemeinsam mit den Juden und Armeniern zu einer Sondergruppe wandernder und vaterlandsloser Völker zusammen.[84] Obwohl es für diese Ordnung keine wissenschaftlich bedeutsamen Anhaltspunkte gibt, hat die Idee, Völker aus dem System auszusondern, die Ethnographie nicht mehr losgelassen. 1944 dann rechnet der angesehene Ethnologe Wilhelm Emil Mühlmann (1904-1988) die Zigeuner zusammen mit den indischen Parias, den Juden, den Schwarzen in den USA und den ›Jenischen‹ zu den ›Scheinvölkern‹, deren parasitäre Existenz die ›Wirtsvölker‹ bedrohe.[85] Für ihn sind sie weder Kultur- noch Naturvölker, sondern ein Drittes: eine historische Fehlentwicklung, zu deren Korrektur die Nationalsozialisten im gleichen Jahr ihre Vernichtungsprogramme in Angriff nehmen.

Enteuropäisierung bedeutet Herabsetzung. Körper, Mentalitäten und Handlungen der Romvölker werden durch die Darstellungsweise der Zigeunerethnographen so repräsentiert, dass ihr Anderssein eine fremde, bedrohliche Gestalt annimmt. Sie ist so etwas wie eine ethnische Säuberung in den Köpfen und das Vorspiel wirklicher Verfolgungen und Vertreibungen. Die Herabsetzung erfolgt häufig unauffällig und augenzwinkernd wie in einer Studie über die *Todten-Gebräuche der verschiedenen Völker der Vor- und Jetztzeit* (1846), in der es über die Zigeuner heißt: »Eine dem asiatischen Boden entsproßte und in jeder Hinsicht angehörige Pflanze, nicht eine Zierpflanze«.[86] Den Nebensatz wird der Leser mit Vergnügen registrieren, ähnlich wie die abstruse Geschichte, die der hoch gebildete rumänische Nationalist Michael von Kogalnitchan (1817-1891)[87] erzählt:

> »Man findet auch unter den Zigeunern viele Krüppelhafte, was daher rührt, daß sie noch als Kinder sehr oft zum Zuschlagen gebraucht werden; denn geraten zwei junge Eheleute in Streit und kommt es zum Handgemenge, so nimmt der Vater das ihm zunächst stehende Kind bei den Füßen und die Mutter ein anderes, schlagen sich damit herum, als ob sie Prügel in den Händen hätten.«[88]

Andere Texte argumentieren komplexer. Dazu zählen die Versuche, den »Volksstamm mit dem hinterlistigen Blick und den gierigen Mienen«[89]

als Barbaren inmitten der Kultur erscheinen zu lassen: ein besonderer Typus des Fremden, in dem Stolz, Betrug und Grausamkeit eine Angst auslösende Verbindung eingehen. Da liegt der Vergleich mit den nordamerikanischen indigenen Völkern, den Indianern, nahe. Vom »Whigwham«[90] bis zum ›Blick des Wilden‹[91] reicht das Repertoire. Der Sieg der weißen Siedler über die »Naturvölker« des Kontinents spielt dabei eine wichtige Rolle. Man beobachtet mit Interesse, wie durch Verfolgung, Ausrottung, Ansiedlung und Assimilation autochthone Kulturen mit einer rasanten Geschwindigkeit und Dynamik verschwinden, die Europa trotz der Industrialisierung und Verstädterung im 19. Jahrhundert niemals erreicht hat.

Das Bild einer vormodernen Stammesgemeinschaft versucht ein 1906 in der *Gartenlaube* erschienener Reisebericht zu vermitteln. Fotos zeigen Zigeuner in ›indianischen‹ und ›afrikanischen‹ Lebensverhältnissen: in den Wäldern umherstreifend, um ein Zelt und ein Feuer lagernd und in Großsippen lebend.[92] Auch die Abbildung eines Brautpaars darf nicht fehlen. Wie alle Völker niedriger Kulturstufen ›hocken‹ auch die Zigeuner am Boden, anstatt Sitzmöbel zu nutzen.[93] »Struppige Kinder wälzen sich herum«,[94] und die unsauberen Haustiere teilen den engen Raum mit den Menschen. Zigeunerinnen blühen wie die exotischen Frauen der Tropen oder die Orientalinnen früh auf und verwelken rasch zu abstoßender Hässlichkeit:

> »Sie sehen auch seltsam aus, diese Kinder Ahasvers! Schwarzes, häufig lockiges Haar umrahmt die braunen Gesichter, in denen stechende Augen funkeln und die Nasen hakenartig gekrümmt hervorspringen. Der Bartwuchs der Männer ist voll und üppig, die Lippen sind fein gespalten, die Zähne blendend weiß. Die Mädchen sind in der aufblühenden Jugend oft von vollendeter Schönheit, die leider nur allzufrüh entartet und sich im Alter zu abschreckender Häßlichkeit verkehrt.«[95]

Ihre frühe Geschlechtsreife gilt als untrügliches Symptom einer unterentwickelten Gesellschaft. Das macht sie auf der anderen Seite für europäische Männer begehrenswert. In den Romanen und Erzählungen sind sie oft nicht älter als vierzehn oder fünfzehn Jahre. Nachdem sie ihre Aufgabe erfüllt haben, Leidenschaft in den erkalteten Herzen ihrer Liebhaber zu entfachen, müssen sie meist sterben.[96] In den erregenden und erregten Beschreibungen gleitet der ethnographische Befund bisweilen unmerklich in die Welt literarischer Phantasien hinüber:

> »Besonders schön sind ihre Mädchen; brünet von Farbe, vereinigen sie mit der Anmuth griechischer Züge auch das dem Klima ihrer Stammeltern ei-

genthümliche Feuer; ihre rabenschwarzen Augen sprühen Flammen unter dem Schatten schön geschweifter Augenbrauen und man findet daher in der Moldau wie in der Walachei nicht selten Esmeralda's und Pretiosa's. Sind sie aber Mütter geworden, so verschwindet alsbald ihre Schönheit und macht einer eckelhaften Häßlichkeit Platz. Aus den Esmeralda's werden dann wahre Meg-Mervilies [sic!].«[97]

Die Ethnologie führt Zigeunerinnen in ihren Registern vornehmlich als Orientalinnen,[98] denen im Unterschied zu den Europäerinnen der »Doppelkampfe des Lebens nach Innen und Außen« fremd sei.[99] Zigeuner in der Nähe exotischer Naturvölker Amerikas, Afrikas oder Asiens anzusiedeln begrenzt allerdings die Möglichkeit, sie mit den emanzipierten westeuropäischen Juden zu vergleichen. Aus diesem Grunde werden nun stärker die galizischen, osteuropäischen Juden herangezogen, um die Fremdartigkeit und Rückständigkeit beider Völker vorführen zu können. Angesichts des wachsenden Antisemitismus scheint das die wirksamere Methode, um die herabsetzende Funktion der Orientalisierung weiterhin zu gewährleisten. Am Ende sind dann »beide Kinder des unveränderlichen Morgenlandes, und es ist Charakterzug der Morgenländer, daß sie bleiben, wie sie von jeher gewesen sind«.[100] Selbst Franz Liszt, der über die Musik der ungarischen Zigeuner Zutreffendes zu sagen weiß, erliegt Wunschträumen vom Orient, wenn er die »schönen, gebräunten, elektrisch glühenden Frauen dieses Stamms, deren Costüm das orientalische Gepräge, den Reiz der Farbenpracht, den Luxus funkelnden Metalls nicht entbehrt«,[101] zu Gesicht bekommt.

Von den elektrisch glühenden Frauen ist es nur noch ein kleiner Schritt zur ethnographischen Aufdeckung des *Liebeslebens der Zigeuner*.[102] Wenn auch die Schicklichkeitsgebote des 19. Jahrhunderts eine allzu deutliche Darstellung nicht gestatten, so wird dennoch am Beispiel der verachteten Ethnie ausgesprochen, was sonst nur in der medizinischen Fachliteratur hätte thematisiert werden dürfen: von unehelichen Schwangerschaften über sexuelle Frühreife und Ehebruch bis zu Homosexualität, Blutschande und Prostitution. Besonders hervorgetan hat sich hier ein unter dem Pseudonym Victor Areco schreibender populärwissenschaftlicher Autor mit einem innerhalb der Reihe *Das Liebesleben aller Zeiten und Völker* (1911) publizierten Band, einem Sammelsurium aus verlässlichen und abstrusen Quellen und literarischen Textauszügen. Im Zuge der Enteuropäisierung deutet der Verfasser das Geschlechtsverhalten der Zigeuner als von Schamlosigkeit und tierischer Wollust bestimmtes Leben von Wilden. Die Belege, die er anhäuft, sind meist spekulativ, für den zeitgenössischen Leser aber von provozierender Eindeutigkeit. So fehlt dann auch nicht das mit Vorliebe immer wieder zitierte, von Heinrich von Wlislocki aufgezeichnete *Pharaonslied* mit den beiden berüchtigten Zeilen: »Warum, Freundchen, drückst du mir, / Penem tuum inter femora meu! oh nicht doch.«[103] Die Übersetzung der tabuisierten Teile aus dem Romanes erfolgt in lateinischer Sprache, damit nur moralisch gefestigte Gelehrte den obszönen Text entziffern können. Die Festkultur der Romvölker wird wegen der vermeintlichen Unberechenbarkeit ihres Verlaufs und der Hemmungslosigkeit der Beteiligten ebenfalls in die Nähe des Sexuellen gerückt. Mit einer Mischung aus Faszination und Angst wird registriert, dass bei Feierlichkeiten »die rohe Wildheit« hervorbricht, »die sich in lasciven Tänzen, in Geschrei und Tumult kund giebt«.[104]

Der beobachtete Verlust der Affektkontrolle[105] wird der unterentwickelten Moral zugeschrieben. Die außergewöhnlichen Tänze der Zigeunerinnen werden keineswegs stets als künstlerische Leistungen bewundert. Über den in Spanien in den Höhlen des Monte Sagrado vorgeführten Flamenco heißt es in einem Reisebericht: »Ein eintöniges Summen, das wie langausgehaltenes Gestöhne, wie Klageton klang, wurde von den zottigen, auf Steinen umhersitzenden Weibern begonnen.«[106] Aus Südrussland, der kulturellen Wiege russischer Zigeunermusik, wird Ähnliches vermeldet:

> »Kaum waren wir in das enge Defilé ihrer Felsen eingetreten, so bombardirten sie uns mit einer Musik, die uns schneller davon jagte, als wenn die Violinbogen sausende Degenklingen, die Töne der Pickelpfeifen zischende Kugeln und die zahlreich geschlagenen Handtrommeln schweres Geschütz gewesen wären.«[107]

Ihre angebliche Naturnähe äußert sich nicht allein in einer ungehemmten Sinnlichkeit. Ebenso wird angenommen, dass sie durch ihre Lebensweise abgehärtet und nicht verzärtelt seien, auch wenn ihre mangelnde Hygiene periodisch als Quelle von Seuchen behauptet wird. Auch ernst zu nehmende Ethnographen wie Schwicker sehen sich bemüßigt, diesen Punkt zu betonen: »Hitze und Kälte ficht sie dabei wenig an. […] Die meisten Erkrankungen sind Folgen ihrer Unreinlichkeit. […] Einen Arzt ruft man selten; gegen Medicamente waltet großer Widerwille; jede Krankheit sucht man mit Safran, Zwiebel und Branntwein zu heilen.«[108] Das Lob der Gesundheit wird nicht ohne Hintersinn gesungen. Unter dieser Voraussetzung würden soziale Hilfsmaßnahmen wie die in Eng-

land von George Smith of Coalville angestrebten das Gegenteil bewirken und die ›Wilden‹ verweichlichen. Diesen Aspekt hebt einer der pro-
minentesten Zigeunerethnologen der zweiten Jahrhunderthälfte, der
philanthropische Erzherzog Joseph Karl Ludwig von Habsburg, Sohn
des ungarischen Palatins Joseph und Gründungsmitglied der Gypsy
Lore Society, besonders hervor, wenn er über seine Ansiedlungsver-
suche berichtet. Wie andere nichteuropäische ›Naturvölker‹ leiden sie
angeblich schon unter den einfachsten Segnungen der Zivilisation: »Als
sie die für sie erbauten Hütten bezogen hatten, bekamen sie fast alle die
damals herrschende Influenza, aber in milderer Form; als ich sie sogleich
wieder mit Zelten beschenkte, war das Uebel wie abgeschnitten.«[109] Damit nicht genug. Sie scheinen über einen anderen Organismus zu verfügen, der noch mit den Naturkräften verbunden ist: »Der Heiltrieb ist
überhaupt bei allen Verwundungen sehr rasch, was bei den häufigen, oft
der geringsten Kleinigkeiten wegen entstandenen blutigen Schlägereien
leicht beobachtet werden kann.«[110]

Je mehr sich die Ethnographie elementaren Verrichtungen wie der
Körperhygiene, den Heilverfahren und den Essgewohnheiten nähert,
desto größer wird der Abstand zur eigenen Kultur. Diese Verrichtungen
bilden das eigentliche Erprobungsfeld basaler ethnischer Fremdheits-
konstruktionen.[111] Im Falle der Essgewohnheiten und Speisevorschriften vermögen ja schon geringfügige Unterschiede Ekel und Abscheu
auszulösen, wie wir aus religiösen Zusammenhängen wissen. Den Romvölkern werden seit ihrer Einwanderung nach Europa solche ›abnor-
men‹ Gewohnheiten unterstellt. Nach Heister verzehren sie, um ein
typisches Beispiel anzuführen, »selbst das Widerwärtigste mit einem
Gemische von Leckerei und Schauder« und betrachten »Füchse und
Katzen, Eichhörnchen und Igel als Delikatessen«.[112] Als ihre Lieblings-
speise gilt bis heute »der Igel, dessen Stacheln bei lebendigem Leibe
abgesengt werden«.[113] Dass sie immer wieder als notorische Aasesser[114]
verunglimpft werden, hat nicht nur mit der Absicht zu tun, Abscheu zu
erwecken. Wer weder einen Acker bestellt noch Vieh züchtet, so die
landläufige Auffassung, muss sich mit dem »Fleisch gefallener Thiere«[115]
bescheiden. Der Kannibalismus wird zwar von der Ethnographie bestritten, aber dennoch allzu auffällig thematisiert. Und allzu umstands-
los werden die sehr einfachen Lebensgewohnheiten, die von Armut und
sozialem Elend, von Unterernährung und Mangel zeugen, mit rhetori-
schem Geschick als abstoßend, ekelhaft und als Gefährdung für ihre
Umwelt präsentiert, wenn etwa gefragt wird: »Welches Thier möchte es

in einer solchen Höhle aushalten, ausgenommen einige Insektenarten, an denen es auch natürlich in den Zigeunerhütten nicht fehlt.«[116]

Diese Verortung weist auf eine der wirkungsvollsten Strategien hin, die Unvereinbarkeit der Lebensweise der Romvölker mit der europäischen Kultur zu suggerieren. Man lässt ihre Unterkunft und ihren Aufenthaltsort durch eindringliche Beschreibungen und anekdotische Erzählungen als »Locus terribilis«[117] erscheinen. Eine englische Karikatur zeigt z. B. das Zelt einer Familie, aus dem selbst Schweine entsetzt fliehen. Sie verbreiten um sich herum eine Atmosphäre der Vernachlässigung und Gleichgültigkeit, die auch ihre Umwelt nicht verschont: »Wüst, elend, schmutzig, verwildert sind Flur, Wohnungen, Menschen.«[118] Die Zuschreibungen zielen auf eine Stigmatisierung der gesamten Lebensweise, die Betretungs- und Berührungsverbote überflüssig erscheinen lässt, weil sie elementare psychische Abwehrreaktionen wie Angst und Ekel auslöst. Die Enteuropäisierung treibt von diesem Moment an die Entmenschlichung der Zigeuner voran, die in unverhüllte Verachtung umschlägt, wenn z. B. der Besuch einer Siedlung so geschildert wird: »Wie Maden aus einem alten Käse kribbeln die braunen Gestalten zwischen Steingeröll, Cactusgewilder, unterirdischen Löchern und Höhlen hervor.«[119]

Die Strategie der Tribalisierung der Romvölker schließt die Suche nach landschaftlichen Äquivalenten für die ›Steppen Afrikas‹ oder die ›Prärien Amerikas‹ ein. Aus ethnographischer Sicht kann der natürliche Lebensraum eines Naturvolks weder die Stadt noch das kultivierte Land sein. Es bleiben nur noch jene europäischen Landschaften, die im 18. und 19. Jahrhundert als zivilisationsfern codiert worden sind:

> »Dauernd fühlen die Zigeuner sich nur wohl in Gebieten, welche die Cultur noch niemals erreicht, oder wo sie der Verwilderung wieder Platz gemacht hat. Das Innere von Rußland, die weiten Fluren Ungarns und der unteren Donau, dann Spanien, eigentlich nur Andalusien, sind die Länder, in denen Zigeuner sich seßhaft gemacht haben.«[120]

Genannt werden bisweilen die jütländische Heide, Bessarabien, weitgehend unbesiedelte Forstgebiete in England, Wales und Schottland, Teile der Pyrenäen und der Provence sowie abgelegene Täler im Nordelsass. Zu den Lieblingsgegenden der Ethnologen zählt neben Andalusien die »magyarische Steppe«: »eine fremdartige, von der gewohnten Cultursphäre weitab liegende Welt«.[121] Dort fürchtet sich der zivilisierte Europäer »vor der schlimmen Fieberluft der Theißniederung, vor den halbwilden Büffeln und grimmen Rohrwölfen, namentlich aber vor den Räubern«.[122] Dass in einer solchen Region die dichteste Zigeunerpopulation zu finden ist, liegt aus ethnographischer Perspektive auf der Hand. Vor der Steppenkulisse erscheinen die Zigeuner unwiderruflich als vorzivilisatorische, nomadische ›wilde Horde‹.

Mit den Zigeunern schafft die Ethnographie an der Peripherie der europäischen Hochkultur neue ›Randvölker‹, die sich mit dem zufriedengeben müssen, was die ›Kulturvölker‹ ihnen überlassen. Noch sind dies nicht die Müllhalden, verseuchten Industriebrachen oder die nutzlosen Flächen unter Autobahnbrücken wie heute in Europa, sondern die unerschlossenen oder wenig ergiebigen ländlichen Randgebiete, in die sie verdrängt werden sollen. Es wird unterstellt, dass die Zigeuner genau dort ihre Heimat sehen, sofern sie nicht ohnehin wurzellos umherziehen. In einem Aufsatz von 1884 heißt es: »Wie der Brombeere und den Disteln ist es ihm am wohlsten in culturlosem, mit Trümmern bedecktem Boden.«[123] Weder werden von ihnen kolonisatorische Fähigkeiten erwartet, noch wird ein Gespür für die bestehenden Zeugnisse europäischer und arabischer Hochkultur vermutet:

> »Zwischen Brocken von antikem Marmorgebälk, verfallenen Resten maurischer Bogenbauten, zwischen kümmerlichen Spuren einer großen Vergangenheit hat diese elende Gegenwart sich gleich Schmarotzerthieren eingefilzt.«[124]

Und auch das wird deutlich: Solange sie in Europa leben, werden sie ein parasitäres Leben führen. Die Bewahrung nomadischer Gewohnheiten gilt als wesentliche Ursache des niedrigen Zivilisationsgrades.[125] Auf der anderen Seite bilden die traditionalistischen ›Wanderzigeuner‹ für die »Romani Rais« unter den Ethnologen die einzige ursprüngliche Gruppe, die Sesshaften hingegen werten sie als Degenerationserscheinung ab. Das Nomadenleben beschert eine ort- und zeitlose Existenz, die den geschichtsbewussten und -süchtigen europäischen Nationalstaaten diametral entgegensteht.

Wendet man den Blick ab von dem, was die Ethnographen mit ihren Methoden als ›Enteuropäisierung‹ betreiben und als Absonderung der Zigeuner von der modernen Zivilisation dargestellt haben, und richtet die Aufmerksamkeit auf die Hintergründe, dann kommen als verschwiegene Motive aus dem Dunkel von Ekel und Abscheu diffuse Vermischungsängste ans Licht. Sie werden nur kurze Zeit später von den Rassentheorien, die auch in die Ethnologie eindringen, offensiv in den

Vordergrund gerückt. Vermischung ist deren obsessives Thema, wie man
an den Zigeunerforschungen des Volkskundlers Friedrich Wilhelm Brepohl, einem Mitglied der Gypsy Lore Society, nachverfolgen kann. Brepohl unterscheidet am Ende der Phase intensiver und extensiver Zigeunerforschungen zu Beginn des 20. Jahrhunderts zwischen drei Varianten, innerhalb deren sich das Verhältnis der Romvölker zur europäischen Mehrheitsbevölkerung gestalten könnte: ethnische Absonderung
und Reinerhaltung, positive Verschmelzung und schädliche Völkermi-
schung. Seine Modelle sind schon insofern von einem rassistischen Diskurs bestimmt, als ›reines Blut‹ zum entscheidenden Abgrenzungskrite-
rium aufsteigt. Für die drei Varianten führt er unterschiedliche historische
Beispiele an. Im Zentrum seines Interesses steht die Frage, »wo der Bakte-
rienherd war, der das Wandervolk der Zigeuner verseuchte«.[126] Seine heute weder historisch noch systematisch nachzuvollziehende Argumentation mündet in eine ›byzantinische These‹, wonach die Völkervielfalt und
-vermischung sowie die »fürchterliche sittliche Verkommenheit im
byzantinischen Reiche«[127] die Zigeuner, die vermutlich »bis Egypten ein
harmloses Volk«[128] gewesen seien, verdorben hätten. Als gelehrte Version
der ethnischen und kulturellen Orientalisierung der Zigeuner ist sie nicht
besonders originell. Überraschend scheint nur die Schlussfolgerung: »Soviel ist sicher, daß, wenn das hinterlistige Wesen der heutigen Zigeuner
erst im byzantinischen Reich auf sie überging, es auch eine Möglichkeit
gibt, sie wieder zur Ablegung desselben zu bringen.«[129] Gegen die verderblichen Folgen der Vermischung wird in Aussicht gestellt, die heilende
ethnische Reinheit zurückgewinnen zu können. Ein solches Konzept
führt aus der Ethnographie heraus in die Untiefen rassischer Unterscheidungen und biopolitischer Maßnahmen, wie sie nach der Jahrhundertwende im Blick auf die Romvölker debattiert und durchgeführt werden.

Vor allem für die von George Borrow inspirierten Zigeunerforscher
ist und bleibt die Absonderung das entscheidende ethnische Merkmal.
Schon für Franz Liszt scheint es zweifelsfrei, dass das Volk der Zigeuner
wie die Juden den Kontakt mit den anderen Völkern allein nach ihren
Vorstellungen geregelt hätten, denn, »als wäre es zu eitel auf seinen ver-
kommenen Stamm, um sich jemals zur Vermischung mit einem anderen
herabzulassen, stieß es jedes fremde Element von sich zurück«.[130] Wie
andere Forscher auch führt er die selbst gewählte Isolation auf die Ei-
genheit einer Gemeinschaft zurück, die ohne schriftliche Überlieferungen, Religion und »ohne Lebensvorschriften«[131] zu einer Identität finden
will.

Als Ergebnis findet sich eine Negatividentifikation: »seine dauernde Vereinigung nur durch rohen Aberglauben, traditionelle Gebräuche, beständiges Elend und tieffste Erniedrigung«.[132]

Borrow folgend zieht Liszt daraus den Schluss, dass die Eigenart, ja Einzigartigkeit der Zigeuner in ihrer konsequenten Absonderung bestehe. Für ihn repräsentieren sie etwas Undenkbares im Europa der Nationen, eine Figur des Dritten: »Sie wollen weder eine Nation neben andren Nationen bilden, noch mit einer der bestehenden sich vermischen.«[133] Daraus ergibt sich für Liszt eine Frage, auf die er keine Antwort findet:

> »woher dies absolute Abwehren aller Verbrüderung mit der übrigen Welt, als hätten sie ihrem Humanitätstitel entsagt und wollten im Fall eines Namensaufrufs aller Nationalitäten sich nicht mit einstellen?«[134]

Unter dieser Voraussetzung gibt es keine Annäherung. Jede Begegnung wiederholt die Urszene kultureller Fremdheit. Das wird zumindest immer wieder behauptet: »Auch der ungeübte Blick erkennt sofort die Fremdlinge, die weder in den Ländern, noch in der Kultur Europas heimisch sind.«[135]

Die Ethnographie ›verfremdet‹, indem sie vorrangig Kollektive in den Blick nimmt und nicht Individuen. Ihr Interesse gilt dem, was alle Menschen eines Volkes miteinander teilen und ausüben, also jenen Erscheinungen, die über eine lange Dauer bestehen und sich in Ritualen wiederholen. Borrow bildet insofern eine Ausnahme, als er die Freundschaft zur Grundlage der Beziehung zu ›seinen‹ Zigeunern wählt. Freundschaft ermöglicht anders als die Liebe die Nähe zu Einzelnen ohne die Gefahr der Vermischung. Die methodische Grundregel ist aber eine andere: »Wer auch nur einen derselben jemals gesehen und sein Bild sich eingeprägt hat, wird in ihm den Typus für alle andern finden, unbeschadet des subjectiven Unterschiedes, welcher bei näherer Betrachtung ausdrucksvoll hervortritt.«[136] Das ist alles andere als ein harmloses Vorurteil bornierter Europäer, sondern formuliert im Klartext den Subjektstatus von Zigeunern. Das zeigt sich an den Konsequenzen für die Rechtspraktik:

> »Wenn der Richter sonst allenthalben zu individualisieren hat, d.h. das zu behandelnde Subjekt erst in seiner Eigentümlichkeit erforschen und kennen lernen, und danach den Gang seines Verfahrens bestimmen muß, so darf der Eingeweihte, mit dem Wesen der Zigeuner bekannte Inquirent bei diesen ohne alle Gefahr generalisieren und keinen Fehltritt zu thun besorgen, wenn er alle mit gleichem Maße mißt, in gleicher Weise behandelt.«[137]

Führt im modernen Rechtswesen erst die Delinquenz zum Verlust der bürgerlichen Ehre, so erscheint der normale Rechtsstatus für die Zigeuner hier allein aus ethnischen Gründen unerreichbar. Damit ist man nicht mehr weit von der Entrechtung der ›Infamen‹ in der Frühen Neuzeit entfernt. Das Wissen der Ethnographie über den vorzivilisatorischen Stand der Zigeuner liefert die Rechtfertigung für die juristische Ungleichbehandlung. Wenn damit auch noch kein Sonderrecht begründet wird wie später im Nationalsozialismus, so wird doch schon eine ›Sonderbehandlung‹ in der Rechtspraxis nahegelegt.

Problematisch wird der ethnographische Zugang letztlich erst dann, wenn er nicht wie bei der humanwissenschaftlichen Erforschung von ›Kulturvölkern‹ in einem engen Zusammenhang mit der Ereignis-, Gesellschafts- und Geistesgeschichte betrieben wird[138] und der typische Durchschnitt, den die Volkskunde zu ermitteln sucht, den Blick auf die Individuen, auf Künstler, Wissenschaftler, Philosophen, Erfinder, Militärs, Herrscher usw. verstellt. Die ethnographische Erkundung von Westfalen, Inselfriesen, Basken, Schotten oder Sarden findet im 19. Jahrhundert in einem solchen Zusammenhang statt, die der Romvölker nicht. Allenfalls tauchen bisweilen ein paar Namen außergewöhnlicher ungarischer Geigenvirtuosen oder andalusischer Tänzerinnen auf. Der Beitrag der Zigeunerethnographie zum kulturellen Gedächtnis beschränkt sich demnach ausschließlich auf Bilder eines fremdartigen, nichteuropäischen Kollektivs: auf Bilder also, die besonders anfällig für Klischee- und Vorurteilsbildung sind. Die Leistung und die Würde von Individuen sind nicht ihr Gegenstand. Insofern stellen Wissen und wissenschaftliche Autorität der Ethnographie auch kein Hindernis für die rassistischen Theorien der Jahrhundertwende dar, die alles daransetzen, mit wissenschaftlichen Strategien ›Kollektiven‹ wie den Romvölkern oder den Juden ihre Würde zu nehmen.

4. Die Geheimnisse eines fremden Stammes

Riskanter Austausch: Begegnungen am Rande der Gesellschaft

In einer Epoche, in der nicht nur in England und Mitteleuropa die Industrialisierung voranschreitet, das Land durch neue Verkehrsmittel erschlossen wird, der lokale Handel an Bedeutung verliert und die allgemeine Schulpflicht Schritt für Schritt durchgesetzt wird, stellt sich nicht nur die Frage nach der rechtlichen Stellung der Romvölker in den jeweiligen Ländern, sondern ebenso nach einem dauerhaften und engeren Zusammenleben. Die Begegnungen mit ihnen werden von Zeichen der Bedrohung überschattet, die sich seit der Einwanderung der Romvölker in das kollektive Gedächtnis eingeprägt haben. Was wird in der Literatur erzählt, wenn eine Begegnung tiefere Spuren hinterlässt als die kurze Beobachtung aus sicherem Abstand, aber noch nicht die Intensität eines Zusammenlebens auf der Grundlage einer Liebesbeziehung, Adoption oder eines Arbeitsverhältnisses bzw. einer Geschäftsbeziehung erreicht hat? Ein Kennzeichen der modernen europäischen Gesellschaften des 19. Jahrhunderts ist die verbindliche rechtliche Regelung auch privater Beziehungsformen. Rechtsförmigkeit soll Rationalität, Effektivität und Kontrolle garantieren, aber ebenso – vor allem mit Blick auf die großen Gefahren bürgerlichen Lebens: Verbrechen, Krankheit, Armut – persönliche Risiken verringern helfen. Von den Zigeunern glaubt man, dass sie weiterhin in unkontrollierbaren Räumen an den Rändern der Gesellschaft leben und zu rationalen Handlungen nicht fähig sind oder sie aus Berechnung vortäuschen. So gestaltet sich jede Begegnung als ein riskanter Austausch von Waren, Dienstleistungen, Wissen, Geschenken oder Gefühlen, bei dem Betrug und Lüge erwartet werden. Entweder sucht man die Zigeuner an den Rändern auf und verlässt die gewohnte Sicherheit, oder sie dringen in die Mitte der Gesellschaft vor und bringen das Verbrechen, die Krankheit und die Armut dorthin. In beiden Fällen überwiegt die Angst, Opfer eines Verbrechens, einer Ansteckung oder Zielscheibe sozialer Ächtung zu werden. Das gilt als Preis der aufgesuchten oder geduldeten Nähe, ein Preis, den niemand gerne zahlt, es sei denn, er vermag dadurch einen Gewinn zu erzielen wie die nähere Begegnung mit einer schönen Zigeunerin. Doch selbst hier fehlt das Vertrauen, das die Grundlage einer offenen, entwicklungsfähigen Begegnung bildet. Schon in Wilhelm Raabes (1831-1910) *Die Kinder von Finkenrode* (1859)[1] beklagt die alte Zigeunerin, dass die Männer an der

Eisenbahnstrecke oder als Erntehelfer arbeiten, die Frauen Heimarbeit betreiben und die Kinder zur Schule gehen müssen. Dennoch leben sie verachtet am Rande der Kleinstadt hinter den Friedhofsmauern.

Ist in der zweiten Jahrhunderthälfte ein Zusammenleben überhaupt vorstellbar? Zumindest wird diese Idee in der Literatur durchgespielt. Der unterschiedliche Verlauf lässt sich von der jeweiligen Stellung der Romgruppen in den europäischen Ländern nicht trennen. Auf einem abgelegenen russischen Landgut entwickelt sich das Zusammenleben anders als in einem pfälzischen Handwerkerdorf oder einer belgischen Patrizierstadt. Doch welche soziale Einheit bietet den besten Schauplatz? Im 19. Jahrhundert wird der Familie die Integrationsleistung am ehesten zugetraut. Die zahlreichen Adoptionsgeschichten, in denen ein strenges Erziehungs- und Zivilisierungsprogramm im Mittelpunkt steht, zeugen davon. Auch die eheliche Verbindung kommt niemals ohne es aus. Ein weiteres Element bildet die christlich-bürgerliche Vorstellung von Gattenliebe und -treue und von Mutterliebe und dem Gehorsam der Kinder. Dieses Element birgt in der Regel die Loyalitätskonflikte mit der Herkunftsgruppe der Zigeuner einerseits und der meist dörflichen Gemeinschaft andererseits. Durchgespielt wird auch die Anpassung durch handwerkliche und bäuerliche Arbeit und Bildung, nicht aber, was der Wirklichkeit am nächsten käme, durch Industriearbeit im urbanen Raum. Die Grenzen werden rasch deutlich: Zigeuner erlangen allenfalls subalterne Stellungen. In die gesellschaftlichen Eliten steigen sie in den Geschichten nicht auf, es sei denn als gefeierte Künstler wie Moréna und Rosario in George Sands (1804-1876) Roman *La Filleule* (1853/64).[2] Auch die Zigeunerin Moréna hat sich als ›angenommenes‹ Kind in einer großbürgerlichen, gebildeten Familie zu bewähren. Dies gelingt ihr aber nicht vollständig, da sie, was zu erwarten war, die Sesshaftigkeit auf Dauer nicht erträgt. Sands eleganter Kompromiss besteht darin, dass sie als Sängerin und Tänzerin zu ihren Wurzeln als »gitana« zurückfindet und, mit ihrem Mann Rosario, einem Zigeunerkomponisten, umherreisend, auf den großen Bühnen gastieren und zugleich ein bürgerliches Leben außerhalb eines Sippenverbandes führen kann.

Leben auf Bewährung: Integration und Assimilation

Sands *La Filleule* ist nur eines von vielen Werken in der Tradition der Erziehungs- und Bildungsromane, in denen ein kontrollierter Raum für ein Leben der Zigeuner auf Bewährung geschaffen und erprobt wird. Überzeugt von der Durchschlagskraft christlich-bürgerlicher Erziehungsprogramme gibt sich Ottilie Wildermuths (1817-1877) Jugenderzählung *Das braune Lenchen*.[3] Lene, »ein kleines nußbraunes Mädchen«,[4] wird im Winter nach einigem Zögern von einer verelendeten Zigeunerfamilie in die Obhut einer vielköpfigen Kaufmannsfamilie gegeben, die gerade ein etwa gleichaltriges Mädchen verloren hat. Auf ungeschminkte Weise werden die Folgen der Armut für Kinder angesprochen, als Lene z. B. vom Tod ihres kleinen Bruders berichtet: »es ist so kalt gewesen, und er ist aus dem Stroh herausgefallen; man hat ihn erst am Morgen tot gefunden«.[5] Da die bürgerliche Familie dem Pflegekind wie selbstverständlich materielle Sicherheit gewährt, stehen religiöse Unterweisung und Tugenderziehung im Vordergrund. Beides zielt auf eine vollständige Assimilation. Sie beginnt bei den häuslichen Ritualen, zu denen vor allem die regelmäßigen Gebete zählen, und endet in der Schule. Lenchens eingeschränkte Lernfähigkeit und ihr Hang zur Mimikry deuten schon auf eine Zukunft voraus, die sie nicht über den unteren Bereich der Schicht hinausführen wird, in die sie aufgenommen wurde: »Mit dem Lesenlernen ging's nicht besonders schnell, auch Stricken, das die Mutter sie lehrte, war ihr etwas mühsam, desto besser begriff sie alles, was es im Haus zu tun und zu helfen gab.«[6] Zudem bleibt ihre Sehnsucht nach der freien Natur. Der Integrationsprozess wird zwar unterbrochen, als eines Tages Lenes gealterter und kranker »Zigeunervater« erscheint. Vom Wandertrieb beherrscht, weist er das Angebot, in der Stadt Arbeit und Unterkunft zu erhalten, ab. Ihre Bewährung setzt sich dennoch fort, denn sie folgt ihm nicht aus angeborener Unruhe, sondern aus Liebe zu den Eltern. Und ihr Vater muss schwören, sie niemals zu einem Unrecht zu zwingen. Zehn Jahre später, nach dem Tod ihres Vaters, kehrt Lenchen in die Stadt zurück. Da ihre Pflegemutter inzwischen gestorben ist und die Kinder das Elternhaus verlassen haben, rückt sie unverzüglich in die Rolle der dienenden Tochter ein. Schließlich wird ihr die Pflege des Vaters übertragen, »da sie bescheiden und demütig blieb«.[7] Die Erzählerin konstatiert beruhigt: »Die Lust am Zigeunerleben regte sich nicht mehr«.[8] Durch das rührende Ende werden die Konsequenzen für die Zigeunerin verdeckt. Während die leiblichen Kinder für den Fortbestand der Familie sorgen, führt Lenchen, das einstige Naturkind, ein zölibatäres Leben als Dienerin eines alten Mannes. Damit wird eine klare Grenze gezogen: Eine Integration ist bei entsprechender Anpassungsleistung möglich, eine Vermischung jedoch nicht. In Wildermuths Erzählung sterben die Zigeuner nacheinander aus: als Nomaden an den Folgen der Armut. Mit dem braunen Lenchen verschwinden sie wohlversorgt und ohne Nachkommen.

Die gleiche Lösung wählt Brigitte Augusti in ihrem Roman *Miriam, das Zigeunerkind* (1905). Auch hier entschließt sich das Pflegekind eines Elsässer Flurschützen nach der gescheiterten Rückkehr in einen »Zigeunerstamm« dazu, ihren alt gewordenen Pflegevater und dessen Enkel zu betreuen und ein zölibatäres Leben ohne eigene Kinder zu führen.[9]

Das ist in der *Weihnachtsgeschichte aus alter Zeit*, der Erzählung *Das Zigeunerstoffele* von August Becker (1828-1891), anders, womöglich weil sie nicht im Bürgertum, sondern im Milieu der ländlichen Unterschichten angesiedelt ist und zudem märchenhafte Züge trägt. Schauplatz ist die Pfalz zur Zeit der Verelendung der Landbevölkerung und massenhaften Auswanderung nach Amerika im 19. Jahrhundert. Zigeuner hinterlassen am Weihnachtsabend bei einer armen Waldhüterfamilie einen Jungen, der ein selbst geschnitztes Kreuz in der Hand hält. Als »Christkindel« wird Christoph, genannt das Stoffele, trotz der Not der Familie aufgenommen, wo er sich im Alltag bewährt. Er verhält sich dankbar und demütig. »In der Schule lernte es vortrefflich. Es wurde seinen Mitschülern nicht böse, wenn sie es Zigeunerle, Heidenbub schmähten.«[10] Stoffele erweist sich als ein begabter Holzschnitzer und trägt durch seine Arbeit nicht unwesentlich zum Unterhalt der elfköpfigen Familie bei. Die anderen Kinder müssen sich, als sie älter werden, als Knechte und Mägde verdingen. Die Vorurteile auf dem Lande sind so groß, dass Stoffele keine Arbeit findet und deshalb weiterschnitzt. Im Laufe der Erzählung erfährt man, dass die Zigeuner in der Pfalz Kolonien und Winterquartiere bewohnen. So bleibt eine Begegnung des Jungen mit seiner Herkunftsgruppe nicht aus. In dem sich abzeichnenden Loyalitätskonflikt bewähren sich beide Seiten: Der Waldhüter Cyriak bekennt sich zum Zigeunerstoffele und das Findelkind zur Pflegefamilie: »Ein Zigeuner will ich keiner mehr werden, und ein schlechter Mensch schon von vornherein nicht.«[11] Als die soziale Lage sich weiter zuspitzt, entschließt sich die Familie, Christoph mit Hilfe einer Geldsumme, die der Waldhüter von dessen Vater erhalten hat, nach Amerika zu schicken. Während das Zigeunerstoffele in den USA durch eine Bildschnitzerwerkstatt ein großes Vermögen erwirbt, gerät die Familie durch Ernteausfälle und Hungersnöte in existentielle Bedrängnis. Wie in einer Weihnachtsgeschichte zu erwarten, kehrt »das Zigeunerstoffele [...] als steinreicher, feiner Herr mit einem kohlschwarzen Bart aus Amerika«[12] rechtzeitig zum Fest zurück. Ungewöhnlich genug für eine

Zigeunergeschichte, heiratet er seine Stiefschwester und lädt die Zigeuner zur Hochzeitsfeier ein. Das gemeinsame Fest ohne materielle Not rückt hier in den Vordergrund. Auch Stoffeles Zigeunervater erscheint, befürchtet aber, sein Sohn werde seinetwegen verachtet werden. Durch die Rückkehr nach Amerika zusammen mit den Pflegeeltern und dem alten Zigeuner wird ein deutlicher Schnitt vollzogen. Die sozialen Trennlinien der ›alten Welt‹ verlieren ihre Geltung. Ohnehin sind die Hindernisse, die in dieser Erzählung zu überwinden sind, niedriger. Neben dem christlichen Glauben genügen Fleiß, Dankbarkeit und Familiensinn. An die Stelle der Bildung tritt der wirtschaftliche Erfolg. Die Nachschrift des Erzählers hebt noch einmal hervor, dass durch die gemeinsame Erfahrung von Not, Verelendung und Selbsthilfe auch eine Lösung im Blick auf die Zigeuner gefunden werden kann: »Das Häuschen des Cyriak bewohnt heute eine Zigeunerfamilie, die aber nicht stiehlt, sondern ihr Brot durch allerlei Musik- und Komödiantenkünste verdient.«[13]

In einer badischen Variante des Pfälzer Zigeunerstoffele, *Der Zigeunerbube* (1907), rettet der einstmals von einer Schwarzwälder Uhrmacherfamilie aufgenommene Joszi, der in Amerika als Geigenbauer und Instrumentenhändler reich wird, ebenfalls seine Gastfamilie aus dem Elend. Anders als das Stoffele wandert er nicht wieder aus, sondern schafft als Investor neue Arbeitsplätze und Wohlstand. Als Symbol gelungener Integration erhält Joszis alte Zigeunergeige einen Ehrenplatz.[14]

Deutlich komplexer und ambitionierter, als sein Titel vermuten lässt, spielt das Mädchenbuch *Komteßchen und Zigeunerkind* (1914) der erfolgreichen Jugendschriftstellerin Tony Schumacher (1848-1931) die Möglichkeiten und Grenzen des Zusammenlebens mit den Zigeunern durch. Als Jugendbuch für das Bildungsbürgertum muss es an Erziehungsgeschichten interessiert sein, in denen die Werte und Handlungsmaximen auch noch in schwierigen Situationen ihre Gültigkeit bewahren. Dass die Begegnung mit Zigeunern als ein solcher Extremfall gelten kann, muss hier nicht mehr betont werden. Insofern verschränken die Werke Schumachers und Wildermuths u. a. den Nachweis der Richtigkeit ihrer Werteordnung mit der Erprobung der ›Zivilisationsfähigkeit‹ der Zigeuner zu einem sozialen Experiment – mit erwartbarem Ausgang. Kernthema ist die »Schwesterlichkeit« zwischen sozial Ungleichen sowie ethnisch und kulturell Fremden, das anhand biographischer Längs- und Querschnitte über einen langen Zeitraum verfolgt wird. Die topographische Ordnung ist durch den Gegensatz zwischen dem umgrenzten Stammsitz eines Fürstengeschlechts und dem gesamten europäischen Raum – dem ›Offe-

nen‹ schlechthin – gekennzeichnet, den die Zigeuner nach undurchschaubaren Regeln durchschweifen. Während ihre Unrast eine Weiterentwicklung sowohl der Gruppe als auch der Individuen verhindert, festigt und
fördert die Ortsbindung der Sesshaften die Identitätsbildung.

Die Handlung beginnt mit einem Parallelereignis. Zur gleichen Zeit
werden im Palast eines regierenden Fürstenpaares und in einem ärmlichen Zigeunerlager im nahegelegenen Wald zwei Jungen geboren. Beide
finden Beschützerinnen: der Fürstenerbe im »Komteßchen«, einem
»Pflegekind« der Familie, und der kränkliche Zigeuner Heinerle in seiner starken und selbstbewussten Schwester Zinna. Aus spürbarer Distanz und mit kritischer Schärfe vermittelt Schumacher den Eindruck,
dass die Zigeuner nicht dazu in der Lage sind, ihre Lebensweise zu verändern. Die Versuche der Fürstin und des Komteßchens scheitern am
Wandertrieb und am Volkscharakter. Der kleine Heinerle wird zum Opfer der mangelnden Hygiene, der abergläubischen Heilpraktiken und
des missbräuchlichen Umgangs der Zigeuner mit den helfenden Gaben:
Er erblindet. Zinna, seine Beschützerin, erfährt also unmittelbar, welche
Folgen die Lebensweise ihrer Gruppe haben kann. Dennoch wechselt
sie nicht in die Welt der Sesshaften über, sondern entwickelt sich zu
einer Mittlerin auf Seiten der Zigeuner. Der Roman bietet nun zwei
Wege des Zusammenlebens an, ohne sich für einen zu entscheiden. Für
den Weg der Integration, den Heinerle zu gehen hat, setzt die Erzählung
eine extreme Bedingung voraus. Erst als er erblindet und in der mitleids-
losen Zigeunerwelt unterzugehen droht, kann er die Gruppe verlassen
und mit Hilfe des Komteßchens und Zinnas etwas genießen, worauf die
damalige Pädagogik besonders stolz war: die Einrichtungen einer Blin-
denlehranstalt. Von seiner Herkunftsgruppe nun auf Dauer räumlich
getrennt und ihrer Einwirkung entzogen, wird er in der Religion unter-
wiesen und erlernt zu seiner Muttersprache Romanes Deutsch, die Blin-
denschrift und ein Handwerk: wie das Zigeunerstoffele das Holzschnitzen. Das strenge Erziehungsprogramm erweist sich als erfolgreich.
Wird er in seiner Kindheit noch »unser Zigeunerle«[15] genannt und mit
den beliebten »Negerpuppen« verglichen, so gilt er, der weder sich noch
seine Umwelt sehen kann, später als integriert: »Der Heiner hatte wohl
sein schwarzes Zigeunergesicht mit dem krausen Haar beibehalten, aber
im Denken und Wesen war er ein Deutscher […].«[16] Unter diesen Voraussetzungen wird es ihm gestattet, eine Einheimische aus dem Dorf zu
heiraten – keine Bäuerin, sondern nur eine Magd – und sich am Rande
des Dorfes niederzulassen. Genauer besehen bezieht er als ehemaliger

›Waldmensch‹ einen Zwischenraum »am Waldesrand, ganz nahe beim Dorf«,[17] und wird damit weiterhin auf Distanz gehalten.

Seine Schwester Zinna muss im Roman einen anderen Weg gehen. Ihr Erziehungsprogramm, das sie bei ihren Aufenthalten auf dem fürstlichen Stammsitz zu bewältigen hat, läuft nicht auf eine Integration oder Assimilation hinaus. Dem steht die unveränderliche Natur der Zigeuner entgegen, der Zinna nicht entkommen kann. Die Erziehung leistet aber etwas anderes. Hier werden einem begabten und mit einem gewissen Charisma ausgestatteten Kind elementare zivilisatorische Grundsätze eingepflanzt, die in der Ferne auf den Wanderungen ihre Wirkung entfalten. Zinna vertritt ohnehin bei aller unüberwindlichen Andersheit zwei wichtige Werte: Familiensinn und Gottesglaube. Dies erst ermöglicht die schwesterliche Mädchenfreundschaft mit dem Komteßchen. Der Verdacht, dass sie sich beides nur äußerlich angeeignet hat oder aus Berechnung vorspielt, wird im Roman zerstreut. Der Glauben kann in der eigenen Sprache zum Ausdruck gebracht werden, wie »ein altes Zigeunergebet«[18] veranschaulicht, das Schumacher auf Romanes wiedergibt: »Me baschau mange tele ani Dewlester Soraloben, ani Dewlester Baroben, […] o Dewlester Mulo, piserele man!«[19] Hierbei handelt es sich um ein Gebet, das Engelbert Wittich (1878-1937), ein schwäbischer Hausierer, verschriftlicht und übersetzt hat. Schumachers Wiedergabe stimmt in der Schreibweise bis in die willkürliche Groß- und Kleinschreibung hinein mit Wittich überein, so dass seine Veröffentlichung als Quelle angenommen werden kann. Zinna bewahrt auch gegen die Erziehung ihre Sprache und Kultur: »Zigeunerin bin ich, und Zigeunerin bleib' ich«.[20] Ihre moralische und tragische Größe liegt darin, dass sie zwar nicht den Weg in die Zivilisation findet, aber aufgrund ihres Wissens bei den Zigeunern in Führungspositionen aufsteigt, die für die ›weißen‹ Frauen der Zeit im Vergleich unerreichbar sind. Die unüberwindliche Trennungslinie ist schon vorher in der Erziehungsphase sichtbar geworden. Sie betrifft nicht die praktischen Dinge der Haushaltsführung und des geordneten Wirtschaftens, die Zinna durch Nachahmung problemlos erlernt. Obwohl sie schreiben und lesen lernt, gelingt es ihr nicht, was in einer literalen Kultur selbstverständlich ist: die entzifferten Lettern in geistige Vorstellungen zu verwandeln: »Kleine Herrin, ich sehe die Menschen in dem Buch nicht und ich höre sie nicht und ich weiß nicht, wie ich mir sie denken soll!«[21] Ihre Unfähigkeit wird allein auf die ethnische Andersheit zurückgeführt. Allerdings erhält sie zum Abschied vom Schloss zwei Gaben, durch die sie die europäische

Kultur in das Nomadenleben hineinträgt: ein wertvolles Kästchen mit Schreibzeug und eine Bibel. Damit kommt ein Moment in ihr Leben, das sie von allen anderen Zigeunern unterscheidet. Sie hat die Möglichkeit zur schriftlichen Kommunikation mit den Mitgliedern der Mehrheitsgesellschaft, und sie kann sich über das Lesen der Bibel eine tiefere Dimension des Glaubens erschließen.

Das Experiment der Integration gelingt in diesem Roman nur unter extremen Bedingungen. Doch scheitert die bürgerliche Wertordnung nicht vollständig am Widerstand und an der Rückständigkeit der Zigeuner. Sie findet Eingang in ihre Welt, symbolisiert durch das Schreibzeug und die Bibel. Damit wird der Weg der Integration verlangsamt, und der Zwang scheint zurückgenommen zu werden. Die Bedingungen allerdings ändern sich nicht: die Auflösung ihrer Gemeinschaft, die Aufgabe ihrer Sprache, Sitten und Gebräuche und die Annahme der Sesshaftigkeit.

Die Darstellung von Liebesbeziehungen ist den Adoptionsgeschichten nicht unähnlich. Mit ihr wird aber eine weitere Grenze überschritten, denn sie bringt neben emotionalen, sozialen und rechtlichen Verbindungen auch körperlich-sexuelle ins Spiel. An dieser Stelle werden nur die Werke herangezogen, die (noch) nicht rassistisch das Bedrohungsszenarium biologischer Vermischung aufbauen. Davon gibt es im 19. und 20. Jahrhundert nicht wenige. Die Personenkonstellationen haben sich seit der Romantik in den Geschichten nicht geändert: Zigeunerkinder werden von bürgerlichen oder bäuerlichen Familien adoptiert oder in Pflege genommen, Eheschließungen erfolgen nahezu ausschließlich zwischen Zigeunerinnen und Männern aus der Mehrheitsbevölkerung. Wie bei Carmen oder Esmeralda richtet sich das männliche Begehren auf die exotische Frau. Die europäische Salonlyrik wiederholt das beliebte Thema – ebenso wie die Salonmalerei das Zigeunerinnenportrait – inflationär:

»Eine sechzehnjähr'ge Kleine –
Seid'nes Hemde ohne Futter –
Wundervoll geformte Beine,
Schulter, Nacken glänzt wie Butter
In der Sonne! ... Milde Bräune
Schmückt die sammetweichen Glieder –
Schnell in einer nahen Scheune
Oeffnet sie das rote Mieder;
Läßt dich das Geheimnis schauen,
Junger, ungezähmter Triebe,
Und du küßt die seidnen Brauen,
Schwelgst in Wollust, schwelgst in Liebe ...«[22]

Aber es werden auch züchtigere Geschichten geschrieben. Tragisch scheitert die Liebe zwischen einem jungen Förster und einer Zigeunerin in dem Gedicht *Wald und Liebe* (1874),[23] tödlich endet das Verhältnis der »braunen Mänade«[24] Dora und des Ungarn Låßló in Marie Eugenie delle Grazies (1864-1931) *Die Zigeunerin. Eine Erzählung aus dem ungarischen Haidelande* (1885).

Wenn ein wohlhabender und angesehener Schwarzwälder Großbauer eine sechzehnjährige Zigeunerin heiratet und auf seinen Hof nimmt, so deutet dieser Stoff auf eine konfliktgeladene Geschichte hin. Hermine Villinger (1849-1917) hat in *Die Thalkönigin* (1899) diese ungewöhnliche Konstellation gewählt, um das Eindringen der Moderne in den engen und streng geordneten ländlichen Raum zu zeigen. Die Ankunft einer Zigeunergruppe in der Nähe des auf der Höhe gelegenen Einzelhofs konfrontiert die schwerfälligen und vergnügungsentwöhnten Bewohner mit einer ihnen unbekannten leichten und unbeschwerten Lebensweise. Auch wenn die Tochter ihres Hauptmanns in ihrem gebrochenen Deutsch dem Hofbesitzer Veldi gegenüber wiederholt ihre Freiheit und Unabhängigkeit betont – »Lieben das Wandern, sind frei wie die Zugvögel, möchten nicht tauschen mit Euch«[25] –, möchte er sie an den Hof binden. Eine wichtige Voraussetzung ist wie bei den Adoptionsgeschichten der gemeinsame christliche Glaube. In einer Schlüsselszene beobachtet er, wie die Zigeunerin unter einem Marienbild sitzt. Damit nicht genug, legt auch noch sein Hund mit dem sprechenden Namen Türk seinen Kopf vertrauensvoll in ihren Schoß. Ihr fremdartiger Name Attala, dessen Herkunft im Roman auf eine elsässische Äbtissin zurückgeführt wird, die in der Tat als heilige Attala (um 690-741) am Oberrhein gewirkt haben soll, verstärkt diesen Eindruck auf den ersten Blick. Es lässt sich aber auch nicht die Anspielung auf François-René de Chateaubriands (1768-1848) berühmten Roman *Atala* (1801) übersehen: die tragische Geschichte einer ›edlen Wilden‹ von antiker heroischer Größe in Nordamerika. Neben dem Glauben wird das ›rechte Gefühl‹ als Vertrauensgrundlage betont.

Das zerstörerische Gegenprinzip stellt die aus dem ›Herkommen‹ und der Gewohnheit der Dorfbewohner resultierende Ablehnung und Verachtung alles Fremden dar, vor der sich Attala nicht zu Unrecht fürchtet. Dennoch bleibt sie mit Erlaubnis ihres Stammes zunächst als Magd auf dem Hof und willigt schließlich in eine Ehe mit dem Besitzer ein. Sie erbringt die erwarteten Arbeitsleistungen auch in der traditionellen Rolle einer Hofherrin und erwirbt sich durch ihre Heilkünste

Ansehen in der Gegend und zudem ein nicht unbeträchtliches Sparvermögen. Dennoch stoßen sich ihr Freiheitsdrang und ihre Natürlichkeit immer wieder an der bedrückenden Enge des einförmigen Bauernlebens. In einer weiteren Schlüsselszene badet Attala bei einem Ausflug mit ihrem Mann an einen einsamen Wildsee ohne Kleider. Er bewundert sie dafür, reagiert aber zugleich beängstigt und zornig. Die Hofbewohner, an ihrer Spitze die Altmagd, erfahren mit wenigen Ausnahmen ihr Verhalten als Eindringen einer bedrohlichen Unordnung in ihre Welt, die sie für unveränderlich halten. Tatsächlich führt ihre Anwesenheit aber dazu, die Enge aufzusprengen. Unbekannte Wünsche und Bedürfnisse kommen auf dem Hof auf, z. B. etwas anderes als den Berg und das Tal zu sehen, worauf die Altmagd mit entschiedener Abwehr reagiert: »Das sind keine frommen Wünsch'; der Mensch soll nicht über sein Heimatland 'naus wollen, Gott weiß, wie's dort hinten mit der Frömmigkeit aussieht.«[26] Attala teilt auch nicht den Antisemitismus der Hofbewohner, der sich im herabsetzenden Verhalten gegenüber dem Wanderhändler, dem »Judenlazzer«, äußert: »Der Jud' ist so gut ein Mensch wie ihr, wer ihn schimpft, dem weis' ich die Thür'.«[27]

Dennoch zermürben sie allmählich das eintönige Leben, die Abgeschlossenheit und die Kommunikationsarmut der Talbewohner. Ständig verstößt sie ungewollt gegen die überkommene Lebensweise und muss sich den Vorhaltungen ihres Ehemanns stellen. Gefangen im vormodernen Denken einer ländlichen Schamkultur, wertet er ihr Verhalten als Schande und Ehrverlust. Attalas Dilemma findet sich im Bild der erstickenden heimischen Wärme wieder:

> »[A]ber sie wagte nicht mehr, das Fenster zu öffnen, aus Angst vor einer Rüge. Pries doch die alte Magd bei jeder Gelegenheit die Wärme als die höchste Gabe Gottes, neidisch jedes Spältlein verstopfend, damit ja keine Luft eindringen und der Stubenwärme Abbruch thun könne.«[28]

Nur von außen, von einem modernen, naturwissenschaftlich und antireligiös ausgerichteten Arzt aus der Stadt im Rheintal und seinem Umfeld erfährt sie Anerkennung. Er ist es auch, der sie als »Thalkönigin« bezeichnet. Nun ständig kränkelnd, muss sie sich auf sein Anraten einer Heilkur unterziehen. Abgesehen davon, dass sie dort die für den späteren Handlungsverlauf wichtige Bekanntschaft einer in Paris lebenden Gräfin macht, bringt die Kur nur für einen kurzen Zeitraum die erhoffte Wende. Immerhin werden durch die körperliche Genesung »der noch nicht achtzehnjährigen Attala die ersten Mutterfreuden zuteil«.[29] Doch die Geburt spitzt den Konflikt mit ihrem Mann noch zu, denn Veldi lehnt seinen Sohn, der der Mutter ähnelt und den er deswegen als »Mohrle« bezeichnet, ab: »einen schwärzeren hab' ich in meinem Leben nicht gesehen, – nein, ich kann mich nicht zu so einem wollköpfigen Mohrenbraten zwingen«.[30] Als Attala allmählich erkennen muss, dass Veldi sich für sein Kind schämt und keinen Zugang zu ihm findet, verlässt sie ohne Abschied den Hof, um zunächst wieder bei ihrem Zigeunerstamm und später bei der Gräfin in Paris Unterschlupf zu suchen. Da Veldi vermutet, dass Attala sich mit dem Kind im Wildsee ertränkt hat, gelangt er zu der kathartischen Einsicht, dass die Enge seiner Anschauung wesentlich zur Katastrophe beigetragen hat.

Die Handlung erfährt nun eine überraschende Wendung, als er den Hof seinem jüngeren Bruder übergibt und das Tal verlässt. Die Erzählung setzt sieben Jahre später wieder ein, als der jüdische Händler auf Veldi trifft, der nun Holzhändler und Schiffsherr am Rhein ist. Er hat sich nicht nur äußerlich verändert und das Grobe und Unbeholfene des Bauern abgelegt. Wie Attala »war er Land auf, Land ab gereist«[31] und hat durch das Nomadenleben seinen Horizont erweitert. Vom Juden erhält er auch den Hinweis auf den genauen Aufenthaltsort seiner verschwundenen Frau in Frankreich.

Attalas Rückkehr zu den Zigeunern vollzieht sich indes nicht konfliktlos. Vor ihrer Flucht ein zweites Mal schwanger, erfährt die Tochter, die sie zur Welt bringt, eine ähnliche Ablehnung bei den Zigeunern wie der Sohn mit den schwarzen Haaren und den blauen Augen bei den Schwarzwaldbauern. Mit ihren krausen blonden Locken erinnert sie trotz ihrer schwarzen Augen an die »Schmach«, die Attala widerfahren ist.[32] Den abergläubischen Nomaden gilt das Kind als Botin des Unglücks. Mit den in ihren ethnischen Merkmalen auffällig gemischten Kindern erfährt sie sich als von allen ausgeschlossen. Weder sind sie ›Weiße‹ noch Zigeuner. Dass sie ein Drittes außerhalb der ethnischen Ordnung repräsentieren könnten, wird nicht in Erwägung gezogen und wohl auch nicht als lebbar vorgestellt. Entsprechend rigide fällt das Erziehungsprogramm aus, das die Gräfin, zu der sie sich flüchtet, unerbittlich durchführt. Diese, nicht Attala, entscheidet sich eindeutig und pragmatisch mit Blick auf ihr zukünftiges Leben gegen die Zigeuneridentität: »Die Gräfin ging mit aller Energie ans Werk, in dem jungen Weib die Zigeunerin zu bekämpfen.«[33] Sie mutet der Zigeunerin aus ihrer Sicht nur zu, was zu jeder Persönlichkeitsentwicklung gehört: Triebversagung, Pflichtgefühl und Selbstzucht, die darauf zielen, die geordnete Lebensführung zu einer »zweiten Natur«[34] werden zu lassen:

> »Denn musterhaft sollte die Ordnung in dem kleinen Gartenheim sein; [...] sie ließ ihr nichts durchgehen, kein Fleckchen an ihrem Kleid, keine Nachlässigkeit in der Erscheinung ihrer Kinder. Sie gab ihr eine kleine Summe, damit sollte Attala wirtschaften, und das war das Schwierigste, der Punkt, der immer wieder zu Scenen Veranlassung gab.«[35]

Das ist ein Zivilisierungsprogramm, das vor allem auf Selbstkontrolle setzt und die innere Ordnung der Subjekte mit der äußeren Ordnung ihrer Lebensbedingungen in Übereinstimmung bringen möchte. Durch Disziplinierung wird der Körper auf die Arbeit abgerichtet. Das Programm der Gräfin erweist sich als ›Korrektionsmaßnahme‹, als Begradigung auf den Normalverlauf eines durchschnittlichen bürgerlichen Lebens in einer modernen, offenen Gesellschaft.

Es ist deshalb nicht erstaunlich, dass Veldi Attala kaum wiedererkennt, als er sie in Paris aufsucht, denn »freilich, jener eigenartige, wilde Zauber ihrer Persönlichkeit, der war dahin.«[36] Der Preis, den sie für die Integration zu zahlen hat, ist der Verlust ihrer ethnischen Identität und ihres »Nationalcharakters«, wie es im 19. Jahrhundert heißt. Aber sie zahlt ihn nicht allein. Auch der Mooshofbauer muss das Prinzip begrenzender Territorialität und damit seine bäuerliche Identität aufgeben. Als Integrationsmodell wird also hier die liberale Vorstellung einer nivellierenden modernen Gesellschaft angeboten, die ihre bindenden Kräfte jenseits traditioneller Wertvorstellungen und Gemeinschaftskonzepte zu finden hofft.

Hingegen legt die in einer einsamen Heidelandschaft Norddeutschlands lebende junge Zigeunerin in Wilhelm Jensens Novelle *Die braune Erica* (1869) nach einem letzten ekstatischen Ausbruch ihre Wildheit vollständig ab und unterwirft sich gehorsam ihrem Mann aus der Stadt: »Seitdem sie den Haideboden verlassen, wußte sie nichts mehr eigenmächtig zu thun und war folgsam wie ein Kind.«[37]

Die meisten Beziehungsgeschichten sind im dörflichen Raum angesiedelt. Eine erwähnenswerte Ausnahme bildet die Erzählung *Die Zigeuner* (dt. 1917) des belgischen Schriftstellers Charles de Coster (1827-1879). Sie ist auch bei aller Konventionalität interessant, weil de Coster zwei vertraute Erzählstile in Erwägung zieht: eine Idylle im Stil des flämischen Bauerngenres und ein romantisches Zigeunerbild, um sich dann für einen dritten, realistischen Ansatz zu entscheiden. Das Erzählmuster, das er wählt, um die Liebesbeziehung zwischen einem Angehörigen der Brüsseler Geldaristokratie und einer sechzehnjährigen Zigeunerin zu entwickeln, eignet sich jedoch denkbar wenig zur Einlösung des Anspruchs einer wirklichkeitsgetreuen Darstellung. Dazu hätte zumindest die Perspektive des Mädchens einbezogen werden müssen. Auftreten und Handlungen der Zigeuner werden ausschließlich von außen beschrieben. Erwähnung finden ihr Elend, die ihnen von sämtlichen Schichten der Mehrheitsbevölkerung entgegengebrachte Verachtung und staatliche Willkür und Härte. Klischeehaft ist dabei schon der Name der Zigeunerin, Nanna, der durch Émile Zolas (1840-1902) berühmte Romanfigur den Typus der ›geborenen Prostituierten‹ in Erinnerung ruft. Heinrich, ein der Zivilisation überdrüssiger Snob, sucht in der Zigeunerin Natürlichkeit und unbedingte Liebe. Doch die Erzählung verwickelt sich schon zu Beginn in Widersprüche zu den geäußerten Absichten. Bevor das ersehnte Naturgeschöpf ihrem Gönner überhaupt gegenübertreten darf, muss sie eine zivilisatorische Metamorphose durchmachen. Ein einziges Bad genügt nicht, um den hygienischen Ansprüchen des Liebhabers zu genügen: »es ist ihr zweites, auf dem Wasser des ersten schwammen Ölaugen«.[38] Ihre Natürlichkeit scheint den Ekel vor der Armut nicht verdrängen zu können. Damit nicht genug, wird sie parfümiert und mit edlen Stoffen eingekleidet. Die Logik dieser Verwandlung besteht darin, dass sie, das Naturmädchen, im Zuge ihrer Verführung wieder unbekleidet sein wird – nun aber ohne die störenden Begleiterscheinungen des Authentischen. Wenn der Millionär sie als »Venus Adolescentia«[39] wahrnimmt, wird deutlicher, dass mit der Natürlichkeit in erster Linie der jungfräuliche Körper gemeint ist. Die erotische Spannung, die durch die Verkleidung erzeugt wird, treibt den jungen Mann dazu, sie mit Gewalt zu nehmen. Doch ihre Fremdartigkeit löst eine Scheu in ihm aus, die ihn das Arrangement beenden lässt. Ganz auf der Linie der Klischees über Zigeuner bettelt Nanna um Geschenke. Als sie sich umschaut, werden ihre Sinne durch »alles, was glänzt«,[40] reflexartig gereizt. Seine großzügigen Angebote, ihr ein Haus zu schenken und allen Wünschen nachzukommen, ja sie zu heiraten, erscheinen ihr wenig attraktiv. Ein Haus empfindet sie als Einsperrung, eine Heirat würde vor dem Hintergrund ihrer Erfahrungen in ihrer Zigeunersippe die bedingungslose Unterwerfung unter einen Herrn bedeuten, für den man ständig Arbeiten zu leisten hätte. Heinrich, der junge Mann, vermag ihre widersprüchliche Verhaltensweise, eine Mischung aus naiver Natürlichkeit und Gier und Sinnlichkeit, nicht einzuschätzen, als sie ihn, beladen mit ihrer Beute, verlässt: »Es war ihm, als hätte er einem gefangenen Vogel die Freiheit gegeben, und als machte dieser Vogel sich lustig über ihn.«[41]

Zurückgekehrt ins Zigeunerlager, wird sie mit der Verachtung der Bevölkerung konfrontiert, als einige Bauern sie zunächst voyeuristisch beobachten und dann ›aus Spaß‹ bespucken. Die Brüsseler Polizei verdächtigt sie, die geschenkten Dinge gestohlen zu haben. Da sie weder den Hausnamen ihres Gönners noch dessen Adresse anzugeben weiß, wird sie mit Handschellen gefesselt und verhaftet. Erst als Heinrich erscheint, den die Polizisten als »eine der reichsten und einflußreichsten Persönlichkeiten der bürgerlichen Aristokratie«[42] kennen, wird sie wieder freigelassen. Ihre Dankbarkeit bringt sie auf theatralische Weise zum Ausdruck: »Sie warf sich ihm zu Füßen, umfaßte seine Knie mit beiden Armen, um, sich also erniedrigend, dadurch auszudrücken, daß sie seine Sklavin sei.«[43] Die Erzählung löst die Ambivalenz zwischen ›heißem‹ spontanen Verhalten und kalter Berechnung nicht auf. Darin äußert sich ein tief sitzendes Misstrauen gegenüber Frauen aus der Unterschicht und der fremden Ethnie. Diese Ambivalenz prägt auch die nächste Szene, als der Zigeunerhauptmann Nanna fragt, ob sie Heinrich liebe und mit ihm fern ihrer Sippe leben wolle. Diese Befragung vollzieht er als feierliches Ritual, um am Ende gierig das Gold und die Stiefel, die sie als Geschenk erhalten hatte, für sich einzufordern. Der gebildete Großbürger, der sie bald heiratet, gibt sich auf Dauer nicht mit dem Naturmädchen zufrieden, sondern versucht, »sie geistig sich zu eigen zu machen, wie sie durch das Herz es war«.[44] Seine Bildungsversuche scheitern jedoch kläglich. Selbst die Musik Rossinis (1792-1868), Meyerbeers (1791-1864) und Webers, die im Bürgertum als gefühlvoll und sinnlich gilt und für deren Verständnis man nicht alphabetisiert sein muss, langweilt Nanna. Weil Heinrich ihr Verhalten nicht begreift, wächst die Angst vor ihr. Als während eines gemeinsamen Kuraufenthalts in Ostende ein Zigeuner auftaucht, ist Nanna am nächsten Tag verschwunden.

Das Zusammenleben scheitert wie in den anderen Mesalliance-Geschichten an der unüberwindlichen Fremdheit der Zigeunerinnen, der Unfähigkeit, sich die Hochkultur anzueignen und – in stereotyper Wiederholung – am vererbten Wandertrieb. Was nicht erzählt wird: Anders als in den Dorfgeschichten und Heimatromanen spielt das soziale Umfeld, in das sich die Zigeuner einfügen sollen, keine Rolle. Es existiert in der Erzählkonstruktion nicht einmal. Nanna lebt genauso isoliert wie der schwermütige Geldaristokrat. In seiner Welt ist kein eigener, für sie reservierter Raum vorgesehen. Ihre Lebensweise rückt nur an der Oberfläche – als Geheimnis und triebhaftes Verhalten – in das Blickfeld der Erzählung. Von einer ernsthaften Auseinandersetzung kann trotz der angekündigten realistischen Darstellung nicht die Rede sein.

Am weitesten treibt die Frage nach den Möglichkeiten des Zusammenlebens ein Heimatroman mit dem Allerweltstitel *Der Zigeuner* aus dem Jahr 1913. Der Schauplatz ist ein »kleines Waldtal mitten im Thüringer Lande«.[45] Dort lebt, ungewöhnlich genug, der Zigeuner Fried als »ein reicher und angesehener Mann hier im Dorfe«.[46] Die erste Begegnung mit den Fremden hat schon eine Generation vorher durch die Ansiedlung seiner Eltern stattgefunden: »Sein Vater und seine Mutter waren echte und rechte Zigeuner gewesen, die von der Bevölkerung des Waldtales in ganz auffälliger Weise abstachen.«[47] Durch außerordentlichen Fleiß erarbeiten sie sich »eins der größten Bauerngüter des Dorfes«.[48] Dieser Erfolg ändert aber nichts an der ablehnenden Haltung der Einheimischen. Fried, der im Dorf aufwächst, nimmt eine unsichere Zwischenstellung ein. Doch er muss ständig mit den anderen Bewohnern konkurrieren – auch um die Müllerstochter, die er heiraten möchte –, und er wird trotz seiner Qualitäten immer wieder nur deshalb benachteiligt, weil er ein Kind von Einwanderern ist. Die Handlung nimmt eine abenteuerliche Wendung, als der als Staatsbürger zum Militär eingezogene Zigeuner-Fried sich »als Freiwilliger nach Deutsch-Südwestafrika« meldet, »um dort an dem Kriege gegen die Hereros teilzunehmen«.[49] Das wird vom Erzähler ganz ohne die gängigen Vergleiche der Zigeuner mit den ›infamen‹ Völkern wie den Hottentotten oder den Buschmännern berichtet. Während seiner Abwesenheit gelingt es dem Müller und einigen Dorfbewohnern, durch eine Intrige seine Tochter mit dem Dorfwirt zu verheiraten. Fried, der in Afrika verwundet wird, kann erst nach einer langen Genesungszeit nach Thüringen zurückkehren. Nach dramatischen Verwicklungen, in deren Verlauf der intrigante Müller sich selbst tötet, kommt es zu einer für einen Zigeunerroman ungewöhnlichen Konfliktlösung. Der Ehemann der Müllerstochter Rosel verzichtet großmütig auf den Vollzug der Ehe, und der Zigeuner Fried verkauft seinen Besitz, »um sich irgendwo in der Ferne mit Rosel eine neue Bauernwirtschaft auszusuchen«.[50] Weder verzichtet der Zigeuner auf Grundbesitz, noch folgt er wie die schönen Zigeunerinnen irgendeinem Wandertrieb. Er weicht nur dem Ort aus, an dem das Wissen um seine Herkunft das Verhalten der anderen bestimmt: »In einem stillen Winkel kauften sie sich an und ließen sich dort ehelich verbinden.«[51]

In diesem Roman wird dem militärischen Dienst fürs Vaterland eine Schlüsselrolle zugewiesen. Es genügt nicht, dass Fried nichts aus seiner Herkunftskultur bewahrt, weder die Sprache noch die Tracht, auch nicht Lieder und Tänze oder Essgewohnheiten. Und ebenfalls reicht es nicht, dass er die positiv besetzte bäuerliche Arbeit als Lebensgrundlage wählt. Das patriotistische Integrationskonzept, das hier durchschlägt, verbindet das durch die Geburt auf einem bestimmten Territorium erworbene Recht auf Staatsbürgerschaft mit der Verpflichtung, sich jederzeit den übergeordneten Interessen des ›Vaterlands‹ unterzuordnen. Diese Position ist 1913 nicht ungewöhnlich. Nur ein Jahr später werden Juden und Zigeuner in den jeweiligen Armeen der europäischen Kriegsparteien auch gegeneinander kämpfen, ohne sich gegen einen solchen Dienst auf ihre ethnischen Bindungen berufen zu können oder zu wollen.

Die in Mittel- und Nordeuropa und England handelnden Adoptions- und Liebesgeschichten setzen eine Jahrhunderte währende Absonderung und Ausgrenzung der Zigeuner voraus. Das ist in der russischen Literatur aus zwei Gründen anders. Zum einen wird den Zigeunern, wie schon dargelegt wurde, das Verdienst zugeschrieben, einen wesentlichen Beitrag zur Überlieferung der russischen Volksliteratur geleistet zu haben. Als Friedrich Bodenstedt (1819-1892) 1866 eine mehrbändige Anthologie russischer Literatur vorlegt, enthält sie auch drei den Zigeunern zugeschriebene Volkslieder, darunter das Spottlied Semfiras aus Puschkins Poem *Die Zigeuner*.[52] Zum anderen waren die Romvölker niemals Verfolgungen ausgesetzt, die denen in Westeuropa vergleichbar wären. In der russischen zaristischen Zweiklassengesellschaft unterscheiden sie sich nicht wesentlich von den rechtlosen ländlichen und städtischen Unterschichten. Insofern werden in der russischen Literatur des 19. Jahrhunderts nicht die Möglichkeiten eines zukünftigen Zusammenlebens durchgespielt, da sie zum Volksleben dazugehören. In Iwan Turgenjews (1818-1883) *Aufzeichnungen eines Jägers* (1852) z.B. vervollständigen sie als wendige und kundige Pferdehändler das Bild des russischen Provinzlebens,[53] Nikolai Ljesskow (1843-1895) zeigt sie in *Der verzauberte Pilger* (1873) als liebenswerte Gauner und Überlebenskünstler. Die Selbstverständlichkeit, mit der sie am Rande in vielen Werken erwähnt werden, bedeutet nicht, dass es keine klischeehaften oder von Vorurteilen geprägten Darstellungen gäbe. Zu tief haben sich die Bilder auch hier ins kollektive Gedächtnis eingeschrieben. Diesen Eindruck erweckt eine *Tschertopchanow und Nedopjuskin* (1849)[54] betitelte Skizze, in der ein Gutsbesitzer, bei dem sich der Erzähler aufhält, seinen

›Schatz‹, die junge Zigeunerin Mascha, mit dem Satz einführt: »meine Frau und doch nicht meine Frau, aber soviel wie meine Frau«.[55] Der Erzähler betrachtet und portraitiert sie als schöne Wilde, die ihren besonderen Reiz erst im Kontrast zur zivilisierten Umgebung erkennen lasse. Nach einigem Zögern kommt Mascha dem Wunsch ihres Herrn nach und singt und spielt Gitarre. Mit Genauigkeit werden die Besonderheiten des russischen Zigeunergesangs und dessen Wirkung aufgezeichnet, der in seinem raschen Wechsel der Rhythmen, der Tonhöhe und der Lautstärke der spanischen Zigeunermusik ähnelt. Das Unberechenbare der Musik, das die Zuhörer in ein Wechselbad der Gefühle tauche, deutet auf den Charakter und das Verhalten Maschas und – Turgenjew schreckt vor der Verallgemeinerung nicht zurück – aller Zigeunerinnen hin: »das unstete Zigeunerblut«.[56] Zwei Jahre nach diesem Abend verlässt Mascha den Gutsherrn. Tschertopchanow kann sie weder durch die Drohungen, sie, noch durch die Aufforderung, ihn zu töten, davon abbringen. Ungerührt weist sie auf eine innere Macht hin, der sie folgen muss.

> »Ach, mein Lieber, warum grämst du dich so? Kennst du denn uns Zigeunerinnen nicht? Das ist so unsere Art, unser Brauch. Wenn sich die Sehnsucht einstellt, der alte Störenfried, wenn sie die Seele fortlockt in die Fremde, in die Ferne – wie kann man da noch bleiben? Vergiß deine Mascha nicht [...], ich werde dich auch nicht vergessen, dich, meinen Falken, aber unser gemeinsames Leben ist zu Ende!«[57]

Wie in Puschkins Poem, jedoch nicht mehr romantisch erhöht, sondern realistisch herabgestimmt, lässt sich die Freiheit nicht auf Dauer fesseln.

Mit ironischem Unterton verbindet Ljesskow im Schelmenroman *Der verzauberte Pilger* die Themen Zigeunermusik und Konkubinat und wirft auf diese Weise einen kritischen Blick auf das irrational erscheinende Verhältnis der russischen Gesellschaft zu ›ihren‹ Zigeunern. Die betreffende Episode beginnt in einem von Zigeunern betriebenen, folkloristisch ausgerichteten Unterhaltungsetablissement, in dem die russischen Besucher sich wie der Ich-Erzähler an deren Darbietungen und am Champagner berauschen. Sie meinen in den Liedern und Tänzen eine Seelenverwandtschaft, »etwas so Urverwandtes«[58] zu verspüren. Eines der beliebten Lieder »kneift einem förmlich in die Seele«,[59] wie es der Erzähler enthusiastisch ausdrückt. Dem Star des Abends, der Sängerin Gruscha, liegen die Gäste im wahrsten Sinne des Wortes zu Füßen: »[M]an kann sie gar nicht einmal als Frau beschreiben, es ist eine grellbunte Schlange, die auf ihrem Schwanz tänzelt und den ganzen Körper nur so biegt und windet; aus ihren schwarzen Augen versengt sie einen aber nur so mit Feuer.«[60] Obwohl sie nur ein unterhaltsames sentimentales Liedchen singt, wird es wie bei Turgenjew als bewegendes emotionales Erlebnis empfunden:

> »Und wieder eine Veränderung, die man nicht erwartet. Das ist bei denen immer so, immer diese Wendungen: bald weint sie, läßt einen schmachten, nimmt einem einfach die Seele aus dem Leib heraus, aber dann greift sie plötzlich einen ganz anderen Ton auf, und dann ist es, als setze sie einem mit einemmal das Herz wieder ein.«[61]

Der Besitzer des Lokals und Vater der Sängerin gibt als »heimische Altvätersitte der Zigeuner«[62] aus, was zum Entlohnungsritual der Vorführung gehört. Gruscha reicht Champagner und wird dafür mit Gold und Banknoten entlohnt. Sie bedankt sich dafür mit einem Kuss auf den Mund des Spenders. Der Erzähler, der einen großen Geldbetrag des Fürsten, in dessen Diensten er steht, bei sich trägt, beteiligt sich an dem Spiel des Publikums, sich gegenseitig bei der Entlohnung zu überbieten. Damit Gruscha weitertanzt, »schütten ihr« die Verehrer »das Geld nur so einfach vor die Füße: der eine Gold, der andere Banknoten«.[63]

Auch der Erzähler opfert berauscht das Geld seines Dienstherrn. Was er nicht weiß: Es handelt sich um Staatsgelder, deren übrigen Teil der korrupte Fürst selbst verspielt hat. Die Verfehlung seines Bediensteten bringt den Fürsten auf die Idee, Gruscha von ihrer Sippe zu seinem Privatvergnügen für fünfzigtausend Rubel zu kaufen. Da er das Geld nicht mehr hat, verpfändet er sein Gut. Ob die Affäre zwischen dem Gutsherrn und der Zigeunerin von Leidenschaft, Gefühlsausbrüchen und -umschwüngen getragen wird oder aus der Perspektive des Erzählers wie die Lieder und Tänze lediglich so wahrgenommen wird, lässt sich kaum entscheiden. Die Launenhaftigkeit des Fürsten führt zu einem raschen Ende der Liebesaffäre: »Er umwarb sie, wich keinen Schritt von ihr und lebte und webte nur im Anschauen ihrer Schönheit, aber plötzlich begann er zu gähnen und verlangte mich zur Gesellschaft.«[64] Als sie schwanger wird, möchte er sie nach Gutsherrenart mit dem Erzähler verheiraten und beiden ein Haus kaufen. Die Geschichte endet mit einer Katastrophe, als der Erzähler in die Enge gedrängt und überfordert Gruscha in einen Fluss stößt.

Auch in Leo Tolstois (1828-1910) Drama *Der lebende Leichnam* (1900)[65] treten die Zigeuner zunächst als Unterhaltungsprofis auf, bei denen man nicht weiß, ob ihre Gefühle echt sind, wenn beispielsweise die Mutter der Zigeunerin Mascha deren russischem Geliebten Fedja theatralisch vorhält: »Um nichts hast du unsere Tochter zugrunde gerichtet, unser Goldkind, unsere Einzige, unsern Augapfel, unsere Herrliche, Unschätzbare! In den Schmutz hast du sie getreten – so hast du's uns vergolten! Du hast keinen Gott im Herzen!«[66] Der antriebsschwache und dem Alkohol verfallene Fedja ist überrascht, dass »eine Zigeunerin, die von Anfang an so erzogen wurde, daß sie nur an Erwerb und Gewinn denkt«,[67] ihn selbstlos liebt. Von dieser Spannung zwischen der unerwarteten Treue und hingebungsvollen Liebe einer Zigeunerin und der ›berechnenden‹ Kultur des Gelderwerbs ihrer Herkunftsgruppe ist die Beziehung mit dem russischen Mann geprägt.

Weder bei Turgenjew noch bei Ljesskow und Tolstoi sind die schönen Zigeunerinnen Fremde aus einer bedrohlichen, geheimnisvollen Gemeinschaft, die man einer Zivilisationsprobe unterwerfen muss. Sie nehmen, ohne ihre ethnischen Merkmale ablegen zu müssen, eine anerkannte Position innerhalb der russischen Gesellschaft ein: in den literarischen Werken meist als angesehene, manchmal bewunderte Unterhaltungskünstler. Damit sind sie auch der breitesten Bevölkerungsschicht, den Bauern und Landarbeitern, nicht unterlegen. Trotz der Archaisierung der Lebensweise der sogenannten Steppenzigeuner Südrusslands bei Puschkin oder in Maxims Gorkis (1868-1936) Erzählung *Makar Tschudra* (1892) fehlt der in der westeuropäischen Literatur vorherrschende Ton der Verachtung nahezu vollständig.

Die Erzählung Gorkis, die 1976 in der Sowjetunion von dem moldauischen Regisseur Emil Lotjanu unter dem Titel *Das Zigeunerlager zieht in den Himmel* verfilmt wurde, feiert die Freiheit der Steppenzigeuner und deren Quellen: ihre unverfälschte Gefühlswelt und ihr gradliniges, klares Verhalten, das von keinen Zweckabwägungen getrübt wird. Die Erzählerfigur ist selbst ein Zigeuner, der alte Pferdehirt Makar Tschudra, dessen Lebensweisheiten hier autoritative Geltung zugesprochen bekommen. Gorki schafft eine Erzählsituation, in der Zeit und Raum entgrenzt werden: »links die grenzenlose Steppe, rechts das unendliche Meer und vor mir die Gestalt Makar Tschudras, eines alten Zigeuners, der die Pferde seines Stammes hütete«.[68] Tschudra erzählt eine Liebesgeschichte unter ›einfachen‹ Menschen, deren archaische Erhabenheit an die Tragödien der griechischen Antike erinnert. Dieser Eindruck wird auch nicht durch die literarischen Anspielungen auf Puschkin, Mérimée und Nikolaus Lenau gemindert. In einer Geschichte ohne sanfte oder herabgestimmte Gefühle stoßen mit der schönen Zigeunerin Radda und dem Pferdekenner und Musiker Loiko Sobar absoluter Freiheitswille und unbedingte Liebe unvereinbar aufeinander. Die Erzählung suggeriert, dass nur die ungebundenen Zigeuner der Steppe zu solchen Äußerungen fähig sind und nur bei ihnen der ursprüngliche Konflikt zwischen Freiheit und Unterwerfung im Geschlechterkampf noch stattfindet. Sie stellt aber ebenso einen Bezug zum politischen Freiheitskampf her, denn Raddas Vater, so erfährt man, hat sich 1848 am ungarischen Befreiungskampf als Soldat auf der Seite Kossuths beteiligt. Loiko gibt nach altem Ritual ein Eheversprechen gegenüber Radda ab: »Ich nehme dich zum Weibe vor Gott und meiner Ehre, deinem Vater und allen diesen Menschen. Aber sieh, meine Freiheit sollst du nicht behindern – ich bin ein freier Mann und werde leben, wie ich will!«[69] Doch Radda nimmt das Gleiche für sich in Anspruch: »Keinen habe ich jemals geliebt, Loiko, aber dich liebe ich. Aber ich liebe auch die Freiheit, und die Freiheit, Loiko, liebe ich mehr als dich.«[70] Der Kampf um Herrschaft und Freiheit in der Liebesbeziehung der beiden spitzt sich zu, als Radda Loiko Sobar unter dem Versprechen leidenschaftlicher Liebeserfüllung dazu bringen will, sich vor dem gesamten Stamm zu demütigen und ihr, einer Frau, die Füße zu küssen. Dazu kommt es nicht: »Und ehe wir noch begreifen konnten, was Sobar tun wollte, lag Radda schon auf der Erde, und in ihrer Brust steckte bis ans Heft Sobars krummes Messer.«[71] Radda hatte vor dem Hintergrund des traditionellen Ehrenkodex des Stammes mit dieser Reaktion gerechnet, wie Sobar mit der Verpflichtung ihres Vaters zur Blutrache: »Dann trat Danilo auf Sobar zu und stieß ihm das Messer in den Rücken, gerade hinter dem Herzen.«[72] Beide bringen sich der jeweiligen Freiheit des anderen als Opfer dar und nehmen diese Tat auf befremdliche Weise als Schicksalsbestimmung hin.

Die Härte des Geschehens wird auch nicht durch den Umstand abgemildert, dass es vom alten Hirten Makar Tschudra erzählt wird. Im Gegenteil. Vordergründig erteilt er seinem Zuhörer die Lebenslehre, bei der Wahl einer Zigeunerin Vorsicht walten zu lassen. Dahinter zeichnet sich ein romantisches Volksepos ab: nicht eines, das von nationalen Heldentaten, sondern von den großen Gefühlen eines stolzen Volkes Kunde geben soll, das sich hierin von den dumpfen und demütigen Volksmassen im zaristischen Russland abhebt.[73]

Und noch etwas fällt auf. Die Haupthandlung der Erzählung spielt ausschließlich unter Zigeunern. Das ist in der gesamten europäischen Literatur des 19. Jahrhunderts eine seltene Ausnahme. Bedauerlicherweise ist ein weiteres Werk, das sich dadurch hervorhebt, Eduard Adolays *Die Böhämmer. Eine Dorfchronik* (1872), von seiner literarischen

Qualität her nicht im Entferntesten mit Gorki zu vergleichen. Den erzählerischen Höhepunkt des Romans bildet die liebevolle Beschreibung des Dürkheimer Wurstmarkts. Er soll dennoch Berücksichtigung finden, weil er der einzige Erzähltext ist, der die Entwicklung einer »Böhmersdorf«[74] genannten Zigeuneransiedlung von ihren Anfängen bis zur gewaltsamen Auflösung zum Gegenstand hat. Ob es sich bei den Dargestellten um deutsche Sinti oder Jenische handelt, eine Gruppierung von Fahrenden, die sich ethnisch nicht den Zigeunern zuordnen lassen und eine eigene Gruppensprache sprechen, soll nicht weiter erörtert werden.[75] Dazu ist ein literarischer Text auch wenig geeignet. Vieles von dem, was im zweiten Teil dieses Buchs untersucht worden ist, findet sich bei Adolay wieder: das Nomadentum, die Liebe zu Musik und Tanz, der Hang zu bunter Kleidung sowie der Vergleich mit den nordamerikanischen Indianern der Lederstrumpferzählungen James Fenimore Coopers (1789-1851). Mit der Wahl einer Dorfgemeinschaft von Zigeunern stellt sich die Frage nach den Möglichkeiten und Grenzen des Zusammenlebens anders. Nicht gelingende oder scheiternde Integration Einzelner wird durchgespielt, sondern die Abgeschlossenheit oder Durchlässigkeit gegenüber der Nachbarschaft. Die Topographie ist eindeutig. Das Dorf befindet sich in einer unfruchtbaren und abgelegenen Gegend: »Böhmersdorf lag vollständig isolirt; ein breiter Waldgürtel schied es von den benachbarten Orten ab.«[76] Die Abgeschiedenheit führt dazu, dass über Generationen keine dauerhaften Beziehungen zu den Nachbargemeinden entstehen. Das Dorf wächst, weil anderes »fahrendes Gesindel«[77] zuzieht. Doch es steht, ungewöhnlich für einen Roman über Zigeuner, »ein baufälliges Kirchlein«[78] inmitten der Ansiedlung. Trotz der Kirche gibt es »keinen eigenen Seelenhirten, weil die Gemeinde zu klein und zu arm dafür war; so kam denn aus dem nächsten Dorf jenseits des Waldes der Pfarrer alle vierzehn Tage herüber, um in Böhmersdorf den Gottesdienst abzuhalten«.[79]

Die Bewohner befinden sich in der Religionsausübung wie in allen anderen Lebensbereichen in einer lang andauernden Übergangsposition. Vor allem wechseln sie noch zwischen Sesshaftigkeit und Wanderschaft. In jedem Frühjahr verlassen nahezu sämtliche Einwohner die Ansiedlung, um mit den Waren, die im Winter angefertigt wurden, hausieren zu gehen und sie auf Märkten zu verkaufen:

»noch ein kräftiger Händedruck, und dann stob der ganze Troß von Holzwaarenhändlern, Guckkastenmännern, Musikanten, Taschenspielern, Hafen-

bindern, Seiltänzern, Kesselflickern und Harfenmädchen auseinander, wie
ein Spatzenschwarm, zwischen den man einen Stein hineinwirft«.[80]

Ohne eine Unterstellung betrügerischer Praktiken wird die wichtige
Funktion des ambulanten Handels und Handwerks im ländlichen Raum
von Adolay gewürdigt. Die Festkultur der Zigeuner wird hingegen mit
ihren fremden Ursprüngen in Verbindung gebracht und dämonisiert:
»Das waren keine Tänzer und Tänzerinnen mehr, das war ein Troß von
Faunen und Mänaden, die versammelt zu sein schienen, um [...] eine
wilde Orgie zu feiern.«[81] Als nach einem dieser Feste ein Jäger erstochen
wird, beginnt die systematische Verfolgung der Dorfbewohner durch
die Behörden des Landesherrn. Das politische Ziel ist »die Deportation
nach Amerika!«.[82] Bei einer Audienz ihres Landesherrn argumentiert
ihr erfahrener Dorfschulze mit Gewohnheitsrechten: »seit Jahr und Tag
haben wir schon auf dem Fleck Erde gewohnt, unsre Urältern liegen
dort begraben, all unser Freud' und Leid dreht sich um den Platz herum,
auf dem unser Dorf steht«.[83] Zwar erhalten sie eine Entschädigung für
ihr Eigentum, aber sie werden gezwungen, ihre Heimat zu verlassen.
Der Roman kritisiert die Vertreibungspolitik als unmenschlich. Durch
sie wird ein langwieriger Prozess gewaltsam unterbrochen, der am Ende,
wie die erfolgreiche Ansiedlung in Amerika zeigt, zu einem friedlichen
Zusammenleben hätte führen können. In Deutschland werden – und
damit schließt der Roman – sogar die Spuren der langen Geschichte der
›Böhämmer‹ und ihres Dorfes verwischt: »Binnen kurzer Zeit waren die
Hütten wie durch einen Zauberschlag verschwunden. Die Waldarbeiter
ebneten den Plan und säeten Tannensaamen in die Furchen.«[84] Nicht der
Zivilisation, sondern der Natur wird ihre einstige Ansiedlung überlassen.

Im 19. Jahrhundert werden die Bilder und Erzählungen, die seit der
Einwanderung der Romvölker in Umlauf gebracht worden sind, nicht
aus dem kulturellen Gedächtnis gestrichen. Ebenso wenig fällt das über
sie angehäufte Wissen dem Vergessen anheim. Sie bleiben die fremden
Nomaden und das Volk der Wahrsager, Diebe und Räuber, Musiker und
Tänzer, dessen schöne Frauen das Begehren wecken. Wo die Darstellun-
gen an Wirksamkeit einbüßen, werden sie verändert, erneuert und der
Zeit angepasst. Zugleich kommen neue Entwicklungen hinzu, die zu
Vermischungen und Überlagerungen führen. Die Faszination wächst.
Doch die europäische Romantik ist nicht fasziniert von den Romvöl-
kern, an deren Elend und Unterdrückung sie kaum Interesse zeigt. Die-
ser Teil, ihr Überleben am Rande der europäischen Gesellschaften, wird

als nicht repräsentierbarer Teil ihrer Existenz abgespalten. Fasziniert ist sie von den tradierten Bildern, Figuren und Geschichten, die sie affektiv auflädt und als Spiegel der eigenen Dichterexistenz entdeckt. In den imaginären Räumen des Wunderbaren, Unzeitgemäßen und Ursprünglichen finden die Zigeuner ihren Ort. Die eindringlichen und eingängigen Repräsentationen ihres Andersseins, die im 19. Jahrhundert entstehen und das Darstellungsrepertoire beträchtlich erweitern, werten sie auf, ohne ihre Randposition zu verändern. Sie bilden die zweite Phase der Erfindung der Zigeuner, die durch die ethnographische Forschung eher verlängert als begrenzt wird.

Damit nimmt die Verachtung keineswegs ab. Die romantische Literatur kommt geradezu inflationär auf das Motiv des Kindesraubes zurück und prägt es der Erinnerung ein. Hier beginnt etwas, das die Zigeunerliteratur durch das gesamte Jahrhundert kennzeichnet. Im Zuge der Modernisierung, d. h. der Auflösung der ständischen Ordnung, der Liberalisierung, der Säkularisierung und des ansteigenden Bildungsniveaus, müssen soziale Ächtung und Verachtung neu begründet und ihre Regeln und Mechanismen verändert werden. Die Literatur beteiligt sich daran, ihnen wieder Plausibilität und Stärke zu verleihen.

Dennoch entwickelt sie sich insgesamt in eine andere Richtung. In allen nationalen Literaturen, die hier betrachtet wurden, wächst die Zahl der Werke, in denen die Verachtung weniger spürbar ist und das Zusammenleben des Nachdenkens wert scheint. Ob die trivialisierende Ingebrauchnahme der Zigeunerromantik mit ihren Vorstellungen vom lustigen Zigeunerleben, von verführerischen Zigeunerinnen und betörenden Zigeunergeigern dazu beigetragen hat, muss bezweifelt werden. Tief eingeprägt in die jeweiligen Nationalkulturen haben sich hingegen die in der Literatur geschmiedeten und gefeierten patriotischen bzw. kulturellen Bündnisse in Ungarn und in Russland.

Aus ethnographischer Perspektive lassen sich derartige literarische Gedankenspiele als Verortungen im Volksleben mit assimilativer Tendenz erkennen. Als Gegenbewegung dazu muss man das Phänomen deuten, das ich als zweite Phase der ›Enteuropäisierung‹ bezeichnet habe, in der die Körper, das Denken und Handeln der Romvölker durch die Zigeunerethnographen in Wissenschaft und Literatur so präsentiert werden, dass ihr Anderssein eine fremde, bedrohliche Gestalt annimmt, für die es innerhalb Europas keinen Raum zum Leben geben darf. Sie vollzieht eine ethnische Säuberung vorerst nur auf dem Papier. Die Schatten völkischer Rassenlehren zeichnen sich auf ihm allerdings schon bedrohlich ab.

**III. Teil:
Vom Ausgang des neunzehnten
Jahrhunderts bis heute**

1. Eine »Bande von Asozialen«. Der rassistische Blick

»Paria war tot, Aria hatte gesiegt«: Strindbergs Tschandala

Eine antisemitische Hetzschrift aus dem Jahr 1883 richtet sich mit einer wenig freundlichen Einladung *An die Zigeuner*:

>»Kommt zu uns auch – Ihr Zigeuner!
>Ob ihr heller seid – ob bräuner –
>Ueber diese Kleinigkeiten
>Wird kein Mensch mehr mit Euch streiten.
>[...]
>Gastfrei ist die deutsche Erde:
>Nur herein, Zigeunerheerde!«[1]
>»Heil und Hülfe allen Menschen,
>Ganz besonders morgenländ'schen!«[2]
>»Alle, alle kommt herbei!
>Ob in diesem Völkerbrei
>Echter Fortschritt möglich sei –
>Meine Herrn, ist einerlei!«[3]
>»Kommt, Zigeuner, saugt hier mit!
>Abgezapftes Völkerblut
>Schmeckt den Parasiten gut:
>Nur herein in's deutsche Reich,
>Was ihr treibt – uns bleibt es gleich.«[4]

Zwei Begriffe aus dem Repertoire rassistischen Denkens fallen sofort ins Auge: Völkerbrei und Parasiten. Sie bringen in der Sprache aggressiver Abwehr die Angst vor Vermischung und Infektion zum Ausdruck. Die vermeintliche Bedrohung von außen wird in der paranoischen Logik rassischer Reinheit durch liberale Integrationspolitik zu einer noch größeren inneren Gefahr. Was gefährdet scheint, wird zweimal genannt, die »deutsche Erde« und das »deutsche Reich«. Das Attribut deutsch könnte als Bezeichnung für ein bestimmtes Territorium und eine staatliche Einheit durchaus die Anwesenheit mehrerer Ethnien einschließen. Hier ist aber das genaue Gegenteil gemeint, die Ausgrenzung alles Nichtdeutschen und die Schließung des Territoriums. Die Zigeuner werden in diesem Pamphlet als ein Beispiel herangezogen, um die deutschen Juden durch den Vergleich mit ihnen noch tiefer herabzusetzen. Während die Juden durch die Assimilation in den Augen des liberalen Bürgertums, gegen das die Hetzschrift wütet, eine gewisse gesellschaftliche Reputation erlangt haben, kann der Verfasser nicht zu Unrecht davon ausgehen, dass die Zigeuner immer noch zu den verachtetsten Gruppen in Europa zählen. An ihnen veranschaulicht er deshalb, was er über die Juden vermitteln möchte.

Trotz des Wissens, das die Ethnographie des 19. Jahrhunderts auch in populärer Form verbreitet, gelten sie wie die Juden weiterhin als ›morgenländ'sches‹ Volk. Ihr Nomadentum überbietet aus dieser Sicht noch die Ortlosigkeit der Juden. Wie die Hetzschrift signalisiert, ›wandern‹ um 1900 immer mehr antisemitische Vorurteile in die Darstellung der Zigeuner ein und verdunkeln ihr Bild weiter. Anzahl und Bedeutung literarischer Werke nehmen zu, in denen die kolonisatorisch-verwurzelnde und produktive Wirtschaftsleistung der als Kerneuropäer angesehenen Völker dem parasitären und unproduktiven Verhalten der Zigeuner und Juden gegenübergestellt wird.

Das bemerkenswerteste dieser Werke ist August Strindbergs (1849-1912) 1889 zunächst auf Dänisch und erst 1897 auf Schwedisch erschienene »Erzählung aus dem 17. Jahrhundert«, *Tschandala*. Ursprünglich als Kriminalerzählung konzipiert, sollte sie den Titel *Die weiße und die schwarze Hand* tragen. Nach Abschluss des Manuskripts formulierte er die verrätselte ethnische Markierung zum eindeutigeren Titel *Arya und Pariah* um.[5] Mit dem endgültigen Titel *Tschandala*[6] greift Strindberg einen Begriff aus Friedrich Nietzsches (1844-1900) *Götzen-Dämmerung* (1888) auf. Da die Erzählung weitgehend unbeachtet geblieben ist – nach der deutschen Erstausgabe 1894 erscheint 1937 eine von Alfred Kubin illustrierte Vorzugsausgabe in einer Auflage von 90 nummerierten Exemplaren –, soll die Handlung kurz skizziert werden.

In den Nachkriegswirren des schwedisch-dänischen Krieges (1674-1679) untersagt der schwedische König Karl XI. (1655-1697) den in seinen Diensten stehenden Beamten, in den Sommerferien in das ruhige schwedische Stammland zu reisen. Diese Anweisung trifft auch den national denkenden Professor der Universität Lund, Magister Andreas Törner, der sich bis zur Klärung der neuen Verhältnisse mit seiner Familie einen Sommersitz, genannt »Bøgely«, mietet. Dabei handelt es sich um ein heruntergekommenes Schloss, das von geheimnisvollen und merkwürdigen Leuten, einer unzivilisiert erscheinenden Baronesse und ihrem unheimlichen Personal, bewohnt und bewirtschaftet wird. Der abgeschiedene Landsitz wird durch das feindselige Verhalten der dänischen Nachbarn zum schwedischen Außenposten, der Sommerurlaub zu einem Zwangsaufenthalt. Zunächst unmerklich und dann immer offener entbrennt ein Kampf auf Leben und Tod zwischen dem Magister und dem zwielichtigen Gutsverwalter Jensen.

Die Handlung lässt sich in die Zeit unmittelbar nach Ende des schwedisch-dänischen Krieges einordnen, der nach wechselnden Erfolgen
beider Seiten schließlich mit einem Sieg der Schweden und der Annek-
tierung Schonens endete. Zu den Höhepunkten des Krieges wird die
1676 ausgetragene Schlacht bei Lund gezählt: mit Verlusten von über
fünfzig Prozent auf beiden Seiten und Massakern der Schweden an
Gefangenen eine der blutigsten kriegerischen Auseinandersetzungen
der skandinavischen Geschichte. Nicht weniger grausam wird bis 1678
ein Guerillakrieg der dänischen Landbevölkerung gegen die schwedischen Besatzer geführt. Seine Bezeichnung als ›Snapphanerkrieg‹, also
als Krieg der Schnapphähne oder Straßenräuber, führt zur Figur des
Verwalters Jensen in Strindbergs Erzählung, der als Zigeuner dieser
Gruppe zugerechnet werden kann. Das verleiht ihm in der Erzählung
besondere historische Glaubwürdigkeit.

Strindberg wählt eine Zeit des Umbruchs, ungeklärter Machtverhältnisse und zusammengebrochener überkommener Hierarchien. Die
Ausgangssituation der Erzählung mutet wie der Beginn eines sozialen
Experiments an. Was geschieht, wenn sich in Zeiten der Unordnung
Kulturlose und Unfähige gesellschaftliche und wirtschaftliche Führungspositionen anmaßen und sich über die sozialen und geistigen Eliten
erheben? So gibt die Besitzerin von Bøgely vor, ihr Großvater »sei am
Hofe König Kristians gewesen und habe das Schloß mit den dazugehö-
rigen Gutshöfen als Lehen erhalten, die Güter nach der Eroberung aber
verlassen müssen«.[7] Diese Behauptung erweist sich als falsch, denn später erfährt der misstrauisch gewordene Magister Törner

> »bei seinen heimlichen Nachforschungen in den Kirchenbüchern […], daß
> die Baronesse Ivanoff aus der ganz und gar unadeligen Familie Ivarsson
> stammte; daß der Vater ein simpler Wucherer war und Besitzer zweier Bor-
> delle in Kopenhagen, die Mutter eine Dirne!«[8]

Der gelehrte Magister hingegen kann zur schwedischen Elite gezählt
werden. In dieser Figur verbinden sich frühaufklärerischer Rationalis-
mus und enzyklopädisches Wissen mit schwedischem Nationalbewusst-
sein. Mehr als einmal wird darauf angespielt, dass René Descartes (1596-
1650) nicht allzu lang vor der Zeit der Handlung sein letztes Lebensjahr
in Stockholm verbracht hat. Andreas Törner lehrt »an der kürzlich gegründeten Universität«[9] Lund »Politik und Ökonomie, zum letzteren
zählten Tier- und Pflanzenkunde, Wirtschaftslehre und Physik«.[10] Die
Ansprüche Schwedens gegenüber den Dänen vertritt er militant:

> »Ein Dozentenamt war in diesen Zeiten kein bequemer Posten, und um den Studenten Respekt einzuflößen, suchte sich der Rektor gewöhnlich starke, gestandene Männer, die es bei Bedarf mit dem Auditorium aufnehmen konnten, Magister Andreas hatte seine akademische Laufbahn mit einem Weißdornknüppel angetreten und damit eineinhalb Stunden lang den Ansturm auf das Katheder zurückgeschlagen, mit dem Ergebnis, daß er und sechs Studiosi ins Krankenhaus gebracht werden mußten. Er war ein harter Mann, war in seiner Jugend im Krieg gewesen, hatte an der Schlacht bei Lund teilgenommen und trug diverse Schrammen im Gesicht.«[11]

Seine Charakterisierung entspricht dem von Strindberg nicht erwähnten Motto »ad utrumque« (bereit zu beidem) auf dem noch heute verwendeten Siegel der Universität Lund, das einen Löwen mit Schwert und Buch zeigt.[12]

In *Tschandala* begibt sich Magister Törner mit seiner jungen Familie mehr unfreiwillig als aus eigenem Antrieb an einen Ort, den er erst allmählich als eine Zone der Unordnung, des Zwielichtigen und der Gefahr erkennt. Wenig offensichtlich ist, nach welchen Prinzipien das Gut verwaltet und bewirtschaftet wird. Das abgelegene Schloss ist der Sozialkontrolle der ländlichen Gesellschaft ebenso entzogen wie der lokalen Administration, die von den siegreichen Schweden der bisherigen dänischen Verwaltungselite überlassen wird. Der Schauplatz der Erzählung ist zugleich räumlich überschaubar und begrenzt und doch undurchschaubar und bedrohlich. Vor den Augen des Beobachters häufen sich auf engstem Raum Unmoral, Aberglaube, Kriminalität, Alkoholismus, Verwahrlosung, Debilität und Wahnsinn. Der geübte Leser erahnt so schon zu Beginn der Erzählung, wen er vor sich hat, denn die Beschreibung enthält eindeutige Signale wie die Hahnenfeder, die auf das Verbrechermilieu und die Zigeuner verweisen. Das Schloss ist, wie in Kriegszeiten zu erwarten, in keinem guten Zustand. Vor allem aber ist es schmutzig. Törner beobachtet erstaunt, dass es den Verwalter immer wieder auf das Abtrittdach zieht, um zu schlafen, und er sinnt über die Gründe nach:

> »Warum er sich gerade diesen Platz aussuchte, war schwer zu verstehen; vielleicht lockte ihn sein südländisches Blut in die Hitze der Kupferplatten auf dem Dach, oder seine Parianatur fühlte sich angezogen von dem Geruch hier, der an Fäulnis, Kot und Abfall erinnerte.«[13]

Schmutz zählt, nicht nur bei Strindberg, zu den zentralen Elementen der »schaurigen Bilder«, die im 19. Jahrhundert in Zeiten bürgerlicher Hygiene von den städtischen und ländlichen Unterschichten gezeichnet werden.[14] Die Affinität zum Faulenden und Verdorbenen, ja zu den Ausscheidungen, weist überdeutlich auf die menschliche Degeneration hin. Mehr noch beunruhigen Törner die wirtschaftlichen Verhältnisse, zumal er mit einem erheblichen Betrag für Kost und Logis zu ihrer Aufrechterhaltung beiträgt. Denn alles, was der Verwalter über die Wiederherstellung der Ordnung auf dem Gut verspricht, von der Gebäuderenovierung bis zur landwirtschaftlichen Nutzung, erweist sich als Lüge. Die Beobachtungen zeigen aber noch etwas anderes, Entscheidenderes. Baronesse und Verwalter sind gar nicht in der Lage, die Differenz zwischen einem normalen Schlossleben und ihrem Leben in Schmutz und Vernachlässigung zu bemerken. Sie sind blind gegenüber den ›feinen Unterschieden‹ und erkennen nur die gröbsten Distinktionsmerkmale.

Im Verwalter paart sich Unwissenheit mit der Unfähigkeit zur Selbstwahrnehmung. Und es ist diese Unfähigkeit, die zusammen mit der Unordnung und Improvisation sowie dem Moment des illegalen Erwerbs die Vorurteilsstereotype von der ›Zigeunerwirtschaft‹ Schritt für Schritt ins Gedächtnis ruft.

Dennoch zeichnet den Zigeuner bei Strindberg trotz fehlender Ausdauer eine starke Durchsetzungsfähigkeit aus, die als kriminelle Energie gedeutet wird:

> »Totenbleiche Züge waren das, wilde Linien, widersprüchlich, wie es schien, tiefe Furchen wie ausgehöhlt von Lastern und Begierden, und unter den Lidern zeichneten sich groß die Augäpfel ab, suchten anscheinend noch unter ihrem Schutz die Unruhe des Blicks zu verbergen.«[15]

Der gelehrte Blick des Magisters erkennt darin den typischen »Lügner und [...] Diebsgesellen«.[16] Er scheint durch ein kriminologisches Wissen über Verbrecher und Zigeuner geschult zu sein, das erst zweihundert Jahre später Strindberg zur Verfügung stand:

> »Da er um die Abhängigkeit der menschlichen Natur von den herrschenden Verhältnissen und der Erziehung wußte, von rassischer Bedingtheit und nationaler Eigenart, sah er mit Freuden dieses Schauspiel eines Paria, der es in der Gesellschaft zu einer gewissen Stellung gebracht, sich aus Armut zum Wohlstand hochgearbeitet hatte und nun verbunden war mit dem Zweig eines Hauses von angeblich altem Adel.«[17]

Dass dieser Aufstieg ein gefährlicher Missstand ist, der zum wirtschaftlichen Ruin und zum Niedergang der Zivilisation führt, wird zum zentralen Thema der Erzählung. Wenn Törner den Zigeuner auf ironische Weise auffordert, sich wie eine Führungskraft zu verhalten, indem er ihn darauf aufmerksam macht, dass »kein Verwalter im ganzen Land«[18] selbst aufs Feld gehe, missversteht er dies als Ermunterung zur Faulheit:

> »Der Tattare wiederum lag auf der Bank und rauchte Pfeife, getreu den spontanen Rat des Magisters befolgend, und wenn er nicht schlief oder rauchte, trank er oder unternahm Ausritte, häufig nachts.«[19]

Sein Verhalten entspricht auffällig dem Bild, das im bereits erwähnten Gedicht Nikolaus Lenaus, *Die drei Zigeuner*, von einem Leben entworfen wird, das man »verraucht, verschläft, vergeigt«.[20] Der Emporkömmling Jensen vermag zwar noch zu rauchen und zu schlafen, doch vom Geigen versteht er nichts mehr – dafür vom Trinken und Rauben umso mehr. Er erscheint hier als deplatzierter, degenerierter Abkömmling eines Volkes zweifelhafter Herkunft. Die Beschreibungen seiner Physiognomie deuten auf einen ›geborenen‹ Verbrechertypus im Sinne der zeitgenössischen Theorien Cesare Lombrosos (1836-1909) und deutscher Kriminalwissenschaftler wie Hans Kurella (1858-1916) oder Hans Gross (1847-1915) hin. Verbrechen wird in diesen einflussreichen Theorien medizinisch-pathologisch als Geisteskrankheit diagnostiziert, wobei sowohl milieu- als auch erbbedingte Ursachen angenommen werden. Zigeuner rechnet man seit dem Ende des 19. Jahrhunderts in zunehmendem Maße zur Gruppe geborener Verbrecher und ›Gemeinschaftsunfähiger‹ und klassifiziert sie als arbeitsscheue Müßiggänger. Vor dem Hintergrund sozialbiologischer Theorien werden bestimmte Lebensgewohnheiten dieser Ethnie als Degeneration stigmatisiert. Während die Ethnologie sich weitgehend darin einig ist, dass die Zigeuner zu den rückständigen Völkern einer frühen zivilisatorischen Entwicklungsstufe zu zählen sind, schlägt die sozialbiologisch argumentierende Kriminalwissenschaft sie zu den ›Entarteten‹. Strindberg bewegt sich zur Zeit der Niederschrift der Erzählung in intellektuellen Milieus, in denen sozialpolitische Theorien debattiert werden, für die sich später der eliminatorische Terminus Rassenhygiene durchsetzt. Ernst Haeckel z. B. bringt die »›Ausmerze‹ verbrecherischer Erbanlagen«[21] ins Spiel, und der Arzt Alfred Ploetz (1860-1940) beginnt seine erfolgreiche eugenische Propaganda 1895 mit einer Schrift, die den einschlägigen Titel *Die Tüchtigkeit unserer Rasse und der Schutz der Schwachen* trägt.

Schweden unternimmt wie viele europäische Staaten nach der Jahrhundertwende restriktive Maßnahmen gegen die dort lebenden Romgruppen. Zwischen 1914 und 1954 existiert ein Einreiseverbot für nichtschwedische Reisende (Resandefolket), wie es euphemistisch heißt. In der Zwischenkriegszeit setzt sich die rassenbiologische Betrachtungsweise in der Politik durch. Die Erwägung eugenischer Maßnahmen führt 1934 zu einem Gesetz gegen »psychisch Minderwertige«, das 1941 um medizinische und soziale Indikationen erweitert wird. Unter großer Zustimmung der schwedischen Gesellschaft werden auf Grundlage dieses Gesetzes ca. 63 000 Menschen sterilisiert, darunter 1755 ›Tattare‹.

Stigmata wie »schlechte Hygiene; Unterernährung; Alkoholismus; Kriminalität« werden »als direktes Ergebnis minderwertiger Rasseneigenschaften der Betroffenen [...] interpretiert«.[22] Der Verbrecher wird zu einem »eigenen anthropologischen Typus des Menschengeschlechts«[23] erklärt, der sämtliche negative Eigenschaften in sich vereint. Biologische Normen dienen dazu, den normalen Durchschnittsmenschen von einer nach unten abweichenden Gruppe, den Devianten, zu separieren. Eine Typologie des ›Minderwertigen‹ steuert die Wahrnehmung dieser Gruppe. In sie geht neben den Grundaussagen der Sozialbiologie eine Fülle tradierter Vorurteile und gängiger sozialer Distinktionen ein.

Die politische Konsequenz wird auch bei Strindberg sichtbar. Während der Magister zu Beginn seines Aufenthalts aufgrund seiner Überlegenheit auf allen Gebieten das Handeln der ›Minderwertigen‹ anleiten bzw. kontrollieren oder unterbinden will, stellt er schließlich auf ›Ausmerze‹ um. Denn seine philanthropischen Maßnahmen gefährden ihn zunehmend selbst. Dabei lernt er allmählich, was der Kriminalwissenschaftler Hans Gross, der sich für erfahren im Umgang mit Zigeunern hält, über sie geschrieben hat:

> »Der Zigeuner ist anders als jeder Kulturmensch, selbst von der rohesten und verkommensten Gestalt, und alles, was man im Verkehre mit zahlreichen anderen gelernt und geübt hat, ist nicht zu brauchen, wenn man mit dem Zigeuner zu tun hat.«[24]

Für die Wahrnehmung der Zigeuner in Skandinavien, der ›Tattare‹ oder ›Fanten‹, wie sie in Norwegen genannt werden, spielt der Bericht des Theologen Eilert Sundt eine nicht unwichtige Rolle. In den Jahren 1847/48 bereist er im Regierungsauftrag Norwegen und die norwegisch-schwedischen Grenzgebiete auf der Suche nach nomadisierenden Zigeunern oder ›Rommanisäl‹, wie Sundt ihre Selbstbezeichnung richtig wiedergibt, und nach »Waldfinnen und Bettellappen«.[25] Er sucht also die am Rande der Zivilisation lebenden Gruppen auf, die aus der Sicht der Mehrheitsbevölkerung als räuberisch, unmoralisch, arbeitsscheu, heidnisch und als grenzgängerische Verräter und Spione gelten. Seine vielfältigen ethnologischen Beobachtungen werden bei Strindberg nicht aufgegriffen, wohl aber die Berichte über den Hang zur Kriminalität und die mangelnde Körperhygiene. Bei Sundt werden Inzucht und Inzest für den mangelhaften volksgesundheitlichen Zustand verantwortlich gemacht: »[M]an findet nämlich eine unverhältnissmässig grosse Zahl Blinder, Taubstummer, Krüppel, Epileptischer und geistig Gestörter unter den Fanten«.[26] Von hier aus führt eine Linie zu Strindbergs Bezeichnung als Tschandala, als degenerierter Auswurf der Gesellschaft. Die Charakterisierung des Gutsverwalters Jensen gleicht bis in Einzelheiten den Beschreibungen, die im Verlaufe des 19. Jahrhunderts zusammengetragen wurden. Die Studie *Die Zigeuner in Ungarn und Siebenbürgen* von Schwicker aus dem Jahr 1883 liest sich streckenweise wie eine Vorlage für Strindbergs Erzählung:

> »Nichts ist dem Zigeuner verhaßter als strenge Gebundenheit, Regelmäßigkeit, Ordnung. Sein Unabhängigkeitssinn sträubt sich gegen derlei Zwang, dem er auf jede Weise zu entgehen sucht. [...] Der Sparsinn ist ihm ebenso fremd wie die Mäßigung. Ungezügelt überläßt er sich seinen Trieben. Völlerei und rohe Genußsucht beherrschen den Zigeuner; ihnen gibt er sich gänzlich hin, opfert diesen Lastern die nöthigsten Bedürfnisse. Mit dem wechselnden Triebe wechselt auch die Neigung und Handlungsweise. Von daher stammt die Unbeständigkeit, das Wetterwendische, Launische im Charakter des Zigeuners. Von plötzlichem Jähzorne erfaßt, wüthet er mit grausamer Leidenschaftlichkeit, um bald nachher in sclavischer Ehrerbietigkeit, Demuth und Nachgiebigkeit die Hand zur Versöhnung zu reichen.«[27]

Unterwürfigkeit und gespielte Dankbarkeit kennzeichnen Jensens Verhalten gegenüber Magister Törner. Jensen durchschaut nicht, dass er dem Magister allmählich in die Falle geht, indem er immer mehr von sich preisgibt. Denn sein wirres, widersprüchliches, zwischen Angeberei und Tatsachen schwankendes Gerede weiß Törner ebenso zu deuten wie die Zinken, die Geheimzeichen des Gaunertums, die er eines Tages findet:

> »Plötzlich fiel sein Blick auf einen Baum, in dessen Rinde mit scharfem Messer Zeichen eingeritzt waren, und zwar so tief, daß das weiße Holz durchleuchtete [...]. Der Magister sah sich die sehr deutlichen Zeichen genau an, deren Ausführung von einiger Übung und einer sicheren Hand zeugten, und was ihm dabei zuerst auffiel, war ihre Ähnlichkeit mit den Zeichen wilder Indianervölker im amerikanischen Westen, die er in einer Reisebeschreibung von Neuschweden am Delawarefluß gelesen hatte.«[28]

Das Denken der Wilden, das Törner für primitiv hält, wird für ihn nicht nur zur Formel, mit der er die Zinken entziffert. Es hilft ihm auch dabei, den einer Fremdgruppe zugehörigen Verwalter besser zu verstehen, dessen zivilisatorische Verkleidung ihm von Anfang an verdächtig erscheint. Vor diesem Hintergrund stellt die Erzählung immer stärker den Zusammenhang zwischen dem Niedergang des Guts und der Deplatziertheit der Schlossbewohner heraus:

> »Ein Greuel an Verwüstung war das, unfaßlich für den Magister, daß Leute mit Geld das mitansehen wollten; auch wenn sie keine Einkünfte brauchten, sollte man doch meinen, daß sie zumindest das Vergnügen eines Spaziergangs im Garten nicht missen mochten.«[29]

Die Hühner picken die Johannisbeeren weg, und das hungernde Vieh frisst die Obstbäume ab. Die ordnende und pflegende Hand fehlt, denn Knecht und Gärtner schließen sich nur allzu gerne dem Schlendrian des Verwalters an:

> »Und dieses fette Unkraut überall, das so düster und giftig aussah, steigerte noch den Eindruck von Schmutz, wie auch der Unrat der Tiere, breitgetreten rings in den Rabatten, die kleinen schwarzen Grabhügel der Maulwürfe, morsche Zweige und braunes Vorjahreslaub.«[30]

Das Bild weist auf den Rückfall in einen vorzivilisatorischen Zustand. Die Verwüstungen lassen jedoch keinen Gedanken an eine positiv zu wertende Rückkehr zur Natur aufkommen. Die ekelhafte Verschmutzung und die Missachtung des Kultivierten verursachen auch im Pflanzenreich die Vorherrschaft der Schmarotzer. Weder die dem Alkohol ergebene Baronesse noch der unfähige Verwalter, der vermutlich auch sie bestiehlt, um in die eigene Tasche zu wirtschaften, bemerken den Verfall.

Für die Zeit nach dem wirtschaftlichen Zusammenbruch müssen der Magister und seine Familie mit dem Schlimmsten rechnen. Denn die Fassade des aristokratischen Lebensstils bröckelt, und das, was sie aufrechterhalten hat, ist aufgebraucht. Der Magister befürchtet, nun dem Verbrechen als Wesenskern dieser Menschen unmittelbar ausgeliefert zu sein. Damit rückt die Kriminalgeschichte stärker in den Vordergrund. Sie lässt sich aber nicht von der Geschichte der desaströsen Zigeunerwirtschaft trennen. Ökonomische Kompetenz, so das Resultat der ›Feldstudie‹ des Magisters, steht den Ungebildeten aus sozialen und ethnischen Gründen nicht zur Verfügung. Ihr wirtschaftliches Verhalten ist vernunftwidrig, triebgesteuert, und sie sind unfähig zum Aufschub und zur Sublimierung. Ihr Metier ist die Verschwendung, der Diebstahl und der Raub. Als Schlussfolgerung legt die Erzählung die Ausgrenzung dieser Schichten und Ethnien nahe, zumindest aber die Rückversetzung in ihr angestammtes Milieu, die Unterwelt des Verbrechens und Elends. Sie müsste demnach in Maßnahmen wie die Einweisung in Arbeitshäuser und Zwangsarbeit münden, durch die sich aus den parasitären Schichten noch ein geringer wirtschaftlicher Nutzen ziehen ließe. Das biopolitische Konzept der Vernichtung des Lebens, das Strindberg propagiert, ergibt sich aus dem Handlungsverlauf nicht zwangsläufig, sondern muss erst noch durch die Zuspitzung der Situation gerechtfertigt werden.

In dem von Degeneration und vom Zerfall zivilisatorischer Grundwerte gekennzeichneten Milieu wächst die Begierde des Magisters nach der Schwester des Verwalters. Das ›zottige Mädchen‹, Magelone, spielt »im phantastischen grünen Jagdkleid«[31] und mit ihrem »Raubtiermund«[32] gekonnt ihre Rolle als Männerjägerin. Der mit Rücksicht auf die kränkliche Ehefrau unterdrückte Trieb meldet sich, von der Phantasie erregt, das Mädchen »grob zu umarmen, animalisch, wie ein Rüde die Hündin«,[33] zurück. Weder die unsichere Herkunft noch das schmutzige Wesen oder das Alter des Mädchens halten ihn von der sexuellen Vereinigung mit ihr ab. In einem gelehrten Pflanzenbuch findet er die befreiende Rechtfertigung für sein Verhalten in der Vorstellung vom »Machtwort« der Natur, das aus ihm gesprochen habe. Erst ›danach‹ empfindet er sie als »[e]twas so grenzenlos Widerwärtiges«.[34] Die gefährliche Grenzüberschreitung wird in der Erzählung durch die Entwertung des Mädchens, nicht durch ein Bedauern seiner Handlungsweise, unter Kontrolle gebracht:

> »Er hatte ein Tier umarmt, und nach der Umarmung hatte das Tier ihn geküßt wie eine Katze, und er hatte sich weggedreht, als fürchte er, seine Seele werde auf diesen Lippen einer Tierseele begegnen, als fürchte er, unreine Atemluft einzuatmen.«[35]

Die Umarmung wird zur gelungenen Mutprobe für die Auseinandersetzung mit dem Verwalter. Denn ein Sieg erfordert Nähe und riskante Einfühlung sowie ein Einlassen auf die Methoden des Gegners.

Die Auseinandersetzung mit dem Zigeuner Jensen wird in die große Geschichte europäischer Kultur eingerückt und zu einem Kampf um das gefährdete zivilisatorische Erbe stilisiert. Im Duktus der Kritik Nietzsches an der herrschenden Sklavenmoral der Gegenwart wird das ›große Verbrechen‹ als Akt der Befreiung in Erwägung gezogen.[36] Nach

einem kurzen inneren Entscheidungsprozess streift der Magister die
zivilisatorische Moral ab und identifiziert und legitimiert sich mit der
Figur des Übermenschen,

> »denn er war sich nun ganz klar darüber, daß seine Person von höherem
> Wert war, für die Familie ebenso wie für die Gesellschaft, als dieser Schäd-
> ling, auf dem keines Menschen Wohl beruhte, an dessen Ausrottung aber die
> Rettung vieler hing«.[37]

Wenn die Ausrottung von ›Schädlingen‹ das gesellschaftspolitische Ziel
ist und nicht die soziale Ausgrenzung, dann erhöht sich der Legitima-
tionsdruck erheblich. Zu den basalen Operationen der Rechtfertigung
gehört es, die vorhandene soziale Ungleichheit auf einer Achse einzu-
tragen, die das Recht auf Leben skaliert. In einem Folgeschritt werden
jene, denen ein ›höheres‹ Lebensrecht zugesprochen wird, dazu ermäch-
tigt, denjenigen, die unterhalb einer bestimmten Marke angesiedelt wurden, das Leben zu nehmen. In Strindbergs *Tschandala* wird auf diese
Weise sozialbiologisch argumentiert, jedoch ohne dass die positive Aus-
lese, die sogenannte Zuchtwahl, Berücksichtigung findet. Durch den
Hinweis auf die eigene schwächliche Familie scheint diese Möglichkeit
im Gegenteil verworfen zu werden. Allein die eliminatorische Variante,
die ›Ausmerze‹, spielt eine Rolle. Erst unter dieser Voraussetzung setzt
das ›höhere Lebensrecht‹ eine stärkere Überlebenskraft frei:

> »Lebenslust und der Glaube an sein höheres Lebensrecht empörten sich
> gegen die bevorstehende Sklaverei bei einem Barbaren, der mit Schlendrian
> und Trunksucht verzehren würde, was er erarbeitet hatte, er mußte der Hen-
> kersknecht sein, der dem anderen das Fell über die Ohren zog; zu gegebener
> Zeit mußte er die Erziehung von Jahrhunderten und die ihm eingetrichter-
> ten Begriffe von Ehre und Gewissen durchstreichen; er mußte seinen Seelen-
> frieden opfern, einen Teil jener Selbstachtung aufgeben, ohne die das Leben
> für ihn unerträglich würde.«[38]

Für die Argumentation ist die Vorstellung produktiver Arbeit leitend.
Das Bild des Parasiten, der verzehrt, was andere geschaffen haben, wird
dann noch einmal durch das einer Fabel von Äsop entliehene Motiv der
Schlange an der Brust veranschaulicht, die sich, nachdem sie sich dort
gewärmt hat, mit einem tödlichen Biss bei ihrem Wohltäter bedankt.

Gewichtiger erscheinen jedoch Rassentheorien, mit deren Hilfe in
der Erzählung die ›Minderwertigen‹ identifiziert werden sollen. Angesichts dieses Ziels spielt es keine Rolle mehr, dass das herbeizitierte und
nacherzählte Lexikonwissen über Herkunft, Wesen und Geschichte der
Zigeuner keiner Überprüfung standhalten würde. Es dient ohnehin nur

der Veranschaulichung der These ihrer singulären Asozialität und Gemeinschaftsunfähigkeit:

»[W]enn er sich mit dem Tattare verglich, mußte er zugeben, daß die Elemente seiner Seele für den Gesellschaftszustand, in dem er lebte, zweckmäßiger waren als die des Paria. Denn dieser, mochte er nun aus Ägypten, aus dem fernsten Osten oder auch nur aus dem Bodensatz der halbwilden Völker Südeuropas kommen, hatte sich all jene Grundinstinkte bewahrt, die jeder Gesellschaftsordnung feindlich gegenüberstehen, und weil er und seinesgleichen nicht arbeiten, seßhaft werden, Staat und Familie gründen konnten, darum wanderten sie ewig umher und durchzogen das Land mit Rauben und Stehlen; darum wurden sie laut Völkerrecht von vornherein wie überführte Diebe behandelt und waren, mit einem Fuß außerhalb des Gesetzes stehend, Sondererlassen unterworfen. Diese ungeregelte Lebensform, ohne Gedanken an ein Morgen und ohne Gründung von Eigentum und Nation, hatte die Furcht des Tattare vor dem Kommenden erzeugt. Es gab nichts mit Gewißheit Kommendes für den, der nur in den Tag hineinlebte, daher auch seine Unsicherheit: seine Furcht vor den Menschen, von denen er sich nichts erwartete, weil er ihnen nichts zurückzugeben hatte, und seine Angst vor dem Tod, über den er nichts gelernt hatte, nichts wissen wollte und nichts zu hören wagte.«[39]

Doch selbst die Zugehörigkeit zu einem ›halbwilden‹, parasitären Volk könnte die kollektive Ausrottung schwerlich rechtfertigen. Mehr noch ist eine solche Legitimation in einem christlich-humanistischen Gesellschaftskontext kaum möglich. Deshalb wird die Argumentation noch einmal umgestellt, um die Tötungsschwelle herabzusetzen. Die Bedrohung wird so stark dramatisiert, dass sich Ausnahme- und Normalzustand nicht mehr unterscheiden lassen. Zudem werden nun zwei zuvor entwickelte Vorstellungen enger miteinander verknüpft: Die zu Eliminierenden sind keine Menschen von wirtschaftlichem oder sonstigem Nutzen, und ihre Beseitigung ist eine präventive Notwehr.

Ganz so einfach lassen sich jedoch die Gedankenspiele inmitten des zur Moderne sich emanzipierenden Europas nicht umsetzen. Als »der zu höherem Sozialleben erwachsene Mensch«[40] muss der Magister zunächst die durch die Zivilisation anerzogenen Tötungshemmungen überwinden: »Das also waren die Früchte von Aufklärung, Sittlichkeit, Rechtsbewußtsein, daß der Aufgeklärte, Sittliche und Kundige in der Stunde der Selbstverteidigung fallen mußte, weil er nicht die gebotene Grobheit besaß!«[41] Die Geschichte erzählt jedoch etwas anderes, als diese Nietzscheparaphrase einreden möchte, nämlich dass dies nicht zwangsläufig so bleiben muss und die Skrupel auch nicht besonders groß sind. Durch Mimikry und Selbstsuggestion fühlt sich der von Natur aus überlegene Gelehrte in der Rolle des Opfers des Verwalters, der zwar als unterlegener, aber wegen seiner Immoralität dennoch gefährlicher Gegner identifiziert wird. Genauer: Der Magister phantasiert den ›Tattare‹ Jensen, den er als ein Nichts durchschaut hat, als Tyrannen und setzt auf diese Weise vergrabene Urinstinkte, »den ungeheuren Haß der Natur gegen Unterdrückung«[42] frei.

Die Persönlichkeitsspaltung in einen guten und bösen, einen zivilisierten und einen barbarischen Teil, spricht nicht für die behauptete heroische Selbstgewissheit und Selbstgerechtigkeit. Die eliminatorische Phantasie führt auffällig zurück in archaische Kampf- und Tötungsrituale, wenn der Kopf des Feindes zertrümmert und der Körper den Hunden vorgeworfen, anstatt ehrenhaft bestattet werden soll. Die Parole: »Der Tyrann mußte sterben«,[43] mit der sich Törner selbst anstachelt, signalisiert die Umdeutung der realen Machtverhältnisse in ein Bedrohungsszenarium. Während er nach außen unsichtbar die Urinstinkte geweckt hat, tritt er dem Zigeuner mit dem Überlegenheitsduktus des Höhergestellten entgegen. Er vertraut seinen sorgfältigen Charakter- und Wesensstudien, die ihn zu dem Schluss führen, dass der furchtlose Zigeuner in Angst und Panik versetzt werden kann, wenn man zu seinem Aberglauben Zugang findet. Deshalb baut er eine Laterna magica, mit der er in der Nacht nach verschiedenen jagbaren Tieren einen Hund in den Rauch des Feuers projiziert, neben dem der Zigeuner lagert. Als er »den lästigen fremden Hund«[44] auf den Zigeuner lenkt, zerfleischen ihn dessen acht ausgehungerte[45] Bluthunde. Damit gelingt ihm der perfekte Mord. In Zeiten staatlicher Unordnung ist er ohnehin vor jeglichem Verdacht sicher.

Erzählt wird eine Entzivilisierung auf Zeit und Widerruf. Der Magister scheint rasch in die Normalität zurückgefunden zu haben, wenn wir ihn schon bald in der Universitätsbibliothek Lund wiederfinden, wo er die Ereignisse wissenschaftlich aufarbeitet. Von der unheimlichen Begegnung und dem Verbrechen bleibt wenig, wenn der Erzähler verallgemeinernd eine Lehre aus der Begebenheit zieht: »Paria war tot, Aria hatte gesiegt; gesiegt mit Hilfe seines Wissens und seiner geistigen Überlegenheit über die niedere Rasse.«[46]

Wie Friedrich Nietzsche in *Götzen-Dämmerung oder Wie man mit dem Hammer philosophirt*, woraus Strindberg eine Passage wörtlich übernimmt, liest der Magister in der Bibliothek in der indischen Gesetzessammlung »des weisen Manu«.[47] Dort findet Törner/Nietzsche Anweisungen für den Umgang mit der niedrigsten Kaste, den Tschandala, die in der Erzählung Strindbergs die »Rasse von Erniedrigten«[48] genannt werden. Ihre Herabsetzung sei die Voraussetzung für den Aufstieg von »Arias Adelsstamm«.[49] Die Tschandala – und hier setzt das Nietzschezitat ein – seien hingegen zu einem von Inzest, Verbrechen, Schmutz, Verachtung, Elend und Nomadentum bestimmten Leben verdammt.

In Strindbergs Erzählung werden sie – und damit löst sich das Rätsel des Titels auf – mit den Zigeunern gleichgesetzt. Nietzsche erörtert im zivilisationskritischen Kapitel *Der Verbesserer der Menschheit* die Zähmung der »Bestie Mensch« und die Züchtung von Rassen. Der lebensschwächenden christlichen Religion stellt er das indische »Gesetz des Manu« gegenüber, das vier Kasten – »Rassen« in der aktualisierenden Lesart Nietzsches – unterscheidet. Als unterste »Dienstboten-Rasse« nennt Nietzsche die Sudras. Das ist insofern aufschlussreich, als im Zuge der Entdeckung ihrer indischen Herkunft die Romvölker wiederholt dieser Kaste zugeordnet wurden, ohne dass es im Übrigen dafür jemals irgendeinen Quellenhinweis gegeben hätte.

Nietzsche nennt aber noch eine weitere Gruppe, eine Nichtrasse, den »Nicht-Zucht-Menschen«[50] oder »Mischmasch-Menschen«.[51] Diese »Tschandala« stehen in keinerlei Beziehung zu den anderen Kasten. Nach Nietzsches Deutung des Buches Manu müssen die anderen Kasten vor ihnen durch ein Bündel von Maßnahmen geschützt werden, die deren Unreinheit und Infamie zuallererst herstellen. Strindberg ist, soweit das zu überblicken ist, der einzige Schriftsteller, der die Zigeuner den Tschandala zuordnet und damit den Grad der Ausgrenzung zur Absolutheit steigert. Bei Nietzsche ist ihr ›Ursprung‹ für ihre völlige Nutzlosigkeit verantwortlich. Gezeugt durch Ehebruch, Inzest und Vergewaltigung sind sie das Fleisch gewordene Ergebnis gesellschaftlicher Fehlentwicklungen. Die Idee widernatürlicher Zeugung aus dem Buch Manu erinnert an die Degenerationstheorien des ausgehenden 19. Jahrhunderts, mit denen der soziale Kreislauf des Verbrechens erklärt werden soll. Von daher lag es auch für Nietzsche nahe, die im Buch Manu vorgeschlagenen Absonderungsmaßnahmen in europäischer Terminologie als »Sanitäts-Polizei«[52] zu bezeichnen. Die perfiden eugenischen Methoden wie die Verweigerung sauberen Wassers und die bewusste Verbreitung von Krankheiten zielen auf die Eindämmung, Schwächung und Vernichtung der Tschandala. Ihre beschriebene Lebensweise erinnert vom Inzest über das Aasessen bis zum Nomadentum an jene, die den Zigeunern zugeschrieben wird. Die Vernichtung der ›Unreinen‹ durch den Entzug der Lebensgrundlagen deutet Nietzsche als Bewahrung des ›reinen Blutes‹ der Herrenkaste der Arier, deren Verhalten er provokativ als »a r i s c h e Humanität«[53] bezeichnet. Seine Ausführungen lassen erkennen, weshalb Strindberg zunächst den Titel *Arya und Pariah* vorgesehen hatte. Denn nicht nur die Wertlosigkeit der Tschandala wird vorgeführt, sondern ebenso die ›arische Humanität‹ als das Recht zu töten.

An dieser Stelle lohnt die Bemerkung, dass Zigeunerhass und Antisemitismus meist zu Unrecht gleichgesetzt werden. Während den Juden zur gleichen Zeit unterstellt wird, dass sie ihre wirtschaftliche Macht im Zuge einer Verschwörung zur Erlangung der Weltherrschaft missbrauchen würden, reizt die Nichtigkeit und Infamie der Zigeuner, denen nicht einmal der Rang einer Rasse zugestanden wird, zum Hass. Die Juden repräsentieren das Andere, das man niemals sein kann. Die Zigeuner stellen das dar, zu dem man jederzeit werden kann, wenn man von der sozialen Leiter tief herabfällt. Strindberg erzählt in historischem Gewand von den Bedrohungen, die von der Lebensweise der zur zivilisatorischen Entwicklung unfähigen Schichten und Ethnien ausgehen sollen. Sie gefährden zuallererst Wirtschaftlichkeit und Produktivität, dann Moral und Gesundheit, Kultur und Zivilisiertheit, Wissen und Können und schließlich das Eigentum und das Leben der Höhergestellten. Die Zigeuner sind dabei für ihn der Inbegriff der Degeneration.

Zahlreiche literarische Werke, die eine vergleichbare Konfrontation darstellen, suchen dennoch nach zivilisatorischen Umwegen, um Tötung oder Sterben zu legitimieren. Die Vernichtung bildet ein Tabu, eine Schwelle, die im Blick auf den in Anspruch genommenen Humanismus nicht ohne weiteres überschritten werden kann. Zwar sind nicht wenige Werke des 19. Jahrhunderts über Zigeuner von rassistischen Vorstellungen geprägt, doch können sie literarisch nicht offen ausgespielt werden. Ablehnung, Ausgrenzung oder Eliminierung müssen durch Gründe herbeigeführt werden, die nicht unmittelbar als rassistisch zu erkennen sind. Dazu gehören Charaktereigenschaften, Geschlechterzuschreibungen, ökonomische Gründe, Liebesrivalitäten, eindeutige Vergehen oder Verbrechen und vieles mehr. Strindberg verzichtet auf die legitimierenden Umwege zur Erlangung der Lizenz zum Töten. Das hebt *Tschandala* auf verstörende Weise aus vergleichbaren Werken der Zeit hervor. Zunächst entwickelt er einige Erzählmotive, die auf die genannten literarischen Mittel hindeuten. Dann aber schwächt er sie Schritt für Schritt wieder ab, um den Konflikt auf einen nur noch rassisch motivierten Tötungsgrund hin zu verdichten. Anders als z. B. in Dostojewskis (1821-1881) *Schuld und Sühne* (1866), wo ein Individuum sich im Wahn in die Rolle eines Übermenschen hineinsteigert, handelt der Gelehrte bei Strindberg kalt und überlegt. Die Erzählung konstruiert Schritt für Schritt Akzeptabilitätsbedingungen (Foucault) der Vernichtung. Die Übernahme der Rolle der »Sanitäts-Polizei« durch den Protagonisten legitimiert eine Praxis, die als Ausgrenzung des Fremden nicht mehr angemessen beschrieben werden kann. Man wird nicht umhinkönnen, sie als Vernichtungsphantasie zu bezeichnen.

Das eliminatorische Potential von *Tschandala* ist gewaltig. Der Erzähler verdichtet die gängigen Vorurteile zu einem explosiven Gemisch. Jedes Detail wird als Zeichen der Bedrohung gedeutet. Die Ästhetik des Unheimlichen verhüllt die rassistischen Denkfiguren nur unzureichend. Nicht zufällig bilden Ausnahmezustände wie Krieg oder Wahnsinn den Rahmen der Geschichten dieses Typs. In der Novelle *Die Hexe* (1879) von Karl Emil Franzos (1848-1904) ist es die wahnhafte Liebe zu einer fünfzehnjährigen Zigeunerin, die den jungen polnischen Adligen Graf Henryk Kornicki in Todesgefahren stürzt. Anfänglich ähnelt die Erzählung den im aristokratischen Milieu spielenden russischen Konkubinatsgeschichten, wenn der blasierte Frauenheld Henryk der kleinen Zigeunerin Aniula verfällt. Wie bei Strindberg führt die Anwesenheit der Fremden zur Unordnung und zur schrittweisen Zerstörung der Zivilisation und Kultur auf dem Landsitz. Die leidenschaftliche Beziehung zerrüttet den Geisteszustand des Grafen, der seinen Verpflichtungen als Herr über Land und Leute nicht mehr nachkommt. Doch im Unterschied zu *Tschandala* verteidigt die alte Dienerschaft die Traditionen. Den Kampf gegen die Zigeunerin und ihre im Umland lauernde Sippe führt jedoch wiederum ein Gelehrter an, ein Jugendfreund, der in Heidelberg »die hohe Schule der Wissenschaft«[54] erfolgreich durchlaufen hat und aus dessen Perspektive die Ereignisse erzählt werden. Die Diener halten Aniula, die »Braune«,[55] für eine Hexe, die ihren Herrn verzaubert hat.[56] Sie sehen in dem bücherkundigen Wissenschaftler einen der Macht der Zigeunerin überlegenen Zauberer, der ihren Herrn, der Aniula heiraten will, von ihrem Einfluss befreien kann. Anders als die bürgerlichen oder aristokratischen Frauen, denen die beiden Freunde bisher begegnet sind, äußert Aniula ihre Wünsche und Begierden ungehemmt und ohne Scham. Sie küsst den Grafen in Anwesenheit seines Gastes, »wie ein Vampyr Blut trinkt«.[57] Wie die ›Wilden‹ redet sie von sich in der dritten Person. Dem orientalischen Frauentyp entsprechend, wechseln bei ihr Leidenschaft, Trägheit und Langeweile ab. Obwohl Henryk »das schöne braune Ding«[58] heiraten will, erwägt er, einzig an ihrer leidenschaftlichen körperlichen Liebe interessiert, keine der in den anderen Geschichten üblichen Erziehungsmaßnahmen. Die kultivierten Räume des Landsitzes schüchtern Aniula keineswegs ein. Sie verkennt den materiellen und ideellen Wert der Einrichtung und weiß über den Gebrauch der meisten Gegenstände nichts. Die barbarische Missachtung, die sie an den Tag legt, wird besonders hervorgehoben:

> »Ich weiß nicht, wie wir aussahen, aber mit dem, was sie aus dem Salon gemacht, konnte dieses wunderschöne, nichtsnutzige Ding wirklich zufrieden sein. Da sah's gerade so aus, als wären unsere alten Feinde, die Tataren, wieder einmal nach Podolien gekommen und hätten just hier acht Tage lang gehaust. Der eine Spiegel war zerbrochen und über den anderen hing ein mitten durchgerissenes Damasttuch […]. Das Madonnenbild, eine schöne Copie der Sixtina, hatte einen Zwickelbart von Kohle, hingegen trug der heilige Joseph gegenüber eine Haube. Die Sessel lagen am Boden oder hinkten auf drei Beinen, ein Tischchen mit wunderschöner, eingelegter Arbeit war auf das Muthwilligste zerhackt, und aus den Kissen des Sophas quoll das Roßhaar hervor. Und die Balconthüre neben mir hatte lauter zerbrochene Scheiben.«[59]

Zerschlagen hat Aniula die Scheiben, weil sie als wandernde Zigeunerin mit der Handhabung von Fenstern nicht vertraut ist und Raumluft nicht ertragen kann. Die Zerstörung macht auch vor den polnischen Nationalhelden nicht halt: »Der schönen Kosciuszkobüste in der einen Ecke hieb sie den Kopf ab […]. Und gewiß hätte auch den Mickiewicz in der andern Ecke dasselbe Schicksal erreicht.«[60] Jeder polnische Adlige hätte eine gegen diese Büsten gerichtete zerstörerische Handlung als Verletzung seiner Ehre gedeutet und entsprechend geahndet. Weil Graf Henryk nicht reagiert, ist die abergläubische Dienerschaft umso mehr davon überzeugt, es mit einer Hexe zu tun zu haben. Der Erzähler, der erkunden möchte, womit er Aniula entgegentreten kann, rettet die Büste des berühmtesten polnischen Dichters, indem er ihn erfolgreich zu einem Zauberer erklärt, der sie in eine Katze verwandeln würde. Viel mehr als diesen Achtungserfolg erreicht er allerdings nicht. Der Graf lässt sich von seiner Leidenschaft nicht heilen, auch nicht, als sein Freund erfährt, dass Aniula Verbindung zu ihrem Zigeunergeliebten hält, um mit ihm zusammen das Schloss auszurauben. Auch als der Raubzug durchgeführt und Henryk dabei von dem Zigeuner mit einer Axt schwer verletzt wird und Aniula verschwindet, »verzehrt« er »sich in dem bren-

nendsten Begehren nach ihr«.[61] Der Freund braucht lange, um ihn durch
die Konfrontation mit der Wahrheit von seiner Besessenheit zu heilen.
Erst nach seiner endgültigen Genesung erkennt er die von dem Zigeunermädchen angerichtete Verwüstung, die er nun ebenso wie sein gebildeter Freund »abstoßend«[62] findet. Durch dessen Hilfe findet er nicht
nur zu den Werten seiner kulturellen Tradition zurück. Er wird sich
auch seiner Verpflichtungen bewusst und heiratet standesgemäß eine
Frau, die das Gegenteil der ›braunen‹ Aniula darstellt: die »liebe, blonde,
stille, schöne Cousine Klara«.[63]

In den Werken von Strindberg und Franzos tauchen die Zigeuner aus
Zonen des Dunklen auf. Zunehmend bestimmen in ihnen rassistische
Reinigungsphantasien die Konstruktion der Figuren und der Handlung. Sie eröffnen Denk- und Spielräume der Vernichtung menschlichen
Lebens und üben im Blick auf die Zigeuner Haltungen ein, die von fehlender Empathie, riskanter Abwertung und Gewalt gekennzeichnet
sind. Deshalb verhilft auch die Sesshaftigkeit der Zigeuner nicht zur Akzeptanz, wie in der Heimatliteratur deutlich wird, die über die Ansiedlung von Zigeunern in den abgelegenen Mooren der norddeutschen
Tiefebene berichtet. Auch ihnen, die in der Wildnis schwere Kolonisato-
renarbeit leisten, tragen die Einheimischen »den ganzen Haß und die
Verachtung«[64] entgegen. Aus der Sicht der Autoren dringen sie in die
letzten Reservate germanisch-nordischer Reinheit ein und bedrohen sie
durch ihre bloße Anwesenheit. Für sie sind die Armutszuwanderer

> »ein Gesindel von Besenbindern, Bettlern und Dieben, die Reste zigeuner-
> hafter Mischrassen, die, vor der vordringenden Kultur flüchtend, sich in die-
> sem ödesten, fast unerforschten Landstrich von ganz Nordwestdeutschland
> zusammengeballt hatten«.[65]

Als Parias inmitten eines sich zunehmend selbst germanisierenden und
arisierenden Umfelds müssen auch sie wieder in ihr Niemandsland verschwinden, das in den rassistischen Werken mit dem Tod identisch ist.

Unter Kreaturen: Triebe, Unbildung, Gewalt

Verrufen, roh, gewalttätig, schmutzig, schamlos und ungebildet: Das
ist das Bild, das auch zu Beginn des 20. Jahrhunderts wieder von den
Zigeunern gezeichnet wird. Aber unter der Oberfläche vertrauter Vorurteile ereignet sich eine folgenschwere Verschiebung. Die alten abge-
nutzten Bilder repräsentieren ein neues, von der Kriminalwissenschaft

und Rassentheorien beeinflusstes Wissen über »Minderwertige« und »Gemeinschaftsunfähige«, wenn in den literarischen Werken nun Degeneration, Debilität und Triebhaftigkeit betont werden. Aus den Wilden werden Kreaturen:[66] Als solche gelten die auf elementare Existenzformen des Überlebenskampfes und ihre Triebausstattung zurückgeworfenen Menschen. Sie sind keine Subjekte im Sinne modernen, aufgeklärten Rechtsdenkens, denn sie sind nicht in der Lage, Verantwortung für ihr Handeln zu übernehmen, das sie weder planen noch begreifen. Werden Zigeuner als Kreaturen dargestellt, wird ihnen die Aura eines authentischen, ursprünglichen Volkes genommen, die für die ethnographische Literatur typisch war. Sie repräsentieren nun einen Urtypus in einem ganz anderen Sinn, den vorzivilisatorischen trieb- und instinktgeleiteten Bodensatz menschlicher Existenz, auf den sie zurückgefallen sind. Das Interesse an solchen ›menschlichen Bestien‹ ist vor allem in der Literatur des deutschen Expressionismus groß. Aber stets geht es dort um einzelne Außenseiter wie Irre, Verbrecher oder Prostituierte, deren Leben einen Blick in die eigenen Abgründe gewähren soll. Bei den Zigeunern hingegen handelt es sich um ein Kollektiv, dessen Lebensweise als kreatürlich behauptet wird. Allein die Zugehörigkeit verwandelt jeden Zigeuner in eine Kreatur, sobald er zu einer literarischen Figur wird. Das ist die Erfindung, die zu Beginn des 20. Jahrhunderts zu den bisherigen Bildern hinzutritt und im Gedächtnis bleibt.

Die Vorstellung eines geschlossenen kreatürlichen Lebenskreises, aus dem es kein Entrinnen gibt, liegt der Erzählung *Schibes* (1920) von Alma Johanna Koenig (1887-1942)[67] zugrunde: Während der moderne »Kulturmensch« nach einem Ausweg aus seiner Misere sucht und das mögliche Scheitern ihn zu einer tragischen Figur erheben würde, leiden die Kreaturen an ihrer Situation, ohne die Gründe und Ursachen zu begreifen, und bleiben deshalb in ihr gefangen. Schauplatz der Erzählung ist Galizien. Eine der Hauptfiguren, Pawel, ein polnischer Dorfschmied, bekommt vom Sohn der Herrschaften einen Hund namens Schibes geschenkt. Zu ihm entwickelt er ein enges Verhältnis. In diese ›Zweierbeziehung‹ drängt sich eine junge Zigeunerin. Gegenüber ihr legt der Hund instinktiv Abneigung an den Tag. Aber auch die Zigeunerin, die in ihrer Instinkthaftigkeit einem Tier gleicht, verspürt die Gefahr und vertreibt bald heimtückisch den Konkurrenten um die Zuneigung des Schmieds. Der zuwendungssüchtige Pawel ist dem verführerischen ›Erdgeist‹ von Beginn an nicht gewachsen: »Wie ein Falke zustoßend, haschte sie seine Hand, sie mit weichen und feuchten Lippen küssend, ehe er sie ihr halb gelähmt vor Staunen und mit unartikuliertem Laut entriß.«[68] Die Beschreibung betont das kreatürliche, auf die elementarsten Äußerungen begrenzte Verhalten dieser einfachen Menschen: »Er stammelte, stöhnte, keuchte, von der Nähe, Wärme und Weichheit des Weibes trunken, wie ein Enthaltsamer vom ersten Becher Weins, während sie geschlossenen Augs an seiner Brust lag und hinnahm.«[69]

Durch das Geschlechterverhältnis wird der Typus der Kreatur in einer männlichen und einer weiblichen Variante vorgestellt. Dem beschränkten, gutmütigen, körperlich starken, aber handlungs- und entscheidungsunfähigen Schmied, einem galizischen Woyzeck, wird die triebgesteuerte, selbstsüchtige Zigeunerin gegenübergestellt. Dazwischen erscheint der geschundene, misshandelte und dennoch treue Hund Schibes als gleichberechtigter dritter Typus, dessen Leben sich kaum von dem der beiden anderen unterscheidet, obwohl er nur ein Tier ist. Die junge Zigeunerin bleibt im Unterschied zu den anderen Figuren einschließlich des Hundes namenlos. Durch ihre Wünsche und ihr ständiges sexuelles Verlangen verleitet sie Pawel dazu, seine Arbeit zu vernachlässigen und seine Sozialkontakte auf ein Mindestmaß zu beschränken. Obwohl sie stiehlt und lügt, übersieht er aus Hörigkeit diese Eigenschaften: »Er hielt sie in den Armen und sah sie an. Wie ihr Mund glühte – Was für Augen sie hatte«.[70] Um der Zigeunerin zu Gefallen zu sein, liefert er zum ersten Mal schlechte Arbeit ab und erhält danach keine Aufträge mehr aus dem Dorf. Er übersieht die Zeichen ihrer Untreue und die Hinweise darauf, dass sie auch ihn bestiehlt und betrügt. Sein sozialer Abstieg im Dorf beschleunigt sich, als er zu trinken beginnt, um sich von seinen Lebensumständen abzulenken. Zugleich wird der Eindruck des Asozialen, den die Zigeunerin vermittelt, verstärkt:

> »Und sie nachte auch ganze Tage. Und Eier brachte sie nach Hause und Würste, bunte Bänder, die sie am Weg gefunden hatte und blitzende Kinkerlitzchen und einmal sogar eine junge Gans, der der Kopf auf ganz umgedrehtem Hals nach rückwärts schwankte.«[71]

Was sie gestohlen hat, lässt sie sich von Pawel von seinem Gesparten bezahlen. Von den Dorfbewohnern wird er gemieden. Nur der jüdische Händler konfrontiert ihn bei einem seiner seltenen Besuche im Gasthof mit den Schulden, die sie in seinem Namen bei ihm gemacht hat. Nach diesem Vorfall malt er sich aus, die Zigeunerin vor dem ganzen Dorf zu züchtigen und zu vertreiben. Und er nimmt sich vor, die Schulden zu begleichen. Zu Hause findet er seine Ersparnisse geplündert. Ohne Skrupel trägt die Zigeunerin die Silberkette seiner Mutter, die er ebenfalls versteckt hatte, in ihrem Haar. Doch wiederum unternimmt er nichts gegen sie, nachdem sie gekonnt ein Unterwerfungs- und Bußtheater vorgespielt hat. Auch als Schibes zurückkehrt, duldet er dessen erneute Vertreibung. Damit besiegelt er seine endgültige Unterwerfung: »Sie schalt und höhnte, und er hatte keinen Widerstand, kein Widerwort. – Sie räkelte sich im Bett und hieß ihn Dienste tun.«[72] Pawel, der kreatürliche Mensch, kennt keine Handlungsalternativen zu dem, was ihm geschieht oder ihn innerlich überwältigt, obwohl er zum Beispiel Übung darin hat, mit physischer Kraft ein schwieriges Material wie Eisen zu meistern. »Hat er nicht gewußt, daß Feuer verbrennt, daß Wandervolk Schande nach sich zerrt?«[73] Sein Unglück betrachtet er als Strafe Gottes für den fortgesetzten Verrat an Schibes. Ohne seine Lage realistisch einschätzen zu können, entwickelt er Pläne, um seiner Misere zu entkommen, ohne den Konflikt mit der Zigeunerin auszutragen. Er will wieder gute Schmiedearbeit leisten und seine ›Meisterehre‹ zurückgewinnen: ein wichtiger Orientierungspunkt innerhalb seines beschränkten Denkkreises. Damit möchte er seine Schulden begleichen und mit der Zigeunerin nach Amerika auswandern. Es drängt ihn auf die enge Lebensspur zurück, auf der er sich sicher fühlt: »Und wieder Pawel sein. Der alte Pawel.«[74] An dieser Stelle wird deutlich, dass Pawel einfach, ja schlicht ist, aber nicht asozial, und triebhaft nur, wenn er starken sinnlichen Reizen ausgesetzt wird. Ebenso ist er aber fähig, auf positive Erfahrungen wie Zuwendung mit aufrichtiger Dankbarkeit zu reagieren. In der Erzählung fällt ihm die Rolle der bemitleidenswerten Kreatur zu, die er mit dem Hund Schibes teilt. Die Zigeunerin gleicht Pawel in ihrer Kreatürlichkeit. Aber ihr Verhalten wird dämonisiert. Sie trägt Unheil und Unordnung in die ärmliche Hütte am Dorfrand. Das wird im weiteren Handlungsverlauf deutlich, wenn der junge Landbesitzer zurückkehrt, der Pawel Schibes geschenkt hatte. Instinktiv wendet sich die junge Zigeunerin diesem zu und stellt sich sofort auf den sozial Höhergestellten ein: »Wie hat sie das nur gemacht, daß sie gekämmt und gewaschen ist und blitzblank und hat sich doch erst noch im Bett gewälzt wie ein Schwein?«[75] Pawel untersagt ihr den Dienst im Schloss, weil er in Verkennung der Machtverhältnisse den jungen Herrn aus Zuneigung und Dankbarkeit vor dem schützen möchte, was ihm selbst widerfahren ist. Obwohl er die Tür seiner Hütte verschließt, verschwindet sie in die gewünschte Richtung. Ihre Natur, bestimmt von ihrem Geschlecht und dem ›anderen Blut‹ der Fremden, äußert sich in aggressiven und besitzergreifenden Trieben, in einem Kreislauf von Begierde, Verschlingen und Genuss, Ermattung und erneut erwachender Begierde. Aber als Kreatur ist sie ohne ein Bewusstsein ihres Handelns. Sie ist weder berechnend noch kalt, sondern ebenso schicksalsergeben wie ihr männliches Opfer Pawel. Deshalb ist es ihr auch gleichgültig, dass der weltgewandte Aristokrat sie zu seinem Lustobjekt degradiert, ohne sich von ihr beherrschen oder betrügen zu lassen. Als sie ihn bestiehlt, wirft er sie im Unterschied zum Dorfschmied sofort hinaus.

Als die Zigeunerin verschwindet, kehrt der Hund Schibes in die Hütte zurück. Für einen Augenblick deutet sich eine Wende zum Guten an. Von der vampirhaften Frau erlöst, gewinnt Pawel seine alte Vitalität zurück. Der reichste Bauer erteilt ihm in Hoffnung auf einen Neubeginn wichtige Aufträge und leiht ihm die Summe, die er dem Juden schuldet. So kann er die drohende Gerichtsverhandlung vermeiden. Doch in diesem Moment taucht die Zigeunerin wieder in der Schmiede auf. Schibes reagiert mit Abwehr, die zugleich als Aufforderung an seinen Herrn zu verstehen ist. Pawel sieht seine gerade wiederaufgerichtete Existenz wie ein Kartenhaus zusammenbrechen, wagt aber nicht, ihr entgegenzutreten, sondern fällt in seine fatalistische Haltung zurück. Die Zigeunerin zeigt sich unberührt von den Ereignissen und versteht nicht, dass der Schlossherr ihr den Diebstahl verübelt. Stolz präsentiert sie Pawel den Rest ihrer Beute:

> »Da waren: zwei Silberlöffelchen und eine Handvoll Spielmarken, eine kleine goldene Tabaksdose mit einem Mädchenporträt in Email, – ein einzelner Sporn, – eine blaue Glasperlenschnur wie sie Mägde tragen – der blitzende Schlagring einer Harfe und – ein mächtiges gebratenes Stück Rindskeule.«[76]

Die Aufzählung soll die nackte Besitzgier und den verbrecherischen Trieb einer Kreatur entlarven, die weder dem Reiz von Silber und Gold noch dem Geruch einer Speise widerstehen kann. Während er sich dazu durchringt, ihr zu sagen, dass er Gestohlenes nicht mehr esse, verhält sich die Zigeunerin zu ihrer Beute wie ein Tier: »Sie zuckte die Achseln und riß selbst mit den Zähnen ein großes Stück vom Fleisch.«[77] Als sie Schibes ein Stück anbietet, scheint der innere Kampf des Tieres zunächst zugunsten Pawels auszugehen. Aber wie das deterministische Konzept der Erzählung erwarten lässt, setzt sich seine Tiernatur durch, und er stürzt sich auf den Braten. In einer Situation zunehmender Verrohung wertet der Schmied dies als Verrat und erschlägt zunächst ihn und dann

die triumphierend lachende Frau mit dem Hammer: »eins! – und auf das
Gesicht, in dem das Lachen verging – zwei! und er schlug und schlug –
hin und her, schlug und schlug …«[78]

Pawel ist kein Verbrecher, aber im Sinne der zeitgenössischen Kriminalbiologie dazu disponiert, in bestimmten Situationen mit Gewalt zu
reagieren. Die Zigeunerin hingegen wird als geborene Asoziale dargestellt, zu deren Triebausstattung immer die kriminelle Energie hinzutritt.
Die Erzählung verzichtet auf jegliche Erklärung der Verhaltensweisen
der Figuren und reduziert ihre Lebensgeschichte auf eine Existenz im
biologischen Sinn. Einzig die Integration in das Dorfleben eröffnet eine
soziale Perspektive. Das gilt aber nur für den Polen Pawel und nicht für
die namen- und ortlose Zigeunerin.

Der Roman *Die Zigeunerin* (1909) von Otto Elster (1852-1922) geht
davon aus, »daß der Zigeuner von einem wilden Haß gegen die weißen
Menschen beseelt war, die er als seine Tyrannen und Verfolger betrach-
tete«.[79] In dieser dramatischen Geschichte geht es um die Enthüllung
eines Liebesverrats und eines Verbrechens. Zentrale Gestalt ist eine im
Hintergrund des Geschehens agierende alte Zigeunerin von geheimnisvoller Zweideutigkeit. Denn einerseits verkörpert sie das Schicksal und
die Nemesis, andererseits wird sie als eine abstoßend hässliche Kreatur
dargestellt, die sich wegen einer Lähmung nur noch kriechend durch
Schmutz und Schlamm fortbewegt. Sie erscheint wie ein »Tier, das auf
seine Beute lauert«,[80] bzw. »wie eine Schlange, wie ein grauenhaftes Ge-
würm der Nacht«.[81] Unmissverständlich fassen diese Bilder das Krea-
türlich-Bedrohliche und die verachtete soziale Stellung zusammen.

Die ethnographische Neugier, die sich auf die archaische Lebensweise
richtet, weicht nahezu vollständig ihrer Deutung als Kampf ums Überleben, in dem der Stärkere sich durchsetzt. In der modernen Gesellschaft gehören die zivilisatorisch weiter entwickelten Gesellschaften zu
den Siegern, innerhalb der Zigeunergruppen jedoch die physisch stärkeren Leit- und Führerfiguren. Davon erzählen beispielsweise in vielen
Varianten die Geschichten über »Zigeunerblut«[82] des rumänisch-ame-
rikanisch-jüdischen Schriftstellers Konrad Bercovici mit Faszination.
Andere Autoren wie Alun Lewis (1915-1944) in *Ziehendes Volk* (1942),
in der ein Zigeuner seine Ehefrau mit einer Magd betrügt, betrachten
diese Kämpfe eher mit Verachtung: »›Ich bring' dich um‹, schrie er. Sie
sprang ihn an. Die Flasche zersplitterte an der Wand, und sie wälzten
sich auf dem Boden, kämpften wie Katzen. Sie war stark, stärker als je
zuvor, und seine Fäuste taten ihr nicht weh.«[83] Nach dem Motto ›Pack

schlägt sich, Pack verträgt sich‹ kommt es nach dieser brutalen Auseinandersetzung rasch zu einer Versöhnung im Bett.

Noch offensichtlicher charakterisiert der irische Erzähler Liam O'Flaherty (1897-1984) die Zigeuner als von Urinstinkten geleitete polygame Horde. Als ein Unwetter droht, dringt ein fremder Wanderer in das Zelt eines Kesselflickers und seiner beiden Frauen ein.

> »Die zwei Frauen waren beide vom gleichen Schlage wie er, beide waren Schlampen, schmutzig und ungekämmt, aber mit dem gleichen stolzen, hochmütigen, verächtlichen Blick in den schönen braunen Gesichtern.«[84]

Vermischungen: Folgenlose Liebe

Theorien und Spekulationen über Rassen, Vererbung und Degeneration, die seit der Jahrhundertwende zunehmend Verbreitung und Anerkennung finden, hinterlassen ihre Spuren auch in den Geschichten, die von der Liebe zu Zigeunern oder Zigeunerinnen handeln. Vor diesem Hintergrund gewinnen sie eine andere Brisanz als noch im 19. Jahrhundert. Eine Bedrohung bildet die ›fremde Frau‹ (bzw. der ›fremde Mann‹) weiterhin, aber als die eigentliche Gefahr gilt die Vermischung der Rassen, die nun biologisch als Mischung des Blutes und als Bastardisierung der Nachkommen gefürchtet wird. Als eine ihrer negativen Folgen wird die Degeneration prognostiziert. Damit ist die Verschlechterung der Charaktereigenschaften angeblich überlegener Völker durch die in der rassistischen Terminologie als Minderwertige klassifizierten Rassen und Individuen gemeint, zu denen in Europa neben den Juden in erster Linie die Romvölker gerechnet werden. Die Vermischung der Rassen oder ihre Verhinderung lässt sich als ein emotional besetztes Thema erzählerisch in sehr unterschiedliche Handlungen umsetzen, wobei die Bedrohung direkt oder indirekt bzw. unbewusst das Erzählte bestimmen kann. Zunächst müssen aber in der ersten Hälfte des 20. Jahrhunderts immer noch die ethnographischen Bilder der faszinierenden Wildheit und Ursprünglichkeit überschrieben und in negative, diskriminierende Zusammenhänge gestellt werden.

In dem sehr erfolgreichen, 1946 mit Anne Crawford (1920-1956) und Stewart Granger (1913-1993) verfilmten Roman[85] *Caravan* (1943), greift die englische Schriftstellerin Eleanor Smith (1902-1945) das Carmen-Thema neu auf. James, ein englischer Spanienreisender verliert bei einem von der sechzehnjährigen Zigeunerin Rosal inszenierten Raubüberfall sein Gedächtnis. Er wird von ihr in einer einsam gelegenen Ruine gesund gepflegt und gerät wegen der fehlenden Erinnerung in ihre Abhängigkeit. Rosal gehört jedoch zu den bewunderten und verehrten Tänzerinnen und Wahrsagerinnen ihres Stammes und verlässt ihn, um in Sevilla in einem berühmten Flamencoclub aufzutreten. Als »a primitive creature«[86] und »a wild and sensuous little animal«[87] beschrieben, reizt den scheuen und prüden Engländer vor allem ihre unverkrampft und unverhüllt zur Schau gestellte körperliche Schönheit. Sie ist eine Kreatur bzw. ein ›kleines Tier‹, wie es im Roman wiederholt heißt, auch durch ihre Lebensgeschichte. Denn als ihre Mutter bei ihrer Geburt stirbt, wird sie von einer Tanzbärin angenommen und gestillt. Deshalb wird sie von den Zigeunern »the Daughter of the Bear«[88] genannt. Der Engländer hat es mit einem Wesen zu tun, das seine Wildheit mit der Muttermilch eingesogen hat. Immer noch ohne Gedächtnis, entschließt sich James nach seiner körperlichen Wiederherstellung, zusammen mit Rosal und ihrem Stamm umherzuziehen, da sie sich an die Zigeunergesetze, die eine eheliche Verbindung mit einem ›busno‹, einem Nichtzigeuner, verbieten, nicht hält. Während des engen Zusammenlebens erfährt er mehr über die Zigeuner, ohne jedoch wirklich aufgenommen zu werden, obwohl das Hochzeitsritual in einer symbolischen Blutvermischung durch Schnittwunden besteht. Ihn erschrecken ihr Hass gegen »seine eigene Rasse«, ihre archaische Wildheit und vor allem ihre Gleichgültigkeit gegenüber den Leiden anderer sowie ihre Selbstbezogenheit und Abgeschlossenheit. Drei Jahre später arbeitet er in der Truppe eines berühmten Matadors und lebt in Granada in einer der legendären Höhlen des Sacro Monte. Obwohl Rosal sich leidenschaftlich bemüht, bleibt ihre Zigeunerehe kinderlos. Dies bedeutet vor dem Hintergrund rassischer Vererbungsvorstellungen nichts anderes, als dass die biologische Blutmischung von der Natur verweigert bzw. verhindert wird.

Mit seinem Gedächtnis gewinnt James allmählich Bruchstücke und Mosaiksteine seiner Herkunftskultur zurück. Das ist erzähltechnisch geschickt aufgebaut, denn er geht die Beziehung zu Rosal nur ein, weil er keine Identität mehr besitzt, die er der Welt der Zigeuner entgegensetzen kann. Der Konflikt spitzt sich zu, als er – nun wieder ein wenig englischer und damit prüder geworden – erfährt, dass sie im Flamencoclub in Privatvorstellungen auch nackt tanzt. Empört und enttäuscht holt er sie mit Gewalt heraus. Mit ihren Reaktionen wird sie ein weiteres Mal als kreatürliches Wesen vorgeführt, das sich im Überlebenskampf und in der bedingungslosen Liebe jedem Milieu anpassen möchte, ohne die tieferen Dimensionen des eigenen Handelns begreifen zu können. Gerade noch in schwarzen Seidenstrümpfen und roten Schuhen nackt tanzend, verhält sie sich nun wie eine junge Nonne[89] und verspricht James, niemals mehr nackt zu tanzen, sich jeden Tag zu waschen und lesen und schreiben zu lernen[90]. Das entspricht zwar dem Zivilisierungsprogramm, das er sich ursprünglich für sie vorgestellt hatte. Je mehr er sich jedoch an seinen Beruf, seine Ausbildung, seine Heimat und schließlich seine englische Liebe erinnert, verliert Rosals Versprechen seinen Reiz. Der melodramatische Schluss des Romans überrascht nicht. Als Folge seines Verhaltens im Flamencoclub kommt es zu einem duellartigen Kampf zwischen James und dem Matador. Als dieser überraschend statt zum Messer zu einem Revolver greift, wirft sich Rosal schützend vor den Engländer. Diese Handlung, die sie zu tragischer Größe wachsen lässt, unterscheidet sie von Mérimées Carmen, der Umstand, dass sie sich geliebt fühlt, entfernt sie von den instinkt- und triebgesteuerten Frauen wie der jungen Zigeunerin in der Erzählung *Schibes*. Rosal wird als tapfer und liebesfähig gewürdigt. Und dennoch bleibt sie das ›kleine Tier‹: »She had been a little animal, but she had also been brave, truthful, loyal, and capable of great love«.[91] Durch ihren Tod wird aber auch die befürchtete Rassenmischung vermieden. Der englische Held kann nun, seiner Identität gewiss und seiner Verpflichtungen ledig, in seine Heimat zurückkehren und der Zigeunerin in einem Buch ein literarisches Denkmal setzen.

Ein positives Konzept der Rassenmischung legt Konrad Bercovici, der schon früh vor der Rassenpolitik der Nationalsozialisten gewarnt hat, seiner Erzählung *The Vineyard* (1926) zugrunde. Dabei greift er – einzigartig in der Literatur der Zeit – nicht auf das evolutionäre Modell der Selektion, sondern auf das Hybriditätsmodell der Aufpfropfung aus dem Obstanbau zurück. Die verschlungene Liebesgeschichte zwischen der rumänischen Winzerstochter Fanutza und dem Zigeuner Jorga führt in die Weinbaugebiete Rumäniens und damit an einen Schauplatz, auf dem mehrere Völker nebeneinanderleben. Als Jorga, der bei der Weinernte als Saisonarbeiter hilft, Fanutza umwirbt, schlägt die Verachtung ihres Vaters Yancu in Aggression und Tötungswillen um.[92] Jorga reagiert mit einer symbolischen Geste, indem er seine Geige, durch deren Musik die einzige Verbindung zwischen den Rumänen und Zigeunern hergestellt wird, zerschlägt. Es wird deutlich, dass die feindliche Atmosphäre das Ergebnis einer Jahrhunderte währenden Ausgrenzung und Unterdrückung ist. Jorga wird als begnadeter Musiker und Sänger gezeichnet, der im Sinne Liszts der Poesie der Zigeuner in seinen Liedern Ausdruck zu geben vermag. Als er ein neues Lied vorträgt, beneiden die Zuhörer Fanutza um einen Mann, der seine Liebe auf eine solch anrührende Weise mitteilen kann. Schließlich flieht sie mit ihm nach sorgfältiger Vorbereitung. Für ihren Vater bedeutet diese Flucht Demütigung und Schande eines Höhergestellten. Damit wird aus seiner Sicht ein Konflikt heraufbeschworen, für den es keine friedliche Lösung gibt, da er, so seine Tochter, »alles was fremd ist, haßt und fürchtet«.[93] Hier ist es nicht das Fernweh der Zigeuner, sondern das Heimweh der Tochter nach den Weinbergen, das den Konflikt weiterschwelen lässt. Als Jorga eines Tages schwer verletzt nach Hause kommt und im Fieber spricht, wird ihr klar, dass er ihren Vater aufgesucht hat, um eine Lösung zu finden. Fanutza fühlt sich schuldig, aber sie kommt gegen die Sehnsucht nach ihrer Heimat nicht an, auch nicht, als sie ein Kind bekommt und mit Jorga umherreist, wenn er auf den Dörfern musiziert. Von einem weiteren Vermittlungsversuch, der das Kind ins Spiel bringen soll, hält sie ihn wegen der starren Haltung des Vaters ab.

Inzwischen hat sich die schon zu Beginn der Erzählung erwähnte Rebenpest weiterverbreitet und viele Weinberge vernichtet, so auch den von Fanutzas Vater und seines Nachbarn Dmitru. Die in ihren Gewohnheiten erstarrten Weinbauern, die in der Krankheit ein Zeichen Gottes sehen, geben den Weinbau fatalistisch auf. Nur Dmitru experimentiert mit neuen Schößlingen aus Übersee erfolgreich: »It is the slips of vine from across the seas that I have grafted on them that have given them new life; new blood.«[94] Der merkwürdige Hinweis auf ›neues Blut‹ für die alten und kranken Weinstöcke kann nur symbolisch verstanden werden. Nicht die gefürchtete Rassenmischung, sondern die Pfropfung steht für das, was Fanutza durch ihre Heirat mit dem Zigeuner getan hat: ›neues‹ Blut in die Familie zu bringen. Erst über die Rettung seines Weinbergs begreift der alte Winzer das Verhalten seiner Tochter: »She is alive again, my Fanutza! She will bring new blood in the old veins of my race!«[95] Die aus dem Redezusammenhang sich nicht erschließende Verschiebung von der Familie zur Rasse, die der Vater vornimmt, verallgemeinert den Einzelfall zu einer Lösung für das Zusammenleben unterschiedlicher Völker. Müßig zu fragen, ob sich der Traum des aus Rumänien in die USA eingewanderten Juden in seinem Herkunftsland nach fast einem Jahrhundert verwirklicht hat.

Das Bild der Pfropfung löst hier die Bedrohung auf, die einer Verbindung zwischen zwei Ethnien oder, in der biologistischen Terminologie der Zeit, zwei Rassen unterstellt wird. Das Modell der Ausgrenzug und -schließung ruft sie hingegen beständig hervor. Noch das beruhigende Bild trauter Gemeinsamkeit ist davon affiziert: »Es ist der Sieg des Blutes über Stein, Erde und Wetter, wenn Menschen um einen Ofen sitzen, in einer Burg geschützten Lebens: im Haus.«[96] Geschützt werden muss demnach das ›siegreiche Blut‹, verteidigt werden das ›Haus‹ als der auf Familienformat geschrumpfte Lebensraum eines Volkes. Für Zigeuner als Fahrende und fremde Rasse ist in dieser geschlossenen Welt kein Raum. Und eine andere Welt existiert zumindest auf deutschem Territorium nicht. Das ist die Botschaft des 1940 erschienenen Romans *Zigeuner-Christl* von Arno Wegrich (1897-unbekannt). Schauplatz ist ein Dorf in den Bergen Oberbayerns, die Handlung setzt 1877 und damit nach Gründung des Deutschen Kaiserreichs ein. Als eine Gruppe von Zigeunern am Heiligen Abend das Dorf erreicht, werden sie auf die ortsübliche derbe Art als »Gesindel elendig's«, »Lumpengesindel«[97] und »Zigeunerpack dreckat's«[98] begrüßt. Einer der Zigeuner, in dessen Augen »eine ganze Steppe von schwarzbrauner Unstetigkeit flackerte«,[99] klopft an die Tür des angesehenen Dorfschmieds, weil er um das Leben seiner in den Wehen liegenden Frau bangt. Die kinderlose Meisterin lässt die Zigeunerin ein und hilft ihr bei der Geburt. Weil das Kind in der Christnacht geboren wird, erhält es den Namen Christl. Die Familie bietet der jungen Mutter an, den Säugling in Pflege zu nehmen. Diese will ihn nur bis zum Frühjahr in ihrer Obhut lassen, zum vereinbarten Zeitpunkt und auch später tauchen die Zigeuner jedoch nicht auf. Die Handlung wird nach einer Zeitraffung von acht Jahren fortgesetzt. Die Pflegemutter weist die Nachbarn zurecht, wenn sie abfällig vom Zigeunerkind reden.[100] In der Schule fällt das Mädchen dennoch durch Lügen auf, und ihre Unarten nehmen mit der Zeit zu. Der Erzähler lässt Schritt für Schritt ihr ›zigeunerisches Blut‹ sprechen. Liebe, Fürsorge und Erziehung der Pflegefamilie erweisen sich als schwächer. Mit kaum vierzehn meldet sich wie zu erwarten der nicht mehr zu zügelnde sexuelle Trieb. Sie verlässt das Dorf und degeneriert als ›entwurzelte‹ Zigeunerin im großstädtischen Randgruppenmilieu, das drastisch und plakativ beschrieben wird. Unglücklich verheiratet, tötet sie ihren Mann, der sie ausbeutet und misshandelt. Ihre Tat wird vor Gericht ganz im Sinne der deterministisch argumentierenden Kriminalbiologie gedeutet. Begründet läge es

»in der Unmöglichkeit, wanderndes Blut in das Haus zu zwingen! Frau Zarcheis ist in einem Zigeunerkarren zur Welt gekommen. Sie hat selbst davon nichts gewußt, als sie in dem Haus des Schmiedes Gschwandtner aufwuchs, und deshalb kann man nicht sagen, daß sie aus reiner Böswilligkeit schlecht und undankbar geworden ist.«[101]

Denn, so ein Entlastungszeuge: »Das Gesetz des Blutes ist unerbittlich. Ich glaube, es war falsch, das Zigeunerkind aus dem Karren zu nehmen!«[102] Ebenso wird ihr Ehemann als durch Geschlechtskrankheiten und Alkoholismus erbgeschädigter ›Asozialer‹ charakterisiert:

> »er war der Sohn einer Dirne, die in einer Irrenanstalt endete, und eines Zuchthäuslers, der am Delirium zugrunde ging; er selbst schon mit zweiundzwanzig Jahren wegen schwerer Messerstecherei bestraft. Der Sohn einer Dirne und eines Zuchthäuslers, erschossen von einer Zigeunerin; die Akten konnten geschlossen werden!«[103]

Vom Erzähler wird die Zigeuner-Christl nun meist ihres christlichen Namens beraubt und, auf ihre Rasse reduziert, »die Braune«[104] genannt. Trotz eines Freispruchs wird sie wegen ihres Lebenswandels in ein Arbeitshaus gesteckt, aus dem sie allerdings bald entweicht, um wie ihre Vorfahren umherzuziehen. Ethnographisches Wissen wird nicht mehr herangezogen. Dem Verfasser genügt 1940 eine krude Rassenmythologie: »An Acker und Straße scheiden sich Welten, und das Blut ist seßhaft oder unstet. Das lebendige Gesetz, das unerbittliche, schreibt dem einen und dem anderen wissend-unwissend seine Bahn vor.«[105] Das bedeutet im Blick auf die Großstadtepisode, dass die Lösung für die ›Braunen‹ nicht in der Vermischung mit den ›Asozialen‹ und ›geborenen Verbrechern‹ liegt:

> »Er wünschte der braunen Christl, daß sie den Weg zu den Menschen fände, zu denen sie nach dem Blute gehörte. Vor fünfhundert Jahren waren diese Mongolen aus dem Völkerschoß des Ostens hervorgebrochen und hatten auf die Straße der Welt für immer auch den Herdentrieb ihrer Nomadenzeit mitgenommen.«[106]

Was analog zu antisemitischen Vorstellungen zynisch als Wunsch formuliert ist, meint, wie der Handlungsverlauf des Romans zeigt, eine gewaltsam erzwungene Apartheid. Denn die Zigeunerin – inzwischen eine Furcht erregende Gestalt – kehrt nach weiteren dreißig Jahren in das Bergdorf zurück, um, von Wut, Hass und Rache getrieben, Erbansprüche zu stellen. Die Gesetze des Kaiserreichs machen dies auch möglich. Der Leser des Jahres 1940 weiß allerdings, dass die Nürnberger Rassengesetze solche Ansprüche inzwischen ausschließen. Im Roman soll gezeigt werden, wohin die rechtliche Gleichbehandlung führt und welche

Gefahren sie für jene birgt, die sich in den Besitz des Erbes gebracht haben – nach der 1938 erfolgten Enteignung und ›Arisierung‹ jüdischen Eigentums sicher ein Thema, das Beunruhigung auslösen und Zustimmung zum NS-Regime mobilisieren konnte. Im Roman verteidigen die deutschen Besitzer wehrhaft den Besitz gegen die Zigeunerin, die einen Teil des Anwesens besetzt hält. Obwohl es niemandem gelingt, sie zu vertreiben, gibt sie eines Tages unvermittelt die Belagerung auf und verlässt das Dorf in Richtung Grenze. Letztlich setzt sich doch der ihrer Rasse unterstellte Wandertrieb durch: »Der Kreis war geschlossen.«[107] Am Ende ist das Anwesen wieder »eine Burg geschützten Lebens«, allerdings nicht für die dort aufgewachsene Zigeunerin. Der Roman vertauscht zielstrebig Opfer- und Täterrollen und entlastet und rechtfertigt die Handlungen durch deterministische Rassenvorstellungen.

Mit den Rassentheorien verschwinden keineswegs die etablierten Vorstellungen über Zigeuner aus beinahe fünfhundert Jahren aus dem Gedächtnis. Aber sie erfahren eine Neuordnung und Verschärfung bisheriger Entwertung und Verachtung. Diese Veränderungen vollziehen sich nicht in allen europäischen Ländern gleichermaßen. Ihr Zentrum ist unzweifelhaft Deutschland. Es gibt jedoch kaum ein westeuropäisches Land, das die polizeiliche und behördliche Verfolgung vor dem Hintergrund der neuen, biologisch argumentierenden Verbrechenstheorien nicht deutlich verschärfen würde. In der ersten Hälfte des 20. Jahrhunderts finden wir nebeneinander fünf Sichtweisen, die selten auf ihre Widersprüchlichkeit hin befragt werden, weil sie auf unterschiedlichen gesellschaftlichen Feldern und in verschiedenen Gebrauchszusammenhängen auftauchen.

An erster Stelle begegnen die Zigeuner uns immer noch als ein archaisches Urvolk inmitten der modernen Zivilisation, das dem Untergang geweiht sei und dessen Lebensweise man aus ethnographischem bzw. folkloristischem Interesse unter Schutz stellen oder zumindest museal dokumentieren möchte.

Zweitens wird ein Großteil der Bevölkerung in den europäischen Ländern die romantischen Zigeuner der Medien, von der Literatur über die Unterhaltungsmusik und den Film bis zur Malerei, im Blick haben, verkörpert im geschmeidigen ungarischen Zigeunergeiger, der spanischen Flamencotänzerin und den auf die Leinwand gebrachten und in unzähligen Farbdrucken und Lithographien verbreiteten ›schönen Zigeunerinnen‹.

Unter Künstlern bleibt drittens unter dem in ganz Europa verbreiteten Begriff der Boheme[108] die angebliche Unbürgerlichkeit, Freiheit und Ungebundenheit der Zigeuner als alternative Lebensform der Avantgarde nicht ohne Einfluss auf das Zigeunerbild.

Wieder stärker in den Vordergrund rückt viertens das Bild einer kriminellen Bande von Betrügern, Dieben und Kinderräubern. Zigeuner gelten nun aus kriminalwissenschaftlicher Sicht als ›geborene‹ Verbrecher, die ihre kriminellen Eigenschaften weitervererben.

Sie werden fünftens als Ethnie zu den rassisch bedingten ›Asozialen‹, den ›Gemeinschaftsunfähigen‹ und ›Arbeitsscheuen‹ mit pathologischem Wandertrieb gezählt.

Kriminalbiologie und Rassenlehre: Zigeuner und die ›tödlichen Wissenschaften‹

Die beiden letztgenannten Sichtweisen werden während der nationalsozialistischen Herrschaft miteinander verbunden und planmäßig zur Rechtfertigung der Massenvernichtung der Romvölker verbreitet. Es ist also nicht das Wissen über die Zigeuner, das bestimmte staatliche Gewaltmaßnahmen erforderlich erscheinen lässt, sondern es ist umgekehrt nach 1933 die Macht vorhanden, ein bestimmtes Wissen in allen gesellschaftlichen und staatlichen Bereichen weitgehend durchzusetzen. Auch in anderen europäischen Ländern und in den USA gewinnen seit dem Ausgang des 19. Jahrhunderts rassenbiologisch argumentierende Verbrechens- und Sozialtheorien an Einfluss und werden zunehmend zur Planung, Steuerung und Rechtfertigung sozialpolitischer, die Grundrechte des Einzelnen einschränkender oder aufhebender Zwangsmaßnahmen herangezogen. Die Akteure akzeptierten diese Theorien allzu gerne als Autorität, denn »sie ließen sich aus einem Wissenssystem ableiten, das als wissenschaftliches institutionalisiert war und nach den Regeln der etablierten Wissenschaft weiterentwickelt wurde«.[109] Das gab den Handelnden Sicherheit bei der Durchführung bisher moralisch zweifelhafter oder tabuisierter inhumaner Handlungen.

Die ethnographische Perspektive verschwindet also nicht, sie wird aber für das staatlich-institutionelle Handeln rasch unwichtig. Die Wucht rassistischen Denkens lässt sich schon früh in der Literatur verspüren. Der Nationalsozialismus konnte schon auf eine längere, in diesem Kapitel nachgezeichnete Tradition literarischer Ausgrenzungs- und Vernichtungsphantasien zugreifen. Im Unterschied zum Antisemitismus war eine Steigerung oder Überbietung nicht mehr erforderlich. In der Übergangsphase nach Gründung des Kaiserreichs 1871, das systematisch mit der sogenannten »Bekämpfung des Zigeunerunwesens«[110] beginnt, werden immer wieder unterschiedliche Ansätze in Erwägung gezogen, die zwischen einer ›fürsorgerischen‹ Armenpolitik und präventiver polizeilicher und behördlicher Überwachung und Disziplinierung hin und her schwanken. Die Modernisierungsschübe, und hier allen voran die Industrialisierung, Verstädterung und die Verkehrstechnik, zwingen auch die Romgruppen in den entwickelteren Ländern Europas zu einer allmählichen Anpassung an die veränderten Verhältnisse. Wählen sie Großstädte wie Berlin oder London und Wien als Lebensmittelpunkt und werden dort zumindest für längere Zeit sesshaft, um sich ihren Lebensunterhalt zu verdienen, verstärken sie aus staatlicher Perspektive das Heer der Armen und Kriminellen am Rande der Gesellschaft. Galt in den meisten bevölkerungspolitischen Konzepten des 18. und 19. Jahrhunderts ihre Zwangsansiedlung im ländlichen Raum als mögliche Lösung, so wird nun die freiwillige Niederlassung in den Städten ebenso beargwöhnt wie das unerwünschte Umherziehen. Doch führen die polizeilichen Beschränkungen des Wanderns genau zu dieser Konsequenz. In der strafrechtlichen Argumentation hatte sich, wie 1886 in einer Abhandlung im *Archiv für Strafrecht* dargelegt wird, seit der Frühen Neuzeit die Rechtsauffassung durchgesetzt, dass Müßiggang strafbar sei und deshalb die Fahrenden aller Art zu verfolgen seien.[111] Jeder, der »nicht besitzt und nicht erwirbt«,[112] zählt zu jenen, die der Allgemeinheit gefährlich werden, weil sie sich zum Leben die Arbeit anderer aneignen müssen. Daraus wurde abgeleitet, dass Landstreicherei ein »Dauer-Verbrechen«[113] sei. Die sogenannten »Deliktsmerkmal[e]« »Mittellosigkeit«, »Erwerblosigkeit« und »das Zwecklose des Wanderns«,[114] erlauben es leicht, die Romgruppen zu schikanieren und zu kriminalisieren.[115] Neben dem unerlaubten Betteln und dem Handel ohne Gewerbeerlaubnis sind dies dann auch die Delikte, die in der Regel in der Öffentlichkeit als Nachweis des vererblichen Verbrechertums der Zigeuner herangezogen werden. Von einer liberalen Position aus wird in diesem Artikel vorgeschlagen, die Zigeuner von dem Verbot der Landstreicherei auszunehmen, weil, so die ethnographische Argumentation, der angeborene Wandertrieb »eine berechtigte Eigenthümlichkeit«[116] dieses Volkes sei. Ihre derzeitige Bestrafung habe noch etwas »von alten Vorurtheilen gegen Alles, was nicht heimischen Ursprurgs [sic!] ist«.[117] Diese Überlegungen setzen sich nicht durch, wie ein Aufsatz aus dem Jahr 1907 zeigt, in dem erörtert wird, ob die Freizügigkeit, die im Zuge der Industrialisierung gewährt werden musste, um die Mobilität der Arbeitenden zu erhöhen, nicht nach dem Prinzip der Gleichbehandlung auch den Zigeunern eingeräumt werden sollte. Der Verfasser argumentiert nun schon mit den neuen Verbrechenstheorien, welche »die verbrecherische Persönlichkeit mehr ins Auge«[118] fassen. Um »die verbrecherischen Instinkte dieses Volkes zu paralysieren«,[119] müsse man gegen es mit Gewalt vorgehen. Auf der anderen Seite werden immer wieder Zweifel daran geäußert, ob man Zigeuner aus der Gruppe der sogenannten Landfahrer heraus eindeutig identifizieren könne. Hermann Aichele, ein württembergischer Beamter, geht wie die frühneuzeitlichen Landesherren in ihren Edikten davon aus, dass ethnische Reinheit nicht mehr bestehe, und lehnt deshalb vor dem Ersten Weltkrieg rassenkundliche Überlegungen ab und bringt stattdessen noch einmal die Ethnographie ins Spiel:

> »Nach ihr sind die Zigeuner Reste primitiver Volkselemente, die mitten unter höher kultivierten Bewohnern die alte (›Sammler‹) Lebensweise beibehalten haben und notgedrungen, da die natürlichen Nahrungsquellen nicht mehr ausreichen, in ein schmarotzerisches (symbiotisches) Verhältnis zu den Wirtsvölkern treten.«[120]

Deshalb hält er »Ausnahmegesetze«[121] für wirkungslos und die »Deportation […] etwa in eine unserer Südseeinseln«[122] für unangemessen und plädiert für integrative Maßnahmen wie Zwangsansiedlung und Kindeswegnahme.

Aus der Logik polizeilicher »Bekämpfung des Zigeunerunwesens« stellt die ethnographische Sammelleidenschaft mit ihrer Tendenz zur Differenzierung z. B. unterschiedlicher Romvölker eher ein Hindernis als eine Hilfe dar. Sie führt nur unzureichend zu der gewünschten Typisierung und Normierung von Erkennungsmerkmalen. Zigeuner drohen im Zuge der Assimilation unsichtbar zu werden, wenn sie sich städtisch kleiden oder wie die Unterschichten wohnen und die Kinder die Schule besuchen. Die Zugehörigkeit zu einer als gefährlich betrachteten Ethnie muss wieder sichtbar gemacht werden. Noch kommt kein Gesetzgeber auf die Idee, sie zum Tragen eines Stigmas wie des gelben Sterns zu zwingen, aber ihre Papiere werden schon vor 1914 in Deutschland mit einem diskriminierenden Eintrag versehen, damit eine rasche Zugriffsmöglichkeit der Behörden gewährleistet ist und die Identifizierung erleichtert wird.

> »Als sicheres Mittel zur Erschließung der *sozialen Identität* verwendete man gegen Ende des 19. Jahrhunderts schließlich die wissenschaftlich fundierte

Singularisierung der Person durch die gezielte Erfassung körperlicher, somit biologischer Merkmale.«[123]

Eine besondere Rolle beginnt damit neben dem Fingerabdruck die Anthropometrie, d. h. die sehr detaillierte Körpervermessung des Schädels, der Ohren usw., zu spielen, die bei der Rassenselektion der Zigeuner im Nationalsozialismus über Tod und Leben entscheiden wird. Die Konsequenz besteht in einer Kette staatlicher Aktivitäten von der Fahndung und Erfassung über die Datenspeicherung bis zur Dauerkontrolle und Zwangsmaßnahmen.[124] Das rassistische Dispositiv erzwingt darüber hinaus die lückenlose Erfassung und Zuordnung sämtlicher Personen und nicht nur der straffällig gewordenen, weil nicht Handlungen verhindert, sondern Leben ausgelöscht werden sollen.

Universitäre Wissenschaften wie die Medizin, Psychiatrie, Biologie, Sozial- und Rechtswissenschaft (bzw. Kriminologie[125]) erforschen in Theorie und Empirie Phänomene der ›Abweichung‹ (Devianz), wie das Verbrechen oder die Asozialität, von einer als normal behaupteten, ›gesunden‹ gesellschaftlichen Entwicklung. Begleitet werden diese zum Teil bereits in ihren Voraussetzungen fragwürdigen Forschungen von einer Welle populär- und pseudowissenschaftlicher Pamphlete und Hetzschriften, die wie Hitlers *Mein Kampf* daraus politische Programme abzuleiten suchen. Eine Form der Eugenik, die medizinische und soziale Aspekte zu einem Konzept ›volksgesundheitlicher‹ Steuerungsmaßnahmen verbindet und die selbst in solchen Milieus wenig umstritten ist, die auf Sozialreformen oder soziale Revolution zielen, wird schon bald nach ihrem Bekanntwerden um die Jahrhundertwende für Zigeuner in Erwägung gezogen. Eugenische Maßnahmen wie Heiratsverbot, Sterilisation, Internierung und Kindeswegnahme gibt es seit den zwanziger Jahren nicht nur in Deutschland, und sie betreffen nicht nur sogenannte Geisteskranke. In Ländern wie Schweden, der Schweiz oder Österreich treffen sie ebenfalls die ›Fahrenden‹ und damit die Romvölker. Zu ›tödlichen Wissenschaften‹ werden die vom Rassismus durchdrungenen Forschungen aber erst im Rahmen der nationalsozialistischen Vernichtungspolitik: Für die deutschen Sinti endgültig 1938 mit der Gründung der ›Rassenhygienischen Forschungsstelle‹ unter der Leitung des Mediziners Robert Ritter (1901-1951).[126]

Die sozial- und sicherheitspolitischen Versprechen, mit denen das Deutsche Reich und andere europäische Länder gegen Armut und Verbrechen vorgehen wollen, erweisen sich für die jeweiligen Romgruppen als diskriminierende Verfolgungsmaßnahmen, die in Deutschland schon in der Weimarer Republik zu einer Sondergesetzgebung eskalieren und ihren Höhe- bzw. Tiefpunkt in den NS-Rassengesetzen finden.

Eine Vorahnung der praktischen Konsequenzen einer rassentheoretischen, sozialdarwinistischen Argumentation in rechtlichen Zusammenhängen wird schon 1909 in Otto Alschers Roman *Ich bin ein Flüchtling* im Plädoyer des Staatsanwalts gegen zwei wegen Einbruchs vor Gericht gestellte Zigeuner sichtbar:

> »Das Starke verschlingt immer das Schwächere, verdrängt es, und das Lebensfähigste siegt. Und derselbe Vorgang spielt sich auch unter den Menschen ab. Das lehrt uns die Geschichte, und sie lehrt uns auch die Unmöglichkeit eines praktischen Altruismus, weil dieser nichts weiter erzielt, als die Züchtung des Schwachen, des sozial Kranken. In unserem Staate ist der Zigeuner ein rückständiges, die Zivilisation hinderndes Wesen. Da sich aber unser Staat natürlich zu entwickeln gedenkt, muß er auch alles Kranke in sich ausmerzen. Es ist eine heilige Pflicht der Regierung, jede wilde Wucherung am Leibe der Gesellschaft zu bekämpfen. Und der Zigeuner ist nichts als eine wilde Wucherung.«[127]

Dass die Individuen hinter dem Kollektivsingular »der Zigeuner« verschwinden, gehört zur Form der Machtausübung, die Michel Foucault zutreffend als Biopolitik bezeichnet hat.[128] Sie richtet sich auf einen ›Volkskörper‹ in seiner Gesamtheit, auch wenn die Körper der Einzelnen ›behandelt‹ werden. Der Gesellschaftskörper soll gesund sein und muss deshalb »gegen den schädlichen Einfluß parasitärer Fremdkörper verteidigt werden«.[129] Rassistische Theorien vertreten die Überzeugung, dass »der Tod der bösen Rasse, der niederen (oder degenerierten oder anormalen) Rasse [...] das Leben im allgemeinen gesünder machen [wird]; gesünder und reiner«.[130] »Was leben soll und was sterben muß«,[131] entscheiden jene, die sich zur überlegenen Rasse zählen. Für die potentiellen Opfer wird der Begriff der »Minderwertigen« eingeführt, der aus der Psychiatrie stammt.[132] Die Romvölker sind mit dieser Vorstellung, eine untere Stufe der Gattung Mensch zu repräsentieren, schon lange vor dem Aufkommen des wissenschaftlich legitimierten Rassismus immer wieder in Verbindung gebracht worden. Es sei daran erinnert, dass dies bereits ein halbes Jahrhundert nach ihrer Einwanderung in Europa beginnt.

Die beiden für die Wahrnehmung und Verortung der Romvölker epochalen Wissensformationen, die aufklärerische Anthropologie und die Ethnographie, brachten vor allem in ihren philologischen und kulturhistorischen Dimensionen immer auch positive Aspekte zur Sprache und zogen, wenn auch nur für kurze Momente, die Möglichkeit einer Integration oder Assimilation in Erwägung. Hingegen haben ausgerechnet die modernen, sich dem gesellschaftlichen Fortschritt und der praktischen Anwendung verschreibenden und dem naturwissenschaftlichen Paradigma folgenden Wissenschaften der ersten Jahrhunderthälfte die Politik der Verfolgung, Ausgrenzung und Vernichtung bewusst befördert und gerechtfertigt.

Es wäre unzutreffend, allein die Verschärfung staatlicher Interventionen und die Wissenschaften für die Verschlechterung der Situation der Romvölker verantwortlich zu machen. Nicht zu unterschätzen ist, dass alltägliche Probleme und Konflikte mit Minderheiten wie den Romgruppen zunehmend rassistisch aufgeladen werden und der ›gewöhnliche‹ Rassismus erhebliche destruktive Energien freisetzt oder in Verfolgungswahn umschlägt. Die Furcht, in der Unsprache der Zeit, »durch fremdes unreines, dem dunkelsten Völkerchaos entsprungenes Blut besudelt zu werden«,[133] wird in den meist antisemitischen Pamphleten auch im Blick auf die Zigeuner geschürt. Lanz von Liebenfels (1874-1954), der von der Vorstellung besessen ist, dass die ›reinen‹ Frauen der Herrenrasse eine ›Vorliebe‹ für Menschen ›der niederen Artung‹ pflegen, die in deren urinstinkthaftem Paarungsverhalten begründet sein soll, führt die Zigeuner mit ihren »vielversprechenden und vielsprechenden hypnotisierenden Augen«[134] unter anderen als Verursacher der Rassenmischung an, die »das Verbrechen aller Verbrechen« darstelle: »sie ist Sünde, die nicht gesühnt werden kann«.[135] Oftmals lassen sich wissenschaftliche Argumentation und krude Ressentiments nicht mehr unterscheiden, wie in einer medizinischen Abhandlung über Infektionskrankheiten von Zigeunern von 1932, der unmittelbar ein Beitrag über die »Übertragung des Geflügelpestvirus auf Mäusegehirn und Rattenhoden« folgt. Obwohl es um Blutgruppenbestimmung und Krankheitsstatistiken geht, kehrt der Verfasser immer wieder zu den bekannten Vorurteilen zurück, um die Seuchengefahr, die sich empirisch nicht erweisen lässt, dennoch zu behaupten:

> »Als Wohnung dient ihnen eine schmutzige, verlauste, aus Erde gebaute Hütte, sie verrichten die schmutzigsten und abscheulichsten Arbeiten, in der Nahrung sind sie nicht wählerisch, verzehren auch Tierkadaver, ja sie graben sie aus der Erde heraus. Infolgedessen werden sie oft von Epidemien heimgesucht (Typhus, Flecktyphus).«[136]

Der Druck auf die Behörden wächst, wenn unmittelbare Interessen berührt werden. Dabei geht der Blick für das rechte Maß bei der Lösung von Alltagskonflikten verloren. Eine Vorstellung der Denkweise und des Gefühlslebens der Bevölkerung erhält man durch die zahlreichen Eingaben, anonyme oder namentlich gekennzeichnete Leserbriefe und Artikel aus den Kreisen der Kleingartenpächter und Jäger, die die Übergriffe auf das Gartenobst und die Kleintiere des Waldes am liebsten mit der Vernichtung der Zigeuner geahndet wissen möchten. Die Schreiber fühlen sich durch die nationalsozialistische Herrschaft dazu ermutigt, ihren eliminatorischen Phantasien freien Lauf zu lassen und eine gewaltsame Umsetzung zu verlangen. Da ist von »den braunen Herrschaften«[137] und »den braunen Halunken«[138] die Rede, womit nicht die SA, sondern die Zigeuner gemeint sind. Anlässlich der behaupteten »Jagdschädlichkeit dieses unangenehmen Volkes«[139] erlauben sich die Jäger dem neuen Staat weiter gehende Vorschläge zur »Befreiung unseres Volkes von diesem Fremdkörper«[140] vorzubringen. Der Ausgangspunkt des Problems wird in der Weimarer Republik vermutet, die ganz im Sinne des biologistischen Denkens als Organismus gedacht wird:

> »Ich weiß es nicht, aber ich vermute es, daß die Einbürgerung von Zigeunern während der marxistischen Zeit erheblichen Umfang angenommen hat; denn wie einer kranken Pflanze, einem kranken Tier das Ungeziefer mit besonderer Intensität zustrebt, so nehme ich an, daß das auch bei einem kranken Volkskörper der Fall ist.«[141]

Gemäß der Vorstellung, dass man »den Eiter, die Bazillen oder sonstige Krankheitserreger ganz gewiß nicht im ganzen Körper frei umherwandern«[142] lässt, schlägt dieser Schreiber 1934 die Unterbringung in Konzentrationslagern oder Arbeitshäusern vor. Ein anderer möchte zur Verhinderung »der kaninchenartigen Vermehrung der Zigeuner«[143] »einen Teil eines Quadratkilometers deutschen Bodens für eine reine Zigeunersiedlung […] opfern«.[144] Sein Wissen über die Fremden stammt, bei seiner Jagdpassion nicht überraschend, aus Löns Roman *Der Wehrwolf* (1910). Die einfache Sesshaftmachung lehnt ein weiterer Schreiber ab, weil durch eine Assimilation die Sichtbarkeit der ›fremden Rasse‹ verloren gehe und damit die Gefahr der Vermischung ansteige. Nur als »fahrendes Volk« seien »sie Fremdkörper, erscheinen im Volksbewußtsein als solche viel mehr denn als Schulkameraden und Arbeitskollegen«.[145] Weil auch die seit dem 18. Jahrhundert wiederholt genannte Alternative, die Verbannung in »[a]bgelegene Heide- oder Moorgebiete, die durch Arbeitszwang von den Zigeunern zu kultivieren sind«,[146] zum Fortbestehen der Zigeuner beitrage, empfiehlt er für beide Varianten zusätzlich die Zwangssterilisation.

Volkes Stimme ist nicht weniger bedrückend und erschreckend als die Eskalation staatlicher Zwangsmaßnahmen. Schon 1934, kaum ein Jahr nach der Machtergreifung, ist die Assimilation oder Integration der Zigeuner nicht mehr ›denkbar‹, obwohl erst ein Jahr später die antijüdischen Gesetze Anwendung auf Sinti und andere unter der Bezeichnung »Zigeuner« zusammengefasste Fahrende finden. In den vorherrschenden Mentalitätsstrukturen muss das Andere als Bedrohungsszenario aufrechterhalten und zugleich als Zumutung auf Abstand gehalten werden.

Die Eskalation der Entrechtung und Verfolgung der Romvölker unter rassistischen Vorzeichen verläuft, was Deutschland betrifft, kontinuierlich und erfährt zwischen 1870 und 1945 weder nennenswerte Interventionen noch irgendeinen wirksamen politischen Widerstand. Diese Feststellung ist nicht unwichtig für die Epoche nach dem Krieg, in der in vieler Hinsicht der problematische Umgang mit den Romvölkern fortgesetzt werden wird. Im Deutschen Kaiserreich konzentriert man sich auf die polizeiliche Kontrolle des Wanderlebens. Besonders schwer wiegt das Verbot von Reisen in »Horden«, durch das die wirtschaftliche Situation und der soziale Zusammenhalt beeinträchtigt werden.[147] Ähnliche Auswirkungen hat die zeitlich begrenzte Zwangswegnahme von Kindern, um deren Schulbesuch zu erzwingen.[148] Die diskriminierende Kenntlichmachung als Zigeuner in den Personalpapieren und Gewerbescheinen ist schon erwähnt worden. 1899 wird in München eine »Zigeunerzentrale« eingerichtet, die sämtliche Informationen über auffällig gewordene Zigeuner sammelt und anderen Behörden als Auskunftsstelle dient. Ihre Datei enthält 1925 schon über vierzehntausend Namen.[149] Sie bildet auch die Basis des 1905 erscheinenden *Zigeunerbuchs*,[150] das den Verfolgungsbehörden als Handbuch bei der Ermittlung der Identität helfen soll. Im Zusammenhang mit seinem Erscheinen wird in Fachkreisen die Unterscheidung zwischen ›reinen‹ Zigeunern und ›Mischlingen‹ erörtert,[151] die schon in der Frühen Neuzeit in einigen europäischen Ländern im Zuge der ersten Armengesetzgebungen eine Rolle gespielt hatte. In der Weimarer Republik geht Bayern mit dem »Zigeuner- und Arbeitsscheuengesetz«[152] von 1926, das »den Charakter eines diskriminierenden Sonderrechts«[153] trägt, über die Grenzen, die in einem demokratischen Staat behördlichen Eingriffen in die Lebensführung der Individuen gesetzt sind, weit hinaus. Es formuliert zum ersten Mal in rechtlicher Verbindlichkeit die rassistische Auffassung erblicher Kriminalität einer gesamten Ethnie. Noch muss im Gesetzeskommentar hervorgehoben werden, »daß es sich nicht um ausnahmegesetzliche Bestimmungen gegen gebürtige Zigeuner handelt«.[154] Derartige Bestimmungen würden gegen Artikel 109 III der Reichsverfassung verstoßen. Deshalb werden die Landfahrer in das Gesetz einbezogen. Die diesbezügliche Anwendungsbestimmung öffnet schon vor dem Nationalsozialismus die Tür für die Rassenforschung im Dienste der Polizei. Sie lautet: »Der Begriff ›Zigeuner‹ ist allgemein bekannt und bedarf keiner näheren Erläuterung. Die Rassenkunde gibt darüber Aufschluß, wer als Zigeuner anzusehen ist.«[155] Das Gesetz bildet eine gewisse Zäsur, denn was vorher als ethnisches Merkmal verhandelbar war, soll nun als Rassenmerkmal festgeschrieben werden. Das macht die Identifizierung nicht sicherer, gibt aber jenen, die sie vornehmen, größere Selbstgewissheit. Das neue Verfahren beansprucht eine absolute definitorische Gewalt, die es von den ›weicheren‹ kulturellen Identitätszuschreibungen unterscheidet.

Nach 1933 werden die polizeilichen und behördlichen Maßnahmen verschärft.[156] Das Bayerische Gesetz von 1926 wird übernommen und die Freizügigkeit eingeschränkt, Möglichkeiten zur Internierung werden geschaffen und Zigeunerlager wie das in Berlin-Marzahn eingerichtet,[157] bevor die Übernahme der antijüdischen Gesetzgebung 1935 weitere diskriminierende Einschränkungen erlaubt. Noch vor dem ›Anschluss‹ schafft Österreich 1936 in Wien eine »Zentralstelle zur Bekämpfung des Zigeunerwesens«.[158] Dem waren im Burgenland, dem traditionellen Siedlungsgebiet der »Burgenlandzigeuner«, schon ab 1922 gezielte Diskriminierungen durch das Beschneiden von Rechten vorangegangen, die von Hasskampagnen begleitet wurden.[159] Die Münchener Zentrale siedelt 1938 nach Berlin über und firmiert nun als »Reichszentrale zur Bekämpfung des Zigeunerunwesens«.[160] Im gleichen Jahr beginnen unter Rückgriff auf die Dateien der Reichszentrale sogenannte »rassenbiologische Forschungen« an den Zigeunern, die zur »zweitwichtigste[n] fremdrassige[n] Gruppe«[161] erklärt werden. Diese Aufgabe erhält die ›Rassenhygienische Forschungsstelle‹ unter der Leitung von Robert Ritter und der hauptamtlichen Mitarbeit von Eva Justin (1909-1966). Die Stelle nimmt im Hinblick auf biopolitische Maßnahmen, die von den Akteuren zum Teil selbst empfohlen werden, mit Hilfe genealogischer Daten und anthropometrischer Messungen eine Klassifizierung in »reinrassige Zigeuner«, »Mischlinge« und »nach Zigeunerart umherziehende Personen« vor, die verschiedenfarbige Ausweise erhalten.[162] Die Unterscheidung führt teilweise zu abweichenden Behandlungen. Sie spielt bei den späteren Internierungen in Konzentrationslagern und der Deportation nach Auschwitz-Birkenau, im Unterschied zu den Gutachten selbst, die eine ›zuverlässige‹ Datei bilden, aber keine Rolle mehr. Ritter war, wie seine Habilitationsschrift *Ein Menschenschlag* (1937) zeigt, vorrangig am Verhältnis von ›Reinrassigkeit‹ und Kriminalität interessiert. Man könnte darin bei großem Wohlwollen ähnlich wie bei Martin Block, der 1936 seine Habilitationsschrift unter dem Titel *Zigeuner. Ihr Leben und ihre Seele*[163] veröffentlicht hatte, einen letzten Rest des ethnographischen Erbes vermuten. Dies ist aber bei Ritter nicht der Fall, auch wenn er die These vertritt: »Je reinrassiger die Zigeuner sind, um so eher läßt sich ihre Kriminalität auch in bescheidenen Grenzen halten.«[164] Seine praktischen Vorschläge laufen unzweideutig auf eine Sterilisation hinaus.[165] Viel Aufmerksamkeit findet seine abenteuerliche Diagnose eines »getarnten Schwachsinns«, mit deren Hilfe die bisweilen hohe Intelligenz von Angehörigen sozialer oder ethnischer Randgruppen als krankhafte Fähigkeit gedeutet wird, ihre Verbrechen zu verbergen. Sie wird kritisch von zwei dänischen Forschern in ihrer englischsprachigen Veröffentlichung *Gipsies in Denmark. A Social-Biological Study*, die noch 1943 vom Institut für Weltwirtschaft in Kiel angeschafft wird, abgehandelt. Die dänischen Forscher, ein Humangenetiker und eine Psychiaterin, die ebenfalls mit Methoden der Rassenbiologie arbeiten, gelangen zu völlig anderen Ergebnissen als Ritter. Sie können weder besondere kriminelle Energien unter dänischen Zigeunern ausmachen, noch lassen sich die Befunde zur Psychopathologie bestätigen. Deshalb empfehlen sie zu einem Zeitpunkt, als in Deutschland die Deportationen in die Vernichtungslager stattfinden, den dänischen Behörden »most earnestly«, von einer generellen Sterilisation der Zigeuner abzusehen und ausschließlich nach dem bestehenden dänischen Gesetz zur Sterilisation von »Geisteskranken« zu verfahren.[166] Und sie fügen hinzu, dass sie eine ›große Anzahl verschiedenartiger Menschen‹ für das Beste im Hinblick auf die dänische Nation halten.[167] Vergleichbare deutsche Forschungen lassen erkennen, dass sie nicht ohne Enthusiasmus und Eifer dem 1938 von Heinrich Himmler unterzeichneten Erlass zur »Regelung der Zigeunerfrage aus dem Wesen dieser Rasse heraus«[168] folgen. ›Rassenhygiene‹ meint ein Bündel biopolitischer Maßnahmen von Heiratsverboten über die Kindeswegnahme bis zur Sterilisation[169] und Massenvernichtung. Der Beitrag der Wissenschaftler der Forschungsstelle zu den Verbrechen, die an den Romvölkern verübt werden, ist erheblich, denn sie erfinden sie mit ihren Untersuchungen und Gutachten auf rassentheoretischen Grundlagen noch einmal als »Zigeuner« und markieren sie damit als Objekte der Vernichtungspolitik.

Vom November 1941 bis Januar 1942 werden ungefähr 5000 Roma aus dem österreichischen Burgenland in das Ghetto von Lodz deportiert und in Kulmhof durch Gas ermordet. 1943 beginnen dann die systematische Internierung mit teilweise widersprüchlicher Durchführungspraxis und die Einrichtung eines speziellen Zigeunerfamilienlagers, »B II e«, in Auschwitz-Birkenau.[170] Von den 23 000 Verschleppten werden innerhalb von 17 Monaten die meisten umgebracht. Nur ungefähr zehn Prozent entkommen den Gaskammern. Von ihnen sterben aber nicht wenige in anderen Konzentrationslagern oder auf den Transporten dorthin.[171] Trotz der widersprüchlichen Prognosen und Konzepte für ›reinrassige Zigeuner‹ und ›Mischlinge‹ und der sich daraus ergebenden Durchführungsprobleme für die unteren Behörden lässt sich beobachten, wie die nationalsozialistische Todesmaschinerie ihre eigene Dynamik zur Reduktion solcher Störungen auf ein effektives Tötungsmaß entwickelt. Die deutsche Wehrmacht beteiligt sich ebenfalls in den besetzten Gebieten am Völkermord.[172]

Auch in den Satrapenstaaten wie Kroatien, der Slowakei[173] und Rumänien ist während des Krieges, im Unterschied zu den westeuropäischen Ländern, das Leben der Romvölker durch Verfolgungen, Pogrome, Massaker und Deportationen unmittelbar bedroht.[174] In der Slowakei kommt es zu Gewaltexzessen der faschistischen Hlinka-Garden, in Kroatien werden im Lager Jasenovac, wie eine Untersuchungskommission im Nachkriegsjugoslawien ermittelt hat, die dort zusammengetriebenen Zigeuner »mit Keulen, Hämmern, Messern und Dolchen«[175] erschlagen, und in Rumänien verhungert oder erfriert während einer Deportation nach Transnistrien die Mehrzahl von 25 000 Verschleppten.

Die Leidensgeschichte der Romvölker im 20. Jahrhundert hat uns weggeführt von den Werken der Literatur, die sie in den Jahrzehnten vor dem Holocaust geschwätzig als eine Bedrohung haben erscheinen lassen: eine Bedrohung der Familien, denen sie die Kinder rauben, des Eigentums, das sie stehlen, der Männer, die sie verderben, und der Zivilisation, zu der sie unfähig sind. In der geschichtlichen Realität steht am Ende dieser Repräsentationen im Imaginären ihr Genozid, als den man ihr Schicksal in Europa nach der Definition der Völkermord-Konvention der Vereinten Nationen ohne Zweifel bezeichnen muss.[176]

2. Menschenbrüder. Figuren der Annäherung in Deutschland, Spanien und der Sowjetunion

In der Liga der Heimatlosen: Zigeuner als Opfer sozialer Verelendung

>»Die Erde ist ein wunderbares Haus und Feld, und alles, was die seßhafte und nichtseßhafte Menschheit leidet, stammt aus den künstlich geschaffenen Grenzen, Grenzen, die nur auf dem Papier bestehen. Oder habt ihr schon je einmal solche Grenzen, wie sie auf dem Papier bestehen, in Wirklichkeit gesehen und gefunden bei eurer Wanderung über die Erde, Kumpels?! Euer Lachen sagt: Nein! Nun denn: wir kennen weder Grenzen der Nation noch des Volkes; unser Wille ist es, die Grenzen aufzuheben!«[1]

Die von Gregor Gog (1891-1945), dem sogenannten König der Landstreicher, auf dem »Vagabundentreffen in Stuttgart« (21.-23. Mai 1929) verkündete Raumutopie zeichnet ein offenes Gegenbild zu Festungsplanungen völkischer Kulturraumstrategen. Die Aufhebung der Grenzen wird mit Blick auf die Erfahrungen des Ersten Weltkriegs als radikale Abkehr von der Entwicklung der Moderne zu wirtschaftlich, politisch und kulturell konkurrierenden Nationalstaaten begriffen. Das vage Programm einer brüderlichen Welt verbindet christlich-soziale (bzw. urchristliche), lebensreformerische, anarchistische und sozialistische Ideen. Erst Macht- und Herrschaftswille und Besitzgier brächten die Grenzen hervor, die die Freiheit des Menschen unzulässig einschränken. Nicht Ausgrenzung und Feindschaft, sondern brüderliche Gemeinschaft der Ausgestoßenen – und mit ihnen der Zigeuner – weise den Weg in eine bessere Zukunft.[2] Der Schriftsteller Erich Mühsam (1878-1934) hat in einem programmatischen Essay in der *Fackel* unter dem Titel *Bohême* (1906) zu ergründen versucht, was »die Ausgestoßenen der Gesellschaft«[3] verbindet. Als »Menschen, die die gesellschaftliche Nutzarbeit verweigern«,[4] partizipierten sie nicht am zivilisatorischen Zerstörungsprozess. Neben der »gründliche[n] Negation aller konventionellen Werte«[5] und der Wendung »gegen die Masseninstinkte der Gesellschaft«[6] nennt er als schöpferisches Moment die »Sehnsucht nach einer idealen Menschheitskultur«,[7] in der auch die Geringsten als Menschenbrüder betrachtet und behandelt werden. Obwohl Mühsam den Boheme-Begriff verwendet, erwähnt er in seiner Sozialtypologie die Zigeuner nicht. Es fällt auf, dass die Rassentheoretiker die Zigeuner neben den Juden in ihre eliminatorischen Programme einbeziehen und dabei argumentativ die seit Jahrhunderten angehäuften Vorurteile ins Spiel bringen, während sie in den politischen Bewegungen der sozialen Randgruppen nur am Rande auftauchen, obwohl vieles von dem, was Mühsam für die Boheme konstatiert, auf ihre Lebensweise zutrifft, wenn auch vor einem anderen historischen Hintergrund. Das gilt nicht zuletzt für die Selbstbezeichnungen der ›Vagabunden‹ als Pilger,[8] Kainssöhne[9] oder den Vergleich mit Ahasverus, dem Ewigen Juden,[10] und die politische Kernforderung ungehinderter Mobilität, d. h. der »*Nichtachtung und Nichtschützung der Grenzen*«.[11]

Im Zuge der Weltwirtschaftskrise Ende der zwanziger Jahre nimmt die Zahl der Obdachlosen in den meisten europäischen Ländern (und in den USA) dramatisch zu: in Deutschland von 70 000 im Jahr 1927 auf mehr als 450 000 fünf Jahre später.[12] Diese »Legion der Bitternis«[13] (Oskar Maria Graf, 1932) besteht nach Auffassung des damaligen Caritasdirektors W. Baumeister aus drei Gruppen. Neben die »Kunden«, zu denen umherziehende ›Arbeitsscheue‹, psychisch Kranke, Kleinkriminelle und Aussteiger gerechnet werden, stellt er die »*Berufs*wanderer« und die »*Not*wanderer«, die durch das ohnehin weitmaschige Netz gefallen sind und durch ambulanten Handel und Bettelei zu überleben suchen.[14] In den Gesetzen und polizeilichen Verordnungen werden die Zigeuner zur Gruppe der Arbeitsscheuen und Kriminellen gezählt bzw. diese umgekehrt als »nach Zigeunerart« Umherziehende etikettiert. Die Gesetze zielen, wie im Kapitel *Eine »Bande von Asozialen«* dargelegt wurde, auf Einschränkung der Mobilität, Überwachung und Kontrolle, Internierung in Gefängnissen, Irrenanstalten und auf Zwangsarbeit. Im 20. Jahrhundert wächst aber auch in Europa die Zahl nichtstaatlicher Initiativen an, die sich um das Schicksal der Obdachlosen und Wandernden kümmern. Neben kirchliche und sozial-karitative Einrichtungen treten nach dem Weltkrieg und in der Weltwirtschaftskrise zum ersten Mal auch Selbstorganisationen, an denen sich die Romgruppen allerdings nicht beteiligen. Die Erfahrungen, die in diesen Einrichtungen und Organisationen vor Ort gemacht werden, gehen vereinzelt in literarische Werke verschiedener Gattungen von Gedichten über Erzählungen und Romane bis zu Reportagen ein. Zigeuner tauchen am Rande sowohl in der Literatur der Wandervogelbewegung, eine in unterschiedliche weltanschauliche Richtungen zersplitterte Gegenbewegung zur Industrialisierung, Urbanisierung und ›Verweichlichung‹ der Lebensführung,[15] als auch in literarischen Texten aus dem Umfeld sozial-karitativer und politischer Unternehmungen auf. Trotz der Schattenseiten wie

Unterernährung, Krankheit, Alkoholismus und verminderter Lebens-
erwartung, die in den zwanziger Jahren nirgendwo zu übersehen waren,
erfreute sich die Darstellung des mit der Nichtsesshaftigkeit verbundenen Lebensgefühls der »Partisan[en] der Freiheit«[16] an Beliebtheit. Die
Erfolge der Werke Jack Londons (1876-1916), B. Travens (um 1882-
1969), Sinclair Lewis' (1885-1951) und des melodramatischen Films *The
Tramp* von Charlie Chaplin sprechen ebenso dafür wie die nicht unbe-
trächtliche Anzahl an Zirkus- und Rummelplatzfilmen und -romanen
über das Milieu der *Fahrenden Leute.*[17] Zu einer weltorientierten Le-
bensphilosophie wird das ›Fahren‹ in Hermann Hesses (1877-1962)
Narziß und Goldmund (1930) stilisiert. Goldmund ist der gleiche bin-
dungslose Sinnsucher »ohne Heimat«[18] wie bereits seine unstete und
untreue Mutter: »Sie hatte Haus und Hof, Mann und Kind, Gemeinschaft und Ordnung, Pflicht und Ehre verlassen und war ins Ungewisse
hinausgegangen, war wohl längst darin untergegangen.«[19] Als er die
klösterliche und brüderliche Gemeinschaft verlässt, weiht ihn eine
schöne Zigeunerin in die sinnliche Liebe und das ungebundene Leben
ein: »Wieviel Träume hatte ihm das fremde braune Weib erfüllt, wieviel
Knospen zum Blühen gebracht, wieviel Neugierde und Sehnsucht gestillt und wieviel neue erweckt!«[20] Der Wald, in dem Goldmund sein
Wanderleben beginnt, wird, anders als in den Erzählungen um 1800, zu
einem Ort intensiven sinnlichen Erlebens. Für denjenigen, der dem
weltlichen Besitz und der zivilisatorischen Bequemlichkeit entsagt hat,
birgt er keinerlei Gefahren.

Die Werke, von denen hier die Rede sein wird, setzen ein paar Stufen
tiefer an und bevorzugen naturalistische und sozialrealistische Darstel-
lungsverfahren. In der von Hans Ostwald (1873-1940) herausgegebenen
und rasch berühmt gewordenen Anthologie *Lieder aus dem Rinnstein*
(1905) bezieht sich nur ein einziges – *Schwarzbraunes Mädchen* – auf
Zigeuner, auch wenn die Schauplätze der anderen Lieder, Landstraße
und Gefängnis, weitere Erwähnungen erwarten lassen. Auch seine Broschüre *Unsere armen Wanderer* (1904) konzentriert sich auf die sozial
deklassierten ›Tippelbrüder‹. Über die Gründe kann man nur Vermutungen anstellen. Plausibel erscheint, dass Ostwald und andere vor dem
Weltkrieg sich dem Thema widmende Autoren die Zigeuner noch als
eine ethnisch hervorgehobene Gruppe wahrnehmen und nicht als ein
Phänomen sozialen Abstiegs oder als Ausdruck sozialer Pathologie. In
der Weimarer Republik wächst aus unterschiedlichen Initiativen eine
kleine, aber öffentlichkeitswirksam agierende Selbstorganisation, die

»Bruderschaft der Vagabunden«, heran, für die ihr Hauptorganisator Gregor Gog die Zeitschrift *Der Kunde* (1927-1930; 1932 *Der Vagabund*) herausgibt und die 1929 in Stuttgart ein beachtliches Treffen mit ungefähr 600 Teilnehmern organisiert.[21] Diese Liga der Heimatlosen, wie Gog die politische Sammlungsbewegung in einem 1936/37 im russischen Exil geschriebenen, aber nicht mehr veröffentlichten Buch[22] nennt, verfolgt eine Doppelstrategie. Zum einen versucht sie, den egoistischen Überlebenskampf auf der Straße durch solidarisches Verhalten untereinander zu überwinden. Zum anderen erhebt sie die Forderung, die besondere – antibürgerliche – Lebensweise am Rande der Erwerbsgesellschaft anzuerkennen und durch minimale Zuwendungen wie Kranken- und Altersversorgung und durch die Unterstützung selbstverwalteter Herbergen abzusichern. Ein Interesse von Romgruppen an diesen Bestrebungen lässt sich nicht nachweisen. Es findet sich auch keine Resonanz in der nach 1945 entstandenen Erinnerungsliteratur von Sinti, die aufgrund ihrer inneren Sozialstruktur – zur gegenseitigen Hilfe verpflichteten Familien- und Sippenverbänden – wenig Anlass darin gesehen haben werden, die ständische Bruderschaftsideologie der ›Kunden‹ zu übernehmen. In die umgekehrte Richtung scheint es vereinzelte Aktivitäten gegeben zu haben. Auf einem »Vagabunden-Abend« 1928 in Stuttgart wird, neben einem »Zigeunervirtuosen« auf der Gitarre, der sich als Zigeuner ausgebende und als Zigeunerethnograph tätige Engelbert Wittich (1878-1937) mit einem Vortrag zum *Zigeunerleben* angekündigt.[23] In der Zeitschrift *Der Kunde* findet sich nur ein Beitrag von Jo Mihaly (Pseudonym für Elfriede Steckel; 1902-1989) zur »Zigeunerfrage« (1929), die hierzu mit der Arbeit an einem Jugendbuch über Wanderzigeuner begonnen hat, in dem sie aus eigener Beobachtung Fälle von Rechtlosigkeit und behördlicher Willkür schildert. Während von staatlicher Seite die Vagabundage und das Umherreisen der Romgruppen immer stärker als ähnliche soziale Phänomene mit den gleichen rassenbiologisch zu diagnostizierenden Ursachen betrachtet werden, gehört Mihaly zu den wenigen, die genau aus diesem Grund auf der Gegenseite für ein gemeinsames Handeln der Betroffenen eintreten:

> »Es wird höchste Zeit, dass zugleich mit den dringenden Rechtsfragen der Kunden die Zigeunerfrage der öffentlichen Kritik und Meinung unterbreitet wird. Kunden, der Zigeuner ist euch nahverwandt, er ist der grosse Meister der Landstrasse; vergesst den braunen Bruder nicht, den das zunehmende Elend infolge seiner verzweifelten Lage ärmer als uns selber macht.«[24]

Aus der Perspektive der Nichtsesshaftigkeit und grenzenlosen Mobilität sind Zigeuner nicht länger fremde Nichteuropäer, sondern den Fahrenden »nahverwandt«. Brüderlichkeit und Solidarität, so Mihaly in ihrem Artikel *Gesicht am Wege* (1929) über ihre Erfahrungen mit schwarzen Musikern in Amsterdam, heben die Rassenschranken auf:

> »Seit der Zeit gibt es für mich keine Rassen mehr, Bruder. [...] Die Straße ist ein wunderbarer Lehrer, Bruder. Wer darauf wandert, der sieht allmählich durch die Masken von Schmutz und Staub und lernt die Liebe, die zum Leben für eine Gemeinschaft notwendig ist.«[25]

Ein Jahr vor Mihalys Artikel erschien in der *Arbeiter-Illustrierten-Zeitung* eine Fotoreportage unter der Schlagzeile »Die alles verschlingende Gier des Kapitalismus hat auch die Romantik des Zigeunerlebens gefressen«.[26] Der Artikel ist durch einen merkwürdigen Widerspruch gekennzeichnet. Nur die beeindruckenden Fotos vermitteln ein Bild des sozialen Elends an der Peripherie der Metropole Berlin. Hingegen präsentiert der Begleittext, trotz seiner Kritik an den gängigen Vorurteilen, nicht mehr als das übliche Lexikonwissen über die Verfolgungen der Zigeuner in der Vergangenheit. Auffällig ist, dass der Reporter auf Gespräche oder Befragungen und somit auf die Stimmen der Betroffenen verzichtet. Dennoch ist der Unterschied zu Berichten über Zigeuner, die in dieser Zeit in anderen Illustrierten erscheinen, erheblich. In ihnen herrscht wie schon in den Familienzeitschriften der zweiten Hälfte des 19. Jahrhunderts immer noch der völkerkundliche Exotismus vor. Während die *AIZ* durch den dokumentarischen Nachweis, dass vor allem Kinder von der Verelendung und Armut betroffen sind, Empathie zu wecken und Nähe zu vermitteln sucht, erzeugt die ethnographische Fotoreportage *Zigeuner unter Zigeunern* (1929) in *Scherls Magazin* Fremdheit. In ihr darf das aus der Kolonialfotografie vertraute Bild der halbnackten schönen Zigeunerin nicht fehlen, die in einer gekünstelten Pose wilder Natürlichkeit, einen großen Holztrog auf dem Kopf tragend, dem voyeuristischen Blick preisgegeben wird.[27] Gesteigert wird dieser Eindruck noch durch das Foto »Badende Zigeunerkinder im Schilf des Neusiedlersees in Ungarn«, das jedoch keine Kinder, sondern an der Schwelle der Pubertät sich befindende Mädchen zeigt und damit im neuen Medium an die Tradition pädophiler Zigeunerinnendarstellungen anschließt. Für seine »Zigeunerexpedition«[28] verkleidet sich der Reporter, Schmutz und Verwahrlosung nicht scheuend, als »Zigeuner«. Allein der Begriff Expedition ruft – bei einer Reise nach Österreich und

Westungarn merkwürdig genug – die Vorstellung auf, in ein fremdes, bedrohliches und unbekanntes Gebiet vorgedrungen zu sein. Obwohl er sich nach eigenen Angaben einen Monat unter ihnen aufhält, weiß er nicht mehr als bekannte Anekdoten zu berichten und die gängigen Vorurteile über die Macht und Brutalität der Zigeunerhauptleute und den Einfluss der Stammesältesten zu kolportieren. Wenn die Fotos nicht für sich selbst sprechen, lenkt der Reporter durch negative Bildunterschriften die Deutung in die Richtung der Vorurteile, die die heimischen Leser an aktuelle Diskussionen über das parasitäre Verhalten der Zigeuner und Vagabunden erinnern:

> »Primitive Hütte bei einem Pferdehändlerstamm im Ödenburger Komitat. Drei Seitenwände sind mit Lehm verschmiert, die vierte auszubauen, war den arbeitsscheuen Zigeunern der Mühe schon zuviel«.[29]

Die Lebenswirklichkeit der Romvölker wird wie schon im 19. Jahrhundert ethnologisch-rassentheoretisch als Folge ihrer Volks- und Rasseeigenschaften gedeutet. Die gleiche Lage kann aber auch wie im Umkreis der Vagabundenbewegung gesellschaftskritisch als Auswirkung von Ungleichheit und Armut oder wie in der evangelischen Armenmission religiös-pädagogisch als Folge der Hoffnungslosigkeit gottferner Menschen wahrgenommen werden. Schon vor dem Ersten Weltkrieg beginnt die Berliner Stadtmission nach dem Vorbild der englischen Bibelgesellschaften mit der kontinuierlichen religiösen Missionierung der in Berlin ansässigen oder ihr Winterquartier nehmenden Sinti. In diesem Zeitraum existieren Verbindungen zur Gypsy Lore Society, in deren *Journal* 1911 ein Artikel über die Besonderheiten der Sprache der Berliner Zigeuner veröffentlicht wird. Die Stadtmission stellt ihre Arbeit um 1936 ein, als aus Anlass der Olympischen Spiele die systematischen Verfolgungen beginnen. Eine der Missionarinnen, Frieda Plinzner (1883-1970),[30] schrieb und veröffentlichte über einen Zeitraum von mehr als zwanzig Jahren Schriften und Bücher über ihre Arbeit, in denen sie dokumentarische und fiktionale Elemente vermischte und die sie zum Teil durch von ihr aufgenommene Fotografien illustrierte. Die erste Broschüre, *Bilder aus dem Leben der Berliner Zigeunerkinder* (1912), führt in den Norden Berlins, wo am Stadtrand eine Ansiedlung von Sinti entstanden ist, deren Fremdheit Plinzner überrascht: »Das Ganze sieht gar nicht mehr deutsch, sondern wie ein Bild aus dem Orient aus.«[31] Dort baut die Stadtmission ein »Zigeunerheim« auf, um in erster Linie die Kinder religiös zu unterweisen. ›Missionarisch‹ ist auch der Stil, in dem Plinzner ihre Bücher schreibt. Berichtet wird zunächst über religiöse Erweckungserlebnisse und danach über die heilsame Gegenwart Jesu im Alltag der Kinder. Sie erhält von den Kindern einen ›Zigeunernamen‹: Lolischäj, das rote Mädchen. In diesem ersten Bericht hebt Plinzner, die sich die Sprache der Berliner Sinti aneignet, neben den Missionserfolgen die Armut, Unterernährung und die Krankheiten der Kinder hervor. Sie respektiert ihre Lebensweise vollständig, solange sie nicht gegen elementare christliche Gebote verstoßen wie beim Lügen oder Stehlen. Auf der einen Seite behandelt sie auch die Erwachsenen wie Kinder, auf der anderen leitet Mitleid und nicht Verachtung ihr Handeln. Sie versteht sich nicht als Speerspitze der Behörden und der Polizei, denen sie ihr aus der Nähe gewonnenes Wissen z. B. über falsche Papiere nicht weitergibt. Die Mission leistet im Rahmen der religiösen Unterweisung auch materielle Hilfe. Das Ziel besteht aber einseitig in der Vermittlung einer bestimmten religiösen Lebenseinstellung: Gottvertrauen statt Widerstand und kleine Wunder statt organisierter Selbsthilfe. Diese Haltung prägt auch *Zinna und Kurli. Eine Zigeunergeschichte* (1914). Dem Genre entsprechend wird die Geschichte einer erfolgreichen Erweckung erzählt. Daneben aber zeichnet sie auf behutsame Weise die Biographie zweier Kinder nach, für deren Schicksal sich niemand interessiert. In das Geburtsregister wird Zinna als Lene Franz eingetragen. Getauft wird sie auf den Namen Cäcilia, weil der Pfarrer Zinna nicht akzeptiert. Die Familie reist durch England, Frankreich und Italien, und Zinna muss zum Unterhalt beitragen: »Als Zinna größer wurde, lernte sie von ihrer Mutter tanzen, betteln und stehlen, und von ihrer ›Mami‹ (Großmutter), den Leuten aus der Hand die Zukunft zu sagen.«[32] Die Eltern lassen sich wegen der Schulpflicht ihrer Kinder irgendwann im Berliner Norden nieder. Zinna und ihr jüngerer Bruder Kurli besuchen nun eine Schule, in der sie als schmutzige Zigeunerkinder beschimpft und geschlagen und von den anderen isoliert werden. Zinnas einzige Freundin, das kranke und unterernährte Sinti-Mädchen Mara, stirbt wegen der unzureichenden medizinischen Versorgung und Pflegemöglichkeiten: »So lag sie denn noch eine Zeitlang zu Hause in dem einzigen Bett der Familie, in Schmutz und Elend, ohne Pflege.«[33] Die Familie bestattet sie nach eigenen Ritualen: »Die Anverwandten legten Geldstücke in die tote, kalte Kinderhand, ›damit sie im Himmel bezahlen könnte‹, – denn die Zigeuner glauben, daß der Eintritt in den Himmel Geld kostet.«[34] Nach einem Diebstahl hat Zinna ein Erweckungserlebnis. Danach kommt sie in der Schule besser zurecht, weil sie sich im täglichen Beten übt. Die Familie verlässt allerdings wieder Berlin. Die Erzählerin erhält nur einmal eine Karte, auf der Zinna mitteilt, dass es ihnen allen schlechtgehe. Sie geht aber beruhigt davon aus, dass die Kinder trotz des Elends nun Trost in der Religion finden würden.

Das Kinderbuch *Kiki. Eine Zigeunerkindergeschichte* (1930) pflegt neben dem missionarischen auch noch einen kindertümelnden Ton. Anders als in den erzählenden Erfahrungsberichten fügt Plinzner nun belehrende und erklärende Passagen über Aberglauben, mangelnde Hygiene der Kinder, Lärm und Streit in der Sippe, Stehlen von Nahrungsmitteln, Rosstäuschen und die seit dem 15. Jahrhundert überlieferten Legenden ein. Einer Stammesältesten, der »Lala Schellata«, wird die bekannte Kreuznägellegende in den Mund gelegt. Die Erzählung setzt damit ein, dass die Zigeuner mit den neuen, nach 1900 erlassenen Gesetzen in Konflikt geraten: »Sie durften […] nicht zusammen weiterreisen, sondern jede Familie allein, und darüber waren sie besonders traurig.«[35] Die Familie landet in einem Elendsviertel Frankfurts. Die Kinder spielen auf einem schmutzigen Hof. Obwohl nicht unerwähnt bleibt, dass ihr Lieblingsspiel »Hühnerstehlen« ist, fügen sich die Beschreibung des Alltagslebens und die Erzählungen der Großmutter zu einem realistischen Bild. Kiki, der Titelheld, erlernt das Tanzen und versucht damit zum Unterhalt beizutragen. Eine weitere Einnahmequelle ist das Altmetall, das die Kinder nach mühsamem Suchen zusammenbringen. Von der Polizei dazu aufgefordert, müssen die Eltern Kiki in die Schule schicken. Die Einschulung, die eine Demütigung der Zigeuner darstellt, wird einfühlsam beschrieben. Kiki sticht durch seine Kleidung von den herausgeputzten Kindern ab und wird gemieden: »Nur eine Mutter stand ganz allein mit ihrem Jungen da und bildete, ohne daß sie es zu merken schien, den Mittelpunkt des Interesses und die Zielscheibe von Witz, Spott und Verachtung.«[36] Da ihn zu Hause niemand weckt, kommt er oft zu spät und wird dafür mit Schlägen bestraft. Bevor die Familie das Frankfurter Winterquartier verlässt, besucht sie zu Wohlstand gelangte Verwandte auf der anderen Mainseite. Vom Sohn dieser Verwandten erhält Kiki die erste religiöse Unterweisung über den »lieben Heiland«. Er kennt bisher nur den »kleinen Gott«, den die heilige Maria auf dem Arm hält. Plinzner führt sich selbst als Figur ein, als Missionarin »Lolischäj«, von der man diese Dinge in Berlin erfahren habe: »Die hat uns immer vom lieben Heiland erzählt, und da sind wir alle Jesus-Schäflein geworden.«[37] Im nächsten Winterquartier in Berlin stirbt Kikis Schwester an den Folgen der mangelhaften Ernährung. Im rechten

Moment erscheint die Zigeunermissionarin an ihrem Sterbelager: »Und dann nahm sie ein kleines Buch aus der Tasche und las daraus etwas vor. Und o Wunder! Es stand wirklich alles ganz richtig darin – ganz richtig in der Zigeunersprache.«[38] Zur Beisetzung erscheinen viele Gaffer auf dem Friedhof, um eine ›Zigeunerbeerdigung‹ erleben zu können. Dem Elendsquartier der ›Zigeunerkolonie‹ wird der Luxus eines Zigeunerführers gegenübergestellt. Kikis Familie muss aus Gründen, die im Dunkeln bleiben, »dem ›Janōro‹, dem König des Zigeunerstammes, der in einer Villa in Adlershof bei Berlin wohnte, und sehr reich war, einen Besuch abstatten«.[39] Obwohl er gegen die Sitten verstoßen und »›Clara‹, eine blonde deutsche Frau, geheiratet«[40] hat, duldet die Sippe dies, weil sie ihn fürchtet. Seine Kinder behandeln Kiki von oben herab. Als Quelle für diese Passage, die nicht durch die Missionsarbeit angeregt ist, lassen sich Zeitungsmeldungen über ›Zigeunerkönige‹ vermuten, denen sämtliche Stammesmitglieder tributpflichtig sein sollen. Pompöse Beerdigungen und Grabmale angesehener Sintipatriarchen, wie sie in ganz Deutschland zu finden sind, nähren solche Vorstellungen. Die Erzählung wendet sich anschließend wieder ihrem eigentlichen Zweck, der Werbung für die Missionsarbeit, zu. Kiki und die anderen Kinder erhalten Sammelbilder, die Jesus mit einem Schäfchen auf dem Arm zeigen, und werden in das »Zigeunerheim« auf der Jungfernheide eingeladen, wo auch von den Missionaren »Zigeunerisch«,[41] also Romanes, gesprochen wird. Das Projekt verbindet religiöse Belehrung mit Hausaufgabenbetreuung, Unterweisung in Hygiene- und Gesundheitsfragen und mit einer Armenspeisung. Kiki nimmt zunächst regelmäßig an den Nachmittagen teil: »Und er fühlte sich so glücklich und geborgen wie noch nie in seinem Leben.«[42] Wie im Falle anderer Kinder, zu denen die Missionare eine engere Beziehung aufbauen, begibt sich die Familie des Jungen im Frühjahr auf Wanderschaft. Für die Missionare ist dies kein Problem mehr, da er nun wisse »daß der lebendige Heiland auch ihn lieb hat«.[43]

Jesus im Zigeunerlager (1934) ist Plinzners erste Publikation nach der Machtergreifung der Nationalsozialisten. Sie ist deshalb aufschlussreich, weil die Missionarin im Vorwort auf die wachsende Zigeunerfeindlichkeit in der Bevölkerung und den Rassismus reagiert. Wenn sie mit ihren Zigeunerkindern über die Straße gehe, werde sie »aus hundert Proletarieraugen«[44] drohend angesehen. Trotz des politischen Umschwungs möchte sie »eine Lanze brechen für ein Volk ohne Land – für das allerverachtetste«.[45] Um ihre Tätigkeit zu rechtfertigen, die sie inzwischen ohne die Stadtmission ausübt, streicht sie ihre nationale Gesinnung besonders heraus, die ihr gewissermaßen durch ihre Geburt in Potsdam am Geburtstag des Kaisers in die Wiege gelegt worden sei. 1914 kriegsbegeistert, habe ihre Einstellung auch nicht durch den frühen Tod ihres Ehemanns, eines Pfarrers, in einem Freikorps beeinträchtigt werden können. Im Gegenteil freue sie sich darüber, dass nun »endlich wieder unsere liebe alte Fahne und die Flagge der nationalen Erhebung«[46] über Deutschland wehe. Aber schon ein paar Zeilen weiter bekennt sie, dass für sie der religiöse Glaube, der sie zur Nächstenliebe verpflichte, bindend sei und sie ihre Arbeit als vom Herrn aufgetragene Mission betrachte. Die Fremdartigkeit der Zigeuner, die sie vorurteilsbeladener beschreibt als in früheren Schriften, empfindet sie nicht als Hindernis, sondern als Ansporn. Nach ihrer Hinwendung zu Gott und der Einhaltung seiner Gebote stelle die andersartige Lebensweise aus ihrer christlichen Perspektive kein Problem mehr dar und könne respektiert werden.

Unter den Kindern, die von Plinzner in einem Wohnwagen in der Zigeunerkolonie betreut werden, taucht auch jenes Mädchen auf, das Alex Wedding (Pseudonym für Grete Weiskopf; 1905-1966) zur Hauptfigur ihres Jugendbuchs *Ede und Unku* (1931) gemacht hat: »Mit seinem Blut in unser Herz!‹ ruft da ›Unku‹, ein zwölfjähriges Mädchen mit schwarzem Haar und blitzenden weißen Zähnen.«[47] Zu »vielen braunen Buben und Mädchen«[48] baut die kinderlose Kriegerwitwe eine enge persönliche Bindung auf: »Auch das große Mädchen neben mir, genannt ›Unku‹, ist mein Patenkind. Sie ist erst mit zwölf Jahren – im Missionswagen – getauft. Ihre Lieblingsgeschichte aus der Bibel ist die von der großen Sünderin.«[49] Geschichten von Vergebung und der Reinigung von Schuld sind aus ihrer Wahrnehmung bei den Zigeunerkindern, die aus Not ständig gegen die christlichen Gebote verstoßen müssen, besonders beliebt und entlasten sie. Das Foto zeigt eine unverkennbare Ähnlichkeit mit früheren, bei Wedding abgedruckten, und späteren, durch Zufall aufgefundenen Ablichtungen Erna Lauenburgers, die von ihrer Familie Unku gerufen wurde.[50] Damit zeichnet sich eine Erinnerungsspur der in Auschwitz zusammen mit ihrer kleinen Tochter umgebrachten Sintezza ab, die sonst in der Anonymität einer Todesmeldung verschwunden wäre.

Das letzte Dokument der Stadtmission, ein Rückblick der ersten Zigeunermissionarin nach 25 Jahren, erscheint 1935. Vage werden Schwierigkeiten der Arbeit »unter den Heiden in einer deutschen Millionenstadt«[51] angedeutet. Immerhin schließt noch ein Spendenaufruf die

Broschüre ab. Auch in diesem Rückblick schlagen immer wieder Vorurteile durch, etwa wenn den Sinti Aberglaube und »siedendes Blut«[52] vorgehalten werden. Dennoch scheint die Missionsarbeit bei den Betroffenen weiter gehende Hoffnungen geweckt zu haben, wie die Initiative der Sprecher Berliner Sintifamilien zeigt:

> »Nanno Jatschi, Muschurka und Nani brachten das ernste Anliegen ihrer Lagergenossen vor und wünschten, daß neben dem Zigeunerheim ihnen selbst feste Siedlungshäuser gebaut werden sollten. Zum Zeichen, wie ernst ihnen diese Angelegenheit war, legte der Aeltere von den dreien seine schwere goldene Uhrkette auf den Tisch und brachte an einem der nächsten Tage noch 500 Mark bares Geld, als ersten Baustein für die geplante Zigeunersiedlung.«[53]

Das Projekt scheitert trotz des Interesses der Kaiserin an der restriktiven Politik der Gemeinden: »Die behördliche Anweisung ging nämlich dahin, die Zigeuner ständig im Wanderzuge zu halten, damit sie möglichst wenig ortszugehörig würden und nicht die Unterhaltungspflicht der betreffenden Ortschaften in Anspruch nehmen sollten.«[54] Die Initiative widerspricht den Behauptungen der Polizeibehörden und der Kriminalwissenschaft über die Unfähigkeit der Zigeuner zu einem geplanten Leben sehr deutlich. Ganz im Gegenteil bot die Urbanisierung offensichtlich Chancen für sozialpolitische Integrationsvorhaben, sofern die Betroffenen daran aktiv beteiligt würden.

Weitere literarische Texte aus dem Umfeld der Zigeunermissionen in anderen Städten weisen auf weithin vergessene karitative Bemühungen in Zeiten wachsender Verfolgung und Ausgrenzung und auf Figuren der Annäherung hin. In *Der Zigeunerfriedl* (1915) wird die Lebensgeschichte des englischen Sozialreformers Gypsy Smith erzählt,[55] in *Zigeuner und andere Kinder* (1924) taucht Frieda Plinzner als Wohltäterin auf,[56] und in *Der Schatz des kleinen Zigeuners* (1935) verzichtet der Titelheld auf das Stehlen auch in der Not.[57]

Die genannten Werke unterscheiden sich zumindest in einem Punkt deutlich von der bisherigen Zigeunerliteratur. Sie nehmen die Veränderungen innerhalb der Sintibevölkerung in Deutschland wahr. Vergleichbares gilt für England, Schweden und Frankreich. Die Zahl derer wächst an, die sich in ihrer Kleidung und ihren Sitten und Gebräuchen immer stärker der Mehrheitsbevölkerung anpassen. Zu den Gründen zählen nicht nur die Zwangsmaßnahmen und Kontrollen, sondern ebenso die wachsende Bedeutung der Städte für Verdienstmöglichkeiten. Daraus resultiert eine zunehmende Sesshaftigkeit, die in den Institutionen am ehesten wahrgenommen wird, die mit den Belangen der Unterschichten und Randgruppen befasst sind. Symptomatisch für den Wandel ist ein Beitrag von Paul Weitershagen (1899-1970), *Meine Zigeunerklasse in Köln* (1932), im Organ des Verbandes der Hilfsschulen. Die Stadt Köln hat in der Weimarer Republik Ostern 1928[58] eine spezielle Klasse für Kinder aus Romgruppen eingerichtet: für den Verfasser ein zweifelhaftes Verdienst. Als ihr Lehrer, der sich mit den in der Volksschule Gescheiterten zu befassen hat, versucht er sich Vorinformationen zu beschaffen. Dabei stößt er erwartungsgemäß auf zwei sehr problematische Quellen, die Schriften von Wittich und Wlislocki. Die Vorinformationen über archaische Sitten und Gebräuche verstärken die Fremdheitserfahrung, die er ohnehin macht. Frieda Plinzner nähert sich ›ihren‹ Kindern unverstellter und mit einer gewissen eigenen Lernbereitschaft. Dem Kölner Lehrer, der es sonst vermutlich mit deutschen Randgruppen zu tun hat, die als moralisch degeneriert und geistesschwach gelten, ist es ein Anliegen, die inneren rigiden Sittengesetze der Romvölker gegen »Sittlichkeitsvergehen, widernatürliche Unzucht und Kindesmord, auch Abtreibung der Leibesfrucht«,[59] wie er sie bei seinen Gewährsleuten dargestellt findet, zur Geltung zu bringen. Ein pädagogisches Konzept liegt der Einrichtung einer ›Zigeunerklasse‹ nicht zugrunde. Die Behörden sehen darin einen pragmatischen Akt, um die fremden Kinder zu isolieren und Schwierigkeiten mit den deutschen Eltern zu vermeiden. Der Praktiker Weitershagen kritisiert, dass er in der Sonderklasse normal begabte Schüler und Hilfsschüler zusammen unterrichten müsse, nur weil sie Zigeuner seien. Ebenso sei das von der Schulverwaltung zur Verfügung gestellte Unterrichtsmaterial völlig unzureichend. Die Schiefertafeln würden zu Hause für andere Zwecke wie das Schneiden von Gemüse missbraucht. Weil Mehrsprachigkeit bei den Kindern die Regel ist, verläuft der Deutschunterricht nur mühsam. Seine Beobachtungen sind zunächst eher positiv: »Neben der Sprachbegabung haben die meisten nämlich eine normale Intelligenz.«[60] Das entspricht den Beobachtungen Plinzners. Sobald Weitershagen dazu übergeht, seine durchaus positiven Unterrichtserfahrungen zu verallgemeinern, übernimmt er fast wörtlich Urteile von Wlislocki:

> »Wir finden hier die sprichwörtliche Unsauberkeit und Unordnung, das unausrottbare Lügen und Stehlen, das leidige Schimpfen und Zanken, die oft bis ins Unerträgliche gesteigerte Unrast und Unruhe, die für das ganze Geschlecht geradezu typisch ist.«[61]

Bei der Erklärung ihres Verhaltens landet er am Ende bei kriminalbiologischen Theorien, wie sie Lombroso erfolgreich in Umlauf gebracht hatte: »Anfangs stand ich all diesen Erscheinungen ziemlich ratlos gegenüber und wußte sie nicht anders denn mit dem Begriff des moralischen Schwachsinns zu deuten.«[62] Dennoch hält er nach vielem Wenn und Aber »ein leichteres Einfügen in den Kulturwillen unseres Volkes«[63] für möglich.

Die religiös und pädagogisch motivierte Literatur erzählt nicht ohne Selbstlob davon, wie Nächstenliebe und Belehrung Konflikte entschärfen und Elend lindern, ohne darüber zu reflektieren, dass die in Obhut Genommenen durch die einseitige Einwirkung zu Objekten degradiert werden. Ihre Ziele, die religiöse Erweckung und die Disziplinierung, machen sie blind für die Interessen und Bedürfnisse der Betroffenen. Jene Werke über Zigeuner, die im Umfeld der Vagabundenbewegung oder Ende der zwanziger Jahre als Klassenkampfliteratur des Bundes Proletarisch-Revolutionärer Schriftsteller entstehen, verstehen Brüderlichkeit bzw. Solidarität als Stärke der Schwachen, die aus dem gemeinsamen Handeln erwächst. In ihnen geht es vor allem um Selbstachtung und Menschenwürde und damit um die Werte und Tugenden der Armen und Unterdrückten jenseits nationalistischer Enge. Sie erzählen davon, wie Zigeuner in den Prozess gesellschaftlicher Umwälzung und Befreiung einbezogen werden könnten und sollten. Während die Vagabundenliteratur mit Emphase und Pathos zu zeigen sucht, dass die Ausgestoßenen und als Kreaturen verachteten Menschen der Straße inklusive der Zigeuner eine individualistische, der Massengesellschaft entgegengesetzte Lebensform gewählt haben, sieht die Klassenkampfliteratur in den Randgruppen nicht mehr als Brüder von der sozialen Lage her, mit denen man die Ablehnung der Staatsmacht und den Hass gegen deren Organe teilt.

Jo Mihalys Roman *Michael Arpad und sein Kind* (1930), dessen Untertitel *Ein Kinderschicksal auf der Landstraße* lautet, gewährt einen Einblick in das Leben der Fahrenden und obdachlosen Wanderer dieser Epoche. Michael Arpad möchte nach dem Krieg seine Tochter Mascha, die er in einem französischen Dorf einer Bauernwitwe als Pflegekind überlassen hat, wieder zu sich nehmen. Das Kind wächst bei der alleinstehenden Frau behütet auf. Sie will Mascha jedoch nicht an Michael zurückgeben. Da Arpads Papiere in Ordnung sind, erhält er von den Behörden das Recht zugesprochen, das Kind in seine Obhut zu nehmen. Der Abschied gestaltet sich schwierig, weil eine tiefe wechselseitige Zuneigung zwischen Mascha und der Bäuerin besteht, die sogar in Erwägung zieht, mit dem Zigeuner zusammen zu leben, um dadurch das Kind behalten zu können. Der Roman zeigt ohne Sentimentalität auf, dass Michaels nomadische Lebensweise in der schwierigen wirtschaftlichen Situation der Zeit das Kind in immer tieferes soziales Elend hinabführt.

> »Die Landstraße hatte ihren Stempel darauf gedrückt. Armut, Hunger und Furcht hatten das kleine Gesicht vor der Zeit gezeichnet, nur die Augen hatten an Tiefe gewonnen und sahen glasklar und gewaltig ernst in die Welt.«[64]

Aber Mihaly ergreift Partei für den Zigeuner, weil er seine Verantwortung wahrnimmt und sich auf seine Weise und nach seinen Möglichkeiten für Mascha aufopfert. Sie plädiert damit gegen die – in der Schweiz damals schon systematisch praktizierte – Kindeswegnahme bei Fahrenden und gegen die staatliche Heimerziehung. Die Stärke des Romans besteht darin, dass er in keiner Weise das Leben auf der Landstraße romantisiert und dennoch durch die Intensität der Schilderung der Vater-Tochter-Beziehung jegliches Recht auf eine zwangsweise Trennung in Zweifel zieht. Erzählt wird von der schrittweisen Annäherung der beiden, der Überwindung der Sprachbarrieren, dem täglichen Überlebenskampf und der Diskriminierung, Verfolgung und Verachtung, mit denen Mascha zum ersten Mal in einem »wohlhabenden« Dorf konfrontiert wird und gegen die sie sich verbal und körperlich zur Wehr setzt. In einer Schlüsselszene, die eine Art Nestfütterung des hungrigen Kindes beschreibt, wird die humane Botschaft des Romans unmittelbar zum Ausdruck gebracht:

> »Das Maschakind riß den Mund auf und ließ sich den Happen hineinstopfen. Die jungen Leute wandten sich ab, angerührt durch das Wunder der Liebe, das sie erbeben ließ. Für einen Augenblick erkannten sie, daß alle Kreaturen einander gleichen und kein Ding vor dem anderen geringer ist, am wenigsten der Mensch.«[65]

Auf den Wanderungen durch Süddeutschland besucht Michael einen alten Freund, Gregor, in dem unschwer Gregor Gog, der Begründer der Bruderschaft der Vagabunden, zu erkennen ist, um seine Geige und einen dressierten Affen abzuholen. Ihm und seiner Familie setzt Mihaly hier ein literarisches Denkmal. In den Gesprächen der beiden Freunde wird angedeutet, dass Michael wegen einer alten Schuld nicht zu seinen »Stammesangehörigen« zurückkehren kann und ihnen sogar auf seinen Wanderungen ausweichen muss. In Gregors Haus beginnt Mascha mit der eigenwilligen Gestaltung von Tänzen. Die erfolgreiche Ausdruckstänzerin Mihaly choreographiert gewissermaßen imaginativ-schöpferisch Bewegungen und Pantomimen der Hauptfigur. Die Tänze erscheinen hier als wichtiges künstlerisches Ausdrucksmittel eines begabten Kindes inmitten des niederdrückenden Elends.

Nachdem er Gregors Haus verlassen hat, findet Michael mit Mascha Unterkunft und Arbeit in einem kleinen Zirkus. Doch schon bald erkrankt er so ernsthaft, dass er diese Tätigkeit aufgeben muss. Er wird in ein Krankenhaus eingeliefert, Mascha kommt nun doch in ein Waisenhaus. Um nicht im Armenhospital zu sterben, holt er das Kind wieder ab und wandert mit ihr zum Haus seines Freundes Gregor. In einem melodramatischen Schluss schreibt Michael, kurz bevor er sein Ziel erreicht, zwei Briefe: einen an Mascha, in dem er sie ermutigt, ihre Tänze vorzuführen, und einen zweiten an Gregor, dem er Mascha anvertraut: »behaltet sie bei äuch und erziet sie im glauben an die gerächtikkeit und die gleichheit und die freiheit aller menschen auf erden, an die wir glauben.«[66] Während das Kind sich auf den Weg zum Haus macht, geht Michael Arpad in die Kornfelder hinaus, um inmitten der Natur in Freiheit zu sterben.

Das Ende des Romans spekuliert auf die Rührung der Leser, aber er zeigt noch etwas anderes. Nicht staatliches Eingreifen wird als Lösung angeboten, sondern Brüderlichkeit und Selbsthilfe zeichnen sich als Weg ab, die Kinder der Landstraße zu retten. Die Hauptfigur Michael Arpad fällt insofern aus dem Rahmen, als er nicht Mitglied einer großen Sippe ist, deren soziales Netz das Kind aufgefangen hätte. In Jo Mihalys zweitem Roman über Zigeuner, *Der Hüter des Bruders* (1942),[67] ist die Konstellation eine andere. Erzählt wird die Geschichte eines Revolutionärs in Südosteuropa, den eine in ihrer Vielfalt dargestellte Zigeunersippe nach anfänglichem Misstrauen vor seinen Verfolgern und Gegnern versteckt, schützt und ihn schließlich aktiv unterstützt. Mihaly reichte das Romanmanuskript aus ihrem Züricher Exil 1938 für den Wettbewerb der »American Guild« den Regeln entsprechend anonymisiert ein. Von der Jury, zu der auch Thomas Mann (1875-1955) zählte, erhielt es viel Zustimmung. Lion Feuchtwanger (1884-1958) lobte den *Hüter* als »Volksbuch, ein Prosa-Epos, in einem schönen Sinne des Wortes«.[68]

Mihalys Roman fand nach 1945 kaum Beachtung, im Unterschied zum 1931 erstmals erschienenen und während des Faschismus verbotenen Jugendbuchs *Ede und Unku* von Alex Wedding.[69] In der DDR erreichte es eine Auflage von 750 000, wurde in mehrere Sprachen übersetzt und 1981 verfilmt. Zu Recht wurde der *Roman für Jungen und Mädchen* als eines der wenigen von Vorurteilen freien und sich gegen Diskriminierung wehrenden Bücher über Sinti hervorgehoben. Aber genauer besehen nimmt das Zigeunermädchen Unku nur die Position einer Nebenfigur ein. Im Mittelpunkt stehen der Arbeiterjunge Ede und sein unpolitischer und in seinen Erziehungsmethoden problematischer Vater, der mit Hilfe seines aufrechten Sohns den Weg zu solidarischem Handeln findet und lernt, dass Gewalt und Demütigung ungeeignete pädagogische Mittel sind. Der Konflikt zwischen Vater und Sohn entsteht nicht wegen der Freundschaft Edes zu Unku, sondern wird politisch motiviert. Denn Ede möchte verhindern, dass sein arbeitsloser Vater wissentlich oder unwissentlich zum Streikbrecher wird. Das Jugendbuchgenre legitimiert den belehrenden Ton dieses Werks, das den zeittypischen Streikromanen mit ihren »sauberen Mädeln und starken Genossen«[70] ähnelt. In den wenigen Passagen, in denen Unkus Familie in den Vordergrund rückt, wird deren Winterquartier im Hinterhof eines Berliner Arbeiterviertels realistisch und ohne ethnographische Zugaben beschrieben. Hervorgehoben wird ihre unverstellte Gastlichkeit, die sie trotz Armut und räumlicher Enge bietet. Aber auch die Berliner Kinder, sonst eher rauen Gemüts und grob in den Umgangsformen, verhalten sich höflich und bringen beim ersten Besuch im Wohnwagen kleine Gastgeschenke mit. Eine Attraktion für die Großstadtkinder stellen die Pferde dar, auf denen sie reiten dürfen. Unku wird umgekehrt ebenso gastlich und fürsorglich behandelt, wenn Edes gewandelter Vater dem frierenden Mädchen seine Wollweste leiht. Das nachbarschaftliche Verhältnis zu den Zigeunern erreicht seinen Höhepunkt, als sie sich bereiterklären, den Vater des besten Freundes von Ede, einen Streikführer, der von der Polizei wegen einer gewalttätigen Auseinandersetzung mit Streikbrechern gesucht wird, bei sich zu verstecken.

Der Roman skizziert die Perspektiven einer Integration der Romgruppen durch das suggestive Bild des bergenden Hinterhofs eines Arbeitermietshauses inmitten der Hauptstadt Berlin. Es ist das Gegenbild zu den ausgrenzenden Zigeunerlagern, wie sie kurze Zeit danach von den Nationalsozialisten am Rande der Rieselfelder von Marzahn errichtet werden. Obwohl sesshaft und der Arbeit in ihren Metiers auf dem Rummelplatz oder als Hausierer wie Unkus Mutter nachgehend, leben sie ›draußen‹ und können ihre mobile Lebensweise jederzeit wiederaufnehmen.

Im Vorwort der Nachkriegsausgabe vermutet die Autorin, dass Unku, über die sie nie mehr etwas in Erfahrung hat bringen können, wie viele andere Sinti umgebracht worden ist.[71] In den sechziger Jahren stößt der Journalist Reimar Gilsenbach (1925-2001) bei Recherchen zum Schicksal der Sinti in der DDR auf eine »alte Sintiza«, die Unku auf dem Buchtitel wiedererkannt hat. Sie kauft sich das Buch, obwohl sie nicht lesen kann, um eine Erinnerung in der Hand zu haben. Von ihr erfährt er, dass der Rufname Unku nichts anderes als den Froschlurch, die Unke, meint, den das Mädchen Erna wegen ihrer sehr dunklen Hautfarbe erhalten habe. Sie erzählt ihm aber auch, dass alle im Roman erwähnten Familienmitglieder umgebracht worden seien. Nur Kaula, eine Freundin Unkus, habe überlebt. Gilsenbach findet auch sie, die im Nachkriegsvorwort von Wedding namentlich als eines der Kinder erwähnt wird, die sich oft in der Reineckendorfer Wohnung eingefunden hätten.[72] Sie wiederum weiß von der Existenz des Jugendbuchs nichts, vermag sich aber genau an das weitere Schicksal Unkus zu erinnern. Durch ihre Hinweise kann er in den Archiven ein Rassegutachten über Marie Lauenburger, Unkus kleine Tochter, entdecken, die vom Leiter der Rassenhygienischen Forschungsstelle Robert Ritter als »Zigeuner-Mischling« eingestuft worden war: nach den Deportationsverordnungen ein Todesurteil. Unku sei mit der gesamten Familie, so Kaulas Zeugnis, nach Auschwitz-Birkenau gebracht worden und nach dem Tod ihrer Tochter psychisch zusammengebrochen. Im Krankenrevier sei sie durch eine Giftspritze getötet worden.[73]

Nach der Machtergreifung der Nationalsozialisten müssen diejenigen, die sich wie Gregor Gog und Jo Mihaly für die ›Bruderschaft‹ zwischen Fahrenden und Romgruppen eingesetzt haben, Deutschland als politisch Verfolgte verlassen. Erich Mühsam, der Ideengeber und Vertreter des offensiven Konzepts einer antibürgerlichen Allianz der Außenseiter und Ausgestoßenen, wird 1934 im KZ Oranienburg bestialisch ermordet.

Cante Jondo: Volkskultur und Avantgarde in Spanien

In Deutschland fehlt bei den zaghaften Versuchen, die Sinti in die brüderliche Gemeinschaft der ›Menschen der Straße‹ einzubeziehen oder sie karitativ zu betreuen, weitgehend die kulturelle Dimension. Anders als in Spanien, Ungarn und Russland ist die Zigeunerfolklore unterentwickelt und auf unterhaltende Musik begrenzt. Deshalb argumentieren

die Akteure in erster Linie sozialpolitisch und antinationalistisch im
Sinne einer ›Internationale der Fahrenden‹, die in ihrer Beweglichkeit
und Freiheit nicht durch Grenzen beeinträchtigt werden wollen. In Spanien wird im Gegensatz dazu die hoch entwickelte künstlerische Kultur
der vorrangig in Andalusien angesiedelten Calés oder Gitanos im Verlauf des 19. Jahrhunderts immer stärker als ein Bestandteil regionaler
und nationaler Identität ins Spiel gebracht. In Russland bzw. nach der
Oktoberrevolution 1917 in der Sowjetunion sind hingegen beide Dimensionen von Belang. Den nichtbesitzenden Klassen zugeordnet, sollen die russischen Zigeuner ihren Platz im brüderlichen Heer der Arbeiter und Bauern finden. Als nationale Minderheit anerkannt, werden sie
in den zwanziger und frühen dreißiger Jahren dabei unterstützt, ihre
Sprache und Kultur zu bewahren und zu tradieren und ihre Arbeit im
Unterhaltungssektor zu professionalisieren.

Die Lieder und die Musik der Gitanos Südspaniens, heute meist auf
den Begriff Flamenco verengt, gewinnen neben ihrem Unterhaltungs-
wert im 19. Jahrhundert als mündlich tradierte Geschichte und Kultur
Andalusiens[74] an Bedeutung und Aufmerksamkeit auch außerhalb ihrer Gemeinschaft. In den kulturellen Selbstverständigungsdebatten ist
bis in die fünfziger Jahre hinein vorrangig vom ›cante jondo‹ oder ›cante
grande‹, dem ›tiefen‹ bzw. »tiefinnern«[75] und großen Gesang die Rede,
der als ursprünglichstes Liedgenre der Gitanos gilt. Die Auseinandersetzungen, die bis heute andauern, entzünden sich an der Frage, ob er
ihrer Kultur entstammt und daher auch nur von ihnen angemessen präsentiert werden kann, ob er von ihnen nur adaptiert worden ist oder ob
er eine Ausdrucksform aller Volksgruppen ist, die in Anadalusien beheimatet sind, und damit das zentrale Element regionaler Volkskultur insgesamt darstellt.[76] Man kann vereinfacht drei Positionen unterscheiden,
die sich historisch nacheinander herausgebildet und dann überlagert
haben. Zu Beginn des 19. Jahrhunderts setzt sich zunächst ein »nationa-
listisch-romantische[s]«[77] Flamenco-Konzept durch. Vergleichbar der
deutschen Romantik werden wie von den Gebrüdern Grimm Zeugnisse
der mündlichen Volkskulturen gesammelt und aufgezeichnet. Das »cante
jondo-Konzept«[78] entsteht nach 1900 als eine Bewegung »von spanischen Intellektuellen […] die sich dem Ziel verschrieb, authentische
Volkskunst zu konservieren, revitalisieren und gegebenenfalls auch zu
rekonstruieren«.[79] Durch die Beteiligung von Künstlern wie dem Komponisten Manuel de Falla (1876-1946) und dem Schriftsteller Federico
García Lorca (1898-1936) erhält sie Gewicht und Einfluss.[80] Während

des spanischen Faschismus nach der Niederlage der republikanischen Kräfte 1939 wird der Flamenco schließlich ein wichtiges Element der frankistischen Konstruktion eines spanischen Nationalkörpers.[81]

Stets bleibt die Frage nach der regionalen andalusischen oder nationalen spanischen Symbolkraft des Flamencos mit derjenigen nach der Position der Gitanos in der spanischen Gesellschaft verbunden und weist auf den Widerspruch zwischen ihrer zentralen kulturellen Bedeutung und marginalen sozialen Lage. In Südspanien besteht ein Konsens darüber, dass der ›cante jondo‹, als Ausdruck unzerstörbarer Würde des Menschen selbst in Situationen tiefsten Unglücks, mit der Erfahrung der ›conquista‹, der Eroberung Andalusiens durch die katholischen Könige und der Zwangskonvertierung der Mauren, Juden und Gitanos zusammenhängt.[82]

Ebenso überliefern die Lieder die Erinnerungen an das Goldene Zeitalter arabischer Herrschaft[83] wie auch an die darauffolgende Periode des Niedergangs mit Blutrache, Stammes- und Familienfehden und Gefangenschaft[84] und die Unterdrückung durch die neue Zentralgewalt.[85] Der Flamenco drückt immer stärker das Selbstbewusstsein der andalusischen Unterschichten aus.[86] Es sind in erster Linie die sesshaften Gitanos, die ihn im Austausch mit den anderen ländlichen und städtischen Unterschichten entwickeln.[87] Schon im 18. Jahrhundert bieten Musik und Tanz eine Möglichkeit, den Lebensunterhalt zu verdienen.[88]

Aus der Sicht der anderen europäischen Länder symbolisiert, wie Reiseberichte seit dem Ausgang des 18. Jahrhunderts erkennen lassen, der Flamenco Andalusien – und Andalusien wiederum ganz Spanien. Dieses Phänomen hebt die Gitanos in der Wahrnehmung der Europäer aus den anderen Romvölkern hervor.[89] Aus mitteleuropäischer Sicht spielen die ungarischen Zigeuner eine ähnliche Rolle. Vergleichbar der Entwicklung in Ungarn, nehmen in Andalusien die Oberschichten als Wendung gegen die Einflüsse der französischen Hochkultur[90] stärker an der Kultur der Unterschichten teil, zu der neben dem Stierkampf die Musik- und Tanzfeste der Gitanos zählen. Eine wichtige Rolle spielen im 19. Jahrhundert Medien wie Gravuren, Drucke und Fotos in Zeitungen und Zeitschriften, die zusammen mit Tourneen der Künstler den Flamenco in ganz Europa popularisieren.[91] Der spanische Sozialroman – und hier vor allem Naturalisten wie Vicente Blasco Ibáñez (1866–1928) – integriert seit den 1890er Jahren Gitanos in die sozialkritische Darstellung der Unterschichtenmilieus und verhandelt in den Geschichten die Möglichkeiten einer Mischung zwischen Zigeunern und Nichtzigeunern.[92] Vorbereitet wird diese Hinwendung durch die erfolgreiche Sammler- und Publikationstätigkeit von Forschern wie Antonio Machado y Álvarez (1848-1893), der 1881 die *Colección de cantes flamencos recogidos y anotados* herausbringt und eine volkskundliche Gesellschaft sowie die Zeitschrift *El Folk-lore Andaluz* gründet.[93] Obwohl Machado von einer Mischkultur ausgeht, betont er schon das, was als *gitanismo* bezeichnet wird, den besonderen Beitrag der Calés zum Flamenco.[94] Hier ist nicht der Ort, um das komplexe und ausdifferenzierte System andalusischer Gitanomusik mit seinen Elementen Gesang, Gitarre und Tanz und den subtilen Ausdrucksformen und Ritualen, dem Händeklatschen, Kastagnettenklappern, Fußstampfen und den Zurufen, darzulegen. Zumindest sollte aber die Unterscheidung zwischen den ›kleinen‹, weniger schwermütigen und ins Schlagergenre reichenden Liedern des ›cante flamenco‹ und den ›großen‹ und ›tiefen‹ Liedern des ›cante jondo‹ erwähnt werden, von denen sich die ›siguiriyas gitanas‹, die Trauerlieder, und die ›soleares‹, die Lieder von der Einsamkeit, großer Verehrung erfreuen, wenn sie meisterhaft vorgetragen werden.[95] Liebe, Treue, Eifersucht, Rache, Freiheit, Verfolgung, Leid und Tod sind ihre stets wiederkehrenden Themen.[96] Künstler wie Falla und Lorca sehen die Gefahr anwachsen, dass Gesang, Musik und Tanz durch ihre Unterhaltungsfunktion, die sie für Einheimische und Touristen gleichermaßen erfüllen, verflachen, und versuchen künstlerische Standards zu setzen, sowohl was die Qualität der Lieder als auch die der Interpreten betrifft. Wie schon Franz Liszt im Blick auf die ungarischen Romgruppen, so deuten die spanischen Intellektuellen vor allem den ›cante jondo‹ als authentischen Ausdruck der Gefühle und der Denkweise der Zigeuner.[97] Für die Calés selbst – heute leben in Andalusien etwa 225 000, davon 85 % sesshaft[98] – stellt sich diese Hochschätzung ihrer Kunst als ein zwiespältiges Identifikationsangebot dar. Als eine Minderheit, die zugleich der untersten sozialen Schicht angehört, werden sie kulturell hervorgehoben, ohne dabei ihre soziale Position wesentlich zu verbessern. Trotz dieses bis heute nicht aufgelösten Widerspruchs wird die Vorstellung, eine außerordentliche künstlerische Fähigkeit geerbt zu haben und einen musikalischen und tänzerischen Ausdruck für elementare menschliche Gefühle finden zu können und damit die eigene Kultur und deren Werte zu tradieren, im 20. Jahrhundert zu einem wichtigen Bestandteil der Identität der Gitanos.[99] Das spiegelt sich in den Liedern wider, die oft die eigene Herkunft reflektieren und den Stolz darauf artikulieren, verbunden mit dem Anspruch, dass nur sie zur Ausübung wahrer Flamencokunst fähig seien.[100] Trotz der bis heute andauernden Auseinandersetzung um die Herkunft des Flamencos wurde in keiner Phase, weder in der romantisch-nationalistischen noch in der Renaissance des ›cante jondo‹, in Erwägung gezogen, ihn aus dem Bestand spanischer Volkskultur auszugrenzen, nur weil er eng mit der Minderheit der Gitanos in Verbindung steht. Wie die dunkle Herkunft aus der Zeit des Übergangs von arabischer zu christlicher Herrschaft auf eine Verschmelzung mehrerer Völker und Kulturen hindeutet, so zeigt die lange Debatte um Reinheit und Ursprünglichkeit, dass diese Verschmelzung nicht wieder in einzelne Bestandteile aufgelöst werden kann. Das unterscheidet die Entwicklung in Südspanien von den Abgrenzungs- und Ausgrenzungsphantasien der Heimatliteratur in Deutschland und den Verschmelzungsphobien in der deutschen Literatur.

Federico García Lorca, Andalusier aus der Gegend von Granada, deutet den ›cante jondo‹ im Hinblick auf ein neuromantisches Autorschaftskonzept universell als ursprüngliche, in die Unendlichkeit vorgeschichtlicher Zeiten zurückreichende Fähigkeit zur Poesie:

»Der Cante Jondo […] ist einfach durch Alter und Stilisierung. Er ist wahrlich ein äußerst seltenes Muster des primitiven Gesanges, Europas ältesten Gesanges, dessen historischer Überrest und dessen vom Sand der Zeit verschüttetes lyrisches Fragment lebendig wie am ersten Tage ihres Daseins in Erscheinung treten.«[101]

Weil die Zigeuner durch ihre Lebensweise Verbindung zu diesen tiefen Zeitschichten gehalten haben, lassen sich in ihren Liedern und Tänzen noch Spuren des Ursprünglichen finden. Ihre Musiker und Sänger zeichnen sich, so Lorca begeistert, durch die Fähigkeit aus,

»das Neue und das Beiwerk auszuscheiden, damit das Wesentliche abhebt; eine magische Fähigkeit, eine Siguiriya mit absolut tausendjährigem Tonfall zeichnen oder ermessen zu können«.[102]

Der intensive, manchmal ekstatische Vortrag rufe für einen Augenblick den Geist oder Dämon (›duende‹) aus der Tiefe der Zeit in die Gegenwart. Er lasse Sänger, Tänzer und Musiker allein oder im Zusammenspiel zu emotionalen Schichten vordringen, die ebenso ursprünglich wie unveränderlich sind. Poetologisch gewendet, ›erwecke‹ die Kraft der Poesie von der Geschichte und Zivilisation Verschüttetes. Dieses Konzept erinnert an den in Orpheus zurückverwandelten mythischen Zigeunergeiger in Kostes Palamas' (1859-1943) nationalem Wiedererweckungsepos *Apanta. Die zwölf Worte des Zigeuners* (1899/1907). Die

Kraft besteht für Lorca im ›duende‹. Das ist seine Erfahrung mit der von Selbstsuggestionen durchdrungenen Aufführungspraxis der Gitanos. In der Gedichtsammlung *Poema del cante jondo* (1931) imitiert er diese ›Aufführung‹ in Gedichten wie *Die Gitarre, Der Schrei, Dolch, Ay!, Die sechs Saiten, Klapperholz* u. a., um ebenfalls ›duende‹ hervorzurufen, wie er in poetologischen Kommentaren dazu darlegt. Den Aufenthalt des russischen Komponisten Michail I. Glinka (1804-1885) in Granada 1847 wertet Lorca als Ausdruck eines vergleichbaren Interesses russischer Künstler am Volkstümlichen und Ursprünglichen.[103]

Zusammen mit dem Komponisten Manuel de Falla und mit der Unterstützung anderer Künstler wie Pablo Picasso (1881-1973) veranstaltet Lorca 1922 in Granada einen Wettbewerb des ›cante jondo‹, von dem Unterhaltungsmusiker ausgeschlossen werden. Der Wettbewerb soll die Qualität fördern und die traditionell hohen Standards in Erinnerung rufen. Falla vertritt eine Herkunftstheorie, die drei Quellen vermutet: byzantinische liturgische Gesänge, arabische Musik und die der Zigeuner.[104] Mit der Suche nach einer ursprünglichen und ›reinen‹ Volkskultur hängt sicherlich zusammen, dass den großen Preis für die ›siguiriyas gitanas‹ ein Dreiundsiebzigjähriger erhält, der sich ›El Viejo‹, der Alte, nennt.[105]

Lorcas Beschäftigung mit dem Flamenco ist trotz seines kulturellen Engagements nicht ethnographisch motiviert. Eher fürchtet er, nach dem überwältigenden Erfolg der *Zigeunerromanzen* (1928) mit der Zigeunerfolklore in Verbindung gebracht zu werden, wenn er schreibt, dass es sich um ein Buch handle, »[i]n dem kein einziges kurzes Jäckchen, kein Torero-Anzug, kein flacher Hut und kein Tamburin auftaucht«.[106] Das schließt eine Identifizierung des modernen Künstlers mit der uralten Volkskultur nicht aus. Als Unterdrückte, Ausgebeutete und Gedemütigte sind die Zigeuner Brüder jener antibürgerlichen Künstler, die sich wie Lorca ebenso als Außenseiter verstehen. Sie eint die Fähigkeit, ihre tiefen Leiderfahrungen ästhetisch-künstlerisch gestalten zu können. Darüber hinaus ist der ›cante jondo‹ für ihn das Ausgangsmaterial einer avantgardistischen Kunst, die ihn aus kollektiven Zusammenhängen in ein individuelles Werk überführt, weshalb die *Zigeunerromanzen* populär-vertraut und hermetisch-fremd zugleich erscheinen. Der Romanzenzyklus ist trotz seiner poetischen Angestrengtheit eminent politisch, ohne agitatorisch zu wirken, denn er fasst die tiefe Spaltung der spanischen Gesellschaft schon vor dem Bürgerkrieg in erschreckende Bilder.[107] Jenseits der bürgerlichen Ordnung und Werte lebend, erscheinen die Gitanos bei Lorca als ein den wesentlichen, existentiellen Problemen geradezu ausgeliefertes Volk: »Schwarzes Elend der Zigeuner! / Elend, ungemischt und einsam.«[108] Sie üben einerseits eine überwältigende Anziehungskraft aus, erscheinen jedoch andererseits unerreichbar: »Leuchtende Stadt der Zigeuner! / Wer sah dich und kann dich vergessen? / Stadt voller Schmerzen und Moschus, / ach, deine Türme aus Zimt.«[109] Am Ende der *Romanze von der Guardia Civil* verortet sie das lyrische Ich als Teil seiner selbst und als unentwirrbare Verschmelzung von poetischer Imagination und Realität: »Leuchtende Stadt der Zigeuner! / Wer sah dich und kann dich vergessen? / Sucht sie auf meiner Stirne! / Spiel aus Mondlicht und Sand.«[110]

Durch Lorcas Poeme und Romanzen wird der Flamenco der Gitanos literarisch geadelt und in die nationale Hochkultur integriert. Sie gewinnen damit – auch außerhalb Spaniens – erhebliches kulturelles Kapital. Das bleibt nicht ohne Auswirkungen auf das Selbstbewusstsein zumindest einer Elite von Flamencokünstlern, die auch meist ökonomisch erfolgreich sind. Die Diskrepanz zwischen der symbolischen Aufwertung und der bedrückenden sozialen Lage der Mehrheit der Gitanos und ihrer Diskriminierung bleibt dennoch bestehen.

Zigeuner, ein Volk der Sowjetunion

Russland ist neben Spanien und Ungarn das Land, in dem Musik und Tänze der Romvölker sich mit der Volkskultur vermischt haben und im Laufe des 19. Jahrhunderts einen wichtigen Platz in der anwachsenden städtischen Unterhaltungskultur einnehmen. Die russischen Romvölker und -gruppen, die zwar weit zerstreut über das Zarenreich leben, deren Mehrheit sich allerdings im Bereich der späteren Sowjetrepubliken Moldawien und Ukraine aufhält, geraten nach der Oktoberrevolution von 1917, ohne selbst die Initiative zu übernehmen, in das ›große‹ sowjetische Projekt nationaler Neuordnung des zaristischen imperialistischen Erbes, das ungefähr zweihundert unterschiedliche Völker betrifft. Die Romgruppen befinden sich dabei eher am Rande. Im Vordergrund stehen bis heute die konfliktbeladenen Auseinandersetzungen mit den Kaukasusvölkern.

Schon 1921 erkennt die nach dem Zusammenbruch der Donaumonarchie gegründete Tschechoslowakische Republik die Romgruppen als nationale Minderheit an. Das Gesetz wird wenige Jahre später geändert. Die staatliche Identitätszuschreibung dient nun der Diskriminierung und Rechtfertigung von Verfolgungsmaßnahmen. In den zwanziger und dreißiger Jahren lassen sich in Rumänien, Bulgarien und in den USA erste Schritte zur Selbstorganisierung der Romvölker beobachten. In Polen macht der 1930 als ›Zigeunerkönig‹ gekrönte Michael Kwiek II. von sich reden, weil er das Vertretungsrecht aller polnischen Roma beansprucht. Die Entwicklung in der Sowjetunion ist demnach nicht einzigartig. Sie unterscheidet sich aber grundsätzlich von der staatlichen Gesetzgebung in nahezu allen Ländern West- und Nordeuropas, die auf Kriminalisierung abzielen und biopolitische Maßnahmen wie Kindeswegnahme, Ehebeschränkungen und Sterilisation vorantreiben. In der Sowjetunion lassen sich zwei Phasen der Nationalitätenpolitik deutlich unterscheiden.[111] Von der Mitte der Zwanziger bis 1938 wird den ›Cigany‹ der Status einer Nation auf dem Territorium der Sowjetunion zugebilligt: zwar eines Volkes ohne eine eigene Sowjetrepublik wie die der Georgier oder ein autonomes Gebiet wie das der Wolgadeutschen, aber mit Minderheitsrechten wie der Pflege der eigenen Sprache und Kultur und der Bildung politischer Interessenorganisationen. Nach 1938 führt die von Stalin forcierte Politik der Schaffung einer ›sowjetischen‹ Identität, die in der Praxis einer ›Russifizierung‹ gleichkommt, zur Liquidierung der Organisationen und Institutionen der Minderheiten und zur Folklorisierung der Lebensweise. Damit ergeht es den sowjetischen Romvölkern nicht anders als vielen bis dahin anerkannten nationalen Minderheiten, deren Schicksal sie bis zu Zwangsumsiedlungen und Deportationen teilen.

Der 1925 gegründete ›Allrussische Zigeunerverband‹, dessen Vertreter in die staatlichen Verwaltungsorgane einbezogen sind, wird schon 1928 aufgelöst, u. a. weil er niemals eine repräsentative Mitgliederzahl erreicht. Nur ca. ein Prozent der ungefähr 60000 bei der Volkszählung von 1926 registrierten Zigeuner tritt ihm bei. Der ›rasende Reporter‹ Erwin Egon Kisch (1885-1948), der 1927 in dem Artikel *Zigeuner aller Länder, vereinigt Euch!*[112] aus Moskau berichtet, ordnet das zu erwartende Scheitern in das bekannte Bild eines desintegrierten und seine Abgeschlossenheit wahrenden Volkes ein:

»Die zwanzigtausend Zigeuner, die in Bessarabien, in der Ukraine und andern Teilen Rußlands, besonders im Süden, ein wahres Zigeunerleben führen, wissen noch nichts von ihrer in der Hauptstadt etablierten Vertretung oder wollen nichts von ihr wissen, geschweige denn ahnen die braunen Kesselflicker, Wahrsagerinnen, Zimbalschläger, Komödiantentruppen und Pferdemarktfieranten des übrigen Europas etwas von den Moskauer Bemühungen, daß im Konzert der Nationen künftighin auch die Zigeunermusik mitspiele.«[113]

Die Organisatoren selbst sehen, so der Reporter, fast unüberwindliche Schwierigkeiten wegen der »Disziplinlosigkeit« und »Asozialität« ihrer Brüder und Schwestern.

Die Themen der kurzzeitig erschienenen Zeitschriften *Romany Zorja* (Morgenröte der Roma) und *Nevo Drom* (Neuer Weg) geben klar zu erkennen, welche Ziele Staat und Verband verfolgen. Neben der Stärkung der Volksidentität durch Sprache und Kultur geht es vorrangig um die dauerhafte Einbeziehung in ökonomisch produktive Arbeitsprozesse. Bekämpft werden ›parasitäre Tätigkeiten‹ wie Betteln und Wahrsagen. Eines der am 1. Mai in Moskau von den Zigeunern getragenen Transparente lautet nach Kisch angeblich: »Sollen wir ewig die Parasiten der Völker bleiben?«[114] Die aufklärerische Arbeit des Verbandes reicht in einem weiten Sinn von politischer Propaganda für das Sowjetsystem über Bildungsprogramme bis zur Gesundheitsvorsorge und Haushaltsführung. Ein sich als Speerspitze der Moderne begreifender Staat wie die sozialistische Sowjetunion bekämpft bei den Romvölkern beobachtete oder vermutete Überreste vormoderner Lebensweise und von Religion und Aberglauben geleitete Handlungen und Einstellungen. Wie bei den moslemischen Kaukasusvölkern werden Blutrache, Brautkauf und Polygamie besonders gebrandmarkt.[115]

Kisch unterscheidet zwei Richtungen bei der Sesshaftmachung, die Ansiedlung auf eigenem Land durch Bodenverteilung und den »Zionismus der Zigeuner«,[116] der »die Schaffung einer rechtlich gesicherten Heimstätte«,[117] des sogenannten Romanestan, anstrebt. Dazu kommt es allerdings nicht. Hingegen erhalten einzelne Familien und Sippen Land und finanzielle Starthilfen. Vor allem in der Ukraine eingerichtete »Zigeunerkolchosen«, von denen einige bis zur Besetzung durch die deutsche Wehrmacht im Zweiten Weltkrieg erfolgreich wirtschaften, werden als Beispiele der erwünschten Entwicklung herausgestellt. Ebenso werden »Zigeunergenossenschaften«, handwerkliche Betriebe oder kleine Fabriken, die sich vornehmlich in Moskau befinden, finanziell und propagandistisch unterstützt. Das Titelbild der ersten Ausgabe von *Romany Zorja* veranschaulicht plakativ das politische Programm. Eine Romfamilie erblickt erwartungsfroh einen Weg, der bis zum Horizont reicht. Rechts und links weisen rauchende Fabrikschlote und eine blühende Landschaft auf das zukünftige Leben als Arbeiter oder Bauern ohne Armut und Not. Ein Wagenrad, Symbol des Nomadentums, liegt am Boden. Der Mann schreitet darüber hinweg. Das Kind geht ihm voran, während die Frau noch zögernd auf einem Stein hockt. Das Projekt der Ansiedlung gelingt nur teilweise. Die Mehrheit kehrt aus unterschiedlichen Gründen zu traditionellen Tätigkeiten vom ambulanten Handel bis zur saisonalen Erntehilfe zurück. Dennoch wird in der Dekade zwischen 1927 und 1937, vornehmlich konzentriert auf Moskau, unter dem Erziehungskommissar Anatoli Lunatscharski (1875-1933) eine bemerkenswerte Bildungs- und Kulturarbeit geleistet. Es sei daran erinnert, dass die fehlende Schriftlichkeit seit der Aufklärung einen wichtigen Vorwand für die Abwertung der Zigeuner geliefert hatte. Dagegen setzt die frühe sowjetische Nationalitätenpolitik die Verschriftlichung des Romanes, mit der sie ausgewiesene Sprachwissenschaftler beauftragt. Systematisch werden ein besonderes Alphabet, ein Wörterbuch und eine Grammatik erarbeitet und veröffentlicht. Diese Schritte sind zugleich Bestandteil der allgemeinen Alphabetisierungskampagne. Darauf können dann Kultureinrichtungen wie Verlage und Theater aufbauen. Kindergärten und Schulen werden gegründet, sogar eine Parteischule für Zigeunerkader. Pädagogikstudenten werden aus der eigenen Volksgruppe rekrutiert und als – zweisprachige – Lehrer ausgebildet. Kisch besucht Kindergärten und Schulen in Moskau und erlebt dabei die Probleme, die sich im Erziehungsalltag in erster Linie mit den Kalderasch, den Zigeunern »rumänischen Ursprungs«, die er als »abergläubisch und konservativ«[118] bezeichnet, ergeben. In den Dreißigern erscheint eine steigende Anzahl von Büchern auf Romanes (in der Sprachvariante der russischen Zigeuner). Darunter befinden sich neben Unterrichtsmaterial auch Übersetzungen hochliterarischer Werke wie Puschkins *Zigeuner*. Bis 1929 habe es, so berichtet eine englische Reisende 1935 im *Journal of the Gypsy Lore Society*,[119] kein einziges Beispiel für ein literarisches Werk von russischen Zigeunern gegeben. Das ändert sich mit den Publikationen von Autoren wie Alexander W. Germano und Ivan Rom-Lebedev (1903-1989) und Erzählungen, die im *Nevo Drom* erscheinen.

Als nachhaltigste Gründung erweist sich das Moskauer Theater »Romen«, das 1931 seinen Spielbetrieb aufnimmt und heute noch existiert. Auch in anderen Städten und Gebieten werden Musikgruppen gefördert, über deren Lebensdauer aber wenig bekannt ist. Die Eroberung angesehener Unterhaltungsbühnen durch Zigeunerkünstler beginnt gegen Ende des 19. Jahrhunderts, als herausragende Musikgruppen in

Operetten wie Johann Strauß' (1825-1899) *Zigeunerbaron* (1885) auftreten. 1888 wird vermutlich die erste Operette in Romanes, *Die Kinder
der Wälder,* uraufgeführt. Als professionelle Künstler bedienen diese
Gruppen offensichtlich sehr erfolgreich das Unterhaltungsbedürfnis eines großstädtischen Publikums mit stereotyper Zigeunerromantik. Das
Theater »Romen« stellt eine hybride Mischung aus sowjetischer Kulturpolitik und urbaner Zerstreuungskultur dar: ausschließlich präsentiert
von Roma als deren authentische Kultur. So schwankt das Programm
zwischen Identitätsbildung, Aufklärung und folkloristischer Unterhaltung. Als erster Theaterdirektor fungiert ein Schauspieler des Moskauer
Jüdischen Theaters, Moische Goldblatt, seine Nachfolger sind dann russische Roma. Die Anfangsschwierigkeiten müssen erheblich gewesen
sein. Seton berichtet über die Probleme, geeignete Schauspieler zu finden, weil die Hälfte der Bewerber Analphabeten gewesen seien. So habe
das Theater zunächst eine eigene Schule eingerichtet.[120] Im Sommer ging
das Ensemble auf Tournee, um in den Lagern der nomadischen Romgruppen zu agitieren und nebenbei auch noch medizinische Hilfe zu
bringen und Lernangebote zu machen.[121] Umso bemerkenswerter ist der
anhaltende Erfolg und mehr noch die Anerkennung durch die anderen
Moskauer Theaterleute. Schon bald war das Theater »Romen« in der
Lage, Stücke aus dem klassischen Kanon auf die ihm eigene Weise zu
inszenieren: *Carmen*[122] und später Stücke von Puschkin, Lorca und
Shakespeare.

In den dreißiger Jahren werden russische Roma ebenso Opfer stali-
nistischer Säuberungen wie andere Bevölkerungsgruppen. Eigens gegen
sie gerichtete Kampagnen gibt es nicht. Nach 1938 werden sämtliche
Publikationen auf Romanes eingestellt und ihre nationalen Einrichtungen bis auf das Theater geschlossen, das sein Repertoire nun – bis auf
bestimmte Lieder – auf Russisch zu präsentieren hat. Sie gelten als So-
wjetbürger ohne ethnische Minderheitenrechte. Diskriminierenden Gesetzen und Verordnungen werden sie nicht unterworfen. Das sagt indes wenig über die soziale Lage und mögliche Alltagsdiskriminierung
durch Behörden und andere Bevölkerungsgruppen aus. Die intellektuelle Romaelite, die sich in den zwanziger und dreißiger Jahren herausbildet und die ein Bewusstsein für die Besonderheit der eigenen Sprache
und Kultur besitzt, nutzt die Chancen, über Bildung und Ausbildung
angesehene Positionen in der Wissenschaft oder im Kunst- und Kulturleben zu erlangen.[123] Der Wechsel von einer Politik der Förderung ethnischer Minderheiten zur Politik der Integration und Assimilation im

Arbeiter- und Bauernstaat wird nach 1945 bei allen landesspezifischen Unterschieden handlungsleitend für den Umgang mit den unterschiedlichen Romvölkern in den osteuropäischen sozialistischen Ländern wie der Tschechoslowakei, Ungarn, Rumänien und Bulgarien.

3. ›Genosse Zigeuner‹. Befreiung und Zwangsansiedlung in der Literatur der sozialistischen Länder

Feuertaufe bei den Partisanen

1945, nach der Befreiung von den Truppen der Deutschen und ihrer Vasallen durch die sowjetische Armee, nach dem Ende der Kriegshandlungen und der Deportationen von Juden, Roma und Zwangsarbeitern darf man in den Ländern von Polen bis Bulgarien davon träumen, dass alles besser wird. Auch die Romvölker, die sich nach der territorialen Neuordnung, ohne sich wegbewegt zu haben, nicht selten in anderen Staaten wiederfinden als in der Zwischenkriegszeit, können nach Jahrhunderten der Verfolgung und Benachteiligung und einem Leben in Unwissenheit und Armut auf ein besseres und friedlicheres Leben hoffen. Die Befreiung ist eine historische Tatsache. Sie ist zugleich auch ein Versprechen der die politische Herrschaft ergreifenden sozialistisch-kommunistischen Parteien, das den Unterdrückten und Ausgebeuteten gegeben wird.

Vieles wird besser, und das unmittelbar. Aber dann verlangsamt sich die wirtschaftliche, politische, soziale und kulturelle Entwicklung und führt zu einer beständigen Unzufriedenheit, die sich in gewaltsamen Aufständen Luft verschafft. Die Romvölker machen in den Ländern des Ostblocks politisch kaum auf sich aufmerksam, obwohl sie insgesamt einen Bevölkerungsanteil im Millionenbereich stellen. Umgekehrt werden ihre Probleme in keinem der Staaten mit besonderer Aufmerksamkeit wahrgenommen. Allerdings wird die ›Zigeunerpolitik‹ vornehmlich der 1960er Jahre zum Prüfstein des Potentials und der Kraft sozialistischer Gesellschaftssysteme zur Integration sogenannter rückständiger Völker und zur Lösung sozialer Probleme, die die vorangegangenen Gesellschaftsordnungen als Erbe hinterlassen haben. In den einzelnen sozialistischen Ländern werden die Romvölker oder -gruppen mit unterschiedlicher Intensität am Umbau der Gesellschaft beteiligt, die auf die Schaffung eines ›neuen Menschen‹ zielt. Das Projekt Sozialismus, das als Schlüssel zur Lösung sämtlicher Probleme gilt, die die Menschheit in ihrer bisherigen Geschichte angehäuft hat, wird durch die Romvölker aus Gründen, denen nachzugehen ist, ebenso auf eine harte Bewährungsprobe gestellt wie durch die Mehrheitsbevölkerung, deren Ressentiments nicht verschwinden.

In den literarischen Werken aus den vierzig Jahren Sozialismus stößt man auf beides: den blauäugigen Optimismus und den Zweifel, die Hoffnung und das Scheitern auf breiter Front. Der sozialistische Realismus sowjetischer Prägung, dem einige der Autoren, die Geschichten über Zigeuner schreiben, nacheifern, hat für den Weg des Individuums in das Kollektiv ein festes Erzählmodell parat. Einer ersten Phase der Desorientierung, Suche und der Begegnung mit vorbildlichen Menschen folgt als Höhe- und Wendepunkt die Feuertaufe: eine Bewährungsprobe in höchster Not und Gefahr, in der der Einzelne gefordert ist, ein Opfer für die Gemeinschaft zu bringen. In der dramatisch zugespitzten Situation scheiden sich die Geister. Die Zweifler und Opportunisten versagen. Die echten und guten Söhne und Töchter des Volkes bewähren sich und werden zu ›Stahl geschmiedet‹. Sie gewinnen oder festigen den richtigen Klassenstandpunkt und wissen nun Feind und Freund zu unterscheiden. Zugleich wird auf der Konfliktebene das Verhältnis von individuellen und allgemeinen gesellschaftlichen Interessen abgehandelt: im Falle der Helden zugunsten Letzterer. Die Entwicklung der Figuren vollzieht sich dialektisch. Ihr zunächst widersprüchliches Verhalten schlägt plötzlich in revolutionären Situationen in eine höhere Seinsqualität um. Danach geht es für die Helden nur noch vorwärts in eine bessere Zukunft: planvoll in oder an der Seite der revolutionären Partei des Volkes.

Dass es auch für die Zigeuner kein besseres Leben ohne Kampf, Opfer und Märtyrer geben wird, ist die Botschaft des bulgarischen Romans *Bango, der Zigeunerjunge* (dt. Übers. 1961) von Nedjalko Messetschkow, dessen Handlung zwischen 1933 und 1944 angesiedelt ist. Bango, eine Waise, und seine Großmutter Baba Sümbüla leben in einem Zigeunerviertel einer im thrakischen Teil Bulgariens gelegenen Stadt. Das Viertel, seine Bewohner, die in diesem Landesteil Moslems sind, und ihr Elend, aber auch ihre Sitten und Gebräuche werden ohne Verachtung oder Ekel in einem sozialrealistischen Stil beschrieben. Der Erzähler wendet sich den Armen und Ausgebeuteten zu. Sie stellen die Hauptfiguren des Romans dar. Angesprochen werden Gewalt, Alkoholismus und fehlende Beschäftigung. Obwohl der Großteil der Roma sesshaft ist, werden durch die Erzählungen der Figuren Eindrücke von den Wanderungen in Südosteuropa und der Türkei vermittelt. Die heilkundige Großmutter nimmt eine Vertrauensposition im Viertel ein. Sie berät insbesondere die Mädchen gegen die Familienpatriarchen in Fragen der Zwangsverheiratung und des Brautgeldes:

»Nimm den Mann, zu dem dich dein Herz zieht. Wir Frauen werden nicht gefragt, wen wir wollen, man kauft uns und schleppt uns weg wie Vieh. So ist es bei uns Zigeunern! Laß dein Herz nicht zwingen!«[1]

Bango lehrt sie, dass die Zigeuner von den Bulgaren verachtet werden. Der Junge ist aus Not gezwungen, sich ständig auf die Suche nach Nahrung zu begeben. Dabei spielt es für ihn keine Rolle, ob er sie durch kleine Dienstleistungen oder Mundraub und Diebstahl erlangt. Die Revolutionäre wie der im Untergrund arbeitende Georgi Dshorov, der nach einigen Jahren Haft in der Stadt eine Kaffeestube eröffnet hat, in der sich die Oppositionellen treffen, verhalten sich gegenüber dem Zigeuner verständnisvoll und hilfsbereit. Im Winter überlebt Bango durch Hilfsdienste in dieser Kaffeestube und erhält vom Betreiber Schuhe und Mantel. Nach dem Erzählschema des Romans entsteht so der entscheidende Kontakt zu den politisch bewussten Kräften. Schließlich investiert Dshorov in Bango und bietet ihm durch den Kauf eines Schuhputzkastens die Chance, durch Arbeit seinen Lebensunterhalt zu verdienen. Die nationalsozialistische Aggressionspolitik wird auch im entfernten Bulgarien als Bedrohung wahrgenommen, zumal die faschistische Bewegung im eigenen Lande immer stärker wird. Über das Kaffeehaus gerät Bango Schritt für Schritt in den politischen Untergrundkampf. Doch fehlen für eine konsequente Entwicklung, innerhalb deren das Sein das Bewusstsein bestimmt, zwei Voraussetzungen, die nun im Handlungsverlauf geschaffen werden. Bango erhält durch die Vermittlung der Untergrundorganisation eine Stelle als Lehrling in einer Schmiede und wird damit zum Proletarier. Sein Bildungsdefizit – er hat niemals eine Schule besuchen können – wird durch den Unterricht des mit Begeisterung Maxim Gorki lesenden Sohns des Schmieds allmählich beseitigt. Damit verwirklicht er im Kampf gegen die alte Gesellschaft das spätere sozialistische Ideal: die Verbindung von Arbeit und Bildung. Seine Umwelt nimmt er nun mit anderen Augen wahr. Er kann eine erste, noch instinktiv erfolgende Heldentat verzeichnen: die Rettung eines kleinen jüdischen Jungen vor der Übermacht der marodierenden faschistischen Jugendorganisation Brannik. Danach wächst er in die illegale Organisation hinein und fühlt sich als Teil einer Bewegung für eine große Sache: »Früher hat mich niemand beachtet, ich war ein Nichts, und jetzt habe ich Freunde, Genossen wie euch! Ist das nicht ein Reichtum?«[2] Der Roman vermittelt, dass die sozialistische Bewegung die ethnischen Grenzen niederreißt und Vorurteile nicht kennt. Im Gegenzug schließt sich

der von den Bulgaren bisher Ausgegrenzte und Verachtete den bewaff-
neten Partisanen an: »Mit Stolz und Freude reihe ich mich in die Volks-
befreiungsbewegung ein.«[3] In ihren Reihen besteht er nach dem zu erwartenden Handlungsschema die wirkliche Bewährungsprobe. Tapfer
beteiligt er sich an einem Feuergefecht und rettet unter Einsatz seines
Lebens als verlässlicher Kamerad eine Partisanin vor dem Tod. Der
Roman stellt die Heldentat gegen das vorherrschende Bild der als feige
und selbstsüchtig geltenden Zigeuner und macht auf ein bisher unge-
nutztes Potential im Blick auf die zukünftige sozialistische Gesellschaft
aufmerksam. In dieser Vorstellung sind Gleichheit und Brüderlichkeit
wichtiger als die Freiheit, für die die alte Lebensweise der Zigeuner ein
Symbol darstellte. Nach dem Sieg der Partisanen, zu dem er seinen Beitrag geleistet hat, kann Bango zufrieden feststellen:

>»Jetzt bin ich ein Mensch wie alle anderen. Ich bin ein Zigeuner, doch nun
>stößt mich niemand mehr von sich. Bai Georgi hat mir gesagt, daß die Zeit
>kommen wird, in der man nicht mehr darauf sieht, von welchem Volk einer
>abstammt, sondern was er wert ist. Diese Zeit ist gekommen!«[4]

Damit nicht genug. Als »ruhmreiche[m] Partisan« fällt ihm die Aufgabe
eines kommunistischen Kaders zu, seine Brüder und Schwestern in ein
neues Leben zu geleiten: »Du mußt sie anleiten und führen, besonders
die jungen. Wir werden dir helfen.«[5]

Das Kinderbuch *Jakubko* (1959) der slowakischen Autorin Hana Zelinová (1914-2004) folgt dem gleichen Erzählmuster. Während der Kol-
laboration und dem Durchmarsch deutscher Truppen im Krieg wächst
der von seinen Eltern, die die Deportation fürchten, bei einer Bäuerin
zurückgelassene und später von ihr adoptierte Zigeunerjunge Jakubko
zu einem kleinen Robin Hood heran, der die Reichen bestiehlt, um den
Partisanen das zum Überleben Notwendige zu bringen. Genau besehen
übt er mit List und Mut erfolgreich eine Tätigkeit aus, die als Hauptver-
brechen der Zigeuner gilt: das Stehlen. Hier jedoch dient sein Handeln
der guten Sache der Befreiung. Seine Feuertaufe erlebt der Junge, als
deutsche Truppen das Dorf sprengen und die Straße wegen der nahen-
den Roten Armee verminen wollen, indem er die Feinde von einer Aktion der Partisanen ablenkt. Bei einem Feuergefecht wird er getötet. So
bleibt der Akt der Anerkennung und Würdigung symbolisch. Die sowjetischen Befreier verleihen der Adoptivmutter stellvertretend für den
Zigeunerjungen eine Tapferkeitsmedaille. Der Verachtete wird zum Helden, den sich die slowakischen Kinder zum Vorbild nehmen sollen.

Die deutschen Übersetzungen von *Bango* und *Jakubko* erscheinen zu einem Zeitpunkt, als das weit gehende Scheitern der Integrationspolitik in den sozialistischen Ländern nicht mehr zu übersehen ist. Die Romvölker gelten Ende der fünfziger Jahre als Hindernis auf dem Weg zu einer neuen Gesellschaft entwickelter sozialistischer Persönlichkeiten.[6] Anders als in *Bango* angedeutet, werden sie mit wenigen Ausnahmen nicht an der für sie als Minderheit konzipierten und teilweise gegen sie gerichteten Politik beteiligt.[7] Allerdings unterscheidet sich die Zigeunerpolitik in Bulgarien zumindest bis in die achtziger Jahre in einigen Punkten von jener in den benachbarten Ländern,[8] denn hier zeichnet sich schon vor der Befreiung 1944 eine »bewußte Suche nach einem Platz in der Gesamtgesellschaft«[9] ab. Romarepräsentanten treten als ethnisch-religiöse Interessenvertreter für die Gleichbehandlung innerhalb der moslemischen Gemeinden und als politische Akteure innerhalb der bulgarischen Sozialdemokratie und der Kommunistischen Partei auf. Die Gründung der Zigeunervereinigung Istikbal 1929 bringt erste sichtbare Erfolge, ebenso die Herausgabe einer eigenen Zeitung und weitere organisierende Aktivitäten bis zum Verbot durch die profaschistische Regierung 1934.[10] Die Heldentaten des Zigeunerjungen Bango sind keine Wunschprojektion des Romanautors, eine Anzahl von Zigeunern nimmt in der Tat an der Partisanenbewegung teil.[11] Dieses Opfer für Bulgarien findet nach dem Krieg durchaus Eingang in das kollektive Gedächtnis. Ehrungen, Namensgebungen und literarische Werke wie *Bango* legen davon Zeugnis ab. Der Roman bezieht seine ethnopolitische Perspektive aus der kurzen Nachkriegsphase, als nach dem bekannten sowjetischen Vorbild die kulturelle Eigenständigkeit so lange gewahrt bleiben soll, wie die Integration in die sozialistische Arbeiter- und Bauernmacht davon nicht behindert wird.[12] Im Zuge dieser Politik werden Schulen und Kultureinrichtungen aufgebaut. Die repräsentative Beteiligung an den Machtorganen bis hinauf in die Spitze der Kommunistischen Partei wird beachtet. Bestimmungen gegen die Diskriminierung finden Aufnahme in die Verfassung. Die Haltung der Bulgaren bleibt jedoch ambivalent und verstärkt sich in eine problematische Richtung. »Im Gegensatz zu den übrigen ethnischen Gemeinschaften und Nationen im Lande wurden die Zigeuner zwar als minderwertig, nicht aber als fremd empfunden.«[13] Als fremd gilt in erster Linie die türkische Minderheit. Durch den Wechsel zu einer konsequenten Assimilierungspolitik gegenüber den Roma Ende der fünfziger Jahre soll eine engere Verbindung mit den Türken in den moslemischen Gemeinden verhindert werden. Gleichzeitig geht die Regierung systematisch gegen Ghettobildungen auf dem Land und in den Städten vor.[14] Auch die Bildungspolitik wird durch die Einrichtung von Förderschulen intensiviert, um die hohe Analphabetenrate von 81 % im Jahr 1946 zu senken.[15] Diese Maßnahmen, zu denen in den achtziger Jahren Beschäftigungsprogramme hinzukommen, sind bis zum Zusammenbruch des Sozialismus insgesamt wenig erfolgreich. Andererseits können nicht wenige Roma die gebotenen Chancen für einen sozialen Aufstieg nutzen.

Weder in Bulgarien noch in den anderen osteuropäischen Ländern verstehen die Romvölker sich als eine nationale Minderheit. Das unterscheidet sie von den Ungarn in der Slowakei oder Rumänien, von den Türken in Bulgarien oder den Deutschen in Rumänien. Daher ist es naheliegend, die Zwangsassimilation an die jeweilige nationale Mehrheit als Königsweg zu betrachten.[16] Ausschlaggebend für diese Strategie ist nicht zuletzt das Bild vom Zigeuner, das sich über die Jahrhunderte eingeprägt hat. Wer zurückgeblieben, unzivilisiert oder Analphabet ist, von archaischen Gesetzen, unberechenbaren Stammesführern und Aberglauben regiert wird, unfähig, einer dauerhaften Beschäftigung nachzugehen und sein Haus instand zu halten, keinerlei Gemeinschaftseinrichtung außer der Schnapskneipe kennt, dem traut man die Selbstorganisation nicht zu. Zwangsansiedlung in großem Maßstab und reguläre Arbeit erscheinen in allen sozialistischen Ländern seit Ende der Fünfziger neben besonderen Bildungsangeboten als Erfolg versprechende Lösung der mit der Lebensweise der Romgruppen verbundenen erheblichen sozialen Probleme, von der Gesundheitsversorgung und Geburtenregelung über die Arbeitslosigkeit bis zur Unterstützung im Alter. Einige Länder gehen so weit, auch die Sprache, die noch von vielen innerhalb der eigenen Gemeinschaft gesprochen wird, zu unterdrücken. Umstritten ist das Sterilisierungsprogramm in der Tschechoslowakei. 1966 noch als eine Form der staatlichen Familienplanung nachzuvollziehen, da es auf Frauen über 35 mit mindestens drei Kindern begrenzt ist, wird es ab 1986 deutlich als eugenische Maßnahme erkennbar, weil nun Frauen über 18 auch ohne Kinder an ihm teilnehmen können und eine Belohnung in Höhe eines Jahreslohns erhalten.[17] Ob in Rumänien oder in der Tschechoslowakei, wo die Pferde und Wagen der nomadisierenden Gruppen beschlagnahmt werden, ob in Polen, Ungarn oder in Bulgarien: Seit den sechziger Jahren verschwinden die Romvölker Schritt für Schritt von den Straßen und Lagerplätzen, um nach der Wunschvorstellung der sozialistischen Planungs- und Leitungseliten in den proletarischen oder bäuerlichen Volksmassen aufzugehen und ihre Verwirklichung in der Arbeit zu finden.

Die Vorgeschichte der Akteure, die gewissermaßen nach der Befreiung die Assimilation betreiben, entwirft der slowakische Schriftsteller Josef Sekera (1897-1972) in seinem monumentalen Roman *Tanz an der Waag* (1952) anhand eines weit verzweigten Figurenensembles. Die Topographie des Schauplatzes hebt die ethnischen Grenzen unmissverständlich hervor. Auf der durch Überschwemmungen gefährdeten Seite des Flusses Waag, einem Nebenfluss der Donau, liegt die Zigeunersiedlung, auf der anderen, sicheren Seite die bäuerliche Kleinstadt: Beide sind verbunden durch eine Fähre, die nachts ausschließlich auf der Stadtseite festmacht. Zur Siedlung zählen 1933 zu Beginn der Handlung immerhin eine Schule und ein Laden. Geleitet wird sie von einem Wajda, einem eigenen Bürgermeister, der sie nach außen vertritt und nach innen vornehmlich als Streitschlichter tätig ist. Der Figurenaufbau rückt neben dem slowakischen, mit einer Zigeunerin verheirateten Schullehrer und dem Wajda und seiner Familie die aus der Ethnographie bekannten Funktionsträger und -trägerinnen wie die Heilerin und die ›Puri daj‹, die Stammesälteste, in den Vordergrund. Nicht ganz symmetrisch ist das Figurenensemble auf der Stadtseite angelegt, obwohl auch hier Bürgermeister, Gastwirt und Gutsbesitzer analoge Positionen einnehmen. Die Schlüsselfigur ist der Lehrer: ein Intellektueller und Volksaufklärer, der seine Karriere aufgegeben hat, um unter den Zigeunern zu leben: »[I]ch werde nicht versuchen, die Zigeuner zum Glauben an den Reichtum zu bekehren, ich möchte ihr Genosse und der Organisator ihrer Zukunft sein.«[18] Er beherrscht ihre Sprache und gewinnt Schritt für Schritt ihr Vertrauen. Die Behandlung der Zigeuner erlebt er täglich als Unrecht, Unterdrückung und Ausgrenzung. Dagegen will er sich im Unterschied zu den Betroffenen strategisch planend zur Wehr setzen. In einem Disput mit dem rassistisch argumentierenden Schulinspektor der Regierung, der »eine Vermischung der unsauberen Zigeunerrasse durch Heiraten u. ä. mit unserem Volke«[19] fürchtet, vermittelt der Lehrer eine Sichtweise, die der Position in der Frühphase der sozialistischen Länder nahekommt:

> »Die Zigeuner der Slowakei leben in Verhältnissen, die unserem Zeitalter wirklich nicht zur Ehre gereichen. Da der größte Teil von ihnen fast gar keine Bildung hat, lassen sie sich zumeist von ihren Trieben leiten. Das schlimmste ist, daß sie sich geistig und wirtschaftlich ohne unsere Hilfe kaum auf das Niveau eines zivilisierten Menschen erheben können. Sie wer-

den einwenden, daß die Schuld bei den Zigeunern liegt, wenn sie den Weg zu uns noch nicht gefunden haben, aber ich bin in meiner langjährigen Praxis als Lehrer der Zigeunerjugend zu einer anderen Ansicht gekommen. Waren es nicht wir, die ihnen den Weg zur Zivilisation immer wieder verbarrikadiert haben? [...] Sie möchten leben wie unsere Menschen in den Städten und Bauerndörfern.«[20]

Für ihn liegt in der Verachtung die Hauptursache für die menschenunwürdige Lebenssituation am Rande der Gesellschaft:

»Es genügt allerdings nicht, für die Zigeuner die allgemeine Schulpflicht einzuführen, es ist notwendig, in ihnen das unerschütterliche Bewußtsein zu wecken, daß sie nicht mehr der Kehricht hinter den Mauern unserer Städte und Dörfer sind, sondern Bürger wie wir.«[21]

Wie zu erwarten, orientieren sich die oppositionellen Arbeiter und Gewerkschaftler, deren Organisation sich der Lehrer anschließt, schon in den Dreißigern an der Minderheitenpolitik der Sowjetunion.[22] Aus der Fülle der in epischer Breite erzählten Handlungsstränge ragen im Blick auf die Zukunftsperspektiven drei Figuren heraus: der begabte Geiger Mihal, Rosa, die schöne Dorfcarmen mit den »Raubtierzähnchen«,[23] und Ďuro, der beste Schüler in der Siedlung, der Ingenieur werden möchte. Mihal entwickelt sich nur zögerlich weiter, weil ihm das Selbstbewusstsein und die Disziplin fehlen. Sein Onkel, ein erfolgreicher Zigeunerprimas aus der Hauptstadt Bratislava, versucht ihm zu vermitteln, dass das angeborene Talent nicht genüge, sondern Ausdauer und Konzentration erforderlich seien, um über das Niveau der Dorfkapellen hinauszugelangen. Als Mihal aus Bequemlichkeit seine Ausbildung vernachlässigt, berichtet der Onkel über die Demütigungen und Misshandlungen, denen die Dorfmusiker ausgesetzt sind. Mihals Vater wurde bei einer solchen aus dem Ruder geratenen Feier von einem Betrunkenen erschlagen. Rosa träumt von einem bürgerlichen Aufstieg ohne Arbeit und soziale Verpflichtung. Dem Klischeebild der schönen Zigeunerin entsprechend, erscheint sie triebhaft, genusssüchtig und egomanisch. In ihr wird die gefährdete und zugleich gefährliche Seite der Zigeunerexistenz personifiziert. Ďuro hingegen ist ein Suchender: »Es bedrückt mich nicht, daß ich aus dem verachteten Zigeunergeschlecht stamme – nein, darauf bin ich stolz. Aber ich möchte alles verstehen lernen.«[24] Zwar sucht er nach einem Ausweg aus dem Kreislauf von Armut, Unwissenheit und Gewalt. Das allein genügt ihm jedoch nicht. Um nicht mit dem Aufstieg zugleich die Identität zu verlieren, bemüht er sich, die Herkunft und Geschichte seines Volkes und die Ursachen der Misere zu begreifen. Zu den schmerzhaften Einsichten gehört die Notwendigkeit, den schützenden Raum der Sippe verlassen und gegen Gewohnheiten verstoßen zu müssen, was einen Prestigeverlust zur Folge hat. Wieder ist es der Lehrer, der zu Selbstkontrolle ermuntert: »Beobachtet euch selbst und legt eure schlechten Eigenschaften ab.«[25] So muss er sich immer wieder dazu durchringen, nicht sofort nach Erreichung der Pubertät zu heiraten und Kinder zu zeugen, sondern erst seine Ausbildung abzuschließen. Das widerspricht seinem Männlichkeitsbild und stößt in der eigenen Gemeinschaft auf Unverständnis.

Der Roman bilanziert am Ende Verlust und Gewinn. Mihal, der Geiger, bleibt anfällig für die Bequemlichkeiten des alten Lebens. Rosa, die Schöne, geht den Weg in die Prostitution. Und Ďuro kämpft sich bis zur Universität durch. Das dem sozialistischen Realismus der fünfziger Jahre eigene Pathos macht es möglich, dass er schon ein paar Jahre vor der Befreiung die Stimme der neuen Gesellschaft vernimmt: »aber da war eine Stimme, die ihn immer stärker rief, die Stimme der Zukunft, der neuen Zeit: Vorwärts, Zigeuner, und höher hinauf! Nur diesen Weg gibt es, auch für dich!«[26]

In *Tanz an der Waag* bricht die Handlung kurz vor der Zeit der Verfolgungen durch die faschistischen Hlinka-Garden und die deutsche Wehrmacht ab. Die Entwicklung der Figuren und der Beziehungen zwischen den Zigeunern und den Slowaken, die nicht zur bürgerlichen Herrschaftselite, sondern zu den unterdrückten Arbeitern und Bauern zählen, vermittelt den Eindruck, dass auch sie sich, wenngleich langsam und widerstrebend, auf den Weg in eine moderne Gesellschaft begeben haben. Davon ist der Stamm des Bulibaşa Him im Roman *Solange das Feuer brennt* (1968) – rumänisch *Şatra* für die Zeltgemeinschaft/der Stamm – des im sozialistischen Rumänien hoch geachteten und einflussreichen Schriftstellers Zaharia Stancu (1902-1974), der die Zwangsdeportationen von Roma durch das Antonescu-Regime 1942 nach Transnistrien zum Thema hat, weit entfernt.[27] Das poetologische Konzept des Romans lässt sich durchaus mit dem Magischen Realismus von Gabriel García Marquez' (geb. 1927) *Hundert Jahre Einsamkeit* (1967) vergleichen, das ungefähr zur gleichen Zeit entstanden ist.

In Rumänien setzt sich während des Krieges eine starke rassistische Strömung durch, die für die Vernichtung der Juden und Zigeuner eintritt und Konzepte wie die Sterilisation und die Schaffung von Reservaten erörtert. Für die »Lösung der Zigeunerfrage« holt die Regierung sogar Expertenhilfe aus Nazideutschland ein.[28] Am Ende der Debatten steht die Festsetzung und Deportation jener Gruppen in einen abgelegenen Teil des heutigen Moldawiens, die man als ›Nomaden‹ und ›Asoziale‹ klassifiziert. Davon betroffen sind ungefähr zweieinhalb Prozent der Romabevölkerung. Konflikte brechen vor allem deshalb auf, weil ehemalige Kriegsteilnehmer und deren Angehörige und auch einige Rumänen mit verschleppt werden.[29] Gegen die Deportation regt sich kaum Widerstand. Die Behörden sind von der Aktion überfordert. So endet wegen mangelnder Versorgung schon allein der Transport für sehr viele Betroffene tödlich. Als völlig unzureichend erweisen sich auch die Bedingungen in den Arbeitslagern des Zielgebiets. Hinzu kommen Misshandlungen durch die rumänischen Begleitmannschaften und Massenliquidationen durch die SS.

Die Bilanz, die sich aufgrund der historischen Quellen ziehen lässt, macht diese Deportation zu einem der großen Verbrechen der an Unmenschlichkeiten nicht armen Epoche. Von ungefähr 25 000 Verschleppten überleben nur ca. 1500.[30] Vor diesem historischen Hintergrund deuten die Gewaltakte, Feindschaftsbekundungen und Pogrome gegen Romgruppen von Teilen der rumänischen Bevölkerung nach dem Ende des Sozialismus auf eine unbewältigte Vergangenheit und auf eine Kontinuität der Ausgrenzung und Verachtung. Das mag einer der Gründe dafür sein, dass sich trotz der Zwangsansiedlung und -assimilation seit den sechziger Jahren die vormoderne innere Sozialordnung und die traditionelle Lebensweise, in der Dämonenangst und die Einhaltung eines »dualistischen Reinheitskonzepts«[31] immer noch eine zentrale Rolle spielen, in unterschiedlicher Verbindlichkeit erhalten haben. Ethnologen gehen davon aus, dass sich heute noch einige Dutzend unterschiedliche rumänische Zigeunerstämme ausmachen lassen,[32] die zum Teil miteinander rivalisieren und eine Rangordnung aufweisen. Im Blick auf die Beziehungen zur rumänischen Bevölkerungsmehrheit kann man, ohne zu dramatisieren, von einer nicht kodifizierten Apartheid in den wichtigsten Lebensbereichen sprechen, die auch nicht in den Bildungsinstitutionen durchbrochen wird.

Für Zaharia Stancu, der die Verschleppungen unzweifelhaft als Verbrechen geißelt, leben die Roma in einer fremden, unzugänglichen Welt. Dem trägt die Erzählsituation Rechnung. Durch seine Niederschrift bewahrt der Erzähler die Erlebnisse und Erfahrungen zweier fiktiver Überlebender der Deportation auf, die des Schreibens unkundig sind, und sorgt so dafür, dass die Erinnerungen daran nicht verloren gehen. Aus der Spannung zwischen – nicht mitgeteiltem – Zeugenbericht und nachträglicher sprachkünstlerischer Gestaltung, zwischen Authentizität und Poetisierung, gewinnt der Roman seine ästhetische Qualität. Der Erzähler sieht sich in die Lage versetzt, das Geschehen aus der Binnenperspektive der Roma wiederzugeben, ohne stets alle Vorgänge und ihr Denken, Handeln und Fühlen zu begreifen. Er siedelt sich, ohne standpunktlos zu sein, in einem Zwischenraum an und hält Abstand zu beiden, zu den Roma und den Rumänen, und leistet, was er als Dichter leisten kann. Gegen das Vergessen erfüllt er den ›Auftrag‹ der Roma, ihre Leidensgeschichte zu beurkunden, gegen das Verdrängen gemahnt er die Rumänen an ein nationales Verbrechen.

Der Befehl zur Deportation bricht mitten in die rituellen inneren Kämpfe eines Zigeunerstammes ein, der vom angesehenen Bulibaşa Him mit patriarchaler Strenge angeführt wird. Ursache des Konflikts, der bis zum Ende des Romans anhält, ist ein Brautkauf, den die Braut nicht akzeptiert, weil sie einem anderen in Liebe zugetan ist. Die Mitglieder der Şatra nehmen die Verschleppung hin, ihre konkreten Umstände jedoch nicht wahr, weil ihr enger Horizont ausschließlich auf ihre inneren Angelegenheiten begrenzt ist. Für sie bildet die Deportation zunächst nicht mehr als ein Glied in der langen Kette der Verfolgungen. Im Verlaufe eines Jahres, von der Vertreibung bis zum nahen Untergang, reagieren sie auf die Bedrohungen von außen nur nach ihren eigenen Regeln und Gesetzen. Noch auf dem Todesmarsch offenbaren sie ihre Vitalität, wenn die »Paparudas«, nackte, junge Romamädchen, in einem rituellen Umzug um Regen flehen.[33] Ihre Inszenierung erinnert an Bacchanalien und Demeterkulte. In dieser Gegend Europas stellen sie vermutlich ein letztes Überbleibsel alter religiöser Praktiken dar. Ihnen entgeht allzu lange, dass sie durch Umstände von globaler Dimension wie dem Zweiten Weltkrieg in eine folgenreiche Überlebenskrise gestürzt werden. Die verborgenen Konflikte eskalieren, die Stärken und Schwächen ihrer Gesellschaft werden sichtbar, ihre innere Ordnung zerfällt. Symbolträchtig führt sie der Weg über Städte und Dörfer und immer dünner besiedelte Landstriche aus der historischen Zeit in ein unbewohntes Niemandsland. Flugzeuge tauchen hin und wieder am Himmel auf. Bedrohliche, aber für ihr Überleben bedeutungslose Zeichen des Krieges, den die Nichtzigeuner gegeneinander führen. Der Stamm lebt nun »wie auf einer unfruchtbaren Insel, die von feindlichen, öden Gewässern umgeben ist«,[34] und erfährt nun räumlich jene Einsamkeit und Abgeschlossenheit, die er auch sonst inmitten der anderen Bevölkerungsgruppen sucht. Darin besteht aber nicht ihr Problem. Im Gegenteil fürchten sie die Kontakte von außen wie das wiederholte Eindringen marodierender Deserteure, die ihre Ordnung durcheinanderbringen und die Regeln der Gastfreundschaft nicht respektieren. Ständig verkündet der Bulibaşa:»Wir haben nichts mit dem Krieg zu schaffen.«[35]

Der Winter zwingt sie zum Aufenthalt in Höhlen, in denen sie das Feuer hüten. Sie führen nun ein Leben in einer imaginierten Steinzeit. Sie entspricht, so die Botschaft des Romans, dem von ihnen bisher erreichten Zivilisationsgrad. Mit biologistischem Zungenschlag werden im Roman in regelmäßiger Wiederholung wie bei einer Viehherde Todesfälle, Schwangerschaften und Geburten bilanziert. Instinktiv und triebhaft führen sie den Kampf gegen das Aussterben ihrer Şatra, die ohnehin das ihrer Lebensweise zugeschriebene Idealmaß einer übersichtlichen Hundertschaft nur selten überschreitet:

> »Die Zigeuner liebten ihre Frauen nachts in den Höhlen, wenn alles dunkel war. Sie stahlen dem Leben, was sie ihm in der Eile noch stehlen konnten. Die Jungen scheuten weder Kälte noch Schnee. Überall war Platz für die Liebe, überall, überall.«[36]

Als der Bulibaşa Him würdig ›auf Zigeunerart‹ stirbt, im Schnee auf dem Rücken liegend, die Augen zum Himmel gerichtet, kommen in der gleichen Nacht drei Frauen nieder.

Sein Tod auf dem Höhepunkt des Überlebenskampfes führt zum Zerfall der traditionellen Sozialordnung und zur Missachtung der Gesetze, die im Roman als unveränderlich bezeichnet werden. Ohne den erfahrenen und respektierten Führer an der Spitze, dessen Wort man bedingungslos zu gehorchen hat, der die Stammestraditionen verkörpert und, wenn erforderlich, mit Gewalt durchsetzt, geraten die Hierarchien durcheinander und können die Konflikte nicht mehr beigelegt werden. In der Einsamkeit nehmen auch ohne Einflüsse von außen die Gewalttätigkeiten bis zu Mord und Totschlag zu.

Nach der Aufhebung der Deportationsgesetze wandern die Überlebenden in ihre alten Gebiete zurück. Die innere Ordnung stellt sich wieder her, der Machtkampf um die Position des Oberhauptes wird vom Stamm entschieden und die traditionellen Gesetze erlangen ihre Geltung zurück. An der Abgeschlossenheit und Selbstbezogenheit ändert sich nichts – bis auf die Bereitschaft zweier Mitglieder der Şatra, über ihren Leidensweg zu erzählen. Der Roman lässt sowohl offen, wie unter diesen Bedingungen eine Integration in das sozialistische Nachkriegsrumänien erfolgen, als auch, auf welche Weise die rumänische Gesellschaft mit ihrer Schuld umgehen soll.

Zumindest teilt Stancus Werk nicht die Grundauffassung der von den sozialistischen Ländern Osteuropas übernommenen Stalin'schen Nationalitätenpolitik, nach der »es sich bei Zigeunern nicht um eine ethnische, sondern um eine soziale Gruppe handle, die in das Proletariat eingefügt werden müsse«.[37] Die staatlichen Bemühungen konzentrieren sich auch in Ungarn, wo den Romgruppen anfänglich durchaus noch bewusst ist, dass die Rote Armee die 1944 einsetzenden Deportationen beendet hat, auf die Eingliederung in den industriellen Produktionsprozess und die kollektiv betriebene Landwirtschaft.[38] In einem programmatischen Artikel aus der Phase strikter Assimilation heißt es, dass »nichts Besseres geschehen [könne], als die Zigeuner so rasch wie möglich in die magyarische Arbeiterklasse zu integrieren«.[39] Die ungarische Minderheitenpolitik gewährt im Unterschied zu den anderen Ländern des Ostblocks einen größeren Spielraum und erlaubt auf kultureller Ebene in den fünfziger Jahren die Selbstorganisierung der Romgruppen. In den siebziger und achtziger Jahren führt die Wende zu größerer innerer Liberalität zur offiziellen Anerkennung als ethnische Gruppe mit eigener Kultur.[40] Dass Ungarn nach 2000 zu einem Land herunterkommt, in dem die Roma den größten Diskriminierungen und den schwerwiegendsten Verfolgungen innerhalb der Europäischen Union ausgesetzt sind, widerspricht sowohl dem ethnischen Pluralismus der ungarischen Nationalisten des 19. Jahrhunderts als auch den sozialen Integrationsbemühungen der sozialistischen Epoche und lässt sich wohl nur in Analogie zum Antisemitismus der ersten Hälfte des 20. Jahrhunderts erklären. In einer Fallstudie über die *Roma und den ungarischen Kommunismus* (2007), die den tieferen Ursachen der weit gehend gescheiterten Integration nachgeht, wird zwischen der Unvereinbarkeit der in Ungarn trotz der Industrialisierung die Mentalität der Mehrheit prägenden bäuerlichen Wertewelt und der ›Kultur der Armut‹ der Romgruppen unterschieden. Als »Söhne des Bodens« schätzen sehr viele Ungarn den eigenen Landbesitz und den durch bäuerliche Arbeit erzielten Gewinn sehr hoch. Für die besitzlosen Zigeuner, die »Söhne des Markts«, ist ein Gewinn vornehmlich durch ständigen Tausch, von der Arbeitskraft bis zu ihren handwerklichen Produkten und Dienstleistungen, zu erreichen.[41] Ein wichtiges Thema in Sekeras Roman *Tanz an der Waag*, der zwischen bürgerlich-bildungsorientierter, proletarischer, vom Arbeitsethos geprägter Lebensweise und den Improvisationsfähigkeiten und der Flexibilität und Mobilität der Roma zu vermitteln sucht, stellt daher das fehlende Verhältnis zur Vorsorge und Selbstversorgung dar. Das Nähen mit der Maschine, zu dem der Lehrer die Frauen ermuntert, ist dafür ein elementares Beispiel, denn nun sind sie in der Lage, mehr als ein Kleid für sich und ihre Kinder herzustellen, ohne andere Pflichten vernachlässigen zu müssen. Für die Mehrzahl der Roma, so die Fallstudie, bildet die Lohnarbeit auf dem Bau oder die Erntehilfe eine akzeptable Einnahmequelle. Ihre Vorstellungen vom guten Leben verbinden sie jedoch weiterhin mit traditionellen Tätigkeiten wie dem Pferde- bzw. Autohandel oder dem Trödeln.[42] Selbst in dem von realsozialistischem Zukunftsoptimismus strotzenden ungarischen Jugendbuch *Kati von der letzten Bank* (1969) von Maria Halasi (1931-1978), das die schulische Förderung zum Thema hat, sind die Schulsachen des Mädchens nicht mehr als ein Gebrauchs- und Tauschgut für die gesamte Familie, die sich daran vergreift, ohne Rücksicht darauf zu nehmen, dass sie ein Schuljahr vorhalten müssen. Die traditionellen bäuerlichen und handwerklichen Milieus betrachten den Handel nicht als Arbeit, sondern als Betrug. Der Antisemitismus bezieht aus dieser Einstellung seine aggressiven Energien. Doch auch die sozialistische Variante der Arbeitsethik erweist sich als tauschfeindlich. Die Unterentwicklung des Konsumsektors kann man an der Länge der Schlangen vor den Geschäften messen. Für viele Roma verheißen Arbeit und Sesshaftigkeit aus ihrer Sicht kein besonders gutes Leben. Ohne Bildungszertifikate bleiben ohnehin nur die wenig attraktiven Tätigkeiten.

Verschwinden in den Volksmassen, Auftauchen im Elend

Die von ungarischen Roma geschriebenen Romane arbeiten sich mit einer beeindruckenden Genauigkeit und Anschaulichkeit, die den eigenen Erfahrungen zu verdanken sind, an den Problemen ab, die durch die systematische Entwertung der traditionellen Lebensweise von außen und ihrem historisch bedingten inneren Zerfall entstehen. Aus ihrem Blickwinkel sind die Zwangsansiedlungen und Assimilationsprogramme nur Oberflächenphänomene einer verfehlten Entwicklung und Symptome einer verfahrenen und beinahe ausweglosen Situation.

Der 1975 erschienene, stark autobiographisch gefärbte Roman *Bitterer Rauch* des ungarischen Rom Menyhért Lakatos (1926-2007) umfasst einen von den späten dreißiger Jahren bis zum Ende des Horthy-Regimes 1944 reichenden Zeitraum.[43] Der Ich-Erzähler erlebt den Übergang der ungarischen Gesellschaft in die Moderne nach dem Zusammenbruch der Monarchie vom Rande her als einen wenig erfolgreichen, schleppenden Prozess. Die Behörden und Obrigkeiten sind korrupt und unfähig, die Eliten provinziell und immer noch am aristokratischen Vorbild ausgerichtet. Ihrer Macht und ihrem Einfluss haben die wenigen städtischen Liberalen kaum etwas entgegenzusetzen. Die Mittelschichten verhalten sich unterwürfig. Ebenso die Bauern, deren Kulturlosigkeit sie kaum von den Roma zu unterscheiden erlaubt. Auch die Romgruppen versuchen keine Neuausrichtung. Sie stellen ihre bisherige Lebensweise lediglich auf die veränderten Verhältnisse ein. Dazu zählt die Entscheidung, aus wirtschaftlichen Gründen sesshaft zu werden. Die Roma leben nun ohne engeren Sippenzusammenhalt in einer Siedlung, die in sicherem Abstand zur Stadt und den Bauernhöfen heranwächst: inzwischen groß genug, um Verwaltung und Polizei vor Ort zu haben, aber doch nicht wichtig genug, um einen Arzt oder eine eigene Schule zu erhalten. Die Mutter des Ich-Erzählers erkennt indes als Einzige im Schulbesuch wenigstens eines ihrer Kinder eine vage Aufstiegschance. Die Großmutter trauert dem Wanderleben nach: »Sie war fest verwachsen mit der längst vergangenen Zeit, die sie zu bewahren suchte. Die Welt war ihr fremd geworden, sie empfand die Seßhaftigkeit als Gefangenschaft.«[44] Durch die Gespräche, die der Erzähler mit ihr und mit seinem Vater führt, werden viele Einzelheiten der Traditionen der Wanderzigeuner und der Stolz über ihre handwerklichen Fähigkeiten – seine Vorfahren gehören zu einer Sippe gefragter Glockengießer – in Erinnerung gerufen. Der Vater versucht auch noch innerhalb der Siedlung einer traditionellen Tätigkeit nachzugehen. Als Pferdekenner betreibt er einen betrügerischen Handel und ist als Pferdeheiler erfolgreich.

Die Umgangsformen sind von Gewalt und obszönen Rohheiten auch unter Kindern und Jugendlichen gekennzeichnet, worüber anekdotisch-schwankhaft erzählt wird, wie von der lebensfrohen Icuka, die die Kinder eines Tages mit hochgeschlagenem Rock unter einem Strauch im Schatten liegend vorfinden, wobei sie ihre Schenkel im Takt eines Liedes schließt und öffnet. Einer der Jungen

> »spuckte den zu einem Klumpen gekauten Knoblauch in die Hand und warf ihn Icuka zwischen die Beine. Es war ein Treffer, wie er nur selten vorkommt. Als das Mädchen vor Schreck aufsprang, rutschte ihr der Knoblauch völlig hinein«.[45]

Die gesamte Siedlung amüsiert sich über diesen Vorfall und wertet diesen einer vulgären Männerphantasie entsprungenen Übergriff als verdiente Lektion: »Seitdem wurde sie von allen nur noch ›Knoblauch-fotze‹ genannt. Mit den schönen Nächten, die sie mit dem einen oder anderen Burschen verbracht hatte, war es nun aus.«[46]

Um ihn nicht in diesem Milieu versinken zu lassen, wird der Ich-Erzähler mit eiserner Strenge von seiner Mutter dazu gezwungen, die Schule regelmäßig zu besuchen. Die anderen Kinder beneiden ihn nur um das Schulessen, das er dort bekommt. Eine Schussverletzung, die ihm ein betrunkener wohlhabender Unternehmer bei einer Treibjagd zufügt, führt zu einer Schadensersatzregelung. Zu ihr gehört, dass der Täter durch seinen Einfluss dafür sorgt, dass der Erzähler ein Gymnasium besuchen darf. Niemand in der Siedlung weiß damit etwas anzu-fangen: »So etwas hatte es in unserer Welt noch nicht gegeben.«[47] In der Schule wird er schnell mit den Vorurteilen gegen Zigeuner konfrontiert. Die Mutter begreift seine schwierige Situation und führt mit ihm ein entlastendes Gespräch. Er solle in der Schule zeigen, was ihm niemand zutraue, und dennoch nicht seine Herkunft leugnen. Eher aus Selbst-achtung denn aus Interesse ringt er sich zu einer neuen Haltung durch: »In mir war nur der Wunsch und der Wille, zu beweisen, daß auch mich eine Mutter geboren hatte und ich das Kind von Menschen war.«[48] Als guter Schüler kann er schon bald durch Nachhilfeunterricht zum Un-terhalt der Familie beitragen. Die täglichen Diskriminierungen hören nicht auf, aber ebenso begegnet er Lehrern, die ihn fördern und vertei-digen. Die Leute in der Siedlung überschätzen seine Fähigkeiten und Möglichkeiten und kommen mit schwierigen Krankheiten zu ihm, weil sie ihn, den Jugendlichen, für einen ›Doktor‹ halten. Immerhin gelingt es ihm bisweilen, gegen die unhygienischen und folgenreichen traditio-nellen Heilmethoden mit Pferdemist und Menstruationsblut vorzuge-hen. Generell ist die Einstellung gegenüber Krankheit und Tod eher von einer fatalistischen Gleichgültigkeit: »Die Kinder gediehen auch ohne Arzt. Die lebensfähigen kamen durch. Die es nicht schafften, mußten begraben werden.«[49] Diese und andere Erfahrungen erlauben es ihm, trotz des Zwiespalts, in dem er sich befindet, einen kritischen Abstand zu seiner Herkunftsgruppe zu gewinnen:

> »Wir glaubten an das Nichts, weil seine Wurzeln jahrhundertealt und ver-steinert waren. Es zerstörte, tötete, rief Aberglauben und Angst hervor. Es verschlang alles, vernichtete unser Dasein und gestaltete es neu. Es würde unsere Ängste nähren, bis wir den Mut fanden, uns aus seiner Gefangen-schaft zu befreien.«[50]

Immer wieder schadet das anarchische Verhalten seiner Freunde seiner von der Mutter behüteten und verteidigten Schulkarriere. Sie wird unterbrochen, als er unverschuldet in die fahrlässigen Aktionen eines amtlich für unzurechnungsfähig erklärten Nachbarn gerät. Bei der gemeinsamen Flucht verletzt er den ihn mit gezücktem Säbel verfolgenden Gemeindediener nicht unerheblich. Um nicht dessen Misshandlungen und Rache ausgesetzt zu sein, begibt er sich unfreiwillig auf die ›Wanderjahre‹, auf denen er die für seine weiteren Lebensplanungen entscheidenden Einblicke in den Zustand der ungarischen Romgemeinschaft gewinnt. Auf engstem Raum mit den Erntehelfern eines großen Landgutes eingepfercht, erfährt er am eigenen Leib den inneren Zerfall der wandernden Romsippen und -familien. Das Verhältnis der Geschlechter untereinander ist von Rohheit, Zwang und Gewalt gekennzeichnet, deren Ausübung unmittelbar mit dem vorherrschenden Männlichkeits- und Weiblichkeitsbild verbunden ist. Drastisch ist die Schilderung der öffentlichen Misshandlung einer Zigeunerin durch ihren Mann. »Die Frau versuchte ängstlich, sich aufzurichten. Das Blut tropfte aus ihrem schmerzverzerrten Gesicht auf die Steine, die an ihren langen schwarzen Haaren hingen, und färbte sie rot.«[51] Der Ehemann ringt mit diesem Theater der Grausamkeit um die Anerkennung seiner Position als ›ganzer Kerl‹, der sein Verfügungsrecht über die Frau durchzusetzen weiß: »Solange ich neben ihr liege, mache ich mit ihr, was ich will.«[52] Spontan hilft der empörte Erzähler ihr, indem er den Prügler mit einem Hackenstiel niederschlägt. Damit beendet er aus der Sicht der Zuschauer einen unterhaltsamen Abend. Ebenso entromantisiert der Ich-Erzähler die Vorstellungen von den traditionellen Heiratsregeln. Die entwurzelten Roma vermögen es nicht mehr, den Ritualen und Geboten einen sozialen Sinn zu verleihen, der ihre Gemeinschaft stärkt. Man praktiziert sie zwar noch wie die modernen Gesellschaften die Religion, aber ihr Geltungsgrad ist gering. Eine Ehedauer kann sich auf nicht mehr als zwei oder drei Nächte erstrecken:

> »So etwas wurde bei uns keineswegs verachtet. Zumindest galt es als natürlich, daß zwei Menschen unterschiedlichen Geschlechts, die eine Nacht zusammen schliefen, als Ehegatten bezeichnet wurden.«[53]

Als der Erzähler in der Scheune unter den Augen der Familie mit einem Mädchen schläft, beinahe noch ein Kind wie er selbst, soll er der Tradition Genüge tun. Doch der Brautkauf erweist sich als eine Karikatur der alten Praktiken, da der Brautvater ein Spieler ist, der die Gelegenheit nutzt, ein wenig Spielkapital herauszuschlagen. Mit einem Stammesältesten, der sich noch an die alten Gesetze erinnert und dessen Tochter daher wegen eines Ehebruchs eine Genitalverstümmlung über sich ergehen lassen musste, führt er ein Gespräch, in dem wie einst bei einer Begegnung auf der Wanderung das Ansehen und die Ehre der Stämme gelobt werden. Die Beschreibung des Alten und seiner Sippe macht jedoch deutlich, dass von beidem nichts übrig geblieben ist. Die erzwungene ›Bildungsreise‹ in die Welt der zerstörten und sich zerstörenden Romagemeinschaften bestärkt den Erzähler darin, nach neuen Wegen zu suchen: »Das, was war, ist ein für allemal dahin. Jede Zeit hat ihre Bräuche. Was sich überlebt hat, mögen nicht mal die Hunde fressen.«[54] Nach der Rückkehr in die Siedlung seiner Eltern muss der Gemeindediener mit einer erheblichen Summe bestochen werden, damit der Erzähler weiter das Gymnasium besuchen kann. Unter dem profaschistischen Horthy-Regime ändert sich das Klima in der Schule. Der Antisemitismus wird geschürt. Die Gymnasiasten beteiligen sich mit Billigung der städtischen Behörden an Schikanen gegen die jüdische Bevölkerung. Bevor der Erzähler aus ›rassischen Gründen‹ die Schule verlassen muss, wird sein jüdischer Klassenkamerad ausgeschlossen. Die Verfolgungen auch von Seiten der Bevölkerung eskalieren. Ein kleiner Junge, der es mit Unterstützung des Erzählers ebenfalls auf die Schule geschafft hat, wird von seinen Mitschülern im Abort ertränkt. Der Roman endet mit der Selektion und Deportation der Roma. Da sie durch die Ausgrenzung und ihr Analphabetentum von den politischen Informationen ausgeschlossen sind, erfassen sie nicht die Dimensionen der Zwangsmaßnahmen. Wie der slowakische Schriftsteller Sekera spart Lakatos die Vernichtungslager und die Zeit des sozialistischen Aufbaus aus und lenkt das Interesse auf die erste Phase der Modernisierung eines zurückgebliebenen Landes wie Ungarn, in der die bis in die Gegenwart reichenden Anpassungsprobleme der Romvölker entstehen. Seine Figuren gehen nicht in einer Opferrolle auf, auch wenn sie Ungerechtigkeiten, Ausbeutung und Verachtung erleiden müssen. Trotz ihres begrenzten Handlungsspielraums gelingt es ihnen, anders als den depravierten Wanderzigeunern, ihre individuellen Lebensentwürfe zumindest phasenweise zu verwirklichen. Der Roman legt nahe, dass innere Kraft und Gestaltungswille und damit Selbstorganisation und Selbsthilfe entscheidend für positive Veränderungen sind.

Bei den aus der Binnenperspektive erzählten Werken stellt sich die Frage, inwiefern die Zeitgeschichte, jene politischen, wirtschaftlichen und kulturellen Ereignisse, die die Gegenwart bestimmen und die Weichen für die Zukunft stellen, von den Roma wahrgenommen werden. Bei Stancu fällt die Antwort eindeutig aus. Nichts kann das Zeitempfinden der Şatra beeinträchtigen, die als ›stationäre Gesellschaft‹ nur den Kreislauf von Geburt und Tod kennt. Auch in *Bitterer Rauch* bestimmen Ausgrenzung und soziale Einsamkeit die Zeitwahrnehmung. Durch die kritische Distanz und die Reflexionsfähigkeit des Erzählers erscheint dies im Übergang zur Moderne als ein existentielles Problem der Roma, die sich ihrer traditionellen Lebensweise entfremden und nicht zu ihr zurückkehren können, weil ihre wirtschaftliche Grundlage innerhalb einer Generation verschwindet.

Der 1973 geborene Tamás Jónás schreibt in seinem autobiographischen Werk *Als ich noch Zigeuner war* (1997/2002) mit bitterer Ironie über die beiden letzten Jahrzehnte des kommunistischen Ungarns. Der Ich-Erzähler wächst im engen Milieu einer sozialen Randgruppe ohne Willen und Kraft zur Veränderung auf, der keine Zukunftsperspektiven mehr geboten werden. Verluste, Verletzungen und Verlassenheit bestimmen seine Kindheit und Jugend. Der Rückblick beginnt damit, dass die Eltern wegen ihrer Schulden ins Gefängnis kommen und der Erzähler in ein Heim und danach zu Pflegeeltern gebracht wird. In der eigenen Familie vergiften Alkohol und Gewalt das Klima. Eine der beiden Schwestern, Mari, heiratet früh, die andere flüchtet jung in wechselnde Männerbekanntschaften: »Mit einem Wort: Hure. Zsuzsi war eine Hure. Ein bißchen stolz war ich schon auf sie. Da gehört ja was dazu. Eine Hure in der Familie. Und ich werde Dichter.«[55] Wo es keine Orientierung und keine Sicherheiten mehr gibt, können der Traum des Jungen und das Elend der Schwester als gleichwertige Berufsalternativen erscheinen. In der Pflegefamilie erfährt der Erzähler eine demütigende Ungleichbehandlung im Vergleich zum Umgang mit deren leiblichem Sohn:

> »er wurde nicht mit siedendem Wasser übergossen, wenn er etwas angestellt hatte; […] ihm rissen sie nicht die Haare büschelweise aus, und ihn verfluchten sie nicht, und ihn schlugen sie nicht, ihn schlugen sie nicht, ihn schlugen sie nicht, sie schlugen ihn nicht«.[56]

Nach der Entlassung der Eltern aus der Haft darf er zu ihnen zurückkehren. Doch hier leidet die gesamte Familie unter dem jähzornigen, gewalttätigen Verhalten des Vaters und der Unfähigkeit der Mutter zu einer geordneten Haushaltsführung, die ihm eine lähmende Grunderfahrung aufbürdet: »Das Morgen war nie geplant. Natürlich planten wir, phantasierten, träumten, aber nie konnten wir sagen, was morgen sein soll oder sein würde.«[57]

Trotz der Diskriminierung durch die Mitschüler erkennt der Erzähler in der Schule einen Ausweg aus den bedrohlichen Lebensumständen, unter denen er aufwächst: »Zuerst saß ich hinten irgendwo, [...] dann kam ich immer weiter nach vorn, bis ich neben dem besten Schüler der Klasse, in der allerersten Bank saß.«[58] Gewalt bleibt dennoch die vorherrschende Erfahrung. Mit ihr werden die Konflikte mit den Nachbarn oder den sogenannten rumänischen Zigeunern ausgetragen, die im Unterschied zu den ungarischen noch Romanes sprechen, und mit ihr setzt der große Bruder seine Position durch: »Zunächst hat er mich oft verdroschen. Das sind meine frühesten Erinnerungen an ihn: wir waren alleine zu Hause und er quälte mich.«[59] Später begeht der Bruder dilettantische Einbrüche und landet dafür wiederholt im Gefängnis.

Irgendwann erlebt der Erzähler einen psychischen Zusammenbruch und muss in eine Klinik, in der er Hilfe findet, ohne die Verletzungen vergessen zu können: »Vergangen sind meine Tränen, doch nicht vergangen sind diese Zigeunerzeiten.«[60] Das Werk von Jónás führt eindringlich vor Augen, dass der Glaube an die heilende Kraft der Arbeiterklasse aus der Anfangsphase der sozialistischen Gesellschaft verschwunden und der routinierten Verwaltung des Elends durch die Alimentierung mit Sozialleistungen gewichen ist.

Wie nach dem Zusammenbruch des Sozialismus das soziale Verantwortungsgefühl von Staat und Gesellschaft gegenüber den Romvölkern schwindet und die Verelendung fortschreitet, davon handelt der Reisebericht *Die Hundeesser von Svinia* (2004) des österreichischen Journalisten Karl-Markus Gauß (geb. 1954). Zunächst erkundet er die Romaviertel in den städtischen Zentren und dringt dann über Dörfer und ländliche Siedlungen immer weiter bis in das Herz der Finsternis, die abgelegene und berüchtigte Siedlung der Hundeesser, Svinia, vor. Auf den ersten Blick scheint er dem von George Borrow vorgezeichneten ethnographischen Schema der Suche nach den ›wahren Zigeunern‹ zu folgen, wenn er in den abgelegenen Regionen auf Reste und Spuren traditioneller Bräuche und Gesetze stößt. Das Gegenteil ist jedoch der Fall. Gauß, ein scharfer Beobachter und geduldiger Zuhörer, verklärt Rückständigkeit und Armut nicht zu ursprünglichen und ›echten‹ Lebensformen. Erträgliche Lebensbedingungen findet er nur noch in den ländlichen Gebieten vor. Dort existieren in begrenztem Umfang Beschäftigungsmöglichkeiten für die Roma. Sie können am unteren sozialen Rand Anschluss an die dörflichen Gemeinschaften halten. Die befragten Slowaken sehen in diesen Roma »Nachfahren der guten alten Zigeuner«,[61] die ihren angestammten Platz in der Gesellschaft kennen und akzeptieren würden. Als Symbol der gescheiterten Assimilationspolitik gilt die einstige Mustersiedlung Lunik IX in der ostslowakischen Universitätsstadt Košice, die mit 4000 bis 6000 Einwohnern »zum größten Zigeunerghetto Europas«[62] herangewachsen ist.

Lunik IX wurde in den siebziger Jahren nicht als liebloses Plattenbauviertel hochgezogen, sondern erfüllte für damalige Verhältnisse hohe Wohnstandards. Zu dieser Zeit lebten die meisten Roma, die, so Gauß, »wo immer sie wohnen, es niemals mit gültigen Mietverträgen oder gar einer grundbücherlichen Eintragung ihres Besitzes tun«,[63] in der verfallenden, abrissreifen Altstadt. Diese Tatsache erleichterte ihre Vertreibung, als das historische Zentrum auf eine städtebaulich vorbildliche Weise erneuert wurde. Die unvorbereitete Umsetzung in die bei den slowakischen Werktätigen einst begehrte Musterkolonie erwies sich wegen des zu erwartenden unkontrollierten Nachzugs und der Abwanderung der Nichtroma als fataler Fehlschlag. Nur wenig Zeit verging, »bis die stolze neue Wohnanlage aussah, als wäre sie bereits vor Jahrzehnten erbaut und seither niemals renoviert worden«.[64] Bei seinen Rundgängen und Gesprächen registriert Gauß jene Verelendungsphänomene vom Alkoholismus über Kinderehen bis zum Sozialbetrug, die Jónás in seiner Autobiographie aus der Innensicht beschreibt. Ein genaueres Hinsehen erlaubt es ihm, mit der Vorstellung aufzuräumen, dass sich in Ghettos wie Lunik IX eine homogene Armutsgesellschaft herausgebildet habe. Schon an der Verteilung der Wohnungen, ihrem Zustand und am Vorhandensein oder Fehlen prestigeträchtiger Konsumgüter lassen sich von außen deutliche Unterschiede bemerken. So betritt er innerhalb der gleichen Siedlung gepflegte Gebäude und dann wieder Häuser, aus deren Fluren nicht einmal mehr verfaulende Tierkadaver entfernt werden. Zu den erfolgreichsten und mächtigsten Männern im Viertel zählen neben den Drogenhändlern und Zuhältern die Geldverleiher und Wucherer. Vor allem sie sind es, die »die europaweiten Bettelfahrten ihrer Schuldner«[65] organisieren und ganze Familien in Abhängigkeit halten. Nach seinen Recherchen stammen die Roma-Bürgermeister und -Vertreter, die ihre herausgehobene Stellung im Viertel durch eine Mischung aus »Tradition und Ehre, Klugheit und Brutalität, Geld, Großzügigkeit und Gewalt«[66] erlangt haben und deren Rat die EU-Verwaltung gerne folgt, häufig aus dieser Schicht. Diejenigen, die sich gegen die

oligarchischen Strukturen wehren, werden als Verräter aus der Gemeinschaft der Siedlung ausgeschlossen. Lunik IX erschließt sich Gauß bei
näherer Betrachtung allmählich als »eine starre Kastengesellschaft«,[67]
auf deren niedrigster Stufe sich die unberührbaren Degesi, die sogenannten Hundeesser, befinden. Als Machogesellschaft treiben die großstädtischen Roma laut Gauß auf einen Abgrund zu, wenn die ihrer
Würde und Ehre beraubten Männer ihre jetzt noch durch öffentliche
Gewalttätigkeiten und Machtinszenierungen mühsam aufrechterhalte-
ne Autorität endgültig verlieren.

> »Dann aber werden sie nicht einmal mehr herumstehen und den stolzen
> Eindruck von freien Menschen zu machen versuchen, die herumstehen, weil
> es ihnen eben gefällt, herumzustehen, sondern sie werden wie die letzten
> Indianer mit der Schnapsflasche in der Hand im Dreck liegen.«[68]

Diesen deprimierenden Eindrücken stellt er die Bemühungen akademisch gebildeter junger Roma um Selbstorganisation und Selbsthilfe gegenüber, die allerdings wie im Falle des von ihnen angeregten Gesetzes,
Sozialhilfe nur bei regelmäßigem Schulbesuch der Kinder auszuzahlen,
mit empörtem Widerspruch aus den Ghettos rechnen müssen.[69]

Dem in der Nähe der ukrainischen Grenze gelegenen und von einem
unerträglichen Geruch umgebenen Svinia nähert sich der Reisende mit
dem Gefühl, auf einer gefährlichen Expedition in die Wildnis zu sein.
Man empfängt ihn zu seiner Überraschung nicht abweisend wie in den
anderen Siedlungen: »Ich war noch keine Minute da, schon stand ein
Dutzend Kinder um mich, von dem mir ein jedes seine Hand entgegen-
streckte und mir seinen Namen sagte.«[70] Das freundliche Begrüßungs-
zeremoniell setzen die Erwachsenen fort: »Ich wußte nicht, ob ich zehn
Minuten oder eine Stunde brauchte, jedem, der mich als Gast seiner
Siedlung persönlich begrüßte, die Hand zu reichen.«[71] Schon bald versagt die Wahrnehmungsroutine des erfahrenen Reisejournalisten angesichts der widersprüchlichen Eindrücke, die sich zu keinem klaren Bild
zusammenfügen lassen. Er wird von ausgelassenen, lachenden Bewohnern umringt.

Es gelingt ihm nicht, die Diskrepanz zwischen dem untadeligen Zustand der meisten Wohnungen und dem vernachlässigten öffentlichen
Raum zu begreifen, und er fragt sich angesichts der Verwahrlosung, »wie
all die Mütter und Großmütter es zuwegebrachten, in einer dreckstarren-
den, bei Regen im Schlamm ertrinkenden Siedlung ihre Wohnungen so
sauber zu halten«.[72] In Gesprächen mit Aktivisten einer Hilfsorganisa-

tion, die in der Siedlung Selbsthilfeprojekte initiiert haben, deutet sich
eine Antwort an. Bei den Bewohnern von Svinia, die »seit Generationen
nahezu völlig isoliert gelebt hatten und auch von anderen Roma geradezu als Unberührbare geächtet waren«,[73] habe sich ein völlig anderes
Zeitverständnis eingestellt. Dies sei nicht durch Erinnern, sondern durch
Verdrängen und selbstzerstörerisches Vergessen dessen, »was zum Leben gehört«,[74] charakterisiert. Dazu ein einfaches Beispiel. Die Hilfs-
organisation übergab dem Dorf zur Verbesserung der Selbstversorgung
einige Legehennen. Doch selbst diese auf dem Lande klare Angelegenheit scheiterte, denn ein Teil der Hühner wurde sofort bei einem Fest
verspeist, »die anderen lagen geköpft, den Hunden zum Fraß vorgeworfen, irgendwo in der Siedlung herum«.[75] Die Bewohner haben ihre Traditionen und damit ihr kollektives Gedächtnis verloren, mehr noch ihre
individuellen Erinnerungen an ein normales Leben. »Was kaputt ging,
war kaputt, was zerrissen war, blieb zerrissen; wenn das Dach über dem
Kopf einstürzte, hauste man eben ohne Dach über dem Kopf«.[76] In einer
Fallstudie beschreibt ein slowakischer Soziologe Svinia »als den singulären Fall einer Gesellschaft, die in ihrer Entwicklung nicht nur zurück-,
sondern gewissermaßen aus der Zeit gefallen war«.[77] Diese Hypothese
stimmt auffällig mit den Zeitvorstellungen in den untersuchten Romanen von Stancu, Lakatos und Jónás und der in ihnen so eindringlich dargestellten Einsamkeit und Verlorenheit überein. Die Soziologen, die die
Mikrogesellschaft von Svinia erforscht haben, gehen über die Beobachtungen von Gauß hinaus, wenn sie konstatieren, »daß die Roma nicht
nur in einer anderen Zeit zu leben schienen, sondern gewissermaßen
jenseits von ihr, ja daß sie keinerlei Zeitempfinden, das dem unseren
ähnlich war, hatten«.[78] Das hatte schon der englische Lyriker William
Wordsworth 1807 mit Verwunderung festgestellt.[79]

Zum anthropologischen Befund verallgemeinert, würde die Behauptung über das Zeitempfinden der Bewohner von Svinia auf die häufig
vorgebrachte rassistische These von der Zivilisationsunfähigkeit der Zigeuner hinauslaufen. Auf diese Weise ließe sich den ›Erfindungen‹ der
Zigeuner eine neue, postmoderne hinzufügen und die Vorstellung un-
überwindbarer Andersartigkeit ein weiteres Mal zementieren. Doch als
nüchterne soziologische, modernitätstheoretische Beobachtung weist sie
auf nicht mehr als auf eine der vielen Ungleichzeitigkeiten der europäischen Gesellschaften hin. Die Beschreibungen der Leute von Svinia
erinnern an den Blick der Bürger auf die Arbeiter in der Frühphase der
Industrialisierung im 19. Jahrhundert, die sich dem Zeitregime der Fa-

brikarbeit und der Disziplinierung durch Aktionen, die vom Diebstahl der Produktionsmittel über den häufigen Arbeitswechsel bis zum Maschinensturm reichten, zunächst vehement widersetzten.[80]

Die Beobachtungen über das Zeitempfinden legen gesellschaftspolitisch die Einsicht nahe, dass Binnengesellschaften wie die der Roma einen Veränderungsprozess durchlaufen müssen. Nur Sozialromantiker oder Zyniker können mit dem gegenwärtigen Zustand zufrieden sein. Die entscheidende Frage nach dem Wie der Veränderungen konnte seit den Ansiedlungsprojekten Maria Theresias nicht annähernd zufriedenstellend beantwortet werden. Die isolierte und ghettoisierte Kastengesellschaft der Roma in den ehemaligen sozialistischen Ländern weiß bisher ihre Überlebensstrategien flexibel auf die neue Situation in Europa einzustellen, wie die Wanderungsbewegungen und die Verlagerung der traditionellen Tätigkeiten nach Frankreich, Italien, Österreich und zunehmend auch nach Deutschland zeigen. Eine Lösung der sozialen Probleme ist das nicht. In den osteuropäischen Ländern, in denen allein schon wegen des hohen und weiter wachsenden Bevölkerungsanteils der Romvölker ein dringender Handlungsbedarf besteht, zeichnen sich seit den neunziger Jahren drei politische Stoßrichtungen ab. Sie spiegeln sich auf lokaler, regionaler und nationaler Ebene in Auseinandersetzungen wider, die in Ungarn und der Slowakei inzwischen militante Formen angenommen haben. Erstens versuchen Bürgerrechtsorganisationen und NGOs Rechte einzufordern, gegen Diskriminierungen vorzugehen, Kommunikationsstrukturen zu schaffen und die Selbstorganisation und -hilfe zu unterstützen – mit wenig Rückhalt bei den Betroffenen. In erheblich stärkerem Maße ist zweitens die Minderheiten- und Subventionspolitik der Europäischen Union präsent, die sich vor allem auf die Schaffung und Verbesserung von Infrastrukturen (Wohnungen, Hygiene, Krankenversorgung, Bildung und Erziehung, Weiterqualifikation usw.) konzentriert und nicht wenige Mittel in die wissenschaftliche Erforschung der Lebensverhältnisse, repräsentative Tagungen und die Kultur- und Sprachförderung steckt und so ihre Beratungselite beschäftigt. Vor Ort sind die Infrastrukturprojekte vor allem im Bausektor korruptionsanfällig. Drittens erstarken nationalistische Organisationen und Parteien, die auf der Grundlage rassistischer Ideologie und im rechtspopulistischen Fahrwasser eine Politik der Verfolgung und Ausgrenzung gegenüber den Romvölkern betreiben und eliminatorische Programme aus der langen Bedrohungsgeschichte wiederaufgreifen.

In seinem wiederholt vorgebrachten Vorschlag, »der größten Minderheit in Europa, dem Volk und der Nation der Roma, im Straßburger Parlament Sitz und Stimme zu geben«,[81] geht Günter Grass (geb. 1927) von der unzutreffenden Voraussetzung aus, dass unter den Romvölkern so etwas wie ein einheitliches nationales Bewusstsein existiere, das sich zu einem gemeinsamen politischen Willen bündeln ließe. Doch solange es nicht einmal möglich ist, auf lokaler Ebene unterschiedliche Interessen auf einen gemeinsamen Nenner zu bringen und innere Rivalitätskämpfe um Macht und Ansehen zu beenden, bleibt diese Idee nicht mehr als eine hilflose Geste. In den Roma-Ghettos von Košice, Bukarest oder Sofia gedeiht ein ganz anderer, ethnisch begründeter Mythos der Gleichheit und Gemeinschaft der Ausgestoßenen, der in Wirklichkeit nicht mehr als ein Abfallprodukt alter Stammestraditionen ist. Dieses Wir-Gefühl der Verachteten macht misstrauisch gegenüber jeder Hilfe von außen und blind gegenüber den mafiosen Clanchefs aus den eigenen Reihen, die sich auf Kosten ihrer Brüder und Schwestern bereichern. Obwohl dieses Buch Entstehung und Verfestigung, Ursachen und Mechanismen der Ausgrenzung aufdeckt, wäre es leichtfertig, am Ende Rezepte zur Beseitigung dieser unwürdigen Lebensverhältnisse der Romvölker von Norwegen bis zum Kosovo auszustellen. Ein Grund für die Zurückhaltung liegt in der langen, allzu langen Geschichte, an deren Fortsetzung gerade wieder in europäischen Dimensionen geschrieben wird. Es will vielmehr gesichertes Wissen zur Verfügung stellen, um mit dessen Hilfe in demokratischen Gesellschaften zumindest offenen Diskriminierungen entgegentreten und Eskalationen verhindern zu können. Verachtung und Verfolgung in den hier untersuchten Erscheinungsformen werden weiterbestehen, solange die Lebensverhältnisse der Romvölker in Europa und ihre Beziehungen zur Mehrheitsbevölkerung sich nicht grundlegend ändern. Wer wie sie ethnische Identität auch in modernen, ausdifferenzierten Gesellschaften nur innerhalb der untersten Schichten bewahren kann und den eigenen Lebensstil für seine Volkseigenschaft hält und deshalb fürchten muss, sie bei jedem sozialen Aufstieg zu verlieren, weil es keine geeigneten Rollenbilder innerhalb der eigenen Gemeinschaft und keine Akzeptanz für einen Roma-Arzt oder Roma-Firmenvorstand gibt, befindet sich in einer nahezu ausweglosen Situation.

Wenn die soziologischen Beobachtungen über das abweichende Zeitempfinden von Roma in den osteuropäischen Siedlungen und Ghettos zutreffen, und vieles spricht dafür, dann kann man die lange Geschichte des Lebens am Rande mit Blick auf die Gegenwart noch anders deuten.

Es hieße, dass der Prozess der Disziplinierung und Normierung der Individuen, der die Voraussetzung für die beschleunigte Modernisierung Westeuropas zu Beginn des 19. Jahrhunderts bildete, nun den Romvölkern mit zweihundertjähriger Verspätung bevorsteht. Dieser Prozess zielte vor allem auf einen veränderten Umgang der Individuen mit der Ressource Zeit und ihrem Körper: in der Produktionssphäre, aber auch im privaten Lebensalltag. Der Modernetheoretiker Michel Foucault spricht von einer bis ins Kleinste geregelten Kontrolle

>der Zeit (Verspätungen, Abwesenheiten, Unterbrechungen), der Tätigkeit (Unaufmerksamkeit, Nachlässigkeit, Faulheit), des Körpers (›falsche‹ Körperhaltungen und Gesten, Unsauberkeit), der Sexualität (Unanständigkeit, Schamlosigkeit)«.[82]

In diesem Katalog lässt sich unschwer all das erkennen, was den Romvölkern bis in die Gegenwart als Unfähigkeit oder ethnische Eigenschaft vorgehalten wurde. Mit diesen Zuschreibungen reüssierten sie zum Inbegriff des Anormalen, der Abweichung, des Fremden. Bei aller Problematik einer nachgeholten Modernisierung scheint die behutsame und pragmatisch ausgerichtete Anpassung der *inneren Ordnung* der Romgruppen und der sich ihnen zugehörig fühlenden Individuen – ohne missionarischen Überlegenheitsgestus und Gewalt – an die *äußere Ordnung* der europäischen Gesellschaft unumgänglich zu sein. Es gibt allerdings keinen Grund, optimistisch zu sein, denn anders als zu Beginn des 19. Jahrhunderts werden sie – um mit der wichtigen ökonomischen Ebene zu beginnen – als unter- oder unqualifizierte Arbeitskräfte in Europa nicht gebraucht. Und wie sollte die Anpassung ohne eine nachhaltige und dauerhafte Verbesserung der konkreten Lebensbedingungen vonstatten gehen? Solange die soziale Alimentierung von Menschen in prekären Verhältnissen als wirtschaftlich günstiger gilt als die Investition in deren gesicherte Zukunft, werden sich die Verhältnisse der Roma vor allem in Osteuropa eher noch verschlechtern. Sie werden ihre Chancen dann in Westeuropa suchen, und zwar nach ihren Regeln. Welche Möglichkeiten bieten sich ihnen auch sonst – ohne Zukunft und Vergangenheit?

4. Geisternomaden – Schattenleben.
Zigeuner in der europäischen Literatur nach 1945

Immer noch Diebe und Asoziale

»Die Wohnwagen standen am Eingang oder, wenn man so will, am Ausgang des Dorfes und meist bei den Haufen von Abfällen oder Schutt, Wort, das an den Fingern und auf den Laken kleben bleibt, Endzustand, Zeugnis für ein großes Glück oder kleinen Tod, Kehricht vom Saubermachen, Durcheinander von leeren, mit Büchsenöffnern geöffneten Dosen, alten Matratzen, zerbrochenen Tellern, wo die barfüßigen Kinder des unbefestigten Lagers die Müllkippe durchwühlen. Die Frauen, in ihren losen Kleidern aus falschem Taft, gingen wahrsagen und die Männer flochten Körbe: Kleinigkeit, faulenzende Wendigkeit der braunen, maskulinen Hände. Die Hühnerdiebe stießen sich nie an der Zone der Bauern, Wickelkinder und Weiber fielen in die Dörfer ein, bettelnd, stehlend, lügend, behendes Repertoire aller Verderbten, paradiesische Hölle, welche die Gemeinden ankommen oder abfahren sahen.«[1]

Wohnwagen, Müll, Wahrsagen und Korbflechten, Betteln, Stehlen, Lügen. Die fragmentarischen Eindrücke fügen sich zu einem Bild, das sich in das kulturelle Gedächtnis tief eingeschrieben hat. Wir ›sehen‹ ein Zigeunerlager. Doch das ist ein Irrtum. Jean Genet (1910-1986) beschreibt in seiner Autobiographie *Ein verliebter Gefangener* (1986) ein palästinensisches Flüchtlingslager um 1970. Auch er assoziiert Zigeuner als Bewohner und erinnert sich an eine drei Jahrzehnte zurückliegende flüchtige Begegnung mit ihnen auf dem Balkan.

»Das letzte Lager nomadisierender Zigeuner sah ich in Serbien, selbstverständlich am Eingang oder Ausgang des Dorfes Ujitse-Pojega, nahe einem Müllhaufen. [...] Die fast nackten Gören sahen mich und rannten, die Frauen zu benachrichtigen, die es den Männern mit dem öligen Haar weitersagten. [...] Kurze Zeit später näherten sich zwei gutaussehende Frauen, ungefähr sechzehn Jahre alt, mit wiegendem Gang, ebenso gut ausgeprägt wie das Schwenken der Hüften, einer scheinbar indirekten Linie folgend, und dennoch war die ganze Ausführung an sich unverschämt, mich, geschützt durch die Mauer eines Hauses, zu provozieren. Direkt vor mir, vom Lager freilich abgeschnitten, das sie dennoch aus einiger Entfernung überwachte, hoben sie sehr langsam ihre luftigen Kleider, das eine grün, das andere schwarz mit roten Blumen, bis zur Taille und ließen mich ihre nicht enthaarten Genitalien sehen.«[2]

Die Erinnerung gibt den Blick frei auf eine in der Literatur über Zigeuner wiederholt auftauchende, als peinlich empfundene Situation, peinlich deshalb, weil das ungenierte Heben der Röcke die heimlichen Wünsche der Betrachter weckt. Für den homosexuellen Genet wirkt der Übergang vom Anmutigen zum Obszönen eher befremdlich als erregend. Dass ein Kollektiv im Hintergrund diese Schamlosigkeit lenkt, schafft eine bedrohliche Atmosphäre. In der fremdartigen Selbstbezogenheit entdeckt Genet eine Analogie zum Lager der palästinensischen Flüchtlinge:

>»Dieser stammeskulturelle Bodensatz verharrte im Orbit, wie damals in Serbien die Zigeunerlager, von den Serben durch ihre Gewohnheiten, ihre Moral oder einfach nur durch sich selbst auf Abstand gehalten, weil darin ihre Art zu überleben bestand.«[3]

Bei seinen Reisen durch Jordanien stößt Genet mit seinen palästinensischen Begleitern auf Nomaden, die vermutlich seit Jahrhunderten ein Leben führen, wie es nun den vertriebenen Palästinensern droht. Es handelt sich um einen

>»Scheinstamm, ungefähr fünfhundert Personen, [der] in noch zerschlisseneren Zelten lebte, als es die in den Palästinenserlagern waren, der von Tal zu Tal zog und sich hauptsächlich von kleinen Diebstählen und noch geringeren Betteleien ernährte«.[4]

Einer ethnischen oder nationalen Zuordnung weicht Genet aus, indem er die kleine Gruppe als Scheinstamm bezeichnet. Diese sprachliche Herabsetzung stellt seine hilflose Reaktion auf deren Selbstanonymisierung dar, denn »trotz der bohrenden Fragen von Nabila und Shiran [Genets Begleiter] nannte uns niemand seinen Namen, noch den Namen dieses falschen Stammes«.[5] Auf diese Weise wecken sie Zweifel an ihrer Existenz als feste Gruppe, zumal sie stets in den Zwischenräumen unbesiedelter Gebiete verschwinden, um irgendwo anders unerkannt als Fremde wieder aufzutauchen. Sie geben mit der Verweigerung des Namens aber auch deutlich zu verstehen, dass sie an bindenden oder verpflichtenden Kontakten zu Außenstehenden nicht interessiert sind. Deshalb vermutet Genet, dass bei ihnen Inzest vorherrscht. Auf den ersten Blick gleicht ihr widersprüchliches, bedrängend-bedrohliches und zugleich distanzierendes Verhalten dem der Bewohner von Lunik IX in der Slowakei:

>»Die gesamte, oder beinahe gesamte Bevölkerung umringte uns. Sie war sichtbar enttäuscht, da wir nichts direkt in die Hand verteilten. [...] Diese Menschen lebten von Augenblick zu Augenblick, offenbar unfähig dazu, sich eine Zukunft vorzustellen, die von heute bis übermorgen reicht. Dar-

über hinaus, [...] schien mir, wir hätten es eher mit einer Gruppe zu tun, die sich freiwillig an den Rand begeben hatte«.[6]

Obwohl Genet dieses Verhalten kritisch registriert, reagiert er angesichts der Armut und der Bedürftigkeit der Kinder nicht mit aggressiver Abwehr. Im Gegenteil organisiert er unter Schwierigkeiten einen Hilfskonvoi mit Lebensmitteln und Decken. Bei seiner Rückkehr entdeckt er Anzeichen eines verborgen gehaltenen Wohlstandes und eine klare soziale Hierarchie. Die Gemeinschaft wird von einem Rat der Alten und einem »Häuptling«[7] geführt, dem ein nicht unbeträchtlicher Viehbestand gehört. Der Stammesführer tritt bei den Verhandlungen über die Verteilungsmodalitäten der Hilfsgüter nur kurz und grußlos vor Genet, seinen Begleitern und dem Rat der Männer auf, um seine Führungsposition zu demonstrieren.[8] Über den Rat der Alten fordert er, dass nur er allein die Hilfsgüter verteilen dürfe. Zwar kann sich Genet in dieser Frage gegen ihn durchsetzen, ohne jedoch am Ende sein Ziel, die gerechte Verteilung, zu erreichen. Denn sämtliche Stammesmitglieder halten sich an die Anweisung ihres Anführers, so dass die Decken gegen die Wüstenkälte nicht bei den bedürftigen Kindern ankommen. »Am Abend des nächsten Tages, vor dem Eingang des Lagers von Gaza, verkauften oder tauschten die Frauen ungefähr vierhundert Decken gegen weitere Sardinenbüchsen ein.«[9]

Genets Beschreibungen erwecken den Eindruck eines auf den arabischen Schauplatz verlegten Berichts über Zigeuner. Vor dem Hintergrund der Gerüchte über geheimnisvolle Romastämme in Palästina wird die Vermutung genährt, dass es sich bei den ›Geisternomaden‹ um einen uralten, nicht nach Europa ausgewanderten Stamm handeln könnte, der seine archaische Lebensweise besonders rein bewahrt habe. Genets »Scheinstamm« wird hier so ausführlich erwähnt, weil ihm ein Schattenleben zugeschrieben wird, wie es die Zigeunerfiguren in den Werken der deutschen Literatur nach dem Holocaust führen. In den fünfziger Jahren geht folgende Nachricht durch die bundesrepublikanische Presse:

> »In dem Wagen der motorisierten Diebesbande sitzen Frauen mit strähnigem Haar und verschlagenem Blick: Zigeuner. Es ist die Geisterkarawane der Zigeunerkönigin Grisa mit einem Troß von sechzig Personen. Sie durchrasen die Bundesrepublik. [...] denn wo diese Geisterkarawane der Zigeuner auftaucht, so ist sie auch gleich wieder verschwunden.«[10]

Nach der Verfolgung, Deportation und Vernichtung der Sinti scheint man in Deutschland nicht mehr ernsthaft mit Überlebenden gerechnet zu haben. Ihre Rückkehr wird in der Nachricht als Schreckensszenario ausphantasiert. Wie Ashasverus durchqueren die Zigeuner lebenden Toten gleich das Land. Eine gespenstische Heimsuchung, bei der die Täter nun die Opfer sind, die in der Geistererscheinung nicht einmal ihr schlechtes Gewissen wiedererkennen. Man sieht aber auch, wie flexibel der journalistische Text mit den alten Vorurteilen umgeht und wie er sie den veränderten Verhältnissen anpasst. Die Pferdewagen werden durch amerikanische Straßenkreuzer und Luxuswohnwagen ersetzt und die frühere Lautlosigkeit des Auftauchens und Verschwindens durch das rasende Tempo des technischen Zeitalters. Die strähnigen Haare und der verschlagene Blick der Frauen bleiben. Plagegeister, deren Austreibung noch bevorsteht, obwohl sie doch längst gründlich durchgeführt wurde.

Der innere Widerstand dagegen, die Verbrechen an den europäischen Romvölkern als eine Leidensgeschichte von Individuen mit Wünschen, Empfindungen und Lebensplänen zur Kenntnis zu nehmen, hält bis in die achtziger Jahre an. Diese Verweigerung des Respekts vor den Opfern muss dabei nicht zwangsläufig mit einer Verleugnung der Verbrechen verbunden sein. Maßgeblich für die Haltung ihnen gegenüber bleibt, was sich in Jahrhunderten als Einstellung verfestigt hat. Sie sind »nicht Menschen wie wir«, kein Gegenüber, dem man Empathie entgegenbringen kann, weil sie das verkörpern, was der zivilisierte Europäer nicht sein möchte. Selbst Jean Genet, der sein Außenseitertum auf extreme Weise pflegte, verortet sie im ›Orbit‹, d. h. als fremde Wesen auf einem anderen Stern.

Auch Blaise Cendrars (1887-1961) übergeht in seinen *Zigeuner-Rhapsodien* (1945) den Völkermord vollständig. Seine Zigeuner sind die Herrscher der Pariser Unterwelt. Als ein unzivilisiertes und gerissenes Volk, das sich an der Peripherie der Weltstadt verborgen hält, folgen sie nur ihren Gesetzen und »leben jenseits unserer Welt und unserer Zeit«.[11] Der Erzähler, der enge freundschaftliche Beziehungen zu einem ihrer Anführer pflegt, hält ihre Sitten und Gebräuche für zu undurchschaubar, um sie »entwirren zu können«.[12] Sie rauben Kinder, die Frauen verhalten sich hurenhaft, und zwei Brüder, die er kennenlernt, verkuppeln ihre eigene Schwester: »Natürlich war sie bereits in der Wiege verkauft worden, und natürlich hatte sie sich, sobald sie mannbar war, im Gras der Befestigungsanlagen hingegeben, sich ungeniert dem Geheimnis des Blutes überlassend.«[13] Ihre Handlungen sind erwartbar – »natürlich« –, weil es sich bei ihnen nicht um selbstbestimmte Subjekte handelt. Die

Wahl des »Königs der Südzone«,[14] eines der Pariser Unterweltterritorien, wird als blutige Stammesfehde ausgetragen: »Sie waren zweihundert gegen vierzig. Es gab achtzehn Tote und achtzig Verwundete. [...] Ausgestochene Augen, Schmisse, aufgeschlitzte Ohren und Lippen.«[15] Die französische Sensationspresse schürte in den dreißiger und vierziger Jahren mit dramatischen Schilderungen von Zigeunerschlachten die Angst der Bevölkerung. Cendrars muss daher trotz der Übertreibungen nicht um seine Glaubwürdigkeit fürchten.

Seine *Zigeuner-Rhapsodien* offenbaren die Unfähigkeit, angesichts des Völkermords von den ›erfundenen‹ Zigeunern Abschied zu nehmen und sich den realen Opfern zuzuwenden. Das erstaunt in einem Nachkriegseuropa, in dem Nationalhass und Völkerfeindschaft programmatisch bekämpft werden und Intellektuelle nach einem neuen Humanismus suchen, der eine kulturelle Antwort auf die vom Faschismus begangenen Zivilisationsbrüche geben soll. Eine Ursache für das Fortwirken der Vorurteile ist sicher in den unterschiedlichen Ausgangslagen zu finden. Die Romvölker in England, Spanien, Schweden und anderen Ländern waren von der nationalsozialistischen Vernichtungsmaschinerie nicht erreicht worden. In Frankreich und Italien blieben die Verfolgungen trotz erheblicher Opferzahlen unsystematisch und lückenhaft, während die deutsche Rassenpolitik in Polen, Russland, den Niederlanden und der Tschechoslowakei während der Besetzung mit tödlicher Konsequenz vollzogen wurde. Da man sich in Großbritannien, Skandinavien oder auf der Iberischen Halbinsel nicht der systematischen Ausrottung schuldig gemacht hatte, gab es keinen unmittelbaren Anlass, das bisherige diskriminierende Verhalten oder die staatliche Minderheitenpolitik zu ändern. Als ein Symptom für den ausbleibenden Einstellungswandel sei beispielhaft das englische Jugendbuch *5 Freunde und ein Zigeunermädchen* aus der Erfolgsserie von Enid Blyton (1897-1968) genannt. Doch auch die deutsche Übersetzung schwächt die Klischees keineswegs ab. Mit der in den siebziger Jahren üblichen Bezeichnung ›Südländer‹ trägt sie im Gegenteil zu ihrer Reaktualisierung bei.[16] Auch ein sozialkritischer und politisch aktiver Arbeiterschriftsteller wie Ivar Lo-Johansson (1901-1990) erwähnt in seinem Buch *Zigenare* (1963), das zum ersten Mal 1929 erschien und über Schweden hinausblickt, die Massenvernichtung von Roma nicht. Befremdlich wirkt, dass der ›Zigeunerfreund‹ Walter Starkie (1894-1976) im Abschnitt seiner Reiseerinnerungen *Auf Zigeunerspuren* (1953), der von der Zeit zwischen 1940 und 1951 handelt, über »Tanz und Mummenschanz« und die »Wallfahrt zur heili-

gen Sara« berichtet, ohne auf die Auswirkungen der nationalsozialistischen Rassenpolitik zu sprechen zu kommen. Das der deutschen Übersetzung hinzugefügte Nachwort des Wiener Ethnologen Walter Dostal
(geb. 1928) übergeht das Thema mit einer angesichts des damaligen
Informationsstandes als Geschichtsfälschung zu bezeichnenden For-
mulierung:

> »Mit dem Ausbruch des zweiten Weltkrieges wurden alle Zigeuner, sowohl
> in deutschen, als auch in den von Deutschland besetzten Gebieten interniert.
> Nach Kriegsschluß im Jahre 1945 gewährten Österreich und die Bundesre-
> publik Deutschland den überlebenden Zigeunern Entschädigungs- und
> Fürsorgerenten, die das Existenzminimum jeder Familie gewährleisteten.
> Damit verfügte der Zigeuner zum erstenmal in seiner Geschichte über ein
> gesichertes Mindesteinkommen.«[17]

Auf perfide Weise wird den in antisemitischer Tradition von Sozialneid
geprägten Lesern suggeriert, dass sich Auschwitz am Ende nicht nur für
die Juden, sondern auch für die Romvölker rentiert habe. Das vom nationalsozialistischen Regime in den Vordergrund gerückte Bild des arbeitsscheuen und asozialen Zigeuners taucht nun in der Variante des
parasitären Fürsorgeempfängers auf, der ohne Gegenleistung von der
Arbeit der anderen profitiert. Dostal vertritt keine Einzelmeinung.
Rasch werden Vorwürfe laut, dass Zigeuner ihre Verfolgtenausweise als
»Freibriefe für dunkle Geschäfte«[18] nutzen würden. Die soziale Wirklichkeit stellt sich für die wenigen deutschen Sinti, die überlebt haben,
anders dar. Es ist schwierig, eine genaue Zahl zu bestimmen. Schätzun-
gen gehen von nicht mehr als 5000 Überlebenden aus,[19] so dass sich Teile
der deutschen Bevölkerung nicht ohne Befriedigung endgültig von der
›Zigeunerplage‹ befreit glauben. Mit der Rückkehr der Überlebenden
setzen unmittelbar die Beschwerden aus der Bevölkerung und die Klagen der lokalen Behörden wieder ein.[20] Viele der Opfer sind durch ihre
Hafterfahrungen, den Tod engster Angehöriger, die Demütigungen und
die Folterungen traumatisiert und »physisch […] gebrochen. Sie waren
oft nicht in der Lage, zu arbeiten und ihre Familien zu ernähren«.[21] Bei
ihren Antragstellungen auf Wiedergutmachung stoßen sie häufig auf
Beamte, die an den Verfolgungsmaßnahmen und Deportationen beteiligt gewesen sind.[22] Wie die Mehrheit der Bevölkerung entwickeln die
Verantwortlichen keinerlei Unrechtsbewusstsein gegenüber den ehe-
mals Verfolgten. Sie sehen im Gegenteil ihre Handlungen während des
Nationalsozialismus durch ihre feste Überzeugung gerechtfertigt, dass
Zigeuner unverbesserliche Arbeitsscheue und Kriminelle seien. Vor al-

lem halten sie weiterhin die entrechtenden Zwangsmaßnahmen des NS-Staats für angemessen und effektiv und bedauern deren Ende. Die Verfolgungen entsprechen ihrer autoritätshörigen Mentalität, Konflikten und Problemen mit Gewalt zu begegnen und keinerlei Abweichungen von den eigenen Normalitätsvorstellungen zuzulassen. Unbewusst sucht sich nicht selten der gewöhnliche Antisemitismus, der öffentlich nicht mehr geäußert werden kann, im Zigeunerhass ein Ventil. Noch Ende der sechziger Jahre pflegt man behördlicherseits einen verächtlichen Ton, wenn es um staatliche Sozialleistungen für Sinti geht. Allein die Titelwahl *Der Zigeunerbaron* (1967) für einen Beitrag in der Zeitschrift *Kriminalistik* signalisiert die fehlende sachliche Haltung. Schon der erste Satz verrät die latente Unzufriedenheit des Verfassers mit der Wiedergutmachungspolitik:

> »Zigeuner Franz Schneeberger, aus der ČSSR stammender 35 Jahre alter Teppichhändler, Besitzer eines 300er Mercedes, eines Wohnwagens der Luxusklasse und eines ansehnlichen Goldschatzes, hatte den Umgang mit Ämtern, Banken und Pfarrämtern heraus.«[23]

Mit gefälschten Papieren bezieht der im Artikel ständig als »Baron« titulierte Sinto in mehreren Städten Kindergeld. Dass die Papiere von einem bestechlichen Gemeindedirektor gegen erhebliche Zahlungen ausgestellt wurden, findet nur nebenbei Erwähnung. Der Kommentar zur Verurteilung des Sinto – »Er quittierte 2 Jahre und 3 Monate Zuchthaus und wird zum ersten Mal in seinem Leben Gelegenheit haben, im Zuchthaus Bruchsal produktive Arbeit zu leisten«[24] – zeugt davon, dass der Geist der nationalsozialistischen Zigeunerpolitik nicht verschwunden ist. Der Verfasser befindet sich in Übereinstimmung mit der herrschenden kriminologischen Lehrmeinung und ihren Behauptungen über den Zusammenhang von ›Rasseeigenschaften‹ und Verbrechensdispositionen. Man geht zwar allmählich davon ab, »über die angeblich ›typisch jüdische Kriminalität‹ zu schreiben, hält aber an einem ›genuin zigeunerischen Kriminalverhalten‹ fest«.[25] Weiterhin ist in der Fachliteratur von einem angeborenen »Stehltrieb« und der notorischen Abneigung gegen Arbeit die Rede.[26] Handel, Hausieren, Schaustellerei und handwerkliche Tätigkeiten wie Korbflechten oder Holzschnitzen werden nicht als Arbeit anerkannt, obwohl sie in zunehmendem Maße legal, d. h. mit den erforderlichen Gewerbegenehmigungen, betrieben werden. Hartnäckig hält sich die Vorstellung, dass die Lebensweise der Romgruppen, selbst wenn sie als Selbstständige im System der Marktwirtschaft einen Ort gefunden haben, auf Berufsverbrechen hin angelegt sei: auf den Handel als Betrug und das Hausieren und Wahrsagen als Gelegenheit zum Diebstahl. Diese Haltung führt im Zuge der juristischen Auseinandersetzungen über ein Recht auf Entschädigung in einem insgesamt für die Betroffenen günstigen Gutachten des Münchener Instituts für Zeitgeschichte zu folgender, die Situation der Opfer missachtender Fragestellung:

»Hat die bei Vielen mehrjährige Haft in Konzentrationslagern [...] zu einer Besserung ihres Verhaltens gegenüber der seßhaften Bevölkerung geführt oder sind sie – für Jahre aus ihren arteigenen Lebensgewohnheiten gerissen – nach wiedererlangter Freiheit zu Verbrechern geworden, die auch vor schweren Gewalttaten nicht mehr zurückschrecken?«[27]

Die Frage unterstellt eine Voraussetzung, die nicht gegeben war. Bei den Konzentrationslagern handelte es sich nicht um eine Einrichtung, welche die Funktion einer normalen Korrektionsanstalt erfüllen konnte oder sollte. Man sieht jedoch auch, dass nicht nur die eine Wiedergutmachung einklagenden Sinti, sondern ebenso der Gutachter sich in der Defensive gegenüber den Tätern und jenen, die die Verbrechen herunterspielen oder rechtfertigen, befindet. Noch ist die Auffassung nicht selbstverständlich, dass das Lagersystem selbst ein Verbrechen gegen die Menschlichkeit darstellte.

Mit der Gründung der Bundesrepublik einigen sich die zuständigen Behörden der einzelnen Bundesländer auf eine Formel, die sicherheits- und ordnungspolitisch die Fortsetzung der Verfolgung und Diskriminierung erlaubt, zugleich aber die juristisch problematische, weil gegen das Gleichheitsprinzip verstoßende ethnische Bezeichnung Zigeuner vermeidet. Nun wird für beinahe drei Jahrzehnte von der »Bekämpfung der Landfahrerplage«[28] die Rede sein – und danach von »Südländern«, wenn Angehörige einer Romgruppe gemeint sind. Die Kontinuität der Diskriminierung tritt am deutlichsten in der Entschädigungspolitik zutage.[29] Die Ansprüche von Opfern nicht anzuerkennen oder deren Durchsetzung durch Forderungen zu behindern, nach den Kriegswirren schriftliche Beweise beizubringen oder Zeugen zu finden, stellt nicht zuletzt den Versuch dar, Schuld zu mindern oder zu leugnen und die Verbrechen zu verdrängen. Die Verzögerungs- und Verhinderungsstrategie betrifft im Übrigen auch aus politischen Gründen Verfolgte, weil diese häufig, bevor sie in dauerhafte Sicherheitsverwahrung genommen wurden, in einem Gerichtsverfahren verurteilt worden waren.

Im Falle der Sinti und Roma versuchen die Behörden, zwischen der Verfolgung aus sogenannten rassischen Gründen und einer Verfolgung aus vermeintlich berechtigten Maßnahmen wie Zwangssterilisation und Deportationen in Arbeitslager zu unterscheiden, die zu keinerlei Entschädigungsansprüchen berechtigen. Wie einige Lebensberichte von Betroffenen dokumentieren, nutzen die auf staatlicher Seite an den Verfahren beteiligten Kommunalbeamten, Ärzte und Richter nicht selten die Gelegenheit, um die Opfer erneut zu verhöhnen. 1956 fällt der Bundesgerichtshof ein die Verweigerungspraxis der Behörden legitimierendes Grundsatzurteil und sieht die rassische Verfolgung erst mit der Massendeportation in das Zigeunerlager Auschwitz-Birkenau 1943 als gegeben an. In den anderen Fällen habe es sich um »sicherheitspolitische und kriminalpräventive« Maßnahmen gegenüber »primitiven Urmenschen« gehandelt.[30] Erst durch die wachsende Kritik an der Verdrängung und die einsetzende historische Aufarbeitung, in der zwei Gutachten des Instituts für Zeitgeschichte[31] eine nicht unwesentliche Rolle spielen, setzt ein – für die Überlebenden und ihre Nachfahren viel zu langsamer – Wandel ein, der schließlich 1965 in einem Bundesentschädigungsgesetz seinen Niederschlag findet. Trotz der verbesserten Rechtslage bleibt die Praxis restriktiv und weit von der Einsicht entfernt, den Opfern helfen zu müssen. Der in den späten achtziger Jahren eingerichtete Härtefonds kommt für viele zu spät.

Die katholische Kirche nimmt sich nach dem Krieg viel Zeit, um ihr Verhältnis zu den Romvölkern zu klären. Für sie, die sich in ihrer Missionierungsarbeit seit Beginn des 20. Jahrhunderts der Konkurrenz evangelikaler Bekehrungsbewegungen und ihrer Laienprediger ausgesetzt sieht, ist es maßgebend, Gemeinden zu schaffen und Priester aus den Reihen der Romvölker zu rekrutieren, um die Rechtgläubigkeit und Religionsausübung überwachen zu können. Das II. Vatikanische Konzil (1962-1965) erlässt richtungsweisende Dekrete, die zur Gründung eines *Pontifical Council for the Pastoral Care of Migrants and Itinerant People* führen. Erst 2006 wird das ein Jahr zuvor verabschiedete Grundsatzpapier *Orientierungen für eine Pastoral der Zigeuner* veröffentlicht.[32] Im Vorfeld dieser Aktivitäten spricht der Papst 1997 einen spanischen Caló selig. Den Höhepunkt der Bemühungen bildet eine Predigt Johannes Pauls II. (1920-2005) im Jahre 2000, in der er »um Vergebung auch für die Verfehlungen bat, welche die Söhne und Töchter der Kirche im Laufe der Geschichte den Zigeunern angetan haben«.[33] Trotz dieses Eingeständnisses vermochte die Kirche sich bisher nicht von ihrer paterna-

listisch-missionarischen Haltung zu lösen. Wie die von England ausgehende protestantische Mission im 19. Jahrhundert nimmt sie für sich in
Anspruch, mit der Missionierung zugleich die Zigeuner zu zivilisieren:

>»Eine echte Begegnung zwischen Evangelium und Zigeunerkultur kann
jedoch nicht unterschiedslos jeden Aspekt dieser Kultur gutheißen. Die uni-
verselle Geschichte der Evangelisierung bezeugt in der Tat, dass die Verbreitung der christlichen Botschaft immer begleitet wurde von einem Prozess
der Reinigung der Kulturen, an die sie sich richtete [...], die Aspekte zu
überwinden, die aus einer christlichen Sichtweise des Lebens nicht gebilligt
werden können«.[34]

Das katholische Grundsatzpapier bedient sich aus dem Repertoire ethnographischen und anthropologischen Wissens über die Romvölker,
ohne die vielfältigen Veränderungen und die Verschiedenheit der europäischen Romgruppen zur Kenntnis zu nehmen:

>»Ihre Beziehung zur Geschichte bleibt im Grunde immer gefühlsbetont.
Ihre Bezugspunkte in Raum und Zeit werden in der Tat nicht durch die Geographie bestimmt oder von den Daten des Kalenders, sondern vielmehr von
der gefühlsmäßigen Intensität eines Treffens, einer Arbeit, eines Unfalls
oder eines Festes. Ihre Reaktionen sind meist unmittelbar und werden eher
von intuitiven als von theoretischen Überlegungen geleitet.«[35]

In der Fixierung auf dieses Wissen gleichen die meisten literarischen
Werke der Nachkriegszeit dem Grundsatzpapier der Kirche. Der Wandel nach 1945 wird kaum oder nur bruchstückhaft wahrgenommen. Die
wirtschaftliche, soziale und kulturelle Entwicklung im nichtsozialisti-
schen Teil Europas wirkt sich dramatisch auf die unterschiedlichen traditionellen Tätigkeiten der Romvölker aus. Dem Verlust der Einkünfte
durch Korbflechten, Messerschleifen, Kesselschmieden, Bettenreini-
gung, Hausieren oder Pferdehandel folgt ein rascher sozialer Abstieg in
die Obdachlosenunterkünfte und die Sozialfürsorge. Wirtschaftlicher
Erfolg und sozialer Aufstieg bleiben Ausnahmen. Ein Interesse an der
veränderten sozialen Realität lassen nur wenige literarische Werke erkennen. In *Amschel das Zigeunermädchen* (1971), einem Jugendbuch,
wirbt Ben Witter (1920-1993) um Verständnis für die Kinder, die bedroht von Obdachlosigkeit und Armut am Rande der Gesellschaft leben
müssen. Mit der Diskriminierung setzt sich der Kriminalroman *Dein
Blut fließt auch nicht anders* (1984) von Rudolf Nottebohm (1939-1988)
am Beispiel einer sesshaften Sintifamilie auseinander, die einen Schrott-
platz betreibt, den sie für Filmarbeiten an eine Produktionsfirma ver-
mietet. Der als romantischer Bühnenzigeuner ausstaffierte Hauptdar-

steller glaubt, während eines handfesten Konflikts zwischen den Sinti und dem Produktionsteam versehentlich einen Polizisten erschossen zu haben. Auf der gemeinsamen Flucht mit einem Familienmitglied lernt er die Welt der Sinti kennen. Die Pogrome gegen Roma nach dem Zusammenbruch des Sozialismus in Rumänien wählt Jutta Ditfurth (geb. 1951) zum Hintergrund des Thrillers *Blavatskys Kinder* (1995) über Kinder- und Menschenhandel.

Literarisch nicht sehr anspruchsvolle, doch um den Gegenstand bemühte Werke wie die drei genannten bilden bis in die achtziger Jahre die Ausnahme. Nach 1945 greifen deutsche Schriftsteller weiterhin auf die bekannten und bewährten Zigeunerfiguren zurück, sei es, um an Kindheitsängste vor Raub und Entführung zu erinnern oder der romantischen Sehnsucht nach Freiheit Ausdruck zu verleihen. Die Reihe reicht von Günter Grass bis Christa Wolf (geb. 1929). Die Werke erzählen nichts Angenehmes über sie und halten sich nicht mit ihnen auf, ob es sich um die Wahrsagerin in Ingeborg Bachmanns (1926-1973) *Der gute Gott von Manhattan* (1958), den unverbesserlichen Taschendieb in Paul Gurks (1880-1953) *Der getreue Zigeuner* (1959), der dem Pfarrer noch während der Letzten Ölung ein goldenes Kreuz entwendet,[36] oder den abergläubischen Zigeuner in Herta Müllers (geb. 1953) *Der Fuchs war damals schon der Jäger* (1992) handelt. Und noch in Ilija Trojanows (geb. 1965) Roman *Die Welt ist groß und Rettung lauert überall* (1996) sind die Zigeuner diejenigen, die sich in einem Auffanglager für Balkanflüchtlinge in Italien von den anderen absondern, um ihren fremdartigen Gebräuchen zu frönen. Die Darstellungen ähneln sich auffällig durch ihre Oberflächlichkeit. Noch in den 1958 erschienenen Episoden *Das Attentat* und *Die fünf Schmuggler* des Kindercomics *Mecki* ist der »Zigeunerjunge«[37] ein Hühnerdieb und Lügner, und das Land, in dem sich das Zigeunerlager befindet, heißt »Lausedonien«.[38]

Zu den Kreaturen, den Figuren, die ohne Rücksicht auf die eigene Person ihren Trieben folgen, lässt sich die Zigeunerin Marischka in George Saikos (1892-1972) Roman *Auf dem Floß* (1948) zählen. Gefährlich und unberechenbar im Umgang mit Höhergestellten, wird sie als Inbegriff orientalischer Sinnlichkeit dargestellt, wenn sie die Rolle der gefügigen Geliebten des fürstlichen Gutsherrn zu spielen hat, dessen Ländereien den Schauplatz der Handlung bilden:

> »Sie hatte eine Abneigung gegen Stühle, vielleicht deshalb, weil man auf ihnen aufrecht sitzen muß, und zog Diwane vor, wobei sie alle Kissen und Plaids um sich sammelte, die sie nur auftreiben konnte. Gewöhnlich lag sie

auf dem Fußboden und am liebsten auf dem Fell vor dem Kamin. Jetzt war es ein Sichrekeln, ein ratlos zitterndes Hinbreiten und feindseliges Einrollen, Demut und Trotz in beidem, spürbar wie ihr dünner moschusartiger Geruch, diese Bereitschaft in einer besonderen Weise, die man gar nicht recht ausdenken konnte, überwältigt zu werden.«[39]

Marischka betet zu ihren »fremden und unverständlichen Göttern« und fürchtet die Schläge und Messer der »Zigeunermänner«, während sie die Vergewaltigung der Gendarmen über sich ergehen lässt, weil »die nachher gutes warmes Essen schickten und manchmal auch Schokolade und Bonbons aus der Tasche zogen«.[40] Als sie vom Fürsten zur Heirat mit einem ihm ergebenen Diener gezwungen wird, vergiftet sie diesen heimtückisch[41] und kehrt nach seinem Tod zu ihrer Sippe zurück. Ihr Helfer und Mitwisser auf dem Gut, der Marischka verfallene Imre, folgt ihr. Von den Zigeunern wird er als eine Art Sklave geduldet. Auch sie sind gewalttätige Kreaturen ohne sittliches Empfinden. Ihr Anführer demütigt Imre durch den Geschlechtsverkehr, den er vor dessen Augen mit Marischka vollzieht. Nach weiteren Qualen und Erniedrigungen töten ihn die Zigeuner schließlich. Als Verkörperung des Bösen stehen sie für die unheimliche, abgründige und unzähmbare Seite menschlicher Existenz.

In der komischen Variante, in der sie Ralf Rothmann (geb. 1953) in *Wäldernacht* (1994) als skurrile Außenseiter präsentiert, herrscht ebenfalls die Vorstellung vor, dass ihnen kultiviertes Verhalten fremd ist. Die Hervorbringungen moderner Zivilisationen sammeln sie wie Fetische oder Trophäen. Rothmanns Zigeuner, die sich in einem Lager am Rande einer Ruhrgebietsstadt eingerichtet haben, leben nicht in Armut. Wie ihr Anführer sind sie reiche, protzige, geschmacklose Aufschneider:

> »Jeder Zahn goldgefaßt, und an seinem Anzug, den blauschwarzen Bartstoppeln und dem öligen Haar haftete ebenfalls Flaum. Der grellbunte Schlips war zu einem faustdicken Knoten gebunden; die Kompaktkamera schien winzig in den fetten Fingern.«[42]

In *Wäldernacht* setzt die ›zigeunerische‹ Sprache ihre Sprecher herab und gibt sie der Lächerlichkeit preis: »Kein schlimm, mein Freund, sagte er und verneigte sich knapp. Sei froh, wir haben Gefliegelfest. Wär Schweine-Dank, du würdest dich rutschen auf Schwänz und Gedärm jedes Schritt.«[43] Das Lager ist chaotisch und versinkt im Müll. Aus den Zigeunerfiguren ragt ein Junge hervor, der mit Inbrunst Hühner quält und abschlachtet und den ein anderer Zigeuner in der vulgären Sprache, in der er ständig redet, so charakterisiert: »Voll daneben, murmelte er. Aber fickt wie ein Lipizzanerhengst. Hab ihn dreimal hintereinander abschießen sehen, ohne daß ihm der Riemen schlapp wurde zwischendurch.«[44] Am Ende der Episode erscheint der Hühnermörder als der ›wahre Zigeuner‹, über dessen Hinterlassenschaften, Haufen von blutigen Hühnerteilen, Köpfen, Schnäbeln und Krallen, der Erzähler hinwegstolpert, als er sich aus dem Zigeunerlager entfernt.

Saiko und Rothmann greifen bewusst oder unbewusst auf bekannte Zigeunerfiguren und -bilder zurück. Man kann dies als fahrlässigen Gebrauch von Klischees bezeichnen: als Mangel an historischem Bewusstsein, als Unkenntnis oder Desinteresse. Das stellt sich bei der Romanversion des Tatort-Krimis *Armer Nanosh* (1989) von Asta Scheib (geb. 1939) und Martin Walser (geb. 1927) anders dar, der gezielt und offen Stereotype über Sinti verbreitet. Insofern bildet er einen Höhepunkt diskriminierender Darstellung in der deutschen Nachkriegsliteratur und sollte von Werken wie Wolfdietrich Schnurres (1920-1989) *Jenö war mein Freund* (1958) und der ambitionierten *Zigeunerballade* (1988) unterschieden werden, in denen die selbstkritische Auseinandersetzung mit den Verbrechen an den Romvölkern im Zentrum steht. Scheib und Walser entscheiden sich für eine Adoptionsgeschichte als Handlungsschema. Wie schon in den Romanen des ausgehenden 19. Jahrhunderts soll durch sie plausibel gemacht werden, dass eine Integration von Zigeunern in die deutsche Gesellschaft unmöglich ist. Die Titelfigur, der Zigeuner Nanosh, entgeht der Verfolgung und Vernichtung während des Nationalsozialismus, weil er als Adoptivkind einer Hamburger Großbürgerfamilie unter dem neuen Namen Valentin aufwächst. Zigeunern wird in Integrationskonzepten in der Regel allenfalls ein Platz in der Unterschicht zugebilligt. Deshalb sticht in *Armer Nanosh* die Diskrepanz zwischen Herkunft und erreichter sozialer Schicht besonders ins Auge. Im Roman erscheint er von Beginn an trotz seines bürgerlichen Namens als ein sozialer Fremdkörper. Sein starker Assimilationswille, der ihn zur Leugnung seiner Herkunft zwingt, reicht nicht aus. Sein soziales Umfeld reagiert auf ihn mit einer Mischung aus Faszination und Verachtung. Auch diejenigen, die ihn in dem Kaufhaus, das er leitet, unterstützen, tun dies eher aus Mitleid, weil sie glauben, »daß er, und wenn er noch so korrekte Blazer und Westenanzüge trug, eigentlich nicht in dieses Kontor paßte«.[45] Ständig verraten ihn sein Aussehen, das im Roman als »zigeunerisch« identifiziert wird, und sein Verhalten wie die »geradezu orientalische Eifersucht«.[46] Im Hintergrund lauern, trotz

der Trennung Nanoshs/Valentins von seiner Herkunftsgruppe, bedrohlich die über »Tarn- und Verbergungserfahrungen«[47] verfügenden und
in einem unsichtbaren Netzwerk verbundenen Roma und Sinti in ihren über die Bundesrepublik verstreuten Quartieren. Die Lösung des
Mordfalls – Nanosh/Valentin wird verdächtigt, eine Künstlerin getötet
zu haben – verquickt auf problematische Weise historische Schuld und
den Umgang mit den Überlebenden und ihren Nachfahren in der Gegenwart. Der Mörder, ein Mitdirektor des Kaufhauses, versucht Nanosh durch das Verbrechen zu diskreditieren, um die Handlungen seines Vaters, der während des Krieges als Mitglied eines Polizeibataillons
in Polen an Vernichtungsaktionen gegen Roma beteiligt gewesen war,
im Nachhinein zu rechtfertigen. Der Roman leugnet oder relativiert die
Verbrechen an den Romvölkern an keiner Stelle. Dennoch unterstellt er,
dass die Opfer heute privilegiert und die Deutschen in die Rolle eines
stigmatisierten Volkes gedrängt werden.[48] Sie erscheinen als späte Opfer
ihrer eigenen Geschichte, deren historische Schuld nun von den Nachfahren der Sinti und Roma für deren Zwecke instrumentalisiert wird. Im
Lichte späterer Äußerungen und Werke Martin Walsers und der Auseinandersetzungen mit ihnen drängt sich die Vermutung auf, dass die
Zigeunerfiguren des Kriminalromans nur Platzhalter für die Juden sind,
gegen die sich in den Erinnerungsdebatten um 2000 hauptsächlich der
Vorwurf richtet, ihren Opferstatus zu missbrauchen. In den späten achtziger Jahren wären nach den programmatischen Reden des Bundesprä-
sidenten Richard von Weizsäcker (geb. 1920) und dem sogenannten His-
torikerstreit die in *Armer Nanosh* geäußerten Behauptungen, dass für
›Deutsche‹ eine gerechte Beurteilung der Vergangenheit nicht möglich
sei, im Zusammenhang mit jüdischen Figuren auf erheblichen öffentlichen Widerspruch gestoßen. Im Hinblick auf die Romvölker sind nach
1945 unverhüllte Angriffe auf die Integrität von Opfern der Verfolgung
nichts Überraschendes und dürfen bis in die neunziger Jahre hinein
mit breiter Zustimmung rechnen. Die Geschichte der Verachtung endet
nach 1945 also keineswegs, weder in Deutschland noch in den anderen Ländern Europas.

Wer feiert, vergisst:
Saintes-Maries-de-la-Mer und die Zigeunerfolklore

Auch die Faszinationsgeschichte findet ihre Fortsetzung auf einem
bekannten Schauplatz. Die Höhlen von Granada oder Appleby Fair in
England verblassen neben der Anziehungskraft, die die jährliche Zigeunerwallfahrt am 24. und 25. Mai nach Saintes-Maries-de-la-Mer[49] in den
ersten drei Nachkriegsjahrzehnten ausübt. Dieses friedliche Ereignis,
das es regelmäßig bis in die Wochenschauen der Kinos bringt, wird in
Reiseberichten und Romanen zum Inbegriff unbeschwerten Zigeunerlebens. Diejenigen, die sich dort versammeln, um ihrer Heiligen, der
Schwarzen Sara, zu huldigen, haben kaum noch etwas von der Gefähr-
lichkeit von Dieben und Bettlern. Die Bilder und Berichte von den tanzenden, singenden und in Bittgebeten versunkenen Zigeunern aus vielen Ländern Europas verbreiten die Botschaft, dass, wer wenige Jahre
nach den Schrecken der Vernichtungslager so ausgelassen feiert, vergessen hat. Das fröhliche, von keiner Anklage und keinem Gedenken
getrübte Treiben entlastet diejenigen, die das Leid verursacht oder nicht
verhindert haben. Die zeitlich und räumlich begrenzte Ausnahmesitua-
tion der Wallfahrt erlaubt es, die gleichen Zigeuner für ihre ursprüngliche Lebensweise zu bewundern, die man andernorts und davor und
danach wegen ebendieser Lebensweise verfolgt und verachtet.

Schon im 19. Jahrhundert hatte der neuprovenzalische Schriftsteller
Frédéric Mistral (1830-1914) mit romantisierenden Schilderungen in seiner lyrischen Dichtung *Mirèio* (1859) auf die Zigeunerwallfahrt aufmerksam gemacht. In dieser Tradition zeichnet Henry Aubanel in *Wilde
Carmargue* (1960) das Bild einer randständigen, von der Zivilisation nahezu unberührten Gegend, »wo Menschen noch wie zu Urzeiten leben,
und wo im Volksempfinden religiöse und abergläubische Vorstellungen
aus vorgeschichtlicher Zeit lebendig geblieben sind«[50]. Es sind die Wildheit und Ursprünglichkeit, die aus der Sicht des provenzalischen Hei-
matschützers die Zigeuner magisch anziehen. Ihre Wallfahrt vereinnahmt er als ein Element heimatlicher okzitanischer Volkskultur, indem
er die Schwarze Sara als »die wahre Heilige dieses Landes«[51] heraushebt.
Gleichzeitig schließt er die Zigeuner selbst als Teil einer fremden, geheimnisvollen Welt aus:

> »Während der Nacht sind alle übrigen nach geheimen Zielen aufgebrochen,
> die von ihren Anführern bestimmt wurden. Ihr Gesetz verlangt, daß sie nir-

gends bleiben. Unser zivilisierter Verstand begreift dieses Nomadenschicksal kaum, dieses Bedürfnis, sich an nichts und an niemanden zu binden, jedes Gesetz abzulehnen, das nicht ihr eigen ist, und sich gegen jeden Fortschritt zu wehren.«[52]

Die Wallfahrt deutet er als vorchristliches Ritual, das die Zigeuner »in jene dunkle Krypta« führe, »wo sie vor einem heidnischen Altar beten«.[53] Die schwärmerische Begeisterung für die wallfahrenden Romgruppen paart sich mit einem antimodernen Affekt gegen das nivellierende technische Zeitalter, das die Europäer zu einem gleichförmigen Leben zwinge. Mit Bewunderung registrieren die Provencereisenden, dass die Zigeuner unbeirrt an ihren Traditionen festhalten, während in unmittelbarer Nähe ein Teil des Rhonedeltas durch Regulierung in ein schmutziges und hässliches Industrierevier verwandelt wird. Die Verteidiger einer ursprünglichen Zigeunerkultur im Geiste von George Borrow und der Gypsy Lore Society nehmen bald Anstoß an der Kommerzialisierung der Wallfahrt. Die Verwandlung in eine touristische Attraktion durchkreuzt deren Strategie, durch teilnehmende ethnographische Beobachtungen ein Gegengewicht zur rassistischen Wahrnehmung zu schaffen. Aus der Sicht der Puristen sinken Traditionen, die nur noch als etwas Vergangenes gepflegt werden und nicht mehr ein unmittelbarer Ausdruck der Lebensweise sind, zur Folklore herab. Andere, weniger kritische Betrachter wollen den Unterschied zwischen Wesen und Schein, zwischen Ausdruck und Zurschaustellung, nicht bemerken, weil das Gezeigte ihren Vorstellungen vom Zigeunerleben auf ideale Weise entspricht.

In den fünfziger Jahren dringt der Ruhm der Wallfahrt bis in die DDR, wie ein illustrierter Beitrag im weit verbreiteten Urania-Jahrbuch von 1957 vermittelt. Auch in der sozialistischen DDR, in der die Überwindung zurückgebliebener Lebensweisen politisches Programm ist, wird angesichts der modernen Autos und Wohnwagen das Verschwinden der Zigeunerromantik bedauert. Um seine Enttäuschung zu kompensieren, imaginiert der Verfasser eine zivilisationsferne Szenerie:

»In diesen Tagen liegt über dem Fischerdorf der erregende Klang der Zigeunergitarren. Er dröhnt von ferne wie Urwaldtrommeln, wenn der leise Gesang und das rhythmische Stampfen und Klatschen der Männer, Frauen und Mädchen nicht mehr zu hören ist. Vielleicht ist dieses Schlagen des Handballens aufs Holz beim Spielen auf der Gitarre eine letzte unbewußte Erinnerung an den afrikanischen Urwald, aus dem ja den Zigeunern, deren Urheimat man in Indien sucht, viel Blut zugeflossen ist.«[54]

Sobald die Ethnographie wieder ins Spiel kommt, ist der Beliebigkeit Tür und Tor geöffnet. Mal sieht man in den Adern der Romvölker afrikanisches Blut fließen, ein anderes Mal erweisen sie sich als die Gefährten des Satans, die mit ihrem Schadenszauber eine ganze Gegend in Schrecken versetzen können. Susy Langhans-Maync (1911-2003) erzählt in *Der Fluch von Lourmarin* (1963) ihre Version einer mehrfach überlieferten provenzalischen Ortslegende, die heute noch bei der Besichtigung des Schlosses von Lourmarin im Schlosssaal zum Besten gegeben wird, an dessen Wand undeutlich ein Graffito zu erkennen ist, das die Barke der Marien aus der Kirche von Saintes-Maries, die Swastika, das Kreuz der Marien, das Siegel Salomons und Sonne und Sterne zeigt. Der Legende nach ist das Bild während einer Auseinandersetzung zwischen einer Zigeunersippe, die seit Generationen im verfallenden Schloss von Lourmarin im Luberon Zuflucht gefunden hatte, und dem französischen Großindustriellen Meynetrier entstanden, einem Kunstmäzen, der es nach dem Vorbild der Villa Medici als einen Aufenthaltsort für Künstler wiederaufbauen wollte. Als er sie gewaltsam vertreiben lässt, spricht »die phuri dai«[55]einen Fluch gegen ihn und die Bewohner der Gegend aus, und der Stamm hinterlässt angeblich als Menetekel die Wandzeichnung. Tatsache ist, dass Meynetrier mit seinem Fahrer danach bei einem Autounfall in der Nähe von Lourmarin ums Leben kam. »Dreizehn Opfer«[56] soll der Fluch insgesamt gefordert haben. Das spektakulärste ist sicher der Literaturnobelpreisträger Albert Camus (1913-1960), der kurze Zeit nach seiner Übersiedlung nach Lourmarin auf dem Weg nach Paris ebenfalls tödlich mit dem Auto verunglückt. In der Legendenfassung von Langhans waren die Nachfahren der Stammesmutter »zutiefst beeindruckt von dem Unheil, das eine ihres Volkes heraufbeschworen hatte«, und »sannen nun auf Gegenzauber«.[57] Er besteht, nicht unerwartet, in einer Pilgerfahrt nach Saintes-Maries-de-la-Mer. Dies soll nun wiederum ein besonderes Licht auf die verborgenen heidnischen Motive der Wallfahrt werfen. Es verleiht ihr eine Aura des Unheimlichen, macht die Zigeuner aber zugleich lächerlich, weil sie Opfer ihres eigenen Aberglaubens werden, die, überzeugt von der Wirkung des Fluchs, von ihrer Heiligen Abhilfe erwarten.

Während der provenzalische Wallfahrtsort vor 1945 in literarischen Werken im Unterschied zum Sacro Monte in Granada kaum Erwähnung fand, führt sein wachsender Bekanntheitsgrad dazu, dass er selbst in Jugendbüchern als Ort der Handlung nicht fehlen darf. Josef Carl Grunds (1920-1999) *Rosita das Zigeunermädchen* (1957) verbindet über das Motiv der begabten Tänzerin Rosita, die ihren ersten Erfolg in Saintes-Maries feiern kann, beide Schauplätze. Der ressentimentgeladene Roman verliert kein Wort über die Verfolgung und Vernichtung. Die dichte Beschreibung der bunten, friedlichen religiösen Feier, die Frühform einer Open-Air-Veranstaltung, zu deren Popularität nicht zuletzt die unterhaltsame Flamencomusik beiträgt, schafft ein Gegenbild zum grauen, entzauberten Großstadtleben. In Ursula Wölfels (geb. 1922) *Mond Mond Mond* (1962) endet die Romanhandlung in Saintes-Maries. Anders als bei Grund wird der religiöse Anlass der Pilgerfahrt ernst genommen und nicht durch Folklore an den Rand gedrückt. Die Hauptfigur, ein Sintimädchen, erlebt nach ziellosem Umherziehen und spannungsgeladenen Begegnungen mit ihrer durch Krieg und Verfolgung dezimierten Sippe zum ersten Mal während der Prozession das Gefühl, in einer Gemeinschaft aufgehoben zu sein. Im ursprünglichen religiösen Sinn einer Heilung durch den Glauben löst die Wallfahrt ihr Holocausttrauma. Sie erkennt nun, dass sie trotz der zahlreichen Opfer in ihrer Familie ein Recht auf Weiterleben hat.

Achim Pöllot, der als ›Romani Rai‹ den Romgruppen/Zigeunern alljährlich in die Camargue folgt, trifft dort mit Ausnahme von deutschfranzösischen Grenzgängern keine deutschen Sintifamilien mehr an: »Ihre Überreste, die dem Vernichtungswillen des NS-Regimes entkamen, sind klein und haben meist keine Verbindung mehr zu ihrem einstigen Stamm.«[58] In seinen Reiseerinnerungen *Zigeunerfest in Saintes-Maries* (1972) wird wie in den meisten Texten über Saintes-Maries diese Vergangenheit nur am Rande berührt. Die Reisenden, Maler, Fotografen, Musiker oder Schriftsteller, rechnen sich zu den Nonkonformisten, die auf Distanz zur wirtschafts- und technikorientierten Entwicklung der Nachkriegszeit gehen und in der abgelegenen Camargue inmitten der Romgruppen mit Gleichgesinnten aus ganz Europa eine ländliche Variante der unkonventionellen Lebensweise der Pariser Existentialisten zu finden hoffen. Sie sind davon überzeugt, dass ›ihre‹ Zigeuner die gewöhnlichen Nichtzigeuner verachten, Künstler hingegen aus einem Gefühl innerer Verwandtschaft heraus verehren. Es schmeichelt diesen Künstlern, wenn »Manitas de Plata, den die Gitanos ihren Gitarrenkönig [...] nennen, [...] in seinem spezialgefertigten Lamborghini«[59] nach Saintes-Maries kommt und sich mit ihnen an einen Tisch setzt. Ein solcher Auftritt würde ihn in den Augen des irisch-englischen Musikwissenschaftlers und Vorsitzenden der Gypsy Lore Society, Walter Starkie, herabsetzen. Sein fünftes Buch über die europäischen Romvölker, *Auf*

Zigeunerspuren (1957), spielt im englischen Originaltitel *In Sara's Tents*
(1953) auf die Wallfahrt an. Starkies Wahrnehmung wird vom Ideal eines
ursprünglichen Zigeunervolkes bestimmt, dessen charakteristisches
Merkmal es zu sein scheint, auf der frühen Entwicklungsstufe eines
»Kinde[s]« oder »Wilden«[60] stehengeblieben zu sein. In Saintes-Maries
sucht er, geplagt von der Angst vor dem Eindringen der historischen
Zeit in das Leben der Romvölker, nach Spuren des Alten und glaubt es
im Festhalten »an der Idee der Freiheit, am naturverbundenen Leben«[61]
gefunden zu haben.

Für die ›Zigeunerfreunde‹ verdichtete sich in den Feierlichkeiten von
Saintes-Maries die Existenz der Romvölker. Sie sahen darin so etwas wie
einen Nationalfeiertag, vergleichbar dem 14. Juli in Frankreich oder dem
Tag der Königin in den Niederlanden, und in der Camargue erkannten
sie ein Zigeunerreich für drei Tage. Diese Rolle spielte die Wallfahrt
selbst auf ihrem Höhepunkt in den fünfziger und sechziger Jahren nicht
für ›die‹ Zigeuner, sondern nur für bestimmte Sippen und Familienver-
bände vornehmlich aus Frankreich und Spanien. Unabhängig davon hat
Saintes-Maries wesentlich zum Nachkriegsbild des ›reichen Zigeuners‹
beigetragen, der sich durch erfolgreichen Handel teure Kleidung, Autos, Wohnwagen und Goldschmuck leisten kann und trotzdem Bildung
und Kultur der Mehrheitsgesellschaft verschmäht. Ebenso hat die Wallfahrt zusammen mit der Entwicklung des Tourismus der Unterhal-
tungsfolklore im Stil der *Gipsy Kings* zum Durchbruch verholfen.

Stellvertretererinnerungen an Verfolgung und Vernichtung

Die Begeisterung für die Wallfahrt zur Schwarzen Sara kann man als
Verdrängungssymptom der jüngeren Leidensgeschichte der Romvölker
deuten. Schwieriger wird es, das zu Beginn der sechziger Jahre anwach-
sende Interesse an ihrer Geschichte als Anzeichen einer ersten ernsthaften Verarbeitung des an ihnen begangenen Unrechts in historischer
Kostümierung zu werten. In diesen Jahren steigt die Anzahl literarischer Werke, die aus den fragmentarischen Quellen und wenigen Spuren, die von den Romvölkern hinterlassen wurden, anschauliche Erzählungen zu gestalten suchen. Eine episch breite, auf umfangreichen
Recherchen beruhende Darstellung des Lebens einer Sippe zur Zeit der
Kaiserin Maria Theresia und Josephs II. legt Thomas Münster (geb. 1912)
mit *Des Kaisers arme Zigeuner* (1962) vor.[62] Europaweit erfolgreich ist
die nach einem Drehbuch desselben Autors realisierte Fernsehserie *Ar-*

pad der Zigeuner (1973).[63] Arpad ist eine Art Robin Hood der Puszta und der Karpaten, der nach der Vertreibung der Türken die ungarischen Kuruzzen bei ihrem Aufstand gegen die Österreicher unterstützt. Der Film bemüht sich um eine möglichst genaue Rekonstruktion der Lebensweise, von der die Kostümierung des Helden allerdings ausgenommen wird. Aus diesen historischen Werken ragt der dreiteilige Roman *Die Konzessionen des Himmels* (1961)[64] von Heinz von Cramer (1924-2009), des Trägers des Fontane-Preises 1959, heraus. Obwohl der Beginn der Handlung des mittleren Teils – drei Jahre nach Beendigung des Dreißigjährigen Krieges – historisch genau benannt wird, führt die Zeitgestaltung durch die Motive des Exodus und der ewigen Wanderung weg von der konkreten Ereignisgeschichte in überhistorische, mythische Dimensionen. Die Stationen der Handlung lassen sich mehr oder weniger deutlich als Anspielungen auf die nationalsozialistische Herrschaft entziffern: gewaltsame Sesshaftmachung, Verfolgung, Vertreibung, Ermordung, Vernichtung. Die Romvölker werden bei von Cramer »die Ägypter« genannt. Es bleibt unklar, ob dies als historische Verfremdung gemeint ist oder der Vermeidung der diffamierenden Bezeichnung »Zigeuner« dient. Wie andere Autoren vor ihm, die sich durch das intensive Studium der Zigeunerforschung dem Gegenstand gewachsen fühlen, übernimmt von Cramer ungeprüft deren vorurteilsbehaftetes Wissen, um es im Erzählzusammenhang als authentische Darstellung ihrer Geschichte und Kultur zu präsentieren. Während die Vertreibung der »Ägypter« von Kleinstaat zu Kleinstaat in Norditalien an die Verfolgungspolitik zur Zeit der Handlung in der zweiten Hälfte des 17. Jahrhunderts erinnert, spielt eine in Wien lokalisierte Episode direkt auf die antijüdischen Pogrome am 9. November 1938 an:

> »Es sah schlimm aus in der Gasse. Die meisten Türen waren zerborsten, die unteren Fenster eingeschlagen, die oberen eingeworfen, das Pflaster war von zerbrochenem Hausrat bedeckt, und die Wände waren beschmiert. Sie kamen an Verwundeten vorüber, die hatten blutige Faustschläge im Gesicht«.[65]

Während der Anführer der Zigeuner einen Juden aus den Fängen der Volksmenge befreit, die ihn misshandelt, wird der reiche Jude, den er aufsucht, als jemand gezeigt, der selbst angesichts der Ausschreitungen seinen Dünkel gegenüber den Zigeunern nicht ablegen kann und fürchtet, von ihnen bestohlen zu werden. Wie schon bei Achim von Arnim wird die Sympathie mit der einen Außenseitergruppe dazu genutzt, die andere zu diskriminieren. Eine weitere Anspielung bezieht sich auf die

Tätigkeit der nationalsozialistischen Rassenhygienischen Forschungsstelle:

> »Ein Gelehrter von deutscher Herkunft aber hat in lateinischer Sprache genau erläutert, wie diese Fremden nach den Erfahrungen seiner Akademie beschaffen wären, hat ihre Kopfform nachgezeichnet, das lange Haar hochgehoben und auf die Ohren gewiesen, Nase, Lippen und Augen in ein System zu bringen versucht und auch die merkwürdige olivenbraune Haut gebührend herausgestellt; und die andern Gelehrten haben seine Worte in den groben Volksmund übertragen.«[66]

Im Roman entkommen sie zwar diesen Nachstellungen, doch ihre Wanderung wird durch die gewaltsamen Vertreibungen und den Verlust sämtlicher Rechte zu einem ziellosen Umherirren. Während sie das Gefühl für die Zeit verlieren, mehren sich um sie herum apokalyptische Zeichen. Die Flucht vor den staatlichen Verfolgern und der »aufgebrachten Bevölkerung«[67] endet im unfruchtbaren, menschenfeindlichen Karstgebiet eines Gebirges. Eine letzte Geburt, die in der Einsamkeit der unwirtlichen Steinwüste stattfindet, kündigt keinen Neubeginn an, sondern bedeutet durch den Tod der Mutter und des Kindes das Ende der Sippe. Insgesamt stellt der Roman den problematischen Versuch dar, den Zivilisationsbruch des NS-Regimes durch menschheitsgeschichtliche Dimensionierung und Endzeitszenarien in übergreifende Sinnzusammenhänge einzubetten. Eine greise Zigeunerin, deren Erzählungen die gesamte Wanderung und Flucht kommentierend begleiten, prophezeit den Ausgang der Menschheitsgeschichte als Negation der Schöpfung:

> »Aber der schlimmste und schrecklichste von allen Teufeln, die er sich ausdachte, war doch der Mensch; denn den hatte er ganz als sein Ebenbild gemacht, weil ihm nichts mehr einfallen wollte, was vollkommener zum Zerstören und Vernichten taugt. Das war also die letzte der Plagen und Heimsuchungen, und das wird auch das Ende aller Freiheit sein in der ganzen Welt, im Himmel und auf der Erde.«[68]

Das düstere, zivilisationspessimistische Bild der Menschheit, der das Prinzip Hoffnung vollkommen abhandengekommen ist, führt weg vom konkreten historischen Schicksal der europäischen Romvölker und verwischt im apokalyptischen Untergang die Unterschiede zwischen Tätern und Opfern. Diesen Eindruck verstärkt das letzte parabelhafte Kapitel des Mittelstücks des Romantriptychons, in dem die gesamte Menschheit nach einer Atomkatastrophe in den Trümmern ihrer Zivilisation versinkt. Günter Grass hat 1990 in seiner Bilanz der deutschen Nachkriegsliteratur die systematische Massenvernichtung von Menschen, für die Auschwitz zum Synonym geworden ist, als »bleibendes Brandmal unserer Geschichte« und zugleich »als Gewinn« bezeichnet, weil es »eine Einsicht möglich gemacht hat, die heißen könnte: jetzt endlich kennen wir uns«.[69] Die Romvölker werden nach 1945 nur zögerlich und bisweilen widerwillig mit der deutschen Schande in Verbindung gebracht. Wenn man Grass' These auf sie bezieht, liegt die Schlussfolgerung nahe, dass die Beschäftigung mit ihnen keinerlei Selbsteinsichten erwarten lässt. Die literarische Antwort auf solche Einsichten im Hinblick auf die Juden stellen die von der Literaturwissenschaftlerin und Schriftstellerin Ruth Klüger (geb. 1931) so bezeichneten Wiedergutmachungsphantasien dar. Wenn es um das Schicksal der Romvölker geht, bleiben sie seltene Ausnahmen. Die wenigen Werke wie Wolfdietrich Schnurres *Jenö war mein Freund*,[70] die man als Wiedergutmachungsversuche lesen kann, erfahren große Aufmerksamkeit und steigen wegen ihrer Entlastungsfunktion zu schulischen Lesebuchklassikern auf. Das gilt ebenfalls für Luise Rinsers (1911-2002) *Der fremde Knabe* (1961) und *Munjo, der Dichter* (1986). Die erste Erzählung versucht durch eine romantisierende Überidentifikation der Selbstentfremdung einer Heranwachsenden Gestalt zu geben: »Ich stammte von Zigeunern; kein Haus war mir bestimmt und kein Gesetz der Menschen. Zigeunereltern hatten mich verloren, vergessen, ausgeliefert. Zu den Zigeunern gehörte ich.«[71] Die Autorin hat sich später mit diesem Text auseinandergesetzt[72] und ihre Selbstkritik zum Anlass genommen, in der Denkschrift *Wer warf den ersten Stein?* (1985) gegen die Diskriminierung der Sinti Stellung zu beziehen. Die zweite Erzählung handelt von einem Jungen, der unmittelbar nach dem Krieg als »Displaced Person« in einer deutschen Kleinstadt strandet und in einem Lehrer einen väterlichen Freund findet, der ihn fördert und gegen die rasch wieder aufkommenden Vorurteile zu schützen sucht, bis er dem Druck nicht mehr gewachsen ist und aus dem Ort flieht. Der Autorin scheint entgangen zu sein, dass die Erzählung kaum ein Klischee über Zigeuner auslässt – von ihrer Geschichte und Religion bis zur angeborenen Fähigkeit zum Geigenspiel. Als Akt der Wiedergutmachung und Zeichen des Neubeginns erwägt der Lehrer, den verfolgten und verachteten Jungen zu adoptieren. Durch diese Absicht wird er selbst zu einem Außenseiter abgestempelt, dem sein Umfeld mit Misstrauen begegnet. Das der realen verbrecherischen Vergangenheit nachgetragene fiktive menschliche Verhalten in der Gegenwart führt auch hier zu einer Verwischung der Grenzen zwischen Opfern und Tätern bzw. Mitschuldigen, wenn der Lehrer am Ende wie der zu Unrecht eingesperrte Zigeunerjunge, den er aus dem Gefängnis befreit, die Stadt verlassen muss.

Einen zwiespältigen Eindruck hinterlässt ebenfalls Wolfdietrich Schnurres *Zigeunerballade*, die er einem in Auschwitz umgekommenen Sinto widmet.[73] Fasziniert von der archaischen Welt der Romvölker, bastelt er aus zusammengetragenem ethnographischen Wissen eine düstere Geschichte zusammen, der er durch eigene Beobachtungen über das Leben auf Schrottplätzen und Industriebrachen am Rande der Städte politische Aktualität verleiht. Die Erzählung, die den ›tiefen Ton‹ der *Zigeunerromanzen* und der *Dichtung vom Cante Jondo* von García Lorca nachahmt, scheitert an dem Versuch, aus der Innenperspektive der Zigeunergemeinschaft zu schreiben. Schnurre gelingt die Gratwanderung nicht, die in den ethnographischen Zuschreibungen verborgenen Vorurteile zu erkennen und Abstand zu ihnen zu gewinnen. Das gilt für die Rolle der Frau über die angebliche Findigkeit beim Stehlen bis zur Zähigkeit und Überlebensfähigkeit: »Es geht das Gerücht, Ruben habe sieben Leben. Drei ist er schon losgeworden. Eins im Konzentrationslager. Eins bei einer Schießerei unter Brüdern. Eins vor Jorkans fliegendem Messer.«[74] Die gedankenlose Gleichsetzung von drei sehr unterschiedlichen Situationen rückt die Verschleppung in das Vernichtungslager auf unangemessene Weise in ein falsches Licht. Sie führt allerdings nicht zu einer Leugnung der Nazi-Verbrechen und Entlastung der Täter wie bei jenen Werken, die durch die Herabsetzung der Opfer und die Unterstellung ihrer Mitschuld vom Ausmaß der systematischen Vernichtung und dem Mitwissen ablenken wollen.

Dazu kann die am 9. Mai 1946 in der Wochenzeitung *Die Zeit* unter dem Pseudonym Jan Molitor veröffentlichte Reportage *Glanz und Elend der Zigeuner*[75] des Journalisten Josef Müller-Marein (1907-1981) gerechnet werden, von der 1947 unter dem Titel *The Fate of a German Gypsy*[76] in der Zeitschrift der Gypsy Lore Society ein leicht überarbeiteter Auszug erschien. Der Verfasser kann sich trotz der räumlichen und zeitlichen Nähe der Vernichtung kaum bremsen, seine Leser mit Anspielungen und Zweideutigkeiten auf Kosten der Opfer zu unterhalten. Wie den Juden wird auch den Sinti der Schwarzmarkt als erfolgreiches, ihrem unehrlichen Charakter entgegenkommendes Betätigungsfeld zugeschrieben:[77]

>»Nun, man kennt die Geschäfte der Zigeuner. Und wenn man nach dem Aussehen des Greises und der Wohlgenährtheit seiner Nachkommenschaft

schließen darf, ist die Zeit augenblicklich nicht gerade ungünstig für Zigeuner.«[78]

Die Reportage hält sich bedeckt, wenn es um die Beurkundung der Massenvernichtung geht. Sie überlässt es einem unzuverlässig erscheinenden dreizehnjährigen Sintijungen, über die Deportation nach Polen zu berichten. Geschickt arrangierte semantische Verschiebungen und Widersprüche geben den versierten, während des Nationalsozialismus geschulten Journalisten zu erkennen, etwa wenn er schreibt, dass der alte Sippensprecher, »eine Zigarette paffend, um seine toten Angehörigen trauert. ›Vergast, verbrannt, verloren ...‹«.[79] Dass jemand ›paffend‹ über vergaste Angehörige trauert, lässt die Ernsthaftigkeit seiner Gefühle in Zweifel ziehen, zumal er dem Reporter nicht einmal zu sagen weiß, »welches die Schwester-, welches die Vetterkinder sind«.[80] Ein Stück weiter wagt sich Justus Franz Wittkop (1899-1986) in der Erzählung *Mirella* (1964)[81] vor. In ihr wird die Deportation einer südfranzösischen Zigeunerfamilie durch die SS mit der späteren gewaltsamen Zurückholung der bei dem Überfall übersehenen jüngsten Tochter durch ihre Sippe, die inzwischen mit einem Franzosen zusammenlebt, verrechnet. Nach dem Abmarsch des Einsatzkommandos der SS findet der Apotheker Maneton ein von der SS übersehenes »Zigeunerkind«,[82] das er bei sich aufnimmt und Lucile nennt. Vorsichtig wird ihr Alter zwischen vierzehn und neunzehn geschätzt. In ihrem Verhalten entspricht sie den Erwartungen des Apothekers an eine ›schöne Zigeunerin‹: »Bald nach der Befreiung des Städtchens von den Besatzungstruppen wurden sie Liebesleute. Die Wildkatze, die er aufgelesen hatte, gab sich ihm rückhaltlos, mit naiver und heißer Sinnlichkeit.«[83] Anders als Carmen und ihre unberechenbaren Schwestern in der europäischen Literatur ist Lucile bereit, »sich dienend seiner Welt einzufügen«.[84] Die zurückkehrenden Zigeuner fallen wie die Wallfahrer in Saintes-Maries durch ihre »chromblitzenden Limousinen«[85] auf. Wie bei diesen lässt sich angesichts ihres unbeschwerten Auftretens die Last der Vergangenheit mindern: »Sie waren ihres Lebens kreatürlich froh, übriggeblieben nach der großen Heimsuchung ihres Volkes, Errettete aus den Gaskammern der Deutschen.«[86] Als Lucile in das Zigeunerlager zurückkehrt, setzt mit plumper Direktheit der Vergleich mit dem Verhalten der SS ein: »Drinnen begann in einer fremd klingenden Sprache ein böses Verhör.«[87] Die Abfahrt der Zigeuner stellt diesen Zusammenhang dann noch einmal unmissverständlich her:

»Am Abend ward eine kahl geschorene, tödlich eingeschüchterte junge Zigeunerin in einem schmucklosen Kittel in eine der großen Limousinen gesetzt. [...] Der Wagen verläßt die Stadt. Es ist fast die gleiche Straße, die einst der Konvoi nahm. Diesmal endet sie dreihundert Kilometer von da. Um Mitternacht wird eine junge, geschorene Zigeunerin namens Mirella mit allen Riten ihres Volkes einem uralten Zigeunerwitwer aus der gleichen Sippe angetraut, ihrem Zuchtmeister.«[88]

Durch das Temporaladverb »diesmal« wird die Parallelität der Vorgänge auf unerträgliche Weise verstärkt. Das Bild des kahl geschorenen Kopfes – Zeichen für KZ-Häftlinge und Stigma von Kollaborateurinnen in Frankreich – verwischt die historischen Unterschiede noch einmal. Als eigentliches Opfer erscheint der französische Apotheker, der Lebensretter, der in dieser Erzählung wie selbstverständlich für seine Hilfsbereitschaft mit der sexuellen Verfügbarkeit der Geretteten belohnt worden ist, die ihm nun vorenthalten wird.

Nur wenige Autoren schreiben gegen die Relativierung des Völkermords an den Romvölkern und das Verschweigen an. Ihre Werke sind wichtig, denn sie erinnern daran, dass die Romvölker auch in Deutschland die ›Endlösung‹ überlebt haben und ihre Vergangenheit ein Bestandteil der Gegenwart ist. Ob sie aus der Sicht der Opfer auf angemessene Weise die Erinnerungen und die Möglichkeiten gegenseitigen Umgangs entwerfen, ist eine andere Frage.

Eine Pionierposition nimmt das schon erwähnte Jugendbuch *Mond Mond Mond* von Ursula Wölfel ein. Obwohl in erzieherischer Absicht geschrieben, verfällt die Autorin nicht in einen aufdringlichen Wiedergutmachungston. Sie hält aus Scham, zum Tätervolk zu gehören, Distanz zu den Figuren. Wie meist bei diesem Thema, findet spekulatives und fragwürdiges Wissen über die Lebensweise der Romvölker Eingang in die Handlung. Der Roman durchbricht ein Tabu des Jugendbuchs, indem er – im Windschatten des Tagebuchs der Anne Frank – die Massenvernichtung thematisiert. Er zählt auch zu den wenigen Werken, die die Traumatisierung der Opfer ansprechen. Der Großvater der beiden Hauptfiguren Nauka und Pimmi muss sich mit einer persönlichen Schuld auseinandersetzen, deren tödliche Folgen er nicht zu verantworten hat. Sein Verhalten ist symptomatisch für die Zweifel vieler Überlebender an ihrer Daseinsberechtigung. Nach Wölfel greifen deutsche Jugendbuchautoren das Thema wiederholt auf. Erwähnenswert ist neben Walter Püschels (geb. 1927) Geschichte einer vergeblichen Rettungsaktion, *Die zerbrochene Melodie* (1992), der von berechtigtem Zorn über die Nachkriegsentwicklung erfüllte Roman *Jüppa und der Zigeuner* (1979) von Wolf Klaußner (1930-2005) über einen deutschen Jungen, der gegen Kriegsende einen griechischen Zigeuner gleichen Alters erfolgreich versteckt und mit ihm nach 1945 die Rückkehr und das Wiedererstarken der einstigen Peiniger erleben muss. Hingegen scheitert die niederländische Erfolgsautorin Margriet de Moor (geb. 1941) mit dem Versuch, in ihrem Roman *Herzog von Ägypten* (1996) die Verfolgungsgeschichte der Sinti im besetzten Holland mit der Beschreibung ihrer Sitten und Gebräuche und ihres angeblich nomadischen Volkscharakters zu verbinden.

Im Genre der populären Kriegsromane, in denen die Flucht britischer Kriegsgefangener aus Deutschland im Zentrum der Handlung steht, thematisiert die in England lebende ungarische Exilautorin Yolanda Földes (1902-1963) in *Goldene Ohrringe* (1946) unmittelbar nach dem Krieg die Verfolgung der Romvölker. Ihr Roman wurde 1947 unter dem gleichnamigen Titel von Mitchell Leisen (1898-1972) mit Marlene Dietrich in der Hauptrolle verfilmt. Vor dem Hintergrund der Massenvernichtungen, die deutlich erwähnt werden,[89] erscheint die abenteuerliche und romantische Flucht- und Liebesgeschichte als problematische, ja unangemessene Situationsbeschreibung, auch wenn es sich dabei um ein Loblied auf die Solidarität der Verfolgten und ihren Überlebenswillen handelt. Der englische Offizier, der von einer schönen, leidenschaftlichen und sexuell freizügigen, der Carmen-Figur nachempfundenen Zigeunerin und ihrer Sippe gerettet und hinter die Westfront gebracht wird, ist alles andere als frei vom Dünkel eines Mitglieds der englischen Oberschicht:

> »Der Oberst fühlte sich wie die meisten Engländer. Er hegte nicht gerade einen Fremdenhass – er hatte diesem Thema nie so viel Beachtung geschenkt – aber er sah die Ausländer gern dunkel, exotisch und ein klein wenig schmutzig. So sollten die Ausländer wenigstens aussehen. Wie unangenehm, wenn sie sich nicht als genügend dunkel entpuppten, wenn sie sich wie Gentlemen betrugen, unterwürfig sprachen und unverdächtige Kleider trugen!«[90]

Begehren und Angst vor der ›fremden Rasse‹ bestimmen sein widersprüchliches Verhalten gegenüber seiner Retterin, die ihm am Ende die Entscheidung abnimmt, indem sie, wie zu erwarten, bei ihrer Sippe bleibt. Das Lob, das er im Gegenzug ihrem Volk ausspricht, ist zwiespältig, weil es Fremdheit und Abgeschlossenheit betont und gegen die eigene Erfahrung auf der gemeinsamen Flucht ein weiteres Mal ihre

Geschichtslosigkeit behauptet und keinerlei Perspektive für ein Zusammenleben andeutet:

> »Ihre Rasse war alt und würde all dies überleben. Ihre Lebensweise änderte sich nie; sie wurde nicht wie diejenige der weissen Völker das Opfer eines periodischen Ausbruches von religiösem Wahnsinn, von politischen Unruhen oder eines Regierungswechsels; ihr Leben ging unter dem weiten Himmel und dem wechselnden Mond mit der rhythmischen Gleichmässigkeit der Jahreszeiten weiter.«[91]

In ihrer Autobiographie berichtet die Tochter Marlene Dietrichs über die Vorbereitungen ihrer Mutter auf die Rolle der Zigeunerin und über die Dreharbeiten. Angesichts der klischeehaften Kostümierung kaum nachvollziehbar, lobt sie das Authentische ihrer Erscheinung und Darstellung:

> »Sie wirkte zigeunerhafter als jede Zigeunerin, die es je gab oder geben wird. Die Haare trieften vor Fett. Die dick schwarz umränderten Augen mit der schneeweißen Innenlinie am Lid in einem geheimnisvollen, nußbraunen Gesicht erblickten jede Zukunft in jeglicher Kristallkugel. Sie trat barfuß auf, in Lumpen gehüllt und mit einer Stola umwickelt, über und über mit Armreifen, Ohrringen und klimpernden Goldmünzen behängt. Sie beschmierte sich mit Ruß und Schmutz, angelte Fischköpfe aus schwarzen Eisenkesseln, die über rauchenden Lagerfeuern hingen, stank zum Himmel und amüsierte sich köstlich.«[92]

Erschreckend, was Marlene Dietrich, der man keinerlei rassistische Vorurteile unterstellen kann und die sich als Antifaschistin verstanden hat, als authentisches Aussehen und Verhalten von Zigeunern betrachtet. Die eigentlich belanglose Episode zeigt schlaglichtartig, wie tief die Vorstellung von den zivilisationsfernen, jegliche Hygiene missachtenden Zigeunern in das kulturelle Gedächtnis eingebrannt ist. Damit nicht genug, glaubt Marlene Dietrich die Echtheit ihrer Darstellung durch Ekel erregendes, vulgäres Verhalten steigern zu können:

> »Weißt du, […] ich könnte mich im Schritt kratzen. Alle Zigeuner haben Läuse. Wenn ich die Unterröcke hochziehe, wird das vor den nackten braunen Beinen sehr gut aussehen, dann schiebe ich die Hand an meinem Bein entlang nach unten – breche einen Kanten Brot ab und stecke ihm das Stück in den Mund … das wird ausgesprochen zigeunerhaft!«[93]

Während der Gebrauch von offen antisemitischen Bildern und Floskeln nach 1945 in der Öffentlichkeit vermieden wird, findet in Bezug auf die Romvölker keinerlei Innehalten oder Nachdenken statt. Müller-Mareins Reportage und ihr ironischer Unterton zeugen von dieser

Gleichgültigkeit, in der die Verachtung nun Gestalt annimmt. Zwischen der Entwicklung, die zu den rassistischen Verbrechen geführt hatte, und den eigenen Vorurteilen wird keine Verbindung hergestellt, auch nicht in einem Spielfilm wie *Goldene Ohrringe*, in dem die Verfolgung der Sinti in jeder Szene gegenwärtig ist. Dies, und nur dies, unterscheidet ihn von deutschen Nachkriegsfilmen wie *Der lachende Vagabund* (1958) und *Drei Birken auf der Heide (Junges Blut)* (1956), in denen die Vergangenheit vollständig verdrängt und verschwiegen und das Zigeunerleben auf Lagerfeuerromantik, Musik und Tanz reduziert wird.

Blickt man auf die drei Nachkriegsjahrzehnte zurück, muss man konstatieren, dass Verfolgung, Massenvernichtung, Verachtung und die desolate soziale Situation der Romvölker in der deutschen Literatur randständige Themen sind. Günter Grass, der sich heute regelmäßig zu Wort meldet, wenn Roma diskriminiert werden, entdeckt erst nach dem Zusammenbruch des sozialistischen Systems die wirklichen Dimensionen des Problems. Seine Romane *Die Blechtrommel* (1959) und *Hundejahre* (1963) zeugen weder von einem ausgeprägten Interesse an ihrem Schicksal noch von einem besonderen Feingefühl ihnen gegenüber. Die Erzählkonstruktion in *Hundejahre* versperrt jeden Einblick in die Lebenswelt der Sinti. Plötzliches Auftauchen und Verschwinden charakterisieren ihr Verhalten. Wie in zahlreichen Werken werden sie als »Waldzigeuner«[94] in einem Raum zwischen Zivilisation und Natur verortet. Der Zigeuner »Bidandengero«[95] nimmt Kontakt mit Menschen außerhalb seiner Gruppe nur auf, damit das kleine Mädchen, das er aus Gründen aussetzt, die vollständig im Dunkeln bleiben, gefunden wird. Der Eintritt des Jenny genannten Kindes in die Haupthandlung des Romans wird wie ein Märchen präsentiert: »Es war einmal ein kleines Mädchen, das wurde von Waldzigeunern einem Studienrat untergeschoben«.[96] Wie der Jude Eddi Amsel erscheint Jenny als Symbol der Opfer des Nationalsozialismus. Aber was verbindet diese Figur, deren Herkunft und Identität unklar und die durch die Aufnahme bei dem deutschen Lehrer vor rassistischer Verfolgung geschützt ist, mit den Romvölkern? Vielleicht ihre musikalische und tänzerische Begabung. Damit wird ein vertrautes Klischee bedient. Von ihm führt jedoch keine Spur zu den Verfolgungen und Massenmorden. Diese Verbindung wird im Roman auch nicht gesucht. Über die Herkunft wie über das Schicksal der »Waldzigeuner« wird in der Episode, die nach 1945 handelt, nicht mehr geredet.

In *Die Blechtrommel* beschränkt sich die Aufmerksamkeit auf die karikaturhafte Darstellung des Düsseldorfer Malers und Akademieprofessors Otto Pankok (1893-1966), der durch seine um 1933 entstandenen eindrucksvollen Sintiportraits bekannt geworden ist. Als »Professor Kuchen« präsentiert er seinen Schülern Oskar Matzerath als ›Zigeunermodell‹: »Mein schönes Haar glänzt dunkelbraun. Die machten aus mir einen strähnigen Zigeuner. Keinem der sechzehn Kunstjünger fiel auf, daß Oskar blaue Augen hat.«[97] Warum sollte ein deutscher Sinto die nicht haben, auch wenn die beschränkte Perspektive des Trommlers eingenommen wird? Grass reduziert seine Zigeunerfiguren auf einfache und bekannte Bilder. Vor diesem Hintergrund überrascht es ein wenig, dass er den Preis, den die von ihm und seiner Frau 1997 gegründete »Stiftung zugunsten des Romavolkes« verleiht, nach Otto Pankok benannt hat. In der *Blechtrommel* wird dieser noch als »Zigeunerkuchen«[98] verspottet und nun als »Meister des Holzschnitts« bezeichnet, der es verstanden habe, »mich und andere Schüler zu lehren, mit ihnen [den Sinti] umzugehen und – fern aller romantischen Verklärung – die jeglicher Verfolgung trotzende Schönheit ihrer Existenz zu begreifen«.[99] Das anhaltende Engagement von Grass gegen die Diskriminierung der Romvölker in Europa nach dem Zusammenbruch des Sozialismus, die »wie kein anderes Volk, außer dem der Juden, anhaltender Verfolgung, Benachteiligung und in Deutschland der planmäßigen Vernichtung ausgesetzt gewesen sind«,[100] wird einerseits von dem Bedürfnis getragen, dieser Minderheit die Stimme des berühmten und anerkannten Schriftstellers von Weltgeltung zu leihen. Andererseits unterstellt Grass in der Bohemetradition auf problematische Weise eine Affinität zwischen den Romvölkern und dem Freiheits- und Unabhängigkeitsdrang des antibürgerlichen Künstlers, wie sie schon Thomas Mann in den *Betrachtungen eines Unpolitischen* (1918) behauptet hatte.[101]

Otto Pankok, der 1931 zum ersten Mal Romgruppen in Saintes-Maries-de-la-Mer bei ihrer jährlichen Wallfahrt begegnet, wird bei seiner Rückkehr auf eine große Ansiedlung von Sinti in Düsseldorf aufmerksam gemacht. Das Brachland gehört seit der Ruhrbesetzung der französischen Armee. Ein seltener Glücksfall für die umherziehenden Sinti, denn die Stadt kann ein Hausrecht nicht geltend machen, da die Rückgabe nicht geregelt worden ist. Pankok zeichnet und malt bis in die Zeit der NS-Herrschaft hinein die dort in Wohnwagen und Baracken lebenden Menschen und richtet sich auf dem Gelände ein kleines provisorisches Atelier ein. Nach dem Krieg portraitiert er einige der Überlebenden, die nach Düsseldorf zurückkehren. Der Düsseldorfer Sinto Rigo Mettbach erinnert sich noch nach Jahrzehnten an ihn:

»Der Professor Pankok, der Maler, kam oft zu uns, zusammen mit seiner Tochter Eva. Wir waren noch kleine Kinder damals, ich erinnere mich noch, sie legten uns große Papierbogen vor und wir malten Pferde und Wagen. Sie nahmen dann die Bilder mit. […] Ein sehr guter Mann war das.«[102]

Spätere Zigeunerbilder entstehen auf Reisen nach Jugoslawien. Die zweite Auflage seines Bildbandes *Zigeuner* (1958) ist im Unterschied zur 1959 erschienenen *Blechtrommel* von ausdrucksstarker Erinnerung an die Getöteten und Überlebenden und von Trauer und der Auseinandersetzung mit den Ursachen der Verfolgung geprägt. Im Vorwort, in dem der Name Auschwitz fällt, schreibt Pankok:

> »Die von den Zigeunern so sehnlich erhoffte Rückerstattung ihrer Lebensmöglichkeiten ist ausgeblieben. Schlecht riecht die Suppe, die man heute in den Wagen kocht. Die Reste dieses Volkes, des kindlichsten und schuldlosesten Europas, das in der Zeit der Schande die ungeheure Wolke von Todesstaub hinter sich gelassen, diese Reste sind dabei sich aufzugeben.«[103]

Auch Pankok neigt zu einer Überidentifikation mit ihrer Lebensweise, die er zum Symbol einer untergegangenen Welt stilisiert: »So wie sie wanderten, werden wir in Freiheit unsere Bilder malen, auch wenn keiner sie mehr sieht. Wir werden Worte aufschreiben, die vielleicht niemand mehr liest, und Lieder singen, die keiner hört.«[104] Dennoch besitzt er genug politischen Durchblick, um die sozialen Folgen der Vernichtungspolitik wahrzunehmen und Elend und Traumatisierung in seinen Bildern nicht romantisch zu verklären.

Seine Stimme im Wortsinn leiht den deutschen Sinti 1973 Wolf Biermann (geb. 1936), als er mit *Stillepenn – Schlufflied* (1973) zum ersten Mal ein Wiegenlied in ihrer Sprache in sein Vortragsrepertoire aufnimmt. Der Liedermacher entgeht damit dem Problem, in einem Gedicht, Roman oder Drama stellvertretend für diejenigen, deren Stimme nicht gehört wird, fiktive Erinnerungen an die Ereignisse zwischen 1933 und 1945 niederzuschreiben. Stellvertretererinnerungen sind insofern problematisch, als trotz der Empathie und des Wissens um ihre Leidensgeschichte die eigene Position und die Sichtweise der Mehrheitsgesellschaft nicht verleugnet werden können und das Gefühl von Schuld und Scham die erzählten Lebensläufe der Opfer verzerrt. Das gilt nicht allein für die deutsche Literatur, sondern ebenso für Werke wie die Ich-Erzählung *Die Zigeuner* (1953) des 1948 ins französische Exil geflüchteten tschechischen Schriftstellers Jan Čep (1902-1974), in der die Deportation der Roma während des Krieges thematisiert wird. Sie zeichnet aus der Distanz ein von Vorurteilen geprägtes Bild und ringt sich angesichts der Verbrechen aus einer christlich-humanen Haltung heraus zum Mitgefühl mit den Opfern durch, die in Anspielung an die Passion Christi an einem Karfreitag aus dem Dorf weggeführt und in ein Vernichtungslager gebracht werden, ohne dass sich Widerstand regt.[105] Auf behutsame, poetische Weise und dennoch unmissverständlich erinnert Johannes Bobrowski (1917-1965) in seinem Roman *Levins Mühle* (1964) an das friedliche Zusammenleben mit den Zigeunern in Ostpreußen und an ihre Vernichtung und weist zugleich im Gedenken an sie die Klischees zurück, die unsere Wahrnehmung bestimmen:

> »Richtige Zigeuner sind richtig schön. Das ist wahr, ich sage es, wie es ist. Beschreiben allerdings kann man Zigeuner nicht. Wanderer, kennst du sie nicht, so lerne sie kennen, habe ich an einer Kirchenwand gelesen, an einer Außenwand, wo es zum Gedächtnis einer Verstorbenen angeschrieben war. Wie mit dieser Verstorbenen, so steht es auch mit den Zigeunern, sie sind tot. Zusammengetrieben und erschlagen in jenen Jahren, an die wir uns erinnern, in jenen Gegenden, von denen hier erzählt wird. Wo soll man sie kennenlernen? Wer jetzt sagt: ich kenne welche, der denkt sich das bloß, der weiß nicht, was er redet, der meint die drei schwarzhaarigen Männer, einen dünnen und zwei dicke, die im Kaffeehaus Musik machen und all das tun, was man (nur so als Mensch) vom Zigeuner erwartet: Umhergehn mit weichen Gelenken, biegsamen Hüften, sanft durchdringendem Blick, einer Geige, die ein bißchen veröilt klingt und auf der es offenbar keine richtige Mittellage gibt, das bekannte Zimbal dazu. Das meine ich alles nicht, ich meine Zigeuner, die man nicht beschreiben kann [...].«[106]

Den gleichen Ton trifft Günter Bruno Fuchs (1928-1977) in seinem Lyrikband *Zigeunertrommel* (1956), den er »dem Volk der Klagefrauen und Geigenspieler, dessen Opfer die Grenzen aller Länder widerlegt hat«,[107] widmet und in dem er ihres Alltags, ihrer Arbeit, ihrer Klage- und Trauerlieder gedenkt. Der Band schließt mit einem *Zigeunertriptychon in Memoriam*, dessen Schlussverse »Zigeunertod, die Litanei: / Der Brandgeruch im Rosenrot«[108] den Verlust betrauern. Für einen Augenblick scheint in einer anrührenden Episode in Harry Mulischs (1927-2010) *Die Entdeckung des Himmels* (1992) diese Form der Anerkennung auf, als ein jüdischer Musiker im Amsterdam der sechziger Jahre den Mitgliedern eines Zigeunerorchesters und ihrem Primas seine Hochachtung mitteilt: »Sage ihm, daß Zigeuner für mich heilig sind, weil sie das einzige Volk auf Erden sind, das nie einen Krieg geführt hat.«[109] Darauf spielen sie für ihn auf eine Weise, die ihn eine tiefe Verbundenheit spüren lässt und an das Leid seiner eigenen Familie erinnert: »Die Zigeuner hatten den Kern getroffen.«[110] Wahrnehmung und Verhalten gegenüber den Roma im Alltag der Gegenwart reflektiert Marie-Thérèse Kerschbaumer (geb. 1936) in der Erzählung *Die Zigeunerin* (1980) mit Genauigkeit und Schärfe. Ohne Pathos und missionarischen Eifer sucht die Erzählerin die Auseinandersetzung mit den eigenen, tief sitzenden Ängsten und Vorurteilen. Bei einer ersten Begegnung mit einer Bettlerin in Italien wahrt sie, empört über die Elendsinszenierung, den üblichen Sicherheitsabstand. Als eine Romafamilie in das Mietshaus einzieht, in dem sie lebt, und Nachbarn und Hausverwaltung diese zu vertreiben suchen, kann sie der Konfrontation und der Frage nach dem Mut zum Dazwischentreten nicht mehr ausweichen: »Am Beispiel des Hauses, in dem du wohnst, hat man sehr deutlich sehen können, wie manche Dinge entstanden sind.«[111] Es setzt sich bei ihr die Erkenntnis durch, dass die Spuren der Geschichte sich nicht aus der Gegenwart tilgen lassen.

Die von Empathie geleiteten Werke verzichten auffällig auf den Duktus der Zigeunerkennerschaft und stellen nicht, wie andere von den *Konzessionen des Himmels* bis zu den *Hundejahren*, in denen die Stimme der anderen doch immer die eigene bleibt, ihr anthropologisches und ethnologisches Wissen aus. Einen wichtigen Schritt über beide Konzeptionen hinaus geht die Erzählung *Abschied von Sidonie* (1989) von Erich Hackl (geb. 1954). Der Autor vertraut auf eine dokumentarische Herangehensweise und versucht nicht mehr, seinen Zigeunerfiguren durch das, was die Wissenschaften über sie zusammengetragen haben, Leben einzuhauchen. Hackl nähert sich seiner Hauptfigur Sidonie vorsichtig über ihre Lebenszeugnisse und Zeitzeugenberichte an, verzichtet auf eine Psychologisierung und schreibt ihr vor allem keine ›zigeunerische‹ Identität zu. Die Erzählung beruht auf einem authentischen Fall. Mit ihr versucht er einem der Holocaustopfer, dem 1933 geborenen Romamädchen Sidonie Adlersburg, deren individueller Lebenslauf in den anonymen Statistiken der Vernichtung verschwunden ist, eine Biographie zurückzugeben.

Traumatische Erinnerungen eines Holocaustüberlebenden sind das Thema des Erfolgsromans *The Eighth Sin* (1978) von Stefan Kanfer. Ein von den britischen Truppen mit vierzehn Jahren aus dem KZ befreiter und von einer englisch-jüdischen Familie adoptierter Zigeuner verdrängt seine Vergangenheit vollständig, indem er sich den Genüssen des Lebens in extremer Weise hingibt und damit gewissermaßen den sieben Todsünden verfällt. Die titelgebende achte Sünde, die er damit eigentlich begeht, weil er weder Zeugnis ablegt noch sich seiner Gruppe verbunden fühlt, ist die des Vergessens. Werke wie Hackls *Abschied von Sidonie*, Ludwig Lahers (geb. 1955) *Herzfleischentartung* (2001), Kanfers *The Eighth Sin* oder Roland Kästners *Die Prinzipalin* (1989), das über den vergeblichen Überlebenskampf eines kleinen, von einer Sintezza geführten Zirkusunternehmens in der DDR handelt, treten mit dem Anspruch auf, nach Jahrzehnten der Verdrängung und des Verschweigens die letzte in Europa nicht erzählte Geschichte, die der Leiderfahrungen der Romvölker, zu Gehör zu bringen.

Programmatisch vertritt diese Position der irische Schriftsteller Colum McCann (geb. 1965) in seinem Roman *Zoli* (2006), dessen deutsche Übersetzung 2007 den ersten Platz in der *Spiegel*-Bestsellerliste erreicht. McCann versteht *Zoli* als einen europäischen Roman, in dem nach dem Zusammenbruch des Sozialismus und der Osterweiterung der Europäischen Union auf die Geschichte, Kultur und gegenwärtige Lage der Romvölker aufmerksam gemacht wird. Für den Autor bilden sie – mit über zehn Millionen Menschen – keine unbedeutende Minderheit. In seinem Roman gehe es, so McCann, »um Empathie und darum, das Herz des Anderen zu erkunden«.[112] Erzählt wird die wechselvolle Geschichte der Verfolgung und Vernichtung in den dreißiger und vierziger Jahren, der Befreiung 1945 und der Einbeziehung in das sozialistische Projekt des ›neuen Menschen‹ in den osteuropäischen Ländern in den fünfziger Jahren, das zur sozialen Entwurzelung der Roma führt. Angeregt durch Isabel Fonsecas Reportage *Bury Me Standing: The Gypsies and Their Journey*[113] (1995), hat McCann umfangreiche Quellenstudien betrieben und das Schicksal der Hauptfigur des Romans, Marienka, genannt Zoli, eng an die Biographie der polnischen Romni Bronisława Wajs (1908/1910-1987) – genannt Papusza – angelehnt. Wajs, die im folgenden Kapitel noch näher gewürdigt werden soll, zählt zu den ersten Romaschriftstellern, deren Gedichte auf Romanes in einer zweisprachigen Ausgabe veröffentlicht wurden.[114] McCann fügt die Lebensgeschichte der Sängerin und Dichterin Marienka in den größeren historischen Zusammenhang von Flucht, Vertreibung, Vernichtung, Exil, Migration und der politischen Spaltung Europas in der Kriegs- und Nachkriegszeit ein.

Erinnerung und Erzählung der Hauptfigur setzen mit einem traumatischen Erlebnis ein, in dem Verfolgungs- und Familiengeschichte zusammenfallen:

> »Ich war sechs. Meine Eltern waren fort, meine Brüder und Schwestern, meine Vettern und Cousinen ebenfalls: Sie waren von den Hlinka-Garden aufs Eis getrieben worden. Rings um den See wurden Feuer entzündet und

MGs aufgebaut, sodass sie nicht fliehen konnten. Als es gegen Mittag immer wärmer wurde, zwang man sie, die Wohnwagen in die Mitte des Sees zu fahren. Das Eis brach, die Räder versanken, und der Rest folgte ihnen, Wohnwagen, Pferde, Harfen. Ich habe es nicht mit eigenen Augen gesehen, meine Tochter, aber in Gedanken konnte ich es hören, und obwohl später großartige Musik erklang, obwohl es später süß klingende Augenblicke gab, in denen unser Volk stark war, geehrt und geschätzt, werden diese Jahre für immer dadurch geprägt sein, dass ich zurückblickte und lauschte und darauf wartete, dass meine Familie uns einholte. Nur Großvater und ich entkamen – wir waren drei ganze Tage auf der anderen Seite des Sees unterwegs gewesen.«[115]

Das Bild der sadistischen Vernichtung der Großfamilie löst vielfältige Konnotationen aus. Ihr Untergang erinnert an die Praktiken des Völkermords an indigenen Stammesgesellschaften während der kolonialen Eroberungen in Amerika und Afrika. Anders als nationale, über ein großes Territorium verteilte schriftkulturelle Gesellschaften verschwinden solche mit dem Tod ihrer Mitglieder nahezu spurlos. Der Erinnerung der beiden Überlebenden bleibt nichts, weder ein zugänglicher Ort noch die unmittelbare Zeugenschaft. Die Todesart, das Verschwinden der Menschen und ihres Besitzes auf dem Grund eines Sees, weist auf den möglichen Beginn legendenhafter Erinnerungen an ein geradezu undenkbares Geschehen und auf jene Gedichte und Lieder, die Zoli später schreiben wird, voraus. Das Bild der auf dem Eis zusammengetriebenen Menschen fügt sich als Variante in die zum Symbol der Vernichtung verfestigten Bilder der in Kirchen oder Synagogen eingesperrten und verbrannten jüdischen Frauen und Kinder. Aber die Sterbeszene der Roma birgt eine entscheidende, nicht unproblematische Sinnverschiebung. Mit den jüdischen Familien wird zugleich ein Kulturgut, ein sakraler Raum vernichtet, während die Roma von der Natur verschlungen werden, mit der sie in den Vorstellungen der Mehrheitsgesellschaft ohnehin untrennbar verbunden sind. Das Ausgangsereignis enthält im Kern das Erzählmodell des gesamten Romans. Nicht die Geschichte des Lebens der Roma im 20. Jahrhundert wird mitgeteilt, sondern Geschichten ihres Überlebens werden erzählt. Das Überleben ist ein ständig wiederkehrendes Motiv des Romans. Es bildet mehr noch das Erzählmuster, mit dessen Hilfe die Lebensweise der Roma durchgängig gedeutet wird. Überleben heißt einmal, sich den Angriffen der Mehrheitsbevölkerung und der staatlichen Institutionen zu entziehen. Es bedeutet allerdings ebenfalls, ohne Zukunftsorientierung einer traditionellen Lebensweise verhaftet zu bleiben, die weit reichende Lebensplanungen nicht kennt. In der Hauptfigur Zoli werden Überlebenswille und Überlebenskraft, aber auch die Begrenztheit und Beschränktheit der Lebensweise der Roma personifiziert. Indem sie mit Hilfe ihres Großvaters, der das *Kapital* von Karl Marx besitzt, das er als Katechismus tarnt, lesen und schreiben lernt,[116] gerät sie in eine Mittlerposition zwischen den Roma und der Mehrheitsbevölkerung. Im Futter ihres Mantels und in den Taschen ihrer Röcke versteckt sie später vor ihrem Mann und ihrer Großfamilie Gedichte von Pablo Neruda, Federico García Lorca, Walt Whitman (1819-1892), Jaroslav Seifert (1901-1986) und anderen. Dass sie die traditionellen Lieder der Roma gekonnt variiert und aktualisiert, verschafft ihr Ansehen und Ruhm in ihrer Sippe. Doch die erfolgreiche Veröffentlichung eigener Gedichte in einem Literaturverlag und der Missbrauch ihrer Prominenz für die sozialistische Ansiedlungspolitik durch staatliche Institutionen – sie tritt u.a. der Kommunistischen Partei bei – führen zum Ausschluss aus dem Familienverband durch die Rechtsprecher und zur Ächtung:

> »Bei der Versammlung vor drei Tagen kam das Kris zu dem Urteil, sie sei schwach, sie habe nicht die nötige körperliche und seelische Kraft und sei für den Rest des Lebens beschmutzt durch ihre Niedertracht, durch den Verrat von Roma-Angelegenheiten an Außenstehende.«[117]

Die meisten Romsippen unterlaufen stumm und unorganisiert die von der sozialistischen Regierung verordneten Zwangsansiedlungen. Die Integration durch Wohnung und Arbeit scheitert.[118] Durch die Ächtung ihrer Identität beraubt, verweigert sich Zoli dem Aufstieg in der tschechoslowakischen Gesellschaft. Sie nimmt vereinsamt die nomadische Lebensweise ihrer Vorfahren wieder auf und reaktiviert die alten Überlebenstechniken, in denen sich unschwer die Zigeunerstereotype wiedererkennen lassen. Lügen, Uhren- und Hühnerdiebstahl, Wahrsagen, Schadenszauber, Mundraub, Betteln, Messerstechen usw. bewahren sie auf der Flucht von der Tschechoslowakei über Ungarn und Österreich bis in die italienischen Alpen vor dem Untergang. Inmitten des Kalten Krieges gelingt es ihr, durch den Eisernen Vorhang zu fliehen, um schließlich einen italienischen Schmuggler, einen professionellen Grenzverletzer, zu heiraten und mit ihm und der gemeinsamen Tochter in einem abgelegenen Bergort in den Alpen unweit der jugoslawischen Grenze ein Familienidyll zu schaffen.

Zugleich wird die Odyssee einer aus ihrem Volk Verstoßenen erzählt. Ihre Heimkehr wird ständig aufgeschoben, auch durch das Sesshaftwerden in den Alpen. Doch während es ihr, der Entwurzelten, gelingt, ihre

ursprüngliche Identität zu bewahren, droht die weiterhin im Verband
lebende Herkunftssippe ihre Werte und Eigenarten zu verlieren. Dies
tritt klar hervor, wenn Zoli nach ihrer gelungenen Flucht in einem Auffanglager in Österreich nach langer Zeit wieder mit Roma zusammen-
trifft:

> »Und jetzt legte mir eine dunkle Schwester ein Stück Brot in die Hand und
> redete in unserer herrlichen, uralten Sprache auf mich ein. […] Ich war nicht
> mehr Dichterin oder Sängerin, ich war keine Frau, die Bücher las oder auch
> nur umherzog. Jeden Tag erwachte ich am selben Orte, setzte Wasser für den
> Kaffee auf, lüftete die Matratze und klopfte sie mit bloßen Händen aus. […]
> Ich kannte all ihre Geschichten und Geheimnisse. Ein solches Leben hatte
> ich noch nie geführt. Ich tauschte meine unscheinbaren Kleider wieder ge-
> gen portugiesische und betrachtete meine farbenfrohe Erscheinung in den
> Fenstern der Verwaltungsbaracke. Mein Haar wuchs nach, und ich nähte
> Münzen an die Strähnen. Meine alte Sprache öffnete mir ein Fenster. […] So
> erlaubte ich mir, noch einmal für eine Weile unter dem Schirm meines Volkes
> zu leben. Eine unsichtbare Hand hatte eingegriffen und den Zeiger meines
> Herzens ein kleines Stück zurückgestellt.«[119]

Die Heimkehr zum eigenen Volk wird, wie schon einige Male zuvor,
erneut aufgeschoben. Zoli gibt sich nicht zu erkennen. Ihr Verhalten
deutet darauf hin, dass sie nun zu einem sesshaften Leben fähig ist. Sie
befindet sich in einer Übergangsphase, in der die endgültige Trennung
von ihrer Herkunftsgruppe zu einem Leben »am selben Orte« führen
wird. Doch gerade durch diese Trennung gewinnt sie in einem elementaren körperlichen und in einem kulturellen Sinn ihre Ursprungsidentität
zurück. Sie lässt ihre Haare wachsen, kleidet sich auf traditionelle Weise
und beginnt wieder in ihrer Sprache zu sprechen und zu fühlen. Der
erneute Aufschub der Heimkehr bewirkt allerdings, dass die wiederge-
wonnene Identität nicht kollektiv bestimmt ist. Ihr liegt eine individuelle Entscheidung zugrunde, nicht für ein imaginäres Kollektiv, sondern
für sich selbst. Damit ist die Geschichte der langen Heimkehr noch
nicht abgeschlossen. Als die erwachsene Tochter mehr als dreißig Jahre
später in Paris einen internationalen Kongress zum Thema »Vom Wohnwagen ins Parlament – Vermächtnis und Vorstellungswelt der Roma«
organisiert, nimmt Zoli nur widerstrebend und am Rande daran teil,
denn sie fühlt sich immer noch an den Rechtsspruch der Kris gebunden.
»Du weißt, dass ich noch immer beschmutzt bin, ganz gleich, was geschehen ist«,[120] bekennt sie ihrer Tochter gegenüber. Die Erfahrungen,
die sie in Paris macht, führen zurück in die Lebenswelt der Roma, aber
nicht in die Elendssiedlungen ihrer slowakischen Familie, sondern zu

den politisch selbstbewusst agierenden Bürgerrechtlern: eine Heimkehr auf einer höheren Stufe. Als Individuum kann sie sich als Teil eines weltweit verstreut lebenden Volkes fühlen. Das Kollektiv ist hier keine Kumpanija, keine archaische Versammlung von Rechtsprechern, sondern es ist selbst durch Diversität charakterisiert. Der Roman endet damit, dass Zoli nach Jahrzehnten des Verstummens ihre Stimme wiederfindet:

> »Der mit den Locken spielt einen Ton auf der Mandoline, einen falschen, zu hohen Ton, löscht ihn aber mit dem nächsten aus, und dann fällt, zunächst noch langsam, der Gitarrist ein. Eine Welle geht durch den Raum wie ein Wind, der über hohes Gras streicht, und es ist, als würde sich alles weiten, als würden erst das eine und dann das andere Fenster aufspringen, als würden schließlich auch die Wände verschwinden. Der Mandolinenspieler schlägt einen hohen Akkord an und nickt Zoli zu. Sie lächelt, hebt den Kopf und beginnt. Sie beginnt.«[121]

Die Kumpanija, aus der sie stammt, bleibt weit hinter ihrer Entwicklung zurück, wie aus der Perspektive eines jungen Journalisten, der sich auf die Spurensuche nach der einstmals berühmten Sängerin begibt, berichtet wird. Dort, in der slowakischen Romasiedlung, wird Zolis Existenz weiterhin geleugnet: »Boschor sieht zur Tür und sagt: ›Den Namen kenne ich nicht, verstanden, Specknacken? Und selbst wenn, würde ich mit dir nicht darüber reden.‹«[122] Während Zoli ihr Leben durch den Rückzug in eine Nische der Gesellschaft selbst gestaltet und ihre Würde bewahrt hat und ihre Tochter durch politisches und soziales Engagement Selbstbewusstsein entwickelt, führt die Herkunftssippe weiter einen deprimierenden und würdelosen Kampf ums Überleben.[123]

Die Grundstruktur des Romans, die Geschichte einer individuellen Befreiung und einer politischen Bewusstwerdung ohne Identitätsverlust, würde sich ebenso für eine Erzählung über bedrohte Völker wie die australischen Aborigines oder die Sami in Skandinavien eignen. Diese Übertragbarkeit markiert seine Grenze. Aus welchem Grund werden die Figuren bei McCann je nach ethnischer Zugehörigkeit auf unterschiedliche Weise gestaltet? Zoli, ihr Großvater und die anderen Mitglieder der Sippe gewinnen Kontur allein über die Schilderung ihrer fremden Lebensweise. Andere Personen im Roman, wie Stephen Swann, der kommunistische Internationalist, und Stranský, der zunächst in den sozialistischen Anfängen gefeierte und dann gestürzte und hingerichtete Dichter und Essayist, werden hingegen nicht durch ihr Irisch- bzw. ihr Slowakischsein in ihren Handlungen bestimmt. Wir erkennen sie an ih-

ren politischen und poetologischen Positionen und an den ihnen zugeschriebenen individuellen Charakterzügen. Symptomatisch für die
Konstruktion der Roma ist Zolis Bekenntnis am Ende des Romans:

>Ich habe mir Augen, Ohren und Mund zugehalten, aber dann habe ich wie-
der zu mir gefunden, und obwohl ich mich in Mehl gewälzt habe, bezeichne
ich mich heute wieder als schwarz. Ich habe mein Volk nie verlassen, auch
wenn mein Volk mich verlassen hat.«[124]

Eine vergleichbare Überlegung über ethnische Identität findet bei den
Figuren Swann und Stranský nicht statt. Weshalb spielt die Frage nach
der kulturellen Authentizität der Figuren nur in den Erzählsträngen
eine Rolle, in denen es um die Geschichte der Roma geht? In der erzählten Gegenwart durch die Hinzunahme der Erzählperspektive eines
Journalisten, der vor Ort in der Slowakei recherchiert; in der Vergangenheit über die Ausbreitung ethnologischen Wissens von den Hoch-
zeitsgebräuchen über die Reinheitsgebote bis zur Musik. Dieses Wissen
wird, wenn es nicht in die Beschreibung der Personen und die Handlung
integriert werden kann, bisweilen sogar im Lexikonformat präsentiert.[125]
Colum McCann zeichnet jedoch gegenüber anderen Autoren aus, dass er
das Verhältnis von Wissensaneignung, Wahrnehmung und literarischer
Darstellung im Roman reflektiert. Dies geschieht zum einen wirkungsvoll durch den Wechsel der Erzählperspektive, wodurch das Erzählte
relativiert bzw. gebrochen wird. Zum anderen spiegelt die Darstellung
der Beziehung der sozialistischen Intellektuellen zur unterdrückten Minderheit der Roma das erwähnte Verhältnis auf der Handlungsebene wider. Zwischen den Schriftstellern und den Roma kommt es im Roman
zu einem kurzfristigen Bündnis. Die Begegnung setzt auf beiden Seiten
künstlerische Kreativität frei. Sie wird einmal als tragische Liebesgeschichte zwischen Zoli und dem heimatlosen und entwurzelten Swann
erzählt. Sie scheitert, weil sich der Intellektuelle die Lieder und Gedichte Zolis aneignet, ohne ihre Herkunft und ihren kulturellen Hintergrund zu beachten und zu achten. Der Schriftsteller Stranský, zu dem
der polnisch-jüdische Dichter Julian Tuwim (1894-1953) das Vorbild
abgegeben hat, sieht in der Lyrik der »Zigeunerintellektuellen« Zoli hingegen den Traum der Avantgarde von der Vereinigung von Kunst und
Volk Wirklichkeit werden. Diese in ihrer Beziehung zu Zoli eher väter-
lich agierende Figur leitet aus ihren Werken projektiv das Programm
einer neuen sozialistischen Volkspoesie ab.[126] Stranský bindet Zoli in die
Macht-Wissens-Diskurse staatlicher Kulturpolitik ein und verspielt da-

mit beider Autonomie. Swann und Stranský sind Mittlerfiguren, die im Unterschied zu Zoli politisch und intellektuell scheitern. Sie repräsentieren zwei unterschiedliche Modelle kultureller Begegnung. Swann wird von der Liebe und der Faszination am Exotischen getrieben. Er möchte in einen unzugänglichen und geheimnisvollen Bereich eindringen und eine Trophäe – zunächst die ›fremde Frau‹ und dann nach dem Scheitern der Beziehung ihre Gedichte – mitbringen. Stranský hingegen ästhetisiert nicht ohne wirkliches Einfühlungsvermögen die fremde Kultur, um in ihr in Rousseau'scher Tradition das Gegenbild einer nicht entfremdeten Gesellschaft im Naturzustand bzw. die kommunistische Utopie einer klassenlosen Gesellschaft zu finden.

Das Gesamtkonzept des Romans versteht sich als Versuch, ein neues Modell zu entwickeln, das sich vor allem in den Kapiteln niederschlägt, in denen aus der Ich-Perspektive Zolis erzählt wird. McCann umreißt es kurz in einer Nachbemerkung: »Unsere Stimme entsteht aus den Stimmen anderer. [...] Unsere Geschichten gehen auf zahllose Geschichten anderer zurück.«[127] Sein Konzept würde aufgehen, wenn er die Stimmen und Geschichten, die als Ereignisse einzigartig und authentisch sind, unverändert in die Literatur einfügen würde. Doch McCann verschiebt deren Position und verändert deren Aussage. Ständig stellt er zwischen den Stimmen der Figuren und dem zusammengetragenen Wissen über die Lebensweise der Roma einen Zusammenhang her. So entsteht eine dichte ethnographische Beschreibung, die durch ihren Allgemeinheitsanspruch die vormals singulären Stimmen gleichförmig erscheinen lässt. Stereotypisierungen bleiben nicht aus, damit die Leser in den Figuren wiedererkennen, was sie für Zigeuner halten. Der Wille zu authentischer Darstellung schlägt bei McCann wie in den Büchern von Walter Starkie, Isabel Fonseca oder Jan Yoors' (1922-1977) *The Gypsies* (1967) und *Crossing* (1971)[128] in Folklore und Ethnokitsch um.

Man darf von der europäischen Literatur nach 1945 nicht allzu viel erwarten, wenn es um die Darstellung von Zigeunern geht. Die Mehrzahl der Werke folgt den ausgetretenen Pfaden der Zigeunerromantik und bleibt unbeeindruckt vom Völkermord an den Roma. Es dauert, von wenigen Ausnahmen abgesehen, mehr als ein Jahrzehnt, bis die ersten Schriftsteller sich mit deren Verfolgungs- und Leidensgeschichte auseinandersetzen. Problematisch genug, lesen sich einige Werke wie elegische Nachrufe auf eine endgültig untergegangene Kultur. Andere legitimieren sich, ausgehend von der Beobachtung, dass die Romvölker im Chor der Erinnerungen ohne Stimme geblieben sind, als Stellvertreter, die statt ihrer das Wort ergreifen. Kaum eines der Werke vermag sich von der Tradition anthropologisierender und ethnologisierender Darstellung zu lösen. Unbewusst rufen sie damit jenes Wissen ab, das die Gründe für die Ausgrenzung und Verfolgung lieferte. Die Spurensuche nach den Lebensschicksalen der Verfolgten und ihrer gewaltsam zerstörten Kultur führt in Ermangelung konkreter Erfahrung häufig weg von den wirklichen Lebensverhältnissen und hin zu den überlieferten Stereotypen und Vorurteilen. Eine ästhetisch und thematisch avancierte Gestaltung der Geschichte der Romvölker oder ihres Lebens in der Gegenwart ist bisher weder einem Roman noch einem Drama innerhalb der vielfältigen europäischen Literaturen gelungen.

5. Mit eigener Stimme.
Erinnerungsliteratur der Sinti und Roma

Auschwitz, Ravensbrück, Lackenbach:
Zeugenschaft der Überlebenden

»Wer im Lager war, kann nur Böses erzählen, nichts Gutes.«[1]

Die literarischen Stellvertreter schreiben über den Genozid an den Romvölkern wie Zuschauer, die vom Ufer aus einen Schiffbruch bei stürmi-
scher See beobachten. Gebannt vom Schrecken über den Untergang der
Menschen und ihrer eigenen Hilflosigkeit, überwältigt von einem Gefühl des Schauderns – aber immer auch aus sicherem Abstand zum Geschehen. Die überlebenden Roma erzählen zögernd und gegen große
innere Widerstände, weil das Reden sie erneut ihren Erlebnissen auslie-
fert und niemand in der Lage ist, sie aufzufangen, wenn die Erinnerungen hereinbrechen. »Aber Auschwitz habe ich ein zweites Mal erlebt«,[2]
hält die österreichische Rom-Zigeunerin Ceija Stojka (geb. 1933) in *Wir
leben im Verborgenen* (1988) fest. Historiker und Journalisten bieten als
Gesprächspartner bei aller Problematik der Aufzeichnungsweisen und
späteren Verschriftlichungen einen gewissen Schutz. Sie vermögen einen professionellen Abstand zu wahren und wissen, was sie erwartet.
Gespräche mit ihnen können ohne Folgen und Risiken unterbrochen,
abgebrochen und wiederaufgenommen, die Ergebnisse überarbeitet
oder getilgt werden. Hingegen wissen die Zeitzeugen mit der Fassungslosigkeit und dem Entsetzen ihrer Angehörigen, denen gegenüber sie
oft Jahrzehnte geschwiegen oder sich mit Andeutungen begnügt haben,
kaum umzugehen.

Man spürt auch, dass sie der Nachwelt eine andere, bessere Lebensgeschichte überliefern möchten, ohne die Erlebnisse, die ihnen lange den
Mund verschlossen haben. Am Ende eines solchen Lebensberichts stellt
sich ihnen angesichts der gewünschten und erhofften Veröffentlichung
die Frage, wer die Deutungshoheit über das Erinnerte besitzt. Eine im
Lande der Täter brisante Frage, für die deutschen Juden wie für die
deutschen Sinti, die anlässlich der nicht stattgefundenen Debatte über
Martin Walsers und Asta Scheibs Tatort *Armer Nanosh* die Erfahrung
machen müssen, dass ihren Empfindungen keinerlei Wert beigemessen
wird. Der Erziehungswissenschaftler Micha Brumlik (geb. 1947)

berichtet, dass es in dieser Frage zwischen den Wissenschaftlern einer Forschergruppe, die Interviews mit Holocaustüberlebenden führte, und der politischen Interessenvertretung der Sinti und Roma zu einem Konflikt kam. Während die Wissenschaftler daran interessiert waren, auf welche Weise sie die ihnen widerfahrenen Verbrechen individuell verarbeitet hatten, achtete der Zentralrat der Sinti und Roma darauf, dass durch die Erzählungen nicht die innerhalb der eigenen Gemeinschaft geltenden Ehr- und Schamvorstellungen verletzt würden. Den Wissenschaftlern gelang es nicht, die Interessenvertreter davon zu überzeugen, dass die Schilderungen keinen Schatten auf die Opfer werfen. Am Ende mussten sie hinnehmen, dass der Anwalt des Zentralrats

»die Tonbänder, auf denen wir die Erzählungen der alten, leidenden, den Interviewern gegenüber ganz offen sprechenden Sinti, von durch Sterilisation erniedrigten und um das Ziel ihres Lebens gebrachten Menschen festgehalten hatten, sämtlich mit einer Metallsäge zerstörte«.[3]

Die Erinnerung ist, so wird an diesem Konflikt deutlich, nicht einfach die Wiedergabe vergangener Geschehnisse, sondern ein Feld, auf dem eine Auseinandersetzung um Geschichtsdeutung, aber auch um individuelle und kollektive Identitätsfindung stattfindet. Im Falle der Romvölker wird die Aufarbeitung erschwert, weil ihnen nach Ende der NS-Herrschaft immer noch kriminelles und asoziales Verhalten als Verfolgungsgrund zugeschrieben wurde. John Megel, ein amerikanischer Romavertreter, hat 1986 im Zusammenhang mit dem Aufbau des Holocaustmuseums in Washington Sinti und Roma dazu ermuntert, vom jüdischen Volk zu lernen, dass man sich für die Zukunft nur rüsten könne, wenn man die eigene Vergangenheit verstanden habe.[4] Zur gleichen Zeit wächst in Deutschland die Bereitschaft überlebender Sinti, über ihre Leidenserfahrungen öffentlich zu sprechen. Doch die Verspätung führt zu einem unterschiedlichen Umgang mit dem Erzählten bei den Nachfolgegenerationen der Täter und der Opfer. Während Erstere sich von der Begegnung mit den Zeugen Läuterung und Entlastung erhoffen und die letzte Gelegenheit zu einem Schuldbekenntnis erhalten, suchen Letztere im Opfer ihrer Eltern und Großeltern eine Neubegründung kollektiver Identität und Bindung. Für Brumlik zeigt sich

»[a]n der allgemein großen Bereitschaft der älteren Generation, zu erzählen, und dem Wunsch der jüngeren Generation, diese Erzählungen nicht preiszugeben, [...] in welchem Ausmaß die elterliche, oft genug sprachlos tradierte Erfahrung der Verfolgung in der zweiten Generation Anlaß einer geradezu verzweifelten, nur mit äußersten Mitteln zu bändigenden Scham ist«.[5]

Uns begegnen demnach in den Lebenserinnerungen sehr unterschiedliche Motive, die Vergangenheit wieder aufleben zu lassen. Die Mehrzahl der Zeitzeugen sieht ihre Aufgabe darin, angesichts des Vergessens und Leugnens zu erzählen, ›wie es wirklich gewesen ist‹ oder ›was niemand glauben will‹. Genauer geht es darum, gegen Lügen und Verdrehungen die Wahrheit des Selbsterlebten zu setzen und über die Dokumente des Schreckens und die Todesstatistiken hinaus die persönlichen Erfahrungen mitzuteilen und als Teil der Geschichte in Erinnerung zu bringen. Obwohl meist mehrere Gründe zum Entschluss führen, das lange Schweigen zu brechen, überwiegt die Vorstellung, zur Zeugenschaft moralisch und politisch verpflichtet zu sein, um Gerechtigkeit herzustellen und vor einer Wiederholung des Geschehens zu warnen. Ebenso wichtig ist der Wunsch, sich aus eigener Kraft vom stummen, überwältigten Opfer zu einem selbstbestimmten Subjekt zu erheben, das diese Rolle aus eigener Kraft überwunden hat. Da es sich um einen schmerzhaften, die Individuen in ihrer Verschiedenheit betreffenden Prozess handelt, müssen die Zuhörer oder Leser lernen, dass der Antrieb zu reden ebenso individuell ist. Man kann erzählen, was man am liebsten vergessen möchte und nicht vergessen kann. Oder man stellt sich bewusst seinen traumatisierenden Erlebnissen, um sie zu verarbeiten. Das gelingt in den seltensten Fällen ohne Hilfe. Nicht zuletzt kann die Erfahrung fortgesetzter Diskriminierung nach dem Krieg dazu motivieren, sich an das Ungeheuerliche der Verbrechen wieder zu erinnern. Der von Verachtung getragene tätliche Angriff, über den die im Burgenland als Hausiererin umherreisende österreichische Roma Ceija Stojka berichtet, ist nur einer von zahllosen vergleichbaren Vorfällen: »Du dreckige Zigeunerin, du lebst noch? Dich hat der Hitler vergessen! Und nimmt die Eier und zerdrückt alle auf der Erde. Alle waren kaputt.«[6]

Man kann nicht so tun, als ob sich über die Lebenserinnerungen der Holocaustüberlebenden, deren Wucht jeden, der zuhört, überwältigt, so schreiben ließe wie über Cervantes' Preciosa oder Mérimées *Carmen*. Das Vergnügen des Interpretierens darf sich ihnen gegenüber niemals einstellen. Sie sollten weniger als Dokumente, die zur Kommentierung auffordern, denn als Monumente des Vergangenen betrachtet werden, die mit dem, was sie sagen, für sich allein stehen können. Sie repräsentieren in ihrer Vielstimmigkeit eine ganz eigene »Geschichte des Gesagten«,[7] die durch den Übergang zur schriftlichen Aufzeichnung nicht verfälscht werden darf. Entscheidend für sie ist, dass *es* gesagt wurde. Schon das Ereignis des Sagens ändert viel: diejenigen, die erzählen, ihre

Erinnerungen und Erfahrungen und das Bild, das wir uns von der Geschichte machen.

Die Wissenschaftler und Schriftsteller, die seit den achtziger Jahren Lebenserinnerungen von Sinti und Roma gesammelt haben, verfahren meist anders, wie Michael Krausnick (geb. 1943) im Vorwort der frühen Anthologie »*Da wollten wir frei sein!*« (1983) darlegt: »Als Herausgeber habe ich mich bemüht, das, was in zahlreichen Gesprächen erfragt und gesagt wurde, möglichst unverfälscht, aber doch ausgewählt und konzentriert wiederzugeben.«[8] Die Begründung führt zu dem Konflikt zurück, an dem die Veröffentlichung der Erinnerungen durch die Forschergruppe gescheitert war: »Ausgespart und ungesagt bleibt auch manche persönliche Beschädigung, die hautnah erlebt und erlitten wurde.«[9] Unklar ist, ob die persönlichen Verletzungen ›ungesagt‹ geblieben sind oder in der Veröffentlichung ›ausgespart‹ wurden. Ulrich Enzensberger (geb. 1944) hat im Fall von Otto Rosenberg[10] (1927-2001), Anja Tuckermann (geb. 1961) in dem von Hugo Höllenreiner[11] (geb. 1933) die über einen längeren Zeitraum jeweils mit ihnen geführten Aufzeichnungen bearbeitet. Tuckermanns Kompromiss, die durch Kursivdruck gekennzeichneten Originalerzählungen mit den von ihr überarbeiteten Passagen zu mischen, kann als gelungen bezeichnet werden. Anders stellt sich die Situation bei Philomena Franz (geb. 1922) und Josef Muscha Müller (geb. 1932) dar, die vermutlich ihre Aufzeichnungen selbst niedergeschrieben haben. Der autobiographische Bericht des Geigenbauers Adolf Boko Winterstein (geb. 1910), *Und wir waren auch Naturmenschen* (1988/1997), den er 1982/83 auf Band gesprochen hat, wird in der zweiten Auflage 1997 in nahezu unbearbeiteter verschriftlichter Form wiedergegeben. Das hebt ihn, obwohl er sich nicht einfach lesen lässt, aus den anderen Erinnerungen heraus. Michel Foucault, der zu Beginn der siebziger Jahre die Veröffentlichung von Arbeitererinnerungen plante, plädiert gegen die Veränderung der oftmals unbeholfenen Sprache und dafür, das »Material im Rohzustand zu veröffentlichen«.[12] Er beabsichtigte, den Lesern einen ›Schwellentext‹ zu präsentieren, der aufgeschrieben wird und in dem dennoch das Andere der Schrift zu erkennen ist. Doch lässt sich ein solcher Text von den nachfolgenden Generationen überhaupt noch entziffern? Die Herausgeber der Lebenserinnerungen der Sinti und Roma waren und sind in ihrer Mehrzahl davon überzeugt, dass schon heutige Leser nur durch Überarbeitungen und Zusatzinformationen zu erreichen sind.

In den meisten autobiographischen Texten fehlen Versuche, die Ursachen der Vernichtungspolitik zu ergründen oder zu erklären. Häufig wird die NS-Zeit in eine Reihe mit den ununterbrochenen Verfolgungen der Romvölker gestellt. Im Vordergrund steht das Bemühen, als Opfer inhumaner Willkürakte in die Geschichte einzugehen und auf diese Weise Achtung und gesellschaftliche Anerkennung zu erlangen. Daneben durchzieht eine Anzahl der Erinnerung ein Gefühl tiefer Scham über Handlungen und Verhaltensweisen, zu denen die Inhaftierten und Deportierten von ihren Peinigern gezwungen wurden. Es handelt sich dabei um Verletzungen der in ihrem Alltag normsetzenden Gebote, Reinheitstabus und Ehrenkodices. Wie in der jüdischen Holocaustliteratur lassen sich mehrere Phasen des Erinnerns unterscheiden. Die frühesten Dokumente stammen von Menschen, die mit Sinti und Roma zusammen die Verfolgungen erlitten haben, aber nicht im ethnischen Sinn ihrer Gruppe angehören. Erst nach ungefähr vier Jahrzehnten erscheinen wie nach der Auflösung eines seelischen Staus zahlreiche Erinnerungen. Sie werden zum Teil von den Interessenverbänden der Sinti und Roma systematisch gesammelt, andere im Zusammenhang mit Ausstellungen, der Errichtung von Gedenkstätten oder im Anschluss an Besuche von Zeitzeugen in Schulen dokumentiert. Die seit den späten Neunzigern veröffentlichten Autobiographien entstehen aus dem Gefühl heraus, zu den Letzten zu gehören, die noch Zeugnis über die Vergangenheit ablegen können. Das gilt nicht allein für deutsche Sinti, sondern z. B. auch für slowakische Roma.[13] In jüngerer Zeit nehmen Werke eines Typs zu, die Aleida Assmann (geb. 1947) im Anschluss an Louis Begley (geb. 1933) »literarische Ausarbeitungen« genannt hat.[14] Dabei handelt es sich um Texte, die weiterhin Faktizität beanspruchen, sich aber nicht auf den engen Horizont individueller Erfahrung begrenzen lassen wollen. Anders als bei den jüdischen Überlebenden fehlen bisher fiktionale Darstellungen, die von Sinti oder Angehörigen anderer Romvölker stammen. In diese Leerstelle haben sich Unterhaltungsromane wie Cornelius Fischers (geb. 1951) *Die Wälder des Himmels* (1995) zu drängen gesucht. Erst 2001 wurde eine wissenschaftliche Studie über die traumatischen Erlebnisse, die Überlebensstrategien und die Erfahrungsverarbeitung sowie über die Auswirkungen auf die Nachkommen veröffentlicht.[15] Darin wird darauf aufmerksam gemacht, dass auch für die Sinti die Ausstrahlung der Fernsehserie *Holocaust* (1979) zum Auslöser wurde, öffentlich über die eigene Vergangenheit zu sprechen.[16] Die Beobachtung, dass die Überlebenden ihre Erinnerungen »unbewusst« bearbeiten, »so dass eigene Erfahrungen, nach dem Krieg gewonnene

Kenntnisse und Erzählungen anderer Überlebender zu einem Gesamtbild zusammengefügt werden«,[17] trifft auf die meisten autobiographischen Texte zu. Immer wieder werden gruppentypische und individuelle Erzählelemente[18] zusammengebracht, um die Gruppenidentität nicht
zu verlieren. Ebenso bestätigen die Forschungen den Eindruck, dass die
demütigenden Entschädigungsverfahren als Retraumatisierung[19] und die
Zwangssterilisierungen als Verlust jeglicher sinnerfüllter Lebensperspek-
tive erfahren wurden.[20] Für die Nachkommen stellt das geduldige Zuhö-
ren einen Akt der Wiedergutmachung gegenüber den Eltern dar, wie zwei
Vertreter des Zentralrats der Sinti und Roma in der Einleitung zu einer
repräsentativen Sammlung von Lebenserinnerungen betonen:

> »Eine Generation wurde fast ausgelöscht – somit auch beinahe die Zeugen,
> die der durchdachten und organisierten Maschinerie der Vernichtungslager
> entkommen konnten. Sie können heute durch ihre individuellen Zeitzeu-
> genberichte dazu beitragen, dass der Völkermord an den Sinti und Roma für
> die Geschichte der Sinti und Roma in Deutschland und ganz Europa in ei-
> nem angemessenen und historisch würdigen Kontext erinnert wird und das
> Unrecht gegenüber den Toten und den Lebenden im kollektiven Gedächnis
> [sic!] aufbewahrt wird.«[21]

Aber trifft diese Art von Geschichtsbildung für die Romvölker in ›ganz
Europa‹ wirklich zu? Sie setzt eine ethnische, kulturelle, soziale und politische Einheit der sich untereinander oft deutlich abgrenzenden Gruppen voraus, für die es bisher wenig Anhaltspunkte gibt. Leider fehlen
Untersuchungen über den Informationsstand über den Holocaust unter
Romvölkern in den Ländern, in die das Deutsche Reich weder militärisch noch durch politische Einflussnahme mit seiner rassistischen Vernichtungspolitik vordringen konnte. Die wenigen autobiographischen
Zeugnisse über die Zeit des Weltkriegs aus diesen Ländern weisen eher
darauf hin, dass die Roma kaum etwas vom Schicksal der deutschen
Sinti wahrgenommen haben. Für Silvester Gordon Boswell (1895-un-
bekannt) z. B. ist der Erste Weltkrieg, in dem er in der britischen Armee
diente und gegen die Deutschen – und damit auch gegen deutsche Sinti – kämpfte, wichtig für seine ›englische‹ Identität, wie in *The Book of
Boswell. Autobiography of a Gypsy* (1970) nachzulesen ist. Da Boswell
einen Pferdehandel auf dem Kontinent betreibt und auch für den deutschen Zirkus Hagenbeck bis vor dem Zweiten Weltkrieg Dressurpferde
beschafft, werden ihm die Verfolgungen nicht entgangen sein. Dennoch
erwähnt er den Holocaust nicht, der keine Rolle für sein Selbstverständnis spielt, wenn er darüber redet, was einen »gypsy« auszeichne. Sein

Buch ist sehr sorgfältig und präzise, wenn er die Familiengenealogie seiner Sippe zurückverfolgt. ›Große‹ Geschichte interessiert ihn nur am Rande. Für die Schwedin Katarina Taikon (1932-1995),[22] die französische Gitane Mossa[23] oder den spanischen Gitano Carlos[24] gilt Ähnliches. Für ihr historisches Bewusstsein sind andere Ereignisse und andere Leiderfahrungen entscheidend. Für die deutschen Sinti hingegen bleibt wie für alle Gruppen in den vom NS-Regime besetzten Ländern die Konfrontation mit einer gegen sie als Gemeinschaft gerichteten systematischen Ausrottungspolitik für Generationen die maßgebliche geschichtliche Erfahrung. Darauf beharren die Bürgerrechtsbewegungen und Interessenvertretungen der Sinti und Roma zu Recht, auch wenn sie inzwischen nach anderen Momenten suchen, um die Identität ihrer Gemeinschaft zu stärken.

Zu den frühesten Veröffentlichungen zählen die Erinnerungen *Auschwitz. Ein Tatsachenbericht* (1956) der jüdischen Ärztin Lucie Adelsberger (1895-1971), die von der Lagerleitung zum medizinischen Dienst in das ›Zigeunerlager Birkenau‹ angewiesen wird. Im Vorwort begründet sie ihre Niederschrift mit der an die Nachgeborenen gerichteten Hoffnung, »daraus [zu] lernen, bessere Menschen zu werden, unseren Nächsten wahrhaft zu lieben und dafür zu wirken, daß die Greuel von der Erde verschwinden«.[25] Adelsberger ist trotz ihrer Funktion der Willkür des Wachpersonals und der Gefahr, in die Gaskammern gebracht zu werden, ebenso ausgesetzt wie die inhaftierten Zigeunerfamilien. Dennoch ist die Wahrnehmung der bürgerlichen Akademikerin nicht frei von Ressentiments. Immer wieder äußert sie sich irritiert über das aus ihrer Sicht der Situation unangemessene Verhalten der Zigeuner, die anders als die übrigen Gefangenen in Auschwitz nicht nach Geschlechtern getrennt untergebracht waren. An Sonntagen beobachtet sie, wie die Familien

> »in bunten Gewändern und farbigen Tüchern hin- und herspazierten, lachten, schwatzten, sich laut und aufgeregt unterhielten, beim Anblick der Aufseherinnen sofort stehenblieben und verstummten, uns neugierig beguckten und dann wieder weiterflanierten«.[26]

Sie glaubt in diesem Augenblick nicht in Auschwitz, sondern »am Vorabend einer Kirmes auf einer Dorfstraße zu sein«.[27] Noch angesichts des Todes scheint das lustige Zigeunerleben weiterzugehen, das Adelsberger nicht mit Arbeit und Zwang in Verbindung zu bringen vermag:

> »In und auf den Kojen rings um mich herum wimmelte es von nackten Zigeunerinnen, die sich die Zeit mit Tauschgeschäften und mit fantastischen

Erzählungen über ihren früheren Reichtum [...] vertrieben. Sie plapperten in einem Kauderwelsch von allen Sprachen mit ihrem Zigeuneridiom, das hart und schneidend in die Ohren biß. Mit dem fernen Grün im Hintergrund konnten die gebräunten Körper, die untätig herumlungerten und schnatterten, bei leisem Blinzeln fast die Illusion eines Strandbades vorgaukeln«.[28]

Die Musik, die am Sonntag im Lager auf einem freien Platz gespielt wird, bringt die Zigeuner der Ärztin nicht näher. Aus den »einschmeichelnden Weisen« vermeint sie zu verspüren, »wie das Volk liebt und lebt, frei und ungebunden und triebhaft wie die Tiere des Waldes, noch mit einer letzten dunklen Ahnung um ihre Urheimat Indien«.[29] Triebhaftigkeit und einen freizügigen Umgang mit ihren Körpern glaubt Adelsberger bei den »bildhübschen Zigeunerinnen« zu beobachten, »die sich eine nach der anderen« in der Kammer eines Lagerzahnarztes »einfanden«.[30] Wenig Sympathie bringt sie für die weiblichen Kapos wie die Blockälteste des Zigeunerlagers auf:

> »Sie empfing uns lau und uninteressiert und hatte nicht viel Zeit für uns. Ihr Gemach, fremdländisch wie ihre Erscheinung, mit schmutzig-bunten Lappen drapiert und einem breiten Lager, das abwechselnd als Ruhebett und Magazinertisch für das Brot des Blocks diente – auch später während ihrer Typhuserkrankung – war voll von männlichem Publikum.«[31]

Zu den Frauen, die ihr bei der Versorgung der Kranken helfen sollen, stellt sich keinerlei Vertrauensverhältnis ein. Es befremdet sie, dass sie inmitten der Gewalt und des Sterbens ihr kindlich-weibliches Verhalten nicht ablegen und den Ernst ihrer Lage zu verkennen scheinen.

Adelsberger vermag zwar die soziale und kulturelle Distanz nicht zu überwinden, sie relativiert aber in keiner Weise die Leiden der Gefangenen. Ihre Schilderungen des unbeschwerten Zigeunerlebens konfrontiert sie mit Berichten über die Vergasung ebendieser Menschen noch am gleichen Tag oder die Folgen der Unterernährung und der mangelnden Versorgung der Kinder: »Der Mund war von Noma-Geschwüren zerfressen, die sich in die Tiefe bohrten, die Kiefer aushöhlten und krebsartig die Wangen durchlöcherten.«[32] In ihrer Niederschrift bezeugt sie, dass im Juli 1944 von 20000 Zigeunerhäftlingen nur noch 6000 überlebt haben, von denen die meisten in der Nacht zum 1. August vergast und verbrannt wurden.[33] Die jüdische Ärztin rechnet die Geschehnisse in Auschwitz aus der Perspektive einer moralisch integren und humanistisch gebildeten Persönlichkeit zum Undenkbaren und damit Unglaublichen. Das Unwahrscheinliche, wenn es zur Wirklichkeit geworden ist, macht es gegen den inneren Widerstand zur Pflicht, dass sich die Zeugen auch außerhalb gerichtlicher Verfahren zu Wort melden:

> »Viele werden solche grausigen Schilderungen angewidert beiseite schieben, um nicht in ihrer inneren Behaglichkeit gestört zu werden, so wie ich es früher selber getan habe. [...] Wenn solche Dinge überhaupt in der Welt geschehen, muß man sie mit eigenen Augen sehen, weil man sie sonst nicht glaubt oder aus Bequemlichkeit davon abrückt.«[34]

Zu einer Schlüsselszene gestaltet Marta Adler (Lebensdaten unbekannt) in der Autobiographie *Mein Schicksal waren die Zigeuner* (1957) ihren Entschluss aus, die Vernichtung der Zigeuner zu dokumentieren und ihren Erinnerungen durch schriftliche Aufzeichnungen ein größeres Gewicht zu verleihen. Mit erstaunlicher Klarsicht schätzt sie die Dimensionen der Verfolgung als Völkermord ein:

> »Erst als ein alter Zigeuner in seiner tiefsten Not zu mir sagte: ›Ja, Frau, schreiben Sie das alles auf, damit es die Menschen wissen, wer wir sind und wie wir umkamen! Sie sehen es hier, wie wir zusammengetrieben und in den Tod gefahren werden.‹ Und das war auf einem Güterbahnhof, wo der alte Zigeuner mich bat, ihr Schicksal niederzuschreiben. Er umarmte mich und weinte an meiner Schulter. Ringsherum war Verzweiflung und trostloser Jammer; denn die Leute wußten, wo ihre Reise enden würde. In den Gaskammern. [...] Da entstand bei mir der Entschluß, dies dritte Manuskript zu schreiben.«[35]

Ein erstes Manuskript, das sie nach ihrer Verheiratung mit einem Sinto über ihr Leben in einer Sintifamilie in der Zwischenkriegszeit niederschreibt, wird von ihm verbrannt, weil er die Aufzeichnungen als Geheimnisverrat betrachtet. Auch eine Sammlung mit Märchen und Liedern, die sie anlegt, wird von ihm vernichtet.[36] Sie beginnt mit neuen Aufzeichnungen, die sie aus Furcht vor den Nationalsozialisten verbrennt, weil sie die Papiere wegen der Bombenangriffe auf Berlin nicht sicher verbergen kann. Adlers Autobiographie ist bemerkenswert, verfasst von einer Frau aus einer armen schlesischen Weberfamilie, die durch drei Ehen den größten Teil ihres Lebens in Sintifamilien verbracht hat. Die sich aus dem engen Zusammenleben ergebenden Probleme und Konflikte bilden einen Teil der Erinnerungen. Der andere gilt der Verfolgungsgeschichte während der nationalsozialistischen Herrschaft. Das Manuskript umfasste nach Angaben des Herausgebers R. A. Stemmle (1903-1974) über 1000 Seiten. Da es nicht aufzufinden ist, lässt sich weder nachprüfen, wie stark die Überarbeitung ausgefallen ist, noch ob Stemmle ethnographisches Wissen hinzugefügt hat. Aus unmittelbarer

Nähe erlebt Adler die Eskalation der Gewalt gegen Sinti. Ihr Mann Pitzo, der zu einer bürgerlich lebenden Familie gehört, wird zunächst zur Wehrmacht eingezogen, später dann aufgrund der Rassengesetze entlassen. Die Beamten in Berlin erzählen der Ehefrau Marta ungerührt, dass er durch eine Sterilisation der unmittelbaren Deportation entgehen könne. Vor der endgültigen Verschleppung in die Vernichtungslager ist die Sterilisation das beherrschende Bedrohungsthema unter den Sinti: »Zu meinem Mann kamen die Männer dann stets gelaufen, und mich schickte man fort, weil sie sich maßlos schämten, in meiner Gegenwart über das heikle Thema zu diskutieren.«[37] Pitzo wird trotz der Rassengesetze zum Volkssturm eingezogen und noch kurz vor Kriegsende, wie Marta Adler erst 1950 nach intensiven Nachforschungen in Erfahrung bringen kann, nach Auschwitz gebracht, wo sich seine Spur verliert. Mit dem neugeborenen Kind einer Sintifamilie, das sie noch adoptieren kann, bevor diese in ein Vernichtungslager deportiert wird, zieht sie illegal in eine Laube am Stadtrand von Berlin, in der sie den Krieg überlebt. Nach 1945 reißen die Verbindungen zu Pitzos Familie ab.[38] Bei den Sinti, denen sie im Nachkriegsdeutschland begegnet, vermisst sie die Bereitschaft zur Gegenwehr angesichts der wachsenden Diskriminierung durch die Behörden, in der Bevölkerung und den Medien. Aus ihrer Sicht pflegen die Familien und Sippen ihre traditionelle Abgeschlossenheit gegenüber der Mehrheitsbevölkerung weiter.[39] Ungewöhnlich im politischen Klima des Jahres 1957, fordert sie als Lehre aus der Geschichte und dem Nationalsozialismus für die Romvölker Minderheitsrechte ein: »Das sollte aber in einer Demokratie anders sein, wo man gerade den kleinen Gruppen zu ihren Rechten verhelfen sollte. Aber bei den Zigeunern tut das keiner, und man vergißt sie bei uns mit allem, was sie Schweres durchgemacht haben.«[40]

Mit Entstehung der Bürgerrechtsbewegung, deren Aktivisten durch einen Hungerstreik im ehemaligen Konzentrationslager Dachau (1980) öffentlich auf die Lage der Sinti in Deutschland aufmerksam machen, ringt sich eine wachsende Zahl von Holocaustüberlebenden dazu durch, das Jahrzehnte während Schweigen aufzugeben. Auf die Gemeinsamkeiten der Erinnerungen zielt der von Daniel Strauß (geb. 1965) für den Landesverband Deutscher Sinti und Roma Baden-Württemberg herausgegebene Sammelband … *weggekommen* (2000).[41] Aus den fragmentarischen individuellen Rückblicken trägt er durch die Konzentration auf Leitthemen wie Internierung, Deportation und fehlende Wiedergutmachung die Bausteine eines kollektiven Gedächtnisses deutscher Sinti zusammen und schafft die Grundlagen einer Erzählung, die über unterschiedliche persönliche Erfahrungen hinaus Identität stiftet und – in Analogie zur Leidensgeschichte der Juden – gegenwärtige Diskriminierungen abwehren und zukünftige verhindern soll. Der Erinnerungsdiskurs wird dreifach adressiert. Er richtet sich an die Überlebenden, die Gemeinsamkeit und emotionale Entlastung erfahren. Den Nachkommen erlegt er die Verpflichtung auf, den Opfern Respekt zu erweisen, das Gedenken zu tradieren und aus der Geschichte Lehren zu ziehen. Schließlich wendet er sich entschieden und unmissverständlich an die Mehrheitsgesellschaft, verbunden mit der Forderung nach dem Eingeständnis (historischer) Schuld, nach Wiedergutmachung und dem Ende der Jahrhunderte dauernden Verachtung.

Den ehemaligen Verfolgten ist anzumerken, dass sie, noch während sie erzählen, das Vergangene zurückdrängen möchten. Formeln wie: »Oh Jesus, von dieser Zeit möchte ich gar nichts wissen«[42] offenbaren den Widerstand gegen die Wiederbelebung des Schreckens. Zugleich wird ihnen bewusst, dass ein Verdrängen nicht möglich ist. So berichtet eine der interviewten Frauen: »[D]as kann ich nicht vergessen, in meinem ganzen Leben kann ich das nicht mehr vergessen. Nie in meinem Leben kann ich das vergessen.«[43] Der Wunsch, im Land der Täter weiterzuleben, hemmt das Mitteilungsbedürfnis. Eine andere der Interviewten erzählt über ihren Vater: »Er war schon froh, wenn er einen Teil erzählen konnte. Er sagte mir immer wieder, ich soll unseren Kindern nichts davon sagen, er wollte kein Haß.«[44] Das Gefühl, der Gewalt wehrlos ausgeliefert gewesen zu sein, vergeht nicht. »Aber die Angst haben wir einfach nicht weg gekriegt. Überhaupt, wenn ich zu einer Behörde mußte, man hat sich immer umgeschaut, ob niemand hinter einem steht. Dieses Gefühl bin ich nicht losgeworden. Bis heute nicht.«[45] Diese Äußerungen sind Symptome eines nicht überwundenen Traumas, entstanden im Augenblick vollständiger Wehrlosigkeit: »Sie haben einen nach dem anderen abgeholt, einer nach dem andern, einer nach dem andern.«[46] Entstanden aber ebenso durch Folter, Schikanen und Hunger in den Lagern, durch die medizinischen Versuche und das Hinsiechen und Sterben der eigenen Kinder, Partner oder Eltern. Derartige Erlebnisse vermag kaum jemand ohne therapeutische Hilfe zu verarbeiten. »Nicht mehr verfolgt zu werden, nicht bei jedem Geräusch zu erschrecken, das dauerte eine Zeit.«[47] Der Sohn eines Überlebenden berichtet, dass sein Vater nur nachts und durch Alkohol enthemmt über Auschwitz erzählen konnte. Für ihn eine unheimliche, kaum erträgliche Situation.[48] Die

Orte des Schreckens in Deutschland, Österreich und Polen meidet man lange, obwohl sie im Gedächtnis geblieben sind. Erst nach Jahrzehnten beteiligen sich die den Lagern entkommenen Sinti am Kampf um die Anbringung von Gedenktafeln und die Errichtung von Gedenkstätten in Maxglan bei Salzburg, Lackenbach im Burgenland, Ravensbrück, Bergen-Belsen oder Auschwitz.[49] Niemals vergessen werden die entwürdigenden Untersuchungen durch den Leiter der ›Rassenhygienischen Forschungsstelle‹ Dr. Ritter und seine Mitarbeiterin Eva Justin, die wegen ihrer rötlichen Haare von den Sinti Loli Tschai genannt wurde und sich durch ihre elementaren Kenntnisse des Romanes das Vertrauen ihrer Probanden zu erschleichen suchte.[50] Otto Rosenberg, der Vater der Musikerin Marianne Rosenberg (geb. 1955), wird von Justin nach den Zwangsuntersuchungen zu Rassenmerkmalen und -eigenschaften zu weiteren Erhebungen – vermutlich Intelligenztests – herangezogen und, um verfügbar zu sein, für kurze Zeit im Institut beschäftigt und bei ihr zu Hause beherbergt, bevor auch er nach Auschwitz deportiert wird.[51] Was Eichmann für die Juden bedeutet, sind für die Sinti Ritter und Justin: kalte Planer und Vorbereiter der Massenvernichtung. Sie symbolisieren die Skrupellosigkeit und bürokratische Pedanterie und zugleich die Heimtücke des Systems, weil sie durch ihr Verhalten und Auftreten dem Ungeheuerlichen einen Anschein von Normalität verliehen. Über die Begegnung mit ihnen wird in Sintifamilien noch heute erzählt. Darüber berichtet die Musikerin Dotschy Reinhardt (geb. 1975) in ihrer Autobiographie.[52] Die Kinder und Enkel der Opfer wissen ebenfalls noch, dass Ritter, Justin und andere Mitarbeiter der Forschungsstelle nach 1945 ungehindert ihre Karrieren fortsetzten und keiner der Überlebenden ihnen wie im Falle Eichmanns als Zeuge der Anklage vor Gericht entgegentreten konnte.

Die den Untersuchungen folgenden überfallartigen Räumungen von Stell- und Lagerplätzen in Städten und Landgemeinden werden von den Überlebenden ebenfalls fast immer erwähnt. Nicht selten gleichen sie einer rituell inszenierten Vertreibung, archaisch in ihrer Vernichtungswut und der Politik der verbrannten Erde. Nichts sollte an die dort Lebenden erinnern, nichts sie auf die Idee kommen lassen, dorthin zurückzukehren. Gegen die Auslöschung noch der geringsten Spuren ihrer einstigen Existenz setzen die Opfer bisweilen die Rettung unauffälliger Dinge wie beispielsweise eines kleinen Löffels, der stellvertretend für das Zerstörte steht und wie ein Schatz gehütet wird.[53] Die Hinterlassenschaften werden bei der Verhaftung oder Verschleppung vernichtet, wenn Nachbarn sich nicht schon vorher daran vergriffen haben. Eine Schaustellerin erinnert sich: »Jetzt war auch unsere Vergangenheit mit einem Schlage endgültig ausgelöscht: Alle Fotos, alle Bilder, alle Papiere, alle Briefe, alle Notizen, mein Tagebuch, alles vernichtet.«[54] Es wird deutlich, dass wie bei den Landesverweisungen im 17. und 18. Jahrhundert ein Schutz der Privatsphäre und des Privateigentums der umherreisenden Romvölker nicht existiert. Der Wagen, die Hütte, das Lager werden nicht als zu respektierende Räume wahrgenommen. Es scheint sich keine kulturell bedingte Hemmung oder Scham herausgebildet zu haben, die verhindert, in diese Räume ohne Rücksicht auf die Bewohner einzudringen. Während bei der Zerstörung der jüdischen Synagogen mit der Entwertung dieses sakralen Raums ungewollt die vorherige Geltung anerkannt wird, ist der Umgang mit dem Zigeunerlager, dem keinerlei kultureller Wert zugeschrieben wird, ein Ausdruck grenzenloser Verachtung.

Der oftmals vergebliche Kampf um Wiedergutmachung fehlt nur selten in den Lebensberichten. Es deutet sich an, dass die Verweigerung von Entschädigungszahlungen die Opfer zu einer fortgesetzten Beschäftigung mit dem ihnen widerfahrenen Unrecht zwingt.[55] Eine der Betroffenen kommentiert eher enttäuscht als erzürnt: »Ich habe bis heute nicht sehr viele gute Erfahrungen gemacht.«[56] Andere äußern sich schärfer: »Wir haben gedacht, wir sind aus der schlimmen, bösen Zeit weg. Aber hier sind wir wieder reingekommen.«[57]

Eine Gegenstrategie, das Bild des eigenen Lebens aufzuhellen, besteht darin, die Zeit vor der Machtergreifung zu verklären. Vor allem diejenigen, die vor 1933 eine Familie gegründet oder sich beruflich erfolgreich orientiert hatten, suchen nach positiven Erlebnissen oder berichten über die Normalität ihres Alltags. Reisen, Hochzeitsfeiern, Familien- und Sippentreffen und immer wieder der Stolz darauf, zu einem erfolgreichen Traditionsunternehmen im Schaustellergewerbe, in der Unterhaltungsmusik oder im Pferdehandel gehört zu haben, werden in diesem Zusammenhang angesprochen.[58] »Ich war arm, aber trotzdem war's schön«,[59] bilanziert Boko Winterstein. Und Otto Rosenberg: »Ja, das ist lange her. Wir haben in Frieden gelebt.«[60] Allerdings beschäftigt der Widerspruch zwischen den Integrations- und Assimilationsbemühungen der vor dem Ersten Weltkrieg Geborenen einerseits, die von der Einhaltung der Meldepflicht über die schrittweise Erfüllung der Schulpflicht bis zum Militärdienst reichten, und den fatalen Folgen andererseits, von der lückenlosen Registrierung über die schikanöse Kontrolle bis zur eliminatorischen Ausgrenzung, diese Generation auf selbstquälerische Weise. Sie sehen sich mit einem gesellschaftlichen Vertrauensbruch konfrontiert, der sich erst nach vielen Generationen heilen lassen wird.

In einigen Lebensberichten wird der Abstieg der seit Jahrhunderten stets unabhängigen, mobilen Familien in das Obdachlosen- und Sozialhilfeempfängermilieu in den sechziger und siebziger Jahren beklagt und mit der Zerstörung der Sippenverbände während des Nationalsozialismus in Verbindung gebracht. Die Betroffenen sehen sich erneut aus ethnischen Gründen jenen Randgruppen an die Seite gestellt, denen sie seit Ende der Weimarer Republik zugeschlagen wurden:

>»Aber das war ja wieder ein Ghetto für arme Leute, für Obdachlose. Also kraß gesagt: ein Verbrecherviertel. Da waren Alkoholiker, Messerstecher, Schläger, alleinstehende Mütter mit ihren Kindern, Arbeitsscheue. Ein schlimmes Milieu. Aber gut genug für Zigeuner – dachten die bei der Stadt.«[61]

Dieser Abstieg markiert zugleich den Beginn der in den achtziger Jahren allmählich anwachsenden Bürgerrechtsbewegung der Sinti und Roma. Für die Überlebenden, auch für die älteren unter ihnen, bietet sie den gewünschten und erhofften Resonanzraum für die Erinnerungen. Viele von ihnen glauben nun, sich der Verpflichtung, persönlich Zeugnis über die Vergangenheit abzulegen, nicht länger entziehen zu dürfen.

Neben den kurzen Lebensberichten werden seit Ende der neunziger Jahre in wachsendem Maße ausführliche Autobiographien deutscher Sinti veröffentlicht, die zum Teil durchaus mit literarischem Anspruch auftreten. Während in den bisher erwähnten Berichten die gemeinsamen Erfahrungen betont wurden, zielen die Autobiographien stärker auf die je individuelle Verarbeitung des Erlebten während eines längeren Erzähl- bzw. Schreibprozesses.

Aus der Zeit, in der engagierte Schriftsteller den Unterprivilegierten und Ausgegrenzten, Fürsorgezöglingen, Strafgefangenen, Obdachlosen und Gastarbeitern eine Stimme geben wollten, stammen zwei Texte, die in Zusammenarbeit mit straffällig gewordenen und verurteilten Sinti entstanden sind: *Ich bin ein Zigeuner* (1991) und *Die Befreiung des Latscho Tschawo* (1984). Beide sind im Unterschied zu den späteren Autobiographien anonym erschienen. Die mündlich erzählte und dann von einem Herausgeber in überarbeiteter Form verschriftlichte Lebenserinnerung »Tschawos« ist sprachlich wenig gelungen. Der Erzähler bemüht sich angestrengt um einen vulgären und betont männlichen Stil. Hinter seinen entschuldigenden Selbstdeutungen verschwindet das harte Schicksal eines 1932 geborenen Sinto, der vom Sammellager in Marzahn nach Lodz und dann nach Auschwitz-Birkenau verschleppt wurde. Eine Sozialarbeiterin, die sich nach dem Krieg darum bemüht, den Dreizehnjährigen von der Straße wegzubekommen, und ihm vermittelt, dass seine Überlebenstechniken im Frieden in die Kriminalität führen, bezeichnet er im Rückblick verächtlich als »Weibsstück«,[62] das ihn seiner Freiheit berauben wollte. Gegen das Selbstbild eines Mannes, der sich und sein Leben im Griff hat und für dessen Unglück die anderen die Schuld tragen, wird hier – gegen den Strich gelesen – die Geschichte eines durch die Haft in Konzentrations- und Vernichtungslagern gebrochenen Menschen erzählt.

Ganz anders die abenteuerliche Odyssee durch die Kriegsschauplätze im Osten, über die der Musiker Alfred Lessing (geb. 1921) in *Mein Leben im Versteck* (1993) berichtet. Mit gefälschten Papieren überlebt er eine Zeitlang im Krieg an der Front in Lemberg. Durch die Hilfe einer Angestellten der Reichskulturkammer erhält er später eine Arbeitserlaubnis, die ihn u. a. nach Buchenwald führt: nicht als Häftling, sondern als Musiker, der vor den Wachmannschaften spielt. Nach dem Krieg findet er im Unterschied zu »Tschawo« seinen Platz, zunächst als Nebendarsteller beim Film und dann als Karussellbetreiber.

Schon die ersten Beispiele zeigen, dass es für die Holocausterinnerungen kein gemeinsames Erzählschema gibt. Ein solches Muster würde die Autobiographien zu monotonen Wiederholungen historisch bekannter Tatsachen formen. Das aber sind sie in keinem Fall. Ihre besondere Qualität liegt in der schmerzhaften Auseinandersetzung mit den eigenen Verletzungen und den Reaktionen auf das Erlebte. Bedrückend ist die von Michael Krausnick niedergeschriebene Geschichte Angela Reinhardts, *Auf Wiedersehen im Himmel* (2001), über Sintikinder, die aus unterschiedlichen Gründen in einem katholischen Kinderheim landen und geschlossen nach Auschwitz gebracht werden. Durch einen Zufall kann Angela Reinhardt von einer der Ordensschwestern gerettet werden. Sie nutzt den Umstand, dass Angelas Mutter eine Deutsche ist, die das Kind in einer Notsituation einer Sintifamilie zur Pflege überlassen hatte. Auch Angela wird von Eva Justin rassenkundlich untersucht und als »Zigeunermischling plus« eingestuft, obwohl sie in keinerlei verwandtschaftlichen Beziehungen zu Sinti oder Roma steht. Für das Mädchen hätte die pseudowissenschaftliche Kategorisierung das Todesurteil bedeutet, wenn nicht die Heimakten sie mit ihrem beurkun-

deten Geburtsnamen Schwarz geführt hätten und die Diskrepanz zur
Deportationsliste, die den von Justin notierten Namen der Pflegefamilie
enthielt, von den Ordensschwestern nicht aufgedeckt worden wäre.
Eine der frühesten Autobiographien, *Zwischen Liebe und Haß. Ein
Zigeunerleben* (1985), von Philomena Franz entsteht während eines Kli-
nikaufenthalts, als sich die Depressionen der Autorin, unter denen sie
zunehmend leidet, zu lösen beginnen. Nachdem die Scham über das
Erlebte überwunden ist, wird das Schreiben »nach langem Ringen mit
der Vergangenheit«[63] als befreiend empfunden. Franz nutzt ihren Rückblick, um Verständnis für die Besonderheiten ihres Volkes zu wecken:
»Wir denken anders. Wir fühlen anders.«[64] In diesem Zusammenhang
nennt sie einerseits die strenge Abgrenzung nach außen, andererseits
Familiensinn, Hilfsbereitschaft, Gastfreundschaft, Naturverbundenheit
und die angeborene Affinität zur Welt der Klänge: »Unsere Seele fanden
wir in der Musik wieder.«[65] Ihre Erinnerungen lassen einen gewissen
Stolz auf den Bildungsgrad ihrer Familie, die ein Wandertheater betrieb,
und die Zugehörigkeit zur deutschen Kultur erkennen: »Mein Großvater starb 1937. Er wurde in Tübingen auf dem gleichen Friedhof wie
Hölderlin und andere Dichter und Philosophen beigesetzt.«[66] Auch der
Erfolg – sie verdienen in den ersten Jahren nach der Machtergreifung
noch genug, um sich ein Haus zu kaufen – stärkt ihr Selbstbewusstsein.
Eine Folge dieser Grundeinstellung besteht darin, dass sie im Unterschied zu anderen, schonungslos-realistischen Darstellungen der Hölle
von Ravensbrück, Oranienburg und Auschwitz einen positiven Aspekt
abzugewinnen sucht:

> »Und die Aufseher sagten oft: ›Nehmt euch doch ein Beispiel an den Zigeu-
> nern. Nehmt euch doch ein Beispiel an diesen!‹ Sie wußten, daß wir uns
> gegenseitig nie verraten würden. Das war das Schöne. Wir haben in diesen
> schweren Zeiten gelernt, wer wessen Freund war. Wir haben unser Blut ge-
> hört.«[67]

Für Walter Winter (geb. 1919), der aus einer Artisten- und Schausteller-
familie stammt, sind in Auschwitz hingegen die Ansätze eines wider-
ständigen Verhaltens im Zigeunerlager die wichtigste Erinnerung. Als
einer der wenigen rührt er an dem Tabu, dass Sinti im Vorfeld der Deportationen offen als ›Zigeunersprecher‹ oder verdeckt als Spitzel mit
den Behörden zusammenarbeiteten.[68] Er berichtet in *WinterZeit* (1999)
über die Misshandlung dieser »Verräter« durch Mithäftlinge.[69] Auch
nach dem Krieg kam es noch zu gewalttätigen Auseinandersetzungen

mit Familien oder Sippen, die ihre diskreditierten Angehörigen nicht ächten wollten.

Die Hildesheimer Sintezza Lily Franz (geb. 1924), die nach dem Krieg in Holland heiratet und dort bleibt, findet sich in ihrer Autobiographie *Polizeilich zwangsentführt. Das Leben der Sintezza Lily van Angeren-Franz* (1997) nicht mit dem Bild der dem Terror vollständig ausgelieferten Opfer ab. Menschen, die sich in Auschwitz zur Wehr gesetzt haben, sind für sie »ein Beispiel für uns alle«.[70] Vor allem aber spricht sie ausführlich über Erlebnisse, über die andere Häftlinge aus traditioneller Scham schweigen und die im Zentrum des Konflikts standen, über den Micha Brumlik berichtet. Ebenso ungeschönt erzählt sie über die Haftfolgen. Das geschieht sehr bewusst, um über die Tabus, Gebote und Verbote und die Geschlechterverhältnisse innerhalb der Sintigemeinschaft als eine Ursache der Schwierigkeiten Auskunft zu geben. Schon bei der Einweisung in die Baracken in Birkenau entsteht eine schwierige Situation, weil die Frauen in den oberen Kojen schlafen sollen: »Bei uns Zigeunern ist es jedoch absolut tabu, dass Männer unter Frauen liegen.«[71] Schwerwiegender ist das Problem sexueller Nötigung oder Gewalt durch die Wachmannschaften oder Funktionshäftlinge im Lager und der Umgang der Betroffenen und der Angehörigen damit. Als Lily Franz das Glück hat, auf der Schreibstube beschäftigt zu werden, weil sie als eine der wenigen über eine gute Schulbildung verfügt, wird sie von Mithäftlingen gefragt, ob sie »dafür die Beine breit gemacht hätte«.[72] Wie andere auch soll die Zwanzigjährige gegen Nahrungsmittel sexuelle Dienste leisten, wobei die von der Aura der ›schönen Zigeunerin‹ umgebenen Sintifrauen für die Bewacher von besonderem Reiz sind. Mit zwei anderen Frauen umgeht sie zumindest eine Vergewaltigung, weil sie sich auf ein gemeinsames Vorgehen einigen können. »Wir begannen ihn zu dritt zu befummeln. Eines der Mädchen setzte sich rittlings auf sein Gesicht, und die andere besorgte den Rest.«[73] Die Prostitution, der Mädchen im Lager nachgehen, »um sich und ihre Verwandten am Leben zu erhalten«,[74] ist für Franz kein Zeichen moralischen Versagens, sondern die Folge der allgemeinen Verrohung unter menschenunwürdigen Lebensverhältnissen: »Nach einem Jahr im Lager waren alle derart degeneriert, dass ich mich zu fragen begann, ob wir überhaupt noch in der Lage sein würden, ein vollwertiges menschliches Dasein zu führen, wenn wir jemals wieder frei wären.«[75] Deshalb schweigt sie nicht darüber. Anstatt jedoch nur den eigenen Zustand in den Blick zu nehmen, beobachtet sie das Verhalten der Wachmannschaften unter

Zivilisationskriterien und gelangt zu dem Ergebnis, »dass die Bezeichnung ›Untermensch‹ eher auf die Deutschen zutraf denn auf uns«.[76] Die sexuellen Belästigungen der Zigeunerinnen hören nicht einmal nach der Befreiung auf, sie finden auch in den Sammellagern der Alliierten statt. Als ›Displaced Person‹ in Holland gestrandet, entscheidet sich Franz, als sich ihr diese Möglichkeit bietet, gegen ein nomadisches und für ein bürgerliches Leben außerhalb eines Sippenverbandes. Damit ist das Leben der holländischen Unterschicht gemeint, bestimmt von harter Arbeit und beengten Wohnverhältnissen. Wie Otto Rosenberg gibt sie Ungarn als Herkunftsland an, um nicht als Sintezza erkannt zu werden.[77] 1947 heiratet sie einen Niederländer, der mit ihrem traumatischen Leiden nicht umzugehen weiß: »Leo dachte wie jeder damals: vergessen, vergessen und noch mal vergessen.«[78] Obwohl sie annehmen muss, in Birkenau sterilisiert worden zu sein, wird sie schwanger. Erst 1957 begegnet sie ihrem Vater wieder, der sich einem Gespräch über das Vergangene, das sie sich erhofft, entzieht. Sie beginnt damit, sich gegen das unausgesprochene Schweigegebot aufzulehnen:

> »Natürlich verstand ich die Angst der Sinti-Frauen, über die Experimente, die mit ihnen gemacht worden waren, zu sprechen. Eine Sintizza darf nun einmal nicht offen über diese Dinge reden. Unter normalen Umständen hatte ich auch kein Problem mit diesem Gesetz. [...] Durfte das Zigeunergesetz uns auch verbieten über Dinge zu sprechen, die uns unter Zwang angetan worden waren? Juden durften unter lebensbedrohlichen Bedingungen bestimmte Gesetze außer acht lassen. Wir nicht? Mir wurde allmählich klar, dass ich dieses Zigeunergesetz gar nicht mehr so selbstverständlich fand.«[79]

Mit der Sprache kehrt allmählich das frühere Selbstbewusstsein zurück. Sie beschreibt diesen Vorgang als Wiedergewinnung einer inneren Kraft und als Befreiung:

> »Irgendwann gelangt man an einen Punkt, an dem man den Dämonen, die sich als Herrenvolk zu bezeichnen trauten, zeigen möchte, dass ihre Macht nicht ausgereicht hat, um uns ganz auszumerzen. Das ist ihnen mit den Juden nicht gelungen und mit uns auch nicht.«[80]

Aus dem Schattenleben eines gedemütigten Opfers tritt sie in die Gegenwart ihrer holländischen Familie ein und entscheidet sich dafür, als Zeugin in einem Prozess gegen den gefürchteten Blockführer des Lagers Auschwitz-Birkenau, Ernst König, auszusagen, zunächst nur vor einer gerichtlichen Kommission in den Niederlanden und dann trotz Angst und Misstrauen vor einem deutschen Gericht.

Das Schweigen wird gebrochen (2003): So betitelt Krimhilde Malinowski (geb. 1930) ihre Erinnerungen, weil sie über die Zwangssterilisierung spricht, derentwegen ihr »erster Mann« sie hat »sitzen lassen«, um dann mit einer anderen Frau »sechs oder sieben Kinder« zu haben.[81] Diese Erfahrung bewirkt einen defensiven Umgang mit dem gewaltsamen Eingriff, zumal sie wegen der Durchsetzung ihres Wiedergutmachungsanspruchs wiederholt demütigende Untersuchungen über sich ergehen lassen muss, die stets zu dem Ergebnis führen, das ihren Mann dazu veranlasst hatte, sich von ihr zu trennen: »Wie man sagt: man war geschändet. Für sein Leben lang ist man geschändet geworden. Bis zum heutigen Tag.«[82]

Von »den Schmerzen, den Enttäuschungen, den Minderwertigkeitskomplexen und Depressionen, die mich infolge der Sterilisation viele Jahre lang quälten«,[83] versucht sich Joseph Muscha Müller mit Hilfe zweier Bücher zu befreien, dem Roman *Ausgegrenzt* (1999) und, ergänzt durch Dokumente und Leserbriefe, den Lebenserinnerungen *Und weinen darf ich auch nicht ...* (2002). Schon 1994 hatte Anja Tuckermann ihrem Jugendroman *Muscha* (1994) eine erste Fassung seiner Lebenserinnerungen zugrunde gelegt. Müller wächst außerhalb der Sintigemeinschaft auf und wird nicht von ihren Sitten und Gebräuchen geprägt. Das unterscheidet seinen Lebensweg von dem der anderen hier erwähnten Leidensgefährten. Darin Sidonie vergleichbar, wird er im Alter von vierzehn Monaten von einer Familie aus dem sozialdemokratischen Arbeitermilieu in Pflege genommen. Eine Adoption scheitert wegen der Rassengesetze. Mit Unterstützung seiner Eltern erreicht er relativ hohe Bildungsabschlüsse, studiert nach dem Krieg in der DDR und arbeitet später als Heimerzieher. Sein Pflegevater, der als Werkmeister im Leunawerk tätig ist, beteiligt sich ebenso wie seine Mutter, Kollegen und Freunde aktiv am Widerstand gegen den Nationalsozialismus. Ungewöhnlich genug für die Memoiren eines Sinto, widmet er sein Buch den »Genossen der damaligen Widerstandsbewegung«.[84] In seiner Familie führt er das Leben eines normalen Jungen, der sich auf seinen Geburtstag und Weihnachten freut und die schleichende Ablehnung und Ausgrenzung lange nicht bemerkt, weil sein engeres soziales Umfeld ihn davor abzuschirmen weiß. Auch dass es bei der Auseinandersetzung, die der Vertreter des Jugendamts, der dem Widerstand nahesteht, mit der Amtsärztin führt, als er zur sogenannten rassenhygienischen Untersuchung gezwungen wird, um sein Leben geht, vermag er in seinem Alter nicht zu durchschauen. Erst als ihm der »Weihnachtsmann« in der öffentlichen Weihnachtsfeier unter dem Beifall nicht weniger Eltern sein Geschenk verweigert, spürt er etwas

von dem, was sich um ihn herum verändert.[85] Dass die Widerstandsgruppe unter großer Gefahr Anstrengungen unternimmt, die angeord-
nete Zwangssterilisierung Muschas zu verhindern, muss ihm gegenüber
verschwiegen werden. Obwohl der Chefarzt der Klinik einen Scheinein-
griff vortäuschen möchte, besteht der vom Nationalsozialismus über-
zeugte Oberarzt auf der Sterilisierung. Erst nach der Operation gelingt es
einem Pfleger, den Jungen vor einer drohenden Deportation aus dem
Krankenhaus zu retten und im Häuschen einer Kleingartenanlage zu verstecken. Dort lebt das Kind völlig allein und wird nur einmal am Tag von
einem Mitglied der Gruppe versorgt. Die Einsamkeit und die Befürchtung, dass ihm verschwiegen würde, dass seine Eltern nicht mehr leben,
zermürben den Dreizehnjährigen psychisch. Erst nach der Befreiung
sieht er sie wieder und wird von ihnen über seine Gefährdung und die
ständige Überwachung, der sie ausgesetzt waren, aufgeklärt – und darüber, dass er nicht ihr leibliches Kind ist. Obwohl er 1947 von der Stadt
Halle als jüngstes »Opfer des Faschismus«[86] anerkannt wird, raten ihm
seine Eltern aus Furcht vor der Rückkehr des Faschismus, seine ethnische
Herkunft zu verschweigen. Nach einer erfolgreich abgeschlossenen Fri-
seurlehre erhält er durch Fürsprache des FDJ-Vorsitzenden Erich Hone-
cker die Möglichkeit, sich zum Erzieher ausbilden zu lassen. Als er nach
erfolgreicher beruflicher Etablierung eine feste Beziehung eingeht, klären
ihn die Pflegeeltern über den Eingriff und die Folgen auf. Dieses Erlebnis
stürzt ihn in schwere Depressionen und löst in ihm Selbstmordgedanken
aus. Obwohl es nach einer offenen Aussprache zu einer Eheschließung
kommt – immerhin gewährt das DDR-Gesundheitssystem Opfern des
Faschismus psychologische Betreuung –, beginnt mit dieser scheinbar
positiven Wendung eine Serie demütigender, traumatisierender Erfahrungen. Jede Beziehung entwickelt sich in den immer noch von rassistischen Ressentiments bestimmten fünfziger Jahren zu einer Katastrophe.
So geht eine seiner Freundinnen unbeirrt davon aus, dass die Nationalsozialisten richtig gehandelt haben, als sie Verbrecher, Erbkranke und
Zigeuner sterilisierten. 1955 lernt er eine Frau kennen, die für seine Lage
Verständnis hat. Mit ihr verlässt er trotz seines beruflichen Aufstiegs ein
Jahr später die DDR. In der Bundesrepublik gelingt es ihm erst Fuß zu
fassen, als er nach Berlin umsiedelt und dort aufgrund seiner guten Ausbildung bei einem Bezirksamt eine Stelle in der Jugendpflege erhält.
Durch einen Zufall stößt er auf den Arzt, der ihn sterilisiert hat und der
inzwischen als Chefarzt einer Klinik bei Hamburg vorsteht. Gegen ihn
hatte in der DDR »die Staatsanwaltschaft Halle wegen Verletzung der

Menschenrechte und wegen schwerer Körperverletzung an Kindern«[87] in Abwesenheit ermittelt. Müller möchte ihn mit seiner Vergangenheit konfrontieren und lässt sich einen Beratungstermin wegen einer Sterilisierung geben. Ausgerechnet mit dem Argument, dass ein solcher Eingriff schwere psychische Störungen zur Folge haben könne, rät der Arzt ihm von diesem Schritt dringend ab. Als er sich zu erkennen gibt, findet er kein Wort der Entschuldigung und rechtfertigt sich mit seiner Pflicht gegenüber dem deutschen Volk. Weil Müller ihn auffordert, einem Kinderheim Geld zu spenden, zeigt ihn der Arzt wegen Erpressung an. Das Verfahren wird allerdings eingestellt, weil es durch Zufall von einem Richter geführt wird, der in Halle im Umfeld der Widerstandsgruppe tätig war. Erst 1987 kann Müller vor Gericht erstreiten, dass die Zwangssterilisierung als Schwerbehinderung anerkannt wird.[88] Nach dieser späten Anerkennung führt er, auch ohne nun ein persönliches Anliegen zu verfolgen, als Interessenvertreter der Sinti und Roma den Kampf um die Anerkennung der Opfer von Zwangssterilisierungen weiter.

Mit Joseph Muscha Müllers Lebensgeschichte soll darauf aufmerksam gemacht werden, dass die Zugehörigkeit zu einem Opferkollektiv wie den deutschen Sinti zu sehr unterschiedlichen Leidenswegen führte. Von diesen besonderen Schicksalen muss berichtet werden. Das Gleiche gilt, um zwei weitere Lebenserinnerungen herauszuheben, für Otto Rosenberg und Hugo Höllenreiner. Rosenberg wächst anders als Müller in schwierigen sozialen und familiären Verhältnissen bei seiner Großmutter in Berlin auf. Im Rückblick nennt er als elementare Grundwerte, die er sich in seiner Kindheit zu eigen macht, Bildung, Glauben und harte Arbeit. In der Fabrik, in der er Zwangsarbeit verrichtet, lernt er durch das Verhalten der Arbeitskollegen ihm gegenüber deren Einstellung zum nationalsozialistischen System kennen. Sie reicht von Anfeindungen und Gleichgültigkeit bis zu heimlicher Hilfe. Angst und Feigheit herrschen jedoch vor. Irgendwann führt eine Denunziation zu seiner Deportation nach Auschwitz.[89] Durch Dienste in verschiedenen Funktionen gelingt es ihm immer wieder, der physischen Vernichtung zu entkommen. Das Lager erfährt er als ein System, das nicht allein die Gefangenen ihrer Menschenwürde beraubt, sondern auch das gesamte Personal auf der anderen Seite, vom Kommandanten über die Ärzte bis zu den Bütteln, dazu einlädt, zivilisierende Verhaltensweisen abzulegen und Allmachtsphantasien auszuleben.

Eine kaum zu verarbeitende Fülle von Erlebnissen von den sadistischen Prügelorgien der Wachen bis zum Kannibalismus[90] von Gefangenen bricht über den Sechzehnjährigen herein. Wegen dieser Erlebnisse und seiner Einsichten in das KZ-System wagt er es in seiner Autobiographie *Das Brennglas* (1998), die wenige Jahre vor seinem Tod entsteht, nicht, das Überleben als Ergebnis seiner zweifelsohne vorhandenen Zähigkeit und inneren Stärke zuzuschreiben: »Ich weiß nicht, wie es möglich war, daß ich Auschwitz überstanden habe. Das leuchtet mir bis heute nicht ein. Ich hatte auch Glück. Über mich wurde wahrscheinlich eine schützende Hand gehalten.«[91] Die Deportation wird bei Rosenberg wie in den anderen Erinnerungen von Sinti als ein Bruch in der persönlichen Entwicklung empfunden. Das eigene Überleben erscheint vor dem Hintergrund des Massenmordes an der Gemeinschaft, der man sich am engsten zugehörig fühlt, als ein ebensolcher Bruch. Er lässt sich noch viel weniger heilen als der Riss im individuellen Lebenslauf, zumal wenn man wie die Sinti für eine lange Zeit in der Unsicherheit leben musste, ob sich die Familien- und Sippengemeinschaften jemals wiederherstellen lassen. Rosenberg gesteht in seinen Erinnerungen ein, dass er diesem Problem ausweicht, indem er sich von seiner ersten Frau, einem Opfer der Zwangssterilisierung, trennt und eine Deutsche heiratet. Aus dieser Ehe gehen sieben Kinder hervor. Anders als Lily von Angeren-Franz deutet er die psychischen Spätfolgen der KZ-Haft nur vage an. Sie sind ein wichtiges Thema der Autobiographie seiner Tochter Marianne Rosenberg, die 2006 unter dem Titel *Kokolores* erschien. Ohne nachgetragenen Zorn berichtet sie, wie sie zusammen mit ihrem Bruder, kleine Kinder noch, für ihren Vater nachts in Neuköllner Kneipen musizieren und singen und anschließend Geld einsammeln: »Wie häufig diese nächtlichen Auftritte in Kneipen stattfanden, hing davon ab, wie oft unser Vater ausging und wieviel er trank. Ab einem bestimmten Pegel des Alkohols funktionierte sein Verdrängungsmechanismus nicht mehr und das Schreckliche war wieder da, im Hier und Jetzt.«[92] Da Otto Rosenberg wie viele Opfer aus Scham über die ihm zugefügten Demütigungen schweigt oder sich auf Andeutungen beschränkt, gestaltet sich die Wahrheitssuche für die Kinder als ein schwieriger, für Störungen und Konflikte anfälliger Annäherungsprozess. »Es waren Bruchteile, die mein Vater uns erzählte. Ich fügte sie zusammen, nach und nach, über viele Jahre. Fragen wollte ihn niemand von uns.«[93] Aus der späteren Sicht einer Erwachsenen kommt sie zu dem Ergebnis, dass ihr Vater das Erlebte nicht habe bewältigen können: »Ein Menschenleben hat nicht gereicht.«[94] Damit wählt sie eine Formel, die nahelegt, das Problem der Bewältigung der Folgegeneration zu übertragen. Wie in jüdischen Familien stoßen die Kinder immer wieder darauf, kaum noch Verwandte zu haben. Fragen und Spuren führen sie stets zurück in die beschwiegene Vergangenheit. Marianne Rosenberg beschreibt diese Suche nach Bindungen und Sicherheit, die nichts als Schrecken zutage fördert, mit einer drastischen Wendung: »Der Leichenberg, ich bin mit ihm verwandt, kann es nicht ändern, überlege, ob ich die Augen schließen soll, geht nicht«.[95] Trotz der Zugehörigkeit zum Opferkollektiv untersagt ihr der Vater, als sie mit ihren Liedern Erfolg hat, aus Furcht vor Diskriminierungen, über ihre wahre Herkunft zu sprechen.[96] Dieser Widerspruch vermag sich nur aufzulösen, wenn man bedenkt, dass die Bürgerrechtsbewegung erst mehr als ein Jahrzehnt später für das Verhalten vieler Sinti in Deutschland gegenüber der Mehrheitsbevölkerung maßgebend sein wird. Als Otto Rosenberg in den achtziger Jahren die Berliner Sinti-Union mitbegründet, weiß die Tochter, dass sie ihre Identität nicht länger verbergen muss.

Schonungslos stellt sich der Münchener Sinto Hugo Höllenreiner in dem Erinnerungsbuch »*Denk nicht, wir bleiben hier!*« *Die Lebensgeschichte des Sinto Hugo Höllenreiner* (2005)[97] in seinen Gesprächen mit der Journalistin und Schriftstellerin Anja Tuckermann seinen traumatischen Erinnerungen. Er ringt sich immer wieder dazu durch, auch wenn er tage- und nächtelang darunter leidet, sich vom Vergangenen überwältigt fühlt und dann »vor allem Fremden Angst [hat]. Vor Menschen in Uniformen, vor Leuten auf der Straße.«[98] Herausgekommen ist dabei eines der eindringlichsten Zeugnisse der Holocaustliteratur. Höllenreiner, der seine Lebensgeschichte seit vielen Jahren Schülern erzählt, treibt neben dem Bewusstsein, dass sich Sinti politisch gegen jede Form von Rassismus und Diskriminierung zu wehren haben, auch die pädagogische Idee an, dass die Konkretheit eines individuellen Schicksals wirkungsvoller zu vermitteln sei als ein Allgemeinwissen über das Ausmaß der nationalsozialistischen Verbrechen. Damit hält er es anders als sein Vater, der Auschwitz ebenfalls überlebt hat: »Mein Dada war wirklich ein Mann, der in die Welt gepasst hat. Der hat sich vor keinem gefürchtet. Aber ich kann mich nicht erinnern, dass er sich einmal mit uns über dies Thema unterhalten hat.«[99] Höllenreiner gelingt es im Prozess des Erzählens, nicht nur die Realität des Schreckens, sondern die nur unzureichend in Worte zu fassenden Gefühle der Ohnmacht, Angst, Verzweiflung, Demütigung, des Hungers und der Schmerzen, aber auch der Hoffnung zu vermitteln, wenn er z. B. die Erinnerungen an einen engen Freund und Spielkameraden Schritt für Schritt freilegt. Ins Zigeunerlager Birkenau eingepfercht, phantasieren sie sich, halb im Hungerdelirium, halb in kindlicher Fabulierlust, in eine bessere Welt, in der es Speisen im Überfluss gibt. Beim gemeinsamen Spiel mit einem aus Lumpen gefertigten Stoffball wird dieser Freund von den Wachen auf grausame Weise in den Bauch geschossen und stirbt in Höllenreiners Armen: ein schreckliches Ereignis, das sich auch Lucie Adelsberger eingeprägt hat.[100] Mit solchen Verlusten und Zerstörungen von Beziehungen, die man den menschenunwürdigen Verhältnissen abgerungen hat, setzt er sich wiederholt auseinander und legt so die emotionalen Dimensionen der langen KZ-Haft offen. Besonders intensiv versucht er sich an die bedrohlichste Situation in Auschwitz zu erinnern, an die brutale, ohne Narkose vorgenommene Sterilisation durch den KZ-Arzt Dr. Mengele. Nach der Auflösung des Zigeunerlagers als einer der wenigen Überlebenden nach Bergen-Belsen gebracht, muss der Zwölfjährige dort Leichen, die schon in den Verwesungszustand übergegangen sind, in eine Grube schleppen: »Er hielt den Atem an, griff den Fuß und wollte los, da hielt er den Fuß in der Hand. Also brachte er erst einmal den Fuß zur Grube. Und auch der Fuß lag halb aufgelöst in seinen Händen.«[101] Das ist nur ein Erlebnis in einer Kette grauenhafter Situationen, die auch nicht erträglicher werden, als sich Höllenreiner mit anderen Kindern zusammenschließt, um z. B. im Inferno der letzten Tage des Nationalsozialismus die verhungerte Mutter eines Mädchens zu begraben:

> »Komm, sagte Gisela, wir bringen die Mama weg. Sie ging voraus. Hugo hörte zuerst ihren Schrei, dann sah er draußen ihre tote Mama halb zerfleischt, angenagt. Ratten waren vielleicht an ihr, aber auch Menschen. Wo sie noch Fleisch hatte, war es weggebissen oder abgeschnitten.«[102]

Obwohl Höllenreiner sich auch nach diesen Erfahrungen, noch in Bergen-Belsen gefangen gehalten, ein glückliches Leben nach der Haft auszumalen weiß, fördert der erst fünfundvierzig Jahre später einsetzende Erinnerungsprozess unabweisbar zu Tage, dass das Erlebte jegliche Möglichkeit zu seiner Bewältigung übersteigt.

Verlustängste und die Suche nach Orientierung charakterisieren die in jüngster Zeit erschienenen Erinnerungen aus den Reihen der ersten und zweiten Generation nach dem Holocaust. Die zur Geschichte gewordene Verfolgung und Vernichtung bleibt für die Identitätsbildung der Nachgeborenen ein bestimmendes Moment. Dies findet seinen deutlichsten Ausdruck in einer inneren Verpflichtung zum aktiven Gedenken. Nur selten lösen auch sie sich vom Gefühl ständiger Bedrohung, das die Überlebenden niemals abschütteln konnten. Neu hinzu kommt die selbstkritische Beobachtung des eigenen sozialen Aufstiegs und der damit einhergehenden Verluste: das Schwinden des Romanes, der Verfall der Sippengemeinschaft und ihrer Sitten, die Anpassung an die Kleidung der Mehrheit und die Veränderung der Geschlechterverhältnisse. Dabei gehen die einzelnen Erfahrungen weit auseinander, wenn man etwa das Leben von *Silas* (2006), einem Schweizer »Zigeunerjungen« aus einer gewalttätigen »funktionsunfähigen« Familie, der es als Erwachsener nicht mehr schafft, sein Leben in den Griff zu bekommen,[103] mit der Geschichte der erfolgreichen Jazzsängerin Dotschy Reinhardt vergleicht. In ihrem Buch *Gypsy. Die Geschichte einer großen Sinti-Familie* (2008), das als Hommage an ihre Großmutter zu lesen ist, die für sie das verkörpert, was sie sein möchte, stellt sie dennoch klar, dass sie eine bestimmte Lebensweise nicht mehr teilen kann:

> »Jedes Mal, wenn ich zwischen den zahlreichen Bekannten, Freunden und auch Verwandten durch die Siedlung laufe, habe ich keine Augen für die brennenden Holzprügel in den rostigen Schmieröfässern zwischen den Häusern. Meine Blicke meiden die erloschenen Augen der Alten, die apathisch in die Flammen starren, die sie doch nicht wärmen können. Ich sehe die leeren Plastiktüten nicht, die über die Straße fegen, nicht die Autowracks, die die kleinen Vorgärten verstellen, und auch nicht die neuen Autos mit den blinkenden Mercedessternen, zwischen denen die Kinder spielen.«[104]

Trotz dieser Kritik lehnt sie den Weg kultureller Assimilation entschieden ab und wendet sich einer Identitätsvorstellung zu, die sich am Modell des Arkanen, des Geheimnisses der Eingeweihten, ausrichtet. Ihren Lesern, von denen sie annehmen muss, dass es sich nicht um Sinti handelt, gibt sie nur einige Speisevorschriften preis und spricht sehr allgemein vom Respekt gegenüber den Älteren und schweigt vielsagend über »interne Verhaltensregeln für die Menschen meines Volkes, die niemanden von außen beeinträchtigen. […] Das sind Regeln, über die ich nicht in der Öffentlichkeit reden darf und auch nicht möchte.«[105] Sie setzt sich dafür ein, dass junge Sinti ihre Sprache weiterpflegen, lehnt es aber ab, dass Deutsche Romanes lernen:

> »Ich weiß, dass die meisten Sinti genauso denken wie ich: Wir haben kein eigenes Land auf dieser Erde, keinen eigenen Staat, keine eigene Regierung. Wir haben nichts als unsere Kultur und unsere Sprache, die uns zusammenhält, auf die wir uns berufen und mit der wir uns auch abgrenzen können.«[106]

Reinhardt bedauert die »starke Assimilierungssehnsucht«[107] und begrüßt es, wenn ihr Volk »unter sich bleibt und Gadsche-Schwiegerkinder vermeidet«.[108] Die Identitätssuche ist eng auf die Geschichte und die Kultur der Sinti ausgerichtet. Die südosteuropäischen Roma werden als »ein anderes Volk«[109] nicht darin eingeschlossen. Die selbstbewusste Schlussfolgerung lautet: »Wir sind keine Inder mehr, wir sind Europäer. Der Sinto ist Europäer, der mit seiner Eigenart integriert sein will.«[110] Reinhardt fordert ein Ende der sechshundertjährigen Ausgrenzungspolitik und beansprucht einen Platz inmitten der Völker Europas, ohne im Unterschied z. B. zu den Kosovoalbanern einen eigenen Staat auf eigenem Territorium auch nur hypothetisch in Erwägung zu ziehen. Damit wird eine Linie vorgezeichnet, die für eine gut ausgebildete und sozial gesicherte neue Generation der unterschiedlichen Romgruppen in Deutschland, Österreich, den Niederlanden, Frankreich, England oder Spanien eine Zukunftsperspektive weisen könnte. Der Erfolg hängt wesentlich von einer Renaissance der eigenen Sprache und Kultur und von der Bereitschaft und Fähigkeit der Mehrheitsbevölkerung ab, andere Lebensstile zu akzeptieren. Die Gefahren dieser Politik ›innerer Reinigung‹ liegen auf der Hand. Die größte Bedrohung stellt sicher die erneute soziale Schließung der eigenen Gemeinschaft und die starke innere Kontrolle dar. Dem Dilemma, das sich auf die Formel ›Grenze dich ab, um dich zu integrieren‹, bringen ließe, ist nur schwer zu entkommen.

Einen anderen Weg beschreitet der Kölner Jazzgeiger Markus Reinhardt, um sich in der schwierigen Übergangssituation seiner Identität zu versichern. Zusammen mit dem Journalisten Heinz G. Schmidt (geb. 1945) bereiste er zahlreiche europäische Länder von Irland über Ungarn und Bulgarien bis zur Türkei, auf der Suche nach den Spuren der ursprünglichen Kultur der unterschiedlichen Romvölker. Diese Reise ›zurück zu den Wurzeln‹ wird in dem Buch *Die Zigeuner kommen!* (2007) dokumentiert. Markus Reinhardt, ein entfernter Verwandter des weltweit berühmten Jazzgitarristen Django Reinhardt, weiß kaum etwas über das Leben der Romgruppen in den Ländern, die er besucht. Seine Kriterien für die Ursprünglichkeit erscheinen auf den ersten Blick einfach und klar: die Beherrschung des Romanes und das Festhalten an Traditionen. Obwohl er meist gastfreundlich aufgenommen wird und seine Virtuosität als Musiker die Gastgeber beeindruckt, überwiegt doch seine Enttäuschung über das, was ihm begegnet. In der Türkei ist er entsetzt von der Disziplin- und Respektlosigkeit der Kinder,[111] in Bulgarien erfährt er von einer Lehrerin, dass die Romamädchen häufig mit zwölf verheiratet werden und mit vierzehn ihr erstes Kind bekommen,[112] in Spanien ist er überrascht, dass die dortigen Musiker meist nur noch Spanisch sprechen.[113] In Ungarn stoßen die Reisenden auf die problematischen Auswirkungen der wenig kontrollierten Hilfsprogramme der EU. Der Vorsitzende eines Selbsthilfeprojekts berichtet, dass sich seine Organisation von ursprünglich achtzig Familien auf sechzehn Personen verkleinert habe. Seine Ausführungen legen die Vermutung nahe, dass durch die Gründung zehn weiterer Organisationen im Dorf nun jede Familie sich ihren eigenen Unterhalt sichert und Strukturmaßnahmen nicht mehr umgesetzt werden können.[114] Der alte Freiburger Rechtsprecher, dem die letzte Reise gilt, beklagt den Zerfall der eigenen Lebensweise durch Überanpassung: »Alles verloren. Wir sind weder Gadsche noch Sinti.«[115] Die Suche quer durch Europa führt zu keinem Hinweis auf den Ort, an dem sich das ursprüngliche Leben der Romvölker am reinsten erhalten hat. Es gibt diesen Ort nicht, weder bei den Armen noch bei den Wohlhabenden. Markus Reinhardt wird mit sehr unterschiedlichen Entwicklungen konfrontiert und erfährt dennoch an den meisten Stationen seiner Reise spontanes Einvernehmen, Nähe und Vertrautheit. Ob sich darin mehr als der Wunsch nach Gemeinsamkeit und Einheit äußert, lässt sich kaum sagen. Auf Kontakte, die aus den Begegnungen hervorgegangen sein könnten, enthält der Reisebericht keinerlei Hinweise. Auch die Offenheit für die Lebensweise und Geschichte der anderen europäischen Romvölker bringt die Auflösung des Dilemmas zwischen Abgrenzung und Anpassung nicht voran.

Trotz der zuletzt genannten Schwierigkeiten könnte man die Geschichte der Erfindung der Zigeuner mit der Proklamation, dass die Romvölker keine Inder mehr sind, sondern Europäer, abschließen und sich über ihren glücklichen Ausgang zufrieden zeigen. In ihren Autobiographien sprechen Sinti und Roma mit eigener Stimme über sich und ihre Belange und tragen die Bausteine ihrer Geschichte zusammen. Dieser Perspektivenwechsel ist bisher jedoch nicht mehr als ein bescheidener Anfang, ein erster Widerspruch gegen die historisch tief verwurzelte Geschichte von Faszination und Verachtung. Die Kultur der Romvölker trägt bis heute an einem Problem, wenn es um die Deutungshoheit über ihre Vergangenheit und ihre Gemeinschaft geht, denn durch die Beschränkung auf die Mündlichkeit wird die Erinnerung auf wenige Generationen begrenzt. Der Holocaust scheint das erste Ereignis zu sein, das innerhalb der eigenen Kultur nicht mehr dem Vergessen anheimgegeben, sondern aufgeschrieben und an Gedächtnisorten aus eigener Sicht präsentiert wird. Die zahlreichen Lebenserinnerungen sind alles andere als Familiengeschichten mit legendenhaften Erzählmustern. Die Überzeugung herrscht vor, dass die NS-Zeit um der Wahrheit willen in einem strengen Sinne dokumentiert werden muss, weshalb die Zeitzeugen z. B. in ihren Berichten häufig um Korrekturen und Präzisierungen bemüht sind. Damit tritt ein neues Moment in die Kultur der Romvölker ein, die Schriftlichkeit. Nicht bei allen, aber bei jenen, die im Zentrum Europas von der Vernichtungspolitik betroffen waren, wird dem Buch – und anderen Zeugnissen, die in Deutschland in einem eigenen Dokumentationszentrum[116] gesammelt und präsentiert werden – nun ein anderer, bedeutenderer Platz eingeräumt. Diese Veränderungen lassen sich in Deutschland, Österreich oder den Niederlanden nicht übersehen. Hierbei handelt es sich um Länder, in denen die Gedächtnispolitik der dort lebenden Romgruppen erfolgreich zur eigenen Identitätsfindung und zur Integration beiträgt.

Die europäischen Romvölker repräsentieren überall dort, wo sie nicht vollständig in der Mehrheitsbevölkerung aufgegangen sind, von der Nachkriegszeit bis zur Gegenwart eine Gesellschaft an der Schwelle zwischen Mündlichkeit und Schriftlichkeit. Damit soll nicht euphemistisch die Analphabetenrate umschrieben werden, zu der bis heute vielfältige Gründe beitragen. Die Schriftlichkeit bezieht sich stets auf die jeweilige Sprache des Lebensumfelds, wenn Urkunden ausgestellt, Schriftverkehr mit den Behörden geführt wird und Informationsmedien genutzt werden. Im internen Austausch herrscht weiterhin die Mündlichkeit vor. Sie reicht von den Informationsbörsen auf den Treffen und Festen über Verträge und Vereinbarungen bis zur inneren Rechtsprechung, die mit einem ›Machtwort‹ abschließt und nicht mit einem Dokument. Man kann deshalb in der Tat nicht ohne weiteres auf Schriftlichkeit umstellen, ohne in bestimmten Bereichen gegen Traditionen zu verstoßen.

»Time of the Gypsies«: Von der eigenen Geschichte erzählen

Was das literarische Schreiben betrifft, stellt sich die Frage anders. Wozu soll in den der eigenen Kultur fremden, historisch über Jahrhunderte gewachsenen und zur Unübersichtlichkeit ausdifferenzierten literarästhetischen Formen den Eigenen etwas mitgeteilt werden, und das in einer Situation, in der nur noch ein kleiner Teil der Mehrheitsbevölkerung an der literarischen Kommunikation teilnimmt und die Literatur für viele soziale Milieus »faktisch im Lebensalltag keine Rolle«[117] spielt? Und in welcher Sprache sollte diese Literatur geschrieben werden? In der jeweiligen Landessprache oder in Romanes, genauer, in einer der vielen über Europa verstreuten Romanesvarianten? Es gibt demnach wenig Veranlassung dazu, in einer schwierigen, von Unsicherheiten gekennzeichneten Übergangsphase Literatur zu schreiben, es sei denn innerhalb eines kulturellen Förderungsprogramms wie in den sozialistischen Ländern nach 1945. Einzig die extreme und kaum zu bewältigende Erfahrung der Vernichtungslager bot bisher Anlass genug, sich aus eigenem Antrieb mit dem Schreiben darüber in die unvertrauten Räume zwischen Mündlichkeit und Schriftlichkeit und der eigenen Kultur und jener der Nichtzigeuner zu begeben. Erstaunlicherweise haben Verfolgung und Diskriminierung in der langen Zeit vor der nationalsozialistischen Vernichtungspolitik niemals zu einem vergleichbaren Schritt geführt, durch den die Abgrenzung nach außen durchbrochen worden wäre. Aufgrund einiger Andeutungen und Hinweise in den Autobiographien von deutschen Sinti lässt sich vermuten, dass vieles davon über zwei oder drei Generationen mündlich weitergegeben wurde. Boko Winterstein kennt noch die Gründungslegende seiner Sippe, die Variante einer Ortssage, durch die der Aufenthalt in der Pfalz erklärt und gerechtfertigt wird. Eine ähnliche Funktion wie die Holocausterinnerungen erfüllen die Lieder von Roma, die in Konzentrationslagern oder nach Kriegsende entstanden und weitertradiert wurden.[118]

So verwundert es nicht, dass die Mehrzahl der von Roma geschriebenen literarischen Werke entweder Autobiographien sind oder starke autobiographische Züge tragen. Von großer Ausstrahlung auf die europäischen Romaintellektuellen und -aktivisten war der Roman *Verdammter Zigeuner* (1971) des kanadischen Kalderasch Ronald Lee (geb. 1934). Konsequent aus der Perspektive eines Kindes erzählt die Schwedin Katarina Taikon in *Katitzi* (dt. 1996-2001) das *Leben eines Zigeunermädchens in Schweden*. 1976 beginnt die tschechische Sprachwissenschaftlerin und Romaforscherin Milena Hübschmannová mit der Aufzeichnung der Lebensgeschichte der slowakischen Romni Ilona Lacková (geb. 1921). Sie erzählt auf Romanes, das Hübschmannová für die Veröffentlichung ins Tschechische übersetzt. Obwohl das Buch 1986 abgeschlossen war, konnte es erst 1997 in Prag und dann 2000 in englischer Übersetzung unter dem Titel *A False Dawn* erscheinen. Mit der ›falschen Morgenröte‹ spielt Lacková auf die Hoffnung an, die viele Roma nach dem Krieg in den Sozialismus gesetzt hatten. Sie gibt anschaulich über die Lebensbedingungen in der Zwischenkriegszeit, die Verfolgungen während des Krieges und ihre Tätigkeit als Funktionärin für die Romaminderheit nach 1945 Auskunft. Über Jahrzehnte arbeitet sie mit wenig Erfolg an der Verbesserung der Lebensbedingungen ihrer Herkunftsgruppe. Schwierigkeiten entstehen nicht nur durch die staatliche Politik, sondern erwachsen ebenso aus der Lethargie vieler Roma. Lackovás Selbstverständnis ist weniger mit der Erfahrung des Holocaust verbunden als mit den nicht verwirklichten Möglichkeiten während der sozialistischen Periode und der von ihr immer noch angestrebten Gleichstellung der Roma in ihrer Heimat. Nur wenige Autoren wie der spanische Universitätsprofessor José Heredia Maya (geb. 1947), der in Caló, der Sprache der spanischen Zigeuner, Lyrik und Theaterstücke schreibt, überschreiten bisher die thematische Enge von Lebenserinnerungen.[119] Sieht man von seinem Erfolg ab, der damit zusammenhängt, dass er einer der führenden Flamenco-Forscher ist, blieb eine vergleichbare Literatur sowohl bei der eigenen Gruppe als auch in der jeweiligen Mehrheitskultur bisher ohne große Resonanz. Das gilt auch für die serbischen Lyriker Rajko Djurić (geb. 1947) und Ilija Jovanović (geb. 1950).[120] Lediglich ein paar Verse serbischer ›Zigeunerlieder‹ sind durch Titel und Motto der von Maxie Wander (1933-1977) herausgegebenen und mit einem Vorwort von Christa Wolf erschienenen ›Frauenprotokolle‹ *Guten Morgen, du Schöne* (1978) bekannt geworden.[121]

Zu den Texten an der Schwelle zwischen Mündlichkeit und Schriftlichkeit zählen die Märchen der Romvölker, deren Bestand vor allem im letzten Drittel des 19. Jahrhunderts im Zuge ethnographischer und sprachwissenschaftlicher Forschungen aufgezeichnet und gesichert wurde. Nach 1945 wächst das Interesse an ihnen in Deutschland, Ungarn, Polen,[122] Russland[123] und der Tschechoslowakei[124] wieder. Die *Zigeunermärchen aus Ungarn* (1958/1976)[125] erreichen hohe Auflagen, weitere Sammlungen folgen.[126] Anthologien mit Märchen aus verschiedenen europäischen Ländern erscheinen regelmäßig in Neuauflagen.[127] In mehrere Sprachen werden die »Zigeunermärchen« des schwedischen Rom Taikon übersetzt.[128] Für Deutschland spielt die Sintezza Philomena Franz eine vergleichbare Rolle.[129] Wenn man die Geschichte der Aufzeichnungen der Märchen bis ins 19. Jahrhundert zurückverfolgt und in Betracht zieht, mit welchen Problemen die Volksmärchenforschung belastet ist, fällt es schwer, sie ohne textkritische Prüfung als authentische Ausdrucksformen anzusehen. Mit dieser vorsichtigen Einschränkung soll nicht bestritten werden, dass viele der gesammelten Märchen über lange Zeiträume innerhalb einzelner Romgruppen mündlich tradiert wurden. Zahlreiche Erzählelemente tauchen aber auch in Märchen anderer Völker auf – und umgekehrt. Trotz der Verdienste von Groomes *Gypsy Folk Tales*[130] fehlen größere Untersuchungen über die Ursprünge und Motivwanderungen, die mehr Licht in das Dunkel bringen könnten. Das gilt in besonderem Maße für jene Märchen, die eng mit den Glaubensvorstellungen, Ritualen und Sitten der Romvölker verbunden sind und in den Werken schreibender Sinti und Roma aufgegriffen und variiert werden.

Wenn man von den im Kapitel über die Literatur in der kommunistischen Epoche Osteuropas erwähnten Schriftstellern absieht, lassen sich bisher nur zwei Autoren finden, deren Namen und Werke Eingang in die Literaturgeschichte ihres Landes gefunden haben – und dies nur, weil sie in der Landessprache schrieben oder erfolgreich übersetzt wurden: Bronisława Wajs und Matéo Maximoff (1917-1999). Außer den Bibelübersetzungen Maximoffs spielen ihre auf Romanes geschriebenen Werke in der eigenen Gemeinschaft lange überhaupt keine Rolle. Wajs, die zu den sogenannten polnischen Tieflandzigeunern gehört und ihre Lieder und Gedichte unter ihrem Rom-Namen Papusza, die Puppe, veröffentlicht, wird wegen der Publikation von ihrer Sippe geächtet. Ihr Entdecker, der zur avantgardistischen Moderne zählende Dichter Julian Tuwim, glaubt in den Formen und Bildern ihrer Lieder eine große Nähe zur zeitgenössischen Lyrik gefunden zu haben. In einer Phase, in der sich der Sozialistische Realismus sowjetischer Machart in Polen noch nicht durchgesetzt hat, glaubt er – wie Lorca im ›cante jondo‹ – in ihrem Schaffen die Stimme des Volkes zu vernehmen, dessen künstlerische Kräfte sich nun in der befreiten Gesellschaft ungehindert entfalten dürften. Seinem Einfluss ist es zu verdanken, dass der Schriftsteller Jerzy Ficowski[131] (1924-2006) eine zweisprachige Sammlung unter dem Titel *Lieder von Papusza* (1956) veröffentlichen kann. Diese außergewöhnliche Lyriksammlung, deren große poetische Intensität die zeitgenössischen Leser beeindruckt, steht für die Autorin unter keinem glücklichen Stern. Ihre Lesungen werden als Propagandaforen für die staatliche Ansiedlungs- und Assimilationspolitik genutzt, und sie selbst drängt man in repräsentative Kaderfunktionen, die sie überfordern. Ihre Herkunftsgruppe verkennt die Möglichkeiten, die sich durch ihren Erfolg bieten. Nach anfänglichem Abwarten werten sie die Verbindung zu den polnischen Parteiintellektuellen als Verrat und schließen sie aus ihrer Gemeinschaft aus. Papusza Wajs wird sesshaft und leidet, nun auch für die staatlichen Organe nutzlos geworden, an schweren Depressionen. Nach einer langen Schaffenspause schreibt sie noch einige wenige Gedichte. Heute spielt ihr lyrisches Schaffen für die kulturelle Identität der europäischen Romaintellektuellen eine wichtige Rolle, da sie, ausgehend von den mündlichen, dem Kollektiv verpflichteten Liedtraditionen, das Schreiben als individuelle Ausdrucksform für sich entdeckte. Anders als in den Autobiographien, in denen die Ereignisse eines Lebens den Erzählverlauf bestimmen, verdichtet Wajs in ihren Liedern Wahrnehmungen, Erleben und Gefühle zu überraschenden Sprachbildern. Tuwim wird von der schnörkellosen Schlichtheit des Gedichts *Zigeunerlied aus Papuschas Kopf gefertigt* beeindruckt gewesen sein (wie wir sie in der deutschen Lyrik zur gleichen Zeit z. B. aus Bertolt Brechts *Buckower Elegien* [1954] kennen):

> »Oj, wie ist es schön zu leben,
> nachts zum Fluß zu gehen,
> Fische, kalt wie kaltes Wasser,
> einzufangen mit den Händen …
> [...]
> Keiner versteht mich,
> nur Wälder und Flüsse.
> Was ich erzähle,
> ist längst schon vergangen,
> hat mit sich genommen
> die jungen Jahre.«[132]

In ihrem bekanntesten Gedicht, *Blutige Tränen. Was wir unter den Deutschen in Wolhynien im 43. und 44. Jahr erduldet*, erinnert sie an die Verfolgungen durch die SS und die Deutsche Wehrmacht im Grenzgebiet zur Ukraine. Der von den Wanderungen und Reisen vertraute Raum wird zur Todeszone. Die Verzweiflung bringt eine ohnmächtige Beschwörungsformel hervor. Noch in höchster Not werden die anderen Verfolgten nicht vergessen.

> »Tag um Tag gibt's nichts zu essen,
> auch schlafen gehen alle hungrig.
> Die Augen wollen sich nicht schließen,
> schau'n in die Sterne …
> Gott, wie schön ist's zu leben.
> Die Deutschen woll'n unser Leben.
> Ach, du mein Sternchen!
> Wie scheinst du so mächtig!
> Blende die Deutschen!

Greif ihre krummen Wege!
Zeig keinen guten,
weis ihnen den falschen,
damit leben kann das Juden- und Zigeunerkind!«[133]

In Frankreich wächst Matéo Maximoff, Sohn eines Kalderasch-Rom aus Russland und einer baskischen Manouche, in der Öffentlichkeit rasch in die Rolle eines Repräsentanten der Gitans, nachdem sein erster Roman *Die Ursitory* (1946) im renommierten Pariser Verlag Flammarion erschienen ist. Für die weitere schriftstellerische Entwicklung dieses produktiven Autors ist es nicht ohne Belang, dass er sich zu Beginn der sechziger Jahre der evangelikalen Pfingstbewegung anschließt, zu der sich heute 70 000 Manouches und südfranzösische Gitans bekennen.[134] Ihre Anhänger erhoffen sich von der Erweckungsreligion eine lebenspraktische Antwort auf die Bedrohung ihrer traditionellen Kultur durch den modernen Lebensstil, den sie aufgrund ihrer Erfahrung in den Ghettos des sozialen Wohnungsbaus für die Zerstörung der Familienstrukturen und -hierarchien sowie für die Kriminalität und Drogenabhängigkeit ihrer Kinder verantwortlich machen.[135] Hinzu kommt, dass sich im ›Besessenheitskult‹ der Pfingstler traditionelle Glaubensvorstellungen der Romvölker über Dämonen und ihr Ahnen- und Totenkult[136] mit christlichen Elementen verbinden lassen und diese Religion, anders als der auf die Pastoralmacht gegründete Katholizismus, ohne die Anwesenheit eines Fremden innerhalb der Gemeinde ausgeübt werden kann.[137] Wie in Mittel- und Südamerika, wo die evangelikalen Organisationen auf breiter Front die katholische Kirche verdrängen, lockt das Versprechen, den kulturell Entwurzelten und sozial an den Rand Gedrängten Orientierung zu geben und Erlösung zu bringen. Die ekstatische Hingebung an Gott erfüllt die Aufgabe, »den geschwächten, sozialen Körper zu heilen, die gefährdete Ordnung wiederherzustellen und die angegriffenen Menschen zu regenerieren«.[138] Das Gemeinschaftserleben, das durch die Sesshaftigkeit zu verschwinden droht, erfährt nun in den Gottesdiensten und den jährlichen großen Pfingsttreffen im Sinne des Wortes eine Auferstehung. Die Befreiung von den Dämonen des Bösen erfahren die Gläubigen als Reinigung und Selbstfindung. Mehr noch prallt an ihnen, den Erwählten, die Verachtung, mit der ihnen in der Gesellschaft begegnet wird, ab.

Maximoffs erster Roman führt in die Glaubenswelt des Ahnen- und Totenkults, ohne schon von christlichen Erweckungsvorstellungen beeinflusst zu sein. Nach gewalttätigen Sippenauseinandersetzungen in

Zentralfrankreich, bei denen es auch Tote gegeben hat, wird Maximoff als einer der Beteiligten inhaftiert. Sein Anwalt empfiehlt ihm zur Vorbereitung auf den Prozess, etwas über die internen Gesetze seines Volkes niederzuschreiben, um mit diesem Wissen argumentieren zu können. Aus den Notizen entsteht ein historischer Roman, dessen Handlung im Rumänien des 18. Jahrhunderts angesiedelt ist. In dieses Werk lässt Maximoff in fiktiver Form und historischer Verfremdung sein Wissen über Sitten und Stammesgesetze einfließen, die für sein eigenes Handeln Gültigkeit haben und deren Befolgung ihn ins Gefängnis gebracht hat. In seinen frühen Romanen öffnet er den Lesern die Tür zu der fremden, abgeschlossenen Welt der Romvölker. Sie ist charakterisiert durch Verwandtschaftsloyalitäten und Reinheitsgebote und zeichnet sich durch eine streng geregelte Sozial- und Geschlechterordnung aus, deren Einhaltung gewaltsam durchgesetzt wird. Durch vielfältige magische Praktiken regeln die Menschen in der Gegenwart das Verhältnis zu den Toten und damit zu ihrer Vergangenheit und versuchen die sich in einem Zwischenbezirk bewegenden Dämonen zu beherrschen. Mit deren Hilfe kann dann Unerklärlichem ein – oft bedrohlicher – Sinn verliehen und Zukünftiges in Erfahrung gebracht werden. Bei den Ursitory handelt es sich um drei Schicksalsengel, die jedem Neugeborenen die Zukunft voraussagen. Im Falle des Romanhelden kommen sie zu Prophezeiungen, die sich gegenseitig ausschließen. Um das Problem zu lösen, wird sein Schicksal durch magische Verschiebung an ein Holzscheit gebunden. Solange das Scheit nicht verbrannt wird, kann er nicht sterben, wird es von jemandem vernichtet, bedeutet dies seinen Tod. Der Held weiß weder um die Prophezeiungen noch um das magische Holzstück. Hüterinnen dieses Geheimnisses sind zunächst seine Mutter und dann seine Ehefrau, in deren Hand er sich damit befindet. Der Roman thematisiert auf diese Weise die Geschlechterverhältnisse und die Spannung zwischen der physischen Stärke der Männer, die sich oft in Gewalttätigkeiten äußert, und der verborgenen Macht der Frauen über Leben und Tod, die über die Geburt hinaus weiterbesteht. Einige der Figuren aus dem Zwischenreich, die Maximoff einführt, wie die Ursitory oder die Drabarni, die hexengleiche Zauberin des Stammes, gehen als Personal in andere literarische Werke über Zigeuner ein. In *Die Ursitory* fällt ein Handlungsmuster auf, das in seinen anderen Romanen variiert wird. Der Held und seine Mutter verlassen die Sippe und verbringen eine lange Zeit in der Welt der ›Gadze‹, der Nichtzigeuner. Nach dem Schema eines Bildungsromans erreicht der Held in dieser Phase längerer Sesshaftigkeit eine höhere Entwicklungsstufe. Auf ihr lernt er lesen und schreiben, erwirbt Wissen und Bildung und erweitert seinen Erfahrungsraum durch die Teilhabe an einer anderen Kultur. Entscheidend für den weiteren Weg ist jedoch, dass die jeweiligen Protagonisten sich anders als in den Liebes- und Adoptionsromanen des ausgehenden 19. Jahrhunderts über Zigeuner nicht assimilieren, sondern zu ihrer Herkunftsgemeinschaft zurückkehren. Damit umreißt Maximoff auf der Ebene fiktiver Gestaltung ein Spannungsfeld, auf dem sich die meisten Romvölker nach 1945 bewegen. In dieser Hinsicht leistet er in seinen Romanen, auch in den späten, durch religiösen Missionseifer schwächer werdenden, Enormes. Nur auf den ersten Blick erscheinen die Romvölker als eine der Zeit enthobene und statische Gesellschaft. In seinen Geschichten zeigt er die Stärke und Kraft, die aus magischen Praktiken und Tabus gezogen werden kann. Aber er weist auch auf die Gefahren hin, die drohen, wenn man starr an den Traditionen festhält. Immer wieder erzählt er von den Gemeinsamkeiten, die die unterschiedlichen Romvölker verbinden, wie die Fluchtehe, die es Paaren ermöglicht, der Zwangsverheiratung durch die Eltern zu entgehen. Unmissverständlich stellt er die Gesetze über Ehre und Blutrache angesichts der Vernichtungspolitik in Deutschland in Frage. Im Hinblick auf die Einheit der Romvölker vermisst Maximoff eine ›höhere‹, leitende Idee, die, wie er in seinen Werken andeutet, weder ein Territorialstaat sein noch wie bei den Juden der Verbindung von Volk und Religion entspringen kann. Diese Stelle bleibt in den frühen Romanen leer und wird nach der Konversion zum evangelikalen Christentum der Pfingstkirche durch den »Herrn und Gott« gefüllt. Bewusst verbindet er Familien- und Sippengenealogien mit der ›großen‹ europäischen Geschichte. In erster Linie wählt er Epochen und Ereignisse aus, von denen die Romvölker existentiell betroffen waren, wie die Zeit der Sklaverei in Rumänien in *Der Preis der Freiheit* (1955).

Die Auseinandersetzung mit überholten Traditionen bildet das Kernthema des Romans *Die siebente Tochter* (dt. Übers. 1958). Mit einer gewissen Schärfe wird die Diskrepanz zwischen den zeitgeschichtlichen Umständen der Handlung und dem archaisch-zeitenthobenen Geschehen innerhalb einer Sippe herausgestellt, wenn inmitten des Krieges und der Okkupation 1941 im südfranzösischen Internierungslager Gurs ein Kampf zwischen der Zauberin und dem aufgeklärten Führer einer Sippe um die siebente Tochter einer siebten Tochter entbrennt, die nach der Tradition zur Nachfolgerin der Zauberin auserkoren ist. Am Beispiel dieser Zwangsregel kritisiert Maximoff im Vorwort die Lage der Frauen innerhalb der Romgemeinschaften:

>*Das Los der Zigeunerinnen ist noch viel härter! Als Kinder werden sie von ihren Vätern regiert, als junge Mädchen von den Brüdern beherrscht, als Frauen von ihren Männern mit Roheit behandelt und als Mütter von den Kindern tyrannisiert. Die Romni (Zigeunerin) ist von der Geburt bis zum Tode eine Sklavin. Und sie kann sich nicht dagegen wehren. Wo ist da die Freiheit?*«[139]

>*Stammesehre*« und »*Frauenehre*«[140] könnten aus seiner Sicht die Beziehungen und das Verhalten auch in einem positiven Sinn regeln. Diese Vorstellung durchzieht den späten Epochenroman *Verdammt zu leben* (1984) wie ein roter Faden, in dem von der Odyssee eines russischen Kalderasch-Rom durch das von Kriegen und Katastrophen heimgesuchte Europa des 20. Jahrhunderts erzählt wird, die ihn bis nach England und in die USA führt. Ausgangspunkt der Handlung ist wie in den meisten Werken ein innerer Sippenkonflikt. Die Hauptfigur, Khantschi, ein junger Rom, der seine Ehre durch die vermutete Untreue seiner Frau verletzt sieht, tötet sie, obwohl er sich damit der Blutrache ihrer Brüder ausliefert. Von den Rechtsprechern wird er aus dem Stamm ausgestoßen. Die Brüder dürfen aber erst nach einem Tag seine Verfolgung aufnehmen. Die Blutfehde wird schon bald von der ›großen Geschichte‹ überschattet. Auf dem Weg in das Innere Russlands wird ein Teil der Zigeuner nach Sibirien deportiert. Noch während des Transports geraten sie in die Wirren der Russischen Revolution und des Bürgerkriegs. Sie drohen zwischen den Fronten zerrieben zu werden und ziehen wie vermutlich ihre Vorfahren im 13. und 14. Jahrhundert von Osten nach Westeuropa, um sich zerstreut in Frankreich, Belgien, Deutschland und England niederzulassen. Einige von ihnen, darunter Khantschi, wandern in die USA und nach Südamerika aus. Nach seiner Rückkehr baut er sich im deutsch-französischen Grenzgebiet zwischen dem Elsass und Baden eine neue Existenz auf. Nicht nur der aufkommende Faschismus bricht in seine Lebenspläne ein, ebenso die Blutrache der Verwandten seiner ersten Frau, die ihn in Deutschland wieder aufspüren. Schon auf einer früheren Station seiner Flucht hatte eine Russin, mit der er später zusammenlebt, ihr Unverständnis geäußert: »Wir haben einen Krieg und eine Revolution auf dem Hals. Ganz Europa ist aus den Angeln, und ihr Zigeuner kümmert euch bloss um eure eigenen kleinen Abrechnungen. Das ist schäbig. Ich dachte, ihr seid alle Brüder. Nun sehe ich, dass ich mich getäuscht habe.«[141] Die Blutfehde verfolgt ihn bis in das

Vernichtungslager Auschwitz, wo er seinem rächenden Schwager ein letztes Mal begegnet. Dieser gesteht ihm, dass er bewusst verschwiegen habe, dass seine Schwester in Wahrheit ehebrüchig geworden sei. Deshalb habe er die Rache niemals vollzogen. In dem melodramatischen Höhepunkt des Romans wird der fehlgeleitete, von niedrigen Interessen bestimmte Ehrbegriff des Schwagers mit dem ehrenhaften Tod der Tochter Khantschis konfrontiert, die in Auschwitz einen SS-Offizier, vor dem sie nackt tanzen soll, ersticht, bevor sie erschlagen wird.[142] Die zerstörerische Kraft des Schwagers, der wie eine Verkörperung des Bösen erscheint, relativiert sich allerdings angesichts der Gräuel des Vernichtungslagers. Der Roman lässt offen, ob der Held sich für die christliche Vergebung gegenüber demjenigen entscheidet, der tief in sein Leben eingegriffen hat, oder für die Rache, die der Ehrbegriff der Roma von ihm verlangt.

Maximoff spitzt in diesem Roman den Konflikt zwischen schleichender Assimilation und Sippenloyalität im Spannungsfeld von Verfolgung und Selbstausgrenzung provokativ zu. In der Thematik unterscheidet er sich damit nicht von McCanns *Zoli* oder de Moors *Herzog von Ägypten*. Doch drehen seine Werke konsequent die Blickrichtung um und beobachten die Mehrheitsgesellschaft aus der Sicht der Romvölker. Seine Figuren sind trotz vielfacher Gefährdung nicht entwurzelt, sondern eingebettet in eine meist mehrere Generationen umfassende Sippen- und Familiengeschichte, aus der sie ihr Selbstbewusstsein herleiten.

Erzählt wird nun ›mit eigener Stimme‹. Wir lesen die individuelle Handschrift eines Autors, der sich nicht auf den Horizont von Lebenserinnerungen beschränkt und kollektive Überlieferungen wie Märchen, Legenden und Lieder seinem poetologischen Konzept unterordnet. Sein nach dem Zweiten Weltkrieg in Frankreich begonnenes Werk ist einzigartig – und es ist bisher ohne Nachfolge. Während die Musik, die bei den unterschiedlichen Romvölkern eine jeweils eigenständige Tradition begründet hat, immer noch zu den identitätsstiftenden kulturellen Ausdrucksformen zu zählen ist, lässt sich das für die Literatur nicht sagen. Ob es eine breite europäische oder eine kleine regionale Literatur der Romvölker je geben wird, ist ebenso offen wie die Frage, welcher Sprache sie sich bedient. Die Voraussetzungen dafür sind mit Maximoff und Wajs vorhanden.

Epilog

Um den vielgestaltigen und komplexen Prozess der ›Erfindung‹ der Zigeuner, der sich über einen Zeitraum von sechshundert Jahren erstreckt, zu einem Gesamtbild zusammenzufügen, habe ich bereits kapitelweise Bilanz gezogen. Vielleicht ist es dennoch erforderlich, zum Abschluss die Ergebnisse in einen größeren Zusammenhang zu stellen. Das Verhältnis von nationalen Mehrheiten und ethnischen Minderheiten und die Spirale von Ausgrenzung, Verfolgung und Vernichtung müssen vor dem Hintergrund der Entstehung des modernen Europa in den Blick genommen werden, ohne die untersuchten komplizierten Entwicklungen in ein allzu einfaches Geschehen zurückzuverwandeln. Wer gehofft hat, dass hinter den dargestellten Zerrbildern durch kritische Untersuchung am Ende die wirklichen Menschen hervortreten und die Wahrheit über die Romvölker erscheinen werde, wer mithin gehofft hat, dass sich die Erfindungen wie eine Schimäre auflösen, muss enttäuscht werden. Wissen kann den Aufgeklärten und Gutwilligen zur Selbstbeobachtung ermutigen, wirkliche Veränderung setzt mehr voraus: eine grundlegende Verbesserung der rechtlichen Verhältnisse, der sozialen Lage und der kulturellen Verständigung. Daran zu erinnern ist angesichts der gegenwärtigen Situation der Romvölker in Europa und der langen Geschichte der Verachtung alles andere als banal.

Es ist bemerkenswert, dass die Romvölker, die möglicherweise schon im Mittelalter aus Asien eingewandert sind, erst dann sichtbar werden (und bleiben), als die europäischen Gesellschaften sich nach einem gewaltigen und gewaltsamen Umbruch als eine moderne Ordnung verstehen, die sich der dynamischen Entwicklung verschrieben hat und vermeintliche oder tatsächliche Hindernisse beiseitezuräumen bereit ist, selbst wenn es sich dabei um Menschen handelt. Nur so ist der Furor zu erklären, mit dem man in allen Ländern auf die bis ins 19. Jahrhundert vermutlich sehr kleine Zahl der verstreut in Mittel-, West- und Nordeuropa umherziehenden Romgruppen reagiert. Sie kommen unerwünscht, aber doch wie gerufen, um in Abgrenzung zu ihnen das Bild einer europäischen Kultur zu schaffen, das in den Bildungskonzepten und Zivilisationsprogrammen des 18. und 19. Jahrhunderts seinen Höhepunkt und im Rassismus des 20. Jahrhunderts seinen Tiefpunkt erreicht. Hinter dem Rand, an den die Romvölker nach ihrer Entdeckung gedrängt werden, taucht nur ein weiteres Jahrhundert später der Abgrund der Vernichtung auf. Weil das so ist, sind Wahrnehmung und Wissen immer schon symbolisch aufgeladen. Das Sprechen und Schreiben über sie geschieht selten mit ruhiger Stimme oder Hand. Es erzeugt einen Überhang an Bedeutung, der auf vieles verweist, aber kaum etwas über die Romvölker aussagt. Er kreist um das, was im Buch als Faszination und Verachtung bezeichnet wird. Der Umgang mit den Fremden und der Prozess ihrer Marginalisierung und Ausgrenzung kann an der Geschichte der kulturellen Repräsentation der Romvölker als Zigeuner bei aller Besonderheit exemplarisch gezeigt werden. Mehr noch: Ihre Ausgrenzung geschieht unverbrämt und ohne Hemmung und Scham. Die Akteure können sich in der Regel auf die Zustimmung selbst der kritischen Geister, der Vorsichtigen und der üblicherweise Anständigen verlassen. Moralische Stoppregeln gelangen nur in seltenen Fällen zur Geltung. Was also lässt sich beobachten? Es sind vor allem vier Momente, deren Verknüpfung im Fall der Romvölker besonders eng ist und die sich kontinuierlich über Jahrhunderte trotz eines tief greifenden gesellschaftlichen Wandels nicht gelockert hat.

Erstens wird die bloße Existenz der Romvölker als allgegenwärtige Bedrohung empfunden. Die Furcht nährt sich aus der Vorstellung, dass die unbegreiflichen Fremden eine tödliche Gefahr bilden. Sie wird u. a. in Bildern des verschlagenen Wilden, des Raubtiers, des Seuchenträgers, der triebhaften Kreatur präsentiert. In ihrer Nähe, so die Geschichten, die erzählt werden, muss man ständig auf der Hut vor einem Übergriff sein. Dabei spielt die Erfahrung mit Einzelnen keine Rolle. Es zählt ausschließlich die Identifizierung als Mitglied der fremden Gemeinschaft. Die gefühlte Bedrohung verlangt als Antwort einen Abstand, der vollständig auf diese Gruppe bezogen und nicht nur räumlich geschaffen werden muss. Genau hier beginnt die ›Erfindung‹ der Romvölker als das Andere der europäischen Gesellschaften, die ermöglicht und umgesetzt wird durch eine niemals abreißende Serie von Feinderklärungen an ein imaginäres Kollektiv, das in Deutschland Zigeuner genannt wird. Doch mit dem distanzierenden Ausschluss verschwindet die Bedrohung nicht. Nur der Abstand hat sich vergrößert. Die Ausgrenzung bricht die Beziehung nicht ab, sondern regelt sie einseitig und zum Nachteil der Ausgegrenzten. Sie weist ihnen ›ganz unten‹ einen sozialen Ort und Rang zu, den sie jederzeit wieder verlassen könnten. Um diese Unausschließbarkeit zu überwinden, bietet sich nur ein Weg an: die (räumliche) Vertreibung und die (biologische) Vernichtung. Dieser Weg liegt in der Logik einer als allgegenwärtig empfundenen Bedrohung durch die ›Zigeuner‹. In diesem Buch wurde gezeigt, wie die Literatur dafür Szenarien entworfen und Erzählungen geliefert hat, »bis es keine Handlung mehr gab, die an ihnen zu vollziehen noch als Verbrechen erschienen wäre [...].«[1] Die subjektiv empfundene Bedrohung wird in den imaginären Konstruktionen des Zigeuners jedoch nur für den Augenblick gebannt. Ihr Bedeutungsüberschuss verfehlt und entstellt die Wirklichkeit. Noch in den Bildern des Andersartigen, Niedrigen, Verachteten, Bösen lauert deshalb die Furcht vor dem Zusammenbruch der Konstruktion. Es genügt nicht, sie wie ein Gerücht in die Welt zu setzen. Sie muss ständig aufrechterhalten, verstärkt, verändert und erneut in Umlauf gebracht werden. Darin ist die stupide Wiederholung ebenso eingeschlossen wie die raffinierte Variation und die Anpassung an neues Wissen.

Zweitens zementiert sich eine gegen jegliche Erfahrung resistente Gewissheit, dass ein Zusammenleben mit den Romvölkern auf Dauer unmöglich und stets mit unkalkulierbaren Risiken verbunden und für die Mehrheitsbevölkerung von Nachteil ist. Dieses Moment lenkt von der hoch emotional besetzten Vorstellung unheimlicher Bedrohung ab und öffnet einen Raum scheinbar rationaler Überlegungen. Die Gründe, die für die ablehnende Haltung angeführt werden, sind vielfältig. Ihnen liegen Deutungen der Lebensweise der Romvölker zugrunde, die die erwünschte Zurückweisung evident erscheinen lassen. Wegen der Lügenhaftigkeit und Falschheit könne kein Vertrauen zu ihnen aufgebaut werden. Das parasitäre Verhalten zerstöre das soziale Gleichgewicht und unterminiere das Arbeitsethos und die Disziplin jeder nach Wohlstand und Gemeinwohl strebenden Gesellschaft. Das Nomadentum verhindere die erforderliche Kontrolle und Gesetzesloyalität. Wandertrieb, fehlende Ausdauer und zivilisatorische Rückständigkeit würden ohnehin zum Scheitern jedes Integrationsversuchs führen.

Drittens wird die zivilisatorische Entwicklung Europas in den entsprechenden Texten am Abstand zu den Romvölkern gemessen. Mit den Ergebnissen lassen sich zwar keine nationalen Hegemonialansprüche begründen, doch für die aus westeuropäischer Sicht rückständigen südosteuropäischen Völker führt der Vergleich zu der beruhigenden Vorstellung, nicht am Ende der Völkerhierarchie zu stehen und mit den ›Zigeunern‹ ein verachtetes Volk unter sich zu wissen. Durch die Geschichte hindurch lässt sich verfolgen, dass mit der steigenden Gewissheit zivilisatorischen Fortschreitens der ›Wert‹, der den Romvölkern zugemessen wird, sinkt – und dies obwohl die Romantik an ihnen faszinierende Seiten zu entdecken glaubt und ihre Lebensweise als antibürgerlich und von Zivilisationsschäden unberührt deutet. Vor dem Hintergrund der Entstehung der modernen Nationalstaaten wird die Enteuropäisierung der Romvölker und damit ihre ethnische Desintegration in mehreren Schüben vorangetrieben. ›Zigeuner‹ werden deshalb bis heute nicht als Teil der vielgestaltigen europäischen Völkergemeinschaft wahrgenommen. Nicht Ähnlichkeiten oder der kleinste gemeinsame Nenner interessieren, sondern die größtmöglichen Unterschiede.

Ein weiteres Moment kommt hinzu, dem in diesem Buch eine wichtige Bedeutung zugemessen wird. Die symbolischen Repräsentationen der Romvölker, die Bilder, die man sich von ihnen macht, und die Geschichten, die man über sie erzählt, sind schon in den Stadtchroniken entscheidender für ihre soziale Verortung als die Ethnie ›an sich‹. Selbst der Rassismus des 20. Jahrhunderts, der überzeugt davon ist, sich den ›Zigeuner-Körpern‹ zuzuwenden, greift auf nichts anderes als auf diese Repräsentationen zurück, denen er ein paar dürftige biologische Daten beimischt. Nicht die biologische Begründung, sondern das, was man schon immer über die Zigeuner weiß, verschafft den todbringenden Aussagen des Rassismus Plausibilität. Gewalt richtet sich diskontinuierlich und mit unterschiedlicher Intensität gegen die Romvölker, die Definitionsmacht der kulturellen Repräsentationen durchdringt kontinuierlich die europäische Gesellschaft und schreibt sich in deren Gedächtnis ein. Auf ihre Weise trägt die Verwandlung der eingewanderten Romvölker in Zigeuner zur Entzivilisierung der Gesellschaft bei, indem um des vermeintlichen Selbsterhalts willen das Undenkbare einer modernen Zivilisation ausgesprochen wird, die als humane Ordnung den Menschen – d. h. jeden Einzelnen und die menschliche Gattung – als höchstes Gut anerkannt hat: die Lizenz zur Ausgrenzung und zum Töten eines Teils ihrer selbst.

In diesem Buch wird von der Vergangenheit gesprochen, aber auch von der Gegenwart. Die Fähigkeit zur Entzivilisierung ist den europäischen Gesellschaften nicht abhandengekommen. Muster der Wahrnehmung der ›Fremden, die bleiben‹, die Bedrohungsszenarien, die Weisen der kulturellen Repräsentation sind tief in ihnen verankert und werden immer dann sichtbar, wenn die eigene Ordnung gefährdet scheint. Die Erscheinungsformen wandeln sich, wie sie sich auch im Fall der Romvölker immer wieder verändert und angepasst haben. Beginnt nicht die Geschichte von neuem, wenn die afrikanischen und arabischen Einwanderer an den Küsten Europas stranden? Wie die Romgruppen vor sechshundert Jahren kommen sie nicht selten unter falschen Namen in Europa an, verschleiern ihre Herkunft und verbreiten Legenden über die Gründe, die sie zum Verlassen der Heimat gezwungen haben. Das gleiche Räderwerk setzt sich in Gang: Das Gefühl allgegenwärtiger Bedrohung wandelt sich in Gewissheit, dass ein Zusammenleben unmöglich ist. Der zivilisatorische Abstand wird vermessen und schafft Raum für staatliches Handeln und alltägliche Diskriminierung. Und für die Roma in Ungarn, Rumänien, im Kosovo, in der Slowakei beginnt der Ausgrenzungsprozess erneut, jetzt in den heimischen Siedlungen und überall dort, wo sie Europas offene Grenzen überschreiten. Das Buch endet hier, nicht jedoch die Geschichte, die es erzählt hat.

Danksagung

Danken möchte ich allen, die mich in den vielen Jahren der Arbeit an diesem Buch auf Werke, bildliche Darstellungen und wissenschaftliche Abhandlungen zum Thema aufmerksam gemacht, und vor allen Dingen denjenigen, die mich auf Texte in Sprachen, deren ich nicht mächtig bin, hingewiesen und mir bei der Übersetzung geholfen haben.

Besonderer Dank gilt der Volkswagenstiftung, die mich zwischen 2007 und 2009 in ihr großzügiges Opus-Magnum-Programm für Geisteswissenschaftler aufgenommen, und der Universität Bielefeld, die mich für diesen Zeitraum freigestellt hat.

Nicht vergessen möchte ich bei der Abstattung meines Dankes Cordula Kramer und Georg Ziegler, auf deren Campingplatz am Hirzberg in Freiburg ein großer Teil des Buchs in einem Wohnmobil geschrieben worden ist.

Kai Kauffmann, Freund, Kollege und zur rechten Zeit Dekan unserer Fakultät für Linguistik und Literaturwissenschaft, hat mir während des Endspurts mitten im Betrieb eines Massenfachs das Leben leichter gemacht. Mein Kollege Meinolf Schumacher hat mir bei der Beschäftigung mit den spätmittelalterlichen Texten den erforderlichen Mut zugesprochen und war jederzeit zur Stelle, wenn es um schwierige editorische Fragen ging.

Ohne die sorgfältigen Korrekturen und die Einrichtung des Literaturverzeichnisses durch Nils Klatt und Vanessa Vogt hätte sich das Erscheinen deutlich hinausgezögert. Ihrer zuverlässigen Arbeit, ihrer Identifikation mit dem Projekt und ihrer Belastbarkeit schulde ich mehr Dank, als ich hier zum Ausdruck bringen kann.

Nicht zuletzt hat der Suhrkamp Verlag mit meinem Lektor Henning Marmulla diesem Buch in seinem Programm einen schönen Platz eingeräumt und ihm eine Gestalt gegeben, über die ich mich besonders freue.

Anmerkungen

Prolog

1 Zit. n. Anonym 1992: 21.
2 So ein neunzehnjähriger Schlosserlehrling im gleichen Interview. Zit. n. Anonym 1992: 21.
3 Vgl. Reinhardt 2008: 120.
4 Bauman 1992: 42.
5 Siehe Schäfer 2010: 285 f.
6 Wolf 1960: 198. Romni bedeutet entsprechend Frau/Gattin.
7 Foucault 1973: 169.
8 *Gespenster. Ein Familiendrama in drei Akten*, in: Ibsen 1968: 228.

I. Teil: Vom Spätmittelalter bis zum achtzehnten Jahrhundert

1. Die Ankunft der ›Pilger aus Ägypten‹

1 Andreas, in: Gronemeyer 1987: 19.
2 Stumpf, in: Gronemeyer 1987: 32. (Eintrag zum Jahr 1418.) Siehe Gagliardi/Müller/Büsser 1952.
3 Siehe Pochat 1997.
4 Pfaff 1991: 67. Vgl. die Abbbildung auf S. 20 dieses Buches.
5 Schilling ist mit ziemlicher Sicherheit nicht der Illustrator der Chronik.
6 Siehe Marly 1989.
7 Arendt 1959: 199.
8 Waldenfels 1997: 290.
9 Stumpf, in: Gronemeyer 1987: 32. In der Berner Chronik (1411-1421) von Conrad Justinger (gestorben 1426), hg. v. G. Studer, Bern 1871, sind es nur noch »wol zweyhundert getoufter heiden«. (Studer 1871: 286.)
10 Cornerus, in: Gronemeyer 1987: 15.
11 Andreas, in: Gronemeyer 1987: 20.
12 Anonym, in: Gronemeyer 1987: 88.
13 Röhricht 1967: 57, Anm. 189.
14 Vgl. ebd.: 61, 197.
15 Wolf 1805: 25.
16 Schwicker 1883: 42.
17 Szabó 1991: 66.
18 Ebd.: 66.
19 Zit. n. Polek 1905/06: 45.
20 Siehe Wolf 1805: 25 f.
21 Zum Verhältnis Europas zu den Tataren bzw. Mongolen siehe Schmieder 1994. Insbesondere S. 22 f. u. 325.
22 *Das Traugemundslied*, in: Boor 1965: 907.

23 Andreas, in: Gronemeyer 1987: 20.
24 Zit. n. Winstedt 1932a: 100. Ähnlich die Konstanzer Chronik (siehe Winstedt 1932a: 102) und zahlreiche andere.
25 Siehe Cornerus, in: Gronemeyer 1987: 15 f.
26 Andreas, in: Gronemeyer 1987: 20.
27 Siehe ebd.: 19, 20.
28 Zit. n. Kappen 1965: 563.
29 Zit. n. ebd.: 564.
30 Siehe Weber 1861: 283.
31 Siehe Rheinheimer 1996: 337. Der unterzeichnende Herzog Friedrich wirkte mit dem Verfasser der Chronik »Saxonia«, Albert Krantz, politisch zusammen.
32 Jütte 1988: 59 f.
33 Siehe Geremek 1988: 50 f.
34 Zit. n. Winstedt 1932a: 110.
35 Siehe Kriegk 1969: 149. Eine vergleichbare Entwicklung für Lier in Brabant dokumentiert O. van Kappen: Kappen 1969: 114.
36 Vgl. Muratori, in: Gronemeyer 1987: 54.
37 Zit. n. Kappen 1965: 118.
38 Tcherenkov/Laederich 2004: 84, Anm. 58.
39 Muratori, in: Gronemeyer 1987: 56.
40 Zit. n. Sánchez Ortega 1993: 18.
41 Zit. n. ebd.
42 Zit. n. ebd.
43 Zit. n. ebd.: 19.
44 Aventinus, in: Gronemeyer 1987: 28.
45 Siehe Mayerhofer 1987.
46 Cassel 1885: 48.
47 Andreas, in: Gronemeyer 1987: 20.
48 Wurstisen 1978: CCXL.
49 Vgl. Köhler-Zülch 1992.
50 Vgl. Ciocârlie/Bonzon 2007: 33. Eine Textversion findet sich in den von J.-F. Cerquand herausgegebenen *Contes populaires et légendes du Pays Basque* 1978.
51 Siehe Körte/Stockhammer 1995.
52 Köhler-Zülch 1993 erörtert ausführlich einige Versionen.
53 Cassel 1885: 42.
54 Max von Schenkendorf: *Die silberne Hochzeit bei den Zigeunern*, in: Czygan 1912: 211.
55 Muratori, in: Gronemeyer 1987: 55 f.
56 Pasquier, in: Gronemeyer 1987: 52.
57 Wurstisen 1978: CCXL.
58 Vgl. Geremek 1987 u. Geremek 1988.
59 Muratori, in: Gronemeyer 1987: 56.
60 Krantzius, in: Gronemeyer 1987: 26.
61 Fabronius 1616: 465.
62 Das ist die vorherrschende Auffassung der Gelehrten von Johannes Becanus (1518-1572) bis Jakob Thomasius (1622-1684).
63 Aventinus, in: Gronemeyer 1987: 29.

64 Für hilfreiche sprachgeschichtliche Hinweise danke ich Rüdiger Weingarten, Bielefeld.

65 In diesem Sinne äußert sich Johannes Guler von Weineck (1562-1637) in seinem Werk *Raetia* (1616).

66 Siehe Schwicker 1883: 22.

67 Ebd.

2. Die Fremden, die bleiben

1 Zit. n. Kriegk 1969: 149.

2 Zit. n. Härter 2003: 44.

3 Seidenspinner 1998: 54f.

4 Zedler 1964: Sp. 524.

5 Zit. n. Bollenbeck 1994: 63.

6 Castel 2001: 88.

7 Zapf 1887: 633.

8 Anonym 1756: 1865f.

9 Zit. n. Härter 2003: 65.

10 Zit. n. ebd.

11 Bei Weißenbruch (1727) heißt es: »[...] Vermehrung geschicht uff zweyerley Weise. Erstlich, daß sie untereinander in großer Unzucht leben, und dadurch viel Kinder zeigen; Zum andern, daß sich allerley loses faules Gesindlein, so wol Mannes- als Weibes-Personen zu ihnen schlagen, so entweder Land-reumig, Vogelfrey oder mit der faulen Sucht beladen sind und nicht arbeiten wollen.« Zit. n. Avé-Lallemant [1858]: 33.

12 Siehe Link 1997.

13 Rüdiger 1990: 43.

14 Ebd.: 45.

15 Vgl. Hippel 1995.

16 Zit. n. Roeck 1993: 72.

17 Geremek 1988: 29.

18 Siehe ebd.: 38.

19 Beier spricht von einer »de-sanctification of the poor«. (Beier 1985: 4.)

20 Siehe Jütte 2000: 40-48.

21 Siehe Geremek 1988.

22 Rexroth 1999.

23 Zit. n. Opfermann 2007: 57.

24 Zit. n. Foucault 1977: 112.

25 Siehe Egmond 1993.

26 Jütte 1988.

27 Siehe Asséo 1974: 11-83.

28 Zit. n. Jütte 2000: 194.

29 *Ein faßnacht-spil mit sechs personen, und wirdt genandt die fünff armen wanderer*, in: Sachs 1875: 12-22.

30 Ebd.: 13.

31 Ebd.: 12.

32 Vgl. Geremek 1988: 61.
33 *Ein faßnacht-spil mit sechs personen, und wirdt genandt die fünff armen wanderer*, in: Sachs 1875: 21.
34 Ebd.: 20.
35 Ebd.: 22.
36 Ebd.
37 Ebd.
38 Siehe Katz 2002 u. Gotzmann 2008.
39 Siehe Schwerhoff 2000: 41.
40 Zit. n. Geremek 1988: 297.
41 Wiebel/Blauert 1999: 87.
42 Siehe Kaiser 1988.
43 Schubert 1983: 259.
44 Zedler 1964: Sp. 525.
45 Anonym 1725a: [61] unpaginiert.
46 Zit. n. Rheinheimer 2000: 185.
47 *Das Leben der infamen Menschen*, in: Foucault 2003a: 314-335.
48 Ebd.: 319.
49 Vgl. Dülmen 1982: 229.
50 Anonym 1770a.
51 Siehe Danckert 1963.
52 Zit. n. Bülow 1884: 68.
53 Siehe Katz 2002.
54 Anonym, in: Gronemeyer 1987: 89.
55 Ebd. Quellen aus Schlesien und Sachsen dokumentieren die Durchführung auch noch im 17. Jahrhundert.
56 Zit. n. Ruch 1986: 363.
57 Ebd.
58 Zit. n. Sibeth 1985: 4.
59 Anonym 1709.
60 Zit. n. Fiedler 1982: 289.
61 Marx 1968: 762.
62 Schubert 1995: 18.
63 Vgl. ebd.: 17-19, 360-363.
64 Anonym 1725b.
65 Siehe u. a. d'Elvert 1859: 125 u. Rheinheimer 2000: 191.
66 Vgl. Dülmen 1982: 229.
67 Vgl. Hampe 1902.
68 Inzwischen gibt es zu den Edikten gegen Zigeuner und den Folgen verdienstvolle Regional- und Lokalforschungen. Aus Raumgründen kann hier nur eine Auswahl genannt werden: d'Elvert 1859; Födisch 1866; von Bülow 1884; Brepohl 1918; Sibeth 1985; Lemmermann 1986; Hehemann 1992; Opfermann 1994, 1995; Rheinheimer 1996; Fricke 1996a.
69 Zit. n. Sibeth 1985: 8-9.
70 Zit. n. d'Elvert 1859: 118.
71 Zu Schweden siehe Heymowski 1969: 81-84.
72 Siehe u. a. Anonym 1684 u. Anonym 1702.

73 Anonym 1725b.
74 Anonym 1770a: 8. Siehe auch Kronauer 2003: 126-139.
75 Anonym 1685.
76 Vgl. Winstedt 1933: 128.
77 Zit. n. Opfermann 2007: 125.
78 Zit. n. Zapf 1887: 635.
79 Rüdiger 1990: 47.
80 Siehe Grellmann 1787: 12.
81 Födisch 1866: 202.
82 Siehe *Die fahrenden Leute*, in: Freytag 1897: 464 u. Gußmann 1889: 126f.
83 Bercovici 1930: 197.
84 Siehe u. a. Zapf 1887: 637 u. Sauter 1881: 44.
85 Zit. n. Zapf 1887: 640.
86 *Das Leben der infamen Menschen*, in: Foucault 2003a: 322.
87 Ebd.: 324.
88 Ebd.: 318.
89 Anonym 1725b.
90 Anonym 1714: 5.
91 *Das Leben der infamen Menschen*, in: Foucault 2003a: 324.
92 Seidenspinner 1998: 73.
93 *Das Leben der infamen Menschen*, in: Foucault 2003a: 322.
94 Ebd.: 320.
95 Ebd.
96 Ebd.: 324.
97 Siehe Katz 2002.
98 Schudt 1714: 471-488.
99 Ebd.: 471.
100 Hierzu umfassend Münkler/Grünberger/Mayer 1998.
101 Zit. n. Nola 1993: 373.
102 Francke 1728: 334.
103 Münkler/Grünberger/Mayer 1998: 245.
104 Sie wurde aber erst zu Beginn des 19. Jahrhundert als frühester Hinweis behauptet, ohne jedoch Anerkennung zu finden. Siehe Hasse 1803.
105 Borst 1957: 124.
106 Zu den Tartaren als ›Semiten‹ siehe Borst 1957: 767.
107 Vgl. Perrig 1987.
108 Barkhaus 1993: 21.
109 So Schäffer 1787 über die Zigeuner.
110 Martin 2001: 286.
111 Fritsch 1662: 6.
112 Thomasius 1702: 10.
113 Diese Position vertritt der berühmte Germanist Karl Simrock: Vgl. Simrock 1853: 433.
114 Dazu Borst 1957: 924.
115 Ebd.
116 Münkler/Grünberger/Mayer 1998: 236.
117 Ebd.

118 Zit. n. ebd.: 239.
119 Zit. n. ebd.: 240.
120 Anonym 1701: [2].
121 Zit. n. Opfermann 2007: 77.
122 Dazu ebd.
123 Thomasius 1702: 39.
124 Hoyland 1816: 95.
125 Edikt zit. n. Alfaro 1998: 13.
126 Fritsch 1622: 11.
127 Ebd.: 9.
128 Fleming 1724: 44.
129 Zit. n. Danckwortt 1995: 289.
130 Zit. n. Fricke 1996b: 147. Der Fall ist von Fricke anhand der Quellen ausführlich untersucht worden.

3. Gefährten des Satans

1 Fritsch 1662: 11.
2 Anonym [1770b]: 412.
3 Francke 1728: 337.
4 Siehe Labouvie 1990, Labouvie 1991 u. 1992.
5 Thomasius 1702: 45.
6 Schwicker 1883: 153.
7 Labouvie 1990: 15.
8 Siehe in der Maur 1969: 41 f.
9 So Block 1936: 188 ohne Quellenangabe. Aus seinem Buch, das auch ins Englische übersetzt wurde, gelangte diese Information vermutlich in andere Darstellungen, ohne deshalb zutreffend zu sein. Vorher schon u. a. Leist 1865: 20.
10 Herrn Professor Ganzer, München, Herausgeber der Konzilsakten und Kenner, Dank für seine – leider vergeblichen – Bemühungen.
11 Vgl. Opfermann 2007: 239.
12 Dennoch bleibt die Tatsache, dass es 2007 weltweit bei einer Zahl von mindestens 10 Millionen Roma nur ungefähr 100 Priester bzw. Ordensbrüder gibt.
13 Vgl. Dyrlund 1872: 13.
14 Zit. n. Heymowski 1969: 82.
15 Siehe Kappen 1965: 136 f.
16 Zit. n. Gronemeyer 1986: 29.
17 Siehe Labouvie 1990; Labouvie 1992; Daxelmüller 1985; Daxelmüller 1993. Siehe auch Vaux 1970: 150-160.
18 Vgl. Labouvie 1990: 29.
19 Ebd.: 33.
20 Ebd.: 43.
21 Ebd.: 60.
22 Ebd.: 33 f.
23 Nola 1993: 276.
24 »In dem französischen Städtchen Halem war man überzeugt, das Zigeunerlager

sei der von Satan bevorzugte Ort für seine nächtlichen Gelage, und man nannte diese Gegend ›Küche der Hexenmeister‹.« Ebd.: 375.

25 Siehe Bell/Suckow 2008.

26 Heinrich von Kleist spielt diese Opposition in seiner Erzählung *Michael Kohlhaas* aus. Hier erweist sich die Zigeunerin den lächerlichen, pseudowissenschaftlichen Hofastrologen als überlegen.

27 Praetorius 1661.

28 Vgl. Marly 1989.

29 Anonym 1680.

30 Ebd.

31 Zit. n. Eis 1964: 177.

32 Spieß 1802.

33 Anonym 1739.

34 Anonym 1587: 230.

35 Ebd.

36 Birck 1598: 104.

37 Ebd.: 105.

38 Ebd.

39 Ebd.

40 Ebd.: 106.

41 Ebd.: 108.

42 Ebd.: 107f.

43 Ebd.: 111.

44 Zu den frühesten Texten dieses Typs gehört das Fassnachtsspiel *Der kluge Knecht* (um 1505). Siehe Haas/Stern 1989.

45 Birck 1598: 116.

46 Ebd.: 118.

47 Ebd.: 119.

48 Ebd.: 120.

49 Ebd.

50 Ebd.: 121.

51 Ebd.: 125f.

52 Ebd.: 126.

53 Ebd.: 120, Anm. c.

54 Zit. n. ebd.: 120, Anm. d.

55 Anonym 1730.

56 Ebd.: Vorblatt des Exemplars der Universitätsbibliothek Halle.

57 *Die kranke Frau / ein Nachspiel*, in: Gellert 1966: 417.

58 Ebd.: 418.

59 Ebd.

60 *Das neue Orakel*, in: Uz 1964: 23.

61 Pothmann 1788.

62 Vgl. ebd.: 44.

63 Ebd.: 47.

64 Ebd.: 46f.

65 Lewis 1986: 46. Im englischen Original: *The Monk. A Romance.* Lewis 1797: 53-55.

66 Lewis 1986: 47.

67 Ebd.

68 Siehe ebd.: 48.

69 Ebd.: 49.

70 Ebd.: 50.

71 Aus der Fülle heilkundlicher Schriften seien genannt: Derlon 1981, Senger 1987 u. Hausen 1992.

72 Siehe auch Leland 1963 u. Martin 1973.

73 Siehe Derlon 1991 u. Golowin 1973. Zu den Büchern von Golowin siehe Speit 2000.

74 Von dieser Mehrdeutigkeit ist auch ein um 1800 entstandenes Bild einer »Zauberin« charakterisiert, deren Schmuck und Kopfbedeckung zur Zigeunerinnenikonographie zu zählen sind. (Labouvie 1990: 27.)

75 Papus 1999: XV.

76 Ebd.: 7.

77 Ebd.

78 Ebd.

79 Siehe Köhler-Zülch 1995. Unter vielen anderen Wuttke 1869; Petzoldt 1970; Peter 1978; Haller 1996.

80 Siehe auch Schubert 1995: 294-310.

81 Hönn 1977: 212.

82 Wegner 1739: 256 f. Siehe auch Fabronius 1616: 466.

83 Zit. nach Winstedt 1932b: 60.

84 Zapf 1887: 633.

85 Ebd.: 634. Zum Feuerbann und zu Feuerkugeln auch Wuttke 1869: 376 f.

86 Zit. n. Freudenthal 1931: 385.

87 Zit. n. ebd.

88 Siehe ebd. passim.

89 Sauter 1881: 44.

90 Zit. n. Tobiasch 1924: 208.

91 Zit. n. ebd.: 208 f.

92 Zit. n. ebd.: 212.

93 Zit. n. Kappl 1984: 339.

94 Vgl. Eis 1964: 169.

95 Zit. n. ebd.: 172. Vorher schon bei Freudenthal 1931 zitiert und textkritisch kommentiert.

96 *Das Feuerbesprechen*, in: Arnim/Brentano 2007: 24 f.

97 Vgl. Freudenthal 1931: 409.

98 *Das Feuerbesprechen*, in: Arnim/Brentano 2007: 24.

99 Ebd.: 25.

100 Ebd.: 24 f.

101 Ebd.: 25.

102 Reemtsma gibt in seinem Buch *Vertrauen und Gewalt* einen interessanten Hinweis. In Goethes *Faust* versucht Gretchen Faust, der ihr fremd ist, zu vertrauen, indem sie ihn nach den Dingen fragt, die ihr Inneres betreffen. Das sind die gleichen Fragen nach dem Glauben, die den Zigeunern gestellt werden (vgl. Reemtsma 2009: 51).

103 Vgl. Opfermann 2007: 79-85.
104 Zur Wertung magischer Praktiken allgemein: Goff 1990: 39-63.

4. Was im Gedächtnis bleibt

1 Cervantes 1613.
2 Zum Folgenden siehe Sánchez Ortega 1993 u. Thompson 1968.
3 Siehe Sánchez Ortega 1993: 41-45. Und ausführlich dokumentiert bei Alfaro 1998.
4 Zit. n. Sánchez Ortega 1993: 23.
5 Zit. n. ebd.
6 Gerth 1983: 289.
7 Vgl. Sánchez Ortega 1993: 24.
8 Zit. n. Gerth 1983: 289.
9 Siehe Stoll 2007: 55-88 u. ders. 1997.
10 Zit. n. Gerth 1983: 290.
11 Vereinzelt hat es neben den vermutlich vom spanischen Vorbild angeregten Zwangsansiedlungen durch die Habsburger Maria Theresia und Joseph II. auch in Deutschland Angebote wie das des Kurmainzer Fürsten von 1720 gegeben, auf Verfolgungen zu verzichten, falls sie den »Zigeunerhabit ablegen, alles Musiggehens, Umbvagirens, Bettlens und Stehlens, auch aller anderen Conversation mit denen anderen Zigeunern und übrigen liederlichen Gesinds sich gäntzlich enthalten« (zit. n. Opfermann 2007: 131). Angesichts der deutschen Kleinstaaten ein erfolgloses Angebot.
12 Siehe Alfaro 1998: 50.
13 Zit. n. ebd.: 47.
14 Zit. n. ebd.: 47f.
15 Siehe Pym 2007: 28-34.
16 *Comedia llamada Medora*, in: Rueda 2001: 215-255.
17 *La gitana Ladrona*, in: Rueda 1990: 185-189.
18 Siehe Pym 2007: 78. Hugo greift diese Motivvariante im *Glöckner von Notre-Dame* wieder auf.
19 Siehe Alcalá Yáñez 1980.
20 Siehe Espinel 2002.
21 Vicente 1928: CCXXXVI.
22 *Pedro de Urdemalas*, in: Cervantes 1970: 978.
23 Cervantes 1986: 13.
24 Przybilski 2004: 123.
25 Ausführlich Wurzbach 1901. Zur Rezeption in der Romania kenntnisreich: Niemandt 1992. Siehe auch Charnon-Deutsch 2004: 38-44.
26 Siehe Wurzbach 1901: 397f.
27 Vgl. Filhol 2005: 23.
28 Siehe Wurzbach 1901: 402-405 u. neuerdings Tinguely 2008: 41-59.
29 Anonym 1770c.
30 Siehe Wurzbach 1901: 405-408.
31 Vgl. ebd.: 405.

32 Vgl. Niemandt 1992: 118.

33 Schneider 1898: 271.

34 In Tengnagel 1969.

35 Amsterdam 1644 u. Amsterdam 1657.

36 Cervantes 1986: 3.

37 Siehe ebd.: 42.

38 Siehe ebd.: 44.

39 Siehe ebd.: 56.

40 Siehe ebd.: 65.

41 Ebd.: 4.

42 Siehe ebd.: 81 f.

43 Ebd.: 3.

44 Ebd.

45 Ebd.

46 Siehe ebd.: 14.

47 Ebd.: 3.

48 Ebd.

49 Ebd.: 7.

50 Ebd.: 37.

51 Vgl. die Belege bei Niemandt 1992: 71.

52 Cervantes 1986: 27.

53 Ebd.: 3.

54 Ebd.: 22.

55 Vgl. Pym 2007: 17 f.

56 Cervantes 1986: 30.

57 Siehe Charnon-Deutsch 2004: 27 f.

58 Cervantes 1986: 45.

59 Ebd.: 45 f.

60 Ebd.: 46.

61 Ebd.

62 Ebd.

63 Ebd.

64 Ebd.

65 Ebd.: 28.

66 Nicht zu Zigeunern, aber zum Problem siehe Ricci 2007: 39-54.

67 Vgl. Stoll 1970: 72.

68 Ebd.: 71.

69 Cervantes 1986: 83.

70 Ebd.

71 Siehe Charnon-Deutsch 2004.

72 Siehe Cartwright 1998.

73 d'Elvert 1859: 125.

74 Cervantes 1986: 46 f.

75 Ebd.: 47.

76 Ebd.

77 Ebd.

78 Ebd.

79 Ebd.

80 Ebd.: 48.

81 Ebd.: 82.

82 Zum soziokulturellen Hintergrund Stoll 2005: 99-135.

83 Cervantes 1986: 16.

84 Ebd.: 17.

85 Ebd.: 76.

86 Ebd.: 33.

87 Als namenlose Musiker treten Zigeuner auch in Cervantes' *Zwischenspiel von der Alkaldenwahl von Daganzo* (1615) auf, »in Zigeunertracht«, wie die Szenenanweisung lautet, »und mit ihnen kommen zwei hübsch herausgeputzte Zigeunerinnen, die zur Romanze tanzen, die von den Musikanten gespielt und gesungen wird« (*Zwischenspiel von der Alkaldenwahl von Daganzo*, in: Cervantes 1970: 1131). In *Pedro de Urdemalas* (1615) verwertet Cervantes den Stoff der *gitanilla* noch einmal, allerdings auf Bruchstücke beschränkt. Viel stärker als in der Novelle wird hier der Eindruck erweckt, dass die Zigeuner ›zusammengelaufenes Gesindel‹ sind. Das niedrige Genre der Komödie erlaubt zudem die poetische Erhöhung der Zigeunerin nicht. In Cervantes' *Kolloquium der beiden Hunde Cipion und Berganza* aus den *Exemplarischen Novellen* (*Das Kolloquium der beiden Hunde*, in: Cervantes 1961: 447-512) erscheint das Bild der spanischen Zigeuner schließlich noch getrübter.

88 Hier zitiert nach der zweiten Auflage von 1661.

89 Zu beachten ist der Entstehungskontext. Das Werk ist als Gelegenheitsdichtung als Hochzeitsgeschenk anlässlich der Vermählung des Leipziger Bürgermeisters Christoff Pincker entstanden.

90 Ritzsch 1656: 4.

91 Siehe Glaser 1969.

92 *Preciosa. Schauspiel in vier Aufzügen*, in: Wolff 1823: 86.

93 Ebd.: 87.

94 Ebd.: 68.

95 Vgl. ebd.: 109.

96 »Mühevoll ist zwar mein Leben, / Aber rein und fleckenfrei!« (ebd.: 101).

97 Ebd.: 111.

98 Ebd.: 102.

99 Ebd.: 150.

100 Ebd.: 190.

101 Ebd.: 157.

102 Ebd.: 158.

103 Ebd.: 188.

104 Ebd.: 189.

105 Ebd.: 183.

106 Ähnliches gilt für August von Kotzebues Schauspiel *Die kleine Zigeunerin*, Leipzig 1810, in dem er ihr den Namen »Lasarilla« gibt, und mehr noch für Robert Hürte: *Leben und Liebe des spanischen Zigeunermädchens Preziosa. Eine schöne Volkserzählung mit Liedern.* Reutlingen 1852.

107 Zedler 1964: Sp. 522.

108 Vgl. Fritsch 1662: 21.

109 Thomasius 1702: 41.
110 Francke 1728: 336.
111 Thomasius 1702: 42.
112 Vgl. Breger 1998.
113 Siehe Beier 1985: 58-62.
114 Hier zitiert nach der Ausgabe von 1642 u. nach der Teilübersetzung von Völklein 1981.
115 Chartier 1982: 125.
116 Ebd.
117 Zit. n. Völklein 1981: 45.
118 Zit. n. ebd.
119 Zit. n. ebd.
120 Zit. n. ebd.
121 Zit. n. ebd.
122 Vidocq 1920: 80.
123 Ebd.: 79.
124 Ebd.
125 Ebd.: 76f.
126 Ebd.: 77.
127 Ebd.
128 Shakespeare 2002a: 96.
129 Ebd.
130 Ebd.: 97.
131 Shakespeare 2003: 10. Siehe auch Schuller 2006.
132 Shakespeare 2003: 222.
133 Ebd.: 223.
134 Ebd.: 224.
135 Ebd.
136 Shakespeare 2002b: 159.
137 Vgl. R.[owlands] 1610: *The Runnagates Race, or the Originall of Regiment of Rogues*. Siehe auch Chandler 1958: 110, Mayall 2004: 54-83 u. Vesey-Fitzgerald 1946.
138 Defoe 1991: 7.
139 Zit. n. Randall 1975: 57.
140 Detaillierte Interpretation von ebd. passim.
141 Siehe ebd.: 51.
142 Jonson, Druckversion von 1640: 50, in: Jonson 1966.
143 Siehe Randall 1975: 48-66.
144 Siehe Jonson, Druckversion von 1640: 47, in: Jonson 1966.
145 Ebd.
146 Ebd.
147 Vgl. Chandler 1958: 241.
148 Dazu sehr ausführlich Randall 1975.
149 Siehe ebd.: 51.
150 Vgl. ebd.: 54.
151 Vgl. ebd.: 66.
152 Auf diesen wenig beachteten Kontrast hat Folkenflik 1974-75 aufmerksam gemacht.

153 Fielding 1951: 248.
154 Ebd.: 252.
155 Ebd.: 192.
156 Siehe Folkenflik 1974-75: 230.
157 Fielding 1951: 192.
158 Siehe Folkenflik 1974-75: 231.
159 Fielding 1951: 193.
160 Fielding 1963: 144. Der deutsche Übersetzer versucht das durch grammatische Fehler und dialektale Formen wiederzugeben.
161 Fielding 1951: 194.
162 Ebd.: 195.
163 Ebd.
164 Ebd.: 196 f.
165 Ebd.: 199.
166 Ebd.: 198.
167 *Der seltsame Springinsfeld*, in: Grimmelshausen 1958: 141. Siehe auch Solms 2008. Achim von Arnim greift die Passage in seiner Erzählung *Philander unter den streifenden Soldaten und Zigeunern im dreißigjährigen Krieg* (1809) auf. Arnim 1963: 236-239. Siehe dazu Koeman 1993.
168 Siehe *Lebensbeschreibung der Erzbetrügerin und Landstörzerin Courasche*, in: Grimmelshausen 1958: 115.
169 Während Jütte 1980 eine bewundernde Haltung Grimmelshausens behauptet, bleibt Solbach 1986 »auf der zigeunerfeindlichen Haltung Grimmelshausens [...] bestehen, die die Zigeunergesellschaft zum Archetyp des organisierten Verbrechens auch im Sinne der Hexenkünste macht«. Solbach 1986: 86. Solbach sieht in der Courasche zu Recht eine »Hexenfigur« (ebd.: 72).
170 *Der seltsame Springinsfeld*, in: Grimmelshausen 1958: 148.
171 *Rathstübel Plutonis oder Kunst, reich zu werden*, in: Grimmelshausen 1958: 619.
172 Ebd.: 618.
173 Ebd.: 619.
174 Siehe Niemandt 1992: 19.
175 *Der seltsame Springinsfeld*, in: Grimmelshausen 1958: 145.
176 Grimmelshausen 1967: 145.
177 *Der seltsame Springinsfeld*, in: Grimmelshausen 1958: 149.
178 Siehe Grimmelshausen 1967: 145, 147.
179 *Der seltsame Springinsfeld*, in: Grimmelshausen 1958: 115.
180 Ebd.: 145.
181 Ebd.: 147.
182 Ebd. Die Szenen des Wohllebens könnte man mit Schubert 1993: 194 in der Tradition verklärter Armut in der frühneuzeitlichen Literatur sehen.
183 *Der seltsame Springinsfeld*, in: Grimmelshausen 1958: 147.
184 Ebd.: 148.
185 Ebd.: 149.
186 Grimmelshausen 1967: 149.
187 Ebd.
188 Ebd.: 147 f. Siehe auch: *Der seltsame Springinsfeld*, in: Grimmelshausen 1958: 140.

189 Fritsch 1662: 14.
190 Ebd.: 1.
191 *Rathstübel Plutonis oder Kunst, reich zu werden*, in: Grimmelshausen 1958: 620.
192 Siehe *Lebensbeschreibung der Erzbetrügerin und Landstörzerin Courasche*, in: Grimmelshausen 1958: 116 f.
193 *Rathstübel Plutonis oder Kunst, reich zu werden*, in: Grimmelshausen 1958: 619.
194 *Lebensbeschreibung der Erzbetrügerin und Landstörzerin Courasche*, in: Grimmelshausen 1958: 119.
195 Mongrédien 1977: 43 f.
196 Siehe Grimmelshausen 1958: 3, 129. Siehe auch Schade 1985.
197 Siehe Schade 1985.
198 Zu ›Hannikel‹ siehe Fricke 1996b: 129. Aus der umfangreichen Forschung seien genannt: Boehncke/Sarkowicz 1991; Dainat 1996; Landfester 1996; Dainat 2009.
199 Siehe *Das Leben der infamen Menschen*, in: Foucault 2003a: 322.
200 Siehe auch Dainat 2010 u. Willems 2002.
201 Vgl. Fricke 1996b: 131.
202 Siehe Solms 2005.
203 Siehe Fritz 2010.
204 Siehe Lüsebrink 1983: 15-35.
205 Der deutsche Übersetzer verspricht seinen Lesern einleitend »Schelmen-Stücke«. Anonym 1721: 1.
206 Ebd.: 14.
207 Ebd.: 20, 21.
208 Ebd.: 22.
209 Ebd.: 48.
210 Ebd.
211 Ebd.: 6.
212 Ebd.: 7.
213 Ebd.
214 Ebd.
215 Ebd.: 7 f.
216 Ebd.: 10.
217 Ebd.: 8.
218 Ebd.
219 Ebd.: 7.
220 Ebd.: 68.
221 Anonym 1733: 12.
222 Ebd.: 9.
223 Ebd.: 13.
224 Ebd.: 14.
225 Ebd.: 37 f.
226 Ebd.: 24-27.
227 Ebd.: 26.
228 Ebd.: 28.
229 Ebd.: 61.
230 Ebd.: Titelblatt.
231 Vgl. Eggert 1897: 73.

232 Siehe Breger 1998; Viehöfer 1995; Winckel/Herkströter 2005; Anonym o.J.a
    und Eggert 1897.
233 Anonym o.J.b: 5, 6.
234 Ebd.: 10.
235 Ebd.: 4.
236 Ebd.: 13.
237 Ebd.: 16.
238 Ebd.: 23f.
239 Ebd.: 35.
240 Ebd.: 26.
241 Ebd.
242 Ebd.: 28.
243 Ebd.: 29f.
244 Ebd.: 124f.
245 Ebd.: 121f.
246 Ebd.: 119. Auch dies ein angeblicher ›altägyptischer‹ Brauch. Über Volkssagen
    gelangt die Behauptung, zur Last fallende Personen lebendig zu begraben, in die
    europäische Erzählliteratur des 19. und 20. Jahrhunderts. Siehe Peter 1978: 134f.
247 Anonym o.J.b: 75f. Dazu grundsätzlich: Groebner 2003.
248 Anonym o.J.b: 18.
249 *Vorschlag zur Ausrottung der Diebesbanden*, in: Möser 1955/56: 100.
250 [Schöll] 1793: 602.
251 Ebd.
252 Ebd.: 602f.
253 Ebd.: 602.
254 [Wittich] 1787.
255 Ebd.: 3.
256 Ebd.
257 Ebd.: 4.
258 Ebd.: 14.
259 Ebd.: 4.
260 Ebd.: 16.
261 Vulpius 1980: 45.
262 Ebd.: 47.
263 Goethe/Schiller 1966: 555.
264 Ebd.
265 Ebd.
266 *Lob der Zigeuner*, in: Hagedorn 1968: 56.
267 *Die Türkensklavin*, in: Lenz 1992: 255-286.
268 *Götz von Berlichingen*, in: Goethe 1963: 159.
269 Ebd.
270 Max von Schenkendorf: *Die silberne Hochzeit bei den Zigeunern*, in: Czygan
    1912: 209.
271 *Götz von Berlichingen*, in: Goethe 1963: 255.
272 *Maskenzug*, in: Goethe 1968: 605.
273 Ich fasse hier zu Goethes Darstellung von Zigeunern die Ergebnisse einer
    umfangreicheren Untersuchung zusammen: Bogdal 2007a.

274 Goethe 1971: 231.
275 Ebd.
276 Ebd.
277 Ebd.
278 Ebd.: 232.
279 Ebd.: 234.
280 Ebd.: 231.
281 *Götz von Berlichingen*, in: Goethe 1963: 257.
282 Ebd. Diese Szene hat E. Delacroix in einem Bild festgehalten: GŒTZ BLESSÉ, RECUEILLI PAR LES BOHÉMIENS (Act. V. Sc. VI). Siehe Delteil 1908: 31, Abb. 123.
283 Vgl. *Götz von Berlichingen*, in: Goethe 1963: 472-474.
284 Friedrich Schiller gestaltet in *Die Jungfrau von Orleans* (1801) eine analoge Szene: »*Ein wilder Wald, in der Ferne Köhlerhütten. Es ist ganz dunkel, heftiges Donnern und Blitzen, dazwischen Schießen*«. (*Die Jungfrau von Orleans*, in: Schiller 1966: V. 1-5.) Die Zigeuner werden durch Köhler ersetzt.
285 *Götz von Berlichingen*, in: Goethe 1963: 108.
286 Ebd.: 111.
287 Ebd.: 113.
288 Ebd.: 111.
289 Ebd.: 110.
290 Ebd.: 113.
291 Ebd.: 110.
292 *Das Nußkernen*, in: Müller 1918: 151.
293 Ebd.: 152.
294 Ebd.
295 Ebd.
296 Ebd.
297 Ebd.
298 Ebd.: 153.
299 So die zutreffende Feststellung von Strasky 2006: 149.
300 Pestalozzi 1927: 168 f.

5. Ordnung schaffen im Haus der Menschheit.
Zigeuner und Anthropologie der Aufklärung

1 Anonym o. J. c.
2 Anonym [1690].
3 Siehe Witkowski 1901: 535.
4 Das Vorbild des französischen Hoflebens ist hier unverkennbar. Seit Anfang des 17. Jahrhunderts lässt sich dort eine Zigeunermode beobachten. »Noch 1676 gehörten die Zigeunerinnen offenbar fest zum Bild des französischen geselligen Lebens [...].« (Niemandt 1992: 20.)
5 Anonym o. J. c.
6 Hagen 1847: 95.
7 Siehe Höfert 2003: 34-44.

8 Anonym 1739: 11.
9 Siehe Anonym o. J. d.
10 Dainat 2010: 316.
11 Siehe ebd.: 314.
12 Anonym o. J. d: 6.
13 Vgl. ebd.
14 Ebd.: 7.
15 Ebd.: 5.
16 Ebd.: 7.
17 Ebd.: 8.
18 Ebd.: 9.
19 Ebd.
20 Vgl. ebd.: 26.
21 Ebd.: 10.
22 Vgl. ebd.
23 Ebd.: 13.
24 Ebd.: 14.
25 Zit. n. Stanzel 1999: 18.
26 Siehe ebd.: 20 f.
27 Anonym [1770b]: Bl. 412.
28 Der Sprachforscher Pott dazu lakonisch: »Der am weitesten über Europa verbreitete, leider jedoch seinem Ursprunge nach sehr wenig deutliche und gerade deshalb am meisten bequacksalberte Name ist Zigeuner, mit seinen vielen Variationen.« (Pott 1844: 44.)
29 Limnäus, in: Gronemeyer 1987: 106.
30 Thomasius 1702: 11.
31 Das Tierreich nach Brehm. Nach der II. Auflage Brehms Thierleben. Überarbeitet von Prof. Dr. Rietschel u. a. Leipzig/Jena 1956: S. 394 f.
32 Siehe Zedler 1964: Sp. 520-544. Siehe auch Kallenberg 2010.
33 Zedler 1964: Sp. 527.
34 Ebd.: Sp. 520.
35 Ebd.: Sp. 522.
36 Siehe ebd.: Sp. 527.
37 Ebd.: Sp. 520.
38 Vgl. Martin 2001: 195-203. Siehe auch Becker 2005.
39 Zit. n. Anonym 1788: 282. Der Verfasser zitiert aus den Schwäbischen Annalen von Crusius für 1418.
40 Zit. n. Avé-Lallemant [1858]: 29. Avé-Lallemant zitiert die Baseler Ausgabe von 1628.
41 Pasquier, in: Gronemeyer 1987: 53.
42 Zit. n. Winstedt 1932a: 102.
43 Zit. n. Nagel 1989: 63.
44 Anonym [1690].
45 Zedler 1964: Sp. 521.
46 Zit. n. Lemmermann 1986: 41. Lemmermann zitiert die Actenmäßige Beschreibung verschiedener bey der am kuhrfürstl. Gericht zu Werl befangener Inquisition entdeckten Spitzbuben und Vagabunden.

47 Heister 1842: 10.

48 Andersen-Nexö 1964: 58 f.

49 Ebd.: 62.

50 Siehe Sadji 1985.

51 Vgl. Bitterli 1976: 329.

52 Vgl. Mazzolini 1990.

53 Siehe Barkhaus 1993.

54 Siehe zu den genauen Umständen und Zusammenhängen die ausgezeichnete Studie von Kurt Röttgers, dem die Forschung diese ungewöhnliche Ausgrabung verdankt: Röttgers 1993.

55 Siehe ebd.

56 Tetzner 1835: 58-60.

57 Waitz 1860: 318.

58 Ebd.: 327.

59 Bohlen 1830: 43.

60 Zit. n. ebd.

61 Zit. n. ebd.: 43 f.

62 Ebd.: 44.

63 Ebd.: 45.

64 Ebd.: 46.

65 Grellmann 1787: 328. Man kann nach dem Äquivalenzverfahren weitere Völker hinzunehmen. »So beschreibt Buffon die Lappen als Volk *ohne* Religion, *ohne* Mut, *ohne* Selbstachtung, *ohne* Scham, *ohne* Geschichte, *ohne* Sitten, *ohne* Staat, *ohne* Regeln, *ohne* Sprache etc.« (Barkhaus 1993: 163) oder Albrecht von Haller 1770 die asiatischen Einwohner Kamtschatkas als unreinliche, polygame, feige Aasesser (vgl. Guthke 2000: 29 f.).

66 Siehe Gilman 1992: 21.

67 Bohlen 1830.

68 Ebd.: 43.

69 *Laokoon oder Über die Grenzen der Malerei und Poesie*, in: Lessing 1968: 179.

70 Ebd.: 180.

71 Ebd.

72 Siehe Sarasin 2001: 199.

73 Anonym o.J.d: 15.

74 Matras 2003: 232.

75 Büttner 1771: 4.

76 Rüdiger 1990.

77 Pott 1844: 3. Zu den wichtigen Stationen der Erforschung des Romanes zählen mit unterschiedlichem Gewicht: Anonym 1755; Grolman 1822; Bischoff 1827; Pott 1844/45; Ascoli 1865; Miklosich 1984; Sowa 1898; Finck 1903; Wolf 1960; Boretzky 1993.

78 Vgl. Matras 2003: 235.

79 Guler, in: Gronemeyer 1987: 46.

80 Becanus, in: Gronemeyer 1987: 78.

81 d'Elvert 1859: 131.

82 Siehe Lilienthal 1990: 34.

83 Girtanner 1796: 59.

84 Ebd.: 119.
85 Ebd.: 123.
86 Siehe Olender 1995.
87 Vgl. ebd.: 15.
88 Vgl. ebd.: 17.
89 William Jones 1786. Zit. n. Olender 1995: 18.
90 Olender 1995: 19.
91 Humboldt 1836: 5.
92 Wolf 1986: 91.
93 Humboldt 1836: 23.
94 Pott 1844: 58.
95 Kittlitz 1885: 355.
96 Tylor 1898: 112.
97 *Die fahrenden Leute*, in: Freytag 1897: 463.
98 Kittlitz 1885: 382.
99 Vgl. Volkov 2001: 88.
100 Pott 1845: III.
101 Diefenbach 1877: 106.
102 Zit. n. Bollenbeck 1994: 64.
103 Zit. n. ebd.: 63.
104 Grimm 1958: 33.
105 Anonym 1788: 295 f.
106 Bollenbeck 1994: 57.
107 Ebd.
108 Siehe Mühlmann 1968: 54-58.
109 Darauf macht z. B. Friedrich Schiller in seiner Jenaer Antrittsvorlesung *Was heißt und zu welchem Ende studiert man Universalgeschichte* aufmerksam.
110 Rüdiger 1990: 50.
111 Ebd.: 47.
112 Grellmann 1787. Kritische Analysen bei Ruch 1986; Breger 1995; Willems 1995; Ufen 1996.
113 Vgl. Grellmann 1787: 42, 54-60.
114 Ebd.: 159.
115 Foucault 2003b.
116 Grellmann 1787: 126.
117 Ebd.: 80.
118 Vgl. ebd.: 4, 5.
119 Vgl. ebd.: 183.
120 Vgl. ebd.: 173.
121 Ebd.: 155.
122 Ebd.: 164.
123 Zit. n. Röttgers 1993: 65.
124 Zit. n. ebd.: 67.
125 Zit. n. ebd.
126 Grellmann 1787: 164.
127 Wolf 1986: 16.
128 Ebd.

129 Ebd.: 18f.
130 Anonym 1788: 357f.
131 [Schöll] 1793: 590.
132 Ebd.
133 Ebd.: 591.
134 Ebd.
135 [Biester] 1793: 164. 1772 war das vermutlich erste literarische Werk eines Juden
      in deutscher Sprache erschienen: Isaschar Falkensohn Behr: *Gedichte von einem
      pohlnischen Juden*. Hg. v. Gerhard Lauer. St Ingbert 2002.
136 Humboldt 1836: 6.
137 Anonym 1788: 289.
138 Ebd.: 290.
139 Ebd.: 296. Das Gleiche wird im 18. Jahrhundert von den »Hottentotten«
      behauptet. Siehe Böckelmann 1998: 295.
140 *Exemplare der Menschheit in Vorstellungsarten, Sitten und Gebräuchen*, in:
      Herder 1888: 137. [Zuerst 1783.]
141 Ebd.
142 Zit. n. Wenzel 1990: 151.
143 Herder 1909: 284f.
144 Ebd.: 285 u. Anm. 1.
145 Dohm 1781: 87f.
146 Anonym 1788: 362.
147 Brepohl 1918: 14.
148 Schwicker 1883: 54.
149 Ebd.
150 Ebd.: 55.
151 Ebd.: 56.
152 Ebd.: 57.
153 Siehe Polek 1905/06.
154 Zit. n. ebd.: 50.
155 Ebd.: 58.
156 Ebd.: 60.
157 Ebd.: 61.
158 Schwicker 1883: 57.
159 Siehe Volkov 2001: 87.
160 [Schöll] 1793: 587f.
161 Zu den positiven zeitgenössischen Darstellungen zählt Samuel Augustini ab
      Hortis: Ab Hortis 1995.
162 Siehe Giesen 1999: 56.
163 Siehe Bauman 1992: 50f.
164 Febvre 1995: 21.

II. Teil: Das neunzehnte Jahrhundert

1. Himmelfahrten und Höllenstürze. Zigeunerromantik in Europa

1 *Himmelfahrt*, in: Heine 1992: 208.
2 Ebd.
3 Burke 1981: 34.
4 Zur umfangreichen Forschung siehe u. a. Polaschegg 2005a; Kugler 2004: 117-166; Breger 1998: 265-301; Klees 1996; Strack 1994; Völker 1979; Knapp 1972; Neumann 1968.
5 *Die Zigeunerin*, in: Brentano 1968: 188-194.
6 Siehe Niemandt 1992: 180-182.
7 Siehe Polaschegg 2005a.
8 *Isabella von Ägypten, Kaiser Karl des Fünften erste Jugendliebe. Eine Erzählung*, in: Arnim 1991: 37.
9 Vgl. Geremek 1988: 183f., außerdem 182-187.
10 *Isabella von Ägypten, Kaiser Karl des Fünften erste Jugendliebe. Eine Erzählung*, in: Arnim 1991: 134.
11 Ebd.: 35.
12 Ebd.: 82.
13 Siehe ebd.: 112.
14 Siehe ebd.: 129.
15 Ebd.: 130.
16 Ebd.: 35. Dieses Bestattungsritual wird in Ernst Freiherr von Houwalds Drama *Der Zigeunerbube* [1829] wiederaufgenommen, wenn eine alte Zigeunerin bekennt, eine Königstochter zu sein: »Ja, das bin ich, mein Volk erkennt mich dafür, und wenn ich sterbe, dürfen sie mich nicht hier in die Erde betten, sondern sie setzen mir dann eine Krone aufs Haupt, und legen mich tief eingehüllt auf die Wogen eines schnellen Stromes; der trägt mich dann fort in das alte Meer, und das Meer trägt mich nach Aegypten zu den Gräbern der Könige, und dort nehmen mich die Mumien der verflossenen Jahrtausende als Schlafgenossin bei sich auf.« *Der Zigeunerbube*, in: Houwald 1859: 347.
17 *Isabella von Ägypten, Kaiser Karl des Fünften erste Jugendliebe. Eine Erzählung*, in: Arnim 1991: 40.
18 Ebd.: 134.
19 Ebd.: 143.
20 Siehe ebd.: 144.
21 Ebd.:153
22 Zum ›pharaonischen‹ Hintergrund siehe Polaschegg 2005a.
23 *Isabella von Ägypten, Kaiser Karl des Fünften erste Jugendliebe. Eine Erzählung*, in: Arnim 1991: 154.
24 Ebd.
25 So auch Polaschegg 2005a: 118.
26 *Isabella von Ägypten, Kaiser Karl des Fünften erste Jugendliebe. Eine Erzählung*, in: Arnim 1991: 151.
27 In einer vermutlich vor der Erzählung *Isabella* entstandenen, 1854 von Bettina von Arnim veröffentlichten Skizze zum zweiten, fragmentarischen Band des

Romans *Die Kronenwächter* hat die »Zigeunerkönigin«, hier »Kaiser Karls erste Liebschaft« (*Die Kronenwächter. Zweiter Band*, in: Arnim 2002: 1034) genannt, keinen Sohn, sondern eine Tochter, Susanna, der im Kreise der Kronenwächter eine wichtige Aufgabe zufallen soll (vgl. *Die Kronenwächter. Zweiter Band*, in: Arnim 2002: 1040). Die Wirkungsstätte beider Frauen bleibt Europa, für die Rückkehrlegende findet sich nicht der geringste Hinweis.

28 Nicht ganz, denn als 1836 aufgrund eines Erlasses des russischen Zaren eine Romgruppe in Bessarabien auf unbebautem Kronland zwei feste Siedlungen gründet, werden sie mit Blick auf die vermeintliche ägyptische Herkunft Kair und Faranowka genannt.

29 »Der Dichter erzählt von Zigeunern, die ihren toten Häuptling vom Galgen herabnahmen, ihn mit der Krone und einem Purpurmantel schmückten und seine Leiche in den tiefen Strom legten, der ihn nach Ägypten tragen würde, wo er in der großen Pyramide sitzen sollte«. Andersen 1982: 25.

30 *Die Romantische Schule*, in: Heine 1970: 288.

31 Brentano 1903: IV.

32 Brentano 1996: 281.

33 Alle Informationen und Deutungen entnehme ich dem Aufsatz von Rădulescu 2007. Die Übersetzungen stammen ebenfalls von Rădulescu.

34 Vgl. ebd.: 39.

35 Ebd.: 48.

36 Ebd.

37 Hier zitiert in der dt. Übersetzung von 1846. Die erste Auflage dieser Übersetzung erschien 1822, die erste Übersetzung von W. A. Lindau 1819. Hingewiesen sei auch auf die 1923 in der Oxford University Press erschienene illustrierte Ausgabe. Siehe auch die vielschichtige psychoanalytische Deutung von Epstein-Nord 2006: 25-42.

38 Scott 1846a: 22.

39 Ebd.

40 Ebd.

41 Siehe ebd.: 52-59.

42 Siehe ebd.: 53.

43 Ebd.: 55.

44 Ebd.: 23.

45 Ebd.: 63.

46 Ebd.: 64.

47 Ebd.: 232.

48 Ebd.: 205.

49 Ebd.: 136.

50 Scott 1846b: 211.

51 Ebd.: 227.

52 Ebd.: 212.

53 Ebd.

54 *Old Meg she was a gipsey*, in: Keats 1978: 266f. Dazu Coldwell 1981: 30-37.

55 Hoyland 1816.

56 Anonym 1822.

57 Vgl. Coldwell 1981: 31.

58 Siehe Talbot 1982: 17-23.

59 Anonym 1818.

60 Die deutsche Übersetzung reduziert das ›Schottische‹ und setzt auf Effekte des romantischen Schicksalsdramas, in dem Meg als bühnenwirksame Norne auftritt und Sätze von sich geben muss wie: »Jetzt muß ich das Werk des Schicksals vollführen.« (Ebd.)

61 Die früheste deutsche Übersetzung konnte ich für 1840 nachweisen. In dieser Zeit beschäftigt sich Prosper Mérimée intensiv mit Puschkins Werk. In Frankreich finden sich deutliche Spuren des Poems schon früher bei Charles Leynadier: *Les Gitanes*. Paris 1835 (Siehe Niemandt 1992: 223 f.). In der französischen Literatur hält die Rezeption lange an. Noch in Edmond de Goncourts *Les Frères Zemganno* (1877) wird die erste Strophe des Liedes der Semfira zitiert.

62 *Die Zigeuner*, in: Puschkin 1969: 183.

63 Vgl. Bayley 1971; Mölk 1997; Andrew 1990; Lemon 2000.

64 *Die Zigeuner*, in: Puschkin 1969: 184.

65 Ebd.

66 Ebd.

67 Ebd.: 185.

68 Ebd.: 185 f.

69 Ebd.: 186.

70 Ebd.: 188.

71 Ebd.: 188 f.

72 Siehe auch Puschkins Gedicht *An Ovid* (1821).

73 *Die Zigeuner*, in: Puschkin 1969: 189.

74 Ebd.: 190.

75 Mölk 1997: 133.

76 Ebd.

77 *Die Zigeuner*, in: Puschkin 1969: 191.

78 Ebd.: 193.

79 Ebd.: 202.

80 Ebd.: 204. Siehe auch den melancholischen Rückblick im Gedicht *Die Zigeuner*: »Einst zog ich mit euch zusammen / Durch die schöne, bunte Welt.« (Puschkin 1968: 357.)

81 1892 findet im Moskauer Bolschoi-Theater die Uraufführung von Sergej Rachmaninows (1873-1943) Oper *Aleko* nach Puschkins Poem statt.

82 Siehe auch Hagen 2009: 57-80.

83 Hugo 2001: 88.

84 Ebd.

85 Ebd.

86 Ebd.: 88 f.

87 Ebd.: 93.

88 Ebd.: 95.

89 Ebd.: 96.

90 Ebd.: 113 f.

91 Ebd.: 114.

92 Ebd.: 114 f.

93 Ebd.: 115.
94 Ebd.
95 Ebd.: 120.
96 Ebd.: 133.
97 Ebd.: 318-324.
98 Ebd.: 330.
99 Ebd.: 388.
100 Ebd.
101 Ebd.: 267.
102 Ebd.: 269.
103 Ebd.: 275.
104 Ebd.: 460.
105 Quasimodo ist nicht die erste als hässlich und bucklig beschriebene Zigeuner-figur in der Literatur. Schon in E.T.A. Hoffmanns *Die Serapionsbrüder* wird im Teil *Der Zusammenhang der Dinge* der Begleiter der spanischen Tänzerin und Sängerin Emanuela als »ein kleiner verwachsener Mensch mit einem häßlichen Zigeunergesicht« (Hoffmann o. J.a: 852) bezeichnet.
106 Siehe Hugo 2001: 272 f.
107 Siehe ebd.: 273.
108 Ebd.
109 Ebd.: 276.
110 Ebd.: 331.
111 Siehe Hölz 2002.
112 Vgl. auch ebd.: 72.
113 Hugo 2001: 331.
114 Zu den Details der Bearbeitung und zur Aufführung Hagen 2009: 80-86.
115 Pott 1 1844: 29.
116 Anmerkungen zu *Keltringleben*, in: Blicher 2007: 359.
117 Ebd.
118 Vgl. ebd.: 361.
119 Vgl. ebd.: 312.
120 Ebd.: 311.
121 Ebd.: 313.
122 Ebd.: 312.
123 Vgl. Barkhaus 1993: 82.
124 *Keltringleben*, in: Blicher 2007: 316.
125 Ebd.: 317.
126 Norwood gilt als ländlicher Rückzugsort der englischen Zigeuner.
127 *Keltringleben*, in: Blicher 2007: 319.
128 Ebd.
129 Ebd.: 322.
130 Ebd.
131 Ebd.: 323 f.
132 Ebd.: 324.
133 Siehe ebd.
134 Gemeint sind indische Tänzerinnen, denen man Lüsternheit unterstellt.
135 *Keltringleben*, in: Blicher 2007: 325 f.

136 Ebd.: 328.
137 Ebd.: 329.
138 Vgl. Nachrichten aus der ungarischen Tiefebene. Die Giftmörderinnen von der Theiß. WDR Kulturfeature, 09.01.2010. Manuskript Köln 2010: S. 12 f.
139 Vgl. *Keltringleben*, in: Blicher 2007: 331.
140 Siehe Kivi 1962: 73-83, 284-292.
141 Etlar 1846.
142 Zoller 1834: 10 f.
143 Ebd.: 13.
144 Ebd.: 12.

2. »Fort ins Zigeunerland«. Trivialisierung und Inflation

1   Allgemein zum Verhältnis vom Wunderlichen zum Wunderbaren Safranski 2007: 48-69.
2   *Die Elfen*, in: Tieck 1981: 166.
3   Ebd.
4   Ebd.
5   Ebd.
6   Ebd.
7   Ebd.
8   Ebd.
9   Ebd.: 166 f.
10 Ebd.: 167.
11 Ebd.: 168.
12 Ebd.: 174.
13 Ebd.: 175.
14 Ebd.: 179.
15 Ebd.: 177.
16 Ebd.: 181.
17 Ebd.
18 Ebd.: 183.
19 Christoph Hein greift diese Idee in seinem Roman *Horns Ende* (1985) auf. Das Ausbleiben der Zigeuner kündigt den Untergang der DDR an.
20 Oesterle/Oesterle 1996.
21 Ebd.: 97.
22 Siehe das für die deutsche Literatur des 19. Jahrhunderts wichtige Buch von Saul 2007: 30-46.
23 So zutreffend Charnon-Deutsch 2004: 58.
24 Siehe Solms 2008: 215-230 und Brittnacher 2005.
25 Siehe Solms 2008: 222-225.
26 Siehe Klausnitzer 2007.
27 *Seinem Schicksal kann Niemand entgehen*, in: Houwald 1858: 221-258.
28 *Die Schuld*, in: Müllner 1828: 105.
29 Ebd.: 106.
30 Immermann 1981: 47.

31 Körber 1836: 91-93.

32 Ebd.: 93.

33 *Die Schuld*, in: Müllner 1828: 115.

34 *Beurtheilung der Schuld*, in: Müllner 1828: 196.

35 Safranski 2007: 54.

36 *Ahnung und Gegenwart*, in: Eichendorff 2007a: 341.

37 Vgl. zur Frühgeschichte Solms 2008: 159-167.

38 Er fehlt nicht in Johann Andreas Eisenmengers *Entdecktem Judenthum*. Königsberg 1711: 222-234.

39 Siehe dazu Darnton 1989: 40-81.

40 Siehe Delumeau 1985: 241-243.

41 Büchner 2005: 65. Nach den Erläuterungen handelt es sich um ein »in zahlreichen Varianten überlieferte[s] Volkslied« (Büchner 2005: 499).

42 *Der Star und das Badwännelein*, in: Arnim/Brentano 2007: 700-704.

43 *Star und Badewännelein*, in: Bechstein 1996: 139-143.

44 Vgl. *Der Star und das Badwännelein*, in: Arnim/Brentano 2007: 703.

45 *Star und Badewännelein*, in: Bechstein 1996: 142.

46 Ebd.

47 *Das öde Haus*, in: Hoffmann 1957: 155-189.

48 Siehe Seidel 1800a u. 1800b.

49 *Die Zigeuner*, in: Mácha 2000: 5-149.

50 Ebd.: 125.

51 Mácha 2000: 146.

52 *Ahnung und Gegenwart*, in: Eichendorff 2007a: 66.

53 Ebd.: 68.

54 Vgl. ebd.: 352.

55 Siehe ebd.: 173.

56 Vgl. Breger 1998: 248-256.

57 *Die Entführung*, in: Eichendorff 2007b: 480.

58 Ebd.: 478.

59 Ebd.: 483. Auch diese Situation birgt eine Anspielung auf Cervantes' *La gitanilla*.

60 Eine Version der schottischen Ballade ist abgedruckt bei Sampson 1935: 179f.

61 Siehe Hagen 2009: 35-56.

62 Potocki 1984: 144.

63 Ebd.: 168.

64 Ebd.: 166.

65 Siehe auch Kramp 2004.

66 Austen 1988: 365.

67 Ebd.: 366.

68 Ebd.

69 Ebd.

70 Ebd.

71 Ebd.: 367.

72 Ebd.: 369.

73 Ebd.: 367.

74 Ebd.: 368.

75 Ebd.: 369.
76 1806 erscheint Boccaccios Roman *Fiametta* in einer Übersetzung von Sophie Mereau, so dass eine Übernahme des Namens wahrscheinlich ist.
77 Heine 1833: 155.
78 Ebd.: 160.
79 Ebd.: 161.
80 Ebd.
81 Ebd.: 162.
82 Ebd.
83 Siehe Polaschegg 2005b: 293-530.
84 Siehe Wagner 1992, Szábo 1991 und sehr informiert und sorgfältig Kugler 2004.
85 Siehe Kugler 2004: 225 f.
86 Vgl. Herrmann/Blitz/Moßmann 1996 u. Herrmann 2007.
87 Siehe Saul 1998: 111-166.
88 Kugler 2004: 221.
89 Liszt 1861: 205.
90 Ebd.: 211.
91 *Die mehreren Wehmüller und ungarischen Nationalgesichter*, in: Brentano 1991: 150.
92 Liszt 1861: 239. Siehe Malvinni 2004.
93 Kugler 2004: 225.
94 Vgl. ebd.: 220.
95 *Die Heideschenke*, in: Lenau 1995a: 209.
96 Siehe ebd.
97 Ebd.: 210.
98 So Kugler 2004: 227f.
99 *Die Werbung*, in: Lenau 1995a: 69.
100 Ebd.: 71.
101 *Mischka*, in: Lenau 1995b: 16.
102 Siehe ebd.: 17f.
103 Siehe Kugler 2004: 241.
104 Siehe *Mischka*, in: Lenau 1995b: 19.
105 Liszt 1861: 62.
106 Ebd.: 133.
107 Ebd.: 136.
108 Siehe Hoffmann o.J.a: 855 u. 886.
109 *Mischka*, in: Lenau 1995b: 19.
110 Ebd.
111 Siehe *Mischka an der Marosch*, in: Lenau 1995b: 233.
112 Ebd.
113 Ebd.: 234.
114 Ebd.
115 Ebd.: 238.
116 Ebd.
117 Ebd.: 238f.
118 Ebd.: 239.
119 Ebd.: 241.

120 Ebd.

121 Siehe ebd.

122 Ein typisches Rezeptionsbeispiel: »Während wir uns müde sinnen und ringen im Doppelkampfe des Lebens nach Innen und Außen, liegen sie behaglich am Zelte und vergeigen, verrauchen und verschlafen das Leben und bieten in ihrer ärmlichen Verkommenheit, in ihrer trotzigen Genügsamkeit allerdings ein Bild dar, dem man ein gewisses poetisches Interesse nicht absprechen kann.« (Boltz 1865: 54.)

123 *Die drei Zigeuner*, in: Lenau 1995b: 44.

124 Siehe ebd.

125 Zit. n. Kytzler 1996: 143 (epist. 2,2,213-216).

126 Ein Beispiel: *Der Zigeuner*, in: Kohlmünzer 1873: 103f.

127 Siehe *An einen alten Zigeuner*, in: Vogl 1844: 68-70.

128 Ebd.: 70.

129 *Zigeuner-Symphonie*, in: Alexander Graf von Württemberg 1841: 109.

130 *Der ungarische Geiger*, in: Beck 1846: 275.

131 Siehe ebd.: 278.

132 Ebd.: 274.

133 Siehe *Der Zigeunerkönig*, in: Beck 1844: 245.

134 Siehe ebd.: 246.

135 Ebd.: 247.

136 Siehe ebd.: 248.

137 Ebd.: 248f.

138 Siehe ebd.: 250.

139 Ebd.: 251.

140 Siehe ebd.: 253.

141 Würth [1851]: 87.

142 Ebd.: VII.

143 Ebd.: 1.

144 Ebd.

145 Ebd.: 2.

146 Ebd.

147 Ebd.

148 Ebd.: 3.

149 Ebd.

150 Ebd.: 9.

151 Ebd.: 11.

152 Ebd.: 24.

153 Ebd.: 25.

154 Ebd.

155 Ebd.: 32.

156 Ebd.: 65.

157 Ebd.

158 Ebd.: 66. Dazu auch Schlesinger 1850: 240-242, 247.

159 Würth [1851]: 73.

160 *Der alte Zigeuner*, in: Vörösmarty 1984: 59-61.

161 Wordsworth 1935: 70.

162 Hazlitt 1935: 71.
163 Behlmer 1985: 237. Übers. d. Verf.
164 So Behlmer 1985: 239.
165 Gordon Hake zit. n. Watts-Dunton 2006: 22.
166 So Mayall 2004: 156. Siehe auch die grundlegende Studie von Willems 1997, Willems 1995: 91-166 u. Schapira 2008.
167 »I found some few young enthusiasts who were almost as mad as myself in their unbounded admiration of the man and his work.« (Jessopp 1893: 65.)
168 Starkie, in: Groome 1963: I.
169 Boas 1929: 113.
170 So Willems 1995.
171 Behlmer 1985: 240.
172 Borrow 1987: 7.
173 Zit. n. Starkie, in: Groome 1963: III.
174 Siehe Blaesing 1910; Boas 1929; Mayall 2004: 156-162; Charnon-Deutsch 2004: 94-103.
175 Die deutsche Übersetzung erscheint 1844 unter dem Titel *Fünf Jahre in Spanien* in Breslau, eine Rezension von Gustav Freytag 1852 in der Zeitschrift *Der Grenzbote 6.*
176 So Mayall 2004: 126-130.
177 So überzeugend ebd.: 131.
178 Borrow 1987: 427.
179 Crabb 1832. Siehe Willems 1997.
180 Hoyland 1816. Siehe Willems 1997.
181 Siehe Burton 1898.
182 So Mayall 2004: 158.
183 Eine gut informierte Darstellung der Gesellschaft findet sich bei ebd.: 162-187.
184 Jessopp 1893: 66. Übers. d. Verf.
185 Vgl. Mayall 2004: 121-125 und Willems 1997.
186 Ordinarius für Germanistik ist um 1870 Wilhelm Müller.
187 Zit. n. Starkie, in: Groome 1963: VII.
188 Ebd.: IX. Übers. d. Verf.
189 Siehe Mayall 2004: 123.
190 Smith 1874. Smith bedauert die Verweiblichung der Zigeuner, die Betten benutzen, anstatt auf dem Boden zu schlafen.
191 Lévi-Strauss 1996: 190.
192 Mérimée 1993: 3.
193 Ebd.
194 Ebd.: 19.
195 Siehe Colmeiro 2002: 137.
196 Siehe dazu ebd.: 127-144.
197 Zit. n. Colmeiro 2002: 130. Übers. d. Verf.
198 Zit. n. ebd.: 131. Übers. d. Verf.
199 Smith 1935: 15.
200 Gautier 1994: 232.
201 Ebd.: 108.
202 Ebd.: 220.

203 Mérimée 1993: 21.
204 Ebd.: 29.
205 Ebd.
206 Ebd.: 23.
207 Siehe ebd.: 24.
208 Siehe ebd.: 45.
209 Siehe ebd.: 51.
210 Ebd.: 56.
211 Ebd.: 50.
212 Ebd.: 67.
213 Ebd.: 42.
214 Ebd.
215 Ebd.: 62.
216 Siehe ebd.: 69.
217 Bizet 2003: 14.
218 Mérimée 1993: 71.
219 Anonym 1788: 361.
220 Ein Pseudonym von Friedrich August Schulze (1770-1849), der unter einem anderen Decknamen, Heinrich Spieß, einige Bekanntheit erlangte.
221 Laun 1825: 103.
222 Ebd.: 111.
223 Ebd.: 113.
224 Ebd.: 127.
225 Siehe Bauman 1992: 33.

3. »Menschen sind sie, aber nicht Menschen wie wir«. Zigeuner und die Ethnographie

1 Jooste 1904: 103.
2 Ebd.: 103 f.
3 Siehe auch Melwisch-Birăescu 2008.
4 Schwicker 1883: 23.
5 Ebd.: 23 f.
6 Kulemann 1869: 849.
7 Müller 1873: 1.
8 Ebd.: 5.
9 Ebd.
10 Bastian 1884: X.
11 Boltz 1865: 50.
12 Das Thema wäre einer eigenen umfassenden Studie wert. Erste Ansätze dazu bei Holzer 2008. Eine frühe, umfassende Fotodokumentation bei Cuttriss 1915.
13 Asbóth 1879: 89.
14 Ebd.: 90.
15 Ebd.
16 Vgl. Sárosi 1977 u. Meyer-Hambruch [1919].
17 Schwicker 1883: 133.

18 Vgl. ebd.: 16.
19 Schwicker 1883: 17.
20 Heister 1842: 5.
21 Okic 1889: 187.
22 Ebd.
23 Ebd.: 188.
24 Ebd.: 189.
25 Kittlitz 1885: 392.
26 Kulemann 1869: 870.
27 Schumann 2002: 43.
28 Siehe Schumann 2002: 44.
29 Giesen 1999: 25.
30 »Die Feststellung und Beschreibung der Rasse ist Sache des Naturforschers, der sich mit dem physischen Menschen beschäftigt, speciell des Anthropologen.« (Müller 1873: 4.)
31 Clifford 1993: 222.
32 Giesen 1999: 275.
33 Ebd.
34 Clifford 1993: 223.
35 Siehe ebd.: 225.
36 Müller 1873: 74.
37 Ich habe mich bei der Darstellung weitgehend auf deutsche und österreichische Werke beschränkt. Englische, schwedische und französische Quellen liefern einen vergleichbaren Befund.
38 Z.B. Müller 1873: 75 f.
39 Die neuere, postrassistische Ethnographie nach 1945 würde bei gleichem Materialstand und Wissen zum Beispiel die Zigeuner immer schon der ›Zivilisation‹ zuordnen, weil sie die dafür erforderlichen Grundbedingungen erfüllen: eine materielle Kultur; Sprachen, Denken, Kenntnisse; soziale Organisation; Vorstellungen religiösen oder magischen Charakters, ein Wertesystem. (Vgl. Malinowski 1962.)
40 Zit. n. Schwicker 1883: 110.
41 Cora 1890, Nr. 33: 654.
42 Heister 1842: 75.
43 Vgl. Wernick 1884: 824.
44 Liszt 1861: 43.
45 Vgl. Müller 1873: 60.
46 Vgl. Bastian 1884: X.
47 Bastian 1881: 66.
48 Ebd.: 65 f.
49 Siehe u. a. Brepohl 1910: 15.
50 Bebel 1973: 485.
51 Vgl. ebd.
52 Siehe dazu ausführlich, wenn auch einseitig Mayall 1988: 130-149.
53 Ich folge in meiner Darstellung Epstein Nord 2006: 150-155 und Mayall 1988.
54 Diefenbach 1880: 325.
55 Ebd.

56   Schifkorn 1887: 425.

57   Busse-Palma 1906: 364.

58   Ebd.: 363.

59   Heister 1842: 19. Und Heine 1833: 157: So »verschlendern oder verschlafen sie ihr halbes Leben. Nur die Instinkte der Thiere habe ich bei ihnen in erregbarem Zustande bemerkt«.

60   Heister 1842: 26.

61   Sundt 1850, 1859; Etzel 1870; Rosen 1852.

62   Wlislocki 1880, 1886, 1887a, 1887b, 1890a, 1890b, 1891, 1892, 1897 u. 2009.

63   Krauss 1890, 1907.

64   Wittich 1919: 87. Wittich 1927, 1929, 1931, 1990.

65   Liebich 1984: 39.

66   Födisch 1866: 204.

67   Ebd.: 205.

68   Ebd.

69   Liebich 1984: 53.

70   Siehe Andreä 1846: 97.

71   Einflussreich ist Wlislocki 1891.

72   Görres 1960: 80.

73   Liebich 1984: 30.

74   Brepohl 1910: 16.

75   Avé-Lallemant 1872: 774.

76   Bergner 1889: 1036.

77   Braun-Wiesbaden 1875: 116.

78   Gotthelf 1965: 103-117.

79   Schwicker 1883: 134.

80   Gross 1908: 460.

81   Bergner 1889: 1036. Solche Anekdoten gibt es über Indianer, Afrikaner oder Südseebewohner – und man wusste schon immer über sie zu lachen.

82   Siehe auch Liszt 1861: 32.

83   Zit. n. Heister 1842: 82.

84   Vgl. Müller 1873: 90. »Ein vielgewandertes Volk ist das unter uns allgemein berüchtigte Zigeunervölkchen.« (Müller 1873: 90.)

85   Siehe Mühlmann 1944.

86   Andreä 1846: 94 f.

87   Rum. Michail Kogălniceanu; 1863 erster Premierminister Rumäniens.

88   Kogalnitchan 1840: 29.

89   Andersen-Nexö 1964: 57.

90   Kohl 1841: 234.

91   Vgl. Kittlitz 1885: 362 u. Wernick 1884: 823.

92   Vgl. Busse-Palma 1906.

93   Vgl. Schwarz 1995: 15.

94   Wernick 1884: 823.

95   Busse-Palma 1906: 363. In Nikolaus Lenaus Gedicht *Mischka an der Marosch* heißt es: »Mira! herrliches Zigeunerkind! / Schnell hast du geliebt, und welkst geschwind.« (*Mischka an der Marosch*, in: Lenau 1995b: 238.)

96   Vgl. Schwarz 1995: 17. »A Gipsy's beauty, however, soon fades, and with it her most profitable occupation of dancing girl comes to an end.« (Garnett 1891: 355.)

97 Kogalnitchan 1840: 25 f.
98 Vgl. Saul 2007.
99 Boltz 1865: 54.
100 Tetzner 1835: 61.
101 Liszt 1861: 69.
102 Areco [1911].
103 Zit. n. ebd.: 38.
104 Heister 1842: 22.
105 Vgl. Schwarz 1995: 18 über Exotismus.
106 Wernick 1884: 825.
107 Kohl 1841: 235.
108 Schwicker 1883: 109. Siehe auch Heister 1842: 19.
109 Erzherzog Josef 1893: 6.
110 Ebd.: 4.
111 Zum Verhältnis von Ethnographie und Literaturwissenschaft vgl. Scherpe 1997:
    297-315.
112 Heister 1842: 21.
113 Schwicker 1883: 114.
114 Vgl. ebd.: 113.
115 Ebd.
116 Tetzner 1861: 93.
117 Wodak et al. 1998: 85.
118 Wernick 1884: 823.
119 Ebd.: 824.
120 Ebd.: 823.
121 Schifkorn 1887: 1.
122 Ebd.
123 Wernick 1884: 825.
124 Ebd.: 823.
125 Siehe Cora 1890, Nr. 33: 654.
126 Brepohl 1913: 8.
127 Ebd.: 9.
128 Ebd.: 7.
129 Ebd.: 12.
130 Liszt 1861: 5.
131 Ebd.: 6.
132 Ebd.
133 Ebd.: 82.
134 Ebd.: 79.
135 Busse-Palma 1906: 363.
136 Liebich 1984: 20.
137 Ebd.: 113.
138 Exemplarisch eine Position: »Der Zigeuner leidet im Gegensatz zum hochkulti-
    vierten Europäer an einem Uebermaß von Familienhaftigkeit. Vaterland und
    Staat sind ihm unbekannte Begriffe. Demgemäß haben die Zigeuner keine
    Geschichte, sondern nur eine Familien- und Stammestradition.« (Aichele 1912a,
    Nr. 4: 49.)

4. Die Geheimnisse eines fremden Stammes

1 Siehe Saul 2007: 64-75.
2 Siehe Hölz 2002: 130-157 u. Hagen 2009: 175-190.
3 Siehe Briel 1989: 62-75.
4 Wildermuth 1950: 6.
5 Ebd.: 10.
6 Ebd.: 21.
7 Ebd.: 62.
8 Ebd.: 63.
9 Augusti [1905].
10 Becker 1978: 26.
11 Ebd.: 48.
12 Ebd.: 71.
13 Ebd.: 73.
14 *Der Zigeunerbube*, in: Stökl [1907].
15 Schumacher o.J.: 182.
16 Ebd.
17 Ebd.: 200.
18 Ebd.: 153.
19 Ebd. – »Ich lege mich nieder in Gottes Kraft [...]«.
20 Ebd.: 189.
21 Ebd.: 136.
22 *Zigeuner*, in: Arent 1891: 9.
23 *Wald und Liebe*, in: Ebert 1874: 249-340.
24 Grazie 1885: 82.
25 Villinger 1899: 34.
26 Ebd.: 101.
27 Ebd.: 102.
28 Ebd.: 115.
29 Ebd.: 136.
30 Ebd.: 138.
31 Ebd.: 197.
32 Die unterschiedlichen Augenfarben der Kinder der gleichen Zigeunerin werden meist als verräterische Zeichen der Promiskuität und damit »von menschlicher Entartung und tiefer Verderbtheit« gedeutet. So Rosen 1852: 144.
33 Villinger 1899: 206.
34 Ebd.: 208.
35 Ebd.: 207.
36 Ebd.: 212.
37 Jensen 1886: 101. Siehe Saul 2007: 113-118.
38 Coster 1964: 24.
39 Ebd.
40 Ebd.: 25.
41 Ebd.: 31.
42 Ebd.: 39.
43 Ebd.: 40.

44 Ebd.: 41.
45 Mähler 1913: 5.
46 Ebd.: 9.
47 Ebd.: 11.
48 Ebd.
49 Ebd.: 43.
50 Ebd.: 95.
51 Ebd.: 96.
52 Bodenstedt 1866: 136-139.
53 *Lebedjan*, in: Turgenjew 1981: 229-244.
54 *Tschertopchanow und Nedopjuskin* u. *Das Ende Tschertopchanows*, in: Turgenjew 1981: 368-436.
55 *Tschertopchanow und Nedopjuskin*, in: Turgenjew 1981: 389.
56 *Das Ende Tschertopchanows*, in: Turgenjew 1981: 393.
57 Ebd.: 396 f.
58 Ljesskow 1948: 167.
59 Ebd.: 166.
60 Ebd.: 168.
61 Ebd.: 174.
62 Ebd.: 171.
63 Ebd.: 178.
64 Ebd.: 191.
65 Siehe Polosina 2005: 226-233.
66 *Der lebende Leichnam. Drama in zwölf Bildern*, in: Tolstoi 1928: 273.
67 Ebd.: 290.
68 *Makar Tschudra*, in: Gorki 1973: 5.
69 Ebd.: 13.
70 Ebd.: 15.
71 Ebd.: 17.
72 Ebd.: 18.
73 »Der Regen wurde stärker, und das Meer sang einen düsteren, feierlichen Hymnus dem stolzen schönen Zigeunerpaar«. (Ebd.: 19.)
74 Die Ortsbeschreibung weist auf Siedlungen wie Baerenthal im Nordelsass. Vgl. Mühl 1874.
75 Siehe u. a. Haldenwang 1999 u. d'Arcangelis 2006.
76 Adolay 1872: 4.
77 Ebd.: 3.
78 Ebd.: 2.
79 Ebd.: 8.
80 Ebd.: 57.
81 Ebd.: 50.
82 Ebd.: 154.
83 Ebd.: 169.
84 Ebd.: 194.

III. Teil: Vom Ausgang des neunzehnten Jahrhunderts bis heute

1. Eine »Bande von Asozialen«. Der rassistische Blick

  1 Schwechten 1883: 10.
  2 Ebd.: 16.
  3 Ebd.: 17.
  4 Ebd.: 21.
  5 Vgl. Strindberg 2001:169-173. Nachwort der Übersetzerin Renate Bleibtreu.
  6 Der Begriff ist um 1900 nicht ungebräuchlich, wie der Titel einer Gedichtsamm-
    lung von Ludwig Scharf, *Tschandala-Lieder*, Stuttgart 1905, zeigt.
  7 Strindberg 2001: 17.
  8 Ebd.: 120f.
  9 Ebd.: 9. Sie wurde 1666 von den Schweden gegründet.
 10 Ebd.: 10.
 11 Ebd.
 12 Strindbergs Erzählung knüpft an die Darstellung von ›Tattaren‹ in der skandina-
    vischen Literatur an, wie die Zigeuner in Nordeuropa bezeichnet werden. Zwei
    schwedische Werke haben im 19. Jahrhundert auf unterschiedliche Weise den
    Blick auf die Zigeuner gerichtet. Die Handlung des 1842 in Schweden unter dem
    Titel *Domaren* und in deutscher Übersetzung 1895 unter dem Titel *Die Zigeu-
    nertochter* erschienenen Romans von Karl Andreas Kullberg (1813-1857) spielt
    um 1820 im Milieu der vagierenden Bettler, Lumpensammler und Gelegenheits-
    kriminellen, das mit der Welt der Zigeuner gleichgesetzt wird. Zentraler Gegen-
    spieler ist ein junger Distriktrichter, der sich mit dem unsichtbaren Netzwerk
    der Verbrecher, ihrer Skrupellosigkeit und Unmoral auseinandersetzen muss.
    Kullberg bedient sich aus dem Repertoire der unterhaltenden Schauer- und Ver-
    brechensliteratur und der von ihr behaupteten Kenntnisse über das sogenannte
    Gaunertum, seine Sprache, Gewohnheiten und kriminellen Arbeitsweisen. Vik-
    tor Rydbergs spätromantischer Roman *Singoalla* ist im Zusammenhang mit
    Strindberg vor allem wegen der Gegenüberstellungen von Heidentum und
    Christentum, Wahnsinn und Vernunft und nicht zuletzt von nordischen Ariern
    und südländischen Zigeunern von Bedeutung.
 13 Strindberg 2001: 121.
 14 Vgl. Bogdal 1978.
 15 Strindberg 2001: 33.
 16 Ebd.
 17 Ebd.: 35.
 18 Ebd.: 71.
 19 Ebd.: 75.
 20 *Die drei Zigeuner*, in: Lenau 1995b: 44.
 21 Schmuhl 1987: 32.
 22 Marten 1983: 187.
 23 Hans Kurella 1893. Zit. n. Baumann 2006: 37.
 24 Gross 1908: 440.
 25 Etzel 1870: 87.
 26 Ebd.: 76.

27 Schwicker 1883: 136.
28 Strindberg 2001: 65 f.
29 Ebd.: 51.
30 Ebd.
31 Ebd.: 92.
32 Ebd.
33 Ebd.: 105.
34 Ebd.: 112.
35 Ebd.
36 Grundsätzlicher und stärker auf Kollektive als auf Individuen orientiert als z. B. in Dostojewskis Roman *Schuld und Sühne*.
37 Strindberg 2001: 147.
38 Ebd.: 148.
39 Ebd.: 148 f.
40 Ebd.: 150.
41 Ebd.
42 Ebd.: 151.
43 Ebd.
44 Ebd.: 162.
45 Ebd.
46 Ebd.
47 Ebd.: 163.
48 Ebd.
49 Ebd.
50 *Götzen-Dämmerung*, in: Nietzsche 1988: 100.
51 Ebd.
52 Ebd.: 101.
53 Ebd.
54 Franzos [1900]: 5.
55 Ebd.: 10.
56 Vgl. ebd.: 18.
57 Ebd.: 19.
58 Ebd.: 25.
59 Ebd.: 20 f.
60 Ebd.: 21.
61 Ebd.: 72.
62 Ebd.: 79.
63 Ebd.: 81.
64 Westkirch 1922: 7.
65 Westkirch [1901]: 6.
66 Zur Figur der ›Kreatur‹ siehe Lethen 1994: 244-267.
67 Vermutlich 1942 im Ghetto Minsk wegen ihrer jüdischen Herkunft umgebracht.
68 Koenig [1925]: 17.
69 Ebd.: 20.
70 Ebd.: 23.
71 Ebd.: 31.
72 Ebd.: 45.

73 Ebd.: 49.
74 Ebd.: 50.
75 Ebd.: 55.
76 Ebd.: 69.
77 Ebd.
78 Ebd.: 71.
79 Elster [1909]: 155.
80 Ebd.: 9.
81 Ebd.: 70.
82 U.a. Bercovici 1926a.
83 Lewis 1964: 164.
84 O'Flaherty 1964: 210.
85 1937 wurde ihr Roman *Gypsy* ebenfalls verfilmt.
86 Smith 1943: 170.
87 Ebd.: 172.
88 Ebd.: 175.
89 Vgl. ebd.: 210.
90 Vgl. ebd.: 216.
91 Ebd.: 221 f.
92 »Yancu's knife would have pierced the gipsy's heart.« (*The Vineyard*, in: Bercovici 1926b: 20.)
93 »And he hated and feared everything that was foreign.« (Ebd.: 28.)
94 Ebd.: 34.
95 Ebd.: 35.
96 Dallmeyer [1913]: 5.
97 Wegrich 1940: 8.
98 Ebd.: 9.
99 Ebd.: 11.
100 Vgl. ebd.: 24.
101 Ebd.: 373.
102 Ebd.: 374.
103 Ebd.: 377.
104 Ebd.: 375.
105 Ebd.: 379.
106 Ebd.: 380.
107 Ebd.: 412.
108 Vgl. Kreuzer 1968.
109 Weingart/Kroll/Bayertz 1992: 523.
110 Siehe die Pionierarbeit von Hehemann 1987.
111 Rotering 1886: 123.
112 Ebd.
113 Ebd.: 126.
114 Ebd.: 128-130.
115 Siehe u.a. Althammer 2010.
116 Rotering 1886: 134.
117 Ebd.
118 Herz 1907: 395.

119 Ebd.: 416.
120 Aichele 1912b, Nr. 1: 20.
121 Ebd.: 23.
122 Ebd.: 24.
123 Becker 1992: 123.
124 Siehe u.a. Cottaar/Lucassen/Willems 1992 über die Entwicklung in Westeuropa.
125 Siehe Greve 2004.
126 Siehe u.a. Schmuhl 1987, Lewy 2001 u. Zimmermann 1996.
127 Alscher 1909: 234.
128 Vgl. Foucault 1999 u. Stingelin 2003: 7-26 (Einleitung).
129 Stingelin 2003: 17 (Einleitung).
130 Foucault 1999: 296.
131 Stingelin 2003: 7 (Einleitung).
132 Siehe Baumann 2006: 43-45.
133 Dinter 1921: 79.
134 Lanz-Liebenfels 1929: 10.
135 Ebd.: 2.
136 Gärtner 1932: 741.
137 Anonym 1934: 651.
138 Heydereuter 1934: 425.
139 Müller-Using 1934: 511.
140 Anonym 1934: 651.
141 Ebd.
142 Ebd.: 652.
143 Ebd.
144 Ebd.
145 Müller-Using 1934: 512.
146 Ebd.
147 Siehe u.a. Fricke 1991.
148 Siehe ebd.
149 Vgl. Lewy 2001: 19.
150 Siehe Bauer 2008.
151 Siehe Andree 1906.
152 Siehe auch Karanikas 1931.
153 Zimmermann 1992a: 346. Siehe auch Schenk 1994.
154 Schoetensack 1926: 343.
155 Ebd.: 358.
156 Für die nationalsozialistische Vernichtungspolitik gegen Zigeuner sind die Forschungen des Historikers Michael Zimmermann (1992a, 1992b, 1996) grundlegend. Einen sehr instruktiven Überblick gibt er in Zimmermann 2003. Für Österreich siehe Thurner 1983.
157 Vgl. Zimmermann 1992a: 351.
158 Mayerhofer 1987: 39.
159 Siehe Byer 1995: 69.
160 Zimmermann 1992a: 354.
161 Krämer 1937: 33.

162 Zimmermann 1992a: 356.
163 Block 1936.
164 Ritter 1936: 717.
165 Vgl. ebd.
166 Bartels/Brun 1943: 173.
167 Ebd.: 174.
168 Zit. n. Zimmermann 2003: 120.
169 Siehe Riechert 1995.
170 Zimmermann 1992a: 363.
171 Vgl. Zimmermann 2003: 126. Dort auch Versuch, die Zahl der insgesamt umgebrachten Roma zu schätzen.
172 Zu diesem Ergebnis gelangt das Gutachten von Martin Holler: Holler 2009.
173 Siehe Pokorný 1942, der für Internierung plädiert, aber der Frage nach der ›Endlösung‹ ausweicht.
174 Vgl. Zimmermann 2003: 123.
175 Ebd.: 138.
176 Vgl. ebd.: 136f.

2. Menschenbrüder. Figuren der Annäherung in Deutschland, Spanien und der Sowjetunion

1 Gog 2009: 220f.
2 Siehe Fähnders 2009: 9-23.
3 Mühsam 2009: 173.
4 Ebd.: 170.
5 Ebd.: 172.
6 Ebd.
7 Ebd.: 173.
8 Vgl. Fähnders 2009: 16.
9 Vgl. ebd.: 17.
10 Vgl. ebd.
11 Gog 2009: 221.
12 Siehe Trappmann 1980: 15.
13 Graf 2009: 33
14 Baumeister 1980: 46f.
15 Siehe u.a. Spicker 1976.
16 So Sonka (Hugo Sonnenschein, 1889-1953) 1930. Sonka 2009: 239.
17 *Fahrende Leute* lautet der Titel eines Unterhaltungsromans von Hans Hyan (Berlin 1931) aus dem Ullstein Verlag.
18 Hesse 1975: 72.
19 Ebd.
20 Ebd.: 91.
21 Siehe Trappmann 1980 u. Fähnders/Zimpel 2009.
22 Dazu Trappmann 1980: 366.
23 Siehe ebd.: 23.
24 Mihaly 1980: 300.

25 Mihaly 2009: 144.
26 Anonym 1928: 5.
27 Siehe Sanguessa 1929: 26.
28 Ebd.
29 Ebd.: 32.
30 Ebenfalls die Schreibweise Frida. Eigentlich Sophie Marianne Plinzner. Nach ihrer Heirat 1914 veröffentlicht sie auch unter dem Namen Zeller-Plinzner.
31 Plinzner 1912: 5.
32 Plinzner [1914]: 4.
33 Ebd.: 8.
34 Ebd.: 9.
35 Plinzner [1930]: 8.
36 Ebd.: 16.
37 Ebd.: 26.
38 Ebd.: 37.
39 Ebd.: 23.
40 Ebd.: 32.
41 Ebd.: 48.
42 Ebd.: 51.
43 Ebd.: 53.
44 Zeller-Plinzner 1934: 5.
45 Ebd.
46 Ebd.
47 Ebd.: 25. Plinzner variiert die Schreibweise der Namen, da sie Gehörtes verschriftlicht.
48 Ebd.: 30.
49 Ebd.: 31.
50 Siehe Rosenhaft 2005.
51 Michalsky-Knak [1935]: 40.
52 Ebd.: 2.
53 Ebd.: 15.
54 Ebd.: 15 f.
55 Traub 1915.
56 Redern 1924: 12.
57 Koenneritz [1935].
58 Siehe Fings/Sparing 2005: 161-170. Eine seiner Schülerinnnen, Anna Reinhardt, erinnert sich noch in den neunziger Jahren an ihn. (Siehe Strauß [2000]: 39.)
59 Weitershagen 1932: 289.
60 Ebd.: 292.
61 Ebd.: 295.
62 Ebd.: 296.
63 Ebd.: 299.
64 Mihaly 1930: 71.
65 Ebd.: 78.
66 Ebd.: 157.
67 Er erscheint zuerst 1942 in Zürich, nach dem Krieg 1959 in der DDR in Leipzig und 1982 unter dem Titel *Gesucht: Stepan Varesku* in der Bundesrepublik im Lamuv Verlag in Köln.

68 Berthold/Eckert/Wende 1993: 394.

69 Zu Wedding siehe Blumesberger/Seibert 2007.

70 Siehe Rohrwasser 1975. Rohrwasser erwähnt den Roman von Wedding nicht.

71 Vgl. Wedding 1964: 5-11.

72 Vgl. ebd.: 6.

73 Siehe Gilsenbach 1985. Weitere Lebensspuren finden sich in den Aufnahmen des Fotografen Hanns Weltzel aus den 1930er Jahren. Siehe Rosenhaft 2005 und Gilsenbach 2000. Den Nachlass Weddings hat ausgewertet Neubauer 2007.

74 Vgl. Quintana/Floyd 1984: 50. Bei den folgenden Ausführungen stütze ich mich in erster Linie auf dieses Buch und die Arbeiten von Krüger 2001 und Charnon-Deutsch 2004, die beste Studie über die Darstellung der spanischen Zigeuner in der europäischen Literatur.

75 So übersetzt von Enrique Beck. Lorca 1984.

76 Siehe Quintana/Floyd 1984: 51.

77 Krüger 2001: 112.

78 Ebd.: 113.

79 Ebd.

80 Zu Lorca siehe Lohnes 1998.

81 Vgl. Krüger 2001: 114.

82 Vgl. Quintana/Floyd 1984: 60.

83 Vgl. Manuel 1998: 176.

84 Vgl. Quintana/Floyd 1984: 60.

85 Vgl. Manuel 1998: 177.

86 Vgl. ebd.

87 Vgl. ebd.: 179.

88 Vgl. ebd.: 178.

89 Vgl. Charnon-Deutsch 2004: 180.

90 Vgl. ebd.: 181.

91 Vgl. ebd.: 187.

92 Vgl. ebd.: 191.

93 Vgl. ebd.: 204.

94 Vgl. Krüger 2001: 115.

95 Vgl. Quintana/Floyd 1984: 53.

96 Vgl. ebd.: 60.

97 Ebd.: 67.

98 Vgl. Krüger 2001: 44.

99 Vgl. Quintana/Floyd 1984: 69.

100 Vgl. Krüger 2001: 123.

101 *Der Cante Jondo. Andalusischer Urgesang*, in: Lorca 1984: 103.

102 Ebd.: 110.

103 Vgl. ebd.: 101.

104 Vgl. Quintana/Floyd 1984: 51.

105 Vgl. ebd.: 59.

106 Lorca zit. n. Koppenfels 2002: 112.

107 Siehe dazu Crosbie 1982: 88.

108 *Romanze vom schwarzen Elend*, in: Lorca 2002: 39.

109 *Romanze von der Guardia Civil*, in: Lorca 2002: 75.

110 Ebd.: 83.
111 Im Folgenden greife ich vor allem auf die Studien von Demeter/Bessonov/ Kutenkov 2000 und Zimmermann 1999, Zimmermann 2007 und Kuznetsova/ Gilsenbach 1994 zurück.
112 *Zigeuner aller Länder, vereinigt Euch!*, in: Kisch 1980.
113 Ebd.: 122.
114 Ebd.
115 Siehe Lemon 2000: 171.
116 *Zigeuner aller Länder, vereinigt Euch!*, in: Kisch 1980: 123.
117 Ebd.
118 Ebd.: 124.
119 Seton 1935.
120 Vgl. ebd.: 66.
121 Vgl. ebd.: 167.
122 Vgl. ebd.: 70.
123 Siehe Lemon 2000.

3. ›Genosse Zigeuner‹. Befreiung und Zwangsansiedlung in der Literatur der sozialistischen Länder

1 Messetschkow o. J.: 20.
2 Ebd.: 165.
3 Ebd.: 193.
4 Ebd.: 273.
5 Ebd.: 278.
6 So Barany 2002: 114.
7 Vgl. ebd.
8 Siehe Marushiakova/Popov 1997; Crowe 2007; Tcherenkov/Laederich 2004; Barany 2002.
9 Marushiakova/Popov 2007: 129. Siehe zudem S. 129-131.
10 Siehe Barany 2002: 101.
11 Vgl. Marushiakova/Popov 2007: 138.
12 Vgl. ebd.: 141.
13 Ebd.: 140.
14 Siehe ebd.: 143 f.
15 Siehe ebd.: 146-148.
16 Vgl. Barany 2002: 16.
17 Siehe ebd.: 117.
18 Sekera 1956: 103.
19 Ebd.: 148.
20 Ebd.: 141.
21 Ebd.: 144.
22 Die Informationen, die im Roman gegeben werden, stammen vermutlich aus der Reportage von Kisch 1980.
23 Sekera 1956: 208.
24 Ebd.: 292.

25 Ebd.: 439.
26 Ebd.: 859.
27 Siehe Vladu/Kleinschmidt 2009.
28 Ausführlich bei Ioanid 2000: 225.
29 Vgl. ebd.: 226.
30 Vgl. ebd.: 235f. Es gibt andere Berechnungen, die jedoch nicht wesentlich davon abweichen.
31 So Ries 2007: 348-356.
32 Man spricht von 14 bis zu 48. Siehe ebd.
33 Stancu 1971: 84-87.
34 Ebd.: 211.
35 Ebd.: 241.
36 Ebd.: 342.
37 Stewart 2007: 175.
38 Siehe auch Barany 2002: 121f.
39 Stewart 2007: 187.
40 Vgl. ebd.: 200.
41 Ebd.: 194.
42 So ebd.: 192.
43 Ins Deutsche übersetzt wurde ebenfalls sein Erzählband *Csandras Karren* (1984).
44 Lakatos 1980: 7.
45 Ebd.: 36.
46 Ebd.: 37.
47 Ebd.: 72.
48 Ebd.: 95.
49 Ebd.: 113.
50 Ebd.: 114.
51 Ebd.: 162.
52 Ebd.
53 Ebd.: 168.
54 Ebd.: 209.
55 Jónás 2006: 15.
56 Ebd.: 18.
57 Ebd.: 129f.
58 Ebd.: 109.
59 Ebd.: 79.
60 Ebd.: 63.
61 Gauß 2004: 66.
62 Ebd.: 18.
63 Ebd.: 20.
64 Ebd.: 24.
65 Ebd.: 29.
66 Ebd.: 31.
67 Ebd.: 35.
68 Ebd.: 40.
69 Siehe ebd.: 28.

70 Ebd.: 78.
71 Ebd.: 79.
72 Ebd.: 81.
73 Ebd.: 92.
74 Ebd.: 93.
75 Ebd.
76 Ebd.: 94.
77 Ebd.: 99.
78 Ebd.: 102.
79 Siehe Wordsworth 1935.
80 Siehe Bogdal 1991: 35-47.
81 *Ohne Stimme*, in: Grass 2000: 40.
82 Foucault 1977: 230.

4. Geisternomaden – Schattenleben.
Zigeuner in der europäischen Literatur nach 1945

1 Genet 2006: 223 f.
2 Ebd.: 224.
3 Ebd.: 225.
4 Ebd.: 228.
5 Ebd.: 230.
6 Ebd.
7 Ebd.: 229.
8 Siehe ebd.: 233.
9 Ebd.: 234.
10 Adler 1957: 453.
11 Cendrars 1963: 73.
12 Ebd.: 92.
13 Ebd.: 91.
14 Ebd.: 10.
15 Ebd.: 271.
16 Siehe Blyton [1988].
17 Dostal 1957: 281.
18 Zit. n. Margalit 2007: 485.
19 Vgl. ebd.: 483.
20 Siehe Margalit 2001.
21 Margalit 2007: 484.
22 Vgl. ebd.: 408.
23 Schulte 1967: 366.
24 Ebd.
25 Berbüsse 1992: 119.
26 Siehe ebd.: 128.
27 Döring 1964 zit. n. Berbüsse 1992: 127.
28 Zit. n. Margalit 2007: 491.
29 Siehe dazu u. a. Hudemann 1998 u. Margalit 2001.

30 Zit. n. Margalit 2007: 501.
31 Buchheim 1958 u. Döring 1964.
32 Siehe auch Solms 2006: 39-69.
33 Hamao/Marchetto 2006: 26.
34 Ebd.: 17.
35 Ebd.: 22.
36 Siehe auch Hille 2005: 116-118.
37 Escher/Petersen 2009: 51.
38 Ebd.: 52.
39 Saiko 1968: 90f.
40 Ebd.: 92.
41 Saiko spielt auf eine spektakuläre Giftmordserie an, die sich in den zwanziger Jahren in Ungarn ereignete.
42 Rothmann 2007: 99.
43 Ebd.
44 Ebd.: 103.
45 Scheib/Walser 1989: 22.
46 Ebd.: 20.
47 Ebd.: 139.
48 Siehe ebd.: 165, 173.
49 Siehe auch Hille 2005: 108.
50 Aubanel 1960: 9.
51 Ebd.: 48.
52 Ebd.: 46.
53 Ebd.: 47.
54 Drechsler 1957: 356.
55 Langhans-Maync 1964: 460.
56 Ebd.
57 Ebd.: 487.
58 Pöllot 1972: 15.
59 Ebd.: 23.
60 Starkie 1957: 18.
61 Ebd.: 248.
62 Siehe auch Hille 2005: 135-145.
63 Die Fortsetzung *Arpad reitet wieder* erscheint 1974.
64 Siehe auch Hille 2005: 126-133.
65 Cramer 1961: 166.
66 Ebd.: 270.
67 Ebd.: 287.
68 Ebd.: 268.
69 Grass 1990: 42.
70 Schnurre 1988a.
71 *Der fremde Knabe*, in: Rinser 1961: 41.
72 Siehe Hille 2005: 188f.
73 Siehe Brittnacher 2008.
74 Schnurre 1988b: 18.
75 *Glanz und Elend der Zigeuner*, in: Molitor 1947a.

76 Molitor 1947b.
77 Siehe Stern 1991.
78 *Glanz und Elend der Zigeuner,* in: Molitor 1947a: 78.
79 Ebd.: 79.
80 Ebd.: 78.
81 Siehe auch Hille 2005: 146-148.
82 Wittkop 1964: 94.
83 Ebd.
84 Ebd.: 95.
85 Ebd.: 96.
86 Ebd.
87 Ebd.
88 Ebd.: 97.
89 Siehe Földes 1948: 247.
90 Ebd.: 176f.
91 Ebd.: 279.
92 Riva 2000: 657f.
93 Ebd.: 658.
94 *Hundejahre,* in: Grass 1987a: 258.
95 Ebd.: 263.
96 Ebd.: 544.
97 Grass 1987b: 569.
98 Ebd.: 571.
99 *Wie ich zum Stifter wurde,* in: Grass 2000: 21.
100 Ebd.: 13.
101 Siehe Mann 1983: 403.
102 Angela Mettbach, in: Strauß [2000]: 103.
103 Pankok 1958: 5.
104 Ebd.: 15.
105 Siehe *Die Zigeuner,* in: Čep 2003.
106 Bobrowski 1964: 75f.
107 Fuchs [1956]: 5.
108 *Zigeunertriptychon in Memoriam,* in: Fuchs [1956]: 43.
109 Mulisch 1993: 105.
110 Ebd.: 107.
111 *Die Zigeunerin,* in: Kerschbaumer 1986: 98.
112 *Das Herz des Anderen erkunden.* Colum McCann spricht über die Bindung an Irland, über die USA und über seinen neuen Roman, in: NZZ Online. www.nzz.ch/2007/03/03/li/article/XX2S.html.
113 In deutscher Übersetzung: Fonseca 1996.
114 Ficowski 1956.
115 McCann 2007: 23.
116 Siehe ebd.: 48.
117 Ebd.: 163.
118 Siehe ebd.: 209f.
119 Ebd.: 279-281.
120 Ebd.: 343.

121 Ebd.: 378.
122 Ebd.: 20.
123 Siehe ebd.: 15, 251.
124 Ebd.: 322.
125 Siehe ebd.: 99.
126 Es wäre sicher interessant, an anderer Stelle dieser Figur und ihrem Vorbild, dem polnisch-jüdischen Dichter Julian Tuwim (1894-1953), genauer nachzugehen.
127 McCann 2007: 381.
128 Vgl. Yoors 1967 u. 1971.

5. Mit eigener Stimme. Erinnerungsliteratur der Sinti und Roma

1 Maria Siegler, in: Strauß [2000]: 161.
2 Stojka 1988: 98.
3 Brumlik 1996: 181. Zum Verhältnis der Generationen siehe Bar-On 1997.
4 Vgl. Megel 1986: 189.
5 Brumlik 1996: 183.
6 Stojka 1988: 104.
7 *Antwort auf eine Frage*, in: Foucault 2001: 875.
8 Krausnick 1993: 7 (Vorwort).
9 Ebd.: 8 (Vorwort).
10 Rosenberg 1998.
11 Tuckermann 2005.
12 *Ich sehe das Unerträgliche*, in: Foucault: 2002: 250.
13 Siehe *Po židoch cigáni*. Hübschmannová 2005.
14 Siehe Begley 2008.
15 Krokowski 2001.
16 Vgl. ebd.: 177.
17 Ebd.: 114.
18 Ebd.
19 Ebd.: 146-150.
20 Ebd.: 150-152.
21 Ilona u. Reinhold Lagrene, in: Strauß [2000]: 15.
22 Siehe Taikon 1996-2001.
23 Siehe Mossa 1992.
24 Siehe Wang 1996.
25 Adelsberger 1956: 5.
26 Ebd.: 44f.
27 Ebd.: 45.
28 Ebd.: 58.
29 Ebd.: 55.
30 Ebd.: 81.
31 Ebd.: 46.
32 Ebd.: 75.
33 Ebd.: 109.
34 Ebd.: 65.

35 Adler 1957: 361.
36 Siehe ebd.: 359.
37 Ebd.: 382.
38 Siehe ebd.: 450.
39 Siehe ebd.: 454.
40 Ebd.: 455.
41 Eine der frühesten Sammlungen stammt von Michael Krausnick, »Da wollten wir frei sein!« (1993).
42 Sophie Trapp, in: Strauß [2000]: 218.
43 Anna Dörr, in: Strauß [2000]: 43.
44 Margot Bern, in: Strauß [2000]: 30.
45 Anna Dörr, in: Strauß [2000]: 49.
46 Maria Winter, in: Strauß [2000]: 252.
47 Herbert Birkenfelder, in: Strauß [2000]: 35.
48 Siehe Dronja Peter, in: Krausnick 1993: 119.
49 Zu den österreichischen Roma siehe Schneller 2006.
50 Siehe Malinowski 2003: 28.
51 Vgl. Rosenberg 1998: 24-26.
52 Siehe Reinhardt 2008: 122.
53 Siehe Lore Georg, in: Strauß [2000]: 73.
54 Franz 1985: 44.
55 Siehe u. a. Margot Bern, in: Strauß [2000]: 31.
56 Sophie Trapp, in: Strauß [2000]: 219.
57 Malinowski 2003: 87.
58 Siehe die Erinnerung der 1896 geborenen Elisabeth Kreutz, in: Krausnick 1993: 19.
59 Zit. n. Renner 1997: 25.
60 Rosenberg 1998: 17.
61 Dronja Peter, in: Krausnick 1999: 128.
62 Tschawo 1984: 2.
63 Franz 1985: 8.
64 Ebd.: 15.
65 Ebd.: 30.
66 Ebd.: 35.
67 Ebd.: 63.
68 Siehe auch Otto Rosenberg: »Bei dem saß ein Sinto, der mit seiner Familie in Marzahn in einem Wohnwagen lebte und Karsten alles zutrug.« (Rosenberg 1998: 47.)
69 Winter 1999: 55 f.
70 Schmid 2004: 83.
71 Ebd.: 68.
72 Ebd.: 75.
73 Ebd.: 80.
74 Ebd.: 81.
75 Ebd.: 85.
76 Ebd.: 77.
77 Siehe ebd.: 121.

78 Ebd.: 113.
79 Ebd.: 132.
80 Ebd.: 127.
81 Malinowski 2003: 61.
82 Ebd.: 62.
83 Müller 2002: 6.
84 Ebd.
85 Ebd.: 40f.
86 Ebd.: 132.
87 Ebd.: 176.
88 Siehe ebd.: 181f.
89 Siehe Rosenberg 1998: 49.
90 Siehe ebd.: 98f.
91 Ebd.: 67.
92 Rosenberg 2006: 19.
93 Ebd.: 12.
94 Ebd.: 15.
95 Ebd.: 74.
96 Ebd.: 85.
97 Zur Situation der Münchener Sinti siehe Eiber 1993.
98 Tuckermann 2005: 241.
99 Ebd.: 240.
100 Vgl. Adelsberger 1956: 14.
101 Tuckermann 2005: 203.
102 Ebd.: 205.
103 Wohlwend 2006.
104 Reinhardt 2008: 19.
105 Ebd.: 167.
106 Ebd.: 47.
107 Ebd.: 175.
108 Ebd.: 226.
109 Ebd.: 196.
110 Ebd.: 188f.
111 Siehe Schmidt 2007: 26.
112 Siehe ebd.: 46.
113 Siehe ebd.: 47.
114 Siehe ebd.: 102.
115 Ebd.: 82.
116 Dokumentationszentrum Deutscher Sinti und Roma in Heidelberg.
117 Bogdal 2007b: 169.
118 Siehe Hemetek/Heinschink 1992.
119 Siehe Eder 1993: 92-103.
120 Djurić 1989; Jovanović 2006.
121 Wander 1978. Sie stammen aus einer im Leipziger Reclam Verlag erschienenen Anthologie. Siehe Uhlik/Radičević 1977: 11.
122 Siehe Ficowski 1985.
123 Anonym 1986.

124 Siehe Voříšková 1967.
125 Bartos 1976.
126 Ebd.; Csenki 1980; Erdész/Futaky 1996.
127 Aichele/Block 1993; Mode 1991; Anonym 1976; Djurić 1997.
128 Tillhagen 1973.
129 Siehe Franz 1982.
130 Groome 1963.
131 Siehe Ficowski 1992: 196-207.
132 *Zigeunerlied aus Papuschas Kopf gefertigt*, in: Wolff 1992: 7-9.
133 *Blutige Tränen. Was wir unter den Deutschen in Wolhynien im 43. und 44. Jahr erduldet*, in: Wolff 1992: 33.
134 Siehe auch die Erinnerungen des Predigers Cossec 1991 und Cossec 1966.
135 Siehe Chorinsky 2006: 9.
136 Ebd.: 44.
137 Siehe ebd.: 11.
138 Ebd.: 16.
139 Maximoff 1969: 6f.
140 Ebd.: 8.
141 Maximoff 1988: 89.
142 Siehe ebd.: 171. Eine vergleichbare Situation wird in mehreren KZ-Erinnerungen als Beispiel für die Widerstandsbereitschaft geschildert.

Epilog

1 Agamben 2002: 180.

Literaturverzeichnis

Ab Hortis, Samuel Augustini (1995): Cigani v Uhorsku. Zigeuner in Ungarn. Bratislava.

Adelsberger, Lucie (1956): Auschwitz. Ein Tatsachenbericht. Das Vermächtnis der Opfer für uns Juden und für alle Menschen. Berlin.

Adler, Marta (1957): Mein Schicksal waren die Zigeuner. Ein Lebensbericht. Hg. v. R. A. Stemmle. Bremen.

Adolay, Eduard (1872): Die Böhämmer. Eine Dorfchronik. Berlin.

Agamben, Giorgio (2002): Homo sacer. Frankfurt a. M.

Aichele, Hermann (1912a): Die Zigeuner in der Vergangenheit, namentlich Württembergs. In: Besondere Beilage des Staats-Anzeigers für Württemberg, 4, den 15. März 1912. S. 49-55 u. 5, den 1. April 1912. S. 65-70.

– (1912b): Die Zigeunerfrage. In: Zeitschrift für die freiwillige Gerichtsbarkeit und die Gemeindeverwaltung in Württemberg 54, 1. S. 19-26 u. 54, 2. S. 50-56.

Aichele, Walther/Martin Block (Hg.) (1993): Märchen der Zigeuner. Reinbek b. Hamburg.

Alcalá Yáñez, Jerónimo de (1980): Alonso, mozo de muchos amos o el donado hablador. Madrid.

Alexander Graf von Württemberg (1841): Gesammelte Gedichte. Stuttgart/Tübingen.

Alfaro, Antonio Gómez (1998): Die große Razzia gegen die Gitanos. Die kollektive Gefangennahme der spanischen Gitanos im Jahre 1749. Berlin.

Al-Matary, Sarah (2008): L'archéologie verbale de Prosper Mérimée: du mythe personnel au mythe scientifique. In: Sarga Moussa (Hg.): La mythe des Bohémiens dans la littérature et les arts en Europe. Paris. S. 127-147.

Alscher, Otto (1905): Zigeunersehnsucht. In: Vom Fels zum Meer. Spemann's illustrirte Zeitschrift für das Deutsche Haus 24. S. 885-890.

– (1909): Ich bin ein Flüchtling. Berlin.

– (1914): Zigeuner. München.

– (1970): Gogan und das Tier. Bukarest.

Althammer, Beate (2010): Der Vagabund. Zur diskursiven Konstruktion eines Gefahrenpotentials im späten 19. und frühen 20. Jahrhundert. In: Karl Härter/Gerhard Sälter/Eva Wiebel (Hg.): Repräsentationen von Kriminalität und öffentlicher Sicherheit. Bilder, Vorstellungen und Diskurse vom 16. bis zum 20. Jahrhundert. Frankfurt a. M. S. 415-453.

Andersen, Hans Christian (1857): Gesammelte Werke, Bd. 39: Sein oder nicht sein. Erster Theil. Leipzig.

– (1982): Nur ein Spielmann. Stuttgart.

Andersen-Nexö, Martin (1964): Die Zigeuner. In: Adalbert Keil (Hg.): Zigeunergeschichten. Wien/München/Basel. S. 57-74.

Andreä, Friedrich Christian (1846): Die Todten-Gebräuche der verschiedenen Völker der Vor- und Jetztzeit. Leipzig.

Andree, Richard (1906): Die Zigeuner in Bayern. In: Korrespondenz-Blatt der Deutschen Gesellschaft für Anthropologie, Ethnologie und Urgeschichte 37, 1. S. 1-4.

Andrew, Joe (1990): ›I Die Loving‹: Narrative, Desire and Gender in Puškin's The Gipsies. In: Eric de Haard/T. Langerak/W. G. Weststeijn (Hg.): Semantic Analysis of Literary Texts. Amsterdam/New York. S. 13-23.

Anonym (o. J. a): Leben, Thaten und Ende des berühmten Zigeuner- & Räuberhauptmannes Hannickel. Ein Bild aus dem Räuber-, Gauner- und Zigeunerwesen des 18. Jahrhunderts. Neue Aufl. Reutlingen.

Anonym (o. J. b): Hannikel, oder die Räuber- und Mörderbande, welche in Sulz am Nekar in Verhaft genommen und am 17ten Jul. 1787. daselbst justificirt worden […]. Tübingen.

Anonym (o. J. c): Cartel zu der Frauen-Zimmer-Zigeuner-Masquerade. Welche Auff dem Chur-Fürstl. Sächß. Schlosse zu Dreßden / den 22. Februarii, 1678. in dem Eck-Gemache […]. Dresden.

Anoynm (o. J. d): Gespräch bey dem angestellten Carneval des weit-berühmten Cartouche, zwischen Hemperla und Gabriel, zweyer bekandten Spitzbuben […]. Frankfurt/Leipzig.

Anonym (1587): Historia von D. Johañ Fausten / dem weitbeschreyten Zauberer und Schwartzkünstler […]. Frankfurt a. M.

Anonym (1680): Necho von Alkair aus Egypten / ein geborner Ziegeuner / Redet in diesem Kalender / So nach Alter und Neuer Zeit Auff das Schalt-Jahr nach der heiligen Geburt […]. Altenburg.

Anonym (1684): Johann Friedrich Markgraf zu Brandenburg. Markgräflich Brandenburgische Verordnungen: ex anno 1679-1904: Verordnung 44: Verordnung, die Zigeuner betreffend. Onolzbach.

Anonym (1685): Serenissimi Rudolph-Augusti. Abermahl renovirtes Verboht wegen der Ziegeuner und Tartarn. Wolffenbüttel.

Anonym [1690]: Der Scheeren-Schleiffer / Bey der Wirthschafft / zu Cölln an der Spree / am 7. Januar. 1690. o. O. o. J.

Anonym (1701): Jactuose Vagantes Subnigri Mole stiqve Circulatores, Das ist / Die Jezuweilen Vmbher Streichende Migranten, Cingaren, Tattern / oder Ziegeuner […]. Leipzig.

Anonym (1702): Von Gottes Genaden / Wir Maximilian Emanuel / in Ober: und Nidern Bayrn / auch der Obern Pfaltz Hertzog / Pfalzgraf den Rhein / deß Heil. Röm. Reichs Ertz-Truchseß […]. München.

Anonym (1709): Demnach Fürsten und Stände des Löbl. Fränckischen Craises schon von geraumer Zeit wahrgenommen […]. Nürnberg.

Anonym (1714): Ernstliches Edictum Wider Die Ziegeiner / Landstreicher / starcke Bettler / Spitzbuben / Gaudiebe / Beutelschneider / Glückstöpffer / Taschenspieler […]. Berlin.

Anonym (1721): Leben und Thaten Deß Welt-berüchtigten Spitzbuben Louis Dominiqve Cartouche und seiner Cameraden […]. 2. Edition, aufs neue übersehen / und an einigen Orten vermehrt. o. O.

Anonym (1725a): Gypsies. In: A New Canting Dictionary: Comprehending All the Terms, Ancient and Modern, Used in the Several Tribes of Gypsies, Beggars, Shoplifters […]. London. Unpaginiert [S. 59-62].

Anonym (1725b): Edict. Daß die Zigeuner / So im Lande betreten werden / Und 18. Jahr und darüber alt seyn / Ohne Gnade mit dem Galgen bestraffet […]. Berlin.

Anonym (1730): Besonders-Curieuses Gespräch In dem Reiche derer Todten, Zwischen Zweyen im Reiche de Lebendigen weitberuffenen und bekannten, Ziegeuner-Spitzbuben [...]. Hamburg.

Anonym (1733): Zuverläßige und Actenmäßige Nachricht von dem famosen Ziegeuner Antoine la Grave vulgo Grossen Galantho [...]. Gießen.

Anonym (1739): Ausserordentliches Gespräch im Reiche der Lebendigen zwischen einen redlichen Mann Antenor und einen Theologischen Zigeuner, Androphilus [...]. Frankfurt/Leipzig.

Anonym (1755): Rotwellsche Grammatik, oder Sprachkunst, Das ist: Anweisung wie man diese Sprache in wenig Stunden erlernen, reden, und verstehen möge [...]. Frankfurt a. M.

Anonym (1756): Versuch einer Beschreibung historischer und natürlicher Merkwürdigkeiten der Landschaft Basel. XVI. Stück. Von Ramstein, Bretzweil, Regotzweil und Lauweil. Basel.

Anonym (1770a): Des Löbl. Fränckischen Creises anderweit verneuert – und geschärftes Poenal Patent, wider Das Diebs-Räuberisch-Zigeuner-Jaunerisch-Herrenloses und anderes Bettel-Gesind. Nürnberg.

Anonym [1770b]: Sammlung Fürstlich Hessischer Landes-Ordnungen und Ausschreiben [...]. [Hg. v. Christoph Ludwig Kleinschmidt]. Zweyter Theil [...]. Kassel. o. J.

Anonym (1770c): Die schöne Zigeunerinn, Das ist die merkwürdige Geschichte der Prinzessinn Zaina, einer gebohrnen Aegypterinn [...]. Erster Theil. Augsburg/Leipzig.

Anonym (1788): Ueber Zigeuner, Zigeuner-Sitten-Staat und Besserung. In: Magazin von und für Schwaben. Memmingen.

Anonym [= W. v. G.] (1818): Meg-Merrilies, die Zigeunerin oder Guy-Mannering, der Sterndeuter. Schauspiel nach dem englischen Roman dieses Namens in fünf Aufzügen. Liegnitz.

Anonym (1822): The Gypsies; or a Narrative, in Three Parts, of Several Communications with That Wandering and Scattered People [...]. York.

Anonym (1838): Der alte Zigeuner. Eine Skizze. In: Der Freihafen. Gallerie von Unterhaltungsbildern aus den Kreisen der Literatur, Gesellschaft und Wissenschaft, 2. Altona. S. 150-164.

Anonym (1904): In der Wassermühle. In: Des Lahrer Hinkenden Boten neuer historischer Kalender für den Bürger und Landmann auf das Schaltjahr 1904 (104. Jahrgang). Lahr in Baden. S. 82-92.

Anonym (1928): Die alles verschlingende Gier des Kapitalismus hat auch die Romantik des Zigeunerlebens gefressen. In: Arbeiter-Illustrierte-Zeitung.

Anonym [= Rdt.] (1934): Die Zigeuner und die Jagd. In: Deutsches Weidwerk 39, 23. S. 651-653.

Anonym (1976): Märchen der Zigeuner. Von Wales bis Transsylvanien. Düsseldorf/Köln.

Anonym (1986): Der Nachtvogel. Zigeunermärchen aus Rußland. Ausgewählt von Claudia Ebert. Berlin.

Anonym (1992): Jetzt geht's los: Heim für Heim. In: Stern 45, 37. S. 21 f.

Areco, Victor [1911]: Das Liebesleben der Zigeuner. Leipzig. o. J.

Arendt, Hannah (1959): Rahel Varnhagen. Lebensgeschichte einer deutschen Jüdin aus der Romantik. München.

Arent, Wilhelm (1891): Violen der Nacht. Ein Liederbuch. Berlin.

Arnim, Achim von (1963): Sämtliche Romane und Erzählungen, Bd. 2. Hg. v. Walter Migge. München.

- (1991): Erzählungen. Hg. v. Gisela Henckmann. Stuttgart.

- (2002): Sämtliche Romane und Erzählungen, Bd. 1. Hg. v. Walther Migge. Darmstadt.

-/Clemens Brentano (2007): Des Knaben Wunderhorn. Alte deutsche Lieder. Hg. v. Heinz Rölleke. 2. Aufl. Frankfurt a. M./Leipzig.

Asbóth, Oskar (1879): Eine Skizze aus dem Zigeunerleben. In: Globus. Illustrirte Zeitschrift für Länder und Völkerkunde 36. S. 89-93.

Ascoli, Graciadio Jesaia (1865): Zigeunerisches. Halle.

Asséo, Henriette (1974): Marginalité et exclusion. Le traitement administratif des Bohémiens. In: Robert Mandrou (Hg.): Henriette Asséo: Marginalité et exclusion. Le traitement administratif des Bohémiens. Jean-Pierre Vittu: Public et folies dramatiques. La comédie française (1680-1716). Paris. S. 9-87.

Aubanel, Henry (1960): Wilde Camargue. Bild und Geschichte einer urtümlichen Landschaft. Hg. v. Karl Rinderknecht. Bern/Stuttgart/Wien.

Aubin, Hermann (1965): Grundlagen und Perspektiven geschichtlicher Kulturraumforschung und Kulturmorphologie. Hg. v. Franz Petri. Bonn.

Augusti, Brigitte [1905]: Miriam, das Zigeunerkind. Nach Jos. Colombs Werk: La fille des Bohémiens. Für die deutsche Jugend bearbeitet. Leipzig. o. J.

Austen, Jane (1988): Emma. Stuttgart.

Avé-Lallemant, Friedrich Christian Benedict [1858]: Das deutsche Gaunertum in seiner sozialpolitischen, literarischen und linguistischen Ausbildung zu seinem heutigen Bestande. Wiesbaden. o. J.

- (1872): Die herumziehenden Zigeunerbanden in Deutschland. In: Daheim. Ein deutsches Familienblatt mit Illustrationen, 8. Leipzig. S. 774-776.

Banse, Ewald (1923): Abendland, Morgenland und Mittagsland. Darlegungen in seelischer Geographie. Braunschweig/Hamburg.

- (1934): Was der Deutsche vom Auslande wissen muß. Eine weltkundliche Fibel. 1.-2. Aufl. Leipzig.

Barany, Zoltan (2002): The East European Gypsies. Regime Change, Marginality and Ethnopolitics. Cambridge.

Barkhaus, Annette (1993): Rasse. Zur Konstruktion des Begriffs im anthropologischen Diskurs der Aufklärung. Dissertation Konstanz.

Bar-On, Dan (1997): Furcht und Hoffnung. Von den Überlebenden zu den Enkeln – Drei Generationen des Holocaust. Hamburg.

Bartels, Erik D./Gudrun Brun (1943): Gipsies in Denmark. A Social-Biological Study. Kopenhagen.

Bartos, Tibor (1976): Zigeunermärchen aus Ungarn. Frankfurt a. M.

Bastian, Adolf (1881): Die Vorgeschichte der Ethnologie. Berlin.

- (1884): Allgemeine Grundzüge der Ethnologie. Prolegomena zur Begründung einer naturwissenschaftlichen Psychologie auf dem Material des Völkergedankens. Berlin.

Bauer, Stephan (2006): Von Dillmanns Zigeunerbuch zum BKA. 100 Jahre Erfassung und Verfolgung der Sinti und Roma in Deutschland. Heidenheim.

Bauman, Zygmunt (1992): Dialektik der Ordnung. Die Moderne und der Holocaust. Hamburg.

Baumann, Imanuel (2006): Dem Verbrechen auf der Spur. Eine Geschichte der Kriminologie und Kriminalpolitik in Deutschland 1880 bis 1980. Göttingen.

Baumeister, W. (1980): Strandgut des Lebens. In: Klaus Trappmann (Hg.): Landstrasse, Kunden, Vagabunden. Berlin. S. 46 f.

Bayley, John (1971): Pushkin. A Comparative Commentary. Cambridge.

Bebel, August (1973): Ueber die Verwandtschaftsorganisation der Zigeuner. In: Die Neue Zeit. Revue des geistigen und öffentlichen Lebens 15, 2. Glashütten im Taunus. S. 484-490. (ND von Stuttgart 1897)

Bechstein, Ludwig (1996): Deutsches Märchenbuch. Hg. v. Hans-Heino Ewers. Stuttgart.

Beck, Karl (1844): Gedichte. Neue, durchaus umgearb. und verm. Ausgabe. Berlin.

– (1846): Lieder vom armen Mann. 3., durchges. Aufl. Leipzig.

Becker, August (1978): Das Zigeunerstoffele. Weihnachtsgeschichte aus alter Zeit. Neustadt/Weinstraße u. Landau/Pfalz.

Becker, Peter (1992): Vom »Haltlosen« zur »Bestie«. Das polizeiliche Bild des »Verbrechers« im 19. Jahrhundert. In: Alf Lüdtke (Hg.): »Sicherheit« und »Wohlfahrt«. Polizei, Gesellschaft und Herrschaft im 19. und 20. Jahrhundert. Frankfurt a. M. S. 97-132.

Becker, Thomas (2005): Mann und Weib – schwarz und weiß. Die wissenschaftliche Konstruktion von Geschlecht und Rasse 1650-1900. Frankfurt a. M./New York.

Begley, Louis (2008): Zwischen Fakten und Fiktionen. Heidelberger Poetikvorlesungen. Frankfurt a. M.

Behlmer, George K. (1985): The Gypsy Problem in Victorian England. In: Victorian Studies 28, 2. S. 231-246.

Behr, Isaschar Falkensohn (2002): Gedichte von einem pohlnischen Juden. Hg. v. Gerhard Lauer. St. Ingbert.

Beier, A. L. (1985): Masterless Men. The Vagrancy Problem in England 1560-1640. London/New York.

Bell, Peter/Dirk Suckow (2008): Lebenslinien – Das Handlesemotiv und die Repräsentation von ›Zigeunern‹ in der Kunst des Spätmittelalters und der frühen Neuzeit. In: Herbert Uerlings/Iulia-Karin Patrut (Hg.): ›Zigeuner‹ und Nation. Repräsentation – Inklusion – Exklusion. Frankfurt a. M. S. 493-549.

Berbüsse, Volker (1992): Das Bild »der Zigeuner« in deutschsprachigen kriminologischen Lehrbüchern seit 1949. Eine erste Bestandsaufnahme. In: Wolfgang Benz (Hg.): Jahrbuch für Antisemitismusforschung 1. Frankfurt a. M. S. 117-151.

Bercovici, Konrad (1926a): Ghitza and Other Romances of Gypsy Blood. New York.

– (1926b): Singing Winds. Stories of Gipsy Life. London.

– (1930): The Story of the Gypsies. London/Toronto.

Bergner, Rudolf (1889): Zigeunergeschichten. In: Das Ausland. Wochenschrift für Erd- und Völkerkunde 62, 52. S. 1036-1039.

Berthold, Werner/Brita Eckert/Frank Wende (1993): Deutsche Intellektuelle im Exil. Ihre Akademie und die »American Guild for German Cultural Freedom«. München/London/New York u. a.

Biermann, Wolf (1973): Stillepenn – Schlufflied. In: ders.: Für meine Genossen. Hetzlieder, Balladen, Gedichte. Berlin. S. 67.

[Biester, J. E.] (1793): Ueber die Zigeuner; besonders im Königreich Preußen. In: Berlinische Monatsschrift 21. S. 108-165.

Birck, Thomas (1598): Ehespiegel. Ein sehr lustige und lehrhaffte Comedi / darinnen angezeigt würdt: Wie die Eltern ihre Kinder auffziehen und verheyraten [...]. Tübingen.

Bischoff, Ferdinand (1827): Deutsch-Zigeunerisches Wörterbuch. Ilmenau.

Bitterli, Urs (1976): Die ›Wilden‹ und die ›Zivilisierten‹. Grundzüge einer Geistes- und Kulturgeschichte der europäisch-überseeischen Begegnung. München.

Bizet, Georges (2003): Carmen. Stuttgart.

Blaesing, Bernhard (1910): George Borrow. Dissertation Marburg.

Blicher, Steen Steensen (2007): Der Himmelberg. o. O.

Block, Martin (1936): Zigeuner. Ihr Leben und ihre Seele. Dargestellt auf Grund eigener Reisen und Forschungen. Leipzig.

Blumesberger, Susanne/Ernst Seibert (Hg.) (2007): Alex Wedding (1905-1966) und die proletarische Kinder- und Jugendliteratur. Wien.

Blyton, Enid [1988]: Fünf Freunde und ein Zigeunermädchen. Eine spannende Geschichte für Jungen und Mädchen. München. o. J.

Boas, Wilhelm (1929): Die Zigeunerromantik im englischen Roman. Dissertation Erlangen.

Bobrowski, Johannes (1964): Levins Mühle. 34 Sätze über meinen Großvater. Frankfurt a. M.

Böckelmann, Frank (1998): Die Gelben, die Schwarzen, die Weißen. Frankfurt a. M.

Bodenstedt, Friedrich (1866): Russische Dichter, Bd. 4. Berlin.

Boehm, Max Hildebert (1934): Vom Grenzdeutschen. In: Volksspiegel. Zeitschrift für deutsche Soziologie und Volkswissenschaft 1. S. 20-28.

Boehncke, Heiner/Hans Sarkowicz (Hg.) (1991): Die deutschen Räuberbanden. In Originaldokumenten, Bd. 1.: Die Grossen Räuber. Frankfurt a. M.

Bogdal, Klaus-Michael (1978): »Schaurige Bilder«. Der Arbeiter im Blick des Bürgers am Beispiel des Naturalismus. Frankfurt a. M.

– (1991): Zwischen Alltag und Utopie. Arbeiterliteratur als Diskurs des 19. Jahrhunderts. Opladen.

– (2007a): »Dieses schwartz, ungestaltet und wildschweiffige Gesind«. Symbolische Codierung und literarische Diskursivierung der »Zigeuner« vor 1800. In: Michael Zimmermann (Hg.): Zwischen Erziehung und Vernichtung. Zigeunerpolitik und Zigeunerforschung im Europa des 20. Jahrhunderts. Stuttgart. S. 71-108.

– (2007b): Historische Diskursanalyse der Literatur. 2. erw. Aufl. Heidelberg.

Bohlen, P. von (1830): Das alte Indien mit besonderer Rücksicht auf Aegypten. Erster Theil. Königsberg.

Bollenbeck, Georg (1994): Bildung und Kultur. Glanz und Elend eines deutschen Deutungsmusters. Frankfurt a. M./Leipzig.

Boltz, A. (1865): Abstammung und Sprache der Zigeuner. In: Globus. Illustrirte Zeitschrift für Länder- und Völkerkunde 9. S. 50-55.

Boor, Helmut de (Hg.) (1965): Mittelalter. Texte und Zeugnisse. München.

Boretzky, Norbert (1993): Bugurdži. Deskriptiver und historischer Abriß eines Romani-Dialekts. Wiesbaden.

Borrow, George (1967): The Works of George Borrow, Bd. 10: The Zincali. An Account of the Gypsies of Spain. With an Original Collection of Their Songs and

Poetry. New York (The Works of George Borrow, Norwich Edition. Hg. v. Clement Shorter).

- (1987): Lavengro. Hg. v. Fritz Güttinger. Zürich.

Borst, Arno (1957): Der Turmbau von Babel. Geschichte der Meinungen über Ursprung und Vielfalt der Sprachen und Völker, Bd. 1.: Fundamente und Aufbau. Stuttgart.

Boswell, Silvester Gordon (1970): The Book of Boswell. Autobiography of a Gypsy. Hg. v. John Seymour. London.

Brachvogel, A. E. [1858]: Friedemann Bach. Leipzig. O. J.

Braunschweig, M. (1905): Vom Deutschtum in Ungarn. Politisches und Unpolitisches. Wien.

Braun-Wiesbaden, Karl (1875): Reisestudien. Stuttgart.

Breger, Claudia (1995): Heinrich Moritz Gottlieb Grellmann – Überlegungen zu Entstehung und Funktion rassistischer Deutungsmuster im Diskurs der Aufklärung. In: Barbara Danckwortt/Thorsten Querg/Claudia Schöningh (Hg.): Historische Rassismusforschung. Ideologen – Täter – Opfer. Hamburg/Berlin. S. 34-69.

- (1998): Ortlosigkeit des Fremden. »Zigeunerinnen« und »Zigeuner« in der deutschsprachigen Literatur um 1800. Köln/Weimar/Wien (zugl. Dissertation Berlin 1996).

Brentano, Clemens (1903): Romanzen vom Rosenkranz. Hg. v. Max Morris. Berlin.

- (1968): Werke, Bd. 1. Hg. v. Wolfgang Frühwald/Bernhard Gajek/Friedhelm Kemp. München.

- (1991): Erzählungen. 2. Aufl. München.

- (1996): Sämtliche Werke und Briefe, Bd. 32: Briefe IV: 1808-1812. Hg. v. Sabine Oehring. Köln (Sämtliche Werke und Briefe. Historisch-kritische Ausgabe. Hg. v. Jürgen Behrens/Konrad Feilchenfeldt/Wolfgang Frühwald et al.).

Brepohl, Friedrich Wilhelm (1910): Aus dem Winterleben der Wanderzigeuner. Ethnologische Studie. Seegefeld.

- (1913): Die Zigeuner im alten Orient. Eine ethnologisch-historische Studie über die Vorgeschichte der Zigeuner, unter besonderer Berücksichtigung byzantinischer Quellen. Berlin.

- (1918): Die Zigeunerniederlassungen in Nassau. Wiesbaden.

Briel, Petra-Gabriele (1989): Lumpenkind und Traumprinzessin. Zur Sozialgestalt der Zigeuner in der Kinder- und Jugendliteratur seit dem 19. Jahrhundert. Gießen (zugl. Dissertation Gießen 1989).

Brittnacher, Hans Richard (2005): Traumwissen und Prophezeiung. Zigeunerinnen als Hüterinnen mantischer Weisheit. In: Peter-André Alt/Christiane Leiteritz (Hg.): Traum-Diskurse der Romantik. Berlin/New York. S. 256-279.

- (2008): »Zigeunergeschichten müssen wandelbar sein ...«. Die Tragik der Assimilation in Wolfdietrich Schnurres Zigeunerballade. In: Literatur für Leser 8, 1. S. 29-42.

Broecker, Ludwine von (1925): Die deutsche Frau auf der Grenzwacht. In: K.C. v. Loesch (Hg.): Volk unter Völkern. Bücher des Deutschtums, Bd. 1. Breslau. S. 86-94.

Brumlik, Micha (1996): Kein Weg als Deutscher und Jude. Eine bundesrepublikanische Erfahrung. München.

Buchheim, Hans (1958): Die Zigeunerdeportationen vom Mai 1940. In: Gutachten des Instituts für Zeitgeschichte 1. München. S. 51-61.

Büchner, Georg (2005): Marburger Ausgabe, Bd. 7.2: »Woyzeck«. Text, Editionsbericht, Quellen, Erläuterungsteile. Hg. v. Burghard Dedner. Mainz (Georg Büchner. Sämtliche Werke und Schriften. Historisch-kritische Ausgabe und Kommentar [Marburger Ausgabe]. Hg. v. dems.).

Bülow, von (1884): Zigeuner in Pommern. In: Baltische Studien 34, 1. o. O. S. 66-78.

Burghardt, Andrew F. (1962): Borderland. A Historical und Geographical Study of Burgenland, Austria. Madison.

Burke, Peter (1981): Helden, Schurken und Narren. Europäische Volkskultur in der frühen Neuzeit. Hg. v. Rudolf Schenda. Stuttgart.

Burton, Sir Richard F. (1898): The Jew, the Gypsy and El Islam. Hg. v. W. H. Wilkins. London.

Busse-Palma, G[eorg] (1906): Zigeunerleben. In: Die Gartenlaube, 6. S. 363-366.

Büttner, Christian Wilhelm (1771): Vergleichungs-Tafeln der Schriftarten verschiedener Völker, in denen vergangenen und gegenwärtigen Zeiten. Erstes Stück. Göttingen.

Byer, Doris (1995): Zum Problem eindeutiger Klassifikation. Diskursanalytische Perspektiven der Forschungen über Völkerkunde und Nationalsozialismus. In: Thomas Hauschild (Hg.): Lebenslust und Fremdenfurcht. Ethnologie im Dritten Reich. Frankfurt a. M. S. 62-84.

Cartwright, Christine A. (1998): Johnny Faa and Black Jack Davy: Cultural Values and Change in Scots and American Balladry (1980). In: Diane Tong (Hg.): Gypsies. An Interdisciplinary Reader. New York/London. S. 319-342.

Cassel, D. Paulus (1885): Ahasverus. Die Sage vom ewigen Juden. Eine wissenschaftliche Abhandlung. Berlin.

Castel, Robert (2001): Individualismus und Liberalismus. In: Kulturrevolution, 41/42. S. 88 f.

Cendrars, Blaise (1963): Zigeuner Rhapsodien. Düsseldorf.

Čep, Jan (2003): Der Mensch auf der Landstraße. Stuttgart/München.

Cerquand, J.-F. (Hg.) (1978): Contes populaires et légendes du Pays Basque. Paris.

Cervantes Saavedra, Miguel de (1613): Novelas Ejemplares. Madrid.

– (1961): Exemplarische Novellen. Frankfurt a. M./Hamburg.

– (1970): Gesamtausgabe, Bd. 4: Acht Schauspiele und acht Zwischenspiele, alle neu und nie aufgeführt. Hg. v. Anton M. Rothbauer. Stuttgart (Miguel de Cervantes Saavedra. Gesamtausgabe in 4 Bdn.).

– (1986): Das Zigeunermädchen. Stuttgart.

Chandler, Frank Wadleigh (1958): The Literature of Roguery. Bd. 1. New York. (ND von o. O. 1907)

Charnon-Deutsch, Lou (2004): The Spanish Gypsy. The History of a European Obsession. University Park/Pennsylvania.

Chartier, Roger (Hg.) (1982): Figures de la gueuserie. Paris.

Cherciu, Lucia (2008): The Deportation to Transnistria and the Exoticization of the Roma in Zaharia Stancu's Novel The Gypsy Tribe. In: Valentina Glajar/Domnica Radulescu (Hg.): »Gypsies« in European Literature and Culture. Studies in European Culture and History. New York/Basingstoke. S. 161-177.

Chorinsky, Michaela (2006): Les Enfants de Dieu. Rituelle Performanz, Schamanismus und Besessenheit in der Pfingstbewegung der südfranzösischen Gitans. Dissertation Tübingen.

Ciocârlie, Corina/Laurent Bonzon (Hg.) (2007): Attention Tsiganes! Histoire d'un malentendu. Luxembourg.

Clifford, James (1993): Über ethnographische Allegorie. In: Eberhard Berg/Martin Fuchs (Hg.): Kultur, soziale Praxis, Text. Die Krise der ethnographischen Repräsentation. Frankfurt a. M. S. 200-239.

Coldwell, Joan (1981): ›Meg Merrilies‹: Scott's Gipsy Tamed. In: Timothy Webb (Hg.): Keats-Shelley Memorial Bulletin. Rome, 32. York.

Colmeiro, José F. (2002): Exorcising Exoticism: Carmen and the Construction of Oriental Spain. In: Comparative Literature 54. S. 127-144.

Cop-Lenger Marlet, Mara (1886): Goldjana. Eine südslavische Zigeunergeschichte. In: Die Gesellschaft 2, 4. S. 193-230.

Cora, Guido (1890): Die Zigeuner. In: Das Ausland. Wochenschrift für Erd- und Völkerkunde 63, 31. S. 615-620 u. 63, 32. S. 621-625 u. 63, 33. S. 652-657 u. 63, 34. S. 673-676 u. 63, 36. S. 710-714.

Cossec, Clément le (1966): Wunder unter den Zigeunern. Fürstenau.

– (1991): Mon aventure chez les tziganes. Soignolles.

Coster, Charles de (1964): Die Zigeuner. In: Adalbert Keil (Hg.): Zigeunergeschichten. Wien/München/Basel. S. 21-42.

Cottaar, Annemarie/Leo Lucassen/Wim Willems (1992): Justice or Injustice? A Survey of Government Policy towards Gypsies and Caravan Dwellers in Western Europe in the Nineteenth and Twentieth Centuries. In: Immigrants and Minorities 11, 1. London. S. 42-66.

Crabb, James (1832): The Gypsies' Advocate; or, Observations on the Origin, Character, Manners, and Habits of the Englisch Gipsies. 3. Aufl. London.

Cramer, Heinz von (1961): Die Konzessionen des Himmels. Hamburg.

Crosbie, John (1982): Structure and Counter-Structure in Lorca's ›Romancero Gitano‹. In: The Modern Language Review 77. S. 74-88.

Crowe, David M. (2007): A History of the Gypsies of Eastern Europe and Russia. 2. Aufl. New York/Basingstoke.

Csenki, Sándor (1980): Ilona Tausendschön. Zigeunermärchen und -schwänke aus Ungarn. Kassel.

Cuttriss, Frank (1915): Romany Life. Experienced and Observed during Many Years of Friendly Intercourse with the Gypsies. London.

Czygan, Paul (1912): Neue Beiträge zu Max von Schenkendorfs Leben, Denken, Dichten. In: Euphorion 19, 1/2. S. 198-229.

Dainat, Holger (1996): Abaellino, Rinaldini und Konsorten. Zur Geschichte der Räuberromane in Deutschland. Tübingen (zugl. Dissertation Bielefeld 1989).

– (2009): Räuber im Oktavformat: Über die printmediale Aufbereitung von Kriminalität im 18. Jahrhundert. In: Rebekka Habermas/Gerd Schwerhoff (Hg.): Verbrechen im Blick. Perspektiven der neuzeitlichen Kriminalitätsgeschichte. Frankfurt a. M./New York. S. 339-366.

– (2010): Gespräche im Reiche der Toten unter den Spitzbuben. Literarische Bilder krimineller Karrieren im frühen 18. Jahrhundert. In: Karl Härter/Gerhard Sälter/Eva Wiebel (Hg.): Repräsentationen von Kriminalität und öffentlicher Sicherheit. Bilder, Vorstellungen und Diskurse vom 16. bis zum 20. Jahrhundert. Frankfurt a. M.

Dallmeyer, Wilhelm [1913]: Zigeunerfrida. Osnabrück. o. J.

Danckert, Werner (1963): Unehrliche Leute. Die verfemten Berufe. Bern/München.

Danckwortt, Barbara (1995): Franz Mettbach – Die Konsequenzen der preußischen »Zigeunerpolitik« für die Sinti von Friedrichslohra. In: dies./Thorsten Querg/ Claudia Schöningh (Hg.): Historische Rassismusforschung. Ideologen – Täter – Opfer. Hamburg/Berlin. S. 273-295.

D'Arcangelis, Andrew (2006): Die Jenischen – verfolgt im NS-Staat 1934-1944. Eine sozio-linguistische und historische Studie. Hamburg.

Darnton, Robert (1989): Das große Katzenmassaker. Streifzüge durch die französische Kultur vor der Revolution. München/Wien.

Daxelmüller, Christoph (1985): Das literarische Magieangebot. Zur Vermittlung von hochschichtlicher Magiediskussion und magischer Volksliteratur im 17. Jahrhundert. In: Wolfgang Brückner/Peter Blickle/Dieter Breuer (Hg.): Literatur und Volk im 17. Jahrhundert. Probleme populärer Kultur in Deutschland. Teil 1. Wiesbaden. S. 837-863.

– (1993): Zauberpraktiken. Eine Ideengeschichte der Magie. Zürich.

Defoe, Daniel (1991): Glück und Unglück der berühmten Moll Flanders, die im Zuchthaus geboren wurde, zwölf Jahre Dirne […]. München.

Delteil, Loys (1908): Le Peintre-graveur illustré (XIXe et XXe siècles), Bd. 3. Paris.

Delumeau, Jean (1985): Angst im Abendland. Die Geschichte kollektiver Ängste im Europa des 14. bis 18. Jahrhunderts, Bd. 1. Reinbek b. Hamburg.

D'Elvert, Christian (1859): Zur Geschichte der Zigeuner in Mähren und Schlesien. In: Schriften der historisch-statistischen Section der k.k. mähr.-schlesischen Gesellschaft des Ackerbaus der Natur- und Landeskunde 12. Brünn. S. 110-144.

Demeter, Nadežda/Nikolaj Bessonov/Vladimir Kutenkov (2000): Istorija cygan. Novyj vzgljad. Voronež.

Derlon, Pierre (1981): Die geheime Heilkunst der Zigeuner. Basel.

– (1991): Die Gärten der Einweihung und andere Geheimnisse der Zigeuner. Basel.

Devrient, Eduard (1846): Dramatische und dramaturgische Schriften, Bd. 3: Treue Liebe. Wer bin ich? Der Zigeuner. Leipzig.

Diefenbach, Lorenz (1877): Die Volksstämme der Europäischen Türkei. Frankfurt a. M.

– (1880): Völkerkunde Osteuropas, insbesondere der Haemonshalbinsel und der unteren Donaugebiete, Bd. 2. Darmstadt.

Dinter, Artur (1921): Die Sünde wider das Blut. Ein Zeitroman. 15. Aufl. Leipzig/ Hartenstein.

Djurič, Rajko (1989): Zigeunerische Elegien. Gedichte in Romani und Deutsch. Hamburg.

– (1997): Märchen und Lieder europäischer Sinti und Roma. Frankfurt a. M./Berlin/ Bern u. a.

Dohm, Christian Conrad Wilhelm von (1781): Über die bürgerliche Verbesserung der Juden. Berlin/Stettin.

Dohm, Hedwig (1894): Werde, die Du bist. Breslau.

Döring, Hans-Joachim (1964): Die Zigeuner im nationalsozialistischen Staat. Hamburg.

Dostal, Walter (1957): Zigeunerleben und Gegenwart. In: Walter Starkie: Auf Zigeunerspuren. Von Magie und Musik, Spiel und Kult der Zigeuner in Geschichte und Gegenwart. München. S. 274-300.

Drechsler, Helmut (1957): Zigeunermeeting in Saintes Maries-de-la-Mer. In: Urania Universum 3. Leipzig/Jena. S. 351-357.

Droste-Hülshoff, Annette von (1966): Sämtliche Werke. Hg. v. Clemens Heselhaus. München.

Dülmen, Richard van (1982): Entstehung des frühneuzeitlichen Europa. 1550-1648. Frankfurt a. M.

Dyrlund, F. (1872): Tatare og Natmandsfolk i Danmark. Kopenhagen.

Ebert, Karl Egon von (1874): Gesamtausgabe, Bd. 4: Poetische Werke. Prag (Gesamtausgabe in 7 Bdn.).

Eder, Beate (1993): Geboren bin ich vor Jahrtausenden ... Bilderwelten in der Literatur der Roma und Sinti. Klagenfurt.

Egger, Hans von (1888): Der Zigeunerin Rache: In: Daheim. Neue Monatshefte 2. S.781-791.

Eggert, Eduard (1897): Oberamtmann Schäffer von Sulz. Ein Zeit- und Lebensbild aus dem Ende des vorigen Jahrhunderts. Stuttgart.

Egloffstein, H. A. G. von (1826): Laurette, die Zigeuner-Prinzessin; der Hut aus Paris; der falsche Königssohn und andere Erzählungen. Nürnberg/Leipzig.

Egmond, Florike (1993): Underworlds. Organized Crime in the Netherlands 1650-1800. Cambridge.

Eiber, Ludwig (1993): »Ich wußte, es wird schlimm.« Die Verfolgung der Sinti und Roma in München 1933-1945. München.

Eichendorff, Joseph von (1993): Werke, Bd. 3: Dichter und ihre Gesellen. Erzählungen II. Hg. v. Brigitte Schillbach/Hartwig Schultz. Frankfurt a. M. (Joseph von Eichendorff. Werke in 6 Bdn. Hg. v. dies./Wolfgang Frühwald. Frankfurt a. M. 1985-1993).

– (2007a): Ahnung und Gegenwart. Sämtliche Erzählungen I. Hg. v. Wolfgang Frühwald/Brigitte Schillbach. Frankfurt a. M.

– (2007b): Dichter und ihre Gesellen. Sämtliche Erzählungen II. Hg. v. Brigitte Schillbach/Hartwig Schultz. Frankfurt a. M.

Eis, Gerhard (1964): Altdeutsche Zaubersprüche. Berlin.

Eisenmenger, Johann Andreä (1711): Johann Andreä Eisenmengers Entdecktes Judenthum / Oder Gründlicher und Wahrhaffter Bericht [...]. In Zweyen Theilen. Königsberg.

Eliot, George (1868): The Works of George Eliot: The Spanish Gypsy. Edinburgh/London.

– (1983): Die Mühle am Floss. Stuttgart.

Elster, Otto [1909]: Die Zigeunerin. Berlin. o. J.

Epstein Nord, Deborah (2006): Gypsies and the British Imagination, 1807-1930. New York.

Erdész, Sándor/Ruth Futaky (Hg.) (1996): Zigeunermärchen aus Ungarn. Die Volkserzählungen des Lajos Ámi. München.

Erzherzog Josef (1893): Mitteilungen über die in Alcsúth angesiedelten Zelt-Zigeuner. In: Ethnologische Mitteilungen aus Ungarn 3. S. 3-8.

Escher, Reinhold/Wilhelm Petersen (2009): Mecki. Gesammelte Abenteuer Jahrgang 1958. Esslingen.

Espinel, Vicente (2002): Vida del escudero Marcos de Obregón. Hg. v. María Soledad Carrasco Urgoiti. Madrid.

Etlar, Carit (1846): Der Zigeuner. Ein Bild von Jütlands Westküste. Augsburg.

Etzel, Anton von (1870): Vagbondenthum und Wanderleben in Norwegen. Ein Beitrag zur Cultur- und Sitten-Geschichte. Berlin.

Fabronius, Hermann (1616): Geographia Historica: Newe Summarische Welt-historia und Beschreibung aller Keysertum / Königreiche [...]. Schmalkalden.

Fähnders, Walter (2009): Die Epoche der Vagabunden. Einleitung. In: ders./Henning Zimpel (Hg.): Die Epoche der Vagabunden. Texte und Bilder 1900-1945. Essen. S.9-23.

-/Henning Zimpel (Hg.) (2009): Die Epoche der Vagabunden. Texte und Bilder 1900-1945. Essen.

Falke, Gustav (1912a): Gesammelte Dichtungen von Gustav Falke, Bd. 2: Tanz und Andacht. Gedichte. Hamburg/Berlin.

- (1912b): Gesammelte Dichtungen von Gustav Falke, Bd. 3: Der Frühlingsreiter. Gedichte. Hamburg/Berlin.

Febvre, Lucien (1995): Michelet und die Renaissance. Stuttgart.

Ficowski, Jerzy (Hg.) (1956): Pieśni Papuszy. Papušakere gila. Wrocław.

- (1985): Ein Zweig vom Sonnenbaum. Märchen polnischer Zigeuner. Neukirchen-Vluyn.

- (1992): Wieviel Trauer und Wege. Zigeuner in Polen. Hg. v. Roland Schopf. Frankfurt a. M./Berlin/Bern u. a.

Fiedler, Alfred (1982): Vom Armen-, Bettel- und Räuberwesen in Kursachsen, vornehmlich während der 1. Hälfte des 18. Jahrhunderts. In: Rudolf Weinhold (Hg.): Volksleben zwischen Zunft und Fabrik. Studien zu Kultur und Lebensweise werktätiger Klassen und Schichten während des Übergangs vom Feudalismus zum Kapitalismus. Berlin. S.285-317.

Fielding, Henry (1951): Tom Jones. Die Geschichte eines Findlings, Bd. 2. Berlin.

- (1963): The History of Tom Jones. Bd. 2. London/New York.

Filhol, Emmanuel (2005): La Bohémienne dans les dictionnaires françaises (XVIIIe-XIXe siècle): discours, histoire et pratiques socioculturelles. In: Pascale Auraix-Jonchière/Gérard Loubinoux (Hg.): La Bohémienne. Figure poétique de l'errance aux XVIIIe et XIXe siècles. Clermont-Ferrand. S. 21-43.

Finck, Franz Nikolaus (1903): Lehrbuch des dialekts der deutschen zigeuner. Marburg.

Fings, Karola/Frank Sparing (2005): Rassismus – Lager – Völkermord. Die nationalsozialistische Zigeunerverfolgung in Köln. Köln.

Fischer, Cuno (1968): Schicksal der Zigeuner. Vorurteil und Wirklichkeit dargestellt am Beispiel der »Gitans«. Nürnberg.

Fleming, Hanns Friedrich von (1724): Des Vollkommenen Teutschen Jägers Anderer Haupt-Theil [...]. Leipzig.

Födisch, Julius Ernst (1866): Böhmische Zigeuner. In: Mitteilungen des Vereins für Geschichte der Deutschen in Böhmen 4. S.202-209.

Földes, Yolanda (1948): Goldene Ohrringe. Zürich.

Folkenflik, Robert (1974-75): Tom Jones, the Gypsies, and the Masquerade. In: University of Toronto Quarterly 44. S.224-237.

Fonseca, Isabel (1996): Begrabt mich aufrecht. Auf den Spuren der Zigeuner. München.

Foucault, Michel (1973): Über verschiedene Arten Geschichte zu schreiben. Ein Gespräch mit Raymond Bellour. In: Adelbert Reif (Hg.): Antworten der Strukturalisten: Roland Barthes, Michel Foucault, François Jacob, Roman Jakobson, Claude Lévi-Strauss. Hamburg. S. 157-175.

– (1977): Überwachen und Strafen. Die Geburt des Gefängnisses. Frankfurt a. M.

– (1999): In Verteidigung der Gesellschaft. Vorlesungen am Collège de France (1975-76). Frankfurt a. M.

– (2001): Schriften in 4 Bdn. Dits et Écrits, Bd. 1: 1954-1969. Hg. v. Daniel Defert/ François Ewald. Frankfurt a. M.

– (2002): Schriften in 4 Bdn. Dits et Écrits, Bd. 2: 1970-1975. Hg. v. Daniel Defert/ François Ewald. Frankfurt a. M.

– (2003a): Schriften zur Literatur. Hg. v. Daniel Defert/François Ewald. Frankfurt a. M.

– (2003b): Die Anormalen: Vorlesungen am Collège de France (1974-1975). Frankfurt a. M.

Francke, August Hermann (1728): Schrifftmäßige Lebens-Regeln, Wie man So wol bey, als auch ausser der Gesellschafft, die Liebe und Freundlichkeit gegen den Nächsten [...]. Büdingen.

Franko, Iwan (1889): Die Zigeuner. Eine Dorfnovelle. Frei nach dem Polnischen von C. Kanemann. In: Arbeiter-Zeitung. Organ der österreichischen Sozialdemokratie 1, 8 vom 18.10.1889. S. 5-6 u. 1, 9 vom 25.10.1889. S. 5-6.

Franz, Philomena (1982): Zigeunermärchen. Bonn.

– (1985): Zwischen Liebe und Haß. Ein Zigeunerleben. Freiburg/Basel/Wien.

Franzos, Karl Emil [1900]: Die Hexe. 8. Aufl. Leipzig. o. J.

Freudenthal, Herbert (1931): Das Feuer im deutschen Glauben und Brauch. Berlin/ Leipzig.

Freytag, Gustav (o. J.): Die verlorene Handschrift. Roman in fünf Büchern. Berlin.

– (1897): Gesammelte Werke, Bd. 18: Bilder aus der deutschen Vergangenheit, Bd. 2. Erste Abtheilung: Vom Mittelalter zur Neuzeit (1200-1500). 2. Aufl. Leipzig.

Fricke, Thomas (1991): Zwischen Erziehung und Ausgrenzung. Zur württembergischen Geschichte der Sinti und Roma im 19. Jahrhundert. Frankfurt a. M./Bern/ New York u. a.

– (1996a): Zigeuner im Zeitalter des Absolutismus. Bilanz einer einseitigen Überlieferung. Eine sozialgeschichtliche Untersuchung anhand südwestdeutscher Quellen. Pfaffenweiler.

– (1996b): Die Behandlung von Sinti und Roma in der Zeit der aufklärerischen Reformen. In: Otto Borst (Hg.): Minderheiten in der Geschichte Südwestdeutschlands. Tübingen. S. 128-152.

Fritsch, Ahasv[er] (1662): Historische und politische Beschreibung der so genanten Zyegeuner / Nebenst wahrer Anzeigunge ihres Uhrsprungs / Lebens / Wandels und Sitten. o. O. [Jena].

Fritz, Gerhard (2010): Sicherheitsdiskurse im Schwäbischen Kreis im 18. Jahrhundert. In: Karl Härter/Gerhard Sälter/Eva Wiebel (Hg.): Repräsentationen von Kriminalität und öffentlicher Sicherheit. Bilder, Vorstellungen und Diskurse vom 16. bis zum 20. Jahrhundert. Frankfurt a. M. S. 223-269.

Fuchs, Günter Bruno [1956]: Zigeunertrommel. Halle. o. J.

Gagliardi, Ernst/Hans Müller/Fritz Büsser (Hg.) (1952): Johannes Stumpfs Schweizer- und Reformationschronik. 1. Teil. Basel.

Garnett, Lucy M. J. (1891): The Women of Turkey and Their Folk-Lore. The Jewish and Moslem Women. London.

Gärtner, St. (1932): Serologische Untersuchungen an Wanderzigeunern. (Agglutination, Wassermannsche Reaktion und Blutgruppenbestimmungen). In: Zeitschrift für Hygiene und Infektionskrankheiten 113. S. 741-750.

Gauß, Karl-Markus (2004): Die Hundeesser von Svinia. Wien.

Gautier, Théophile (1994): Reise in Andalusien. Hg. v. Ulrich C. A. Krebs. München.

Gellert, Christian Fürchtegott (1966): Lustspiele. Stuttgart. (Faksimiledruck von o.O. 1747)

Genet, Jean (2006): Werke in Einzelbänden, Bd. 6: Ein verliebter Gefangener. Un captif amoureux. Gifkendorf.

Geremek, Bronisław (1987): The Margins of Society in Late Medieval Paris. Cambridge/New York/Melbourne u. a.

– (1988): Geschichte der Armut. Elend und Barmherzigkeit in Europa. München/ Zürich.

Gersdorf, Wilhelm von (1824): Der Zigeunerraub oder die Thüringschen Waffenbrüder. Eine Rittergeschichte aus den Zeiten des Bauernkrieges im 15ten Jahrhunderte. Erster Theil. Meißen.

Gerth, Edith (1983): Zigeunerpolitik in Spanien. In: Reimer Gronemeyer (Hg.): Eigensinn und Hilfe. Zigeuner in der Sozialpolitik heutiger Leistungsgesellschaften. Gießen. S. 279-348.

Giesen, Bernhard (1999): Kollektive Identität. Die Intellektuellen und die Nation 2. Frankfurt a. M.

Gilman, Sander L. (1982): On Blackness without Blacks: Essays on the Image of the Black in Germany. Boston.

– (1992): Rasse, Sexualität und Seuche. Stereotype aus der Innenwelt der westlichen Kultur. Reinbek b. Hamburg.

Gilsenbach, Reimar (1985): Unkus letzter Tanz. In: Gießener Hefte für Tsiganologie 2, 4. S. 25-32.

– (2000): Von Tschudemann zu Seemann. Zwei Prozesse aus der Geschichte deutscher Sinti. Berlin.

Girtanner, D. Christoph (1796): Ueber das Kantische Prinzip für die Naturgeschichte. Ein Versuch diese Wissenschaft philosophisch zu behandeln. Göttingen.

Glaser, Horst Albert (1969): Das bürgerliche Rührstück. Stuttgart.

Goethe, Johann Wolfgang von (1963): Berliner Ausgabe, Bd. 7: Poetische Werke. Dramatische Dichtungen, III: Götz von Berlichingen. Egmont. Iphigenie auf Tauris. Torquato Tasso. Berlin.

– (1968): Berliner Ausgabe, Bd. 4: Poetische Werke. Gedichte und Singspiele, IV: Singspiele. Opernfragmente. Theaterreden. Maskenzüge. Berlin/Weimar.

– (1971): Berliner Ausgabe, Bd. 10: Poetische Werke. Romane und Erzählungen, II: Wilhelm Meisters Lehrjahre. 2. Aufl. Berlin/Weimar.

– (1972): Berliner Ausgabe, Bd. 1: Poetische Werke. Gedichte und Singspiele, I: Gedichte. 2. Aufl. Berlin/Weimar.

–/Friedrich Schiller (1966): Der Briefwechsel zwischen Schiller und Goethe. Hg. von Emil Staiger. Frankfurt a. M.

Goff, Jacques le (1990): Phantasie und Realität des Mittelalters. Stuttgart.

Gog, Gregor (2009): Was will die Bruderschaft der Vagabunden? In: Walter Fähnders/Henning Zimpel (Hg.): Die Epoche der Vagabunden. Texte und Bilder 1900-1945. Essen. S. 217-224.

Golowin, Sergius (1973): Zigeuner-Magie im Alpenland. Geschichten um ein vergessenes Volk. Frauenfeld/Stuttgart.

- (1980): Der ewige Zigeuner im Abendland. München.

- (1985): Fahrende in der Schweiz – Teil 3. In: Gießener Hefte für Tsiganologie 2, 1. S. 33-42.

Gorki, Maxim (1973): Konowalow und andere Erzählungen. München.

Görres, Joseph von (1960): Die Christliche Mystik, Bd. 5. Graz. (ND von München/Regensburg o. J.)

Gotthelf, Jeremias (1965): Der Bauern-Spiegel oder Lebensgeschichte des Jeremias Gotthelf von ihm selbst geschrieben. Historische Erzählungen. Erlenbach/Zürich/Stuttgart.

Gotzmann, Andreas (2008): Jüdische Autonomie in der Frühen Neuzeit. Recht und Gemeinschaft im deutschen Judentum. Göttingen.

Graeser, Erdmann [1892]: Zigeunerblut. Berlin. o. J.

Graf, Oskar Maria (2009): Vagabunden. In: Walter Fähnders/Henning Zimpel (Hg.): Die Epoche der Vagabunden. Texte und Bilder 1900-1945. Essen. S. 33-36.

Grass, Günter (1987a): Werkausgabe, Bd. 3: Katz und Maus. Hundejahre. Hg. v. Volker Neuhaus. Darmstadt/Neuwied (Werkausgabe in 10 Bdn. Hg. v. dems.).

- (1987b): Werkausgabe, Bd. 2: Die Blechtrommel. Hg. v. Volker Neuhaus. Darmstadt/Neuwied (Werkausgabe in 10 Bdn. Hg. v. dems.).

- (1990): Schreiben nach Auschwitz. Frankfurter Poetik-Vorlesung. Frankfurt a. M.

- (2000): Ohne Stimme. Reden zugunsten des Volkes der Roma und Sinti. Göttingen.

Grazie, Marie Eugenie delle (1885): Die Zigeunerin. Eine Erzählung aus dem ungarischen Haidelande. Wien.

Grellmann, Heinrich Moritz Gottlieb (1787): Historischer Versuch über die Zigeuner betreffend die Lebensart und Verfassung Sitten und Schicksale dieses Volks [...]. Zweyte, viel veränd. und verm. Aufl. Göttingen.

Grengg, Maria (1938): Die Kindlmutter. Berlin.

Greve, Ylva (2004): Verbrechen und Krankheit. Die Entdeckung der »Criminalpsychologie« im 19. Jahrhundert. Köln/Weimar/Wien.

Grimm, Jacob (1958): Ueber den Ursprung der Sprache. Frankfurt a. M.

Grimmelshausen, Hans Jakob Christoffel von (1958): Simplicianische Schriften. Hg. v. Alfred Kelletat. München.

- (1967): Gesammelte Werke, Bd. 8: Lebensbeschreibung der Erzbetrügerin und Landstörzerin Courasche. Hg. v. Wolfgang Bender. Tübingen (Gesammelte Werke in Einzelausgaben. Hg. v. Rolf Tarot).

Groebner, Valentin (2003): Ungestalten. Die visuelle Kultur der Gewalt im Mittelalter. München/Wien.

Grolman, F. L. A. von (1822): Wörterbuch der in Teutschland üblichen Spitzbuben-Sprachen, in zwei Bänden, die Gauner- und Zigeuner-Sprache enthaltend. Gießen.

Gronemeyer, Reimer (1986): Die Zigeuner in den Kathedralen des Wissens. In: Gießener Hefte für Tsiganologie 3, 1-4. Gießen. S. 7-30.

- (1987): Zigeuner im Spiegel früher Chroniken und Abhandlungen. Quellen vom 15. bis zum 18. Jahrhundert. Gießen.
Groome, Francis Hindes (1896): Kriegsspiel: The War Game. New York.
- (1963): Gypsy Folk Tales. Pennsylvania/London.
Gross, Hans (1908): Handbuch für Untersuchungsrichter als System der Kriminalistik. 1. Teil. 5., umgearb. Aufl. München.
Groth, Klaus (1986): Quickborn. Hg. v. Kurt Batt. Rostock.
Grund, Josef Carl (1957): Rosita das Zigeunermädchen. Reutlingen.
Gurk, Paul (1959): Der getreue Zigeuner. In: ders.: Seltsame Menschen. Berlin. S. 28-33.
Gußmann, Karl (1889): Zigeuner in Württemberg. In: Besondere Beilage des Staatsanzeigers für Württemberg. S. 126-128.
Guthke, Karl S. (2000): Der Blick in die Fremde. Das Ich und das andere in der Literatur. Tübingen/Basel.

Haas, Walter/Martin Stern (Hg.) (1989): Fünf Komödien des 16. Jahrhunderts. Bern/ Stuttgart.
Hackl, Erich (1991): Abschied von Sidonie. Zürich.
Hagedorn, Friedrich von (1968): Sämmtliche Poetische Werke. In dreyen Theilen. Bern. (ND von Hamburg 1757)
Hagen, C. E. von (1847): Summarische Gerichts-Verhandlungen über die im Jahre 1724 zu Berneck erfolgte Hinrichtung von 17 aufgegriffenen Zigeunern. In: Archiv für Geschichte und Altertumskunde von Oberfranken 3,3. S. 93-108.
Hagen, Kirsten von (2009): Inszenierte Alterität. Zigeunerfiguren in Literatur, Oper und Film. München.
Halasi, Maria (1969): Kati von der letzten Bank. 3. Aufl. Stuttgart.
Haldenwang, Hasso von (1999): Die Jenischen. Erinnerungen an die Wildensteiner Hausierhändler. Crailsheim.
Haller, Reinhard (1996): Unerklärliches und Unglaubliches: Von Häusern und Stadeln, »die nicht abbrennen können!«. In: Schöner Bayerischer Wald, 109. S. 22-24.
Hamao, Stephen Fumio Kardinal/Agostino Marchetto (2006): Orientierungen für eine Pastoral der Zigeuner. In: People on the Move, 100 (Suppl.), April.
Hampe, Theodor (1902): Die fahrenden Leute in der deutschen Vergangenheit. Leipzig.
Härter, Karl (2003): Kriminalisierung, Verfolgung und Überlebenspraxis der »Zigeuner« im frühneuzeitlichen Mitteleuropa. In: Yaron Matras/Hans Winterberg/ Michael Zimmermann (Hg.): Sinti, Roma, Gypsies. Sprache – Geschichte – Gegenwart. Berlin. S. 41-81.
Hasse, Johann Gottfried (1803): Zigeuner im Herodot oder neue Aufschlüsse über die ältere Zigeuner-Geschichte, aus griechischen Schriftstellern. Königsberg.
Hausen, Wanja von (1992): Gypsy Folk Medicine. New York.
Hazlitt, William (1935): Hazlitt on Mr. Wordsworth. In: John Sampson (Hg.): The Wind on the Heath. A Gypsy Anthology. London. S. 71.
Hehemann, Rainer (1987): Die »Bekämpfung des Zigeunerunwesens« im Wilhelminischen Deutschland und in der Weimarer Republik, 1871-1933. Frankfurt a. M.
- (1992): »... jederzeit gottlose böse Leute« – Sinti und Roma zwischen Duldung und

Vernichtung. In: Klaus J. Bade (Hg.): Deutsche im Ausland – Fremde in Deutschland. Migration in Geschichte und Gegenwart. München. S. 271-277.

Hein, Christoph (1985): Horns Ende. Darmstadt/Neuwied.

Heine, Heinrich (1970): Werke in fünf Bänden, Bd. 4. Berlin/Weimar.

– (1992): Historisch-kritische Gesamtausgabe, Bd. 3/1: Romanzero. Gedichte. 1853 und 1854. Lyrischer Nachlaß. Hamburg (Historisch-kritische Gesamtausgabe der Werke. Hg. v. Manfred Windfuhr).

Heine, Maximilian (1833): Bilder aus der Türkei. St. Petersburg.

Heister, Carl von (1842): Ethnographische und geschichtliche Notizen über die Zigeuner. Königsberg.

Hemetek, Ursula/Mozes Heinschink (1992): Lieder im Leid. Zu KZ-Liedern der Roma in Österreich. In: Jahrbuch Dokumentationsarchiv des österreichischen Widerstandes. Wien. S. 76-93.

Herder, Johann Gottfried (1888): Herders Sämmtliche Werke, Bd. 15. Hg. v. Bernhard Suphan. Berlin (Herders Sämmtliche Werke. Hg. v. dems./Carl Redlich. Berlin).

– (1909): Herders Sämmtliche Werke, Bd. 14: Ideen zur Philosophie der Geschichte der Menschheit. Hg. v. Bernhard Suphan. Berlin (Herders Sämmtliche Werke. Hg. v. dems./Carl Redlich. Berlin).

Herrmann, Hans Peter (2007): Krieg, Medien und Nation. Zum Nationalismus in Kriegsliedern des 16. und 18. Jahrhunderts. In: Wolfgang Adam/Holger Dainat (Hg.): »Krieg ist mein Lied«. Der Siebenjährige Krieg in den zeitgenössischen Medien. Göttingen. S. 27-64.

–/Hans-Martin Blitz/Susanna Moßmann (1996): Machtphantasie Deutschland. Nationalismus, Männlichkeit und Fremdenhaß im Vaterlandsdiskurs deutscher Schriftsteller des 18. Jahrhunderts. Frankfurt a. M.

Herz, Hugo (1907): Zigeunerunwesen und Zigeunerkriminalität in Mähren. In: Archiv für Strafrecht 53, 6. S. 388-416.

Hesse, Hermann (1975): Narziß und Goldmund. Frankfurt a. M.

Heydereuter (1934): Zigeuner als Jagdschädlinge. In: Deutsches Weidwerk 39, 15. S. 425-427.

Heymowski, Adam (1969): Swedish »Travellers« and Their Ancestry. A Social Isolate or an Ethnic Minority? Uppsala.

Hille, Almut (2005): Identitätskonstruktionen. Die »Zigeunerin« in der deutschsprachigen Literatur des 20. Jahrhunderts. Würzburg.

Hippel, Wolfgang von (1995): Armut, Unterschichten, Randgruppen in der Frühen Neuzeit. München.

Höfert, Almut (2003): Den Feind beschreiben. »Türkengefahr« und europäisches Wissen über das Osmanische Reich 1450-1600. Frankfurt a. M./New York (zugl. Dissertation Florenz 2001).

Hoffmann, E. T. A. (o. J.a): Sämtliche poetischen Werke, Bd. 2: Die Serapionsbrüder. Hg. v. Hannsludwig Geiger. Wiesbaden.

– (o. J.b): Sämtliche poetischen Werke, Bd. 3: Lebensansichten des Katers Murr. Meister Floh. Prinzessin Brambilla. Klein Zaches genannt Zinnober. Hg. v. Hannsludwig Geiger. Wiesbaden.

– (o. J.c): Sämtliche poetischen Werke, Bd. 4: Die Elixiere des Teufels. Letzte Erzählungen. Aus dem Nachlass. Hg. v. Hannsludwig Geiger. Wiesbaden.

– (1957): Poetische Werke, Bd. 3: Nachtstücke. Berlin.

Holdosi, József (1984): Die Straße der Zigeuner. Berlin.

Holler, Martin (2009): Der nationalsozialistische Völkermord an den Roma in der besetzten Sowjetunion (1941-1944). Gutachten für das Dokumentations- und Kulturzentrum Deutscher Sinti und Roma. Heidelberg.

Hölz, Karl (2002): Zigeuner, Wilde und Exoten. Fremdbilder in der französischen Literatur des 19. Jahrhunderts. Berlin.

Holzer, Anton (2008): ›Zigeuner‹ sehen. Fotografische Expeditionen am Rande Europas. In: Herbert Uerlings/Iulia-Karin Patrut (Hg.): ›Zigeuner‹ und Nation. Repräsentation – Inklusion – Exklusion. Frankfurt a. M. S. 401-420.

Hönn, Georg Paul D. (1977): Betrugs-Lexikon, worinnen die meisten Betruegereyen in allen Staenden, nebst denen darwider guten Theils dienenden Mitteln [...]. Zweyte neue u. verb. Aufl. München. (ND von Coburg 1761)

Houwald, Ernst von (1858): Sämmtliche Werke, Bd. 1. Leipzig.

– (1859): Sämmtliche Werke, Bd. 5. Leipzig.

Hoyland, John (1816): A Historical Survey of the Customs, Habits, and Present State of the Gypsies [...]. York.

Hübschmannová, Milena (Hg.) (2005): Po židoch cigáni. Svědectví Romů zo Slovenska 1939-1945. Praha.

Hudemann, Rainer (1998): Sinti und Roma in der deutschen Wiedergutmachung. Fragen zu den Fernwirkungen der Verfolgung. In: Waclaw Dlugoborski (Hg.): Sinti und Roma im KL Auschwitz-Birkenau 1943-44. Vor dem Hintergrund ihrer Verfolgung unter der Naziherrschaft. Auschwitz. S. 345-355.

Hugo, Victor (2001): Der Glöckner von Notre-Dame. Frankfurt a. M./Leipzig.

Humboldt, Wilhelm von (1836): Über die Verschiedenheit des menschlichen Sprachbaues und ihren Einfluß auf die geistige Entwickelung des Menschengeschlechts. Berlin.

Hürte, Robert (1852): Leben und Liebe des spanischen Zigeunermädchens Preziosa. Eine schöne Volkserzählung mit Liedern. Reutlingen.

Hyan, Hans (1931): Fahrende Leute. Berlin.

Ibsen, Henrik (1968): Dramen, Bd. 1. Leipzig.

Immermann, Karl (1981): Die Epigonen. Familienmemoiren in neun Büchern. 1823-1835. München.

Ioanid, Radu (2000): The Holocaust in Romania. The Destruction of Jews and Gypsies under the Antonescu Regime, 1940-1944. Chicago.

Jager, Benedikt (1995): Phantasmatische Vollkommenheit und Gesetz des Vaters. Eine psychoanalytische Studie von Viktor Rydbergs Singoalla. Växjö.

James, George Payne Rainsford (1835): The Gipsy; A Tale. By the Author of »Richelieu«, »Mary of Burgundy«. Bd. 1. London.

Jecklin, Dietrich (Hg.) (1874): Volksthümliches aus Graubünden, Bd. 1. Zürich.

Jensen, Wilhelm (o. J.): Über der Heide. Hamburg.

– (1886): Die braune Erica. 4. Aufl. Berlin.

Jessopp, Augustus (1893): Lavengro. In: The Athenæum, 3428. S. 65-66.

Jónás, Tamás (2006): Als ich noch Zigeuner war. Budapest.

Jonson, Ben (1966): The Gypsies Metamorphosed. A Variorum Edition. Hg. v. George Watson Cole. New York.

Jooste, J. P. (1904): Aus der zweiten Heimat: Reisen und Eindrücke eines Buren in Deutschland. Berlin.

Jovanović, Ilija (2006): Vom Wegrand. Gedichte. Dromese rigatar. Klagenfurt.

Jütte, Robert (1980): Vagantentum und Bettlerwesen bei Hans Jacob Christoffel von Grimmelshausen. In: Daphnis. Zeitschrift für Mittlere Deutsche Literatur und Kultur der Frühen Neuzeit (1400-1750) 9. S. 109-131.

– (1988): Abbild und soziale Wirklichkeit des Bettler- und Gaunertums zu Beginn der Neuzeit. Sozial-, mentalitäts- und sprachgeschichtliche Studien zum Liber Vagatorum (1510). Köln/Wien.

– (2000): Arme, Bettler, Beutelschneider. Eine Sozialgeschichte der Armut in der Frühen Neuzeit. Weimar.

Kaiser, Gert (1988): Alternative Lebenswelten in der deutschen Literatur des Mittelalters. In: Ludwig Schrader (Hg.): Alternative Welten in Mittelalter und Renaissance. Düsseldorf. S. 161-174.

Kallenberg, Vera (2010): Von »liederlichen Land-Läuffern« zum »asiatischen Volk«. Die Repräsentation der ›Zigeuner‹ in deutschsprachigen Lexika und Enzyklopädien zwischen 1700 und 1850. Eine wissensgeschichtliche Untersuchung. Frankfurt a. M./Berlin/Bern u. a.

Kanfer, Stefan (1978): The Eighth Sin. New York.

Kappen, O. van (1965): Geschiedenis der Zigeuners in Nederland. De ontwikkeling van de rechtspositie der Heidens of Egyptenaren in de noordelijke Nederlanden (1420-1750). Assen.

– (1969): Contributions to the History of the Gypsies in Belgium. In: Journal of the Gypsy Lore Society 48 (Series 3). S. 107-120.

Kappl, Claus (1984): Die Not der kleinen Leute. Der Alltag der Armen im 18. Jahrhundert im Spiegel der Bamberger Malefizamtsakten. Bamberg (zugl. Dissertation Konstanz 1984).

Karanikas, Dimitrios (1931): Das bayerische Zigeuner- und Arbeitsscheuengesetz vom 16. Juli 1926. Dissertation Leipzig.

Katz, Jacob (2002): Tradition und Krise. Der Weg der jüdischen Gesellschaft in die Moderne. München.

Keats, John (1978): The Poems. Hg. v. Jack Stillinger. London.

Keller, Gottfried (1944): Romeo und Julia auf dem Dorfe. Hg. v. Carl Enders. Leipzig.

Kerschbaumer, Marie-Thérèse (1986): Der weibliche Name des Widerstands. 7 Berichte. Berlin/Weimar.

Kisch, Egon Erwin (1980): Gesammelte Werke, Bd. 3: Zaren, Popen, Bolschewiken. 3. Aufl. Berlin/Weimar (Gesammelte Werke in Einzelausgaben. Hg. v. Bodo Uhse/Gisela Kisch).

Kittlitz, Robert Freiherr von (1885): Die Zigeuner. Vortrag gehalten im Winter 1884/85 in der naturforschenden und in der Oberlausitzer Gesellschaft der Wissenschaften. Heidelberg.

Kivi, Aleksis (1962): Die sieben Brüder. München.

Klausnitzer, Ralf (2007): Poesie und Konspiration. Beziehungssinn und Zeichenökonomie von Verschwörungsszenarien in Publizistik, Literatur und Wissenschaft 1750-1850. Berlin/New York.

Klees, Michael (1996): Gesellschaftliche Randgruppen im Werk Achim von Arnims.

Zur Funktion von Zigeunern und Juden in Isabella von Ägypten und Die Majorats-Herren. In: Joanna Jablkowska/Erwin Leibfried (Hg.): Fremde und Fremdes in der Literatur. Frankfurt a. M./Berlin/Bern u. a. S. 60-77.

Kleist, Heinrich von (2005): Sämtliche Erzählungen, Anekdoten, Gedichte, Schriften. Hg. v. Klaus Müller-Salget. Frankfurt a. M.

Knapp, Gottfried (1972): Groteske, Phantastik, Humor und die Entstehung der polyphonen Schreibweise in Achim von Arnims erzählender Dichtung. Dissertation. München.

Koch, Eckehard (1989): »Der Gitano ist ein gehetzter Hund«. Karl May und die Zigeuner. In: Claus Roxin/Heinz Stolte/Hans Wollschläger (Hg.): Jahrbuch der Karl-May-Gesellschaft 20. Husum. S. 178-229.

Koeman, Jakob (1993): Die Grimmelshausen-Rezeption in der fiktionalen Literatur der deutschen Romantik. Amsterdam/Atlanta.

Koenig, Alma Johanna [1925]: Schibes. Leipzig. o. J.

Koenneritz, J. M. v. [1935]: Der Schatz des kleinen Zigeuners und andere Erzählungen. 2. Aufl. Leipzig. o. J.

Kogalnitchan, Michael von (1840): Skizze einer Geschichte der Zigeuner, ihrer Sitten und ihrer Sprache, nebst einem kleinen Wörterbuche dieser Sprache. Stuttgart.

Kohl, J. G. (1841): Reisen in Südrußland. Erster Theil. Dresden/Leipzig.

Köhler-Zülch, Ines (1992): Die Heilige Familie in Ägypten, die verweigerte Herberge und andere Geschichten von ›Zigeunern‹: Selbstäußerungen oder Außenbilder? In: Daniel Strauß (Hg.): Die Sinti/Roma-Erzählkunst im Kontext Europäischer Märchenkultur. Heidelberg. S. 35-84.

– (1993): Die Geschichte der Kreuznägel: Version und Gegenversion? Überlegungen zu Roma-Varianten. In: Michael Chesnutt (Hg.): Telling Reality. Folklore Studies in Memory of Bengt Holbek. Kopenhagen/Turku. S. 219-234.

– (1995): Die Figur des ›Zigeuners‹ in deutschsprachigen Sagensammlungen. In: Wilhelm Solms/Daniel Strauß (Hg.): ›Zigeunerbilder‹ in der deutschsprachigen Literatur. Tagung in der Universität Marburg vom 5. bis 7. Mai 1994. Heidelberg. S. 11-46.

Kohlmünzer, Ernst (1873): Bunte Steine. Gedichte. Linz/Wimmer.

König, Christoph (2008): Epenzwang – philologische Argumente am Beispiel des ›Kalevala‹. In: Geschichte der Germanistik, 33/34. S. 70-81.

Konstantinović, Zoran (1988): Bild und Gegenbild. Ein Beitrag zur Imagologie der südosteuropäischen Völker in der Phase ihrer nationalen Wiedergeburt. In: Hugo Dyserinck/Karl Ulrich Syndram (Hg.): Europa und das nationale Selbstverständnis. Imagologische Probleme in Literatur, Kunst und Kultur des 19. und 20. Jahrhunderts. Bonn. S. 283-294.

Koppenfels, Martin von (2002): Nachwort: Gewalttakt und Verklärung. In: Federico García Lorca (2002): Zigeunerromanzen. Primer romancero gitano. 1924-1927. Gedichte. Spanisch und deutsch. Frankfurt a. M. S. 107-123.

Körber, Ph. v. (1836): Martha, die Zigeunermutter. In: Der Sächsische Trompeter: Eine Monatsschrift der neuesten und merkwürdigsten Weltbegebenheiten. Juni. Meißen.

Körte, Mona/Robert Stockhammer (Hg.) (1995): Ahasvers Spur. Dichtungen und Dokumente vom »Ewigen Juden«. Leipzig.

Köster, Werner (2002): Die Rede über den »Raum«. Zur semantischen Karriere eines deutschen Konzepts. Heidelberg.

Kotzebue, August (1810): Die kleine Zigeunerin. Ein Schauspiel in vier Acten. Leipzig.

Kovács (1941): Die Schwarze Pest im Kreise Reps. In: Medizinische Zeitschrift. Fachblatt der deutschen Ärzte in Rumänien. S. 210-214.

Krämer, Robert (1937/38): Rassische Untersuchungen an den »Zigeuner«-Kolonien Lause und Altengraben bei Berleburg (Westf.). In: Archiv für Rassen- und Gesellschaftsbiologie einschließlich Rassen- und Gesellschaftshygiene 31, 1. S. 33-56.

Kramp, Michael (2004): The Woman, the Gypsies, and England: Harriet Smith's National Role. In: College Literature 31, 1. S. 147-168.

Krausnick, Michail (Hg.) (1993): »Da wollten wir frei sein!« Eine Sinti-Familie erzählt. Weinheim/Basel.

Krauss, Friedrich S. (1890): Volksglaube und religiöser Brauch der Südslaven. Münster.

– (1907): Zigeunerhumor. 250 Schnurren, Schwänke und Märchen. Leipzig.

Kreuzer, Helmut (1968): Die Boheme. Beiträge zu ihrer Beschreibung. Stuttgart.

Kriegk, G. L. (1969): Deutsches Bürgerthum im Mittelalter. Nach urkundlichen Forschungen und mit besonderer Beziehung auf Frankfurt a. M. Frankfurt a. M. (ND von o. O. 1886)

Krokowski, Heike (2001): Die Last der Vergangenheit. Auswirkungen nationalsozialistischer Verfolgung auf deutsche Sinti. Frankfurt a. M./New York.

Kronauer, Ulrich (2003): »Sie lohnen ihren Eltern mit Undank«. Ein Blick auf die Kinder der Zigeuner aus der rechtlichen und pädagogischen Perspektive der Aufklärungszeit. In: Udo Engbring-Romang/Daniel Strauß (Hg.): Aufklärung und Antiziganismus. Seeheim. S. 126-139.

Krüger, Stefan (2001): Die Musikkultur Flamenco. Darstellung, Analyse und Diskurs. Dissertation Hamburg.

Kugler, Stefani (2004): Kunst-Zigeuner. Konstruktionen des ›Zigeuners‹ in der deutschen Literatur der ersten Hälfte des 19. Jahrhunderts. Trier.

Kulemann, Rudolf (1869): Die Zigeuner. In: Unsere Zeit. Neue Folge 5, 1. Leipzig. S. 843-871.

Kullberg [1895]: Die Zigeunertochter. Nach dem schwedischen Original des Kammerjunker Kullberg frei bearb. v. A. v. Winterfeld. 2. Aufl. Jena. o. J.

Kurz, Hermann (1988): Der Sonnenwirt. Ein Roman aus Schwaben. Leicht gekürzte Ausgabe. Berlin.

Kuznetsova, Ljalja/Reimar Gilsenbach (1994): Russlands Zigeuner. Berlin.

Kytzler, Bernhard (1996): Horaz. Eine Einführung. Stuttgart.

Labouvie, Eva (1990): Wider Wahrsagerei, Segnerei und Zauberei. Kirchliche Versuche zur Ausgrenzung von Aberglaube und Volksmagie seit dem 16. Jahrhundert. In: Richard van Dülmen (Hg.): Verbrechen, Strafen und soziale Kontrolle. Frankfurt a. M. S. 15-55.

– (1991): Zauberei und Hexenwerk. Ländlicher Hexenglaube in der frühen Neuzeit. Frankfurt a. M.

– (1992): Verbotene Künste. Volksmagie und ländlicher Aberglaube in den Dorfgemeinden des Saarraumes (16.-19. Jahrhundert). St. Ingbert (zugl. Dissertation Saarbrücken 1989).

Laher, Ludwig (2005): Herzfleischentartung. München.

Lakatos, Menyhért (1980): Bitterer Rauch. Ein Zigeunerroman. 2. Aufl. Berlin.

– (1984): Csandras Karren. Zigeunergeschichten. Berlin.

Landfester, Ulrike (1996): Das Recht des Erzählers. Verbrechensdarstellungen zwischen Exekutionsjournalismus und Pitaval-Tradition 1600-1800. In: Uwe Böker/ Christoph Houswitschka (Hg.): Literatur, Kriminalität und Rechtskultur im 17. und 18. Jahrhundert. Tagung am 17. und 18. Juni 1994 an der Technischen Universität Dresden. Essen. S. 155-183.

Langhans-Maync, Susy (1964): Der Fluch von Lourmarin. In: Adalbert Keil (Hg.): Zigeunergeschichten. Wien/München/Basel. S. 459-487.

Lanz-Liebenfels, Jörg (1929): Ostara, Nr. 38: Das Geschlechts- und Liebesleben der Blonden und Dunklen, Bd. 1: Anthropologischer Teil. Als Handschrift gedruckt in 3. Aufl. Wien.

Lasker-Schüler, Else (1966): Sämtliche Gedichte. München.

Laun, Friedrich (1825): Die Zigeunerin. Zweiter Theil. Leipzig.

Lawrence, D[avid] H. [1933]: Der Zigeuner und die Jungfrau. Leipzig. o.J.

Lebzelter, Viktor (1922): Anthropologische Untersuchungen an serbischen Zigeunern. In: Mitteilungen der anthropologischen Gesellschaft in Wien 52. S. 23-42.

Leist, A. (1865): Die Zigeuner der Süddonauländer. In: Globus. Illustrirte Zeitschrift für Länder- und Völkerkunde 8. S. 15-21.

Leland, Charles Godfrey (1963): Gypsy Sorcery and Fortune Telling. New York.

Lemmermann, Holger (1986): Zigeuner und Scherenschleifer im Emsland. Sögel.

Lemon, Alaina (2000): Between Two Fires. Gypsy Performance and Romani Memory from Pushkin to Post-Socialism. Durham/London.

Lenau, Nikolaus (1995a): Werke und Briefe, Bd. 1: Gedichte bis 1834. Hg. v. Herbert Zeman/Michael Ritter. Wien (Nikolaus Lenau. Werke und Briefe. Historisch-kritische Gesamtausgabe. Hg. v. Helmut Brandt/Gerard Kozielek/Antal Mádl et al.).

– (1995b): Werke und Briefe, Bd. 2: Neuere Gedichte und lyrische Nachlese. Hg. v. Antal Mádl. Wien (Nikolaus Lenau Werke und Briefe. Historisch-kritische Gesamtausgabe. Hg. v. Helmut Brandt/Gerard Kozielek/Antal Mádl et al.).

– (2004): Werke und Briefe, Bd. 4: Savonarola. Die Albigenser. Don Juan. Helena. Hg. v. Helmut Brandt/Gerhard Kozielek. Wien (Nikolaus Lenau Werke und Briefe. Historisch-kritische Gesamtausgabe. Hg. v. dies./Antal Mádl et al.).

Lentrodt, Wilhelm (1909): Der Bauer. Eine psychologische Studie. Leipzig.

Lenz, Jakob Michael Reinhold (1992): Werke und Briefe, Bd. 2: Lustspiele nach dem Plautus. Prosadichtungen. Theoretische Schriften. Frankfurt a. M./Leipzig (Werke und Briefe in 3 Bdn. Hg. v. Sigrid Damm).

Lessing, Gotthold Ephraim (1968): Gesammelte Werke, Bd. 5: Antiquarische Schriften. Berlin/Weimar (Gotthold Ephraim Lessing. Gesammelte Werke in 10 Bdn. Hg. v. Paul Rilla).

Lethen, Helmut (1994): Verhaltenslehren der Kälte. Lebensversuche zwischen den Kriegen. Frankfurt a. M.

Lévy-Strauss, Claude (1996): Rasse und Geschichte. In: Ralf Konersmann (Hg.): Kulturphilosophie. Leipzig. S. 168-221.

Lewis, Alun (1964): Ziehendes Volk. In: Adalbert Keil (Hg.): Zigeunergeschichten. Wien/München/Basel. S. 146-165.

Lewis, Matthew Gregory (1797): The Monk. A Romance. 3. Aufl. London.

– (1986): Der Mönch. Frankfurt a. M.

Lewy, Guenter (2001): »Rückkehr nicht erwünscht«. Die Verfolgung der Zigeuner im Dritten Reich. München/Berlin.

Liebich, Richard (1984): Die Zigeuner in ihrem Wesen und in ihrer Sprache. Vaduz/ Liechtenstein. (ND von Leipzig 1863)

Lilienthal, Georg (1990): Samuel Thomas Soemmerring und seine Vorstellungen über Rassenunterschiede. In: Gunter Mann/Franz Dumont (Hg.): Die Natur des Menschen. Probleme der Physischen Anthropologie und Rassenkunde (1750-1850). Stuttgart/New York. S. 31-55.

Link, Jürgen (1997): Versuch über den Normalismus. Wie Normalität produziert wird. Opladen.

Liszt, Franz (1861): Die Zigeuner und ihre Musik in Ungarn. Pesth.

Ljesskow, Nikolai (1948): Der verzauberte Pilger. Gütersloh.

Lohnes, Manolo (1998): Lorca und der Flamenco. In: Anita Awosusi (Hg.): Die Musik der Sinti und Roma, Bd. 3: Der Flamenco. Heidelberg. S. 51-79.

Lo-Johansson, Ivar (1963): Zigenare. Stockholm.

Löns, Hermann (1942): Der Wehrwolf. Eine Bauernchronik. Jena.

Lorca, Federico García (1984): Dichtung vom Cante Jondo. Dichtung vom tiefinnern Sang. Frankfurt a. M.

– (2002): Zigeunerromanzen. Primer romancero gitano. 1924-1927. Gedichte. Spanisch und deutsch. Frankfurt a. M.

Lüsebrink, Hans-Jürgen (1983): Kriminalität und Literatur im Frankreich des 18. Jahrhunderts. Literarische Formen, soziale Funktionen und Wissenskonstituenten von Kriminalitätsdarstellung im Zeitalter der Aufklärung. München/Wien.

Mácha, Karel Hynek (2000): »Die Liebe ging mit mir ...« Prosa, Poesie, Tagebücher. Ausgewählt von Natascha Drubek-Meyer. Stuttgart/München.

Mähler, Paul (1913): Der Zigeuner. Dresden.

Malinowski, Bronislaw (1962): Geschlechtstrieb und Verdrängung in primitiven Gesellschaften. Reinbek b. Hamburg.

Malinowski, Krimhilde (2003): Das Schweigen wird gebrochen. Erinnerungen einer Sintezza an den Nationalsozialismus. Niedergeschrieben und mit Erläuterungen versehen von Norbert Aas. Bayreuth.

Malvinni, David (2004): The Gypsy Caravan. From Real Roma to Imaginary Gypsies in Western Music and Film. New York/London.

Mann, Thomas (1983): Gesammelte Werke, Bd. 11: Betrachtungen eines Unpolitischen. Frankfurt a. M.

Manuel, Peter (1998): Andalusian Gypsy, and Class Identity in the Contemporary Flamenco Complex. In: Diane Tong (Hg.): Gypsies. An Interdisciplinary Reader. New York/London. S. 175-197.

Margalit, Gilad (2001): Die Nachkriegsdeutschen und »ihre Zigeuner«. Die Behandlung der Sinti und Roma im Schatten von Auschwitz. Berlin.

– (2007): Zigeunerpolitik und Zigeunerdiskurs im Deutschland der Nachkriegszeit. In: Michael Zimmermann (Hg.): Zwischen Erziehung und Vernichtung. Zigeunerpolitik und Zigeunerforschung im Europa des 20. Jahrhunderts. Stuttgart. S. 483-509.

Marly, Diana de (1989): The Modification of Gipsy Dress in Art, 1500-1650. In: Costume. The Journal of the Costume Society 23. S. 54-63.

Marten, Heinz-Georg (1983): Sozialbiologismus. Biologische Grundpositionen der politischen Ideengeschichte. Frankfurt a. M./New York.

Martin, Kevin (1973): Das Grosse Zigeuner-Wahrsagebuch. Wien/München/Zürich.

Martin, Peter (2001): Schwarze Teufel, edle Mohren. Afrikaner in Geschichte und Bewußtsein der Deutschen. Hamburg.

Martl, Nicole (2004): Meine Wege ... In: Ludwig Laher (Hg.): Uns hat es nicht geben sollen. Rosa Winter, Gitta und Nicole Martl. Drei Generationen Sinti-Frauen erzählen. Grünbach. S. 137-151.

Marushiakova, Elenea/Vesselin Popov (1997): Gypsies (Roma) in Bulgaria. Frankfurt a. M./Berlin/Bern u. a.

– (2007): Zigeunerpolitik und Zigeunerforschung in Bulgarien (1919-1989). In: Michael Zimmermann (Hg.): Zwischen Erziehung und Vernichtung. Zigeunerpolitik und Zigeunerforschung im Europa des 20. Jahrhunderts. Stuttgart. S. 125-156.

Marx, Karl (1964): Zur Judenfrage. In: ders./Friedrich Engels: Werke, Bd. 1. Berlin. S. 347-377.

– (1968): Das Kapital. Kritik der politischen Ökonomie, Bd. 1. Marx-Engels-Werke, Bd. 23. Berlin.

Massaloup, Joseph Vincenz (1834a): Der Zigeuner. Historischer Roman aus der Mitte des siebzehnten Jahrhunderts. Erster Theil. Leipzig.

– (1834b): Der Zigeuner. Historischer Roman aus der Mitte des siebzehnten Jahrhunderts. Zweiter Theil. Leipzig.

– (1834c): Der Zigeuner. Historischer Roman aus der Mitte des siebzehnten Jahrhunderts. Dritter Theil. Leipzig.

Matras, Yaron (2003): Die Sprache der Roma: Ein historischer Umriss. In: ders./Hans Winterberg/Michael Zimmermann (Hg.): Sinti, Roma, Gypsies. Sprache – Geschichte – Gegenwart. Berlin. S. 231-261.

Maur, Wolf in der (1969): Die Zigeuner. Wanderer zwischen den Welten. Wien/München/Zürich.

Maximoff, Matéo (1958): Die siebente Tochter. Zürich.

– (1988): Verdammt zu leben. Zigeunerroman. Bern.

– (2001): Die Ursitory. Zürich.

May, Karl (1952): Zepter und Hammer. Ungekürzte Volksausgabe. Wien/Heidelberg.

Mayall, David (1988): Gypsy-Travellers in Nineteenth-Century Society. Cambridge/New York/New Rochelle u. a.

– (2004): Gypsy Identities 1500-2000. From Egipcyans and Moon-Men to the Ethnic Romany. London/New York.

Mayerhofer, Claudia (1987): Dorfzigeuner. Kultur und Geschichte der Burgenland-Roma von der Ersten Republik bis zur Gegenwart. Wien.

Mazzolini, Renato G. (1990): Anatomische Untersuchungen über die Haut der Schwarzen (1700-1800). In: Gunter Mann/Franz Dumont (Hg.): Die Natur des Menschen. Probleme der Physischen Anthropologie und Rassenkunde (1750-1850). Stuttgart/New York. S. 169-187.

McCann, Colum (2007): Zoli. Reinbek b. Hamburg.

Medick, Hans (1991): Zur politischen Sozialgeschichte der Grenzen in der Neuzeit Europas. In: SOWI. Sozialwissenschaftliche Informationen 20, 3. S. 157-163.

Megel, John (1986): The Holocaust and the American Rom. In: Joanne Grumet (Hg.): Papers from the Sixth and Seventh Annual Meetings of the Gypsy Lore Society, North American Chapter. New York. S. 187-190.

Meier-Graefe, Julius (1984): Spanische Reise. München.

Melwisch-Birăescu, Simina (2008): Zwischen Philanthropie und Verachtung. ›Zigeuner‹ als politische und ethnographische Objekte in Rumänien und Österreich-Ungarn (1840-1890). In: Herbert Uerlings/Iulia-Karin Patrut (Hg.): ›Zigeuner‹ und Nation. Repräsentation – Inklusion – Exklusion. Frankfurt a. M. S. 381-400.

Mérimée, Prosper (1993): Carmen. Stuttgart.

Messetschkow, Nedjalko (o. J.): Bango, der Zigeunerjunge. 2. Aufl. Berlin.

Meyer-Hambruch [= Alfred R. Meyer] [1919]: Ungarische Zigeunermusik. Berlin. o. J.

Michalsky-Knak, Maria [1935]: Zigeuner – und was wir mit ihnen in Berlin erlebten. Berlin. o. J.

Middleton, Thomas/William Rowley (1908): The Spanish Gipsie and All's Lost by Lust. Hg. v. Edgar C. Morris. Boston/London.

Mihaly, Jo [= Elfriede Steckel] (1930): Michael Arpad und sein Kind. Ein Kinderschicksal auf der Landstraße. Stuttgart.

– (1980): Ein Kommentar zur Zigeunerfrage. In: Klaus Trappmann (Hg.): Landstrasse, Kunden, Vagabunden. Berlin. S. 296-308.

– (2009): Gesicht am Wege. In: Walter Fähnders/Henning Zimpel (Hg.): Die Epoche der Vagabunden. Texte und Bilder 1900-1945. Essen. S. 140-144.

Miklosich, Franz (1984): Beiträge zur Kenntnis der Zigeunermundarten. (Aus den Sitzungsberichten der Kaiserlichen Akademie der Wissenschaft zu Wien). Leipzig. (ND aus den Sitzungsberichten 1874-1878)

Mildebrath, Berthold (1907): Die deutschen »Avanturiers« des achtzehnten Jahrhunderts. Gräfenhainichen (zugl. Dissertation Würzburg 1907).

Mode, Heinz (Hg.) (1991): Zigeunermärchen aus aller Welt. Frankfurt a. M./Leipzig.

Molitor, Jan [= Josef Müller-Marein] (1947a): Cavalcade 1946. Hamburg.

– (1947b): The Fate of a German Gypsy. In: Journal of the Gypsy Lore Society 26 (Series 3). S. 48-52.

Mölk, Ulrich (1997): Alexander Puschkin: Die Zigeuner. In: Querlektüren. Weltliteratur zwischen den Disziplinen. Hg. v. Wilfried Barner. Göttingen. S. 124-138.

Mongrédien, Georges (Hg.) (1977): Les Historiettes de Tallemant des Réaux, Bd. 8. Édition documentaire établie par G. M. Paris.

Moor, Margriet de (1997): Herzog von Ägypten. München.

Mosen, Julius (1863): Sämmtliche Werke, Bd. 7. Oldenburg.

Möser, Justus (1955/56): Sämtliche Werke, Bd. 8: Zweite Abteilung. Patriotische Phantasien und Zugehöriges. Osnabrück (Justus Mösers Sämtliche Werke. Historisch-kritische Ausgabe in 14 Bdn.).

Mossa (1992): La Gitane et son destin. Témoignages d'une jeune Gitane sur la condition féminine et l'évolution du monde gitan. Textes présentés par Bernard Leblon. Paris.

Mühl, Gustav (1874): Die Zigeuner im Elsaß und in Deutschlothringen. In: Der Salon für Literatur, Kunst und Gesellschaft 1. S. 90-104.

Mühlmann, Wilhelm Emil (1944): »Assimilation, Umvolkung, Volkwerdung. Ein globaler Überblick und ein Programm«. Stuttgart.

– (1968): Geschichte der Anthropologie. 2., verb. u. erw. Aufl. Frankfurt a. M./Bonn.

Mühsam, Erich (2009): Bohême. In: Walter Fähnders/Henning Zimpel (Hg.): Die Epoche der Vagabunden. Texte und Bilder 1900-1945. Essen. S. 169-173.

Mulisch, Harry (1993): Die Entdeckung des Himmels. München/Wien.

Müller, Friedrich [= Maler Müller] (1918): Maler Müllers Werke. Volksausgabe [...], Bd. 1: Idyllen, Gedichte und Gedanken. Lebensgeschichte und Würdigung. Mannheim/Neustadt.

Müller, Friedrich (1873): Allgemeine Ethnographie. Wien.

Müller, Joseph Muscha (2002): Und weinen darf ich auch nicht ... Ausgrenzung, Sterilisation, Deportation – Eine Kindheit in Deutschland. Berlin.

Müller, Max (2000): Was kann Indien uns lehren? Hg. v. Roland Beer. Berlin.

Müller-Using, Detlev (1934): Zur Zigeunerfrage. In: Deutsches Weidwerk 39, 18. S. 511-512.

Müllner, Amandus Gottfried Adolf (1828): Müllner's Dramatische Werke. Braunschweig.

Münkler, Herfried/Hans Grünberger/Kathrin Mayer (1998): Nationenbildung. Die Nationalisierung Europas im Diskurs humanistischer Intellektueller. Italien und Deutschland. Berlin.

Münster, Thomas (1973): Arpad der Zigeuner. Die Abenteuer eines pfiffigen Draufgängers. Freiburg/Basel/Wien.

– (1974): Arpad reitet weiter. Der unverbesserliche Glückspilz auf neuen Abenteuern. Freiburg/Basel/Wien.

Nagel, Adalbert (1989): Armut im Barock. Die Kehrseite einer glanzvollen Epoche. 2. Aufl. Ravensburg.

Neubauer, Rahel Rosa (2007): Erna Lauenburger, genannt Unku. Das Schicksal der Titelheldin des Romans Ede und Unku. In: Susanne Blumesberger/Ernst Seibert (Hg.): Alex Wedding (1905-1966) und die proletarische Kinder- und Jugendliteratur. Wien. S. 123-141.

Neumann, Peter Horst (1968): Legende, Sage und Geschichte in Achim von Arnims »Isabella von Ägypten«. Quellen und Deutung. In: Jahrbuch der Deutschen Schillergesellschaft 12. S. 296-314.

Neureiter, Bernhard Wilhelm (1937): Zigeuner. Ein Volk ohne Heimat und Ziel. Der Türmer 39, 8. S. 404-408.

Niemandt, Hans-Dieter (1992): Die Zigeunerin in den romanischen Literaturen. Frankfurt a. M./Bern/New York u. a. (zugl. Dissertation Göttingen 1955).

Nietzsche, Friedrich (1988): Kritische Studienausgabe, Bd. 6: Der Fall Wagner, Götzen-Dämmerung, Der Antichrist, Ecce homo, Dionysos-Dithyramben, Nietzsche contra Wagner. 2., durchges. Aufl. Hg. v. Giorgio Colli/Mazzino Montinari. München (Kritische Studienausgabe in 15 Bdn. Hg. v. dens.).

Nola, Alfonso di (1993): Der Teufel. Wesen, Wirkung, Geschichte. München.

Nottebohm, Rudolf (1984): Dein Blut fließt auch nicht anders. Reinbek b. Hamburg.

Oberkrome, Willi (1993): Volksgeschichte. Methodische Innovationen und völkische Ideologisierung in der deutschen Geschichtswissenschaft 1918-1945. Göttingen.

Oesterle, Ingrid/Günter Oesterle (1996): Die Affinität des Romantischen zum Zigeunerischen oder die verfolgten Zigeuner als Metapher für die gefährdete romantische Poesie. In: Hermenautik – Hermeneutik. Literarische und geisteswissenschaftliche Beiträge zu Ehren von Peter Horst Neumann. Hg. v. Holger Helbig/Bettina Knauer/Gunnar Och. Würzburg. S. 95-108.

O'Flaherty, Liam (1964): Das Zelt. In: Adalbert Keil (Hg.): Zigeunergeschichten. Wien/München/Basel. S. 207-217.

Okic, J. (1889): Die Zigeuner als Kulturvolk. In: Das Ausland. Wochenschrift für Erd- und Völkerkunde 62, 10. S. 187-189.

Oldenberg, Hermann (1923): Die Religion des Veda. 3./4. Aufl. Stuttgart/Berlin.

Olender, Maurice (1995): Die Sprachen des Paradieses. Religion, Philologie und Rassentheorie im 19. Jahrhundert. Frankfurt a. M./New York.

Opfermann, Ulrich (1994): »Zigeuner« in Wittgenstein im 18. und 19. Jahrhundert. In: Wittgenstein 82, 2. S. 62-73 u. 82, 3. S. 101-117 u. 82, 4. S. 139-147.

– (1995): »Zigeuner« in Wittgenstein im 18. und 19. Jahrhundert. In: Wittgenstein 83, 1. S. 9-31.

– (2007): »Seye kein Ziegeuner, sondern kayserlicher Cornet«. Sinti im 17. und 18. Jahrhundert. Eine Untersuchung anhand archivalischer Quellen. Berlin.

Orłowski, Hubert (1993): Grenzlandliteratur. Zur Karriere eines Begriffs und Phänomens. In: ders. (Hg.): Heimat und Heimatliteratur in Vergangenheit und Gegenwart. Poznań. S. 9-18.

Palamas, Kostes (1975): The Twelve Words of the Gypsy. Memphis.

Pankok, Otto (1958): Zigeuner. 2. Aufl. Düsseldorf.

Papus (1999): Tarot der Zigeuner. Der absolute Schlüssel zur Geheimwissenschaft. Bern/München/Wien.

Penck, Albrecht (1925): Deutscher Volks- und Kulturboden. In: K. C. v. Loesch (Hg.): Volk unter Völkern. Bücher des Deutschtums, Bd. 1. Breslau. S. 62-94.

Perrig, Alexander (1987): Erdrandsiedler oder die schrecklichen Nachkommen Chams. Aspekte der mittelalterlichen Völkerkunde. In: Thomas Koebner/Gerhart Pickerodt (Hg.): Die andere Welt. Studien zum Exotismus. Frankfurt a. M. S. 31-87.

Pestalozzi, Johann Heinrich (1927): Sämtliche Werke, Bd. 2: Lienhard und Gertrud. 1. Teil 1781. 2. Teil 1783. Berlin/Leipzig (Pestalozzi Sämtliche Werke. Hg. v. Artur Buchenau/Eduard Spranger/Hans Stettbacher).

– (1928): Sämtliche Werke, Bd. 3: Lienhard und Gertrud. 3. Teil 1785. 4. Teil 1787. Berlin/Leipzig (Pestalozzi Sämtliche Werke. Hg. v. Artur Buchenau/Eduard Spranger/Hans Stettbacher).

Peter, Hans (1978): Geschichtliches Volkssagengut in den Sudetenländern. Marburg.

Petzoldt, Leander (Hg.) (1970): Deutsche Volkssagen. München.

Pfaff, Carl (1991): Die Welt der Schweizer Bilderchroniken. Hg. v. Marianne Flüeler-Grauwiler. Schwyz.

Plinzner, Frieda (1912): Bilder aus dem Leben der Berliner Zigeunerkinder. Striegau.

– [1914]: Zinna und Kurli. Eine Zigeunergeschichte. 2. Aufl. Berlin. o. J.

– [1930]: Kiki. Eine Zigeunerkindergeschichte. 3. Aufl. Gütersloh. o. J.

Pochat, Götz (1997): Das Fremde im Mittelalter. Darstellung in Kunst und Literatur. Würzburg.

Pokorný, Ctibor (1942): Zigeunerromantik im Verschwinden. In: Slowakische Rundschau 3, 1/2. [Unpaginiert]

Polaschegg, Andrea (2005a): Genealogische Geographie. Die orientalistische Ordnung der ersten und letzten Dinge in Achim von Arnims »Isabella von Ägypten«. In: Ernst Behler/Manfred Frank/Jochen Hörisch et al. (Hg.): Athenäum. Jahrbuch für Romantik 15. Paderborn/München/Wien u. a. S. 95-124.

– (2005b): Der andere Orientalismus. Regeln deutsch-morgenländischer Imagination im 19. Jahrhundert. Berlin/New York (zugl. Dissertation Berlin 2003).

Polek, Johann (1905/06): Die Zigeuner in der Bukowina. In: Jahrbuch des Bukowiner Landes-Museums 13/14. S. 45-63.

Pöllot, Achim (1972): Zigeunerfest in Saintes-Maries. Dossenheim.

Polosina, Alla (2005): L'image des Tziganes dans l'œuvre de Tolstoï. In: Pascale Auraix-Jonchière/Gérard Loubinoux (Hg.): La Bohémienne. Figure poétique de l'errance aux XVIIIe et XIXe siècles. Clermont-Ferrand. S. 225-233.

Pothmann, M. C. (1788): Über die schädlichen Folgen der Wahrsagerei. Eine Erzählung für den Landmann. In: Lippische Intelligenzblätter vom 9.2.178. S. 44-47.

Potocki, Jan Graf (1984): Die Abenteuer in der Sierra Morena oder Die Handschriften von Saragossa. Hg. v. Leszek Kukulski. Berlin/Weimar.

Pott, August Friedrich (1844): Die Zigeuner in Europa und Asien. Ethnographisch-linguistische Untersuchung, vornehmlich ihrer Herkunft und Sprache, nach gedruckten und ungedruckten Quellen. Erster Theil. Einleitung und Grammatik. Halle.

– (1845): Die Zigeuner in Europa und Asien. Ethnographisch-linguistische Untersuchung, vornehmlich ihrer Herkunft und Sprache, nach gedruckten und ungedruckten Quellen. Zweiter Theil. Einleitung über Gaunersprachen, Wörterbuch und Sprachproben. Halle.

Praetorius, Johann Heinrich (1661): Ludicum Chiromanticum seu Thesaurus Chiromantiae. Leipzig.

Przybilski, Martin (2004): Satans fünfte Kolonne. Fremde im geistlichen Spiel des deutschen Spätmittelalters. In: Wolfgang Braungart/Klaus Ridder/Friedmar Apel (Hg.): Wahrnehmen und Handeln. Perspektiven einer Literaturanthropologie. Bielefeld. S. 105-129.

Puschkin, Alexander Sergejewitsch (1968): Gesammelte Werke, Bd. 1: Gedichte. Berlin/Weimar (Gesammelte Werke in 6 Bdn. Hg. v. Harald Raab).

– (1969): Gesammelte Werke, Bd. 2: Poeme und Märchen. 2. Aufl. Berlin/Weimar (Gesammelte Werke in 6 Bdn. Hg. v. Harald Raab).

Pym, Richard J. (2007): The Gypsies of Early Modern Spain, 1425-1783. Basingstoke.

Quintana, Bertha B./Lois Gray Floyd (1984): ¡Qué Gitano! Gypsies of Southern Spain. New York.

Rădulescu, Anca (2007): ›Zigeuner‹ als unheroische Helden in Ion Budai-Deleanus Epos Țiganiada. In: Iulia-Karin Patrut/George Guțu/Herbert Uerlings (Hg.): Fremde Arme – arme Fremde. ›Zigeuner‹ in Literaturen Mittel- und Osteuropas. Frankfurt a. M./Berlin/Bern. S. 39-71.

Randall, Dale B. J. (1975): Jonson's Gypsies Unmasked. Background and Theme of The Gypsies Metamorphos'd. Durham, N.C.

[Rathlef, Ernst Lorenz Michael] (1775): Die Mohrinn zu Hamburg, Tragödie. o. O.

Ratzel, Friedrich (1923): Politische Geographie. 3., durchges. u. erg. Aufl. München/Berlin.

Redern, Hedwig von (1924): Zigeuner und andere Kinder. Schwerin.

Reemtsma, Jan Philipp (2009): Vertrauen und Gewalt. Versuch über eine besondere Konstellation der Moderne. Hamburg.

Reinhardt, Dotschy (2008): Gypsy. Die Geschichte einer großen Sinti-Familie. Frankfurt a. M.

Reischauer, Luise (1908): Magister Nothold. Erzählung aus der ersten Hälfte des 17. Jahrhunderts. Stuttgart.

Renner, Erich (1997): »Und wir waren auch Naturmenschen«. Der autobiographische Bericht des Sinti-Musikers und Geigenbauers Adolf Boko Winterstein und andere persönliche Dokumente von und über Sinti und Roma. Frankfurt a. M./ Berlin/Bern u. a.

Rexroth, Frank (1999): Das Milieu der Nacht. Obrigkeit und Randgruppen im spätmittelalterlichen London. Göttingen.

Rheinheimer, Martin (1996): »In die Erde könnten sie nicht kriechen«. Zigeunerverfolgung im frühneuzeitlichen Schleswig-Holstein. In: Historische Anthropologie 4. Köln. S. 330-358.

– (2000): Arme, Bettler und Vaganten. Überleben in der Not 1450-1850. Frankfurt a. M.

Ricci, Giovanni (2007): Crypto-Identities. Disguised Turks, Christians and Jews. In: Anthony Molho/Diogo Ramada Curto/Niki Koniordos (Hg.): Finding Europe. Discourses on Margins, Communities, Images ca. 13th-ca. 18th Centuries. New York/Oxford. S. 39-54.

Rickett, Arthur (1906): The Vagabond in Literature. London.

Riechert, Hansjörg (1995): Im Schatten von Auschwitz. Die nationalsozialistische Sterilisationspolitik gegenüber Sinti und Roma. Münster/New York (zugl. Dissertation Bochum 1993).

Ries, Johannes (2007): Welten Wanderer. Über die kulturelle Souveränität siebenbürgischer Zigeuner und den Einfluß des Pfingstchristentums. Würzburg.

Rinser, Luise (1961): Die gläsernen Ringe. Frankfurt a. M.

Ritter, Robert (1936): Erbbiologische Untersuchungen innerhalb eines Züchtungskreises von Zigeunermischlingen und »asozialen Psychopathen«. In: Hans Harmsen/Franz Lohse (Hg.): Bevölkerungsfrage. Bericht des Internationalen Kongresses für Bevölkerungswissenschaft. München. S. 713-718.

– (1938): Zigeuner und Landfahrer. In: ders.: Der nichtseßhafte Mensch. Ein Beitrag zur Neugestaltung der Raum- und Menschenordnung im Großdeutschen Reich. München. S. 71-88.

Ritzsch, Timotheus (1656): Tim. Ritzschens verteutschte Spanische Ziegeunerin. Leipzig.

Riva, Maria (2000): Meine Mutter Marlene. 3. Aufl. München.

Rivers, W. H. (1913): Notes on the Heron Pedigree Collected by the Rev. G. Hall. In: Jounal of the Gypsy Lore Society 7, 2 (New Series). S. 88-104.

Roeck, Bernd (1993): Außenseiter, Randgruppen, Minderheiten. Fremde im Deutschland der frühen Neuzeit. Göttingen.

Röhricht, Reinhold (1967): Deutsche Pilgerreisen nach dem Heiligen Lande. Aalen. (ND von Innsbruck 1900)

Rohrwasser, Michael (1975): Saubere Mädel Starke Genossen. Proletarische Massenliteratur? Frankfurt a. M.

Rosen, G. von (1852): Die Zigeuner in Norwegen. In: Das Ausland. Wochenschrift für Erd- und Völkerkunde 25. S. 139-155.

Rosenberg, Marianne (2006): Kokolores. Autobiographie. Berlin.

Rosenberg, Otto (1998): Das Brennglas. Frankfurt a. M.

Rosenhaft, Eve (2005): A Photographer and His ›Victims‹. 1934-1964: Reconstructing a Shared Experience of the Romani Holocaust. In: Nicholas Saul/Susan Tebbutt (Hg.): The Role of the Romanies. Images and Counter-Images of ›Gypsies‹/Romanies in European Cultures. Liverpool. S. 178-207.

Rotering, [Landrichter zu Lyck] (1886): Landfahrer und Landstreicher. (Fortsetzung). In: Archiv für Strafrecht, 34. S. 122-144.

Rothmann, Ralf (2007): Wäldernacht. Essen.

Röttgers, Kurt (1993): Kants Kollege und seine ungeschriebene Schrift über die Zigeuner. Heidelberg.

R[owlands], S[amuel] (1610): Martin Mark-All, Beadle of Bridewell; His Defence and Answere to the Belman of London [...]. London.

Ruch, Martin (1986): Zur Wissenschaftsgeschichte der deutschsprachigen »Zigeunerforschung« von den Anfängen bis 1900. Dissertation Freiburg.

Rüdiger, Johann Christian Christoph (1990): Von der Sprache und Herkunft der Zigeuner aus Indien. Hamburg. (ND von Leipzig 1782)

Rueda, Lope de (1990): Pasos completos. Hg. v. Juan María Marín Martínez. Madrid.

– (2001): Las cuatro comedias. Hg. v. Alfredo Hermenegildo. Madrid.

Rydberg, Victor [1885]: Singoalla. Eine Phantasie. Leipzig. o. J.

Sacher Masoch, Alexander (1949): Piplatsch träumt. Ein Zigeunerbuch. Zürich.

Sachs, Hans (1875): Hans Sachs, Bd. 9. Hg. v. Adelbert von Keller. Tübingen.

Sadji, Amadou Booker (1985): Das Bild des Negro-Afrikaners in der Deutschen Kolonialliteratur (1884-1945). Ein Beitrag zur literarischen Imagologie Schwarzafrikas. Berlin.

Safranski, Rüdiger (2007): Romantik. Eine deutsche Affäre. München.

Saiko, George (1968): Auf dem Floß. Wien.

Sälzer, Anna-Lena (2007): Königstreue Weltverschwörer. ›Zigeuner‹ in Karl Mays Scepter und Hammer. In: Ulrich Kittstein/Stefani Kugler (Hg.): Poetische Ordnungen. Zur Erzählprosa des deutschen Realismus. Würzburg. S. 187-199.

Sammereyer, Hans (1931): Sárika. 2. Aufl. München.

Sampson, John (Hg.) (1935): The Wind on the Heath. A Gypsy Anthology. London.

Sánchez Ortega, Maria Helena (1993): Dieser wichtige Zweig der Landesordnung ... Zur Geschichte der Zigeuner in Spanien bis zum Ende des 18. Jahrhunderts. Darstellung und Dokumente. Hg. v. Roland Schopf. Frankfurt a. M./Berlin/Bern u. a.

Sanguessa, Victor (1929): Zigeuner unter Zigeunern. In: Scherls Magazin 5, 1. S. 26-32.

Sarasin, Philipp (2001): Reizbare Maschinen. Eine Geschichte des Körpers 1765-1914. Frankfurt a. M.

Sárosi, Bálint (1977): Zigeunermusik. Zürich/Freiburg.

Saul, Nicholas (1998): Leiche und Humor. Clemens Brentanos Schauspielfragment ›Zigeunerin‹ und der Patriotismus um 1813. In: Christoph Perels (Hg.): Jahrbuch des Freien Deutschen Hochstifts. Tübingen. S. 111-166.

– (2007): Gypsies and Orientalism in German Literature and Anthropology of the Long Nineteenth Century. London.

Sauter, F. (1881): Zigeuner-Begebenheiten auf dem Gebiete des ehem. Klosters Schussenried zu Anfang des vorigen Jahrhunderts. In: Württembergische Vierteljahreshefte für Landesgeschichte 4. S. 44.

Schade, Richard Erich (1985): Thesen zur literarischen Darstellung der Frau am Beispiel der Courasche. In: Wolfgang Brückner/Peter Blickle/Dieter Breuer (Hg.): Literatur und Volk im 17. Jahrhundert. Probleme populärer Kultur in Deutschland. Teil 1. Wiesbaden. S. 227-243.

Schäfer, Peter (2010): Judenhaß und Judenfurcht. Die Entstehung des Antisemitismus in der Antike. Berlin.

Schäffer, Georg Jacob (1787): Zigeunerliste. Tübingen.

Schapira, Marie-Claude (2008): Les Bohémiens de George Borrow: ethnographie et littérature. In: Sarga Moussa (Hg.): La mythe des Bohémiens dans la littérature et les arts en Europe. Paris. S. 107-126.

Scheib, Asta/Martin Walser (1989): Armer Nanosh. Augsburg.

Schenk, Michael (1994): Rassismus gegen Sinti und Roma. Zur Kontinuität der Zigeunerverfolgung innerhalb der deutschen Gesellschaft von der Weimarer Republik bis in die Gegenwart. Frankfurt a. M./Berlin/Bern u. a.

Scherpe, Klaus R. (1997): Grenzgänge zwischen den Disziplinen. Ethnographie und Literaturwissenschaft. In: Petra Boden/Holger Dainat (Hg.): Atta Troll tanzt noch. Berlin. S. 297-315.

Schieber, Anna (1911): Wanderschuhe und andere Erzählungen. Heilbronn.

Schifkorn, Ferdinand (1887): Kulturbilder aus dem Osten. Leipzig.

Schiller, Friedrich (1966): Gesamtausgabe, Bd. 7: Maria Stuart. Die Jungfrau von Orleans. München. S. 125-233.

Schlesinger, Max (1850): Aus Ungarn. 2. Aufl. Berlin.

Schmid, Hans-Dieter (Hg.) (2004): »Polizeilich zwangsentführt«. Das Leben der Sintizza Lily van Angeren-Franz. Hildesheim.

Schmidt, Heinz G. (2007): Die Zigeuner kommen! Markus Reinhardt entdeckt sein Volk. Wien.

Schmieder, Felicitas (1994): Europa und die Fremden. Die Mongolen im Urteil des Abendlandes vom 13. bis in das 15. Jahrhundert. Sigmaringen.

Schmuhl, Hans-Walter (1987): Rassenhygiene, Nationalsozialismus, Euthanasie. Von der Verhütung zur Vernichtung ›lebensunwerten Lebens‹, 1890-1945. Göttingen.

Schneider, Adam (1898): Spaniens Anteil an der Deutschen Litteratur des 16. und 17. Jahrhunderts. Straßburg.

Schneider, Manfred (1997): Der Barbar. Endzeitstimmung und Kulturrecycling. München/Wien.

Schneller, Erich Maria (2006): Zigeuner. Roma. Menschen. Lebensberichte burgenländischer Roma. Oberwart.

Schnurre, Wolfdietrich (1988a): Jenö war mein Freund. In: Günter Lange (Hg.): Deutsche Kurzgeschichten II. Stuttgart. S. 61-66.

– (1988b): Zigeunerballade. Frankfurt a. M./Berlin.

Schoetensack, [A.] (1926): Bayerisches Zigeuner- und Arbeitsscheuengesetz 1926. In: Der Gerichtssaal 93. S. 338-370.

[Schöll, Johann Ulrich] (1793): Abriß des Jauner und Bettelwesens in Schwaben nach Akten und andern sichern Quellen von dem Verfasser des Kostanzer Hanß. Stuttgart.

Schubert, Ernst (1983): Arme Leute, Bettler und Gauner im Franken des 18. Jahrhunderts. Neustadt a.d. Aisch.

– (1993): Die verbotene Existenz der Zigeuner. In: Rainer Erb (Hg.): Die Legende vom Ritualmord. Zur Geschichte der Blutbeschuldigung gegen Juden. Berlin. S. 179-200.

– (1995): Fahrendes Volk im Mittelalter. Bielefeld.

Schudt, Johann Jacob (1714): Jüdische Merckwürdigkeiten. Vorstellende Was sich Curieuses und denckwürdiges in den neuern Zeiten bey einigen Jahr-hunderten [...]. Frankfurt/Leipzig.

Schuller, Wolfgang (2006): Kleopatra. Königin in drei Kulturen. Eine Biographie. Reinbek b. Hamburg.

Schulte, Siegfried (1967): Der Zigeunerbaron. In: Kriminalistik. Unabhängige Zeitschrift für die kriminalistische Wissenschaft und Praxis 21. S. 366.

Schumacher, Tony (o. J.): Komteßchen und Zigeunerkind. Erlangen.

Schumann, Andreas (2002): Heimat denken. Regionales Bewußtsein in der deutschsprachigen Literatur zwischen 1815 und 1914. Köln/Weimar/Wien.

Schwarz, Thomas (1995): »Die Tropen bin ich!« Der exotistische Diskurs der Jahrhundertwende. In: Kulturrevolution 14, 32/33. S. 11-21.

Schwechten, E. (1883): An die Zigeuner. Köln.

Schwerhoff, Gerd (2000): Kriminalitätsgeschichte im deutschen Sprachraum. Zum Profil eines »verspäteten« Forschungszweiges. In: Andreas Blauert/Gerd Schwerhoff (Hg.): Kriminalitätsgeschichte. Beiträge zur Sozial- und Kulturgeschichte der Vormoderne. Konstanz. S. 21-67.

Schwicker, J. H. (1883): Die Zigeuner in Ungarn und Siebenbürgen. Wien/Teschen.

Scott, Walter (1846a): Guy Mannering oder: der Sterndeuter. Neue Kabinets-Ausgabe. Erstes bis viertes Bändchen. Leipzig.

– (1846b): Guy Mannering oder: der Sterndeuter. Neue Kabinets-Ausgabe. Fünftes bis siebentes Bändchen. Leipzig.

– (1960): Quentin Durward. London.

– (2006): Im Auftrage des Königs. Die gefährlichen Abenteuer des Quentin Durward. Frankfurt a. M.

Seidel, Carl August (1800): Goldchen oder das Zigeunermädchen. [2 Teile.] Köthen.

Seidenspinner, Wolfgang (1998): Mythos Gegengesellschaft. Erkundungen in der Subkultur der Jauner. Münster/New York/München u. a.

Sekera, Josef (1956): Tanz an der Waag. Ein Zigeunerroman. Berlin.

Senger, Gerti (1987): Zigeunermedizin. Komm, ich mach dich gesund! 2. Aufl. Genf.

Seton, Marie (1935): The Evolution of the Gypsy Theatre in the U.S.S.R. In: Journal of the Gypsy Lore Society 14, 2 (Series 3). S. 65-72.

Shakespeare, William (2002a): Ein Sommernachtstraum. Zweisprachige Ausgabe. 6. Aufl. München.

– (2002b): Othello. Zweisprachige Ausgabe. 3. Aufl. München.

– (2003): Antonius und Kleopatra. Zweisprachige Ausgabe. München.

Sharp, William (1971): The Gypsy Christ. And Other Tales. New York.

Sibeth, Uwe (1985): Verordnungen gegen Zigeuner in der Landgrafschaft Hessen-Kassel im Zeitalter des Früh-Absolutismus. In: Gießener Hefte für Tsiganologie 2, 4. S. 3-15.

Simrock, Karl (1853): Der Ewige Jude. In: Zeitschrift für deutsche Mythologie und Sittenkunde 1, 1. S. 432-436.

Smith, Horace (1935): Arabs of Europe. In: John Sampson (Hg.): The Wind on the Heath. A Gypsy Anthology. London. S. 15 f.

Smith, Hubert (1874): Tent Life with English Gipsies in Norway. 2. Aufl. London.

Smith, Lady Eleanor (1943): Caravan. New York.

Solbach, Andreas (1986): Macht und Sexualität der Hexenfigur in Grimmelshausens Courasche. In: Simpliciana. Schriften der Grimmelshausen-Gesellschaft 8. Bern. S. 71-87.

Solms, Wilhelm (2005): Zur literarischen Tradition des »Kinderraubs«. In: Udo Engbring-Romang/Wilhelm Solms (Hg.): »Diebstahl im Blick«? Zur Kriminalisierung der »Zigeuner«. Seeheim. S. 180-195.

– (2006): »Kulturloses Volk«? Berichte über »Zigeuner« und Selbstzeugnisse von Sinti und Roma. Seeheim.

– (2008): Zigeunerbilder. Ein dunkles Kapitel der deutschen Literaturgeschichte. Von der frühen Neuzeit bis zur Romantik. Würzburg.

Sonka (2009): Ein »Weltbund der Vagabunden«. Tagung in Paris. In: Walter Fähnders/Henning Zimpel (Hg.): Die Epoche der Vagabunden. Texte und Bilder 1900-1945. Essen. S. 239-240.

Sowa, Rudolf von (1898): Wörterbuch des Dialekts der deutschen Zigeuner. Leipzig.

Speit, Andreas (2000): Der ewige Zigeuner. Esoterik zwischen Zigeunermagie und Zivilisationskritik. In: Wulf D. Hund (Hg.): Zigeunerbilder. Schnittmuster rassistischer Ideologie. Duisburg. S. 109-123.

Spicker, Friedemann (1976): Deutsche Wanderer-, Vagabunden- und Vagantenlyrik in den Jahren 1910-1933. Wege zum Heil – Straßen der Flucht. Berlin/New York.

Spieß, J. H. (1802): Der wahrsagende Zigeuner – ein Taschenbuch zum Nuzen und Vergnügen für Jünglinge und Mädchen. Frankfurt.

Stancu, Zaharia (1971): Solange das Feuer brennt. Ein Zigeunerroman. Berlin.

Stanzel, Franz K. (1999): Zur literarischen Imagologie. Eine Einführung. In: ders. (Hg.): Europäischer Völkerspiegel. Imagologisch-ethnographische Studien zu den Völkertafeln des frühen 18. Jahrhunderts. Heidelberg. S. 9-39.

Starkie, Walter (1957): Auf Zigeunerspuren. Von Magie und Musik, Spiel und Kult der Zigeuner in Geschichte und Gegenwart. München.

Stern, Frank (1991): Im Anfang war Auschwitz. Antisemitismus und Philosemitismus im deutschen Nachkrieg. Gerlingen.

Stewart, Michael (2007): Die Roma und der ungarische Kommunismus. 1945-1989. Eine Fallstudie. In: Michael Zimmermann (Hg.): Zwischen Erziehung und Vernichtung. Zigeunerpolitik und Zigeunerforschung im Europa des 20. Jahrhunderts. Stuttgart. S. 175-202.

Stingelin, Martin (Hg.) (2003): Biopolitik und Rassismus. Frankfurt a. M.

Stojka, Ceija (1988): Wir leben im Verborgenen. Erinnerungen einer Rom-Zigeunerin. Hg. v. Karin Berger. Wien.

Stojka, Karl/Reinhard Pohanka (1994): Auf der ganzen Welt zu Hause. Das Leben und Wandern des Zigeuners Karl Stojka. Wien.

Stökl, Helene [1907]: Erzählungen. Wien. o. J.

Stoll, André (Hg.) (1997): Sepharden, Morisken, Indianerinnen und ihresgleichen. Die andere Seite der hispanischen Kulturen. 2., verb. Aufl. Bielefeld.

– (2005): Woher kommt Dulcinea, und was schreibt Cide Hamete Benengeli? Cervantes' Erkundung der semitischen Zwischenwelten Kastiliens. In: Christoph Strosetzki (Hg.): Miguel de Cervantes' Don Quichote. Explizite und implizite Diskurse im Don Quichote. Berlin. S. 99-135.

– (2007): Segregation, Migration and Recuperation of the Orient in Mediterranean Europe during the First Modernity: The Case of Semitic Spain. In: Anthony Molho/Diogo Ramada Curto (Hg.): Finding Europe. Discourses on Margins, Communities, Images ca. 13th-ca. 18th Centuries. New York/Oxford. S. 55-88.

Stoll, Andreas (1970): Scarron als Übersetzer Quevedos. Studien zur Rezeption des pikaresken Romans ›El Buscón‹ in Frankreich (›L'Aventurier Buscon‹, 1633). Frankfurt a. M. (zugl. Dissertation Köln 1968).

Storm, Theodor (1985): Immensee und andere Novellen. 3. Aufl. München.

Strack, Friedrich (1994): Das »Wunder« der Geschichte und die »Wahrheit« der Sagen. Isabella von Ägypten als poetisches Experiment. In: Gerhard Hahn/Ernst Weber (Hg.): Zwischen den Wissenschaften. Beiträge zur deutschen Literaturgeschichte. Festschrift für Bernhard Gajek zum 65. Geburtstag. Regensburg. S. 292-303.

Strasky, Severin (2006): Das Sittliche und das Andere. Johann Heinrich Pestalozzis Bild der Juden und »Zigeuner«. Bern/Stuttgart/Wien.

Strauß, Daniel (Hg.) [2000]: … weggekommen. Berichte und Zeugnisse von Sinti, die die NS-Verfolgung überlebt haben. Baden-Württemberg. o. J.

Strindberg, August (2001): Tschandala. Erzählung aus dem 17. Jahrhundert. Frankfurt a. M./Leipzig.

Studer, Gottlieb (Hg.) (1871): Die Berner Chronik des Conrad Justinger. Bern.

Sundt, Eilert (1850): Beretning om Fante-eller Landstrygerfolket i Norge. Bidrag til Kundskab om de laveste Samfundsforholde. Christiania.

– (1859): Fortsat Beretning om Fante-Folket. Christiania.

Szabó, György (1991): Die Roma in Ungarn. Ein Beitrag zur Sozialgeschichte einer Minderheit in Ost- und Mitteleuropa. Frankfurt a. M./Bern/New York u. a. (zugl. Dissertation Bremen 1990).

Taikon, Katarina (1996-2001): Katitzi. Das Leben eines Zigeunermädchens in Schweden, 13 Bde. Aachen.

Talbot, Annelise (1982): H. C. Andersen and Meg Merrilies. In: Scandinavica. An International Journal of Scandinavian Studies 21, 1. S. 17-23.

Tcherenkov, Lev/Stéphane Laederich (2004): The Roma. Bd. 1: History, Language, and Groups. Basel.

Tengnagel, Mattheus Gansneb (1969): Alle werken. Hg. v. J. J. Oversteegen. Amsterdam.

Tetzner, Theodor (1835): Geschichte der Zigeuner; ihre Herkunft, Natur und Art. Für gebildete Leser dargestellt. Weimar/Ilmenau.

Thomasius, Jakob (1702): Curiöser Tractat von Zigeunern. Dresden/Leipzig.

Thompson, I. A. A. (1968): A Map of Crime in Sixteenth-Century Spain. In: The Economic History Review 21. (Series 2). Welwyn Garden City. S. 244-267.

Thümmel, A. M. von (1853): Sämmtliche Werke, Bd. 2. Leipzig.

Thurner, Erika (1983): Nationalsozialismus und Zigeuner in Österreich. Wien/Salzburg.

Tieck, Ludwig (1966): Werke, Bd. 4: Romane. Hg. v. Marianne Thalmann. München (Werke in 4 Bdn. Hg. v. ders. München).

– (1981): Werke, Bd. 2: Die Märchen aus dem Phantasus. Dramen. Hg. v. Marianne Thalmann. Darmstadt (Werke in 4 Bdn. Hg. v. ders.).

Tillhagen, Carl Herman (1973): Taikon erzählt Zigeunermärchen. 2. Aufl. Zürich/München.

Tinguely, Frédéric (2008): Métamorphoses du Bohémien au XVIIe siècle: de Cervantès à la scène française. In: Sarga Moussa (Hg.): La mythe des Bohémiens dans la littérature et les arts en Europe. Paris. S. 41-59.

Tobiasch, K. F. (1924): Zigeunerjustiz im 18. Jahrhundert. In: Mitteilungen des Vereins für Geschichte der Deutschen in Böhmen 58. S. 193-219.

Told, Franz Xav. (1842): Der Zigeuner. Leipzig.

Tolstoi, Leo (1928): Bühnenwerke. Berlin.

Trappmann, Klaus (1980): Heimweh nach der Ferne – Ein deutsches Vagabundenleben. In: ders. (Hg.): Landstrasse, Kunden, Vagabunden. Berlin. S. 11-38.

Traub, Karl (1915): Der Zigeunerfriedl und andere Geschichten für Kinder. Kassel.

Traun, Julius von der [= Alexander Julius Schindler] (1852): Die Rosenegger Romanzen. Wien.

Tschawo, Latscho (1984): Die Befreiung des Latscho Tschawo. Ein Sinto-Leben in Deutschland. Bornheim-Merten.

Tuckermann, Anja (2005): »Denk nicht, wir bleiben hier!« Die Lebensgeschichte des Sinto Hugo Höllenreiner. München/Wien.

Turgenjew, Iwan (1981): Aufzeichnungen eines Jägers. Berlin/Weimar.

Tylor, Edward B. (1898): Anthropology. An Introduction to the Study of Man and Civilization. New York.

Uerlings, Herbert (2007): »Diesen sind wir entflohen, aber wie entfliehen wir uns selbst?« ›Zigeuner‹, Heimat und Heimatlosigkeit in Kellers Romeo und Julia auf dem Dorfe. In: Ulrich Kittstein/Stefani Kugler (Hg.): Poetische Ordnungen. Zur Erzählprosa des deutschen Realismus. Würzburg. S. 157-185.

Ufen, Karin (1996): Aus Zigeunern Menschen machen. Heinrich Moritz Gottlieb Grellmann und das Zigeunerbild der Aufklärung. In: Wulf D. Hund (Hg.): Zigeuner. Geschichte und Struktur einer rassistischen Konstruktion. Duisburg. S. 67-90.

Uhlik, Rade/Branko Radičević (1977): Zigeunerlieder. 3. Aufl. Leipzig.

Uz, Johann Peter (1964): Sämtliche Poetische Werke. Hg. v. August Sauer. Darmstadt.

Vaux de Foletier, François de (1970): Mille ans d'histoire des tsiganes. Paris.

Vesey-Fitzgerald, Brian (1946): Gypsies of Britain. An Introduction to Their History. London.

Vicente, Gil (1928): Auto das ciganas. In: ders. (Hg.): Obras completas. Reimpressão »fac-similada« da edição de 1562. Lissabon. S. CCXXVI-CCXXVIII.

Vidocq, Eugène François (1920): Landstreicherleben. Denkwürdigkeiten Vidocqs, des Mannes mit hundert Namen. München.

Viehöfer, Erich (1995): »Der Schrecken seiner Zeit und die Bewunderung aller Jauner und Zigeuner«: Jakob Reinhardt, genannt Hannikel. In: Harald Siebenmorgen (Hg.): Schurke oder Held? Historische Räuber und Räuberbanden. Sigmaringen. S. 67-74.

Villinger, Hermine (1899): Die Thalkönigin. Eine Geschichte. Stuttgart.

Vladu, Anda Nicolae/Malte Kleinschmidt (2009): Von Zigeunern und Vampiren. »Der Zigeuner« als das Andere des rumänischen Selbst. In: Markus End/Kathrin Herold/Yvonne Robel (Hg.): Antiziganistische Zustände. Zur Kritik eines allgegenwärtigen Ressentiments. Münster. S. 204-232.

Vogl, Johann Nep. (1844): Klänge und Bilder aus Ungarn. Dichtungen. 2. verm. Aufl. Wien.

Völker, Ludwig (1979): Naturpoesie, Phantasie, Phantastik. Über Achim von Arnims Erzählung Isabella von Ägypten. In: Ernst Ribbat (Hg.): Romantik. Ein literaturwissenschaftliches Studienbuch. Königstein i.Ts. S. 114-137.

Völklein, Ulrich (1981): Zigeuner. Das verachtete Volk. Oldenburg/Hamburg/München.

Volkov, Shulamit (2001): Das jüdische Projekt der Moderne. Zehn Essays. München.

Voříšková, Marie (1967): Singende Geigen. Zigeunermärchen. 2. Aufl. Hanau.

Vörösmarty, Mihály (1984): Gedichte. Auswahl. Budapest.

Vrkić, Slavica Žura (2003): Prva hrvatska ethnografkinja Mara Čop. In: Etnol. trib. 26, 33. S. 91-106.

Vulpius, Christian August (1980): Rinaldo Rinaldini der Räuberhauptmann. Romantische Geschichte. Frankfurt a. M.

Wagner, Fred (1992): Lenau, Liszt und ›Die drei Zigeuner‹. In: Alexander Stillmark/Fred Wagner (Hg.): Lenau zwischen Ost und West. Stuttgart. S. 139- 151.

Wagner, Friedrich [1920]: Die Zigeunerin. Berlin. o.J.

Waitz, Theodor (1860): Anthropologie der Naturvölker. Leipzig.

Waldenfels, Bernhard (1997): Antwortlogik statt Entwicklungslogik. In: Christoph Hubig (Hg.): Cognitio humana – Dynamik des Wissens und der Werte. 17. Deutscher Kongreß für Philosophie, Leipzig, 23.-27. September 1996. Vorträge und Kolloquien. Berlin. S. 280-292.

Wander, Maxie (1978): Guten Morgen, du Schöne. Frauen in der DDR. Protokolle. Darmstadt/Neuwied.

Wang, Kirsten (1996): The Story of Tio Carlos. The Autobiography of a Spanish ›Gitano‹. Frankfurt a. M./Berlin/Bern u. a.

Watts-Dunton, Theodore (2006): Aylwin. Charleston, SC. (ND).

Weber, Karl von (1861): Aus vier Jahrhunderten. Mittheilungen aus dem Haupt-Staatsarchive zu Dresden. Neue Folge. In zwei Bänden, Bd. 2. Leipzig.

Wedding, Alex (1964): Ede und Unku. Berlin.

Wegner, Georg Wilhelm (1739): Schau-Platz vieler ungereimten Meynungen und Erzehlungen, Bd. 2. Berlin/Leipzig.

Wegrich, Arno (1940): Zigeuner-Christl. Nürnberg.

Weingart, Peter/Jürgen Kroll/Kurt Bayertz (1992): Rasse, Blut und Gene. Geschichte der Eugenik und Rassenhygiene in Deutschland. Frankfurt a. M.

Weitershagen, Paul (1932): Meine Zigeunerklasse in Köln. In: Die Hilfsschule. Organ des Verbandes der Hilfsschulen Deutschlands 25. S. 282-299.

Wenzel, Manfred (1990): Die Anthropologie Johann Gottfried Herders und das klassische Humanitätsideal. In: Gunter Mann/Franz Dumont (Hg.): Die Natur des Menschen. Probleme der Physischen Anthropologie und Rassenkunde (1750-1850). Stuttgart/New York. S. 137-167.

Wernick, Fritz (1884): Bilder aus Spanien. Die Zigeuner von Granada und ihre Höhlenwohnungen. In: Die Gartenlaube, 50. S. 823-825.

Westkirch, Luise [1901]: Im Teufelsmoor. Leipzig. o.J.

– (1922): Der Werwolf. Leipzig.

Wiebel, Eva/Andreas Blauert (1999): Gauner- und Diebslisten. Unterschichten- und

Randgruppenkriminalität in den Augen des absolutistischen Staats. In: Mark Häberlein (Hg.): Devianz, Widerstand und Herrschaftspraxis in der Vormoderne. Studien zu Konflikten im südwestdeutschen Raum (15.-18. Jahrhundert). Konstanz. S. 67-96.

Wieland, Christoph Martin (2001): Die Abenteuer des Don Sylvio von Rosalva. Erste Fassung. Hg. v. Sven-Aage Jørgensen. Stuttgart.

Wildermuth, Ottilie (1950): Das braune Lenchen. Erzählung für die Jugend. Reutlingen.

Willems, Marianne (2002): Der Verbrecher als Mensch. Zur Herkunft anthropologischer Deutungsmuster der Kriminalgeschichte des 18. Jahrhunderts. In: Karl Eibl/ Norbert Hinske/Lothar Kreimendahl et al. (Hg.): Aufklärung. Interdisziplinäres Jahrbuch zur Erforschung des 18. Jahrhunderts und seiner Wirkungsgeschichte 14. Hamburg. S. 23-48.

Willems, Willem Hendrik (1995): Op zoek naar de ware zigeuner. Zigeuners als studieobject tijdens de Verlichting, de Romatiek en het Nazisme. Utrecht.

Willems, Wim (1997): In Search of the True Gypsy. From Enlightenment to Final Solution. London.

Willenberg, Jennifer (2008): Distribution und Übersetzung englischen Schrifttums im Deutschland des 18. Jahrhunderts. München.

Winckel, Änneke/Helka Herkströter (2005): Hannikel oder die Räuber- und Mörderbande. In: Udo Engbring-Romang/Wilhelm Solms (Hg.): »Diebstahl im Blick«? Zur Kriminalisierung der »Zigeuner«. Seeheim. S. 44-63.

Winstedt, Eric Otto (1932a): Some Records of the Gypsies in Germany, 1407-1792. In: Journal of the Gypsy Lore Society 11, 3/4 (Series 3). S. 97-111.

– (1932b): German Gypsies and Fire. In: Journal of the Gypsy Lore Society 12, 1 (Series 3). S. 58-60.

– (1933): Some Records of the Gypsies in Germany, 1407-1792. In: Journal of the Gypsy Lore Society 12, 3 (Series 3). S. 123-141.

Winter, Rosa (2004): Wie es so war unser Leben. In: Ludwig Laher (Hg.): Uns hat es nicht geben sollen. Rosa Winter, Gitta und Nicole Martl. Drei Generationen Sinti-Frauen erzählen. Grünbach. S. 23-52.

Winter, Walter Stanoski (1999): WinterZeit. Erinnerungen eines deutschen Sinto, der Auschwitz überlebt hat. Hg. v. Thomas W. Neumann/Michael Zimmermann. Hamburg.

Witkowski, G. (1901): M. Herrmann, Jahrmarktsfest von Plundersweilern. In: Zeitschrift für Deutsche Philologie 33. S. 530-539.

Witter, Ben (1976): Amschel das Zigeunermädchen. Ravensburg.

[Wittich, Christoph Friedrich] (1787): Hannikel, oder der Zigeuner-Anführer […]. Ein Lied fürs Volk […]. Tübingen.

Wittich, Engelbert (1919): Von den Sitten und Gebräuchen des Zigeunervolkes. Nach Aufzeichnungen des Zigeuners Engelbert Wittich. In: Kosmos. Handweiser für Naturfreunde und Zentralblatt für das naturwissenschaftliche Bildungs- und Sammelwesen 16, 3. S. 87-91.

– (1927): Blicke in das Leben der Zigeuner. Neue, gründlich durchgearb. u. bedeutend erw. Aufl. Hamburg.

– (1929): Gypsy Exorcism. In: Journal of the Gypsy Lore Society 8, 3 (Series 3). S. 101-105.

- (1931): Birds and Beasts. In: Journal of the Gypsy Lore Society 10, 3 (Series 3). S. 138-141.
- (1990): Beiträge zur Zigeunerkunde. Hg. v. Joachim S. Hohmann. Frankfurt a. M./ Bern/New York u. a.

Wittkop, Justus Franz (1964): Mirella. In: Adalbert Keil (Hg.): Zigeunergeschichten. Wien/München/Basel. S. 93-97.

Wlislocki, Heinrich von (1880): Haideblüten. Volkslieder der transsilvanischen Zigeuner. Inedita, Originaltexte und Verdeutschungen. Leipzig.
- (1886): Märchen und Sagen der Transsilvanischen Zigeuner. Berlin.
- (1887a): Volkslieder der transsilvanischen Zigeuner (Inedita). In: Zeitschrift der deutschen morgenländischen Gesellschaft 41. S. 347-350.
- (1887b): Zur Volkskunde der transsilvanischen Zigeuner. Hamburg.
- (1890a): Volksdichtungen der siebenbürgischen und südungarischen Zigeuner. Wien.
- (1890b): Vom wandernden Zigeunervolke. Bilder aus dem Leben der siebenbürger Zigeuner. Geschichtliches, Ethnologisches, Sprache und Poesie. Hamburg.
- (1891): Volksglaube und religiöser Brauch der Zigeuner. Vorwiegend nach eigenen Ermittlungen. Münster.
- (1892): Aus dem inneren Leben der Zigeuner. Ethnologische Mitteilungen. Berlin.
- (1897): Das sogenannte »Pharaonslied« der Zigeuner. In: Zeitschrift der deutschen morgenländischen Gesellschaft 51. S. 485-498.
- (2009): Märchen und Sagen der Transsilvanischen Zigeuner. Hildesheim/Zürich/ New York. (ND von Berlin 1886)

Wodak, Ruth/Rudolf de Cillia/Martin Reisigl et al. (1998): Zur diskursiven Konstruktion nationaler Identität. Frankfurt a. M.

Wohlwend, Lotty (2006): Silas: gejagt – geschunden – gedemütigt. Ein Report. Frauenfeld/Stuttgart/Wien.

Wolf, Andreas (1805): Beiträge zu einer statistisch-historischen Beschreibung des Fürstenthums Moldau. Zweiter Theil. Hermannstadt.

Wolf, Friedrich August (1986): Darstellung der Altertumswissenschaft nach Begriff, Umfang, Zweck und Wert. Weinheim. (ND von Berlin 1807)

Wolf, Siegmund A. (1960): Großes Wörterbuch der Zigeunersprache. (romani tšiw). Wortschatz deutscher und anderer europäischer Zigeunerdialekte. Mannheim.

Wölfel, Ursula (1962): Mond Mond Mond. 2. Aufl. Düsseldorf.

Wolff, Karin (Hg.) (1992): Papuscha. Berlin.

Wolff, Pius Alexander (1823): Dramatische Spiele, Bd. 1. Berlin.

Wordsworth, William (1935): Mr. Wordsworth on the Gipsies. In: John Sampson (Hg.): The Wind on the Heath. A Gypsy Anthology. London. S. 70.

Wurstisen, Christian (1978): Basler Chronik. Genf. (ND von Basel 1580)

Würth [1851]: Die Zigeuner-Königin von Ungarn im Jahre 1849. Historisches Schauspiel in 4 Abtheilungen mit Chöre, Tänze und Melodrama's. Düsseldorf. o. J.

Wurzbach, Wolfgang von (1901): Die Preziosa des Cervantes. In: Max Koch (Hg.): Studien zur vergleichenden Literaturgeschichte, Bd. 1. Berlin. S. 391-419.

Wuttke, Adolf (1869): Der deutsche Volksaberglaube der Gegenwart. 2., völlig neue Bearb. Berlin.

Yoors, Jan (1967): The Gypsies. London.
- (1971): Crossing. New York.

Zapf, Ludwig (1887): Menschenjagd im Fichtelgebirge im vorigen Jahrhundert. In: Zeitschrift für Allgemeine Geschichte, Kultur-, Litteratur- und Kunstgeschichte 4. Stuttgart. S. 633-640.

Zedler, Johann Heinrich (1964): Ziegeuner. In: ders.: Grosses vollständiges Universal-Lexikon, Bd. 62, Zeu-Zi. Graz. Sp. 520-544. (ND von Leipzig/Halle 1749)

Zelinová, Hana (1975): Jakubko. Berlin.

Zeller-Plinzner, Frieda (1934): Jesus im Zigeunerlager. Neumünster.

Zillich, Heinrich (1933): Der Zigeuner. München.

Zimmermann, Michael (1992a): Ausgrenzung, Ermordung, Ausgrenzung. Normalität und Exzeß in der polizeilichen Zigeunerverfolgung in Deutschland (1870-1980). In: Alf Lüdtke (Hg.): »Sicherheit« und »Wohlfahrt«. Polizei, Gesellschaft und Herrschaft im 19. und 20. Jahrhundert. Frankfurt a. M. S. 344-370.

- (1992b): Feindschaft gegen Fremde und moderner Rassismus: Robert Ritters ›Rassenhygienische Forschungsstelle‹. In: Klaus J. Bade (Hg.): Deutsche im Ausland – Fremde in Deutschland. Migration in Geschichte und Gegenwart. München. S. 333-344.

- (1996): Rassenutopie und Genozid. Die nationalsozialistische »Lösung der Zigeunerfrage«. Hamburg.

- (1999): Zigeunerpolitik im Stalinismus, im ›realen Sozialismus‹ und unter dem Nationalsozialismus. Ein Vergleich. In: Dittmar Dahlmann/Gerhard Hirschfeld (Hg.): Lager, Zwangsarbeit, Vertreibung und Deportation. Dimensionen der Massenverbrechen in der Sowjetunion und in Deutschland 1933-1945. Essen. S. 111-132.

- (2003): Die nationalsozialistische Verfolgung der Zigeuner. Ein Überblick. In: Yaron Matras/Hans Winterberg/Michael Zimmermann (Hg.): Sinti, Roma, Gypsies. Sprache – Geschichte – Gegenwart. Berlin. S. 115-153.

- (2007): Zigeunerpolitik und Zigeunerdiskurse im Europa des 20. Jahrhunderts. Eine Einführung. In: ders. (Hg.): Zwischen Erziehung und Vernichtung. Zigeunerpolitik im Europa des 20. Jahrhunderts. Stuttgart. S. 13-70.

Zoller, August (1834): Bilder aus Schwaben. Stuttgart.

Zschokke, Heinrich [1904]: Sämtliche Novellen in 12 Bänden, Bd. 10. Leipzig. o. J.

Personenregister

Adelsberger, Lucie 448-450, 465
Adler, Marta 450f.
Adolay, Eduard 300-302
Agrippa von Nettesheim, Cornelius
  145
Aichele, Hermann 339
Alcalá Yáñez, Jerónimo de 91
Alexander der Gute (Fürst) 31
Alexander Graf von Württemberg 236
Alscher, Otto 341
Andersen, Hans Christian 184, 190
Andersen-Nexö, Martin 149
Andreä, Friedrich Christian 271
Andreas von Regensburg 23, 28, 33, 37
Angeren-Franz, Lily 458f., 463
Arany, János 240
Areco, Victor 273
Arendt, Hannah 25
Arndt, Ernst Moritz 228
Arnim, Achim von 27, 84-86, 157, 177,
  179-185, 202, 207, 209, 218, 226, 244,
  421, 497, 506
Arnim, Bettina von 263, 505f.
Arnold, Matthew 248
Assmann, Aleida 446
Aubanel, Henry 416f.
Augusti, Brigitte 284
Austen, Jane 224f.
Avé-Lallemant, Friedrich 268
Aventinus (= Johannes Turmair) 32, 36,
  40f., 62, 64
Awdeley, John 105

Bachmann, Ingeborg 412
Balfe, William 92
Balzac, Honoré de 200
Barka-Khan 31
Barlaeus, Caspar 92
Bartels, Erik D. 346
Bartos, Tibor 471
Bastian, Adolf 256
Bauman, Zygmunt 14, 253
Bebel, August 264
Bebel, Heinrich 64

Becanus, Johannes 155, 486
Bechstein, Ludwig 218f.
Beck, Karl 236f., 239
Becker, August 284f.
Begley, Louis 446
Behr, Isaschar Falkensohn 504
Bercovici, Konrad 59, 329, 332f.
Besold, Christoph 103
Biermann, Wolf 431
Biester, Johann E. 150, 166
Birck, Thomas 74-77
Bizet, Georges 251
Björkmann, Samuel 142
Blicher, Steen Steensen 203-208, 214,
  246
Block, Martin 346
Blumenbach, Johann Friedrich 156
Blumenberg, Hans 12
Blyton, Enid 406
Bobrowski, Johannes 432
Bodenstedt, Friedrich 296
Bodin, Jean 118
Bohlen, Peter von 151-153
Bollenbeck, Georg 12
Boner, Charles 261f.
Bopp, Franz 150, 153, 157
Borrow, George 107, 241-248, 250, 263,
  278f., 395, 417
Boswell, Silvester Gordon 447f.
Brahms, Johannes 236
Brant, Sebastian 105
Brecht, Bertolt 473
Brehm, Alfred R. 146
Brentano, Clemens 84-86, 157, 179f.,
  185, 218, 226, 228f., 244
Brepohl, Friedrich Wilhelm 278
Brosbøll, Carl: s. Carit Etlar
Brumlik, Micha 442f., 458
Brun, Gudrun 346
Bubis, Ignatz 9
Büchner, Georg 218
Budai-Delanus, Ion 185f.
Bunyan, John 38
Burton, Richard 245

Büttner, Christian Wilhelm 154

Calasanz, Joseph von 70
Callot, Jacques 73, 188, 249
Camus, Albert 418
Carew, Bampfylde Moore 110
Castel, Robert 46
Cats, Jacob 92
Celtis, Conrad 64
Cendrars, Blaise 405 f.
Čep, Jan 431 f.
Cervantes, Miguel de 87 f., 90-101, 103,
    108, 110, 117 f., 121 f., 136, 196, 199,
    218, 226, 444, 495
Chaplin, Charlie 350
Chateaubriand, François-René de 289
Cooper, James Fenimore 301
Cornerus, Hermann 28
Coster, Charles de 292-294
Crabb, James 244
Cramer, Heinz von 421-423, 433
Crawford, Anne 330
Čubranović 91
Czinka, Panna 230

Defoe, Daniel 110 f.
Dekker, Thomas 105, 111
Descartes, René 309
Diebold Schilling der Ältere 20, 23-25
Diefenbach, Lorenz 265
Dietrich, Marlene 147, 427 f.
Ditfurth, Jutta 412 f.
Djurić, Jutta 471
Dohm, Christian Wilhelm von 168
Doré, Gustave 249
Dostal, Walter 407
Dostojewski, Fjodor Michailowitsch
    322
Dumas, Alexandre 108, 249
Dusart, Catharina Verwers van 92

Ebert, Karl Egon von 289
Eichendorff, Joseph von 215, 217, 221 f.,
    226
Elias, Norbert 12
Elster, Otto 329
Engels, Friedrich 263

Enzensberger, Ulrich 445
Erdész, Sandor 471
Espinel, Vicente 90 f.
Etlar, Carit (= Carl Brosbøll) 208

Falla, Manuel de 365, 367, 369
Febvre, Lucien 174
Ferdinand II. (König) 87
Ferdinand VI. (König) 88
Feuchtwanger, Lion 362
Ficowski, Jerzy 472
Fielding, Henry 52, 112-116
Fischer, Cornelius 446
Fleming, Hanns Friedrich von 66
Földes, Yolanda 427-429
Fonseca, Isabel 434, 440
Foucault, Michel 53, 60 f., 322, 341, 401,
    445
Francke, August Hermann 62, 68, 104
Franz, Philomena 445, 457, 471
Franzos, Karl Emil 322-324
Freiligrath, Ferdinand 232
Freytag, Gustav 59, 158
Fritsch, Ahasverus 65, 103, 119
Fuchs, Günter Bruno 432
Futaky, Ruth 471

García Lorca, Federico 365, 367-370,
    374, 424, 436, 472
Gauß, Karl-Markus 395-399
Gautier, Théophile 249 f.
Geibel, Emanuel 236
Gellert, Christian Fürchtegott 77 f.
Genet, Jean 402-405
Germano, Alexander W. 373
Gilsenbach, Reimar 364
Gipsy Kings 9, 420
Girtanner, Christoph 156
Glinka, Michail I. 369
Goethe, Johann Wolfgang von 81, 97,
    99, 101, 131, 133-137, 140, 192, 203,
    227, 237, 240, 493
Gog, Gregor 348, 351, 361, 364
Goldblatt, Moische 374
Goncourt, Edmond de 507
Gorki, Maxim 299-301, 378
Görres, Joseph 267

Gottfried von Straßburg 33
Gotthelf, Jeremias 269
Goya, Francisco de 249
Graf, Oskar Maria 349
Granger, Stewart 330
Grass, Günter 400, 412, 422 f., 429-431, 433
Grazie, Marie Eugenie delle 289
Grellmann, Heinrich Moritz Gottlieb 59, 97, 142, 152, 162-165, 172, 177, 180, 190, 206, 242
Grimm, Jacob 150, 157, 161, 179, 185, 244, 365
Grimm, Wilhelm 150, 157, 179, 185, 244, 365
Grimmelshausen, Hans Jakob Christoffel von 72, 74, 116-121, 123, 130, 147 f., 497
Groome, Francis Hindes 246 f., 472
Gross, Hans 312 f.
Grund, Josef Carl 418 f.
Guler von Weineck, Johannes 155, 487
Günther, Frank 108
Gurk, Paul 412
Gypsy Lore Society 242, 245-247, 275, 278, 353, 373, 417, 419, 424

Hackl, Erich 433 f.
Haeckel, Ernst 261, 312
Hagedorn, Friedrich von 132
Halasi, Maria 389
Harman, Thomas 105, 112
Hartmann von Aue 33
Hazlitt, William 241
Hebel, Johann Peter 34
Hein, Christoph 509
Heine, Heinrich 177, 184, 226
Heine, Maximilian 226 f.
Heister, Carl von 275
Herder, Johann Gottfried 156, 167 f., 179
Hesse, Hermann 350
Heydegger, John James 113 f.
Himmler, Heinrich 346
Hobbes, Thomas 116, 162
Hoffmann, E.T.A. 215, 219, 226, 232, 508

Höllenreiner, Hugo 445, 462, 464-466
Hönn, Georg Paul D. 82
Horaz 71, 235
Houwald, Ernst Freiherr von 184, 215, 505
Hoyland, John 190, 244
Hübschmannová, Milena 470
Hugo, Victor 108, 147, 195-203, 207, 209, 214, 493
Humboldt, Wilhelm von 157, 167
Hürte, Robert 495
Hyan, Hans 350, 526

Ibáñez, Vicente Blasco 366
Ibsen, Henrik 17
Immermann, Karl 215 f., 226
Isabella I. (Königin) 87

Jensen, Wilhelm 31, 292
Johann III. (König) 57
Johannes Paul II. (Papst) 410
Jónás, Tamás 394 f., 398
Jonson, Ben 109, 112 f.
Jooste, Jacobus Petrus 254
Joseph II. (Kaiser) 129, 162, 169, 171 f., 420, 493
Joseph Karl Ludwig von Österreich (Erzherzog) 245 f., 275
Jovanović, Ilija 471
Justin, Eva 345, 453, 456 f.
Justinger, Conrad 485

Kanfer, Stefan 433 f.
Kant, Immanuel 150, 156, 164
Karl III. (König) 88, 169
Karl XI. (König) 308
Kästner, Roland 434
Keats, John 190
Kerschbaumer, Marie-Thérèse 433
Kisch, Erwin Egon 371-373
Kivi, Aleksis 208
Klaußner, Wolf 427
Kleist, Heinrich von 80, 228
Klüger, Ruth 423
Koenig, Alma Johanna 325-329, 332
Koenneritz, J. M. v. 358

Kogalnitchan, Michael von 271
Körber, Ph. v. 216
Körner, Theodor 228
Koselleck, Reinhart 12
Kotzebue, August von 495
Krantz, Albert 40, 65, 486
Kraus, Christian Jacob 150, 156, 164
Krausnick, Michael 445, 456, 533
Krauss, Friedrich Salomon 265
Kubin, Alfred 308
Kullberg, Karl Andreas 520
Kurella, Hans 312

Lacková, Ilona 470 f.
Laher, Ludwig 434
Lakatos, Menyhért 389-394, 398, 528
Langhans-Maync, Susy 418
Laun, Friedrich (= Friedrich August
    Schulze) 252, 514
Lee, Ronald 470
Leisen, Mitchel 427
Leland, Charles Godfrey 246 f.
Lenau, Nikolaus 202, 228-236, 299,
    312, 516
Lenz, Jakob Michael Reinhold 132 f.
Lessing, Alfred 456
Lessing, Gotthold Ephraim 131, 153 f.
Lévi-Strauss, Claude 247
Lewis, Alun 329
Lewis, Matthew Gregory 79 f.
Lewis, Sinclair 350
Leynadier, Charles 507
Liebenfels, Lanz von 342
Liebich, Richard 265 f.
Limnäus, Johann 145 f.
Linné, Carl von 204
Liszt, Franz 228 f., 232, 236, 257 f.,
    273, 278 f., 333, 367
Ljesskow, Nikolai 296-299
Lo-Johansson, Ivar 406
Loli Tschai: s. Eva Justin
Lombroso, Cesare 312, 360
London, Jack 350
Longfellow, Henry Wadsworth 92
Löns, Hermann 31, 343
Lotjanu, Emil 299
Luise von Preußen (Königin) 184

Lukian 143
Lunatscharski, Anatoli 373
Luther, Martin 77

Mácha, Karel Hynek 219 f.
Machado y Álvarez, Antonio 367
Mähler, Paul 295 f.
Maler Müller: s. Friedrich Müller
Malinowski, Krimhilde 459 f.
Mandeville, Jehan de 63
Mann, Thomas 362, 430
Maria Theresia (Kaiserin) 129, 162, 169,
    399, 420, 493
Marquez, Gabriel García 384
Marx, Karl 55, 436
Maximilian I. (Kaiser) 54
Maximoff, Matéo 472, 474-478
May, Karl 245
Maya, José Heredia 471
McCann, Colum 434-440, 478
Mendelssohn, Moses 173
Mendoza, Martin de 94
Mengele, Josef 465
Mérimée, Prosper 99, 147, 195, 242,
    248-253, 299, 332, 374, 444, 507
Messetschkow, Nedjalko 377-380
Meyerbeer, Giacomo 294
Middleton, Thomas 92, 100
Mihaly, Jo (= Elfriede Steckel) 351 f.,
    360-362, 364, 525
Mistral, Frédéric 416
Molitor, Jan (= Josef Müller-Marein)
    424 f., 428
Moncada, Sancho de 88
Montalbán, Juan Pérez de 92
Moor, Margriet de 427, 478
Möser, Justus 129
Mossa 448
Mozart, Wolfgang Amadeus 73
Mühlmann, Wilhelm 271
Mühsam, Erich 348 f., 364
Mulisch, Harry 432
Müller, Friedrich (= Maler Müller) 137-
    139, 203, 256, 271
Müller, Herta 412
Müller, Josef Muscha 445, 460-462
Müller-Marein, Josef: s. Jan Molitor

Müllner, Adolf 215f.
Münster, Sebastian 33, 63, 125, 148
Münster, Thomas 420, 530
Muratori, Lodovico Antonio 39f.

Neruda, Pablo 436
Niebuhr, Carsten 131
Nietzsche, Friedrich 308, 316, 318-321
Nottebohm, Rudolf 411f.
Novalis 73

Oehler, Johann Bartholomäus 71
O'Flaherty, Liam 330
Ostwald, Hans 350
Oswald von Wolkenstein 33
Ovid 193

Palamas, Kostes 368
Pankok, Otto 430f.
Papus 81
Papusza: s. Bronisława Wajs
Pasquier, Étienne 39, 201
Pestalozzi, Johann Heinrich 139f.
Petöfi, Sándor 238, 240
Philipp II. (König) 88
Philipp III. (König) 87, 89
Philipp IV. (König) 88f.
Philipp V. (König) 88
Picasso, Pablo 369
Pindar 71
Plinzner, Frieda 353-359
Ploetz, Alfred 312
Pöllot, Achim 419
Polo, Marco 63
Porres, Don Martin de 88, 95
Potocki, Jan Graf 223f.
Pott, August Friedrich 150, 155, 157-159, 203, 501
Pufendorf, Samuel von 162
Püschel, Walter 426f.
Puschkin, Alexander S. 191-195, 202, 209, 214, 223, 229, 234, 251, 296f., 299, 373f., 507

Raabe, Wilhelm 281f.
Rachmaninow, Sergej 507
Réaux, Tallemant des 120

Redern, Hedwig von 358
Reemtsma, Jan Philipp 492
Reinhardt, Angela 456
Reinhardt, Django 467
Reinhardt, Dotschy 453, 466f.
Reinhardt, Markus 467f.
Rinser, Luise 423
Ritter, Robert 340, 345f., 364, 453
Ritzsch, Timotheus 100f., 103
Rom-Lebedev, Ivan 373
Rosenberg, Marianne 463f.
Rosenberg, Otto 445, 453f., 459, 462-464
Rosset, François de 92
Rossini, Gioachino Antonio 294
Rothmann, Ralf 413f.
Rousseau, Jean-Jacques 162
Rowlands, Samuel 109f.
Rowley, William 92, 100
Rüdiger, Johann 47f., 59, 155, 162f., 168
Rueda, Lope de 91
Rydberg, Viktor 521

Sachs, Hans 50f.
Saiko, George 412-414
Salamanca, Don Geronimo de 88, 95
Sampson, John 247
Sand, George 282f.
Sanguessa, Victor 352f.
Scharf, Ludwig 521
Schedel, Hartmann 23, 32
Scheib, Asta 414f., 442
Schiller, Friedrich 73, 118, 121, 131f., 134, 153, 157, 204, 500, 503
Schlegel, August Wilhelm 153
Schlegel, Friedrich 157, 165
Schmidt, Heinz G. 467f.
Schmitt, Christiane 46
Schnurre, Wolfdietrich 414, 423f.
Schudt, Johann Jacob 61f.
Schulte, Siegfried 408
Schulze, Friedrich August: s. Friedrich Laun
Schumacher, Tony 285-288
Schumann, Robert 236
Schwechten, E. 307

Schwicker, Johann H. 41, 255, 257f.,
  265, 274, 314
Scott, Walter 186-190, 192, 201-203,
  208f., 213
Seidel, Carl August 215, 219
Seifert, Jaroslav 436
Sekera, Josef 382-384, 388, 393
Shakespeare, William 108f., 136, 374
Sigismund (Kaiser) 30f., 33-35, 143
Smith, Eleonor 330-332
Smith, Horace 249
Smith, Hubert 247
Smith of Coalville, George 264, 275
Solís y Rivadeneyra, Antonio de 92
Stancu, Zaharia 384-388, 394, 398
Starkie, Walter 406, 419f., 440
Steckel, Elfriede: s. Jo Mihaly
Stemmle, R. A. 450
Stojka, Ceija 442, 444
Stökl, Helene 285
Storm, Theodor 269
Strauß, Daniel 451-453
Strauß, Johann 374
Strindberg, August 307-322, 324
Stumpf, Johannes 26-28, 32, 118
Sue, Eugène 108
Sundt, Eilert 265, 313f.

Taikon, Johan Dimitri 471
Taikon, Katarina 448, 470
Tengnagel, Mattheus Gansneb 92
Terry, Daniel 190
Thomasius, Jakob 64f., 103f., 117f.,
  125, 142, 146, 486
Tieck, Ludwig 211-213
Tolstoi, Leo 298f.
Traub, Karl 358
Traven, B. 350
Trojanow, Ilija 412
Tuckermann, Anja 445, 460, 464
Turgenjew, Iwan 296-299
Turmair, Johannes: s. Aventinus
Tuwim, Julian 439, 472f.

Uz, Johann Peter 78

Vicentes, Gil 91

Vidocq, Eugène François 108
Vigny, Alfred 249
Villinger, Hermine 289-292
Vogl, Johann Nepomuk 236
Vörösmarty, Mihály 240f.
Vulpius, Christian August 130f.

Wagenseil, Christian 147
Wajs, Bronisława (= Papusza) 434,
  472f., 478
Walser, Martin 414f., 442
Walther von der Vogelweide 235
Wander, Maxie 471
Weber, Carl Maria von 101, 294
Wedding, Alex (= Grete Weiskopf) 357,
  362-364
Wegrich, Arno 334-336
Weiskopf, Grete: s. Alex Wedding
Weitershagen, Paul 359f.
Weizsäcker, Richard von 415
Whitman, Walt 436
Wieland, Christoph Martin 162
Wildermuth, Ottilie 283-285
Wimpheling, Jakob 64
Winter, Walter 457f.
Winterstein, Adolf Boko 445, 454, 470
Witter, Ben 411
Wittich, Christoph Friedrich 130
Wittich, Engelbert 265, 287, 351, 359
Wittkop, Justus Franz 425f.
Wlislocki, Heinrich von 265, 267, 274, 359
Wohlwend, Lotty 466
Wolf, Christa 412, 471
Wolf, Friedrich August 157, 165f.
Wölfel, Ursula 419, 426
Wolff, Pius A. 101-103
Wordsworth, William 241, 398
Wurstisen, Christian 40
Würth, A. 237-241

Yoors, Jan 440

Zedler, Johann Heinrich 163
Zelinová, Hana 379f.
Zola, Émile 293
Zoller, August 208f.
Zschokke, Heinrich 215

Werkregister

A Caveat or Warning for Common Cursitors, Vulgarly Called Vagabonds (Thomas Harman) 105

A False Dawn. My Life as a Gypsy Woman in Slovakia (Ilona Lacková) 470 f.

A Historical Survey of the Customs, Habits, & Present State of the Gypsies (John Hoyland) 190

A New Canting Dictionary (Anonym) 49, 52 f., 66

A vén cigány/Der alte Zigeuner (Mihály Vörösmarty) 240 f.

Abriß des Jauner und Bettelwesens in Schwaben (Anonym) 129, 166

Abschied von Sidonie (Erich Hackl) 433 f.

Ahnung und Gegenwart (Joseph von Eichendorff) 215, 217, 221 f., 226

Aleko (Sergej Rachmaninow) 507

Aloys und Imelde (Clemens Brentano) 226

Als ich noch Zigeuner war (Tamás Jónás) 394 f.

Amschel das Zigeunermädchen (Ben Witter) 411

An die Zigeuner (E. Schwechten) 307

An einen alten Zigeuner (Johann Nepomuk Vogl) 236

Annales Boiorum (Aventinus = Johannes Turmair) 32, 36

Antonius und Cleopatra (William Shakespeare) 109

Apanta. Die zwölf Worte des Zigeuners (Kostes Palamas) 368

Armer Nanosh (Asta Scheib/Martin Walser) 414 f., 442

Arpad der Zigeuner (Thomas Münster) 420 f.

Arpad reitet wieder (Thomas Münster) 530

Atala (François-René de Chateaubriand) 289

Auf dem Floß (George Saiko) 412 f.

Auf Wiedersehen im Himmel (Michael Krausnick) 456

Auf Zigeunerspuren/In Sara's Tents (Walter Starkie) 406, 419 f.

Aufzeichnungen eines Jägers (Iwan Turgenjew) 296

Auschwitz. Ein Tatsachenbericht (Lucie Adelsberger) 448-450

Ausgegrenzt (Joseph Muscha Müller) 460

Auto das Ciganas (Gil Vicente) 91

Bango, der Zigeunerjunge (Nedjalko Messetschkow) 377-380

Besonders-Curieuses Gespräch In dem Reiche derer Todten (Anonym) 77

Betrachtungen eines Unpolitischen (Thomas Mann) 430

Betrugs-Lexikon (Georg Paul D. Hönn) 82

Bilder aus dem Leben der Berliner Zigeunerkinder (Frieda Plinzner) 353 f.

Bilder aus der deutschen Vergangenheit (Gustav Freytag) 59

Bilder aus der Türkei (Maximilian Heine) 226 f.

Bilder aus Schwaben (August Zoller) 208 f.

Bitterer Rauch (Menyhért Lakatos) 389-394

Blavatskys Kinder (Jutta Ditfurth) 412 f.

Bohême (Erich Mühsam) 348

Brehms Thierleben (Alfred R. Brehm) 146

Buckower Elegien (Bertolt Brecht) 473

Bury Me Standing: The Gypsies and Their Journey (Isabel Fonseca) 434

Caravan (Eleonor Smith) 330-332

Carmen (Prosper Mérimée) 242, 248-253, 374, 444

Cartel zu der Frauen-Zimmer-Zigeuner-Masquerade (Anonym) 141 f.

Colección de cantes flamencos recogidos y anotados (Antonio Machado y
Álvarez) 367

Comedia ilamada medora (Lope de
Rueda) 91

Cosmographia (Sebastian Münster) 33,
63, 148

Crossing (Jan Yoors) 440

Csandras Karren (M. Lakatos) 528

Curiöser Tractat von Zigeunern (Jakob
Thomasius) 64 f., 142, 146

»Da wollten wir frei sein!« (Hg.:
Michael Krausnick) 445, 533

Darstellung der Altertumswissenschaft
(Friedrich August Wolf) 165 f.

Das Bettelweib von Locarno (Heinrich
von Kleist) 80

Das braune Lenchen (Ottilie Wildermuth) 283 f.

Das Brennglas (Otto Rosenberg) 463

Das deutsche Gaunertum (Friedrich
Avé-Lallemant) 268

Das Ende Tschertopchanows (Iwan
Turgenjew) 296 f.

Das Feuerbesprechen (Clemens Bren-
tano/Achim von Arnim) 84-86

Das Kapital (Karl Marx) 55, 436

Das Kolloquium der beiden Hunde
Cipion und Berganza (Miguel de
Cervantes) 495

Das Leben der infamen Menschen
(Michel Foucault) 53

Das Liebesleben der Zigeuner (Victor
Areco) 273

Das neue Orakel (Johann Peter Uz)
78

Das Nußkernen (Friedrich Müller =
Maler Müller) 137-139

Das öde Haus (E.T.A. Hoffmann) 219

Das Schweigen wird gebrochen (Krimhilde Malinowski) 459 f.

Das verschleierte Bild zu Sais (Friedrich
Schiller) 73

Das Zigeunerstoffele. Weihnachtsge-

schichte aus alter Zeit (August
Becker) 284 f.

De cingaris (Samuel Björkmann) 142

De Jure Imperii Romano germanici
(Johann Limnäus) 145 f.

De Spaensche Heidin (Catharina Verwers van Dusart) 92

Dein Blut fließt auch nicht anders
(Rudolf Nottebohm) 411 f.

»Denk nicht, wir bleiben hier!« Die
Lebensgeschichte des Sinto Hugo
Höllenreiner (Hugo Höllenreiner)
464-466

Der Fluch von Lourmarin (Susy Langhans-Maync) 418

Der Freihof in Aarau (Heinrich
Zschokke) 215

Der fremde Knabe (Luise Rinser) 423

Der Fuchs war damals schon der Jäger
(Herta Müller) 412

Der getreue Zigeuner (Paul Gurk) 412

Der Glöckner von Notre-Dame (Victor
Hugo) 147, 195-203, 207, 214, 493

Der gute Gott von Manhattan (Ingeborg Bachmann) 412

Der Hüter des Bruders/Gesucht: Stepan Varesku (Jo Mihaly = Elfriede
Steckel) 362, 525

Der lebende Leichnam (Leo Tolstoi)
298 f.

Der Mönch (Matthew Gregory Lewis)
79 f.

Der Preis der Freiheit (Matéo Maximoff) 476

Der Schatz des kleinen Zigeuners (J. M.
v. Koenneritz) 358

Der Scheeren-Schleiffer (Anonym) 148

Der schlaue Pilgrim (Johann Peter
Hebel) 34

Der seltsame Springinsfeld (Johann
Jakob Christoffel von Grimmelshausen) 116 f.

Der Star und das Badwännelein (Ludwig Bechstein) 218 f.

Der Star und das Badwännelein (Clemens Brentano/Achim von Arnim)
218

Der Verbrecher aus verlorener Ehre,
ursprünglich: Verbrecher aus Infamie
(Friedrich Schiller) 118, 121, 204
Der verzauberte Pilger (Nikolai Ljes-
skow) 296-298
Der Wehrwolf (Hermann Löns) 343
Der Zigeuner (Paul Mähler) 295 f.
Der Zigeuner. Ein Bild von Jütlands
Westküste (Carit Etlar = Carl
Brosbøll) 208
Der Zigeunerbaron (Siegfried Schulte)
408
Der Zigeunerbaron (Johann Strauß)
374
Der Zigeunerbube (Ernst Freiherr von
Houwald) 184, 505
Der Zigeunerbube (Helene Stökl) 285
Der Zigeunerfriedl (Karl Traub) 358
Der Zigeunerkönig (Karl Beck) 237
Des Kaisers arme Zigeuner (Thomas
Münster) 420
Des Knaben Wunderhorn (Clemens
Brentano/Achim von Arnim) 84,
180, 218
Diarium Sexennale (Andreas von
Regensburg) 28
Die Abenteuer in der Sierra Morena
oder Die Handschriften von Sara-
gossa (Jan Graf Potocki) 223 f.
Die Befreiung des Latscho Tschawo
(Anonym) 455
Die Blechtrommel (Günter Grass)
429 f.
Die Böhämmer. Eine Dorfchronik
(Eduard Adolay) 300-302
Die braune Erica (Wilhelm Jensen) 292
Die christliche Mystik (Joseph Görres)
267
Die christlichen Zigeuner (Jeremias
Gotthelf) 269
Die drei Zigeuner (Nikolaus Lenau)
228 f., 234 f., 312
Die Elfen (Ludwig Tieck) 211-213
Die Entdeckung des Himmels (Harry
Mulisch) 432
Die Entführung (Joseph von Eichen-
dorff) 222

Die Epigonen (Karl Immermann) 215 f.,
226
Die Heideschenke (Nikolaus Lenau)
229
Die Hexe (Karl Emil Franzos) 322-324
Die Hundeesser von Svinia (Karl-Mar-
kus Gauß) 395-399
Die Jungfrau von Orleans (Friedrich
Schiller) 500
Die Kinder von Finkenrode (Wilhelm
Raabe) 281 f.
Die kleine Zigeunerin (August von
Kotzebue) 495
Die Konzessionen des Himmels (Heinz
von Cramer) 422 f., 433
Die kranke Frau (Christian Fürchtegott
Gellert) 77 f.
Die Kronenwächter (Achim von
Arnim) 226, 505 f.
Die Lage der arbeitenden Klassen in
England (Friedrich Engels) 263
Die Lehrlinge zu Sais (Novalis) 73
Die mehreren Wehmüller und ungari-
schen Nationalgesichter (Clemens
Brentano) 229
Die Prinzipalin (Roland Kästner) 434
Die Romantische Schule (Heinrich
Heine) 184
Die schöne Zigeunerin (Anonym) 92
Die Schuld (Adolf Müllner) 215 f.
Die Serapionsbrüder (E.T.A. Hoff-
mann) 215, 232, 508
Die sieben Brüder (Aleksis Kivi) 208
Die siebente Tochter (Matéo Maxi-
moff) 476 f.
Die Thalkönigin (Hermine Villinger)
289-292
Die Todten-Gebräuche der verschiede-
nen Völker der Vor- und Jetztzeit
(Friedrich Christian Andreä)
271
Die Türkensklavin (Jakob Michael
Reinhold Lenz) 132 f.
Die Ursitory (Matéo Maximoff)
474-476
Die Wälder des Himmels (Cornelius
Fischer) 446

Die Welt ist groß und Rettung lauert
überall (Ilija Trojanow) 412
Die Werbung (Nikolaus Lenau)
229-231, 234
Die Zauberflöte (Wolfgang Amadeus
Mozart) 73
Die zerbrochene Melodie (Walter
Püschel) 426 f.
Die Zigeuner (Martin Andersen-
Nexö) 149
Die Zigeuner (Jan Čep) 431 f.
Die Zigeuner (Charles de Coster)
292-294
Die Zigeuner (Karel Hynek Mácha)
219 f.
Die Zigeuner (Alexander Puschkin)
191-195, 296, 373, 507
Die Zigeuner in Ungarn und Siebenbür-
gen (Johann H. Schwicker) 255, 265,
314
Die Zigeuner kommen! Markus Rein-
hardt entdeckt sein Volk. (Heinz G.
Schmidt) 467 f.
Die Zigeuner und ihre Musik in Ungarn
(Franz Liszt) 228 f.
Die Zigeuner von Nagyida (János
Arany) 240
Die Zigeunerin (Clemens Brentano)
228
Die Zigeunerin (Otto Elster) 329
Die Zigeunerin (Marie-Thérèse Kersch-
baumer) 433
Die Zigeunerin (Friedrich Laun =
Friedrich August Schulze) 252
Die Zigeunerin. Eine Erzählung aus
dem ungarischen Haidelande
(Marie Eugenie delle Grazie) 289
Die Zigeuner-Königin von Ungarn im
Jahre 1849 (A. Würth) 237-240
Das Armenbuch (Bettina von Arnim)
263
Domaren/Die Zigeunertochter (Karl
Andreas Kullberg) 520

Ede und Unku (Alex Wedding = Grete
Weiskopf) 357, 362-364
Ehespiegel (Thomas Birck) 74-77

Ein faßnacht-spil mit sechs personen,
und wirdt genandt die fünff armen
wanderer (Hans Sachs) 50 f.
Ein Menschenschlag (Robert Ritter)
346
Ein Sommernachtstraum (William
Shakespeare) 108 f.
Ein verliebter Gefangener (Jean
Genet) 402-405
Emma (Jane Austen) 224 f.

Fahrende Leute (Hans Hyan) 350,
524
Faust (Johann Wolfgang von Goethe)
492
Fiesco (Friedrich Schiller) 153
5 Freunde und ein Zigeunermädchen
(Enid Blyton) 406

Gedichte von einem pohlnischen Juden
(Isaschar Falkensohn Behr) 504
Gesicht am Wege (Jo Mihaly = Elfriede
Steckel) 352
Gipsies in Denmark. A Social-Biologi-
cal Study (Erik D. Bartels/Gudrun
Brun) 346
Glanz und Elend der Zigeuner (Jan
Molitor = Josef Müller-Marein)
424 f.
Goldchen oder das Zigeunermädchen
(Carl August Seidel) 215, 219
Goldene Ohrringe (Yolanda Földes)
427-429
Götz von Berlichingen mit der eisernen
Hand (Johann Wolfgang von Goe-
the) 81, 97, 133, 135-137, 140, 192
Götzen-Dämmerung oder Wie man mit
dem Hammer philosophirt (Fried-
rich Nietzsche) 308, 319
Guten Morgen, du Schöne (Hg.: Maxie
Wander) 471
Guy Mannering oder: Der Sternendeu-
ter (Walter Scott) 186-190, 213
Gypsy Children; or, A Stroll in Gypsy-
dom (George Smith of Coalville)
264
Gypsy. Die Geschichte einer großen

Sinti-Familie (Dotschy Reinhardt) 466 f.

Gypsy Folk Tales (Francis Hindes Groome) 472

Hannikel, oder der Zigeuner-Anführer [...]. Ein Lied fürs Volk [...].[Christoph Friedrich Wittich] 130

Hannikel, oder die Räuber- und Mörderbande (Anonym) 125-129

Hermathena (Johannes Becanus) 155

Herzfleischentartung (Ludwig Laher) 434

Herzog von Ägypten (Margriet de Moor) 427, 478

Het leven van Konstance: waer af volgt het toneelspel De Spaensche heidin (Mattheus Gansneb Tengnagel) 92

Himmelfahrt (Heinrich Heine) 177

Historia von D. Johañ Fausten (Anonym) 73 f.

Historiettes (Tallemant des Réaux) 120

Historischer Versuch über die Zigeuner (Heinrich Moritz Gottlieb Grellmann) 162-164

Horns Ende (Christoph Hein) 509

Hundejahre (Günter Grass) 429, 433

Hundert Jahre Einsamkeit (Gabriel García Marquez) 384

Ich bin ein Flüchtling (Otto Alscher) 341

Ich bin ein Zigeuner (Stefan W. = Anonym) 455

Isabella von Ägypten. Kaiser Karl des Fünften erste Jugendliebe (Achim von Arnim) 27, 177, 180-185, 207, 505 f.

I've been a Gypsying (George Smith of Coalville) 264

Jakubko (Hana Zelinová) 379 f.

Jegjupka (Andrija Čubranović) 91

Jenö war mein Freund (Wolfdietrich Schnurre) 414, 423

Jesus im Zigeunerlager (Frieda Plinzner) 356-358

Jüdische Merckwürdigkeiten (Johann Jacob Schudt) 61 f.

Jüppa und der Zigeuner (Wolf Klaußner) 427

Kati von der letzten Bank (Maria Halasi) 389

Katitzi. Das Leben eines Zigeunermädchens in Schweden (Katarina Taikon) 470

Keltringleben (Steen Steensen Blicher) 203-208

Kiki. Eine Zigeunerkindergeschichte (Frieda Plinzner) 355 f.

Klänge und Bilder aus Ungarn (Johann Nepomuk Vogl) 236

Kokolores (Marianne Rosenberg) 463 f.

Komteßchen und Zigeunerkind (Tony Schumacher) 285-288

La belle égyptienne (François de Rosset) 92

La Filleule (George Sand) 282 f.

La gitana ladrona (Lope de Rueda) 91

La gitanilla/Die kleine Zigeunerin (Miguel de Cervantes) 87 f., 92-100, 103, 136, 218, 495

La gitanilla de Madrid (Juan Pérez de Montalbán) 92

La gitanilla de Madrid (Antonio de Solís y Rivadeneyra) 92

La vie généreuse des mercelots, gueuz et boesmiens (Anonym) 106-108

Laokoon (Gotthold Ephraim Lessing) 153 f.

Lavengro (George Borrow) 242, 244

Leben und Liebe des spanischen Zigeunermädchens Preziosa (Robert Hürte) 495

Lebensansichten des Katers Murr (E.T.A. Hoffmann) 226

Lebensbeschreibung der Erzbetrügerin und Landstörzerin Courasche (Johann Jakob Christoffel von Grimmelshausen) 117-121, 130

Les Frères Zemganno (Edmond de Goncourt) 507

Les Gitanes (Charles Leynadier) 507

Les recherches de la France (Étienne Pasquier) 39, 201

Levins Mühle (Johannes Bobrowski) 432

Liber vagatorum 34, 49, 105, 197

Lieder aus dem Rinnstein (Hg.: Hans Ostwald) 350

Lieder vom armen Mann (Karl Beck) 236 f.

Lieder von Papusza (Bronisława Wajs/ Jerzy Ficowski) 472

Lienhard und Gertrud (Johann Heinrich Pestalozzi) 139 f.

Lob der Zigeuner (Friedrich von Hagedorn) 132

Macbeth (William Shakespeare) 136

Makar Tschudra (Maxim Gorki) 299 f.

Martha, die Zigeunermutter (Ph. v. Körber) 216

Martin Mark-All. Beadle of Bridewell (Samuel Rowlands) 109 f.

Maskenzug (Johann Wolfgang von Goethe) 134

Masque of the Gypsies (Ben Jonson) 109

Meg-Merrilies, die Zigeunerin oder Guy-Mannering, der Sterndeuter. Schauspiel nach dem englischen Roman dieses Namens in fünf Aufzügen (Anonym [= W. v. G.]) 190

Mein Leben im Versteck (Alfred Lessing) 456

Mein Schicksal waren die Zigeuner (Marta Adler) 450 f.

Meine Zigeunerklasse in Köln (Paul Weitershagen) 359 f.

Michael Arpad und sein Kind (Jo Mihaly = Elfriede Steckel) 360-362

Michael Kohlhaas (Heinrich von Kleist) 80

Mira das Zigeunerkind (Nikolaus Lenau) 202

Mirèio (Frédéric Mistral) 416

Mirella (Justus Franz Wittkop) 425 f.

Miriam, das Zigeunerkind (Brigitte Augusti) 284

Mischka an der Marosch (Nikolaus Lenau) 233 f., 516

Mischka an der Theiß (Nikolaus Lenau) 231-233

Moll Flanders (Daniel Defoe) 110 f.

Mond Mond Mond (Ursula Wölfel) 419, 426

Munjo, der Dichter (Luise Rinser) 423

Muscha (Anja Tuckermann) 460

Nachricht vom dem famosen Ziegeuner Antoine la Grave vulgo Grossen Galantho (Anoynm) 123-125

Narrenschiff (Sebastian Brant) 105

Narziß und Goldmund (Hermann Hesse) 350

Nur ein Spielmann (Hans Christian Andersen) 184

Old Meg She Was a Gipsey (John Keats) 190

Orientierungen für eine Pastoral der Zigeuner 410

Othello (William Shakespeare) 109

Pedro de Urdemalas (Miguel de Cervantes) 91, 100, 110, 118, 495

Philander unter den streifenden Soldaten und Zigeunern im dreißigjährigen Krieg (Achim von Arnim) 497

Poema del cante jondo (Federico García Lorca) 369, 424

Pole Poppenspäler (Theodor Storm) 269

Polizeilich zwangsentführt. Das Leben der Sintezza Lily van Angeren-Franz (Lily van Angeren-Franz) 458 f.

Preciosa. Schauspiel in vier Aufzügen (Pius A. Wolff) 101-103

Raetia (Johannes Guler von Weineck) 155, 487

Rathstübel Plutonis (Johann Jakob Christoffel von Grimmelshausen) 117, 119

Reise in Andalusien (Théophile Gautier) 249

Reise nach Ungarn (Charles Boner) 262

Rerum Italicarum Scriptores (Lodovico Antonio Muratori) 39

Rinaldo Rinaldini (Christian August Vulpius) 130 f.

Romanzen vom Rosenkranz (Clemens Brentano) 185

Rosita das Zigeunermädchen (Josef Carl Grund) 418 f.

Saxonia (Albert Krantz) 40, 486

Schibes (Alma Johanna Koenig) 325-329, 332

Schrifftmäßige Lebens-Regeln (August Hermann Francke) 62

Schuld und Sühne (Fjodor Michailowitsch Dostojewski) 322

Schwarzbraunes Mädchen (Hg.: Hans Ostwald) 350

Schweytzer Chronick (Johannes Stumpf) 26-28

Seinem Schicksal kann Niemand entgehen (Ernst Freiherr von Houwald) 215

Selsaem trougeval tusschen een Spaans edelman en een Heydinne (het Spaens Heydinnetje) (Jacob Cats) 92

Silas: gejagt – geschunden – gedemütigt. Ein Report (Lotty Wohlwend) 466

Singoalla (Viktor Rydberg) 520

Solange das Feuer brennt (Zaharia Stancu) 384-388

Spiezer Chronik (Diebold Schilling der Ältere) 20, 23-25

Stillepenn – Schlufflied (Wolf Biermann) 431

Tanz an der Waag (Josef Sekera) 382-384, 388

Tarot der Zigeuner. Der Absolute Schlüssel zur Geheimwissenschaft (Papus) 81

Tent Life With English Gipsies in Norway (Hubert Smith) 247

The Belman of London (Thomas Dekker) 105

The Bible in Spain (George Borrow) 243

The Bohemian Girl (William Balfe) 92

The Book of Boswell. Autobiography of a Gypsy (Silvester Gordon Boswell) 447 f.

The Eighth Sin (Stefan Kanfer) 433 f.

The English Gypsies and their Language (Charles Godfrey Leland) 246 f.

The Fate of a German Gypsy (Jan Molitor = Josef Müller-Marein) 424

The Fraternity of Vagabonds (John Awdeley) 105

The Gypsies (John Hoyland) 190

The Gypsies (Jan Yoors) 440

The Gypsies Metamorphos'd (Ben Jonson) 112 f.

The Gypsy Laddie (Anonym) 96, 223, 237

The Life, Adventures and Piracies of the Famous Captain Singleton (Daniel Defoe) 111

The Life and Adventures of Bampfylde Moore Carew 110

The Pilgrim's Progress (John Bunyan) 38

The Romany Rye (George Borrow) 242

The Scholar Gypsy (Matthew Arnold) 248

The Spanish Gipsie (Thomas Middleton/William Rowley) 92, 100

The Spanish Student (Henry Wadsworth Longfellow) 92

The Story of the Gypsies (Konrad Bercovici) 59

The Vineyard (Konrad Bercovici) 332 f.

The Zincali or An Account of the Gypsies in Spain (George Borrow) 243

Thesaurus practicus (Christoph Besold) 103

Tiganiada (Ion Budai-Delanus) 185 f.

Tim. Ritzschens verteutschte Spanische Ziegeunerin (T. Ritzsch) 100 f.

Tom Jones. Die Geschichte eines Findlings (Henry Fielding) 112-116
Tschandala. Erzählung aus dem 17. Jahrhundert (August Strindberg) 307, 308-322
Tschandala-Lieder (Ludwig Scharf) 520
Tschertopchanow und Nedopjuskin (Iwan Turgenjew) 296f.

Über Sprache und Weisheit der Indier (Friedrich Schlegel) 157
Ueber das Kantische Prinzip für die Naturgeschichte (D. Christoph Girtanner) 156
Und weinen darf ich auch nicht ... (Joseph Muscha Müller) 460-462
Und wir waren auch Naturmenschen (Adolf Boko Winterstein) 445
Unsere armen Wanderer (Hans Ostwald) 350

Verbrecher aus Infamie: s. Der Verbrecher aus verlorener Ehre
Verdammt zu leben (Matéo Maximoff) 477f.
Verdammter Zigeuner (Ronald Lee) 470
Vergleichende Grammatik (Franz Bopp) 157
Vida del escudero Marcos de Obrégon (Vicente Espinel) 90
Villainies Discovered by Lanthorne and Candle-light (Thomas Dekker) 105
Von den Sitten und Gebräuchen des Zigeunervolkes. Nach Aufzeichnungen des Zigeuners Engelbert Wittich (Engelbert Wittich) 265
Von der Sprache und Herkunft der Zigeuner aus Indien (Johann Rüdiger) 155

Wald und Liebe (Karl Egon von Ebert) 289
Wäldernacht (Ralf Rothmann) 413f.
Was heißt und zu welchem Ende studiert man Universalgeschichte (Friedrich Schiller) 503
... weggekommen (Daniel Strauß) 451-453
Weltchronik (Hartmann Schedel) 23, 32
Wer warf den ersten Stein? (Luise Rinser) 423
Wilde Carmargue (Henry Aubanel) 416f.
Wilhelm Meisters Lehrjahre (Johann Wolfgang von Goethe) 134f., 137, 140
WinterZeit (Walter Winter) 457f.
Wir leben im Verborgenen (Ceija Stojka) 442
Woyzeck (Georg Büchner) 218

Zedlers Universal-Lexikon 62, 103, 143, 146-148, 163
Ziehendes Volk (Alun Lewis) 329
Zigenare (Ivar Lo-Johansson) 406
Zigeuner (Otto Pankok) 431
Zigeuner aller Länder, vereinigt Euch! (Erwin Egon Kisch) 371
Zigeuner. Ihr Leben und ihre Seele (Martin Block) 346
Zigeuner und andere Kinder (Hedwig von Redern) 358
Zigeuner unter Zigeunern (Victor Sanguessa) 352f.
Zigeunerballade (Wolfdietrich Schnurre) 414, 424
Zigeuner-Christl (Arno Wegrich) 334-336
Zigeunerfest in Saintes-Maries (Achim Pöllot) 419
Zigeunerleben (Emanuel Geibel) 236
Zigeunerleben (Engelbert Wittich) 351
Zigeunermärchen aus Ungarn (Tibor Bartos) 471
Zigeunermärchen aus Ungarn. Die Volkserzählungen des Lajos Ámi. (Hg.: Sandor Erdész/Ruth Futaky) 471
Zigeuner-Rhapsodien (Blaise Cendrars) 405f.

Zigeunerromanzen (Federico García
  Lorca) 369 f., 424
Zigeuner-Symphonie (Alexander Graf
  von Württemberg) 236
Zigeunertrommel (Günter Bruno
  Fuchs) 432
Zinna und Kurli. Eine Zigeunerge-
  schichte (Frieda Plinzner) 354 f.

Zoli (Colum McCann) 434-440,
  478
Zwischen Liebe und Haß. Ein Zigeunerleben (Philomena Franz)
  457
Zwischenspiel von der Alkaldenwahl
  von Daganzo (Miguel de Cervantes)
  495

Editorische Notiz

Bei Erstnennung eines Werkes im Haupttext wird, falls nicht anders vermerkt, das Ersterscheinungsjahr bzw. das Jahr der Uraufführung in Klammern hinter dem Titel angeführt. Alle Anmerkungen des Autors, Veränderungen, Auslassungen und Zusätze in den Zitaten sind durch eckige Klammern gekennzeichnet. Übersetzungen des Verfassers werden als solche in den Anmerkungen kenntlich gemacht.

Während in den Zitaten von neueren Quellen Hervorhebungen übernommen wurden, wurde darauf beim Zitieren von älteren Quellen in Fraktur oder ähnlichen Schriften aus Gründen der Vereinheitlichung und der Lesefreundlichkeit verzichtet. Ebenfalls aus diesen Gründen wurden in den entsprechenden Zitaten die Umlaute an die heutige Schreibweise angepasst und doppelte Bindestriche zu einfachen vereinheitlicht. Andere Sonderzeichen wurden als solche übernommen.

Sehen Sie ein Interview mit dem Autor
kostenlos im Internet unter:

www.zeitzeugen-tv.com/cmpgn/sv-europa-zigeuner